最高人民法院
裁判要旨精选

———— 下 册 ————

最高人民法院审判管理办公室 编

人民法院出版社

总目录

民商事篇

- 法人 ·· 3
- 民事行为效力 ·· 6
- 代表 ·· 8
- 溯及适用 ·· 11
- 物权 ·· 12
- 抵押 ·· 29
- 质押 ·· 37
- 公司担保 ·· 42
- 保证合同 ·· 64
- 其他担保纠纷 ·· 82
- 合同订立 ·· 91
- 合同效力 ·· 99
- 合同履行 ·· 125
- 合同的保全、变更和转让 ··· 137
- 合同权利义务终止 ··· 150
- 违约责任 ·· 158
- 买卖合同 ·· 167
- 土地使用权合同 ··· 180
- 房地产开发经营合同 ·· 185

房屋买卖合同 …… 204
借款合同、民间借贷 …… 217
金融借款合同 …… 272
金融不良债权转让、追偿合同 …… 310
租赁合同 …… 316
融资租赁合同 …… 330
保理合同 …… 338
建设工程合同 …… 344
其他合同纠纷 …… 473
合伙 …… 487
股东资格确认 …… 492
请求变更公司登记 …… 497
股东出资 …… 498
股权转让 …… 514
股东知情权 …… 546
公司决议 …… 547
盈余分配 …… 549
损害公司利益责任 …… 558
人格混同及损害债权人利益 …… 576
公司减资 …… 586
公司解散 …… 589
公司清算 …… 597
对赌协议 …… 604
其他公司纠纷 …… 606
票据付款请求权 …… 609
票据追索权 …… 610
伪造票据 …… 613

破产债权确认	615
职工破产债权确认	630
取回权	632
破产抵销权	638
公司别除权	639
破产撤销权	640
破产管理人责任	644
债务人财产认定	646
其他破产纠纷	647
信托	656
证券	663
保险	675
劳动争议	679
不当得利	682
婚姻家庭	688
产品责任	690
财产保全损害责任	692
财产损害赔偿	710
其他侵权纠纷	720
管辖	724
当事人	734
诉讼代理人	745
证据	747
证明责任	761
调解	767
保全	770
司法强制措施	772

诉讼费	773
审理范围	774
重复起诉的受理	776
仲裁的受理	785
其他受理问题	787
缺席判决	794
先行判决	797
二审	798
再审	802
执行和解	828
涉外案件法律适用	831
民刑交叉	833
民事案件诉讼时效	850
限制出境复议	854
第三人撤销之诉	855
执行异议之诉	899
追加被执行人之诉	1070
执行分配方案异议之诉	1077

环境资源篇

环境公益诉讼	1081
资源开发利用类	1085
环境资源行政诉讼	1091

海事海商及仲裁司法审查篇

船舶碰撞损害责任	1097

海上人身损害责任 …… 1098

海上、通海水域货物运输合同 …… 1099

海上旅客运输合同 …… 1110

航次租船合同 …… 1111

港口货物保管合同 …… 1113

海上货运代理合同 …… 1116

船员劳务合同 …… 1118

国际货物多式联运合同 …… 1119

海上、通海水域保险合同 …… 1121

独立保函 …… 1124

其他海事海商纠纷 …… 1127

申请确认仲裁协议效力 …… 1129

申请撤销仲裁裁决 …… 1181

申请执行仲裁裁决 …… 1225

认可香港特别行政区法院判决 …… 1245

认可澳门特别行政区法院判决 …… 1246

认可台湾地区法院判决 …… 1247

申请承认外国法院判决 …… 1249

知识产权篇

著作权 …… 1257

商标 …… 1285

专利 …… 1323

植物新品种 …… 1393

集成电路布图设计 …… 1399

商标许可合同 …… 1401

技术合同 …… 1402

特许经营合同 …………………………………………………… 1413
不正当竞争 ……………………………………………………… 1415
垄断 ……………………………………………………………… 1436
计算机软件 ……………………………………………………… 1441
商标行政诉讼 …………………………………………………… 1445
专利行政诉讼 …………………………………………………… 1479

行政篇

受案范围 ………………………………………………………… 1499
主体资格 ………………………………………………………… 1543
证据 ……………………………………………………………… 1574
起诉与受理 ……………………………………………………… 1578
行政处罚类 ……………………………………………………… 1614
行政强制类 ……………………………………………………… 1625
许可批复类 ……………………………………………………… 1641
征收补偿类 ……………………………………………………… 1647
行政登记类 ……………………………………………………… 1693
政府信息公开类 ………………………………………………… 1700
行政复议类 ……………………………………………………… 1712
行政裁决类 ……………………………………………………… 1737
行政协议类 ……………………………………………………… 1738
行政赔偿类 ……………………………………………………… 1756
履行职责类 ……………………………………………………… 1794
其他行政类案件 ………………………………………………… 1805

国家赔偿篇

无罪逮捕赔偿 ································· 1821

无罪错判赔偿 ································· 1823

刑事违法查封、扣押、冻结、追缴赔偿 ············ 1825

殴打、虐待、怠于履行职责赔偿 ··················· 1826

违法采取对妨害诉讼的强制措施赔偿 ············ 1830

错误执行赔偿 ································· 1831

执行篇

执行依据 ····································· 1837

执行的申请和受理 ····························· 1844

财产保全与先予执行 ··························· 1858

抵押 ··· 1860

查封、扣押、冻结 ····························· 1863

评估、拍卖、变卖、以物抵债 ··················· 1877

清偿顺序 ····································· 1891

利息计算 ····································· 1895

到期债权执行 ································· 1899

案外人异议 ··································· 1907

当事人及其变更、追加 ························· 1912

执行担保 ····································· 1927

执行和解 ····································· 1928

参与分配 ····································· 1935

强制措施和间接执行措施 ······················· 1936

执行回转 ····································· 1944

终结执行 ····································· 1950

执行与破产衔接 …………………………………………………… 1954
行政案件的执行 ……………………………………………………… 1955
刑事裁判涉财产部分的执行 ………………………………………… 1956
仲裁裁决执行 ………………………………………………………… 1964
不予执行公证债权文书 ……………………………………………… 1966
其他执行案件 ………………………………………………………… 1968

知识产权篇

● 著作权

1 确认不侵害著作权之诉的要件 / 1257

2 作品的认定 / 1258

3 未经明确意思表示不能认定权利人放弃权利主张 / 1261

4 合同约定付款条件成就的判定 / 1262

5 权利人实际损失和侵权人违法所得不能确定的情况下应适用法定赔偿 / 1263

6 认定的基本事实缺乏证据证明的案件依法应当再审 / 1264

7 著作权继承人已约定共同行使诉权的,部分继承人不得单独提起诉讼 / 1265

8 权利人实际损失和侵权人违法所得不能确定的情况下应适用法定赔偿 / 1267

9 未经授权提供回看功能侵害权利人享有的信息网络传播权 / 1268

10 摄影作品著作权归属的举证 / 1269

11 无证据证明商誉贬损的情形下消除影响的诉请不予支持 / 1270

12 著作权许可使用合同的被许可人诉讼资格的认定 / 1271

13 被诉侵权商品的生产者的认定 / 1272

14 未经许可在数字电视网络平台播放作品构成侵害权利人的信息网络传播权 / 1273

15 在后追认行为不能改变侵害著作权的认定 / 1274

16 未经公证的视听资料结合在案其他证据可以作为认定案件事实的依据 / 1275

17 美术作品独创性的认定 / 1277

18　手机录制视频取得的电子证据的效力认定 / 1278

19　著作权许可使用追认授权的效力认定 / 1279

20　作品奖金的权属认定 / 1281

21　著作权保留情况下的权属认定 / 1283

22　判断是否构成侵害他人作品著作权应考虑"接触"+"实质相似"两个因素 / 1284

● **商标**

1　包含地名或具有其他固定含义文字商标的正当使用 / 1285

2　商标侵权案件中类似服务的认定 / 1286

3　商标独占许可使用关系中的商标注册人有权主张损害赔偿 / 1287

4　对同时构成侵害注册商标专用权及擅自使用他人有一定影响的包装、装潢行为的评价 / 1289

5　使用他人图文商标是否造成混淆的认定 / 1290

6　停止侵权责任的承担应当遵循善意保护原则并兼顾公共利益 / 1291

7　侵害商标权案件中商标性使用的判断 / 1292

8　侵害商标权案件中被控侵权人不承担赔偿责任情形的审查 / 1293

9　侵害地理标志商标权行为的认定 / 1294

10　建筑工程承包人在工程中使用侵犯他人商标权产品的行为是否构成商标侵权 / 1295

11　跨区域受理公证业务是否影响公证书的法律效力 / 1296

12　商标使用许可合同违约行为的认定 / 1297

13　市场管理者是否应对市场内商铺的被诉侵权行为承担责任的认定 / 1298

14　无效商标在商标侵权纠纷中的认定 / 1299

15　地理标志案件中对地名正当使用的认定 / 1300

16　侵害商标权案件中假冒商品鉴定报告的效力 / 1301

17　商标侵权案件中被诉侵权产品生产者的认定 / 1302

18　侵害商标权案件中注册在第35类"推销（替他人）"等服务上的商标实际

使用的审查 / 1303
19　商标侵权案件中授权经销商正当使用商标的认定 / 1305
20　商标侵权案件中非销售行为不适用合法来源抗辩 / 1306
21　服务商标侵权认定的考量因素 / 1307
22　当事人对公证证据存在争议时法院如何认定 / 1308
23　当事人诉讼主体资格认定 / 1309
24　商标侵权案件中构成近似商标的考量因素 / 1310
25　侵害商标权案件中重复诉讼的审查 / 1311
26　商标侵权行为的认定 / 1312
27　仿冒纠纷中重复诉讼的审查 / 1313
28　实际销售被诉侵权商品的认定 / 1314
29　商标侵权责任承担主体的确定 / 1315
30　自然人将其姓名作为商标等进行商业使用不得侵害他人的在先权利 / 1316
31　将与他人注册商标标识相同的文字注册为企业字号是否构成商标性使用 / 1317
32　商标侵权诉讼中商标在先使用是否成立的判断 / 1318
33　公司不当注销，股东依法承担责任 / 1319
34　刑民交叉侵害商标权案件中的调查取证 / 1320
35　商标先用权抗辩中"在原使用范围内继续使用该商标"的认定 / 1321
36　对于恶意申请注册损害他人在先权利的已形成一定商业规模的商标不予承认和保护 / 1322

◉ 专利

1　因职务发明专利获得的侵权损害赔偿能否构成发明人报酬的计算基础 / 1323
2　存在多种使用环境时功能性特征内容的认定 / 1324
3　使用环境特征的认定 / 1325
4　涉信息网络专利侵权行为地的判断及法律适用 / 1326
5　通过改进他人非公开技术方案获得专利时的权属证明责任 / 1327

6	"保藏号"限定的微生物发明专利的侵权认定 / 1328
7	许诺销售行为的损害赔偿 / 1329
8	权利要求和说明书已明确界定的技术特征的解释 / 1330
9	主要是利用本单位物质技术条件完成的发明创造的认定 / 1331
10	未将明确知晓的技术方案写入权利要求对等同侵权判断的影响 / 1332
11	公司董事、高管违反忠实义务无偿受让公司专利权的后果 / 1333
12	擅自转移、处分保全证据的法律后果 / 1334
13	单位负责人执行本单位工作任务完成的发明创造的认定 / 1335
14	实用新型专利中功能性特征内容的认定 / 1336
15	先用权抗辩中原有范围的证明标准 / 1337
16	专利侵权案件中"新产品"的认定 / 1338
17	涉案专利权利要求中通过其所起的功能或者效果进行限定的技术特征是否属于功能性特征 / 1339
18	权利要求限定非行业通用词汇应结合权利要求及说明书内容予以认定 / 1340
19	批量公证取证的公证文书证明力的认定标准 / 1341
20	涉案专利的权利要求被生效判决认定为不符合授权条件时裁判文书是否可以对具体侵权理由和具体抗辩理由不予评述 / 1342
21	专利权利要求中的技术特征在所属技术领域不具有通用技术含义的情形下如何运用说明书及附图解释权利要求 / 1343
22	宣告专利权无效的决定对在宣告专利权无效前人民法院作出并已执行的专利侵权的判决、调解书是否具有追溯力 / 1344
23	光学领域专利的权利要求中以光学元器件产生的光线路径限定的技术特征是否属于功能性特征 / 1345
24	宣告专利权无效的决定对专利侵权判决是否具有追溯力 / 1346
25	被诉侵权人在专利无效程序中和诉讼程序中前后不同的陈述不构成反言 / 1347
26	功能性特征的认定 / 1348

27 确定专利侵权损害赔偿数额的考量因素 / 1349

28 被许可人未依约缴纳专利年费导致专利终止的损害赔偿责任认定 / 1350

29 外观设计方案公开方式的认定 / 1351

30 被诉侵权产品未全面覆盖涉案专利权利要求的全部技术特征时的侵权认定 / 1352

31 员工离职后1年内作出与其在原单位承担的本职工作或者分配任务无关的发明创造不属于原单位的职务发明创造 / 1353

32 仲裁申请构成专利侵权警告的判定 / 1354

33 侵害外观设计专利纠纷中先用权抗辩成立的认定 / 1355

34 外观设计专利权保护范围的确定 / 1356

35 等同侵权判定是指涉案专利权利要求与被诉侵权技术方案中相应技术特征是否等同 / 1357

36 微信朋友圈发布的信息是否构成专利法意义上的公开 / 1358

37 电子数据的真实性应当结合影响电子数据完整性和可靠性的各种因素综合判断 / 1359

38 权利要求技术特征的划分 / 1360

39 被诉侵犯专利权产品实物难以获得的情形下是否可以产品合同图纸作为技术特征比对对象 / 1360

40 人民法院可以通过多段视频确定被诉侵权产品的技术特征 / 1362

41 权利人应对被诉侵权产品具有涉案专利技术特征承担举证责任 / 1363

42 当事人在二审中撤销在一审中的自认是否予以支持 / 1364

43 实用新型专利侵权案件中等同特征的判断 / 1365

44 被诉侵权产品制造者和销售者的认定 / 1366

45 同一现有技术文献不同部分记载的内容是否可以构成单一现有技术方案的司法判断 / 1367

46 针对一项专利权签订的和解协议对同一主体其他专利权无约束力 / 1369

47 发明专利侵权纠纷中必要措施的认定 / 1370

48 发明专利侵权纠纷中有效通知的认定 / 1371

49 侵害专利权纠纷中被诉侵权产品制造者的认定 / 1372

50 当事人对是否构成外观设计专利侵权存在争议时法院如何认定 / 1373

51 职务发明的认定 / 1374

52 职务发明创造的认定 / 1375

53 专利实际发明人的认定 / 1376

54 专利权属纠纷中如何确定诉争专利的实际发明人及诉争专利是否属于职务发明 / 1377

55 外观设计专利所属设计空间大小对于近似性判定的影响 / 1378

56 专利侵权案件中合法来源抗辩理由的认定 / 1379

57 提供产品组件构成帮助侵权的认定 / 1380

58 专利侵权案件中相同技术特征的认定 / 1381

59 确定方法权利要求保护范围时顺序撰写的各步骤是否必然自动接续执行 / 1382

60 宣告专利权无效的决定的追溯力 / 1383

61 被诉侵犯专利权技术方案相对于涉案专利权利要求增加了技术特征的情形下，是否落入涉案专利权保护范围 / 1384

62 专利权利要求前序部分主题名称的实际限定作用取决于其对权利要求所保护技术方案产生的影响 / 1385

63 专利说明书等内部证据在解释权利要求时具有优先地位 / 1386

64 外观设计专利部分设计特征已被现有设计公开的情形下，被诉侵权设计是否落入涉案外观设计专利的保护范围 / 1387

65 证明申请日之前存在的设计系现有设计抗辩成立之要件 / 1388

66 不同外观设计专利权应当给予分别的保护 / 1389

67 销售侵害外观设计专利权商品的判断 / 1390

68 涉案专利中当事人主张的独立权利要求和从属权利要求中的全部技术特征是否共同构成涉案专利权的保护范围 / 1391

69 现有技术抗辩的认定 / 1392

● **植物新品种**

1 法定赔偿的考量因素 / 1393

2 当事人对是否构成农民"自繁自用"存在争议时法院如何认定 / 1394

3 当事人对以许可使用费作为侵权赔偿计算方式存在争议时法院如何认定 / 1395

4 "农民自繁自用"例外的适用条件 / 1396

5 单方委托的检验报告的证据性质和证明力 / 1397

6 涉"信息匹配平台"销售种子行为的认定 / 1398

● **集成电路布图设计**

1 芯片量产技术委托开发合同中开发方履约情况的认定 / 1399

2 集成电路布图设计专有权被撤销时侵权案件的处理 / 1400

● **商标许可合同**

商标许可授权方应保证许可商标的有效性 / 1401

● **技术合同**

1 当事人对合同涉及的股权条款中股权价值存在争议时法院如何认定 / 1402

2 当事人对技术合同约定的股权激励条款性质存在争议时法院如何认定 / 1403

3 当事人对技术开发合同中技术提成费的计算方式存在争议时法院如何认定 / 1404

4 软件开发者负有使 App 软件达到应用商店上架要求的义务 / 1405

5 当事人申请鉴定的事项或者调查收集的证据需与待证事实相关、对证明待证事实有意义或者具有调查收集之必要 / 1406

6 技术服务合同违约责任的认定 / 1407

7 委托开发而形成的技术成果归属如何认定 / 1408

8 新证据的认定 / 1409

9 管辖争议中履行地点无约定或约定不明时合同履行地的认定 / 1410

10 劳务派遣合同与技术开发合同的区分认定 / 1411

11　合同订立是否存在虚假意思表示的认定 / 1412

◉ **特许经营合同**

1　合同终止条件中涉及第三人时，当事人对合同终止的条件是否达成存在争议时法院如何认定 / 1413

2　个人之间签订的特许经营合同效力的认定 / 1414

◉ **不正当竞争**

1　技术秘密侵权赔偿数额的考量因素及计算方法 / 1415

2　针对披露技术秘密行为的重复诉讼认定 / 1416

3　客户信息构成商业秘密的司法判断 / 1417

4　字号许可使用关系的解除 / 1418

5　使用他人具有较高知名度和影响力的注册商标作为企业名称中的字号是否构成不正当竞争 / 1419

6　约定保密期限届满后的保密义务 / 1420

7　计算机软件技术秘密的保护对象及其证明 / 1421

8　非法获取全部技术秘密后对使用技术秘密行为的推定 / 1422

9　公司法定代表人或者实际控制人与公司共同侵权的认定 / 1423

10　以侵权为业时侵权获利的计算 / 1424

11　抄袭摹仿同业经营者品牌历史，发布虚假信息欺骗误导消费者构成虚假宣传 / 1425

12　如何认定侵权人使用了全部技术秘密 / 1426

13　侵害技术秘密纠纷中损害赔偿数额的认定 / 1427

14　适用惩罚性赔偿时的考虑因素 / 1428

15　判断包装装潢是否近似时是否应排除商标标志 / 1429

16　驰名商标应按需认定 / 1430

17　饮料包装是否属于有一定影响力的商品包装、装潢的认定 / 1431

18　擅自使用具有一定影响的商品名称、包装装潢、企业简称构成不正当竞争行为的司法判断 / 1432

19 增值税发票上记载的客户信息不构成商业秘密 / 1434

● 垄断

1 涉及同一合同的合同之诉与垄断协议之诉的重复诉讼认定 / 1436

2 药品专利侵权案件中对"药品专利反向支付协议"的反垄断审查 / 1437

3 垄断协议豁免的证明责任与涉及垄断协议的合同效力认定 / 1438

4 反垄断执法机构行政不作为的认定 / 1439

5 垄断行政处罚的司法审查 / 1440

● 计算机软件

1 共有著作权的正当行使 / 1441

2 计算机软件著作权侵权认定中的举证责任 / 1442

3 计算机软件委托开发合同中未履行权利瑕疵担保责任对合同目的实现的影响 / 1443

4 计算机软件附条件免费商业使用中的侵权认定与责任承担 / 1444

● 商标行政诉讼

1 商标异议复审案件中"其他不正当手段"的审查 / 1445

2 商标无效案件中地名商标的审查 / 1446

3 在同一种或类似商品上的近似商标的判断标准 / 1447

4 象征性使用不属于商标法意义上的使用 / 1448

5 商标授权确权行政案件中诉争商标予以宣告无效的事由不复存在时的处理 / 1449

6 商标近似性判断 / 1450

7 商标无效行政案件中诉争商标与引证商标构成近似商标的考量因素 / 1451

8 《商标法》第 44 条第 1 款规定的以"其他不正当手段取得注册的"情形的认定 / 1453

9 无真实使用意图大量注册商标的行为规制 / 1454

10 商标驳回复审案件中近似商标的判断因素 / 1455

11 商标无效宣告请求 5 年期限起算日的判断 / 1456

12 具有历史渊源关系的商标的近似性判断应充分考虑其在市场中的实际使用情况,以是否容易导致混淆作为判断标准 / 1457

13 如何认定诉争商标的注册是否属于《商标法》第 44 条"以其他不正当手段取得注册"情形 / 1458

14 再审申请中放弃部分复审商品项目的行为认定 / 1459

15 诉争商标在商标权撤销复审行政纠纷案件审理过程中被宣告无效的,人民法院可以裁定终结诉讼 / 1460

16 引证商标权利状态不稳定不构成中止审理的当然事由 / 1461

17 诉争商标权利人或者被许可人向案外人购买商品不足以证明诉争商标实际进入市场流通 / 1462

18 商标申请驳回复审行政纠纷中情势变更原则的适用 / 1463

19 对商标撤三案件中商标使用证据的认定 / 1464

20 判断商标近似时对标识整体结构及显著识别部分差异性的考虑 / 1465

21 商标应予无效情形下再审申请人以与商标权人达成和解为由申请撤回再审请求的,应否准许 / 1466

22 出口行为是否属于商标使用 / 1467

23 诉争商标的注册不正当地利用他人驰名商标的市场声誉、损害驰名商标权利人的利益的,应予无效宣告 / 1468

24 商标撤三案件中对商标真实有效使用的认定 / 1469

25 实际使用商品是否构成在核定商品上使用的认定 / 1470

26 其他缺乏显著特征的标志的判断 / 1471

27 参照适用在后的司法解释是否违反"法不溯及既往"原则 / 1473

28 作品中的特有名称能否受到商标法保护 / 1474

29 仅直接表示商品主要原料与商标显著性的认定 / 1475

30 共同使用商标不能当然排除一方申请商标注册的正当性 / 1476

31 在商标三年不使用撤销案件中对实际使用商品类别的认定 / 1477

◉ 专利行政诉讼

1. 权利要求用语解释的合理性 / 1479
2. 创造性判断中对具有协同关系的区别技术特征的考量 / 1480
3. 化合物组合产品权利要求中的用途限定对创造性判断的影响 / 1481
4. 说明书是否充分公开的审查 / 1482
5. 已知化合物药用发明的创造性判断 / 1483
6. 外观设计专利申请文件修改是否超范围的判断 / 1484
7. 同一现有技术文献中存在矛盾记载时公开内容的认定 / 1485
8. 新颖性单独比对原则 / 1486
9. 创造性判断的直接证据与"三步法"的关系 / 1487
10. 创造性判断中对预料不到的技术效果的考虑 / 1488
11. 现有技术对中药发明技术启示的判断 / 1489
12. 中药发明专利创造性判断中最接近的现有技术的选择 / 1489
13. 对依据生效裁判所作行政决定的司法审查 / 1490
14. 专利授权确权行政案件起诉期限起算点的确定 / 1491
15. 限定机械部件数量的数值范围技术特征的新颖性评价 / 1492
16. 实用新型专利创造性判断中对于非形状构造类特征的考量 / 1493
17. 判断发明专利是否具有新颖性时需考虑主题名称对权利要求的限定作用 / 1494
18. 国家知识产权局在复审程序中可否对专利申请说明书公开不充分依职权审查认定 / 1495

行政篇

◉ 受案范围

1. 行政机关的"责成"行为是否具有可诉性 / 1499
2. 申请上级行政机关履行监督下级行政机关的信访回复职责的,上级行政机关是否作出处理均不属于行政诉讼受案范围 / 1500

3 行政机关针对信访事项作出的登记、受理、交办、转送、复查、复核意见等行为不属于行政诉讼受案范围 / 1501

4 已经区（县）以上人民政府确定土地权属或者取得土地权利证书的，一般不属于土地权属争议案件受理范围 / 1502

5 上级行政机关对下级行政机关的督促履责行为不属于行政诉讼受案范围 / 1503

6 行政机关作出的不产生外部法律效力的批复不属于行政诉讼受案范围 / 1504

7 内部层级监督行为不属于行政诉讼受案范围 / 1505

8 房屋征收过程中的过程性行为是否属于行政复议受理范围 / 1506

9 行政机关对于当事人申请协调土地补偿标准的请求是否进行协调，均不属于行政复议受理范围 / 1507

10 对内部行政行为的处理未对行政相对人创设新的权利义务，不属于行政诉讼受案范围 / 1508

11 政府行政征收通告是否属于行政诉讼受案范围 / 1509

12 司法强制执行行为是否属于行政诉讼受案范围 / 1510

13 对当事人权利义务不产生实际影响的说明函是否属于行政复议受理范围 / 1511

14 调解行为是否属于行政诉讼受案范围 / 1512

15 会议纪要是否属于行政诉讼受案范围 / 1513

16 省级政府征收土地的决定及省级政府对征收土地决定作出实体处理的行政复议决定，是否属于行政诉讼受案范围 / 1514

17 公证行为不具有行政可诉性 / 1515

18 信访复核意见是否属于行政复议受理范围 / 1516

19 对明显不符合行政复议受理条件告知行为的可诉性 / 1516

20 责令限期改正决定是否属于行政诉讼受案范围 / 1517

21 行政机关作出关于成立某项工作领导小组的通知是否属于行政诉讼受案范围 / 1518

22　国有土地使用权收回公告是否可诉 / 1519

23　上级行政机关对下级行政机关的督促履职行为，不属于行政诉讼受案范围 / 1520

24　事故调查报告的批复是否属于行政诉讼受案范围 / 1521

25　行政机关对监督、举报事项作出的处理，是否属于行政诉讼受案范围 / 1522

26　城乡规划部门修改控制性详细规划的申报和政府审批行为，明显不属于行政复议和行政诉讼受案范围 / 1524

27　正确把握投诉举报与行政机关内部层级监督的关系 / 1525

28　信访工作机构处理信访事项的行为或者不履行信访处理职责的行为不属于行政诉讼受案范围 / 1526

29　最高人民法院关于中国人民银行分支机构与其行员之间发生的人事争议是否属于人民法院受案范围的答复 / 1527

30　针对事故调查报告作出的批复是否属于行政诉讼受案范围 / 1528

31　行政批复的可诉性如何判断 / 1529

32　认定行政行为是否对当事人的合法权益产生了影响，不能仅根据文字表述而应根据客观实际 / 1530

33　当事人申请区县级人民政府查处征收部门暴力拆迁的，属于申请层级监督 / 1531

34　对公安机关刑事不立案行为不能提起行政诉讼 / 1532

35　事业单位改革中的人事变动不属于行政诉讼受案范围 / 1532

36　公安机关依据刑事诉讼法行使职权的行为不属于行政复议受理范围，也不属于行政诉讼受案范围 / 1533

37　信访答复既不属于行政复议受理范围，也不属于行政诉讼受案范围 / 1534

38　村委会与当事人协商后实施的拆除行为不属于行政诉讼受案范围 / 1535

39　村民与村委会之间的土地承包经营权纠纷不属于行政诉讼受案范围 / 1536

40　申请层级监督不属于行政诉讼受案范围 / 1537

41　村民认为村委会制定《城中村改造实施方案》的行为违反法律规定的，应

向镇政府、街道办反映，不能直接要求县政府处理，也不能直接提起行政诉讼 / 1537

42　对行政机关工作人员的行政处分行为不属于行政诉讼受案范围 / 1538

43　申请公开行政机关内部指导意见不属于行政诉讼受案范围 / 1539

44　信访处理机关作出的信访答复不属于行政诉讼受案范围 / 1540

45　申请人对相对人权利义务不产生实质影响的答复提起行政诉讼的，人民法院不予受理 / 1541

46　《告知书》如对行政相对人的权利义务不产生实际影响，不属于行政诉讼受案范围 / 1542

◉ **主体资格**

1　集体土地上的违法建设者不具有提起履行征收补偿职责之诉的原告资格 / 1543

2　海域养殖场的租赁人对海域使用权证的颁证及变更登记行为不具有诉权 / 1544

3　房屋权属存在争议的，房屋产权人对强制拆除房屋行为提起行政诉讼是否符合起诉条件 / 1545

4　行政行为对公民、法人或者其他组织权利义务不产生实际影响的，不具有提起行政诉讼的主体资格 / 1546

5　公司仍然存在时，法定代表人一般不宜以个人名义申请行政复议或者提起行政诉讼 / 1547

6　行政强制案件中一般以实施主体为被告 / 1548

7　原土地权利人对被批准征收后的土地出让、登记等后续行为不再具有利害关系 / 1549

8　非公有承租房屋承租人对房屋拆除行为一般不具有行政法上的利害关系 / 1550

9　国有企业职工对单位改制不具有提起行政诉讼的原告资格 / 1551

10　由国务院、省级人民政府批准设立的开发区管理机构可以作为行政诉讼被

告 / 1551

11 对房屋享有合法权利才能成为适格原告 / 1552

12 行政机关依据人民法院的生效以物抵债裁定予以转移登记的，原产权人不得仅以受让人与民事裁定不一致为由起诉撤销行政登记 / 1553

13 开发区管理机构为适格被告的问题 / 1554

14 市、县人民政府在集体土地房屋征收协议中未签章落款，不宜当然认定市、县人民政府系协议的签订主体 / 1555

15 如何认定申请行政复议或者提起行政诉讼的当事人与行政行为有利害关系 / 1556

16 被诉职责或者义务属于下级人民政府行使情形的认定和处理 / 1557

17 合作协议期限届满未续签的当事人起诉行政机关后期作出的行政行为的诉权判断 / 1558

18 被征收人履行完毕搬迁补偿合同实际领款并交付房屋后，与其后的拆迁行为不再有行政法上的利害关系 / 1559

19 有相邻权上的利害关系如何影响行政诉讼原告的主体资格 / 1560

20 公民、法人或者其他组织与行政行为"有利害关系"是确定原告诉讼主体资格的标准 / 1561

21 行政相对人的债权人是否与行政行为有利害关系 / 1562

22 行政行为被复议维持后的行政诉讼被告的认定 / 1562

23 投诉举报人应当提供证明其与被投诉行为具有利害关系的初步证据 / 1563

24 棚户区改造过程中房屋被强制拆除的被告认定规则 / 1564

25 原集体土地使用权人对征收后的土地出让行为是否具有利害关系 / 1565

26 生效的人民法院裁判文书可作为确认当事人与案涉权益无利害关系的裁判依据 / 1566

27 土地承租人与土地征收行为利害关系的判断 / 1568

28 非为维护自身合法权益而向行政机关投诉的人与投诉处理结果的利害关系 / 1569

29 以未成年人子女名义提起行政诉讼的原告主体资格审查 / 1570

30 复议维持案件的适格被告及级别管辖 / 1571

31 人民法院认定国有单位产权房屋承租人是否与征收决定具有"利害关系"需综合考虑多重因素 / 1571

32 临时机构委托民事主体作出的行政行为由临时机构的组建机构承担行政责任 / 1572

33 土地的实际权利人在土地未经依法征收的情况下与相关腾迁补偿行政协议具有利害关系 / 1573

● 证据

1 行政相对人在行政程序中依法应当提供而没有提供的证据，在诉讼程序中提供的，人民法院一般不予采纳 / 1574

2 在行政赔偿、补偿案件中，当事人应当对行政行为造成的损害提供证据，因政府方的原因导致其无法举证的，由政府方承担举证责任 / 1575

3 被告负举证责任的适用范围主要是证明行政行为的合法性，对于起诉事实是否存在这一前提事实，或者被告否认基础事实存在的消极事实，证明责任在于原告，不能苛求被告自证清白 / 1577

● 起诉与受理

1 被征收人对土地征收补偿标准不服，应经正确复议程序后再行起诉 / 1578

2 当事人既提起行政诉讼又提起行政复议的处理 / 1579

3 部分当事人已对同一行政行为提起诉讼时，如何保障其他当事人行使诉权 / 1579

4 集体土地征收行为可诉性的判断 / 1580

5 被征收人能否就政府在实施强制拆除房屋行为前作出停电函的行为另行提起诉讼 / 1581

6 在一个行政诉讼中提出多个诉讼请求的处理 / 1582

7 笼统起诉征地拆迁行为违法，属于诉讼请求不具体 / 1583

8 起诉期限通常不因当事人提出主张而中断并重新计算 / 1584

9 行政机关作出具体行政行为时，未告知公民、法人或者其他组织诉权或者起诉期限的，起诉期限如何计算 / 1584

10 自然人、法人或者其他组织请求确认 2015 年 5 月 1 日之前作出的行政行为无效的，如何处理 / 1585

11 行政诉讼中最长起诉期限是否以相对人"知道或者应当知道"行政行为为起算点 / 1586

12 在旧的司法解释下，行政机关未履行诉权和起诉期限告知义务的最长起诉期限是 2 年 / 1587

13 超出《行政诉讼法》规定的最长保护期限的不予受理 / 1588

14 发生在新司法解释之前的行政行为当事人于新司法解释生效后提起行政诉讼的起诉期限如何确定 / 1589

15 当事人对征收集体土地的审批行为提起诉讼是否受生效裁判所羁束的判断标准 / 1590

16 撤销不予赔偿决定的诉讼请求是否可以单独提出 / 1591

17 仲裁裁决作出后当事人就同一事实、同一诉讼请求提起诉讼的，人民法院不予受理 / 1592

18 人民法院裁定准许原告撤诉后，原告以同一事实和理由无正当理由再行起诉的如何处理 / 1593

19 被诉行政行为不明确的，人民法院应当予以指导和释明 / 1593

20 应综合判断疫情是否构成立案不能克服的障碍 / 1594

21 行政机关变更或者撤回生效行政许可，当事人直接提起行政诉讼主张行政补偿的，一般不符合起诉条件 / 1595

22 监护人未及时行使被监护人的诉权并不是耽误起诉期限的正当理由 / 1596

23 在行政机关明确就争议问题予以处理的情况下，行政相对人等待行政机关处理的期间不属于自身原因耽误的起诉期限 / 1597

24 未告知诉权的起诉期限问题 / 1598

25 基于自愿签订的安置补偿协议而实施拆除房屋的行为能否认定为强制拆

除 / 1599

26 诉讼标的已为生效裁判所羁束,已经立案的,应当裁定驳回起诉 / 1601

27 不符合法定起诉条件的不应作出实体判决 / 1602

28 如何判断提起行政诉讼须有"具体的诉讼请求" / 1603

29 送达瑕疵对计算起诉期限的影响 / 1604

30 对于直接起诉原行政行为和起诉行政复议决定两种救济途径,不能同时选择进行 / 1605

31 起诉征地行为违法的应当明确诉讼请求 / 1606

32 超出法定起诉期限情形的判断 / 1607

33 行政机关所作会议纪要虽未向原告送达,但原告举示证据证明其受该会议纪要内容影响而作出相关行为,行政机关未能举示证据反驳的,应视为会议纪要行政行为存在并已效力外化 / 1608

34 新司法解释施行前发生的行政行为,起诉期限原则上适用原司法解释,同时兼顾新司法解释的规定 / 1609

35 重复起诉的认定 / 1610

36 裁判生效后,简单增加被告另行提起诉讼的,如果诉讼请求实质上一致,仍可认定为重复起诉 / 1611

37 诉讼请求是否明确是一种法律评价,如果当事人的诉讼请求明显涉及两个以上不相关联的事项,可以诉讼请求不明确为由裁定驳回起诉 / 1612

38 对于当事人谎称不知道行政行为发生时间,意图逃避起诉期限制度的,其针对该行为另案起诉的时间可以认定为起算点 / 1613

● 行政处罚类

1 操纵证券市场行政处罚如何计算违法所得 / 1614

2 上市公司高管因未勤勉尽责而被行政处罚的司法审查 / 1615

3 因未达到"三通一平"条件而未开发利用土地,可以认定为有正当原因 / 1616

4 针对同批次侵犯商标权的商品分别作出罚款是否违反"一事不再罚"原则 / 1617

5 土地因规划原因无法开发导致土地闲置是否属于使用权人原因 / 1618

6 行政处罚应"过罚相当",保护行政相对人的信赖利益 / 1619

7 对于因历史原因而长期、连续、无争议使用划拨土地且已经建设完毕并运营多年的老项目,不能适用《闲置土地处置办法》进行处置 / 1620

8 法院应正确识别诉讼请求并指导和释明 / 1621

9 违反披露规则和慢走规则的公司及直接负责的主管人员应当承担相应责任 / 1623

10 被处罚人应对证券机构提供的证明其违法行为的基础事实作出合理说明 / 1624

● **行政强制类**

1 行政机关未作行政决定即实施的行政强制行为不属于代履行行为 / 1625

2 集体土地征收范围内违法建筑强制拆除主体的认定 / 1626

3 行政强制执行行为的可诉性问题 / 1627

4 对无书面法律文书确认而房屋被强制拆除的,适格责任主体如何认定 / 1628

5 违法强制行为涉及的土地客观上不具备恢复原状可能性,行政相对人可就此前的补偿问题另循救济 / 1629

6 原审生效裁判已经支持了当事人诉讼请求的,如果不具有继续审查的诉讼利益,人民法院通常不支持当事人的申请再审请求 / 1630

7 居委会自认实施强制拆除房屋行为的责任主体如何认定 / 1631

8 房屋征收补偿协议实际履行完毕后拆除房屋行为的可诉性 / 1632

9 强制拆除行为的适格被告 / 1633

10 当事人对行政强制行为不服,应以作出该强制行为的行政机关为被告提起诉讼 / 1634

11 乡政府自认为强拆主体的应以其为适格被告 / 1635

12 确认房屋拆除行为违法的适格被告问题 / 1636

13 被征收人与强制拆除房屋行为是否具有利害关系的判定标准 / 1636

14 农村村民拒不交回多占的宅基地的,理应按照非法占用土地的处理程序处

理 / 1637

15 在实施行政强制执行的过程中，应遵循催告、听取陈述和申辩、作出强制执行决定、送达强制执行决定等程序要求 / 1638

16 复议诉讼期间等属非自身原因耽误起诉期间的，不应计算在起诉期间内 / 1640

● 许可批复类

1 道路机动车辆生产企业准入标准的司法审查 / 1641

2 不予延续行政许可应综合考虑法律、政策变化和信赖利益保护之间的平衡 / 1642

3 采矿权与土地使用权关系的认定 / 1643

4 依照相关法律规定对符合法定受理条件的重大事故调查报告批复行为的合法性进行审查 / 1644

5 国有土地使用证登记错误但不适宜撤销的，不动产登记机构可予更正登记 / 1646

● 征收补偿类

1 对合法有效的规范性文件确定的村民资格标准，人民法院应当予以尊重 / 1647

2 征收、占用未经审批办理占地、规划手续的土地，对地上建筑物、附着物如何补偿的问题 / 1649

3 未依法定程序处置土地使用权，可能承担国家赔偿责任 / 1650

4 集体土地被依法征收后发布的征地补偿安置公告是否可诉 / 1651

5 对已经批准征收土地是否有权要求政府换发新的土地承包经营权证 / 1652

6 对因征收房屋造成停产停业损失的补偿可以根据房屋被征收前的效益、停产停业期限等因素确定 / 1653

7 房屋征收补偿决定中用于置换的房屋不明确的或作出时间过于滞后以致明显不公正的，可判决予以撤销 / 1654

8 对国有土地上房屋征收决定是否判决撤销如何把握 / 1655

9 行政机关作出行政行为应当遵循正当程序原则 / 1656

10 农村集体土地征收中如何确定补偿对象 / 1657

11 农村集体土地征收补偿参照执行国有土地上房屋征收补偿标准的认定和处理 / 1658

12 对国有土地上房屋被征收后的价值补偿应当包含相应土地使用权的价值 / 1659

13 在作出房屋征收决定的条件尚不完备,房屋尚未拆除时,对被征收人提出的确认未作出房屋征收决定行为违法的主张不予支持 / 1660

14 行政机关出具的张贴公告的书面证明及视听资料、被征地农民出具的证言可以作为认定依法发布征收土地公告的证据 / 1661

15 征收集体宅基地可因地制宜采取多种安置方式,并非必须以重新安排宅基地建房的方式进行补偿安置 / 1662

16 强制拆除房屋的实施主体能查清且其具备独立承担法律责任的能力的,不再将具有征收补偿职责的行政机关推定为实施主体 / 1663

17 申请人无证据证明其在征收范围内有符合征收条件的合法房屋被征收的,对其发放安置补助的请求不予支持 / 1664

18 房屋征收补偿协议案件中房屋征收部门是否为适格被告 / 1665

19 被征收集体土地上房屋的承租人是否有权要求行政机关为其安置土地 / 1666

20 被征收人提供虚假证明签订的征收补偿协议依法不予支持 / 1667

21 被征收人已得到相应补偿后,不能再要求政府予以补偿 / 1668

22 被征收房屋的承租人是否与征收补偿决定有利害关系 / 1669

23 当事人提起行政诉讼应当有明确的诉讼请求和被诉行为 / 1670

24 购房协议无效是否当然无法获取拆迁补偿 / 1671

25 征收"外来人员"在村民宅基地上建设的房屋是否应予补偿 / 1672

26 不能因为棚户区改造项目中的"商业开发"而否定征收的公共利益目的 / 1673

27 国有土地上房屋征收中,房屋补偿安置"就近地段安置"应如何考量 / 1674

28 原告主张有关征地行为违法应提供存在征收行为的初步证据 / 1675

29 国有农场用地被征收后的补偿原则与补偿方式 / 1676

30 一审期间被划出征收范围将不再具有诉讼主体资格 / 1676

31 行政案件的实质调解工作贯穿始终 / 1677

32 群体案件中实质化解工作的开展 / 1678

33 因申请人自身原因放弃的权利无法得到保护 / 1679

34 行政征收补偿案件中适格原告主体的确定 / 1680

35 当事人对不在征收红线范围内的房屋申请征收补偿应如何处理 / 1681

36 已经签订土地征收补偿协议之后再起诉土地征收行政行为的处理 / 1682

37 被诉征收补偿决定已被人民法院作出的生效裁定准予执行的,在该准予强制执行裁定的效力被依法否定前,不能诉请撤销被诉征收补偿决定 / 1683

38 被征地农民因对集体土地征收补偿标准不服而申请裁决或复议的,对补偿安置方案及其批复文件可视为一体 / 1684

39 起诉人能提供初步证据证明其对被征收房屋享有权益,则具备提起行政诉讼的原告资格 / 1685

40 征收补偿方案已对被征收房屋的附属面积予以考虑的,被征收人不能再另行主张补偿 / 1686

41 征收补偿安置方案没有对宅基地安置作出规定,被征收人坚持要求宅基地安置缺乏法律法规依据 / 1687

42 已经确认违法的补偿安置方案或其批准行为,对确认违法之诉可不再重复处理,但确认违法的效力要及于本案原告 / 1688

43 房屋征收补偿遗漏事项经行政机关采取补救措施后,可确认补偿决定违法而不予撤销 / 1689

44 居住人对征收补偿决定不服提起的诉讼,通常受针对房屋权利人作出的生效判决的羁束 / 1689

45 征收过程中的评估、鉴定等行为属于证据,通常不能单独提起行政诉讼 / 1690

46 家庭成员签订的征迁补偿协议效力及于其他家庭成员 / 1691

47 征收房屋实际面积与证载面积不一致应如何认定 / 1692

● **行政登记类**

1 以房屋已为第三人善意取得为由判决确认房屋登记行为违法，不撤销登记行为的情形如何认定 / 1693

2 土地权属在争议期间的，人民法院一般不宜受理相关权属登记纠纷案件 / 1694

3 当事人请求撤销农村土地承包经营权登记的处理方式 / 1695

4 土地登记机关对登记材料应当尽到合理审慎的审查义务 / 1695

5 第三人仅对土地承包经营权有异议，请求撤销据此颁发的权证，人民法院一般不予支持 / 1697

6 土地使用权证登记的用地范围存在重叠情况下的争议解决方式 / 1698

7 直接向政府申请土地确权并颁发土地承包权经营证不符合土地确权登记逐级申报的规定 / 1699

● **政府信息公开类**

1 政府信息公开形式的司法审查范围 / 1700

2 要求公开信访答复意见涉及的内容属于信访事项 / 1701

3 政府信息公开诉讼应以向行政机关提出申请为前提 / 1702

4 在已签订补偿安置协议后，又反复多次提起实质为不满协议的各类诉讼，人民法院通常不予支持 / 1703

5 行政机关对于投诉举报事项调查核实过程中产生的相关材料信息是否属于政府信息 / 1704

6 当事人提出多项诉讼请求时的处理方式 / 1704

7 政府信息不存在时的告知义务 / 1705

8 更正政府信息内容、撤销行政处罚决定、追究有关人员责任等问题，不属于政府信息公开案件的审查范围 / 1706

9 政府信息公开案件的审查内容和合法性审查标准如何把握 / 1707

10 对申请公开的政府信息未能全部予以公开是否违法 / 1708

11 当事人被刑事拘留羁押期间的信息是否属于政府信息公开范围 / 1708

12 信访过程中形成的信息能否通过申请政府信息公开的途径获取 / 1709

13 当事人针对同一行政行为既提起诉讼又申请行政复议如何处理 / 1710

14 由行政机关制作的政府信息的公开义务机关应为制作机关 / 1711

◉ **行政复议类**

1 未办理产权证的房屋实际居住使用人对行政机关为第三人颁发土地证和房产证的行为申请行政复议，是否具有行政复议申请人的主体资格 / 1712

2 申请人提起行政复议申请已超过法定申请期限，且不存在因不可抗力或者其他正当理由耽误申请期限的情形，对复议机关作出的驳回复议申请决定应予支持 / 1713

3 用工单位违法转包情况下的工伤认定 / 1714

4 学生就高校行为申请行政复议的裁判规则 / 1715

5 林权争议由各级人民政府依法作出处理决定 / 1717

6 道路交通事故认定书目前不属于行政复议受理范围 / 1717

7 信访局是否安排接谈不属于法律规定的行政复议受理范围 / 1719

8 复议机关对申请复议事项明显不符合行政复议受理条件而作出的程序性驳回复议申请决定是否可诉 / 1720

9 行政复议确认行政行为违法是否需要责令重新作出行政行为 / 1721

10 当事人的重复申请行为不属于行政复议的受理范围 / 1722

11 省级人民政府根据国务院土地征收批准文件作出的土地征收实施方案批准行为是否属于行政复议的受理范围 / 1723

12 同一主体就同一事实已提起行政诉讼，再就该事实申请行政复议，不符合行政复议申请受理条件 / 1724

13 行政诉讼中知晓行政决定的时间能否作为申请行政复议期限的起算点 / 1725

14 行政机关对当事人以信息公开名义进行咨询所作的答复是否属于行政复议受理范围 / 1726

15 公民个人能否请求审计机关开展审计监督 / 1727

16 仅告知适格复议机关的行为不属于行政诉讼受案范围 / 1728

17 移民部门实施行政行为后并入其他行政机关,当事人申请行政复议应如何确定被申请人 / 1729

18 行政机关机构改革后,如何确定行政复议的被申请人 / 1730

19 现有法律未予明确行政复议的最长申请期限,司法实践中能否参照《行政诉讼法》关于20年最长起诉期限的规定 / 1731

20 复议申请人与原行政行为无利害关系,人民法院撤销行政机关错误受理后作出的复议决定时,无须一并责令其重新作出不予受理复议申请的决定 / 1732

21 行政机关应司法机关的要求调查核实相关情况的行为,对当事人不产生直接影响,即便当事人最终承担了不利后果,也是司法裁判所致,不属于行政复议受理范围 / 1733

22 因对法院的判决结果不服而重新申请行政复议或者变相申请行政复议,违背了司法终局原则,不属于行政复议受理范围 / 1734

23 被征地集体经济组织和农民对补偿标准和方案不服向上级人民政府申请复议的,符合行政复议受理条件 / 1735

24 申请人针对《行政复议条例》《行政复议法》施行之前的行政行为申请复议无法律依据 / 1736

● **行政裁决类**

无权属凭证时如何确定土地、山林、水利权属 / 1737

● **行政协议类**

1 因履行行政协议产生纠纷的时效如何适用法律 / 1738

2 行政机关超越法定职权签订协议作出承诺或约定的效力如何认定 / 1739

3 行政协议预期可得利益损失如何认定 / 1740

4 行政机关不依法履行、未按照约定履行行政协议案件应按行政案件标准交纳诉讼费用 / 1741

5　对行政协议是否无效的审查 / 1742

6　行政机关根据上级要求依法调整政策，可以不再履行相关协议 / 1743

7　村民组长个人违规处置集体财产，以集体名义向村民出具拆迁补偿安置承诺的效力如何认定 / 1744

8　涉及国家和社会公共利益的行政决议违法能否被撤销 / 1745

9　拆迁补偿安置协议中行政机关是否需要对建设用地使用权人进行实质审查 / 1746

10　支付临时安置费应以征收房屋为前提 / 1747

11　行政机关解除、变更、撤销行政协议应有明确的意思表示和法律依据 / 1748

12　行政协议案件中如何确定适格被告 / 1749

13　行政协议履行纠纷适用诉讼时效的规则 / 1750

14　对行政机关不履行行政协议约定义务的审查 / 1751

15　确认行政协议无效应提交证据证明存在法定无效情形 / 1753

16　2015年前订立的行政协议是否属于人民法院行政诉讼受案范围 / 1754

17　行政协议约定的解除协议事由成就时，解除权人依法享有解除权 / 1755

● **行政赔偿类**

1　不具备重新评估条件时法院可以酌定损失 / 1756

2　无产权证房屋被强拆灭失，对房屋面积的举证责任应当由实施违法强拆行为的被告承担 / 1757

3　行政机关因登记错误造成损害的，承担相应的赔偿责任 / 1758

4　行政赔偿中当事人的损失因客观原因无法鉴定的，如何确定赔偿数额 / 1759

5　在被拆除房屋已出租给他人经营的情况下，因强拆行为导致的租金损失是否应予赔偿 / 1760

6　当事人已获得足额补偿时则赔偿之诉不予支持 / 1761

7　国有土地上房屋征收中被征收房屋价值的审查认定 / 1762

8　违法强制拆除禁止养殖区域内的养殖场造成损失的，应当给予公平合理的赔偿或补偿 / 1763

9	行政赔偿方式与赔偿标准的确定 / 1764
10	房屋征收补偿决定被裁定准予执行后的强制执行行为的责任承担 / 1765
11	已签订补偿协议领取补偿款后，另行就停产停业损失主张行政赔偿的，如何认定 / 1766
12	宅基地上房屋因城中村改造被拆除后又原址重建，是否属于行政赔偿范围 / 1767
13	转让买卖时未依法办理报批手续的房屋，所有权人如何认定 / 1768
14	行政赔偿中，赔偿义务机关与赔偿申请人就产权置换或调换不能达成调解的，人民法院可以判令支付货币的形式实现赔偿申请人的权益 / 1769
15	赔偿请求人就损害情况的初步证明标准如何认定 / 1770
16	对集体土地上住宅房屋主张停产停业损失能否支持 / 1771
17	行政行为被确认违法是否应向行政相对人赔偿 / 1772
18	在涉案房屋已被拆除、评估机构因评估资料不足而退件的情况下，参照房屋被拆除时辖区二手住房成交均价并适当扣除土地出让费用后给予相应赔偿 / 1773
19	拆迁补偿安置方案是认定集体土地上房屋财产损失的重要标准 / 1774
20	对城中村未登记房屋的赔偿要综合考虑现实中城中村村民自建房屋产权登记普遍不完善的现状 / 1775
21	赔偿的损害情况因被告原因导致原告无法举证的，由被告承担举证责任 / 1776
22	从事经营活动的违法建设的补偿与赔偿 / 1777
23	对以租赁方式取得集体土地使用权后建造的房屋主张损失补偿应否支持 / 1778
24	如何认定被违法拆除房屋的赔偿标准及数额 / 1779
25	商铺经营权损失赔偿问题 / 1780
26	行政赔偿案件中如何认定被强拆房屋的相关权益 / 1780
27	房屋产权人对强制拆除房屋行为提起行政赔偿诉讼，在确认违法行政起诉

28 生效行政判决确认强拆行为违法后，当事人提起行政赔偿诉讼符合法定起诉条件 / 1783

29 被拆迁人对因政府违法强拆造成可利用价值的损失是否可获行政赔偿 / 1784

30 农作物绝产的损失不属于直接损失，可不予赔偿 / 1785

31 非法强制拆除房屋赔偿标准时间节点的认定 / 1786

32 当事人提起行政赔偿诉讼时，应当有相对充分的事实根据 / 1787

33 征收补偿决定是否可依生效裁判作出 / 1788

34 单独提起行政赔偿诉讼起诉期限的计算 / 1789

35 赔偿请求人对行政机关的事实行为未经确认程序而直接提起行政赔偿诉讼的，人民法院在判决时应当对赔偿义务机关致害行为是否违法予以确认 / 1790

36 赔偿请求人因行政机关的事实行为单独提起行政赔偿诉讼的，人民法院应对致害行为是否违法一并予以确认 / 1791

37 准确把握"直接损失"的范围 / 1792

● **履行职责类**

1 参加城镇职工基本养老保险、享受新农村合作医疗保险待遇的被征地农民能否享受被征地农民养老和医疗保障待遇 / 1794

2 诉请行政机关依据行政处罚决定履行职责应当以该处罚决定对行政机关设定了义务为前提 / 1795

3 支付临时安置费应以在征收范围内有合法房屋被征收为前提 / 1796

4 行政诉讼中原告举证责任如何把握 / 1797

5 在其房屋搬迁补偿工作已全部完成的情况下，被征收人无权要求政府再履行征收房屋的法定职责 / 1798

6 如何判断政府是否履行征收公告职责 / 1799

7 补偿工作宣传提纲并非依照法定权限、程序制定的征地补偿安置方案 / 1800

8 公安机关作出不予调查处理告知书是否构成行政不作为 / 1801

9 土地权属争议的认定 / 1802

10 基于政府机关内部往来文件请求政府履行职责，人民法院不予支持 / 1803

11 被关停企业向行政机关多次要求解决补偿问题，行政机关一直未作出明确决定的，应视为行政机关未履行关停补偿职责的状态一直持续 / 1804

● **其他行政类案件**

1 本案合议庭组成人员参与审理当事人起诉的另外案件的，不属于法定应当回避的情形 / 1805

2 政府关闭存在重大消防隐患和安全风险市场的行为，系依法履职具有正当合法性 / 1806

3 组织关停整改具有安全隐患的市场经营场所是各级人民政府的法定职责 / 1807

4 集体经济组织成员资格判断应考虑户籍和应尽义务等因素 / 1808

5 发包行为被确认无效后，原发证机关注销土地承包经营权证的行为合法有效 / 1809

6 林木林地权属争议处理中，如何对行政裁量权进行司法审查 / 1810

7 未经批准使用农村集体土地进行建设的应确认该占地行为违法 / 1811

8 提前退休工种应与相关特殊工种名录相符 / 1812

9 被诉行政行为不属于法定无效情形原告仍坚持请求确认无效的该如何处理 / 1813

10 "包工头"因工伤亡可认定工伤 / 1815

11 当事人自愿流转土地且宅基地初始登记生效的，对既已形成的法律关系可给予必要的考虑和尊重 / 1816

12 人民法院审理大中型水利水电工程移民安置补偿案件，应当追加项目法人为第三人 / 1817

国家赔偿篇

◉ 无罪逮捕赔偿

1 人民法院赔偿委员会提审决定未对申诉事项和请求进行审查，申诉人继续申诉的，人民法院赔偿委员会应当受理并决定重新审理 / 1821

2 因法律修改致犯罪标准提高而不构成犯罪的，国家不承担赔偿责任 / 1822

◉ 无罪错判赔偿

1 刑事赔偿案件中确定精神损害赔偿责任，应当综合考量精神损害的严重程度和其他相关因素 / 1823

2 人民法院判处有期徒刑缓刑后再审改判无罪，被害人在判决生效前被羁押的，作出原生效判决的法院为赔偿义务机关 / 1824

◉ 刑事违法查封、扣押、冻结、追缴赔偿

赔偿请求人提供财产损失初步证据后，能否以赔偿请求人不能提供充分有效的证据证明财产损失为由驳回赔偿请求 / 1825

◉ 殴打、虐待、怠于履行职责赔偿

1 赔偿请求时效认定问题 / 1826

2 人民检察院对于监所被羁押人员死亡所作调查结论的证据认定问题 / 1827

3 侵害公民健康权的赔偿请求时效起算问题 / 1828

4 赔偿请求人主体资格认定问题 / 1829

◉ 违法采取对妨害诉讼的强制措施赔偿

人民法院合法采取对妨害诉讼的强制措施造成诉讼参与人身体伤害的不承担赔偿责任 / 1830

◉ 错误执行赔偿

1 受害人对被确认违法的执行行为无法通过诉讼或者执行程序填补损失的，人民法院应当承担赔偿责任 / 1831

2 在错误执行赔偿案件中不能简单以执行程序尚未终结为由驳回赔偿请求人的申请 / 1832

3 错误执行赔偿案件中因赔偿义务机关过错致使申请人无法举证时举证责任倒

置 / 1833

4 依据错误的执行根据所为的执行行为，未超出执行根据范围的，不属于执行错误 / 1834

执行篇

● 执行依据

1 申请执行的生效法律文书不具备明确具体的给付内容，不符合执行条件 / 1837

2 被执行人根据判决中涉及的协议内容主张其已在判决前偿还债务，不属于执行程序审查范围 / 1838

3 人民法院应按照执行依据明确的利率标准、利息计算方法确定利息的执行 / 1839

4 对执行依据确定的执行对象的执行，不存在被执行人有多项财产可供执行进而选择某项财产执行的问题 / 1840

5 对执行依据内容不服提出的异议，不属于执行异议程序的审查范围 / 1841

6 执行依据判令被执行人应当向申请执行人履行补偿职责，被执行人未作出补偿行为，执行法院应当责令被执行人履行补偿义务，执行法院不能以执行依据内容不明确为由驳回申请执行人的执行申请 / 1842

7 生效法律文书执行内容不明确，执行部门应按审判部门的答复补正裁定内容执行 / 1843

● 执行的申请和受理

1 当事人、利害关系人对执行行为不服，应在执行程序开始之后、终结之前提出 / 1844

2 识别当事人的异议属于何种性质并决定适用相应程序应由法院作出判断 / 1845

3 独立于执行当事人且与执行行为无法律上利害关系的主体是否为执行异议的适格主体 / 1846

31

4　债权受让人和转让人同时申请执行应参照适用第三人申请变更、追加其为申请执行人的相应规定 / 1847

5　案外人基于对管辖法院的错误认识超过法定期限提出异议的，应驳回其异议申请 / 1848

6　义务人在履行仲裁调解书中是否构成违约以及承担违约责任不应在执行程序中作出判断 / 1849

7　指定执行系执行法院内部管辖调整不属于可以提出执行异议的执行行为 / 1850

8　在执行和解协议有效订立后，因不可归责于双方当事人的新冠疫情原因，致使合同履行的基础动摇或丧失，若严格履行合同，将显失公平的，当事人申请变更和解协议履行期限的，人民法院应予支持 / 1851

9　对执行法院依职权启动执行监督作出的执行裁定不服，上级法院应根据裁定主文内容判断适用何种程序进行救济 / 1852

10　申请执行人对终结本次执行程序案件申请恢复执行不受申请执行时效期间限制 / 1853

11　案外人针对诉前保全提出的排除执行异议已经审判程序被驳回，在执行程序中又对同一标的以相同理由提出案外人异议，人民法院不应受理 / 1854

12　义务人转让行为阻止仲裁裁决附设条件成就的视为申请执行条件已经成就 / 1855

13　对于同一执行行为重复提出执行异议应依法不予受理 / 1856

14　生效判决判令双方互负债务且没有先后履行顺序的，一方申请执行也将导致另一方的申请执行时效中断 / 1857

● 财产保全与先予执行

1　当事人对诉讼中的保全裁定提出异议的，不属于执行异议审查范围 / 1858

2　保全程序中不能直接保全被保全人开办的作为案外人的一人有限公司的财产 / 1859

◉ 抵押

1 抵押权设立后抵押财产出租的，该租赁关系不能对抗已登记的抵押权 / 1860

2 执行程序中法院应当依据生效判决确定的具有优先效力的债权额度及清偿范围执行 / 1861

3 抵押财产被保全查封后，抵押权人是否有权收取抵押财产的法定孳息 / 1862

◉ 查封、扣押、冻结

1 诉讼保全中顺位在先的债权人在执行程序中优先受偿的范围应结合查封顺序和保全金额综合确定 / 1863

2 如何确定多个法院冻结同一股权的先后顺序 / 1864

3 是否明显超标的额保全应根据被保全财产的市场价值、权利负担等情形综合考量认定 / 1865

4 被执行人账户为专用账户，账户内资金性质为专用资金的，不得扣划该账户内专用资金 / 1866

5 利害关系人办理商品房网签手续无法获得优先受偿权以及获得法院查封的效力 / 1867

6 刑事案件办理过程中，未按法律规定查封不具强制力 / 1868

7 多份生效法律文书确定金钱给付内容的多个债权人分别对同一被执行人申请执行，各债权人对执行标的物均无担保物权的，按照执行法院采取执行措施的先后顺序受偿 / 1869

8 案外人擅自处分被查封财产的认定程序及责任承担 / 1870

9 棚户区改造项目专项监管账户内的拆迁安置补偿款，不能被认定为棚户区改造实施单位所有而予以执行 / 1872

10 在保证建设工程施工正常进行的情况下，可依法对商品房预售资金予以冻结或执行 / 1873

11 轮候查封只有在首封案件和查封顺序在先的申请执行人优先受偿后，才对剩余财产享有处分和受偿的权利 / 1874

12 建设工程仍在施工的情况下，影响建设工程正常进行的，人民法院不宜扣

划被执行人商品房预售资金专用监管账户内资金 / 1875

　13　预查封未进行不动产登记的土地的，该预查封效力及于土地上的房产 / 1876

● 评估、拍卖、变卖、以物抵债

　1　抵押物被依法拍卖后，抵押人承担的卖方税费可以在抵债价款中扣除 / 1877

　2　从抵债价款中扣除相关税费后，债权人可就其未清偿债权向债务人主张权利 / 1878

　3　案件执行终结后，案外人又对以物抵债裁定提出异议的，人民法院不应受理 / 1879

　4　案外人执行异议之诉审理期间，人民法院不得对执行标的进行处分，但不禁止非处分性执行措施 / 1880

　5　被执行人对未取得权属登记的房屋享有相关财产权益执行法院可以进行处置 / 1881

　6　申请人同意以网络司法拍卖中房产一拍流拍保留价抵债的，人民法院应予准许 / 1882

　7　在使用上不可分或者分别拍卖可能严重减损拍卖物价值的，应当合并拍卖 / 1883

　8　执行中，拍卖的财产流拍后，具有优先受偿权的债权人放弃以物抵债，受偿顺序在后的普通债权人愿意抵债的，并不能获得优先于其他债权人就抵债财产变现后的价值受偿的地位 / 1884

　9　房屋承租人以优先购买权受侵害为由，主张拍卖、变卖无效或要求撤销的，不予以支持 / 1886

　10　对于被执行人与他人共同所有的房屋，可以直接执行其所有的相应份额 / 1887

　11　法院委托对股权进行评估，股权评估机构不需要具有公司具体特定资产的评估资质 / 1888

　12　被评估股权所在公司拒不配合评估，评估机构根据向有关行政管理机关调取的资料作出评估结论的，不构成评估程序严重违法 / 1889

13 首先查封法院对查封财产进行处置时,应当优先保障优先债权人的受偿权 / 1890

- 清偿顺序

    1 首查封债权是否为优先受偿债权 / 1891

    2 人民法院有权在执行程序中对未取得生效法律文书确认的承包人主张的建工价款优先受偿权进行审查 / 1892

    3 执行依据未确认权利人享有建设工程价款优先受偿权,并不意味着权利人当然丧失此项权利,在执行程序中仍可行使 / 1893

    4 建设工程价款优先权人仅能就其所施工部分的拍卖价款优先受偿 / 1894

- 利息计算

    1 被执行人不能以申请执行人申请终结本次执行程序为由主张免除终结本次执行程序期间的迟延履行利息 / 1895

    2 执行法院仅因申请执行人未垫付评估费用,即停止计算申请执行人对被执行人享有的利息(包括利息、罚息、复利)债权,没有法律依据 / 1896

    3 执行回转时应结合再审判决与原执行依据的内容,合理确定迟延履行期间债务利息的起算时间 / 1897

    4 非金融机构被执行人主张适用《最高人民法院关于审理涉及金融不良债权转让案件工作座谈会纪要》停止计息的规定不能得到支持 / 1898

- 到期债权执行

    1 被执行人进入破产程序后,对被执行人的到期债权的执行行为亦应中止,申请执行人应通过向破产管理人申报债权的方式进行救济 / 1899

    2 第三人以债务消灭为由对生效法律文书确定的到期债权提出执行异议,应通过债务人异议程序进行实质审查 / 1900

    3 第三人已经对法院的《履行到期债务通知书》主张了权利的,没有必要再对查封或冻结该债权的裁定提出异议复议 / 1901

    4 第三人对已经生效法律文书确定的到期债务提出异议应不予支持 / 1902

    5 执行法院不可直接强制执行被执行人已向另案法院申请执行的到期债

权 / 1903

6 次债务人在另案诉讼中的答辩意见和上诉理由中未否认对被执行人负有到期债务且据此实现了折抵该笔债务的诉讼利益,据此可以判定其对被执行人负有到期债务进而予以执行 / 1904

7 直接提取被执行人为法定代表人、实际控制人的公司的应收账款清偿被执行人债务不符合法律规定 / 1905

8 执行程序中对被执行人的到期债权和收入应当采取不同的执行措施 / 1906

● **案外人异议**

1 按照不动产登记簿记载,案涉房产权属登记在被执行人名下的,应推定为登记人所有 / 1907

2 案外人对同一执行标的重复提起案外人异议的,人民法院不予受理 / 1908

3 执行异议审查对于案外人异议与利害关系人执行行为异议应当区分审查 / 1909

4 轮候查封未发生查封效力不影响案外人针对该查封行为提出案外人异议 / 1910

5 案外人对执行标的提出异议的,应当在该执行标的执行程序终结前提出 / 1911

● **当事人及其变更、追加**

1 在被执行人被宣告破产且破产清算程序终结后受让债权的债权人,法院不应支持变更其申请执行人的请求 / 1912

2 终结本次执行程序后对于第三人变更申请执行人的申请应予受理审查 / 1913

3 以财产依行政命令被无偿调拨划转给第三人为由申请追加被执行人,应对调拨划转的审批情况、财产去向等事实问题进行查明 / 1914

4 能否以案外人擅自处分被查封财产为由追加其为被执行人 / 1915

5 被执行人全额出资成立子公司,其资产形式转化为子公司股权,并未减少,不能仅以子公司接收被执行人公司的建筑企业资质为由认为构成公司分立,进而追加子公司为被执行人 / 1917

6 在执行程序中,人民法院未经审判程序,不得直接追加转让、变更投资人后的个人独资企业为被执行人 / 1918

7 债权受让人完成法定手续后应当变更为申请执行人 / 1919

8 因发生在诉讼审理期间的事实导致生效法律文书无法执行的,应通过审判监督程序或其他法律途径寻求救济 / 1919

9 当事人因未缴纳出资而被追加为被执行人后,不能以与在后进入执行的另案申请执行人达成执行和解并已履行完毕其股东补充赔偿责任为由排除本案执行 / 1921

10 被执行人未经依法清算即办理注销登记,股东书面承诺对剩余债务承担清偿责任的,追加该股东为被执行人的法律依据问题 / 1922

11 被执行人以申请执行人的强制清算程序终结后其民事主体资格已消灭为由主张对所涉执行案件不予恢复执行的,不予支持 / 1923

12 追加被执行人的主管部门为被执行人的审查标准 / 1924

13 被执行人能否以案涉债权转让存在严重程序瑕疵等为由主张执行法院不能变更申请执行人 / 1925

14 申请执行人以第三人无偿接受被执行人财产为由申请追加其为被执行人应当承担举证责任 / 1926

◉ 执行担保

执行中抵押权人优先受偿的金额应结合抵押物最终变现价格和生效判决确定的优先受偿权范围确定 / 1927

◉ 执行和解

1 以物抵债和解协议未实际履行不动产物权转移的,不应认定和解协议履行完毕 / 1928

2 被执行人一方正在按照执行和解协议约定履行义务的,不应恢复执行原生效法律文书 / 1929

3 被执行人以执行外和解协议已履行完毕为由提出异议,人民法院应参照《最高人民法院关于执行和解若干问题的规定》第 19 条的规定对协议效力及履行

情况进行审查 / 1930

　4　当事人在一审判决作出后上诉期届满前签订以房抵债协议，何种情形下可以申请执行一审判决 / 1932

　5　被执行人在执行和解协议签订后已履行的金额，当事人没有具体约定的，按民法债权抵充顺序清偿债务 / 1933

　6　人民法院有权就执行行为异议所涉的相关实体问题进行审查，当事人对审查处理结果不服的，享有的是复议权而非诉权 / 1934

● **参与分配**

　　参与分配申请人在申请书中说明了原因，基本证明其申请执行案件未执行完毕，执行法院形式审查后即应予准许其参与分配申请 / 1935

● **强制措施和间接执行措施**

　1　被执行人未履行生效法律文书确定的还款义务，可以对前法定代表人采取限制消费措施 / 1936

　2　行政机关登记材料显示仍为被限制消费单位被执行人的实际控制人申请解除惩戒措施的，不应支持 / 1937

　3　执行过程中，单位被执行人的法定代表人变更后，经审查后，可以解除对原法定代表人采取的限制消费措施 / 1938

　4　竞买人被限制消费，可以参与竞买股权 / 1939

　5　执行程序中被执行人的法定代表人变更后是否必须解除对原法定代表人的限制消费和限制出境等执行措施 / 1941

　6　存在执行争议的情况下，协助义务人向各方法院说明情况，后按照其中一个法院的书面释明和要求进行了协助执行，不能认定其有过错，更不能认定其行为为擅自处分 / 1942

　7　限制出境措施的解除应按照规范的要求严格掌握 / 1943

● **执行回转**

　1　共同申请执行人之一指定另一方收取执行款，未对执行当事人身份地位变更的，执行回转时是否应将其列为被执行人 / 1944

    2 曾受让案涉债权，后将案涉债权转让他人的当事人不应在执行回转程序中作为被执行人 / 1945

    3 债权转让人并非执行回转程序中承担回转义务的主体 / 1946

    4 原申请执行人将债权转让他人且未取得执行财产的情形下，不应在执行回转程序中承担返还财产的义务 / 1947

    5 当事人之间的法律关系根据原确认判决所确定的内容进行变更后，原确认判决被撤销的，不能执行回转 / 1948

◉ **终结执行**

    1 金钱债权执行案件应以金钱债务及迟延履行期间的债务利息均清偿完毕为执行完毕的认定标准 / 1950

    2 本案案款因另案被冻结而在法院账户未发放给申请执行人，法院已出具结案通知书，本案利害关系人提出参与分配申请，不应予以审查 / 1951

    3 当事人应在法律规定期限内及时主张权利 / 1952

    4 执行案件因撤销执行申请而终结，且当事人未在两年时效内再次申请执行，其债权受让人无权就原执行行为提出异议、复议及申诉 / 1953

◉ **执行与破产衔接**

    无论和解债权人是否在破产中申报债权、是否出席讨论决议和解协议的债权人会议、是否赞成和解协议草案，均受和解协议约束 / 1954

◉ **行政案件的执行**

    在人民法院行政判决生效后，相关行政主体已经履行了生效法律文书确定的义务，该行政判决的相对人向人民法院申请执行的，不符合人民法院执行案件的受理条件 / 1955

◉ **刑事裁判涉财产部分的执行**

    1 追缴违法所得及责令退赔的执行，应征询作出执行依据的刑事审判部门的意见 / 1956

    2 刑事裁判涉财产部分执行过程中，应首先区分赃款赃物，之后对合法财产的处置才涉及执行顺位问题 / 1957

3 受害人死亡后,生效判决确定的以定额方式计算的残疾赔偿金和护理费如何执行 / 1958

4 刑事裁判未明确涉案财物应予追缴份额或具体金额,案外人或被害人认为执行错误提出异议的,是否应当依照执行依据不明的相关规定处理 / 1959

5 买受人是否支付购房款、是否因自身原因未能办理过户登记是排除强制执行的关键 / 1960

6 被执行人将赃款赃物与其他合法财产共同投资或者置业的,不能以合法财产部分阻却全案执行 / 1961

7 刑事审判部门对刑事判决作出的释明应当作为认定判决执行内容的重要依据 / 1962

8 生效刑事判决仅判令继续追缴赃款的,执行部门可向刑事审判部门征询意见,进而确定是否继续冻结案外人财产 / 1963

- **仲裁裁决执行**

1 对仲裁调解协议约定的内容采取的强制执行措施,应当在遵守法律的前提下实施 / 1964

2 因执行仲裁裁决而对公司股东持有股权予以冻结,该公司其他股东不具有申请不予执行仲裁裁决的案外人主体资格 / 1965

- **不予执行公证债权文书**

1 因实体事由申请不予执行公证债权文书的,应当通过诉讼程序处理 / 1966

2 严格依照司法解释审查是否存在不予执行仲裁裁决的法定情形 / 1967

- **其他执行案件**

1 对第三人占有的被执行人财产,执行法院是否可以予以强制执行 / 1968

2 因败诉方未缴纳诉讼费用被强制执行后,能否以已向审理法院申请复核为由请求中止执行 / 1969

3 当事人主张排除执行的事实理由与法院生效裁判不一致的,以法院生效裁判确认事实为准 / 1970

4 对拆迁补偿款的执行能否直接适用对收入执行的有关规定进行 / 1971

5 除存在依法可以进行的债务抵销外,被执行人一般不能以执行依据生效之前的实体事由提出排除执行异议 / 1973

6 执行程序中当事人行使抵销权,抵销意思表示是否到达对方时即生效 / 1974

7 已抵押划拨土地的土地出让金,是否应由买受人缴纳 / 1975

知识产权篇

著作权 ▶▶▶

1　确认不侵害著作权之诉的要件

——福建中金在线网络股份有限公司与视觉（中国）文化发展股份有限公司、汉华易美（天津）图像技术有限公司确认不侵害著作权纠纷申请再审案

- **案　　号**　（2020）最高法民申 4317 号
- **合议庭成员**　秦元明、马秀荣、周波
- **关 键 词**　著作权/确认不侵权之诉/审理范围/计算机软件开发行为/网络服务提供行为
- **相关法条**　《中华人民共和国民事诉讼法》第 204 条第 1 款[①]，《最高人民法院关于适用〈中华人民共和国民事诉讼法〉的解释》第 395 条第 2 款[②]

【裁判要旨】

民事主体因开发计算机软件行为而侵害他人著作权所可能承担的民事责任，不同于网络服务提供者提供信息存储空间或者提供搜索、链接服务所可能承担的民事责任。因此，在确认不侵权之诉中应当根据当事人的诉讼请求，确定案件审理范围，基于计算机软件开发行为而提出的确认不侵权之诉，不应对网络服务提供行为是否侵权进行审理。原告请求法院对其未实施的行为不侵犯他人著作权的行为作出确认的，人民法院不应予以支持。

【案情摘要】

福建中金在线网络股份有限公司（以下简称中金在线公司）请求法院确认其"财视"应用程序不侵犯视觉（中国）文化发展股份有限公司（以下简称视觉中国公司）、汉华易美（天津）图像技术有限公司（以下简称汉华易美公司）的著作权。根据一审、二审法院查明的事实，当事人对"财视"应用程序软件本身不侵犯视觉中国公司、汉华易美公司的著作权并无异议。中金在线公司在上诉理由中进一步主张其该项诉讼请求内还包括两项内容：一是请求确认中金在线公司未在"财视"应

---

① 对应《中华人民共和国民事诉讼法》（2023 年修正）第 215 条第 1 款。
② 该解释已于 2022 年修正，此处对应修正后解释第 393 条第 2 款。

用程序平台上使用含有视觉中国公司、汉华易美公司著作权的作品的行为不构成侵权；二是请求确认"财视"应用程序平台用户在其创作上传的作品中使用了侵害视觉中国公司、汉华易美公司著作权的作品，中金在线公司也不直接构成侵权。一审、二审法院均未支持中金在线公司的诉讼请求。最高人民法院再审审查认为，中金在线公司该主张的实质，是请求法院通过判决的方式确认其未实施的行为不侵害他人的著作权，这显然不属于人民法院在确认不侵权诉讼中应当通过判决确认和解决的问题。同时，民事主体因开发计算机软件行为而侵害他人著作权所可能承担的民事责任，不同于网络服务提供者提供信息存储空间或者提供搜索、链接服务所可能承担的民事责任。判断计算机软件开发行为是否侵害了他人的著作权，重点在于审查判断计算机程序及其有关文档是否侵害了他人的著作权；而判断网络服务提供者在用户实施侵权行为时是否应当承担侵权责任，重点在于审查判断网络服务提供者是否尽到了合理注意义务、是否采取了必要措施。中金在线公司所请求的内容，与其"请求确认'财视'应用程序不侵犯视觉中国公司、汉华易美公司的著作权"的诉讼请求存在实质性区别，即使其在一审庭前会议中对诉讼请求进行细化或者说明，但在其并未明确增加或者变更诉讼请求的情况下，人民法院不应对明显超出其诉讼请求的内容直接予以审理。因此，最高人民法院驳回了中金在线公司的再审请求。

（撰写人：周　波、王　晨）

2　作品的认定
——天象公司、爱奇艺公司与蜗牛公司侵害著作权纠纷申请再审案

- **案　　号**　（2020）最高法民申 5551 号
- **合议庭成员**　秦元明、马秀荣、周波
- **关 键 词**　著作权 / 网络游戏 / 作品 / 电影和以类似摄制电影方法创作的作品 / 玩法规则
- **相关法条**　《中华人民共和国著作权法》第 3 条①，《中华人民共和国民事诉讼法》第 204 条②

---

①　对应《中华人民共和国著作权法》（2020 年修正）第 3 条。
②　对应《中华人民共和国民事诉讼法》（2023 年修正）第 215 条。

【裁判要旨】

是否构成作品，应当根据作品的构成要件予以判断，同时根据作品类型的列举参考最相类似的作品类型予以归类。玩法规则是一个笼统的说法，其能否应当受到保护，不应根据名称判断，而应根据具体表现方式，依照《著作权法》关于作品的规定特别是独创性的规定予以判断。当规则表现为装备的细化分类、获得的方式安排，玩法设计安排得越细致、越多样，就越有可能具备独创性而构成作品。

【案情摘要】

蜗牛公司系《太极熊猫》手机游戏软件的著作权人，该款软件1.0版本开发完成时间为2014年5月15日。天象公司和爱奇艺公司系《花千骨》手机游戏软件的著作权人，该款软件1.0版本开发完成时间为2015年3月6日。通过蜗牛公司提交的取证视频进行比对，在《花千骨》游戏结构的39个玩法系统中，玩法1（序章、第一章）、玩法3的金币副本1和2、玩法8的竞技和兑换部分、玩法17等共计20个玩法系统在玩法主要界面及次级界面的基本布局相同或者近似，界面传递的详细游戏玩法信息及通过操作游戏所得的玩法规则高度相似，玩法5、玩法11在界面基本布局和游戏玩法信息内容相似。其中，13个玩法为ARPG类游戏动作对战和角色扮演成长的核心玩法，两游戏在主界面上核心区域的七大主要玩法均实质相似、具有一一对应关系。两游戏在主界面、战役（历练）界面、历练（修行）界面均作了大部分相似的玩法入口的整合安排。《花千骨》软件文档中，功能模块结构图、功能流程图以及封印石系统入口UI参考图1、参考图2等全部26张UI界面图所使用的均为《太极熊猫》游戏的元素和界面。

一审法院认为，《太极熊猫》游戏运行动态画面整体构成以类似摄制电影的方法创作的作品，游戏玩法规则的特定呈现方式构成《著作权法》保护的客体。《花千骨》游戏侵害了著作权人享有的改编权。

二审法院认为，《太极熊猫》游戏的整体运行画面认定为类似摄制电影的方法创作的作品，游戏中剩余的界面基本布局、界面具体内容可以看作是对游戏具体玩法规则的特定呈现方式，构成《著作权法》中的"表达"。涉案《花千骨》游戏在对战副本、角色技能、装备及武神（灵宠）系统等ARPG游戏的核心玩法上与《太极熊猫》游戏存在诸多实质性相似之处，且在部分细节上存在的雷同远远超出了创作巧合的可能性，构成著作权侵权，故维持了一审判决。

天象公司和爱奇艺公司申请再审，最高人民法院经审查认为，关于是否构成作品，应当根据作品的构成要件予以判断，同时根据作品类型的列举参考最相类似的作品类型予以归类。涉案游戏由多帧连续画面组成，有9万多条开发记录历经一年多时间设计完成，符合作品具有独创性、可复制性、智力成果的条件，一审、二审法院认定蜗牛公司主张的网络游戏《太极熊猫》属于《著作权法》规定的作品正确。作品类型，并非认定作品构成的必要条件。一审、二审法院从方便认定作品归属等规则细化的角度，参照最相类似作品对案涉作品类型予以归类，亦无不当。玩法规则是一个笼统的说法，其能否受到保护，不应根据名称判断，而应根据具体表现方式，依照《著作权法》关于作品的规定特别是独创性的规定予以判断。玩法规则也可以分为不同的层次，最基础的规则比如装备具有等级、装备需要购买这样一种规则，因为其表达的有限性，此类规则不属于作品范畴。但当规则表现为装备的细化分类、获得的方式安排，玩法设计安排得越细致、越多样，就越有可能具备独创性而构成作品。本案中，蜗牛公司主张的玩法规则构成了具体的表达。网络游戏的画面之间如何构成连续和系列，正是借助于玩法规则，由玩家推动着画面间的不同逻辑关系进而展现为连续的动态画面。同时，玩法规则也会以动态的画面呈现，这些画面的连续共同构成了网络游戏的全部连续画面。一审、二审法院认定事实和适用法律并无不当。

根据法院查明的事实，《花千骨》V1.0游戏软件的计算机软件著作权登记存档资料中，功能结构模块图、功能流程图以及封印石系统入口UI参考图1、参考图2等全部26张UI界面所使用的均为《太极熊猫》游戏的元素和界面。《花千骨》游戏与《太极熊猫》游戏在对战副本、角色技能、装备及武神（灵宠）系统等ARPG游戏的核心玩法及其相应的表达内容上存在诸多的实质性相似之处，且在47个装备的24个属性数值上，均呈现出相同或相同比例微调的对应关系。同时，在某些设计缺陷上，《花千骨》游戏与《太极熊猫》游戏亦完全一致。另外，网络游戏的最终用户即网络游戏玩家对两款游戏的相似性感知及操作体验，亦是判断两者是否相似的重要考量因素。据此，一审、二审法院认定侵权并无不当。故裁定驳回天象公司和爱奇艺公司的再审申请。

（撰写人：马秀荣、孙冠华）

3 未经明确意思表示不能认定权利人放弃权利主张
——陈某挺与陈某贵、长乐市大众闽剧团侵害著作权纠纷再审案

- **案　　号**　（2020）最高法民再381号
- **合议庭成员**　秦元明、马秀荣、周波
- **关 键 词**　著作权/侵权责任/权利处分/继续使用
- **相关法条**　《中华人民共和国著作权法》第24条[①]

【裁判要旨】

在权利人未就许可他人使用其作品作出明确意思表示的情况下，不能基于权利人免除侵权人此前使用其作品的侵权责任的行为，推导出权利人许可侵权人此后可以继续使用其作品的结论。

【案情摘要】

陈某挺向一审法院起诉陈某贵、长乐市大众闽剧团侵害其剧本著作权。一审法院认为，2018年5月24日陈某挺出具《收据》中含有"终止与《杏林始祖》相关纠葛"的内容，陈某挺已作出了终局性权利处分，据此判决驳回陈某挺诉讼请求。陈某挺不服，提起上诉。二审法院判决驳回上诉，维持原判。最高人民法院再审认为，从陈某挺出具《收据》的"兹收到长乐市大众闽剧团关于《董奉传奇》早期修改补助1万元整，终止与《杏林始祖》相关纠葛"内容看，陈某挺并未就许可长乐市大众闽剧团此后继续使用其作品作出明确的意思表示，更未涉及本案另一当事人陈某贵，因此，即使作最宽泛的理解，认为陈某挺通过出具《收据》，免除了长乐市大众闽剧团此前使用其作品的侵权责任，也不能就此推定陈某挺许可长乐市大众闽剧团此后可以继续使用其涉案作品，更不能基于该《收据》就免除陈某贵被一审、二审判决认定构成侵权情况下的民事责任。因此，最高人民法院裁定将本案发回一审法院重审。

（撰写人：周　波、王　晨）

[①] 对应《中华人民共和国著作权法》（2020年修正）第26条。

4 合同约定付款条件成就的判定

——华源公司与希美公司著作权许可使用合同纠纷申请再审案

- **案　　号**　（2021）最高法民申 219 号
- **合议庭成员**　秦元明、马秀荣、周波
- **关 键 词**　著作权 / 许可使用合同 / 抗辩事由 / 付款条件
- **相关法条**　《中华人民共和国合同法》第 94 条 ①

【裁判要旨】

当事人已履行全部合同义务，对方当事人以未收到增值税专用发票为由提出抗辩的，人民法院对其抗辩不应予以支持，该当事人应当如约履行支付剩余款项的合同义务。

【案情摘要】

希美公司与华源公司就著作权许可使用事宜签订《协议书》，约定华源公司应当在希美公司"同时提供剩余有效等额的增值税专用发票"后付款。后双方因合同履行发生纠纷诉至法院。经查，希美公司已经开具并寄出剩余款项的增值税专用发票，华源公司在诉讼中亦明确其系因与希美公司沟通节目介质等存在问题而未签收希美公司邮寄的剩余款项增值税发票。一审法院认为，希美公司已按协议约定全面履行了交付授权节目的义务，华源公司接收节目介质并已使用至今，华源公司理应向希美公司支付节目使用费，但华源公司至今未向希美公司履行付款义务，其行为构成违约，应当按合同约定支付相应的违约金。据此判决华源公司支付节目使用费及违约金。华源公司不服，提起上诉。二审法院判决驳回上诉，维持原判。最高人民法院经审查，亦驳回了华源公司的再审申请。

（撰写人：周　波、王　晨）

---

① 对应《中华人民共和国民法典》第 563 条。

5 权利人实际损失和侵权人违法所得不能确定的情况下应适用法定赔偿

——中国音乐著作权协会与成都市青羊区茂业仁和春天百货有限公司侵害作品表演权纠纷申请再审案

- **案　　号**　（2021）最高法民申2793号
- **合议庭成员**　秦元明、马秀荣、周波
- **关　键　词**　著作权/侵权/赔偿
- **相关法条**　《中华人民共和国著作权法》第49条①

【裁判要旨】

原告未举证其受到的实际损失和被告违法所得的情况下，法院应适用法定赔偿。

【案情摘要】

再审申请人中国音乐著作权协会（以下简称音著协）因与被申请人成都市青羊区茂业仁和春天百货有限公司（以下简称仁和春天公司）侵害作品表演权纠纷中，音著协主张律师费、公证费、翻译费等费用，一审法院认为，上述费用的支出系针对多首歌曲、多个播放主体、多个案件诉讼产生，而本案音著协仅针对《Marry You》一首歌曲、一个播放主体仁和春天公司提起侵权诉讼；音著协未能提供确实、充分的证据证明其因侵权所遭受的损失或仁和春天公司因侵权所获得的利益。因此，酌情确定仁和春天公司赔偿音著协经济损失及合理费用共计为5000元。二审法院维持一审判决。音著协不服二审判决申请再审，最高人民法院驳回其再审请求。

（撰写人：秦元明、曾　志）

---

① 对应《中华人民共和国著作权法》（2020年修正）第54条。

6 认定的基本事实缺乏证据证明的案件依法应当再审

——邱茂庭（广州）餐饮管理有限公司与聂某涛
著作权权属纠纷申请再审案

- **案　　号**　（2021）最高法民申 2807 号
- **合议庭成员**　秦元明、马秀荣、周波
- **关 键 词**　著作权／权属／事实认定
- **相关法条**　《中华人民共和国民事诉讼法》第 204 条、第 206 条①，《最高人民法院关于适用〈中华人民共和国民事诉讼法〉的解释》第 395 条②

【裁判要旨】

判断是否构成著作权侵权应以权属确认为前提，在二审判决认定的基本事实缺乏证据证明的情况下，依法应当再审。

【案情摘要】

再审申请人邱茂庭（广州）餐饮管理有限公司（以下简称邱茂庭公司）因与被申请人聂某涛著作权权属纠纷中，一审、二审法院认定邱茂庭公司提交的证据不足以证明其系涉案作品著作权人，故判决驳回其诉讼请求。邱茂庭公司申请再审，最高人民法院认为，二审判决据以认定事实的相关判决在另案中被撤销，邱茂庭公司主张著作权的证据包括《鹿角巷》《鹿角巷之剪影鹿》《鹿角巷之睿智雄鹿》等 10 幅美术作品在内的一系列作品著作权登记证书，而聂某涛未提交证据证明其享有相应的著作权。故二审法院认定的基本事实缺乏证据证明，依法应当再审。

（撰写人：秦元明、曾　志）

---

① 对应《中华人民共和国民事诉讼法》（2023 年修正）第 215 条、第 217 条。
② 该解释已于 2022 年修正，此处法条对应第 393 条。

7 著作权继承人已约定共同行使诉权的，部分继承人不得单独提起诉讼

——王某成、王某与中国音乐学院、胡某江侵犯作品表演权纠纷申请再审案

- **案　　号**　（2021）最高法民申 3068 号
- **合议庭成员**　秦元明、马秀荣、周波
- **关 键 词**　著作权 / 继承人 / 诉权行使 / 诚信
- **相关法条**　《中华人民共和国民事诉讼法》第 119 条第 1 项①

【裁判要旨】

著作权继承人行使诉讼权利，应当符合诚信原则的要求，依法行使权利。《民事诉讼法》规定当事人有权处分自己的诉讼权利，这不仅意味着当事人可以合法处分其诉讼权利，也意味着当事人在诉讼活动中，必须受其先前处分诉讼权利行为的限制和约束。如果著作权继承人就诉权行使已事先达成协议，明确约定必须由全部继承人共同作出决定，方能实施相关诉讼行为，则各继承人均应遵守协议的约定，部分继承人违反协议约定而单独提起诉讼的，人民法院应当裁定驳回其起诉。

【案情摘要】

在再审申请人王某成、王某与被申请人中国音乐学院、胡某江侵犯作品表演权纠纷案中，王某成、王某认为中国音乐学院、胡某江侵害了其通过继承取得的著名音乐家王某宾先生相关音乐作品的著作权。广西壮族自治区南宁市中级人民法院一审认为，王某宾先生于 1996 年 3 月 14 日去世，根据其遗嘱，其音乐作品的相关著作权由其子王某燕、王某星、王某成继承。2016 年，王某星去世，其女王某继承王某星享有的相关著作财产权。本案审理过程中，王某成、王某明确表示不同意追加王某燕参加本案诉讼。原告主张的著作权不具有可分性，在没有证据证明王某燕放弃继承的情况下，王某燕与王某、王某成应作为共同原告参加诉讼，王某成、王某提起本案诉讼的主体不适格。因此，广西壮族自治区南宁市中级人民法院一审裁定：

---

① 对应《中华人民共和国民事诉讼法》（2023 年修正）第 122 条第 1 项。

驳回王某成、王某的起诉。王某成、王某不服一审裁定，提起上诉。广西壮族自治区高级人民法院二审裁定：驳回上诉，维持原裁定。王某成、王某不服二审裁定，向最高人民法院申请再审。

最高人民法院审查认为：民事诉讼应当遵循诚信原则，《民事诉讼法》规定当事人有权处分自己的诉讼权利，这不仅意味着当事人可以合法处分其诉讼权利，而且也意味着当事人在诉讼活动中，必须受其先前处分诉讼权利行为的限制和约束。本案中，虽然王某成、王某各自通过继承依法取得了相应民事权利，但王某成在另案中曾向法院提交了以王某燕、王某星名义签署的《放弃实体权利声明》，导致法院据此作出相关民事判决。王某燕、王某星认为王某成的行为损害了其合法权益，向最高人民法院申请再审。经最高人民法院调解，王某燕、王某星、王某成于2013年9月4日达成和解协议，约定该和解协议签署后，"一切涉及王某宾先生知识产权的诉讼行为"，均应由王某燕、王某星、王某成三人共同作出实体决定。根据这一约定，在王某燕、王某星、王某成三人未形成共同的实体决定前，即在三人未协商一致的情况下，其中任何一人乃至两人，均无权实施"涉及王某宾先生知识产权的诉讼行为"。考虑到和解协议签署的原因，是作为继承人之一的王某成曾在其他民事诉讼中伪造放弃实体权利声明，严重损害了其他继承人的合法权益。因此，和解协议中所称的"涉及王某宾先生知识产权的诉讼行为"，尤其应当包括作为原告提起侵权诉讼的行为。上述协议的约定，不仅是王某燕、王某星、王某成对其民事权利的处分，成为其行使相应民事权利时所负有的约定义务；而且也是王某燕、王某星、王某成对其诉讼权利的处分，成为其作为原告向他人提起侵权之诉的前提条件。如果不满足和解协议约定的条件，王某燕、王某星、王某成三人中的任何一人乃至两人，即不享有作为原告提起诉讼的权利，因此也就不符合《民事诉讼法》第122条第1项规定的起诉条件。王某作为王某星的继承人，在行使其因继承而取得的权利时，亦应受到上述约定的限制。因此，一审、二审法院裁定驳回王某成、王某的起诉并无不当。

（撰写人：周　波、耿慧茹）

8 权利人实际损失和侵权人违法所得不能确定的情况下应适用法定赔偿

——经济科学出版社与宁夏永昌会计教育培训中心
著作权权属、侵权纠纷申请再审案

- **案　　号**　（2021）最高法民申 3209 号
- **合议庭成员**　秦元明、马秀荣、周波
- **关 键 词**　著作权 / 权属 / 侵权
- **相关法条**　《中华人民共和国著作权法》第 49 条①

【裁判要旨】

原告未举证其受到的实际损失和被告违法所得的情况下，法院应适用法定赔偿。

【案情摘要】

再审申请人经济科学出版社与被申请人宁夏永昌会计教育培训中心（以下简称永昌会计中心）著作权权属、侵权纠纷中，经济科学出版社要求赔偿损失 9 万元，因其未举证证明其实际损失及永昌会计中心的违法所得，一审法院综合考虑经济科学出版社可能遭受的损失情况，永昌会计中心的经营规模、范围、侵权的方式、危害程度等因素，酌情支持 5000 元。二审法院维持一审判决。经济科学出版社不服二审判决申请再审，最高人民法院驳回再审申请。

（撰写人：秦元明、曾　志）

---

① 对应《中华人民共和国著作权法》（2020 年修正）第 54 条。

9 未经授权提供回看功能侵害权利人享有的信息网络传播权

——湖南快乐阳光互动娱乐传媒有限公司与桂林零与壹软件有限公司侵害信息网络传播权纠纷申请再审案

- 案　　号　（2021）最高法民申 3826 号
- 合议庭成员　秦元明、马秀荣、周波
- 关 键 词　著作权 / 网络服务提供者 / 侵权 / 信息网络传播权
- 相关法条　《中华人民共和国著作权法》第 10 条

【裁判要旨】

未经许可在手机软件上提供针对涉案作品的回看功能，使得该软件用户在一定期间内可依据个人选定的地点和时间观看涉案节目，构成提供作品内容的行为。

【案情摘要】

再审申请人桂林零与壹软件有限公司（以下简称零与壹公司）与被申请人湖南快乐阳光互动娱乐传媒有限公司（以下简称快乐阳光公司）侵害作品信息网络传播权纠纷中，快乐阳光公司主张零与壹公司通过"影音先锋"安卓手机客户端提供电视作品《新闻大求真》第 20180828 期的在线播放服务侵犯了其享有的著作权。一审法院认为，零与壹公司在其运营的"影音先锋"手机软件客户端提供针对湖南卫视的电视节目（包括涉案节目）的回看功能，使得该软件用户在一定期间内可依据个人选定的地点和时间观看涉案节目，侵犯了快乐阳光公司享有的信息网络传播权。二审法院维持一审判决。零与壹公司不服二审判决申请再审，最高人民法院驳回再审申请。

（撰写人：秦元明、曾　志）

10 摄影作品著作权归属的举证
——北京优图佳视公司与洛阳国润新材料科技股份有限公司破产管理人侵害著作权纠纷申请再审案

- **案　　　号**　（2021）最高法民申 5158 号
- **合议庭成员**　秦元明、马秀荣、周波
- **关　键　词**　著作权／摄影作品／著作权归属／证据
- **相关法条**　《中华人民共和国著作权法》第 11 条、第 12 条，《中华人民共和国民事诉讼法》第 204 条①

【裁判要旨】

原告应当就其是摄影作品的权利人进行初步举证。原告既未提供《作品登记证书》原件及其附表等可以证明其权利主体身份的证据，亦未提交涉案图片系某个摄影师在哪里拍摄及作品首次发表的方式，以及网站展示上传的具体时间等证据，不能证明作品归属、提供充足的理由回应质疑，不足以证实其为涉案图片的著作权人。

【案情摘要】

北京优图佳视公司主张其享有涉案图片的著作权，但未能提供涉案图片的《作品登记证书》及其附表原件。北京优图佳视公司出具了涉案图片的原始参数信息并于一审中当庭进行了展示，但未补充提交实际拍摄者信息。北京优图佳视公司出具了官网展示页截图一张，但未提供登录账号和密码以供法院核实。一审法院认为，现有证据不足以证实其为涉案图片的著作权人，应承担举证不能的不利后果，判决驳回其诉讼请求。二审中，北京优图佳视公司提供了三名摄影师的版权声明、身份证复印件、签订的聘用合同，但未提供为三名摄影师缴纳社会保险金及发放工资报酬的证据，不能证明三名摄影师与其形成劳动关系从而进行职务创作。北京优图佳视公司在"作品创作说明"中称涉案作品拍摄完成时间为 2007 年 4 月 3 日，该时间在北京优图佳视公司与三名摄影师签订聘用合同之前，拍摄时尚无证据证明三名摄影师系北京优图佳视公司的工作人员。故二审法院维持了一审判决。北京优图佳视

---

① 对应《中华人民共和国民事诉讼法》（2023 年修正）第 215 条。

公司申请再审，最高人民法院经审查认为，在一审、二审法院审理期间，北京优图佳视公司未能提供充分的证据证明作品归属、提供充足的理由回应质疑，一审、二审法院认定北京优图佳视公司提交的现有证据不足以证实其为涉案图片的著作权人，判令驳回其诉讼请求并无不当。北京优图佳视公司的申请再审理由不能成立，应予驳回。

（撰写人：马秀荣、孙冠华）

11 无证据证明商誉贬损的情形下消除影响的诉请不予支持

——福建省德化臻峰陶瓷有限公司与泉州市合创文化传播有限公司侵害作品信息网络传播权纠纷申请再审案

- 案　　号　（2021）最高法民申5767号
- 合议庭成员　秦元明、马秀荣、周波
- 关 键 词　著作权/侵权/消除影响
- 相关法条　《中华人民共和国著作权法》第47条①

【裁判要旨】

原告未提交证据证明其商誉受到贬损的情形下，对其要求刊登侵权声明、消除影响的诉请不予支持。

【案情摘要】

再审申请人福建省德化臻峰陶瓷有限公司（以下简称臻峰公司）与被申请人泉州市合创文化传播有限公司（以下简称合创公司）侵害作品信息网络传播权纠纷中，臻峰公司请求判令合创公司在其旗下网站工艺资源网首页、《泉州晚报》刊登侵权声明、消除影响。一审、二审法院不予支持。臻峰公司不服二审判决申请再审，最高人民法院认为，臻峰公司未提交证据证明合创公司所属网站登载涉案图片的行为对臻峰公司的商誉造成贬损，裁定驳回其再审请求。

（撰写人：秦元明、曾　志）

---

① 对应《中华人民共和国著作权法》（2020年修正）第52条。

12 著作权许可使用合同的被许可人诉讼资格的认定

——梅州市家乐迪酒店有限公司与深圳市声影网络科技有限公司侵害著作权纠纷申请再审案

- **案　　号**　（2021）最高法民申 5768 号
- **合议庭成员**　秦元明、马秀荣、周波
- **关 键 词**　著作权 / 被许可人 / 集体管理 / 起诉
- **相关法条**　《中华人民共和国民事诉讼法》第 119 条①

【裁判要旨】

根据《民事诉讼法》第 119 条的规定，基于被许可使用的实体权利，著作权许可使用合同的被许可人可以作为原告向人民法院提起诉讼。

【案情摘要】

深圳市声影网络科技有限公司与新时代公司签订《影音作品购买转让协议》，深圳市声影网络科技有限公司成为新时代公司所有合法影音版权资源的唯一版权所有者。台湾著作权保护协会出具的《录音 / 录影制品权利认证书》显示，乾坤公司为涉案作品的著作权人，乾坤公司许可给深圳市声影网络科技有限公司使用作品的权利和以自己名义采取民事法律救济行为。深圳市声影网络科技有限公司就全部涉案作品，或从新时代公司依法受让取得作品的完整版权，或经过乾坤公司依法许可取得作品的复制权、发行权、放映权等著作权以及以自己名义就有关侵害著作权的行为寻求法律救济的权利。一审法院认定深圳市声影网络科技有限公司诉讼主体适格，二审法院予以维持。梅州市家乐迪酒店有限公司申请再审，认为深圳市声影网络科技有限公司以被授权人地位以自己名义起诉突破《民事诉讼法》的基本规定，突破《著作权法》的规定，突破了《著作权集体管理条例》的规定。最高人民法院经审查认为，在专有使用权许可的情形下，被许可人作为作品唯一的有权使用人，著作权被侵害时其利益直接受损，与被诉侵权行为有直接利害关系，可以作为原告提起诉讼。在非专有使用权许可情形下，被许可人为有权使用作品的人之一，著作权被侵

---

① 对应《中华人民共和国民事诉讼法》（2023 年修正）第 122 条。

害时其利益亦直接受损,并与被诉侵权行为有直接利害关系。考虑到在非专有使用许可情形下,著作权人也可以使用作品,而且被许可人可能有多个,为维护正常诉讼秩序,参照《最高人民法院关于审理商标民事纠纷案件适用法律若干问题的解释》第4条的相关规定,在经著作权人明确授权的情形下,被许可人亦可以提起诉讼。本案中,尚不足以认定深圳市声影网络科技有限公司从事了著作权集体管理活动或者行使了著作权集体管理组织权利。根据《民事诉讼法》的规定,基于被许可使用的实体权利,深圳市声影网络科技有限公司可以作为原告向人民法院提起诉讼。裁定驳回再审申请。

（撰写人：马秀荣、孙冠华）

13 被诉侵权商品的生产者的认定
——泉州经济技术开发区金盾之家服装商行与万达儿童文化发展有限公司侵害其他著作财产权纠纷申请再审案

- **案　　号**　（2021）最高法民申6829号
- **合议庭成员**　秦元明、马秀荣、周波
- **关 键 词**　著作权／生产者／高度盖然性
- **相关法条**　《中华人民共和国民事诉讼法》第64条①

【裁判要旨】

吊牌载明的生产商的名称和地址与被告名称和地址虽略有不同,但一审、二审法院综合在案证据,认为被告是被诉侵权商品的生产者具有高度可能性,据此进行责任认定,并无不当。

【案情摘要】

泉州经济技术开发区金盾之家服装商行提供的营业执照上载明的其经营场所地址为"福建省泉州市经济技术开发区德泰路金盾花苑×××室",经查,泉州市经济技术开发区德泰路上没有名称为"金盾花苑"的小区,只有"金盾商住花苑"和"金盾别墅花苑"小区,一审法院根据上述地址向泉州经济技术开发区金盾之家服装

---

① 对应《中华人民共和国民事诉讼法》（2023年修正）第67条。

商行送达了有关法律文书,其小区的门牌号显示为德泰路×××号。虽然涉案侵权书包商品吊牌上载明的制造商名称为"泉州经济技术开发区金盾之家商行",其地址为"福建省泉州市开发区德泰路×××号",与泉州经济技术开发区金盾之家服装商行的名称和地址略有不同,且泉州经济技术开发区金盾之家服装商行辩称其经营的商品为服装而非书包,也从未开过工厂生产任何产品,但在"泉州市开发区德泰路×××号"的区域内并不存在其他名为"金盾之家"的企业,有关网站上关于泉州经济技术开发区金盾之家服装商行的公司介绍均明确载明其生产加工的产品包括书包,因此涉案侵权商品吊牌显示的制造商已明确指向泉州经济技术开发区金盾之家服装商行。而且,泉州经济技术开发区金盾之家服装商行在一审时收到法院的应诉通知,得知自己涉讼后,拒不到庭参加诉讼。在泉州经济技术开发区金盾之家服装商行没有提供相反证据证明系他人仿冒其公司生产、销售涉案侵权商品的情况下,一审、二审法院认定泉州经济技术开发区金盾之家服装商行是涉案侵权商品的制造商。最高人民法院经审查认为,一审、二审法院综合在案证据,认定泉州经济技术开发区金盾之家服装商行是被诉侵权商品的生产者并无不当。泉州经济技术开发区金盾之家服装商行提出的申请再审理由不能成立,应予驳回。

(撰写人:马秀荣、孙冠华)

14 未经许可在数字电视网络平台播放作品构成侵害权利人的信息网络传播权
——乐视天津公司与贵州广电公司侵害作品信息网络传播权纠纷再审案

- 案　　号　(2021)最高法民再35号
- 合议庭成员　毛立华、李嵘、江建中
- 关 键 词　民事/信息网络传播权/节目版权许可
- 相关法条　《中华人民共和国著作权法》第10条第1款第12项、第2款,第49条①

【裁判要旨】

未经作品权利人许可,在数字电视网络平台向公众提供作品,使公众可以在其

---

① 对应《中华人民共和国著作权法》(2020年修正)第10条第1款第12项、第2款,第54条。

个人选定的时间和地点获得作品,构成侵害作品权利人的信息网络传播权。合同的解释,应当按照所使用的词句,结合相关条款、行为的性质和目的、习惯以及诚信原则,确定意思表示的含义。

【案情摘要】

贵州广电公司在"多彩云 TV 互动电视"平台播出电视剧作品《火线三兄弟》,乐视天津公司起诉该公司未经许可播放涉案作品的行为构成侵害信息网络传播权,请求法院判令该公司赔偿经济损失及合理费用等。贵州广电公司提交乐视天津公司与案外人北京风华公司签订的许可合同及授权书以证明其有权播放涉案作品。该授权书明确约定乐视天津公司授权北京风华公司所经营及合作的深圳天华公司数字电视网络,无转授权,超出授权区域、范围等无效。最高人民法院根据合同解释规则,认定授权范围应不包括北京风华公司及深圳天华公司以外的数字电视网络平台,故贵州广电公司不在授权范围内,无权播放涉案作品。原审法院对授权范围的解释错误,最高人民法院提审予以改判,纠正原审判决。

(撰写人:李 嵘、刘海珠)

15 在后追认行为不能改变侵害著作权的认定
——苏某与荆门秀锦娱乐有限公司侵害著作权纠纷再审案

- **案 号** (2021)最高法民再 114 号
- **合议庭成员** 秦元明、马秀荣、周波
- **关 键 词** 著作权 / 侵权 / 许可 / 追认
- **相关法条** 《中华人民共和国著作权法》第 48 条第 1 项①

【裁判要旨】

音著协和音集协为解决筹建新收费体系过渡期中产生的相关问题而签订的《合作备忘录》应当认为合法有效。但是,在著作权权利人就被诉侵权行为取证时,该被诉侵权行为并未经过音集协或音著协许可的,即使音集协或音著协在后与被诉侵权行为人签订了许可使用合同,追认被诉侵权行为的合法性,但在权利人不认可的

---

① 对应《中华人民共和国著作权法》(2020 年修正)第 53 条第 1 项。

情况下，该追认行为不能改变被诉侵权行为侵害著作权的认定。

【案情摘要】

在再审申请人苏某与被申请人荆门秀锦娱乐有限公司（以下简称秀锦公司）侵害著作权纠纷案中，一审法院认为，秀锦公司未经著作权人许可，以营利为目的，通过点唱设备为消费者提供了涉案33部音乐作品的唱歌服务并收取了费用。同时，秀锦公司提供的点唱服务系借助技术设备再现音乐作品，构成对涉案33部音乐作品的表演，侵害了涉案音乐作品的表演权。判决秀锦公司立即停止使用涉案33部音乐作品，赔偿苏某经济损失1万元。二审法院认为，许可协议约定的许可使用期间为2018年5月28日至2019年12月31日，而本案取证时间为2018年10月15日，并未超出许可使用期间，因此，秀锦公司有权使用涉案作品，并不构成侵权，遂判决撤销一审判决，驳回苏某的诉讼请求。苏某不服，向最高人民法院申请再审。最高人民法院裁定提审本案，并于2021年12月28日判决撤销一审、二审判决，秀锦公司赔偿苏某经济损失6200元。

（撰写人：秦元明、曾　志）

16 未经公证的视听资料结合在案其他证据可以作为认定案件事实的依据

——苏某与京山县新市镇品尚音乐厅侵害著作权纠纷再审案

- 案　　号　（2021）最高法民再117号
- 合议庭成员　秦元明、马秀荣、周波
- 关 键 词　著作权/视听资料/自行取证/公证/证明力
- 相关法条　《中华人民共和国民事诉讼法》第71条[①]

【裁判要旨】

当事人未经公证而自行录制取得的视听资料，应当按照法定程序全面、客观地对其真实性、合法性、关联性进行审查，并结合本案的其他证据综合认定其是否能够作为认定案件事实的依据，不能仅因其未经公证而直接否认其证明力。

[①] 对应《中华人民共和国民事诉讼法》（2023年修正）第74条。

【案情摘要】

在再审申请人苏某与被申请人京山县新市镇品尚音乐厅（以下简称品尚音乐厅）侵害著作权纠纷案中，苏某通过继承方式取得了苏甲创作的《黄土高坡》《热血颂》等涉案音乐作品的著作权。2018年10月24日，苏某的取证人员通过第三方支付平台向品尚音乐厅支付费用后，以普通消费者身份进入品尚音乐厅包间，使用智能手机点播和拍摄了涉案音乐作品的盗版音乐电视，此外还拍摄了品尚音乐厅的门面、招牌、吧台、房间号、消防逃生图、房间内的开关总成等照片以及包间内的360°视频。每一张照片和视频中，都有网络自动设定的精确到秒的拍摄时间信息和地理位置信息，盗版音乐电视中多数画面都插入了品尚音乐厅的信息"欢迎光临：京山品尚KTV"和电话号码的滚动字幕。各段视频显示的时间信息间隔只有几秒。苏某认为品尚音乐厅未经许可使用涉案作品，侵害了其依法享有的著作权，因此请求品尚音乐厅承担相应的民事责任。湖北省荆门市中级人民法院一审判决品尚音乐厅向苏某赔偿损失9000元。品尚音乐厅不服，提起上诉。湖北省高级人民法院二审认为，苏某提交的手机取证证据不能作为认定品尚音乐厅被控侵权事实成立的依据，故撤销一审判决，驳回苏某的全部诉讼请求。苏某不服，向最高人民法院申请再审。最高人民法院经审理，再审改判：撤销二审判决，维持一审判决。

最高人民法院再审认为：《民事诉讼法》规定，人民法院对视听资料，应当辨别真伪，并结合本案的其他证据，审查确定能否作为认定事实的根据。本案中，苏某为证明品尚音乐厅使用了其享有著作权的音乐作品，提交了使用智能手机拍摄的包间内点播使用涉案音乐作品的音乐电视的视频，二审法院认定上述视频的真实性无法确定，但是除了上述视频之外苏某还提交了品尚音乐厅相关场所的照片、开具发票过程的视频等影像资料，以及第三方支付平台付费凭证等，上述证据能够形成完整的证据链，运用正常的逻辑推理，结合日常生活经验，足以认定品尚音乐厅使用涉案音乐作品的行为具有高度可能性。虽然品尚音乐厅"否认其经营场所播放了涉案歌曲，否认手机录制的歌曲来自其经营场所存储设备"，但认可使用智能手机拍摄的部分影像资料是在其经营场所拍摄的，而且品尚音乐厅并未提供任何证据对苏某提交的证据加以反驳。品尚音乐厅在再审期间主张手机拍摄的视频易于修改因而不具有证明力，但是，视听资料属于法定证据类型之一，法律和司法解释并未规定以智能手机拍摄的影像资料不能作为证据使用，而且还有相关照片、第三方平台上的消费记录等证据予以佐证，故品尚音乐厅的相关主张不能成立。由于品尚音乐厅不能提供证据证明其使用涉案音乐作品已经得到合法授权，因此，一审法院判决其依法承担相应民事责任并无不当。

（撰写人：周　波、耿慧茹）

17 美术作品独创性的认定
——青岛福库电子有限公司与郑某红、湛江市一品石电器有限公司著作权权属、侵权纠纷再审案

- 案　　号　（2021）最高法民再 121 号
- 合议庭成员　秦元明、马秀荣、周波
- 关 键 词　著作权 / 侵权 / 共有领域 / 美术作品
- 相关法条　《中华人民共和国著作权法》第 3 条

【裁判要旨】

即使书法文字造型借鉴了公有领域的已有字体，但只要其体现了作者的个性化选择、取舍、编排，属于作者的独创性表达，就应当认定其构成著作权法意义上的美术作品。

【案情摘要】

在再审申请人青岛福库电子有限公司（以下简称福库公司）与被申请人郑某红、湛江市一品石电器有限公司（以下简称一品石公司）著作权权属、侵权纠纷案中，福库公司主张郑某红申请注册、一品石公司使用的第 6175220 号、第 6671221 号"一品石"注册商标侵害了其经受让取得的"一品石"美术作品的著作权，因此请求法院判令两被告停止侵权并登报声明消除影响，连带赔偿福库公司经济损失及合理支出共计 500 万元。两被告辩称，福库公司主张的标志不构成美术作品；即使涉案标志构成美术作品，在著作权和商标权冲突的情况下，考虑到福库公司已将其作为商标使用，因此也不应再给予其著作权保护。广东省深圳市中级人民法院一审认为，被控侵权的商标标志与福库公司主张权利的美术作品存在较为明显的差异，不构成实质性近似；现有证据亦不足以证明郑某红有接触在先美术作品的可能性，因此，一审判决驳回福库公司的全部诉讼请求。福库公司不服，提起上诉。广东省高级人民法院二审认为，即使福库公司对"一品石"美术作品享有在先著作权，但其提起本案诉讼时也已经超过了上述两个商标核准注册之日起算的 5 年时限，因此对福库公司的诉讼请求不予支持；有鉴于此，对福库公司主张的"一品石"美术作品是否具有独创性，被诉侵权标志与该美术作品是否构成实质性相似，郑某红、一品石公

司是否有接触福库公司"一品石"美术作品的可能性等问题,已无必要再予以评论。据此,二审法院判决驳回上诉,维持原判。福库公司不服,向最高人民法院申请再审。最高人民法院裁定提审本案,并于 2021 年 12 月 16 日判决撤销一审、二审判决,郑某红、一品石公司停止侵权并赔偿福库公司经济损失及合理开支合计 50 万元。

最高人民法院再审认为,本案中,虽然"一品石"书法文字造型借鉴了公有领域中的书法字体,但文字表达形式并非完全复制自既有作品,且以该组合形式呈现的书法文字造型并未在任何现有证据中出现,即使其源自公有领域,也是个性化选择、取舍、编排的结果,属于作者的独创性表达,应当认定其构成著作权法意义上的美术作品。福库公司经受让取得了该美术作品的著作权,其著作权应当依法予以保护。郑某红虽然主张被控侵权的商标标志系其委托他人创作的,并就此提交了案外人出具的设计稿,但在缺乏其他证据予以佐证的情况下,作为孤证,该证据的真实性无法确认。在案证据能够证明郑某红具有接触该美术作品的可能性,在被控侵权的商标标志与"一品石"美术作品已构成实质性相似的情况下,应当认定被告在相关商品上使用"一品石"标志的行为构成对福库公司著作权的侵害。因此,最高人民法院对一审法院有关郑某红、一品石公司未侵害福库公司著作权的认定作出了纠正。

(撰写人:周　波)

18 手机录制视频取得的电子证据的效力认定
—— 苏某与昭君山庄侵害著作权纠纷再审案

- **案　　号**　(2021)最高法民再 213 号
- **合议庭成员**　秦元明、马秀荣、周波
- **关 键 词**　著作权 / 电子证据 / 手机 / 拍摄视频
- **相关法条**　《中华人民共和国民事诉讼法》第 71 条[①],《最高人民法院关于适用〈中华人民共和国民事诉讼法〉的解释》第 108 条第 1 款

---

① 对应《中华人民共和国民事诉讼法》(2023 年修正)第 74 条。

【裁判要旨】

对使用智能手机拍摄的点播使用涉案音乐作品的音乐电视的视频,如没有相反证据证明被更改过,且结合经营场所照片、消费单据等证据,能够形成完整的证据链,运用正常的逻辑推理,结合日常生活经验,综合各种因素足以认定被告使用涉案音乐作品的行为具有高度可能性,应当对该事实加以认定。

【案情摘要】

苏某提交了在昭君山庄经营场所拍摄的照片、点播歌曲的视频、消费单据等证据,可以证实苏某的代理人曾到昭君山庄的经营场所进行消费及取证。一审、二审法院认为,苏某提交的点播歌曲的视频并非一个完整的视频,录制和拷贝的过程均无第三方人员进行证明,在昭君山庄对点播歌曲的视频证据予以否认的情况下,该手机录制内容的真实性无法确定,不能作为认定昭君山庄侵权事实成立的依据。再审法院认为,除了上述视频之外苏某还提交了在昭君山庄经营场所拍摄的照片、消费单据等证据,能够形成完整的证据链,运用正常的逻辑推理,结合日常生活经验,综合各种因素足以认定昭君山庄使用涉案音乐作品的行为具有高度可能性,遂改判昭君山庄停止侵权并赔偿损失。

(撰写人:马秀荣、孙冠华)

19 著作权许可使用追认授权的效力认定
——苏某与乐泽公司侵害著作权纠纷再审案

- **案　　号**　(2021)最高法民再214号
- **合议庭成员**　秦元明、马秀荣、周波
- **关 键 词**　著作权/著作权许可使用期间/追认/冲突
- **相关法条**　《中华人民共和国著作权法》第48条第1项①

【裁判要旨】

作品许可使用期间可由订立合同的当事人自由协商确定,但是权利人或利害关

---

① 对应《中华人民共和国著作权法》(2020年修正)第53条第1项。

系人的追认与其他权利人的在先行为发生冲突，或者可能损害第三人利益时，追认期间的效力需要区分情形予以认定。在先行为人不予认可时，与在先行为冲突的授权期间无效。

【案情摘要】

苏某系中国音乐著作权协会（以下简称音著协）会员，2017年11月13日音著协出具《情况说明》，表示：依据苏甲与我会签订的合同，合同对苏甲的诉权没有限制，苏甲有权提起诉讼，我会不持异议。2018年10月29日晚，苏某的取证人员进入乐泽公司的603包厢，点播了苏甲为词或曲作者的24首歌曲，向乐泽公司支付费用204元。音集协和音著协于2018年11月5日签订《合作备忘录》，约定在筹建新的收费体系之前的过渡期间，为提高工作效率，许可合同中音集协盖章即代表音集协和音著协。乐泽公司（乙方）与音集协、音著协（甲方）签订一份许可协议，许可乙方按照本协议约定的方式和场所，以表演和放映的方式使用甲方管理的音像作品。许可使用期间为2018年10月1日至2019年12月31日。一审法院认为，乐泽公司未举证证明其播放行为经过音乐视频权利人的授权，未证明其所播放的音乐视频为词曲著作权人授权制作发行的受保护的音乐电视作品，构成对苏某作品表演权的侵害。二审法院认为，乐泽公司提交了缴纳许可使用费的发票及银行回单，证明其履行了约定义务。协议内容中约定的许可期间包含了涉案手机视频的取证时间，故乐泽公司有权使用涉案音乐作品。乐泽公司的涉案行为不构成侵权，不应承担相应的法律责任。再审法院认为，《合作备忘录》并不违反《著作权法》和《著作权集体管理条例》的相关规定，应当认定其合法有效，在双方约定的期限内音集协对外签订的许可协议的效力及于音著协。作品许可使用期间可由订立合同的当事人自由协商确定，但是权利人或利害关系人的追认与其他权利人的在先行为发生冲突，或者可能损害第三人利益时，追认期间的效力就需要区分情形予以认定。在苏某就被诉侵权行为取证时，乐泽公司尚未取得音著协的许可。在苏某与音著协均有权提起诉讼的情况下，音著协在后行使权利时应当避免与苏某行使诉权相冲突，在苏某不认可追认期间的情况下，许可协议对早于付费日之前期间的追认应当认定为无效，乐泽公司获得许可期间应自2019年5月20日起计算。据此，乐泽公司在此之前的使用行为构成对苏某涉案作品著作权的侵害。遂改判乐泽公司赔偿损失。

（撰写人：马秀荣、孙冠华）

20 作品奖金的权属认定
——三亚赫迪文化发展有限公司、唐某蓉与董某著作权权属再审案

- **案　　号**　（2021）最高法民再 227 号
- **合议庭成员**　秦元明、马秀荣、周波
- **关 键 词**　著作权 / 权属 / 作品 / 奖金
- **相关法条**　《中华人民共和国著作权法》第 10 条第 1 款、第 3 款，第 15 条第 1 款①

【裁判要旨】

作品奖金并非基于平等民事主体之间的权利义务关系而取得，不属于权利人行使著作权而获取的收益，不应根据作品著作权归属而对作品所获奖金的所有权加以认定。

【案情摘要】

在再审申请人三亚赫迪文化发展有限公司（以下简称赫迪公司）、唐某蓉与被申请人董某著作权权属纠纷案中，赫迪公司系电影《锁里》的出品单位和摄制单位，依法享有该电影著作权。唐某蓉系赫迪公司的法定代表人和股东，出资比例为 88.33%，唐某蓉的女儿林眉某出资比例为 11.67%。2017 年 3 月 24 日，董某与唐某蓉签订《协议书》，约定董某享有电影《锁里》的著作权，唐某蓉配合做好转移手续。2017 年 10 月，电影《锁里》获得 2014—2016 年度海南省优秀精神产品（海南省"五个一工程"）优秀作品奖，该奖金 10 万元已给付给赫迪公司。后各方在协议履行过程中产生纠纷，董某向法院提起诉讼，请求确认董某为电影《锁里》的著作权人并由赫迪公司向其支付上述奖金。海南省三亚市中级人民法院一审判决确认董某为电影作品《锁里》的著作权人，并判令赫迪公司向董某支付全部涉案奖金。赫迪公司和唐某蓉不服一审判决，提起上诉。海南省高级人民法院二审认为，董某根据涉案《协议书》取得的著作权应当为《著作权法》第 10 条第 5 项至第 17 项规定的财产权，而不包括发表权、署名权、修改权、保护作品完整权四项人身权；而 10

---

① 对应《中华人民共和国著作权法》（2020 年修正）第 10 条第 1 款、第 3 款，第 17 条第 1 款。

万元奖金产生于涉案《协议书》签订之后，此时董某通过涉案《协议书》取得电影《锁里》著作权中的财产权，该奖金应归董某所有。据此，判决维持了一审法院关于奖金归属的判项，但改判确认董某仅享有电影《锁里》著作权中的财产权，并驳回董某的其他诉讼请求以及赫迪公司、唐某蓉的其他上诉请求。最高人民法院裁定提审本案，并于 2021 年 9 月 26 日判决撤销一审、二审判决，确认董某享有电影《锁里》著作权中的财产权，同时驳回董某的其他诉讼请求以及驳回赫迪公司、唐某蓉的其他上诉请求。

最高人民法院再审认为，著作权作为一种知识产权，在性质上是一项民事权利，如果不是基于民事法律关系而产生的平等主体之间的权利义务，即使与作品有关，也不应认定为著作权法律关系。根据《著作权法》第 10 条第 3 款的规定，著作权人有权依照约定或者该法有关规定获得报酬，但是所谓报酬，应当理解为著作权人以外的主体使用作品时所应支付给著作权人的对价，主要体现为经济利益。著作权人有权获得报酬，并非指其在 2010 年修正的《著作权法》第 10 条第 1 款规定的各项财产权之外另行享有的一项独立的民事权利，而是指著作权人可以依法获得其行使上述著作财产权或依照《著作权法》规定而产生的经济利益。著作权人所获得的报酬，实质上仍是其所享有的《著作权法》明确列举的著作财产权的体现，是著作财产权的收益。若非行使上述著作财产权或者不是基于《著作权法》的有关规定而取得的收益，则不应视为著作权人基于其著作权而获得的报酬，其权利归属当然也不能以著作权归属为依据而加以确定。此种收益的归属，应当根据其所以产生的法律关系或者法律的特别规定而加以具体的确定。当该收益是基于特定的行政法律关系而取得时，就应当以相应的行政行为为依据，确定该收益的权利归属。若行政行为是为奖励某一创作行为而给予特定主体以经济利益，则由于《著作权法》对作品著作权的归属和转让有相应的规定，就存在行政行为所赋予的经济利益并不必然由著作权人享有的情形。此时，应当以该行政行为所确定的奖励对象为依据确定该收益的权利归属。本案所涉奖金为海南省优秀精神产品奖（海南省"五个一工程"奖）的奖金，并非基于平等民事主体之间的权利义务关系而取得，不属于权利人行使著作权而获取的收益，《著作权法》亦未对因作品获得相关荣誉而取得的奖金等收益的归属作出规定，因此，不应根据涉案作品著作权归属而对作品所获奖金的所有权加以认定。根据在案证据，赫迪公司系该海南省优秀精神产品奖的获得者，因此，相应的奖金亦应归属于赫迪公司。

（撰写人：周　波、耿慧茹）

21 著作权保留情况下的权属认定
——河南草庐蜂业有限公司与汉华易美（天津）图像技术
有限公司侵害作品信息网络传播权纠纷再审案

- **案　　号**　（2021）最高法民再 355 号
- **合议庭成员**　秦元明、马秀荣、周波
- **关 键 词**　著作权/侵权/图片网站/权属认定
- **相关法条**　《中华人民共和国著作权法》第 11 条,《最高人民法院关于审理著作权民事纠纷案件适用法律若干问题的解释》第 7 条

【裁判要旨】

图片中以水印方式标注有某公司名称，同时标注了摄影师姓名。对方当事人提供反证，某公司确认相关图片系由摄影师将其作品投稿给某公司销售，某公司以自己的名义对外销售后支付给摄影师相应版税，而投稿的摄影师仍然保留图片的著作权。在此情况下，不能仅以图片上的水印认定涉案图片的著作权属于某公司。

【案情摘要】

在再审申请人河南草庐蜂业有限公司（以下简称河南草庐公司）与被申请人汉华易美（天津）图像技术有限公司（以下简称汉华易美公司）侵害作品信息网络传播权纠纷案中，汉华易美公司主张河南草庐公司在微信公众号"草庐蜂蜜"上使用的 4 张涉案图片侵害了其享有的著作权。汉华易美公司为此提供了该公司从 Getty 公司处获得授权的证据：Getty 公司出具的网站权利声明和授权确认书。该证据显示，Getty 公司声明其对包括涉案图片在内的相关图片享有著作权并授权汉华易美公司担任 Getty 公司在中国境内的唯一授权代表，有权在中国境内展示、销售和许可他人使用包括涉案图片在内的所有图像作品，汉华易美公司有权就涉案图片的未经授权使用采取诉讼、收取索赔款等行为。涉案 4 张图片中均有"gettyimages®"的水印。天津市第三中级人民法院一审认为，涉案图片上标注 Getty 公司的英文名称"gettyimages"及网站"视觉中国"字样，该署名构成证明 Getty 公司与汉华易美公司享有著作权的初步证据，河南草庐公司的反驳证据不足以否定汉华易美公司的上述证据。因此，判决河南草庐公司赔偿汉华易美公司经济损失及合理开支合计 8000

元。河南草庐公司不服，提起上诉。天津市高级人民法院二审判决驳回上诉，维持原审。河南草庐公司不服，向最高人民法院申请再审。最高人民法院裁定提审本案，并于2021年12月20日改判撤销一审、二审判决，驳回汉华易美公司的全部诉讼请求。

（撰写人：周　波、耿慧茹）

22　判断是否构成侵害他人作品著作权应考虑 "接触"+"实质相似"两个因素

——株式会社一无所有与安逸猿公司等侵害作品复制权、发行权、信息网络传播权及虚假宣传纠纷申请再审案

- 案　　号　（2021）最高法民申3703号①
- 合议庭成员　毛立华、李嵘、江建中
- 关 键 词　民事 / 著作权 / 商标权 / 虚假宣传
- 相关法条　《中华人民共和国著作权法》第11条第1款、第2款、第4款，第48条第1项，第49条第1款②；《最高人民法院关于审理著作权民事纠纷案件适用法律若干问题的解释》第7条

【裁判要旨】

判断被诉侵权行为是否构成侵害他人受著作权法保护的作品，应当从被诉侵权行为人是否具备"接触"权利人要求保护作品的可能性、被诉侵权作品与权利人要求保护的作品之间是否构成"实质相似"两个方面进行判断。

【案情摘要】

株式会社一无所有享有Bape及BabyMilo系列图案的著作权、商标权，安逸猿公司使用包含上述图案的安逸猿标识进行经营活动，并在其官网上介绍虚假品牌历史。株式会社一无所有以安逸猿公司构成侵害著作权及虚假宣传为由起诉，请求判

---

① 与本案相关的裁判要旨还包括"抄袭摹仿同业经营者品牌历史发布虚假信息欺骗误导消费者构成虚假宣传""对于恶意申请注册损害他人在先权利的已形成一定商业规模的商标不予承认和保护"。

② 对应《中华人民共和国著作权法》（2020年修正）第11条第1款、第2款（第4款已被删除），第53条第1项，第54条第1款。

令停止侵权并赔偿经济损失及合理费用等。安逸猿公司抗辩称其享有他人注册商标的排他许可使用权。原审法院认定涉案作品的作者是高桥健一、株式会社一无所有,对涉案作品享有著作财产权,安逸猿公司享有使用权的注册商标申请日前,该商标申请人存在接触涉案作品的可能性,两者构成实质相似,该商标申请人注册商标具有明显恶意,安逸猿公司使用该商标侵害了株式会社一无所有的著作权,其在其官方网站上发布虚假信息构成虚假宣传。原审判决安逸猿公司停止侵权并赔偿经济损失及合理费用 500 万元等,最高人民法院维持原审判决。

（撰写人：李 嵘、刘海珠）

商标 ▶▶▶

1 包含地名或具有其他固定含义文字商标的正当使用
——盛世公司与少先队山东委员会、阳光俱乐部、
山东青少年宫侵害商标权纠纷申请再审案

- 案　　号　（2021）最高法民申 3930 号
- 合议庭成员　王艳芳、晏景、李丽
- 关 键 词　侵害商标权／地名／固定含义／正当使用
- 相关法条　《中华人民共和国商标法》第 59 条第 1 款、第 57 条第 2 项

【裁判要旨】

文字注册商标包含了地名或具有其他固定含义的词汇等要素,其他经营者使用相关文字用于表示其服务对象、服务内容等,在无证据证明该经营者存在攀附意图的情况下,应认定其使用行为属正当使用,对该文字注册商标权人提出的侵权主张不应予以支持。

【案情摘要】

盛世公司系第 10686145 号、第 10686162 号"齐鲁少年"文字商标的权利人。少先队山东委员会、阳光俱乐部、山东青少年宫在其开展的夏令营活动中标注了

"齐鲁少年军校"字样，盛世公司主张上述行为侵害了其注册商标专用权，故诉至法院。山东省济南市中级人民法院一审认为，少先队山东委员会、山东青少年宫使用"齐鲁少年"属善意地说明其夏令营活动所针对的服务群体及对象，且山东青少年宫在涉案商标注册申请之前，即已连续多年开展"齐鲁少年军校"活动项目，主观上不具有攀附盛世公司注册商标知名度及意图使消费者产生混淆误认的恶意，故判决驳回盛世公司的诉讼请求。盛世公司不服上述判决提起上诉。山东省高级人民法院二审判决驳回上诉，维持原判。盛世公司不服上述判决，向最高人民法院院申请再审，最高人民法院认为被诉侵权行为不应认定为侵害商标权的行为，一、二审判决认定正确，故裁定驳回盛世公司的再审申请。

（撰写人：晏　景、曹佳音）

2　商标侵权案件中类似服务的认定
——华润集团、华润知识产权公司与华润商店
侵害商标权及不正当竞争纠纷再审案

- **案　　号**　（2021）最高法民再338号①
- **合议庭成员**　晏景、李丽、许常海
- **关　键　词**　类似服务 / 经营模式 / 批发零售 / 推销（替他人）
- **相关法条**　《中华人民共和国商标法》第57条第2项

【裁判要旨】

认定服务是否构成类似，应当以相关公众的一般注意力为标准，综合考虑经营主体的经营范围、经营模式、服务对象等因素。商业主体将自身所代理或购进的商品进行归类，以方便消费者选购的批发或零售等销售模式统一销售产品，与第35类"推销（替他人）"服务存在交叉和重合，应当认定二者构成类似服务。

【案情摘要】

华润集团是第776090号"华润"商标、第3843561号"华润万家"商标的专用权人，该两商标均核准注册在第35类服务上，包含"推销（替他人）"等服务。

---

①　与本案相关的裁判要旨还包括"自然人将其姓名作为商标等进行商业使用不得侵害他人的在先权利"。

华润商店登记使用"华润"作为其字号,并在其经营的灯饰店店外招牌、宣传资料等多处使用"华润"字样,售卖多种他人品牌灯具。华润集团主张,华润商店的行为侵害了其注册商标专用权并构成不正当竞争,故诉至法院。四川省成都市中级人民法院一审认为,华润商店从事的经营行为与华润集团注册商标核定使用的"推销(替他人)"服务不构成类似服务,其行为不构成商标侵权及不正当竞争,故判决驳回华润集团的诉讼请求。华润集团不服上述判决提起上诉,四川省高级人民法院二审判决驳回上诉,维持原判。华润集团及其注册商标受让人华润知识产权公司不服上述判决,向最高人民法院申请再审,最高人民法院裁定提审本案,认定华润商店使用被诉侵权标识行为构成商标性使用,其批发、零售行为与涉案商标核定使用的第35类"推销(替他人)"服务构成类似服务,其行为对华润集团构成商标侵权及不正当竞争。故判决撤销一、二审判决,改判华润商店立即停止侵害涉案商标专用权的行为、立即停止使用带有"华润"文字的企业名称,并赔偿华润知识产权公司经济损失及支付合理费用共计8万元。

(撰写人:晏 景、曹佳音)

3 商标独占许可使用关系中的商标注册人有权主张损害赔偿

——刘某与安之酸公司、合肥安之酸公司、御奇公司、可纯公司侵害商标专用权纠纷再审案

- **案　　号**　(2019)最高法民再386号
- **合议庭成员**　秦元明、马秀荣、周波
- **关 键 词**　商标/侵权/独占许可使用/损害赔偿
- **相关法条**　《中华人民共和国商标法》第57条第2项、第3项,第63条

【裁判要旨】

知识产权侵权损害是法定的损害。商标注册人在将注册商标独占许可他人使用期间,第三人侵害商标权的,仍会给商标注册人造成损害。有损害就有赔偿,除非法律作出相反规定。

【案情摘要】

刘某将"五贝子"商标许可案外公司独占使用。安之酸公司委托御奇公司代为生产"安之酸营养五贝子"牌染发膏系列产品。安之酸公司官网发布的产品及药店销售的焗油膏产品上对"五贝子"三字进行了突出使用。合肥安之酸公司在其招商手册以及开设的直营店的门头及店内装潢中对"五贝子"三字进行了突出使用。刘某起诉要求安之酸公司等立即停止生产、销售带有"五贝子"字样产品等侵权行为,并赔偿其经济损失。一审判决各被告停止侵权,并酌情确定赔偿经济损失及合理开支。二审法院认为,在独占许可期间内,刘某无权使用争议商标,不享有除收取许可使用费之外的其他经济权利,刘某也未就被控侵权行为给其造成了实际的经济损失进行举证,故对其赔偿损失的请求不予支持。再审法院认为,知识产权侵权损害是法定的损害。知识产权侵权行为给知识产权权利人造成的损害不仅包括传统意义上的减损性损失,也包括给权利人造成的可得利益损失。依照《商标法》规定,商标使用行为需要经过商标注册人的许可,因此商标注册人的许可利益是商标注册人的法定利益。在商标独占许可使用的情况下,侵权行为人未经许可即使用商标,也会使得商标注册人既有的许可使用布局及利益遭受影响甚至破坏。这里的许可利益可能是商标注册人的商标许可费用损失,也可能是侵害商标权行为挤占被许可人的市场,造成被许可人的损失,进而造成许可人通过许可使用合同的收益损失。即使是在无偿独占许可使用的情形下,侵权行为也可能造成许可布局安排、许可价格损失等商标许可利益的损失,以及商标价值损失、商标商誉损失等损害。有损害就有赔偿,除非法律作出相反规定。商标注册人对商标进行了独占许可使用,属于对商标进行使用的行为。二审判决将进行独占许可的商标注册人等同于未进行任何使用的商标注册人,与《商标法》规定的价值不符,也与《商标法》规定的精神相悖。遂判令撤销一、二审判决,各被告停止侵权,并赔偿刘某的经济损失及合理开支。

(撰写人:马秀荣、孙冠华)

4 对同时构成侵害注册商标专用权及擅自使用他人有一定影响的包装、装潢行为的评价

——新空间公司与绿森林公司侵害商标权及不正当竞争纠纷申请再审案

- 案　　号　（2020）最高法民申 5916 号
- 合议庭成员　毛立华、江建中、李嵘
- 关 键 词　民事/侵害商标权/包装/装潢
- 相关法条　《中华人民共和国商标法》第 57 条,《中华人民共和国反不正当竞争法》第 6 条

【裁判要旨】

被诉侵权人在商品包装上使用的商标侵犯权利人注册商标专用权,同时包括该商标在内的该商品的包装装潢属于擅自使用商标权人有一定影响的包装、装潢的情况下,在评价侵犯注册商标专用权的行为之外,对包含商标的包装装潢也应当予以整体评价。

【案情摘要】

绿森林公司在第 2 类"颜料、油漆、刷墙粉"等商品上拥有第 8403414 号"长白绿森林"和第 9367895 号图形注册商标专用权,其主张新空间公司生产、销售的硅藻泥、贝壳粉等产品上使用的"百姓绿森林"等标识侵害其注册商标专用权,且其硅藻泥产品的包装装潢构成不正当竞争。一审法院认定新空间公司生产、销售的被诉侵权产品的商标与绿森林公司二注册商标构成同一种或类似商品上的近似商标,其行为构成商标侵权。被诉侵权产品硅藻泥的包装装潢特点与绿森林公司有一定影响的同种产品的包装装潢特点重合,包装装潢上使用了与绿森林公司有一定影响的硅藻泥商品包装装潢相同或近似的标识,且使用了绿森林公司有一定影响的字号"绿森林"字样,新空间公司的行为构成不正当竞争。一审法院判决新空间公司停止侵权,消除影响并赔偿绿森林公司经济损失 120 万元。二审法院维持一审判决。新空间公司不服,向最高人民法院申请再审。最高人民法院裁定驳回其再审申请。

（撰写人：江建中、王　晨）

5 使用他人图文商标是否造成混淆的认定
——郑州明视达眼镜有限公司与石河子市明视达眼镜有限责任公司侵害商标权纠纷申请再审案

- 案　　　号　（2021）最高法民申 8 号
- 合议庭成员　秦元明、马秀荣、周波
- 关 键 词　商标/知名度/突出使用
- 相关法条　《最高人民法院关于审理商标民事纠纷案件适用法律若干问题的解释》第 1 条

【裁判要旨】

对使用他人图文商标是否造成混淆的认定，应综合考虑请求保护的图文商标的表现形式、被诉的使用方式是否构成突出使用，以及请求保护的图文商标的知名程度予以确定。

【案情摘要】

"明视达"商标于 1997 年 9 月 21 日申请注册，郑州明视达眼镜有限公司于 2009 年 3 月 14 日受让该商标。郑州明视达眼镜有限公司于 2006 年 11 月 15 日成立，经营范围主要为销售眼镜，验光配镜，2016 年开始先后在郑州开办第一分公司、第三分公司、第四分公司、第五分公司。2006 年 4 月 7 日，石河子市明视达眼镜有限责任公司注册成立，经营范围主要为眼镜的配制、销售，在住所地石河子市营业至今。石河子市明视达眼镜有限责任公司在其店面门头、背景墙及验光配镜订单上使用了"明视达眼镜有限责任公司"字样。一审法院认为，郑州明视达眼镜有限公司主张石河子市明视达眼镜有限责任公司侵犯其注册商标权并要求被告承担侵权责任于法无据，判决驳回其诉讼请求。二审法院予以维持。最高人民法院再审认为，"明视达"商标系图文商标，其中的"明"字进行了艺术加工，与文字"明"存在明显区别。石河子市明视达眼镜有限责任公司规范使用企业字号，未对"明"字进行变形，与商标"明视达"存在差异，不足以引起相关公众的混淆误认。现有证据不足以证明"明视达"商标的知名度和影响力在石河子市明视达眼镜有限责任公司注册成立时已经达到一定程度，无法认定石河子市明视达眼镜有限责任公司存在恶意。故裁定驳回了再审申请。

（撰写人：马秀荣、孙冠华）

6 停止侵权责任的承担应当遵循善意保护原则并兼顾公共利益
——绿地公司与爱姆公司侵害商标权及不正当竞争纠纷申请再审案

- 案　　　号　（2021）最高法民申 236 号
- 合议庭成员　王艳芳、晏景、李丽
- 关　键　词　商标侵权／停止侵权／善意保护／利益平衡
- 相关法条　《中华人民共和国商标法》第 52 条第 1 项、第 2 项，《最高人民法院关于审理商标民事纠纷案件适用法律若干问题的解释》第 21 条

【裁判要旨】

根据民法关于善意保护的原则，在物权等其他财产权与商标权等知识产权发生冲突时，应以其他财产权是否善意作为权利界限和是否容忍的标准，同时应兼顾对公共利益的保护。在被诉侵权楼盘已经销售完毕，小区居民入住多年，被诉侵权标识已经相关政府部门批准命名为小区名称，且市政部门已将小区名称命名为相应公交站点等情况下，如果判令停止使用侵权名称，拆除相关标识，会导致商标权人与公共利益及小区居民利益的失衡。故不再判令停止使用该小区名称及拆除相关标识。

【案情摘要】

绿地公司是第 3372987 号、第 6496845 号"绿地"商标及第 6978657 号"绿地及图"商标的权利人，其主张爱姆公司将"绿地新城"作为楼盘名称并进行宣传的行为侵害了上述注册商标专用权，并构成不正当竞争，故诉至法院。陕西省宝鸡市中级人民法院一审认定，爱姆公司的行为侵害了绿地公司的注册商标专用权并构成不正当竞争，应当停止侵权并赔偿绿地公司经济损失及合理开支共计 80 万元；鉴于爱姆公司已经政府相关部门批准将小区命名为"绿地新城"，楼盘已经销售完毕，且市政部门已将相应的公交站点命名为"爱姆绿地新城"站，如判令停止使用该小区名称，拆除相关标识，会导致商标权人利益与公共利益及小区居民利益的失衡，故不再判令停止使用该小区名称及拆除相关标识。绿地公司及爱姆公司均不服上述判

决提起上诉。陕西省高级人民法院二审判决驳回上诉，维持原判。绿地公司不服上述判决，向最高人民法院申请再审，最高人民法院裁定认为，一、二审判决认定并无不当，故裁定驳回绿地公司的再审申请。

（撰写人：晏　景、曹佳音）

7 侵害商标权案件中商标性使用的判断

——耿某勇与山西杏花村汾酒厂股份有限公司、山西省汾酒收藏协会、山西晋润斋陈酒商贸有限公司、晋中晋品斋陈酒贸易有限责任公司、太原市小店区泽元酒业侵害商标权纠纷申请再审案

- 案　　号　（2021）最高法民申955号
- 合议庭成员　王艳芳、晏景、李丽
- 关 键 词　侵害商标权／商标性使用
- 相关法条　《中华人民共和国商标法》第48条

【裁判要旨】

对自身产品历史的正当宣传，不属于商标性使用，不构成商标侵权。

【案情摘要】

耿某勇主张，其系民国时期晋裕汾酒公司股东的直系血亲，民国时期晋裕汾酒公司的商标经其申请注册、使用，已经重新回归到私权领域。而山西杏花村汾酒厂股份有限公司（以下简称汾酒公司）与民国时期晋裕汾酒公司不存在承继关系。因此，汾酒公司在其生产的白酒产品以及产品宣传中使用"巴拿马奖章"图形等标识的行为，侵犯了其"巴拿马奖章"图形等商标的商标专用权。故诉至法院。一审法院认为，汾酒公司在其生产的汾酒上使用义泉泳酒坊获得的"巴拿马奖章"图形标识具有正当性；耿某勇及其所属公司在其生产的白酒上使用的"巴拿马奖章"图形与其注册的"巴拿马奖章"图形商标并不一致，而且巴拿马奖章作为获奖标识，不能发挥区别商品来源的作用；汾酒公司在其生产的"55度收藏汾酒"和"巴拿马奖章100周年纪念汾酒"中突出了"汾酒"二字，"巴拿马奖章"仅作为装潢使用，并未作为商标使用，而"汾酒"经过汾酒公司长期、持续地使用，在白酒相关市场具有相当高的知名度和显著性，获得了独立区别商品来源的作用，相关公众看到"汾

酒",通常会联系或联想到汾酒公司生产的白酒产品,其在生产的白酒上使用"巴拿马奖章"图形主观上没有搭便车的目的和必要,不存在攀附耿某勇商誉的侵权意图,也不会造成相关公众的混淆和误认;汾酒公司在耿某勇注册"巴拿马奖章"图形商标前,已经在其生产的酒类产品上使用了"巴拿马奖章"图形标识作为装潢使用;汾酒公司等仅是在宣传中如实介绍民国时期晋裕汾酒公司、杨德龄等汾酒发展的历史以及对汾酒作出重要贡献的人物史实,并没有作为区别商品来源使用的意图,也未违反诚信原则。故判决驳回耿某勇的诉讼请求。耿某勇不服,提起上诉。二审法院维持一审判决。耿某勇不服,向最高人民法院申请再审。最高人民法院经审查认为,耿某勇的再审请求缺乏事实和法律依据,裁定驳回其再审申请。

（撰写人：李　丽、包　硕）

8 侵害商标权案件中被控侵权人不承担赔偿责任情形的审查
——濮阳工业园区周村长江家纺中心与宏联国际贸易有限公司侵害商标权纠纷申请再审案

- 案　　号　（2021）最高法民申 1486 号
- 合议庭成员　王艳芳、晏景、李丽
- 关　键　词　侵害商标权 / 不承担赔偿责任
- 相关法条　《中华人民共和国商标法》第 64 条第 1 款

【裁判要旨】

对于具有持续性的商标侵权行为,被控侵权人未能举证证明其持续性侵权行为在权利人向一审法院起诉前的三年已停止的,结合权利人提交的涉案商标在此前三年有实际使用的证据,认定被控侵权人构成侵权,并应承担赔偿责任。

【案情摘要】

宏联国际贸易有限公司（以下简称宏联公司）系第 13782135 号商标权利人,2018 年 5 月,宏联公司对濮阳工业园区周村长江家纺中心（以下简称长江家纺中心）销售含有涉案商标商品的侵权行为进行公证证据保全。此后,宏联公司以长江家纺中心侵害其商标权为由,向一审法院提起诉讼,宏联公司一审起诉状落款时间为2019年9月10日。河南省濮阳市中级人民法院一审认为，长江家纺中心销售的被控侵权商品属于案涉注册商标核定使用的商品范畴，被控侵权商品显著部位使用了与案涉注册商标相同或相似的图形，足以引起相关公众的混淆和误认，应当认定为侵犯案涉注册商标专用权的商品，其销售被控侵权商品的行为，应认定为侵犯案涉注册商标专用权的行为，酌定长江家纺中心赔偿宏联公司经济损失及合理开支共计7000元。长江家纺中心不服一审判决，提起上诉。河南省高级人民法院二审认为，二审法院于2019年11月5日作出的（2019）豫知民终358号民事判决确认了宏联公司提供了销售涉案商标相关商品的证据，证明该商标在3年内使用过。长江家纺中心的上诉请求缺乏事实和法律依据，应予驳回。据此二审法院判决驳回上诉，维持原判。长江家纺中心不服二审判决，向最高人民法院申请再审。最高人民法院经审查认为，长江家纺中心的相应再审理由缺乏事实和法律依据，驳回其再审申请。

（撰写人：李　丽、包　硕）

9 侵害地理标志商标权行为的认定

——黔南箫笛公司与玉屏箫笛协会、玉屏县箫笛厂、姚某顺、竹韵箫笛公司侵害商标权及不正当竞争纠纷申请再审案

- 案　　号　（2021）最高法民申1695号
- 合议庭成员　王艳芳、晏景、李丽
- 关 键 词　侵害商标权／地理标志／证明责任／混淆误认
- 相关法条　《中华人民共和国商标法》第16条、第57条第2项

【裁判要旨】

未经地理标志证明商标权利人许可，擅自在相同或类似商品上使用与地理标志证明商标相同或近似的商标，且未提交证据证明该商品来源于地理标志证明商标所标示的地区，或符合相关产地、制作工艺等相应特点，容易导致相关公众对该商品来源及产地、品质等产生混淆误认的，应认定该使用行为对该地理标志证明商标的权利构成侵害。

【案情摘要】

玉屏箫笛协会系第6296476号"玉屏箫笛YPXD及图"地理标志证明商标的权

利人。黔南箫笛公司在其生产、销售的箫笛上使用"玉屏箫笛"商标，并将"玉屏箫笛"作为其企业名称登记注册，玉屏箫笛协会主张上述行为侵害了其注册商标专用权并构成不正当竞争，故诉至法院。贵州省贵阳市中级人民法院一审认为，玉屏箫笛协会并未举证证明黔南箫笛公司销售的商品系侵权商品，且黔南箫笛公司已举证证明其销售的商品来源于玉屏箫笛协会的合法授权主体，因此，黔南箫笛公司有权销售玉屏箫笛的商品并标注"玉屏箫笛"商标，故判决驳回玉屏箫笛协会的全部诉讼请求。玉屏箫笛协会不服上述判决提起上诉，认为黔南箫笛公司提交的证据不足以证明其销售的商品来源于合法授权主体或符合相关管理规则中规定的条件。贵州省高级人民法院二审认为，黔南箫笛公司未经玉屏箫笛协会许可，在销售的箫笛上突出使用"玉屏箫笛"，且不能提供所售商品系来源于玉屏箫笛协会会员所生产或其符合"玉屏箫笛"证明商标产品品质的相关证据，容易导致相关公众对商品产地、品质等产生混淆，侵害了玉屏箫笛协会的注册商标专用权。故判决撤销一审判决，改判黔南箫笛公司停止侵权行为并赔偿损失。黔南箫笛公司不服上述判决，向最高人民法院院申请再审。最高人民法院认为，二审判决认定并无不当，故裁定驳回黔南箫笛公司的再审申请。

（撰写人：晏　景、曹佳音）

10　建筑工程承包人在工程中使用侵犯他人商标权产品的行为是否构成商标侵权

——郑州第三电缆有限公司与河南圣唐置业有限公司、河南坤达建筑工程有限公司、河南通建建筑劳务有限公司侵害商标权纠纷申请再审案

- **案　　号**　（2021）最高法民申 2424 号
- **合议庭成员**　晏景、李丽、江建中
- **关 键 词**　民事 / 建筑工程 / 商标侵权
- **相关法条**　《中华人民共和国商标法》第 57 条

【裁判要旨】

在包工包料建筑工程施工过程中，承包人使用侵犯他人商标权产品的行为属于《商标法》第 57 条第 3 项规定的情形，构成商标侵权并应承担相应责任。

【案情摘要】

涉案楼盘系由河南圣唐置业有限公司（以下简称圣唐公司）开发，河南坤达建筑工程有限公司（以下简称坤达公司）承包。坤达公司将涉案楼盘的内部工程以包工包料的方式分包给河南通建建筑劳务有限公司（以下简称通建劳务公司）。而通建劳务公司在楼盘内部工程施工中，购入并安装了侵害郑州第三电缆有限公司（以下简称第三电缆公司）涉案商标权的电缆产品，并据此获得相应工程款。二审法院认定通建劳务公司构成侵权，并赔偿第三电缆公司经济损失10万元。第三电缆公司向最高人民法院申请再审，请求判令圣唐公司、坤达公司、通建劳务公司承担连带侵权赔偿责任。最高人民法院再审审查认为，第三电缆公司的再审请求缺乏事实和法律依据，裁定驳回其再审申请。

（撰写人：李　丽、包　硕）

11 跨区域受理公证业务是否影响公证书的法律效力
——龙翔门市部与金号公司侵害商标权纠纷申请再审案

- 案　　号　（2021）最高法民申2642号
- 合议庭成员　王艳芳、晏景、李丽
- 关 键 词　民事 / 商标权侵权纠纷 / 跨区域公证效力认定
- 相关法条　《中华人民共和国公证法》第25条，《公证机构执业管理办法》第36条第2款，《公证程序规则》第13条第3款，《国家工商行政管理总局关于鉴定使用注册商标的商品真伪问题的批复》

【裁判要旨】

注册商标专用权人以申请公证的方式来举证证明被诉侵权行为的过程中，公证机关跨区域受理公证业务的，除有相反证据足以推翻公证事实外，不得据此否认公证书的法律效力。

【案情摘要】

金号公司自成立以来，先后注册了24类商品的多个商标，经过长期的生产经营，在国内外具有一定的知名度。金号公司的委托代理人向河南省登封市公证处申请到河南省对龙翔门市部的被诉侵权行为进行公证取证,后金号公司向法院起诉。一审中,龙翔门市部未参加诉讼,一审法院缺席判决,后龙翔门市部上诉辩称没有销售被诉侵权商品,否认公证书的法律效力,二审法院维持原判。龙翔门市部不服,向最高人民法院提出再审申请。

（撰写人：王艳芳、唐 弦）

12 商标使用许可合同违约行为的认定
——陈某劲与福建亚通公司及彭州亚通公司商标使用许可合同纠纷申请再审案

- 案　　号　（2021）最高法民申 2843 号
- 合议庭成员　张志弘、白雅丽、许常海
- 关 键 词　知识产权/商标使用许可合同/违约
- 相关法条　《中华人民共和国合同法》第 44 条第 1 款、第 60 条[①]

【裁判要旨】

依法成立的合同自成立时生效。当事人应当按照约定全面履行自己的义务。当事人应当遵循诚信原则,根据合同的性质、目的和交易习惯履行义务。合同一方当事人未经另一方同意,将合同约定的商标转由他人使用,即便是由自己成立的公司使用,在另一方未同意或认可的情况下,仍构成违约,应承担违约责任。

【案情摘要】

福建亚通公司与陈某劲签订商标许可使用合同,约定福建亚通公司许可陈某劲使用福建亚通公司的"亚通"商标,并约定陈某劲不得将该商标再许可给第三方使用,如违反合同约定,应承担赔偿损失等责任。陈某劲未经福建亚通公司同意,将商标交给其设立的彭州亚通公司使用。其后,双方发生纠纷。福建亚通公司要求解除合同,并要求陈某劲承担违约责任,赔偿损失等。终审判决确定解除双方签订的商标许可使用合同,陈某劲停止使用"亚通"商标,支付拖欠的使用费及承担违约责任,彭州亚通公司承担连带责任。陈某劲向最高人民法院申请再审,

---

① 对应《中华人民共和国民法典》第 502 条第 1 款、第 509 条。

最高人民法院裁定驳回。

（撰写人：张志弘、张　赫）

13　市场管理者是否应对市场内商铺的被诉侵权行为承担责任的认定

——即墨市场公司与迈可寇斯公司侵害商标权纠纷申请再审案

- 案　　号　（2021）最高法民申 3054 号
- 合议庭成员　王艳芳、晏景、李丽
- 关 键 词　民事 / 侵害商标权 / 提供便利条件的行为
- 相关法条　《中华人民共和国商标法》第 57 条第 6 项，《中华人民共和国商标法实施条例》第 75 条

【裁判要旨】

作为市场管理者，对市场内的商户负有经营管理、引导、督促守法经营的权利和义务，二者之间并非仅是提供经营场地的租赁关系。市场管理者明知市场内存在销售侵权商品的行为，未能采取有效充分的措施阻止侵权行为的再次发生，存在过错，客观上为销售侵权商品的行为提供了便利。根据《商标法》相关规定，属侵害他人商标专用权的行为。

【案情摘要】

迈可寇斯公司系第 3603883 号"MICHAELKORS"注册商标、第 3603887 号"MKMICHAELKORS"注册商标、第 4093300 号"MICHAELMICHAELKORS"注册商标在中国的注册人，上述商标核定使用商品均为 18 类包括旅行箱背包、行李箱、手提包、钱包、皮夹（截止）。迈可寇斯公司在即墨市场公司内的商铺购买被诉侵权商品，该女包及其包装盒、包装袋上，多次出现"MICHAELKORS"商标、"MKMICHAELKORS"商标、"MICHAELMICHAELKORS"商标，分别与迈可寇斯公司第 3603883 号、第 3603887 号、第 4093300 号注册商标相同。一审法院认定侵权行为成立，酌定即墨市场公司赔偿迈可寇斯公司经济损失及合理支出合计 15 万元。二审法院判决驳回上诉、维持原判。即墨市场公司向最高人民法院申请再审。

（撰写人：王艳芳、唐　弦）

14 无效商标在商标侵权纠纷中的认定
——中美建材有限公司与北新集团建材股份有限公司、
南阳高新区锦盛装饰材料、山东华勤建材
有限公司侵害商标权纠纷申请再审案

- 案　　号　（2021）最高法民申 3112 号
- 合议庭成员　佟姝、戴怡婷、张玲玲
- 关 键 词　侵害商标权 / 无效宣告 / 不侵权抗辩 / 溯及力
- 相关法条　《中华人民共和国商标法》第 47 条

【裁判要旨】

经无效宣告的商标自始无效，该商标与他人注册在相同或者类似商品上的在先注册商标相同或者近似，被诉侵权人的使用容易导致混淆的，被诉侵权人以其在该商标宣告无效前的使用系合法使用为由进行不侵权抗辩的，一般不予支持。

【案情摘要】

在再审申请人中美建材有限公司（以下简称中美建材公司）与被申请人北新集团建材股份有限公司（以下简称北新建材公司）、南阳高新区锦盛装饰材料（以下简称锦盛装饰）、山东华勤建材有限公司（以下简称华勤建材公司）侵害商标权纠纷一案中，北新建材公司经国家工商行政管理总局商标局核准注册第 3125653 号"龙牌"商标，核定使用商品类别为石膏板等 19 类，注册有效期自 2003 年 5 月 28 日至 2013 年 5 月 27 日止。2013 年 7 月 22 日，上述注册商标经依法核准续展至 2023 年 5 月 27 日。"黍山龙"商标由山东省平邑县万庄膏业有限公司于 2015 年 11 月 4 日提出注册申请，于 2018 年 3 月 4 日获准注册，核定使用在石膏板等商品上。2018 年 12 月 19 日，北新建材公司向国家知识产权局申请宣告"黍山龙"注商标无效。2019 年 7 月 25 日，国家知识产权局出具商评字〔2019〕第 0000172549 号《关于第 18244913 号"黍山龙"商标无效宣告请求裁定书》，宣告"黍山龙"商标无效。2019 年 5 月 8 日，北新建材公司从锦盛装饰购买了"黍山龙"石膏板，并进行公证。北新建材公司主张中美建材公司、锦盛装饰、华勤建材公司生产、销售的涉案石膏板侵害其商标权，遂诉至法院。一审法院认为，被诉侵权行为发生在国家知识产权局对"黍山龙"商标无效宣告之前,被诉侵权人在此之后未进行销售;该销售行为不构成对北新建材公司"龙牌"商标的侵权。北新建材公司不服,提起上诉。二审法院认为,被诉侵权行为构成商标侵权行为,遂判令停止侵权,赔偿损失。中美建材公司不服向最高人民法院申请再审。最高人民法院于2021年11月19日裁定驳回了中美建材公司的再审申请。

(撰写人:戴怡婷)

15 地理标志案件中对地名正当使用的认定
——远联水果商行与阿克苏苹果协会侵害商标权纠纷申请再审案

- 案　　号　（2021）最高法民申3902号
- 合议庭成员　王艳芳、晏景、李丽
- 关　键　词　民事/侵害商标权纠纷/地理标志/正当使用
- 相关法条　《中华人民共和国商标法》第3条第3款、第16条第2款

【裁判要旨】

在同种商品上使用与地理标志证明商标相似的商标,足以使相关公众误认为被诉侵权商品的原产地为该地理标志指向的地区且具有该产区特有的品质,或者误认为其与该地理标志证明商标具有关联,引起相关公众对产地和品质的混淆误认,构成侵犯该地理标志证明商标的商标专用权。对地名的正当使用应当以产地相符为必要条件,若被告无法提供充分证据证明被诉侵权商品来源于涉案地理标志指向的地区,其使用方式亦不符合商业惯例的,不属于对地名的正当使用。

【案情摘要】

阿克苏苹果协会系涉案地理标志证明商标权利人,该商标被注册于第31类"苹果"。远联水果商行未经许可销售外包装上突出使用"APPLE 新疆阿克苏"字样且在包装纸上使用了"冰糖心 新疆 阿克苏"字样以及苹果图形。阿克苏苹果协会认为远联水果商行销售该类苹果的行为侵犯其证明商标权,依此向法院提出商标权侵权一诉。一审法院认为被控侵权商品上使用"阿克苏"字样不构成商标性使用,与涉案商标不构成近似,故判定构成正当使用,阿克苏苹果协会败诉。阿克苏苹果协会上诉,二审法院认为远联水果商行销售侵害涉案注册商标商品的行为构成商标侵权

且不属于对地名的正当使用,判决撤销一审判决。远联水果商行不服,向最高人民法院提出再审申请。

(撰写人:王艳芳、唐 弦)

16 侵害商标权案件中假冒商品鉴定报告的效力
——易汇超市与云南白药公司侵害商标权纠纷申请再审案

- 案　　号　(2021)最高法民申 4241 号
- 合议庭成员　晏景、李丽、江建中
- 关 键 词　侵害商标权/假冒商品/商品鉴定/鉴定效力
- 相关法条　《中华人民共和国商标法》第 57 条第 1 项、第 3 项,《中华人民共和国商标法实施条例》第 82 条

【裁判要旨】

商标侵权案件中,注册商标权利人及相关正品生产者具有辨别被诉侵权商品是否为假冒商品的能力,有权对被诉侵权商品的真伪作出鉴别。在被诉侵权商品确实与正品存在区别,其他在案证据亦能够反映被诉侵权商品并非正品的情况下,如注册商标权利人或正品生产者针对假冒商品作出鉴定报告,应认定该报告的效力,不宜仅以该报告系由注册商标权利人或正品生产者单方作出即否定其证明效力。

【案情摘要】

云南白药公司是第 3635192 号"云南白药 YUNNAN BAIYAO"注册商标的被许可人,易汇超市销售的云南白药牙膏在防伪标识等细节上与正品均存在较大差别,经鉴定系假冒商品,云南白药公司主张易汇超市的行为侵害了其注册商标专用权,故诉至法院。河南省安阳市中级人民法院一审认为,易汇超市的行为侵害了云南白药公司的注册商标专用权,故判决易汇超市立即停止销售侵权商品,并赔偿云南白药公司经济损失及维权合理开支共计 8500 元。易汇超市不服一审判决,提起上诉,认为云南白药公司提供的公证书存在伪造嫌疑,且鉴定报告是云南白药公司单方出具的,不应予以采纳。河南省高级人民法院二审认为,根据《商标侵权判断标准》第 36 条及《商标法实施条例》第 82 条规定,在查处商标侵权案件过程中,工商行政管理部门可以要求权利人对涉案商品是否为权利人生产或其许可生产的产品进行

辨认、出具书面辨认意见。经法院比对,被诉侵权商品的包装盒体与云南白药公司生产的产品不同,被诉侵权商品是假冒商品的证据充分。故二审法院判决驳回上诉,维持原判。易汇超市不服上述判决,向最高人民法院申请再审。最高人民法院认为,云南白药公司作为注册商标的合法权利人和正品生产商,具有辨别被诉侵权产品是否为假冒产品的能力,有权对被诉侵权商品的真伪作出鉴别;且被诉侵权商品确实与云南白药公司生产的商品存在区别,故二审法院认定并无不当。故裁定驳回易汇超市的再审申请。

(撰写人:晏　景、曹佳音)

17 商标侵权案件中被诉侵权产品生产者的认定
——深圳市金装德高建材有限公司与德高(广州)建材有限公司侵害商标权纠纷申请再审案

- **案　　号**　(2021)最高法民申4410号
- **合议庭成员**　张志弘、白雅丽、许常海
- **关 键 词**　知识产权／商标侵权／侵权产品生产者
- **相关法条**　《中华人民共和国商标法》第57条

【裁判要旨】

被诉侵权产品外包装上显示的生产厂家为被告,且被告在慧聪网商铺展示产品的外包装与被诉侵权产品外包装完全一致,显示的地址亦与被告变更前的地址一致,在被告没有提交相反证据的情况下,应当认定其系被诉侵权产品的生产者。

【案情摘要】

德高(广州)建材有限公司(以下简称德高公司)经国家商标局核准,获得了第1524749号"Davco德高及图"商标注册,核定使用商品为第19类:筑路或铺路材料;建筑灰浆;建筑用沥青产品;建筑用纸板;建筑用油毡;防水卷材;石料黏合剂;修路用黏合材料。被诉侵权产品包装袋上印有"金装德高"及"深圳市金装德高建材有限公司""佛山市金装德高建材有限公司""金装德高建材有限公司"等字样;德高公司二审提交的证据证明深圳市金装德高建材有限公司(以下简称深圳金装公司)在慧聪网商铺展示产品的外包装与被诉侵权产品外包装完全一致,深圳

金装公司在慧聪网显示的地址与深圳金装公司 2017 年变更前的地址一致，被诉侵权产品外包装的批号也为 2017 年。二审法院基于被诉侵权产品外包装上生产厂家信息显示为"深圳市金装德高建材有限公司"等事实及深圳金装公司没有提交相反证据的情况下，综合认定深圳金装公司系被诉侵权产品的生产者，被诉侵权行为使用的标识与注册商标构成近似，易导致相关公众的混淆或误认的，属于侵害注册商标专用权的行为，并无不当。

（撰写人：许常海）

18 侵害商标权案件中注册在第 35 类"推销（替他人）"等服务上的商标实际使用的审查
—— 棉田公司与无印良品上海公司侵害商标权纠纷申请再审案

- 案　　号　（2021）最高法民申 5876 号
- 合议庭成员　张志弘、晏景、李丽
- 关　键　词　侵害商标权 / 服务商标 / 实际使用
- 相关法条　《中华人民共和国商标法》第 57 条，《最高人民法院关于审理商标民事纠纷案件适用法律若干问题的解释》第 11 条

【裁判要旨】

原告享有在某商品类别上的注册商标，被告就相同近似标识享有在第 35 类推销（替他人）等服务上的注册商标，并实际使用于百货商品零售服务上。在符合商业惯例及普通消费者认知的情况下，如果相关公众已经将该标识与被告建立起稳定的对应关系，结合被告在相关商品上亦使用了其享有的其他注册商标的事实，被告的使用行为并不会导致相关公众对该商品来源产生误认，不侵犯原告的商标权。

【案情摘要】

棉田公司系第 1561046 号、第 7494239 号和第 14130423 号"无印良品""無印良品"注册商标的权利人，其所享有的注册商标专用权依法应当受法律保护。无印良品上海公司的母公司良品计画于 1999 年起陆续向国家商标局申请注册取得了"MUJI"和"無印良品"等一系列商标，无印良品上海公司基于其母公司授权，可在相应商品及店铺服务中使用上述商标及其自身字号的权利亦应得到法律的认可和

保护。棉田公司主张，无印良品上海公司在明知其母公司良品计画与棉田公司有商标确权纠纷、棉田公司起诉其侵害商标权并取得胜诉的情况下，通过京东商城无印良品MUJI官方旗舰店销售涉案商标指定的24类商品时，仍在网站页面、商品包装袋、购物明细单上使用与涉案商标相同或近似的标识，侵害了棉田公司的商标权。故起诉至法院。江苏省苏州市中级人民法院一审认为，从无印良品上海公司在涉及第24类商品的标识现状看，其在涉及第24类商品时是单独标注"MUJI"标识，并未混合标注"无印良品"及"MUJI"标识，故无印良品上海公司已履行了对棉田公司涉案商标权的合理避让义务；结合标识用的客观状况以及消费者可能据此产生的主观认知，无印良品上海公司依照商业惯例和市场交易习惯对上述标识的使用不应当认定为系在特定商品上的使用并用以指示商品来源。据此，一审法院判决驳回了棉田公司的诉讼请求。棉田公司不服一审判决，提起上诉。江苏省高级人民法院二审认为，无印良品上海公司在其专卖店销售的商品上，无论是线下店铺还是线上店铺，均在展示及销售的每种商品上单独标注商标。除在涉及第24类的商品上单独标注"MUJI"外，其他类别的商品上则混合标注"無印良品""MUJI"。此外，在无印良品上海公司专卖店提供的百货商品零售服务上，其将开设的实体专卖店招牌统一标注为"無印良品"，网上旗舰店标注名称为"MUJI 無印良品"。在统一使用的购物明细单及邮寄用包装袋上使用"無印良品"等标识。正是基于无印良品上海公司在对其品牌的运营过程中，一直持续将"無印良品""MUJI"及其结合的标识使用于其提供的百货商品零售服务上，从而使得相关公众已将该标识与无印良品上海公司及其母公司良品计画之间建立起稳定的对应关系，即普通消费者在无印良品上海公司开设的"無印良品"专卖店或网上旗舰店中购买涉及第24类商品时，不会误认为该商品来源于棉田公司。据此二审法院判决驳回上诉，维持原判。棉田公司不服，向最高人民法院申请再审。最高人民法院经再审审查认为，棉田公司的再审请求缺乏事实和法律依据，裁定驳回其再审申请。

（撰写人：李 丽、包 硕）

19 商标侵权案件中授权经销商正当使用商标的认定
——宜宾五粮液股份有限公司与新城区佳鑫烟酒店
侵害商标权纠纷申请再审案

- **案　　号**　（2021）最高法民申 6806 号
- **合议庭成员**　佟姝、戴怡婷、张玲玲
- **关 键 词**　民事／侵害商标权／授权经销商／商标识别功能
- **相关法条**　《中华人民共和国商标法》第 48 条

【裁判要旨】

在侵害商标权案件中，授权经销商为指明其授权身份、宣传推广商标权人的商品而进行使用，未破坏商标识别商品来源的主要功能且未切断商品与提供者的联系的，不构成侵犯商标权。

【案情摘要】

宜宾五粮液股份有限公司（以下简称五粮液公司）为涉案注册商标独占被许可人，对涉案商标享有独占许可使用权，其主张新城区佳鑫烟酒店（以下简称佳鑫烟酒店）在门头上使用涉案商标构成商标侵权，故诉至法院。内蒙古自治区呼和浩特市中级人民法院一审认为，佳鑫烟酒店未经权利人许可，擅自在门头上突出使用涉案商标，容易导致一般消费者误认，构成商标侵权。遂判决佳鑫烟酒店停止侵权并赔偿权利人的经济损失和合理开支。佳鑫烟酒店不服，提起上诉。内蒙古自治区高级人民法院二审认为佳鑫烟酒店使用涉案商标是为表明其经销商身份，未破坏商标的识别功能，遂判决撤销一审判决，驳回五粮液公司的诉讼请求。五粮液公司不服二审判决，向最高人民法院申请再审。最高人民法院裁定驳回五粮液公司的再审申请。

（撰写人：戴怡婷、周睿隽）

20 商标侵权案件中非销售行为不适用合法来源抗辩

——晶华宝岛（北京）眼镜有限公司与新兴县舒视
眼镜有限公司侵害商标权纠纷申请再审案

- **案　　号**　（2021）最高法民申 7310 号
- **合议庭成员**　佟姝、戴怡婷、张玲玲
- **关 键 词**　民事 / 侵害商标权 / 合法来源抗辩
- **相关法条**　《中华人民共和国商标法》第 64 条第 2 款

【裁判要旨】

《商标法》第 64 条规定的合法来源抗辩针对的是销售侵害注册商标权的商品的行为，对于未涉及销售行为的被诉侵权行为，不适用合法来源抗辩。

【案情摘要】

晶华宝岛（北京）眼镜有限公司（以下简称晶华宝岛公司）为涉案注册商标的独占许可实施人，对涉案商标享有独占许可使用权，其主张新兴县舒视眼镜有限公司（以下简称舒视公司）在其经营的眼镜店门头、店内装潢、产品包装袋及眼镜布上使用被诉"广州宝岛眼镜"标识，以及其微信收款账户使用"广州宝岛眼镜"名称的行为构成侵权，故诉至法院。广东省云浮市中级人民法院一审认为，舒视公司的前述行为构成商标侵权，其合法来源抗辩不成立。遂判决停止侵权，赔偿损失 3 万元。舒视公司不服，提起上诉。广东省高级人民法院二审判决，驳回上诉，维持一审判决。舒视公司不服二审判决，向最高人民法院申请再审，最高人民法院裁定驳回舒视公司的再审申请。

（撰写人：戴怡婷）

21 服务商标侵权认定的考量因素
——成都柴门餐饮管理有限责任公司与陈某婷侵害商标权纠纷申请再审案

- **案　　号**　（2021）最高法民申 7553 号
- **合议庭成员**　张志弘、李丽、许常海
- **关 键 词**　知识产权 / 商标侵权 / 服务商标
- **相关法条**　《中华人民共和国商标法》第 57 条

【裁判要旨】

对于服务商标是否构成侵权的认定，应当充分考量商标整体结构及构成要素的近似程度、注册商标的显著性和知名度等因素，合理定位服务商标的区域性问题，以是否容易导致相关公众的混淆误认作为标准。

【案情摘要】

成都柴门餐饮管理有限责任公司（以下简称成都柴门餐饮公司）于 2019 年 8 月 27 日受让第 5198308 号注册商标，该商标由图形、英文、中文繁体字组成，核定使用商品／服务项目包括第 43 类餐馆等类别。成都柴门餐饮公司于 2019 年 6 月 3 日申请对四川省范围内相关涉嫌商标侵权行为的店铺进行保全证据公证。根据涉案《公证书》中所附照片显示：内江鸿禧餐饮店的店门正上方招牌为"鸿禧柴門"，店门旁边招牌为"鸿禧柴门"；内江鸿禧餐饮店印制的订餐卡正反面有"鸿禧柴门土菜馆"字样，"柴门"二字字体为简体字。成都柴门餐饮公司以内江鸿禧餐饮店侵害其涉案注册商标专用权为由起诉至四川省内江市中级人民法院（以下简称一审法院），请求判令内江鸿禧餐饮店立即停止侵害第 5198308 号注册商标专用权的行为，拆除店内带有"柴门及图"等相同或近似标志的店招、门头灯，并禁止在提供服务或对外宣传时使用上述标识；内江鸿禧餐饮店赔偿其经济损失 10 万元。一审法院经审理认为，内江鸿禧餐饮店在其门头及订餐卡上使用"柴门"二字，与涉案商标并不构成近似。即使内江鸿禧餐饮店作为餐饮企业，理应对相关餐饮企业情况有高于一般公众的认知，其可能知晓涉案注册商标或者成都柴门餐饮公司的知名度，但由于涉案注册商标在内江市并不具有显著知名度，且内江鸿禧餐饮店所服务地域仅在内江市，内江鸿禧餐饮店使用"柴门"二字，不会导致相关公众误认为与涉案注册

商标或者成都柴门餐饮公司有一定关联，内江鸿禧餐饮店不具有攀附涉案注册商标的故意。判决驳回成都柴门餐饮公司的诉讼请求。成都柴门餐饮公司不服，提起上诉。二审法院经审理驳回上诉，维持原判。成都柴门餐饮公司仍不服，向最高人民法院申请再审。最高人民法院经审查认为，涉案商标为图文组合商标，由"图形"、英文"bavindoor"及中文"柴門"组成。经比较，被诉侵权行为所使用的标识为"鸿禧柴门""鸿禧柴门土菜馆"，与涉案注册商标在整体结构、呼叫及图案等方面均存在一定差异。原审判决基于涉案注册商标与被诉侵权行为所使用的标识存在的差异及成都柴门餐饮公司与内江鸿禧餐饮店在装修风格、市场定位、消费群体等方面的不同，综合认定内江鸿禧餐饮店使用被诉标识的行为，不易导致相关公众的混淆或者误认，进而认定不构成商标侵权，符合本案实际情况，并无不当，裁定驳回成都柴门餐饮公司的再审申请。

（撰写人：许常海）

22 当事人对公证证据存在争议时法院如何认定

——智超超市与上海家化公司侵害商标权纠纷申请再审案

- **案　　号**　（2021）最高法民申 7565 号
- **合议庭成员**　秦元明、白雅丽、马秀荣
- **关 键 词**　民事 / 商标侵权 / 公证书
- **相关法条**　《中华人民共和国民事诉讼法》第 69 条[①]，《中华人民共和国公证法》第 36 条

【裁判要旨】

经公证的民事法律行为、有法律意义的事实和文书，如果另一方当事人无证据推翻上述公证，法院应当将公证的证据作为认定事实的根据。

【案情摘要】

上海家化公司是第 1116603 号"六神"商标的权利人，该商标核定使用的商品包括"花露水"等，注册有效期自 1997 年 10 月 7 日至 2007 年 10 月 6 日，后经续

[①]　对应《中华人民共和国民事诉讼法》（2023 年修正）第 72 条。

展至 2027 年 10 月 6 日。2019 年 8 月 6 日，公证处依上海家化公司的申请，在智超超市公证购买标有"六神"字样的花露水。上海家化公司主张智超超市销售带有"六神"字样的花露水构成商标侵权，请求停止侵权、赔偿损失。一审法院认为，上海家化公司提交公证书能够证实被控侵权产品系智超超市销售，判决智超超市停止侵权并赔偿损失。二审法院维持一审判决。智超超市申请再审。最高人民法院认为，智超超市没有提供相反证据推翻上述公证证明，也没有说明质疑公证书的充分理由，原审判决根据该公证书认定被诉花露水系智超超市销售，并无不当，裁定驳回再审申请。

（撰写人：白雅丽、陈泽宇）

23 当事人诉讼主体资格认定
——程某忠与富侨（重庆）控股有限公司侵害
商标权及不正当竞争纠纷申请再审案

- 案　　号　（2021）最高法民申 7647 号
- 合议庭成员　秦元明、马秀荣、白雅丽
- 关　键　词　主体资格/个体工商户
- 相关法条　《中华人民共和国民事诉讼法》第 207 条[①]

【裁判要旨】

一审、二审判决中注明个体工商户经营者的身份。个体工商户注销后，二审判决仍将其列为诉讼主体虽有不当，但不属于民事诉讼法上的严重程序错误。

【案情摘要】

邯郸市永年区名关鑫侨足道店于 2017 年 6 月 15 日以邯郸市永年区名关富侨足道店为字号予以工商登记注册，经营范围为足疗、头部按摩。经营者为程某忠。2019 年 5 月 29 日，经营者程某忠申请工商变更登记，将上述字号变更为邯郸市永年区名关鑫侨足道店。一审判决邯郸市永年区名关鑫侨足道店承担赔偿损失的责任，后邯郸市永年区名关鑫侨足道店注销。二审法院维持一审判决。后程某忠申请再审。最高人民法院审查认为，个体工商户系属自然人主体，一审、二审判决已注明经营

---

① 对应《中华人民共和国民事诉讼法》（2023 年修正）第 218 条。

者的身份，个体工商户注销后，二审判决仍将其列为诉讼主体虽有不准确之处，但不属于民事诉讼法上的严重程序错误。

（撰写人：马秀荣、孙冠华）

24 商标侵权案件中构成近似商标的考量因素
——买某伟与赵某侵害商标权纠纷申请再审案

- **案　　号**　（2021）最高法民申 7651 号
- **合议庭成员**　张志弘、李丽、许常海
- **关　键　词**　知识产权 / 商标侵权 / 服务商标
- **相关法条**　《中华人民共和国商标法》第 57 条

【裁判要旨】

原告商标中包含有对姓氏的描述，显著性不强。被告具有使用该姓氏的合理理由，综合考量商标整体结构及构成要素的近似程度、注册商标的显著性和知名度等因素，认定被告不构成对原告商标权的侵害。

【案情摘要】

买某伟获得"老买酿皮"注册商标专用权，核定使用服务项目第 43 类：自助餐厅、餐厅、饭店、寄宿处预订、快餐馆、旅游服务出租、养老院、日间托儿所、流动饮食供应及茶馆。赵某在平凉市崆峒区工商行政管理局注册成立个体工商户"平凉市崆峒区来老买凉皮店"，经营范围为热食类销售。买某伟起诉请求判令赵某立即停止侵权、消除影响、赔偿其因侵犯"老买酿皮"注册商标专用权给买某伟造成的经济损失 20 万元并承担本案诉讼费用。经查明，赵某夫家与买某伟均姓"买"，而"老买"是对姓氏的一种描述，显著性不强，而"酿皮"和"凉皮"是对西北地区一种特色面食通用名称的指代。原审判决结合查明的相关历史渊源和家族传承因素，认定赵某使用"来老买凉皮"不具有攀附涉案注册商标的主观故意，并无不当。赵某在店面门头使用的被诉侵权标识为文字"来老买凉皮"，而买某伟的涉案注册商标为图文商标，经比对，两者在文字字体、图案构成、呼叫等方面均有所差异。原审判决基于上述事实，综合认定被诉侵权行为不构成商标侵权，亦无不当。

（撰写人：许常海）

25 侵害商标权案件中重复诉讼的审查
——华联公司与肥城华联公司、景苑商店侵害商标权纠纷再审案

- **案　　号**　（2021）最高法民再 2 号
- **合议庭成员**　王艳芳、晏景、李丽
- **关 键 词**　侵害商标权 / 重复起诉 / 诉讼主体 / 分支机构
- **相关法条**　《中华人民共和国民事诉讼法》第 48 条[①]，《最高人民法院关于适用〈中华人民共和国民事诉讼法〉的解释》第 52 条、第 247 条

【裁判要旨】

审查一个案件是否与另案构成重复诉讼，应当从该案的当事人、诉讼标的以及诉讼请求是否与另案相同，或者该案的诉讼请求是否存在实质性否定另案裁判结果的情形等几个方面进行判断。例如，一案被告与其他案件的被告均属同一法人主体下设领取营业执照的分支机构，由于这些分支机构均为具有民事诉讼当事人主体资格的主体，故该案与其他案件的被告并不相同；相应地，该案与其他案件所涉被诉侵权行为及诉讼请求亦不相同。故该案与其他案件不构成重复起诉。

【案情摘要】

华联公司是第 5345627 号、第 5825607 号"华联超市 Hualian Supermarket 及图"商标的专用权人，其主张肥城华联公司及其景苑商店使用"华联""华联超市"商标的行为侵害了其上述注册商标专用权，故诉至法院。山东省泰安市中级人民法院一审认为，华联公司共向一审法院起诉了包括本案在内的 15 件涉及肥城华联公司及其分店的案件，15 件案件均将肥城华联公司及其分店列为被告，而分店不具备民事责任主体资格，其民事责任均应由肥城华联公司承担，故本案实际上与其他 14 件案件的当事人相同、诉讼标的相同、诉讼请求相同。由于一审法院针对其中（2019）鲁 09 民初 92 号案已经作出判决，本案与其余案件中的分店应当作为上述第 92 号案的考量因素，故本案构成重复起诉。故一审法院裁定驳回华联公司的起诉。华联公司不服上述裁定，提起上诉。山东省高级人民法院二审裁定驳回上诉，维持原裁定。

[①] 对应《中华人民共和国民事诉讼法》（2023 年修正）第 51 条。

华联公司不服上述裁定，向最高人民法院申请再审。最高人民法院裁定提审本案，认定本案与上述第92号案的当事人、当事人争议的诉讼标的以及华联公司在两案中所主张的事实、侵权行为、提出的诉讼请求等各方面要素均不相同，第92号案的审理范围亦未涉及本案的内容，两案分属独立的诉讼，不构成重复诉讼。故裁定撤销一、二审裁定，指令一审法院对本案进行审理。

（撰写人：晏　景、曹佳音）

26 商标侵权行为的认定
——四川金六福公司与芦台春酒业公司、芦台春酿造公司、宏源经销部侵害商标权纠纷再审案

- **案　　号**　（2021）最高法民再17号
- **合议庭成员**　王艳芳、晏景、李丽
- **关 键 词**　侵害商标权／商标使用／混淆误认
- **相关法条**　《中华人民共和国商标法》第48条、第57条第2项

【裁判要旨】

认定被诉侵权标识是否侵害了他人注册商标专用权，应当结合注册商标的知名度、被诉侵权标识的使用方式等因素，以相关公众的通常认知为标准进行判断。在被诉侵权标识与注册商标高度近似、注册商标经使用具有较高知名度的情况下，即使被诉侵权商品上还同时标注了被诉侵权人的注册商标或其他信息，亦不足以避免相关公众的混淆误认；该行为会割裂注册商标与权利人的对应关系，实质性损害注册商标发挥识别商品来源的基本功能，应认定该行为对注册商标权构成侵害。

【案情摘要】

四川金六福公司是第1753864号"福星"商标的权利人，芦台春酒业公司和芦台春酿造公司生产、销售及宏源经销部销售的被诉侵权商品，其外包装的显著位置上印有"福星"标识，四川金六福公司主张上述行为侵害了其注册商标专用权，故诉至法院。山东省东营市中级人民法院一审认为，芦台春酒业公司和芦台春酿造公司使用"福星"标识的行为不属于商标使用，且被诉侵权商品的包装上还印有芦台春酒业公司和芦台春酿造公司的全称、其自身注册商标以及"天津泰达""津门老字

号"等信息,不会造成普通消费者对商品来源产生混淆。故一审法院判决驳回四川金六福公司的诉讼请求。四川金六福公司不服上述判决提起上诉。山东省高级人民法院二审判决驳回上诉,维持原判。四川金六福公司不服上述判决,向最高人民法院申请再审,最高人民法院裁定提审本案,认定被诉侵权行为构成商标性使用,且在相同商品上使用与四川金六福公司的注册商标高度近似的商业标识,构成商标侵权。故判决撤销一、二审判决,改判芦台春酒业公司、芦台春酿造公司、宏源经销部立即停止侵害第1753864号"福星"商标专用权的行为;芦台春酒业公司、芦台春酿造公司赔偿四川金六福公司经济损失及支付合理费用共计20万元。

(撰写人:晏 景、曹佳音)

27 仿冒纠纷中重复诉讼的审查
——泸州老酒酒业集团有限公司与荥阳市广武供销合作社、房某志仿冒纠纷再审案

- **案　　号**　(2021)最高法民再130号
- **合议庭成员**　佟姝、戴怡婷、张玲玲
- **关 键 词**　民事/仿冒纠纷/重复起诉
- **相关法条**　《最高人民法院关于适用〈中华人民共和国民事诉讼法〉的解释》第247条

【裁判要旨】

审查某案是否构成重复诉讼,应当从该案的当事人、诉讼标的以及诉讼请求、理由是否与他案相同等几个方面进行判断。他案未有生效裁判,即未对当事人在本案中提出的诉讼主张和理由进行审理,则本案与其他案件不构成重复起诉。

【案情摘要】

在再审申请人泸州老酒酒业集团有限公司(以下简称泸州老酒公司)与被申请人荥阳市广武供销合作社(以下简称广武供销社)、房某志仿冒纠纷一案中,案外人泸州老窖公司自荥阳市广武供销社金达超市(以下简称金达超市)公证购买了白酒一瓶。泸州老窖公司据此主张泸州老酒公司及金达超市在生产、销售的上述白酒侵害其注册商标专用权,遂向四川省泸州市中级人民法院提起商标侵权诉讼。四川

省泸州市中级人民法院作出（2018）川05民初314号民事判决（以下简称314号判决），认定商标侵权成立，判决泸州老酒公司、金达超市停止生产、销售涉案白酒，并赔偿损失。宣判后，金达超市、泸州老酒公司不服该判决，分别向四川省高级人民法院提出了上诉。四川省高级人民法院作出（2020）川知民终2号民事裁定书，认为该案应等待本案审理结论，遂裁定中止诉讼。目前该案正在审理中。泸州老酒公司遂针对广武供销社、房某志向一审法院提起仿冒纠纷，请求法院判令停止侵权、赔偿损失并赔礼道歉。一审法院认为，本案泸州老酒公司的诉讼请求实质上是试图否定四川省泸州市中级人民法院314号民事判决的裁判结果，构成重复诉讼，遂裁定驳回起诉。泸州老酒公司不服该裁定，提起上诉，二审法院判令驳回上诉，维持原裁定。泸州老酒公司向最高人民法院申请再审，最高人民法院经审理，提审该案，并裁定撤销一、二审裁定，指令一审法院对本案进行审理。

（撰写人：戴怡婷）

28 实际销售被诉侵权商品的认定
—— 佛山照明公司与孟某波侵害商标权纠纷再审案

- **案　　号**　（2021）最高法民再206号
- **合议庭成员**　佟姝、吴蓉、张玲玲
- **关 键 词**　民事 / 商标 / 侵权 / 实际销售
- **相关法条**　《中华人民共和国商标法》第57条

【裁判要旨】

被告在涉及同一侵权事实的刑事案件中，以销售假冒注册商标的商品罪（未遂）被定罪处罚。在民事案件中，在案证据足以证明被告实际销售了被诉侵权商品事实的存在具有高度可能性的，应当依法认定其实际销售了被诉侵权商品。

【案情摘要】

佛山照明公司起诉主张孟某波侵害其商标专用权。一审法院判决驳回孟某波的诉讼请求。二审法院判决驳回上诉，维持原判。佛山照明公司向最高人民法院申请再审，最高人民法院再审判决撤销一、二审判决，改判孟某波赔偿佛山照明公司经济损失及合理开支。

（撰写人：吴　蓉）

29 商标侵权责任承担主体的确定
——宜佳旺公司与七度银匠公司、盛义豪涿州分公司、盛义豪公司侵害商标权及不正当竞争纠纷再审案

- **案　　号**　（2021）最高法民再 207 号
- **合议庭成员**　晏景、李丽、江建中
- **关 键 词**　侵害商标权 / 责任认定 / 经营期限
- **相关法条**　《中华人民共和国商标法》第 57 条第 2 项

【裁判要旨】

在商标侵权案件的责任认定过程中，在相关购物广场的经营管理者存在侵权行为的情况下，应准确认定承担责任的主体，对于被诉侵权行为发生之前即与购物广场终止经营管理关系的诉讼主体，不应认定由其承担侵权责任。

【案情摘要】

七度银匠公司系第 17911576 号"七度银匠"、第 18009416 号"七度银匠"、第 20251438 号"7℃"、第 20251829 号"SEVEN DEGREE"商标的专用权人。宜佳旺购物广场中经营的"七度银匠"专柜门头及内部装饰中标注了"SEVEN DEGREE""七度银匠""7℃"等字样及标识；所销售的商品及包装上亦标有"7℃""七度银匠"标识。七度银匠公司代理人在上述专柜购买商品后，宜佳旺购物广场出具了销售凭证、销售清单及银联商务签购单，银联商务签购单上显示的商户名称为盛义豪涿州分公司。七度银匠公司诉至法院，主张宜佳旺购物广场的经营管理者宜佳旺公司及盛义豪涿州分公司的行为侵害了七度银匠公司的注册商标专用权，并构成不正当竞争，应负连带赔偿责任；盛义豪公司作为盛义豪涿州分公司的总公司，应当承担补充清偿责任。河北省保定市中级人民法院一审法院判决支持了七度银匠公司的诉讼请求。宜佳旺公司、盛义豪涿州分公司均不服上述判决提起上诉。河北省高级人民法院二审判决驳回上诉，维持原判。宜佳旺公司不服上述判决，向最高人民法院申请再审称，其在被诉侵权行为发生前就与宜佳旺购物广场产权人解除了租赁关系，不存在侵权行为，并提供了相应证据。最高人民法院裁定提审本案，在查明相关事实的基础上认定宜佳旺公司与侵权行为之间并不存在因果关系，不应

承担相应责任。故判决撤销一、二审判决，改判盛义豪涿州分公司停止侵权行为并赔偿七度银匠公司经济损失10万元、支付合理开支24719元，盛义豪公司对上述款项承担补充赔偿责任。

（撰写人：晏　景、曹佳音）

30　自然人将其姓名作为商标等进行商业使用不得侵害他人的在先权利

——华润集团、华润知识产权公司与华润商店侵害商标权及不正当竞争纠纷再审案

- 案　　号　（2021）最高法民再338号
- 合议庭成员　晏景、李丽、许常海
- 关 键 词　商标侵权／姓名权／合理使用／诚信
- 相关法条　《中华人民共和国商标法》第57条第2项

【裁判要旨】

　　自然人享有其合法的姓名权，有权合理使用自己的姓名，但应当遵循诚信原则并遵守相关法律、法规的规定，对姓名进行商业使用时不得侵害他人的在先权利。在与自然人姓名相同或近似的文字已被他人注册为商标，并经过长期使用已经具有较高知名度的情况下，该自然人再在相同或类似商业活动中使用与上述注册商标相同或近似的文字，容易造成相关公众混淆误认的，即使与其自身姓名存在关联，亦构成对注册商标权的侵害。

【案情摘要】

　　华润集团是第776090号"华润"商标、第3843561号"华润万家"商标的专用权人。华润商店注册使用"华润"作为其字号，并在其经营的灯饰店店外招牌、宣传资料等多处使用"华润"字样，售卖多种他人品牌灯具。华润集团主张，华润商店的行为侵害了其注册商标专用权并构成不正当竞争，故诉至法院。四川省成都市中级人民法院一审认为，华润商店使用的"华润灯饰"不构成商标性使用；华润商店注册"华润"字号以及使用字号的方式具有正当性。因此，华润商店的被诉侵权行为不构成商标侵权及不正当竞争。故一审法院判决驳回华润集团的诉讼请求。华

润集团不服上述判决提起上诉，四川省高级人民法院二审判决驳回上诉，维持原判。华润集团及其注册商标受让人华润知识产权公司不服上述判决，向最高人民法院申请再审。最高人民法院裁定提审本案，认定华润商店使用被诉侵权标识的行为构成商标性使用，不属于正当使用公民姓名的行为，其行为构成商标侵权及不正当竞争。故判决撤销一、二审判决，改判华润商店立即停止侵害涉案商标专用权的行为、立即停止使用带有"华润"文字的企业名称，并赔偿华润知识产权公司经济损失及支付合理费用共计 8 万元。

（撰写人：晏 景、曹佳音）

31 将与他人注册商标标识相同的文字注册为企业字号是否构成商标性使用

——广东金帐本公司与达州金账本公司侵害商标权及不正当竞争纠纷申请再审案

- 案　　号　（2020）最高法民申 6637 号
- 合议庭成员　杜微科、吴蓉、张玲玲
- 关 键 词　民事 / 商标 / 侵权
- 相关法条　《中华人民共和国商标法》第 48 条

【裁判要旨】

将与他人注册商标标识相同的文字注册为企业字号的行为本身并非对该标识的商标性使用。

【案情摘要】

广东金帐本公司系第 19778373 号"金账本"商标的商标权人，起诉主张达州金账本公司构成侵害商标专用权和不正当竞争。一审法院认定达州金账本公司构成侵害商标专用权和不正当竞争。二审法院认定达州金账本公司不构成侵害商标专用权。广东金帐本公司向最高人民法院申请再审，主张达州金账本公司未经广东金帐本公司许可，擅自使用其注册商标"金账本"文字注册为企业字号，并在户外广告中使用"金账本"文字，侵害了广东金帐本公司的涉案注册商标专用权。最高人民法院依法驳回其再审申请。

（撰写人：吴　蓉）

32 商标侵权诉讼中商标在先使用是否成立的判断
——双飞人制药股份有限公司与广州赖特斯商务咨询有限公司等侵害商标权及不正当竞争纠纷再审案

- **案　　　号**　（2020）最高法民再23号
- **合议庭成员**　秦元明、马秀荣、周波
- **关　键　词**　商标侵权／商品包装／在先使用／诚信
- **相关法条**　《中华人民共和国商标法》第59条第3款

【裁判要旨】

被告商品在先已经进行一定的广告宣传，形成的一定影响。在明知他人商品已存在于市场的情况下，恶意申请注册与他人商品包装近似的商标并行使权利，并以上述商标作为权利基础起诉他人侵权的，被诉侵权行为应当被认定属于2013年修正的《商标法》第59条第3款规定的商标权人无权禁止在先使用人在原使用范围内继续使用的情形。

【案情摘要】

本案中，双飞人制药股份有限公司（以下简称双飞人公司）以广州赖特斯商务咨询有限公司（以下简称赖特斯公司）等生产、销售利佳薄荷水侵害其注册商标专用权，并同时实施了不正当竞争行为为由，向法院提起诉讼。一审法院认为，利佳薄荷水与"双飞人"商标核定使用的"双飞人爽水"属于相同商品。经对比，被诉侵权产品包装与双飞人公司的立体商标构成近似并可能导致相关公众混淆误认，赖特斯公司侵害了双飞人公司的立体商标专用权，同时构成不正当竞争。二审法院判决驳回上诉，维持原判。赖特斯公司向最高人民法院申请再审。最高人民法院再审认为，赖特斯公司的在先使用抗辩成立。双飞人公司关于赖特斯公司构成侵害注册商标专用权及不正当竞争的主张均不能成立，遂判决撤销一审、二审判决，驳回双飞人公司的诉讼请求。

（撰写人：秦元明、曾　志）

33 公司不当注销，股东依法承担责任
——姬某与美克国际家居用品股份有限公司、徐州美克马丁家具有限公司、苏州相城经济开发区雷克蒙顿家具经营部侵害商标权及不正当竞争纠纷申请再审案

- 案　　号　（2021）最高法民申 5584 号
- 合议庭成员　毛立华、李嵘、江建中
- 关　键　词　侵害商标权 / 公司注销 / 股东 / 诚信
- 相关法条　《中华人民共和国民法总则》第 59 条①，《中华人民共和国公司登记管理条例》②第 44 条，《最高人民法院关于适用〈中华人民共和国民事诉讼法〉的解释》第 322 条③

【裁判要旨】

在法院案件审理期间，公司被注销，注销时其股东明确作出了关于若承诺书内容失实和存在违法失信，则其作为公司权利义务承继人并承担相应法律后果和责任的意思表示。在一审判决该公司承担侵权法律责任的情形下，公司股东仍向登记机关申请注销公司，该行为明显有悖诚信原则，依法应承担原公司的法律责任。

【案情摘要】

在一审法院判决雅思公司停止侵害涉案商标权以及不正当竞争行为的情况下，雅思公司的法定代表人及股东姬某对公司进行了简易注销。二审法院变更案件当事人，并依法判决姬某承担原雅思公司应承担的法律责任。姬某不服，向最高人民法院申请再审。

（撰写人：毛立华、唐　弦）

---

① 对应《中华人民共和国民法典》第 59 条。
② 该条例已失效。
③ 该解释已于 2022 年修正，此处法条对应第 320 条。

最高人民法院裁判要旨精选

34 刑民交叉侵害商标权案件中的调查取证

——山东东阿东韵阿胶股份有限公司与东阿阿胶股份有限公司、济南天艺堂文化用品有限公司侵害商标权及不正当竞争纠纷申请再审案

- **案　　号**　（2021）最高法民申 6265 号
- **合议庭成员**　毛立华、李嵘、江建中
- **关 键 词**　民事 / 刑民交叉 / 侵害商标权 / 调查取证
- **相关法条**　《中华人民共和国民事诉讼法》第 200 条①

【裁判要旨】

刑民交叉侵害商标权案件中，如果刑事案件的有关情况系民事案件涉及被诉侵权产品制造者判定的主要证据，在当事人因客观原因不能自行收集该证据的情况下，人民法院应当依当事人书面申请进行调查取证。

【案情摘要】

东阿阿胶股份有限公司（以下简称东阿阿胶公司）在济南市市中区舜耕路 28 号济南舜耕国际会展中心一楼标有 HKA16 的阿胶产品摊位内，公证购买了阿胶固元糕两盒，诉称该阿胶产品系山东东阿东韵阿胶股份有限公司（以下简称东韵阿胶公司）生产，侵害了东阿阿胶公司的商标权并构成不正当竞争。从被诉产品包装来看，与东韵阿胶公司的产品确有相似，但存在一定矛盾之处。东韵阿胶公司提交了刑事立案通知书以证明被诉侵权产品系有案外人假冒其公司名义生产。一审法院认定被诉产品系东韵阿胶公司生产，认为侵害了东阿阿胶公司的商标专用权，判决停止侵权，赔偿损失 10 万元。东韵阿胶公司不服，提起上诉。二审法院判决驳回上诉，维持原判。东韵阿胶公司不服，向最高人民法院申请再审。

（撰写人：毛立华、唐　弦）

---

① 对应《中华人民共和国民事诉讼法》（2023 年修正）第 211 条。

1320

35 商标先用权抗辩中"在原使用范围内继续使用该商标"的认定

——华联公司与肥城华联公司、肥城华联公司春秋古城店侵害商标权及不正当竞争纠纷再审案

- **案　　号**　（2021）最高法民再 3 号
- **合议庭成员**　王艳芳、晏景、李丽
- **关 键 词**　侵害商标权 / 先用权抗辩 / 原有范围 / 新设机构
- **相关法条**　《中华人民共和国商标法》第 59 条第 3 款、第 57 条第 2 项

【裁判要旨】

认定是否构成商标先用权抗辩中的"在原使用范围内继续使用该商标",应当考虑商标使用的地域范围和经营规模。即便商业主体在先使用商业标识,但如果在他人就该标识获得注册之后,该商业主体又在原经营范围之外新设分支机构,并在该分支机构的经营中使用与注册商标相同或近似标识的,那么对该使用行为不应认定为《商标法》第 59 条第 3 款规定的"在原使用范围内继续使用该商标"的情形。

【案情摘要】

华联公司是第 5345627 号、第 5825607 号"华联超市 Hualian Supermarket 及图"商标的专用权人。肥城华联公司成立于 2000 年 3 月 8 日,其分公司肥城华联公司春秋古城店于 2016 年 4 月 1 日成立,时间在上述商标注册之后。华联公司主张,肥城华联公司及其春秋古城店在门头、网络支付账单、购物小票上使用"华联超市"标识,侵害了华联公司的注册商标专用权;将"华联"文字注册为企业名称并在门店突出使用,构成不正当竞争,故诉至法院。山东省泰安市中级人民法院一审认为,肥城华联公司对"华联超市"标识构成在先使用,肥城华联公司春秋古城店使用"华联超市"构成在原使用范围内继续使用;肥城华联公司成立时间及使用"华联"字号时间早于华联公司成立时间,肥城华联公司在肥城当地具有知名度,华联公司在肥城未开展经营,不会造成相关公众混淆。故判决驳回华联公司的诉讼请求。华联公司不服上述判决提起上诉。山东省高级人民法院二审判决驳回上诉,维持原判。华联公司不服上述判决,向最高人民法院申请再审,最高人民法院裁定提审本案,

认定肥城华联公司在涉案商标申请注册之后开设肥城华联公司春秋古城店作为分支机构，并在该分支机构的经营中使用"华联""华联超市"标识，不属于2013年修正的《商标法》第59条第3款规定的"在原使用范围内继续使用该商标"的情形；且肥城华联公司所举证据亦不能证明其在先使用被诉侵权标识。故判决撤销一、二审判决，改判肥城华联公司及其春秋古城店立即停止使用"华联""华联超市"等标识，立即停止使用带有"华联"文字的企业名称，并赔偿华联公司经济损失及合理费用共计5万元。

（撰写人：晏　景、曹佳音）

36 对于恶意申请注册损害他人在先权利的已形成一定商业规模的商标不予承认和保护

——株式会社一无所有与安逸猿公司等侵害作品复制权、发行权、信息网络传播权及虚假宣传纠纷申请再审案

- 案　　号　（2021）最高法民申3703号①
- 合议庭成员　毛立华、李嵘、江建中
- 关 键 词　民事 / 著作权 / 商标权 / 虚假宣传
- 相关法条　《中华人民共和国商标法》第32条

【裁判要旨】

对于恶意申请注册的损害他人现有在先权利的商标，即使经过使用形成一定的商业规模，具有一定的知名度，也不应予以法律上的承认和保护。对于他人恶意取得注册的商标，使用人以已经获得商标权人排他许可使用权为由抗辩不侵害他人在先权利的，人民法院应不予支持。

【案情摘要】

株式会社一无所有享有Bape及BabyMilo系列图案的著作权、商标权，安逸猿公司使用包含上述图案的安逸猿标识进行经营活动，并在其官网上介绍虚假品牌历

---

① 与本案相关的裁判要旨还包括"抄袭摹仿同业经营者品牌历史发布虚假信息欺骗误导消费者构成虚假宣传""判断是否构成侵害他人作品著作权应考虑'接触'+'实质相似'两个因素"。

史。株式会社一无所有以安逸猿公司构成侵害著作权及虚假宣传为由起诉,请求判令停止侵权并赔偿经济损失及合理费用等。安逸猿公司抗辩称其享有他人注册商标的排他许可使用权,且经使用已形成一定商业规模。原审法院认定株式会社一无所有对涉案作品享有在先著作权,安逸猿公司享有使用权的注册商标申请日前,该商标申请人存在接触涉案作品的可能性,两者构成实质相似,该商标申请人注册商标具有明显恶意,安逸猿公司使用该商标侵害了株式会社一无所有的著作权,其在其官方网站上发布虚假品牌信息构成虚假宣传。原审判决安逸猿公司停止侵权并赔偿经济损失及合理费用 500 万元等,最高人民法院维持原审判决。

（撰写人：李 嵘、刘海珠）

专利 ▶▶▶

❶ 因职务发明专利获得的侵权损害赔偿能否构成发明人报酬的计算基础
——曾某福与怡信公司、许某明、王某职务发明创造发明人、设计人奖励、报酬纠纷上诉案

- **案　　号**　（2019）最高法知民终 230 号
- **合议庭成员**　罗霞、童海超、徐飞
- **关 键 词**　民事 / 实用新型专利 / 发明人报酬 / 职务发明创造 / 侵权损害赔偿 / 营业利润
- **相关法条**　《中华人民共和国专利法》第 16 条[①],《中华人民共和国专利法实施细则》第 78 条[②]

【裁判要旨】

单位基于职务发明专利权获得的侵权损害赔偿,系禁止他人未经许可实施专利

[①] 对应《中华人民共和国专利法》（2020 年修正）第 15 条。
[②] 对应《中华人民共和国专利法实施细则》（2023 年修订）第 94 条。

而获得的收入，在扣除必要的维权开支后，可以视为《专利法实施细则》第 78 条规定的营业利润，发明人可以据此主张合理报酬。

【案情摘要】

曾某福于 2006 年 6 月入职怡信公司，系怡信公司享有的涉案专利证书记载的三位发明人之一。2011 年至 2016 年期间，怡信公司曾以涉案专利权被侵害为由提起多起侵权诉讼，获得判决支持的侵权赔偿数额合计 112.5 万元。2017 年，曾某福向一审法院起诉请求判令怡信公司支付其职务发明创造人报酬。一审法院判决怡信公司支付曾某福 20 万元。怡信公司不服一审判决提起上诉，主张怡信公司并未实施涉案专利，也没有因维权获益。涉案专利的维权行为获得的损害赔偿款不应作为衡量报酬的依据。

（撰写人：罗　霞）

2 存在多种使用环境时功能性特征内容的认定
——云白公司与泰高公司、宝新公司侵害发明专利权纠纷上诉案

- **案　　号**　（2019）最高法知民终 409 号
- **合议庭成员**　岑宏宇、周平、张宏伟
- **关 键 词**　民事 / 发明专利 / 侵权 / 功能性特征 / 使用环境 / 适应性技术特征
- **相关法条**　《最高人民法院关于审理侵犯专利权纠纷案件应用法律若干问题的解释》第 4 条，《最高人民法院关于审理侵犯专利权纠纷案件应用法律若干问题的解释（二）》第 8 条第 1 款

【裁判要旨】

在专利技术方案存在多种使用环境的情况下，结合说明书记载的具体实施方式确定功能性特征的内容时，应当从本领域技术人员角度，区分具体实施方式中为实现该功能性特征限定的功能或者效果不可缺少的技术特征和因使用环境不同而产生的适应性技术特征，适应性技术特征通常并不属于功能性特征的内容。

【案情摘要】

云白公司为"内外筒型自立式钢烟囱"发明专利权人。该专利权利要求 1 包含

"下段不锈钢内筒顶部和中间段不锈钢内筒顶部分别通过横向固定纵向滑动结构与碳钢外筒连接"的技术特征。说明书记载"所述横向固定纵向滑动结构包括与碳钢外筒水平固定连接的套筒固定板,所述套筒固定板上装有两个滑动套筒,所述滑动套筒分别套设在与之对应的不锈钢内筒外面,设在小直径不锈钢内筒外的滑动套筒内壁上均布有四个滑动支点,设在大直径不锈钢内筒外的滑动套筒内壁上均布有六个滑动支点,所述不锈钢内筒可以沿滑动支点自由滑落""本实施例中采用的是双内筒式,该技术方案同样适用于单内筒式和多内筒式……本发明的不锈钢内筒顶部通过特殊结构与碳钢外筒横向固定连接保证不锈钢内筒不晃动,并且在纵向上不锈钢内筒可以滑动以便安装"。被诉侵权产品为单内筒式烟囱,下段内筒外壁顶部设有六个长梯形部件,中间段内筒外壁顶部交叉设置有三长三短梯形部件,其中上述长梯形部件的端部设有便于滑动摩擦的塑料块,与外筒内壁距离较近。上述长梯形部件均布于内筒外壁,与套设于内筒外面的外筒相配合,可以保证内筒横向不晃动、纵向可滑动。二审法院认为,双内筒环境下所需的"滑动套筒"与"套筒固定板"该两项适应特定使用环境的特征,在单内筒情况下,并非必备技术特征。被诉侵权产品为单内筒式烟囱,单内筒外直接套有外筒,"滑动支点"与"外筒"的连接已无须通过其他连接单元即可直接固定连接,从而实现"横向固定纵向滑动"的功能和效果,具有涉案专利权利要求1全部技术特征,落入涉案专利权保护范围。

（撰写人：周　平）

3　使用环境特征的认定
——ALC粘合剂公司与星耕鞋材公司侵害发明专利权纠纷上诉案

- **案　　号**　（2020）最高法知民终313号
- **合议庭成员**　焦彦、魏磊、钱建国
- **关 键 词**　民事 / 发明专利 / 侵权 / 使用环境特征
- **相关法条**　《最高人民法院关于审理侵犯专利权纠纷案件应用法律若干问题的解释（二）》第9条

【裁判要旨】

使用环境特征系权利要求中用来描述发明创造的使用背景或者条件的技术特征,其并不限于与被保护对象的安装位置或者连接结构等相关的技术特征,在特定情况

下还包括与被保护对象的用途、适用对象、使用方式等相关的技术特征。

【案情摘要】

ALC 粘合剂公司为"在例如鞋的内鞋底的物体的表面上施加粘合剂层的机器和相关方法"的发明专利权人。该专利权利要求 1 中包含"一种机器,用于施加粘合剂层(12)到物体(22)的第一表面(24),所述物体(22)具有与第一表面(24)相反的第二表面(25),其特征在于,所述机器包括:用于提供第一带(30)的第一进料装置(11,13),第一带(30)在一个面上具有所述粘合剂层(12)……用于提供第二带(32)的第二进料装置(17,18),第二带(32)在一个面上具有覆盖层(16),以完全覆盖所述物体(22)……"的技术特征。说明书中记载,"所述物体,可以是扁平的,例如,鞋的内鞋底、徽章、饰品、标志、衣物或家具条目,或是非扁平的,厚的和/或形状复杂的物体"。被诉侵权产品不包括"所述物体",且"第一带""第二带"也未安装于机器上,被诉侵权人据此提出不侵权抗辩。二审法院认为,上述"所述物体""第一带""第二带"系使用环境特征。

（撰写人：魏 磊）

4 涉信息网络专利侵权行为地的判断及法律适用
——帝盟公司与东方之舟公司侵害发明专利权纠纷上诉案

- **案　　号**　（2020）最高法知民终 746 号
- **合议庭成员**　原晓爽、徐飞、孔立明
- **关 键 词**　民事 / 发明专利 / 侵权 / 涉信息网络专利 / 侵权行为地
- **相关法条**　《中华人民共和国专利法》第 11 条第 1 款

【裁判要旨】

涉信息网络侵害专利权纠纷案件中,被诉侵权行为的部分实质环节或者部分侵权结果发生在中国领域内的,即可以认定侵权行为地在中国领域内。被诉侵权网站服务器所在地并非判断侵权行为实施地的唯一因素,被诉侵权人仅以该服务器位于中国域外为由,抗辩其行为不侵害中国专利权的,一般不予支持。

【案情摘要】

帝盟公司为"一种国际物流信息跟踪方法及其系统"的发明专利的专利权人。帝盟公司以东方之舟公司经营的物流信息查询网站侵害涉案专利为由将东方之舟公司诉至法院。一审法院认定被诉侵权技术方案落入涉案专利权保护范围,据此判令东方之舟公司停止侵害并赔偿损失。东方之舟公司不服,上诉主张被诉侵权网站所使用的服务器位于中国境外与中国香港,即使被诉侵权技术方案具备涉案专利权利要求 1 全部技术特征,也不构成侵权。

(撰写人:孔立明)

5 通过改进他人非公开技术方案获得专利时的权属证明责任
——航天长征公司与聊城鲁西化工公司专利权权属纠纷上诉案

- **案　　号**　(2020)最高法知民终 1293 号
- **合议庭成员**　周翔、张晓阳、崔宁
- **关 键 词**　民事 / 专利权权属 / 非公开技术方案 / 证明责任 / 实质性特点和进步
- **相关法条**　《中华人民共和国民事诉讼法》第 64 条第 1 款①,《中华人民共和国专利法实施细则》第 13 条②

【裁判要旨】

原告以涉案专利系被告将原告的非公开技术方案申请专利为由,主张涉案专利权归其所有的,应当举证证明涉案专利来源于其在先完成的非公开技术方案,并且被告在涉案专利申请日前能够获知该技术方案;被告主张其对原告的技术方案进行了改进并据此享有涉案专利权的,至少应当证明或者合理说明涉案专利相对于原告的技术方案存在区别,且该区别构成涉案专利的实质性特点和进步。

---

① 对应《中华人民共和国民事诉讼法》(2023 年修正)第 67 条第 1 款。
② 对应《中华人民共和国专利法实施细则》(2023 年修订)第 14 条。

【案情摘要】

聊城鲁西化工公司的母公司和航天长征公司就粉煤加压气化工艺技术生产合成氨和甲醇项目签订多份协议,由航天长征公司提供设备和技术,并约定聊城鲁西化工公司一方有权利用航天长征公司许可实施的专利技术和技术秘密针对该项目进行后续改进,由此产生的具有实质性或创造性技术进步特征的新技术成果,归聊城鲁西化工公司一方所有。聊城鲁西化工公司向国家知识产权局申请名称为"一种气化炉出口气体喷淋装置"的实用新型专利并获得授权,航天长征公司主张专利权应归属于己方所有。其提交的图纸表明,涉案专利权利要求1、涉案专利权利要求2是在航天长征公司技术方案的基础上具体选择了喷淋管口与气化炉合成气出口管道之间倾斜连接的方式,并具体限定了倾斜的角度。二审法院认为,在聊城鲁西化工公司既无实际研发记录,亦无验证技术效果的证据的情况下,难以说明其通过该点改动对发明创造的实质性特点作出了创造性贡献。

(撰写人:崔 宁)

6 "保藏号"限定的微生物发明专利的侵权认定
——丰科公司与绿圣蓬源公司、鸿滨禾盛公司侵害发明专利权纠纷上诉案

- 案　　号　（2020）最高法知民终1602号
- 合议庭成员　徐燕如、马军、刘晓梅
- 关 键 词　民事/发明专利/侵权/微生物/保藏号/保护范围/SCAR分子标记
- 相关法条　《中华人民共和国专利法》第59条①

【裁判要旨】

关于被诉侵权菌株是否落入以"保藏号"限定的微生物发明专利权利要求的保护范围,一般可以借助一种或者多种基因特异性片段检测方法,并结合形态学分析等予以认定。检测微生物菌株的基因特异性时,并非必须采用全基因序列检测方法,如果以"保藏号"限定的菌株具有特有特定序列扩增标记(SCAR)的分子标记片段,则可以该分子标记为检测指标,结合基因序列以及形态学分析,对被诉侵权菌

---

① 对应《中华人民共和国专利法》（2020年修正）第64条。

株作出认定。

【案情摘要】

丰科公司为"纯白色真姬菇菌株"发明专利权人。该专利的权利要求为:"一种纯白色真姬菇菌株 Finc-W-247,其保藏编号是 CCTCC NO:M2012378。"经委托鉴定,鉴定机构出具的鉴定意见显示,基于纯白色真姬菇的性状、ITS 基因序列和所述特异 975bpDNA 片段的特点,根据比对结果可以判断出被诉侵权白玉菇与涉案专利所要求保护的纯白色真姬菇属于同一种菌株。被诉侵权人绿圣蓬源公司、鸿滨禾盛公司主张,本案鉴定中对于分子生物学特征的检测,应当采用全基因序列检测方法而非采用涉案专利说明书中记载的基因特异性片段检测方法,采用后者将会扩大涉案专利权的保护范围。

(撰写人:徐燕如)

7 许诺销售行为的损害赔偿
——青科公司与晨源公司侵害实用新型专利权纠纷上诉案

- **案　　号**　(2020)最高法知民终 1658、1659 号
- **合议庭成员**　罗霞、周平、潘才敏
- **关 键 词**　民事 / 实用新型专利 / 侵权 / 许诺销售 / 损害赔偿责任
- **相关法条**　《中华人民共和国专利法》第 11 条、第 65 条[①]

【裁判要旨】

许诺销售行为侵权民事责任的承担不以销售实际发生为前提。许诺销售行为一经发生,即可能造成影响专利产品合理定价、减少或者延迟专利权利人商业机会等损害,因此,许诺销售行为实施者不仅应当承担停止侵害、支付维权合理开支的民事责任,还应当承担损害赔偿责任。侵权人仅实施了许诺销售行为,专利权利人难以举证证明其因此遭受的具体损失的,可以基于具体案情,着重考虑在案证据反映的侵权情节等,以法定赔偿方式计算损害赔偿数额。

---

① 对应《中华人民共和国专利法》(2020 年修正)第 11 条、第 71 条。

【案情摘要】

青科公司以晨源公司制造、许诺销售、销售被诉侵权产品侵害其"立式二次构造柱泵""一种具有导轨的混凝土搅拌拖泵"实用新型专利权（以下简称涉案专利权）为由，向一审法院提起诉讼，要求晨源公司停止侵权、赔偿损失。一审法院认为，晨源公司在网站上展示被诉侵权产品的行为构成许诺销售，侵害了涉案专利权，应当承担停止侵权、赔偿损失的民事责任，并依据法定赔偿酌定了赔偿数额。一审判决后晨源公司不服，提起上诉，晨源公司对其许诺销售行为侵害了涉案专利权并无异议，但认为其只需承担赔偿青科公司维权合理开支的责任，而不应承担赔偿损失的法律责任。

（撰写人：罗　霞）

8 权利要求和说明书已明确界定的技术特征的解释
——前海公司与叶某、嘉乐五金商行侵害发明专利权纠纷上诉案

- **案　　号**　（2020）最高法知民终 1742 号
- **合议庭成员**　徐燕如、刘晓梅、庞敏
- **关 键 词**　民事 / 发明专利 / 侵权 / 权利要求解释 / 明确界定
- **相关法条**　《最高人民法院关于审理侵犯专利权纠纷案件应用法律若干问题的解释》第 7 条第 2 款

【裁判要旨】

对于权利要求和说明书已有明确界定的技术特征，不能脱离其所界定的明确含义对其作抽象解释，进而不适当地扩大专利权的保护范围。

【案情摘要】

前海公司为"电子锁系统及其电子锁和解锁方法"的发明专利权人。该专利权利要求 6 和 10 包含"预设的通知信息""电子锁响应用户操作，将预设的通知信息发给通讯设备"技术特征。说明书中记载："……所述密码、通知信息、验证信息为文字或者数字。所述用户密码、通知信息和验证信息也可以是同一个数据。"被诉侵权产品在手机安装 App 后，访客触发门铃，智能锁与手机通过视频通讯的方式建立

连接，传输实时采集的视频音频数据以帮助用户作出是否开锁的决定。二审法院认为，"预设的通知信息"相关技术特征，限定了电子锁与通讯设备之间传输预设于锁体存储单元中的特定通知信息的通信方式。虽然该特定的通知信息的具体内容不必然为用户所感知，但其应具有特定性和可识别性，能够与其他信息区别开。被诉侵权产品不需要传输"预设的通知信息"，而是建立视频通讯传输通道以传输动态信息，手机基于视频通讯实时获取智能锁门前访客信息并即时确认是否开锁，二者实现的技术功能和技术效果也不同，不具有"预设的通知信息"及相应的信息传输技术特征，未落入涉案专利权保护范围。

（撰写人：刘晓梅）

9 主要是利用本单位物质技术条件完成的发明创造的认定
——新材公司与宋某礼专利权权属纠纷上诉案

- **案　　号**　（2020）最高法知民终 1848 号
- **合议庭成员**　罗霞、潘才敏、周平
- **关 键 词**　民事 / 专利权权属 / 职务发明 / 本单位物质技术条件
- **相关法条**　《中华人民共和国专利法》第 6 条第 1 款，《中华人民共和国专利法实施细则》第 12 条第 1 款①，《最高人民法院关于审理技术合同纠纷案件适用法律若干问题的解释》第 4 条

【裁判要旨】

关于"主要是利用本单位的物质技术条件"所完成发明创造的认定中，"物质技术条件"包括资金、设备、零部件、原材料等物质条件和未公开的技术信息和资料等技术条件；"主要"是对前述物质技术条件在发明创造研发过程中所起作用的限定，系指单位物质技术条件是作出发明创造不可缺少的条件，相对于发明人使用的其他来源的物质技术条件而言，单位物质技术条件在重要性上胜过其他来源的物质技术条件，居于主要地位。

---

① 对应《中华人民共和国专利法实施细则》（2023 年修订）第 13 条第 1 款。

【案情摘要】

新材公司为实现石墨烯的微波膨化产业化生产，于 2017 年 5 月从外购入一台微波石墨膨化设备。宋某礼于 2018 年 4 月 23 日进入新材公司工作，岗位为设备维护与管理，包括该微波石墨膨化设备的维护和传送带购买。宋某礼于 2018 年 11 月 14 日申请名称为"一种圆环形高温微波膨化炉"实用新型专利，并于 2019 年 8 月 20 日获得授权。涉案专利与前述设备均属于石墨烯生产设备领域，均是为解决石墨的连续化微波膨化制备问题，区别在于涉案专利技术方案将前述设备的传送带改为刚性传送盘。新材公司主张宋某礼系履行本职工作或工作任务，研发过程中也使用了新材公司的微波膨爆设备、石墨原材料、设备改造方案和设备实验数据等物质技术条件，故涉案专利应归单位所有。

（撰写人：潘才敏）

10 未将明确知晓的技术方案写入权利要求对等同侵权判断的影响

——丰科公司与格瑞德公司、昂霖公司侵害发明专利权纠纷上诉案

- **案　　号**　（2021）最高法知民终 192 号
- **合议庭成员**　徐卓斌、董胜、黄中华
- **关 键 词**　民事 / 发明专利 / 侵权 / 等同 / 适用限制 / 保护意图
- **相关法条**　《最高人民法院关于审理侵犯专利权纠纷案件应用法律若干问题的解释》第 7 条

【裁判要旨】

专利权利人在撰写专利申请文件时未将其明确知晓的技术方案写入权利要求，本领域技术人员在阅读权利要求书、说明书后认为专利权利人明确不寻求保护该未写入权利要求的技术方案的，一般不应再通过等同侵权将该技术方案纳入专利权保护范围。

【案情摘要】

中森公司为"电动绿篱机"发明专利权人，该专利权利要求 1 为："一种电动绿篱机，包括连杆、工作舱、电机和刀片……"说明书［0003］段记载："为了解决传

统剪刀工作强度高,工作效率差的问题,现市面上推出了一些电动剪刀和燃油剪刀。电动剪刀和燃油剪刀虽然为自动剪刀,但在修剪圆形绿篱时,工作效率低,操作难度大的问题仍然悬而未决。"[0004]段记载:"为解决现有电动剪刀和燃油剪刀工作强度高、效率差、难度大等问题,有必要提供一种可用作平剪也可用作圆形剪的电动绿篱机。"[0005]段记载:"有鉴于此,本发明的目的是克服现有技术中的不足,提供一种可用作平剪也可用作圆形剪的电动绿篱机,其具有工作强度低、工作效率高、工作难度低、环保无污染的特点。"格瑞德公司生产、销售的被诉侵权产品系燃油驱动,而非电力驱动。

(撰写人:徐卓斌)

11 公司董事、高管违反忠实义务无偿受让公司专利权的后果

——绿原公司与李某专利权权属纠纷上诉案

- **案　　　号**　(2021)最高法知民终194号
- **合议庭成员**　徐卓斌、董胜、黄中华
- **关　键　词**　民事/专利权权属/董事/高管/忠实义务/转让
- **相关法条**　《中华人民共和国公司法》第147条[①]

【裁判要旨】

公司董事、高级管理人员将公司专利权无偿转让至其个人名下,且未能提交充分证据证明该转让行为符合公司章程的规定或者经股东会、股东大会同意的,构成对公司忠实义务的违反,有关专利权转让行为无效,专利权仍然应归公司所有。

【案情摘要】

绿原公司原为"高分子复合波纹膨胀节"发明专利权人。李某担任绿原公司执行董事兼经理期间,绿原公司(转让人)与李某(受让人)签署专利权转让声明,并向国家知识产权局申报著录项目变更,将涉案专利的专利权人变更为李某。上述

---

① 参见2023年修订、2024年7月1日施行的《中华人民共和国公司法》第179条、第180条、第181条。

专利权转让为无偿。绿原公司认为，李某在担任绿原公司法定代表人期间，利用职务之便，在公司不知情的情况下，擅自将涉案专利权过户至其个人名下，侵犯了绿原公司的发明专利所有权。

（撰写人：董　胜）

12 擅自转移、处分保全证据的法律后果
——周某与瑞之顺公司侵害发明专利权纠纷上诉案

- **案　　号**　（2021）最高法知民终 334 号
- **合议庭成员**　何鹏、欧宏伟、梁晓征
- **关 键 词**　民事 / 发明专利 / 侵权 / 擅自转移处分证物 / 不利事实推定 / 民事强制措施
- **相关法条**　《中华人民共和国民事诉讼法》第 13 条第 1 款，《最高人民法院关于民事诉讼证据的若干规定》第 3 条、第 5 条第 1 款、第 9 条，《最高人民法院关于知识产权民事诉讼证据的若干规定》第 1 条、第 14 条、第 25 条第 1 款

【裁判要旨】

侵害专利权纠纷案件中，被诉侵权人擅自转移、处分人民法院已经依法采取证据保全措施的被诉侵权产品，致使有关侵权事实无法查明的，构成对诚信诉讼原则的违反，可以推定被诉侵权产品落入涉案专利权保护范围，并可以对被诉侵权人采取罚款等民事强制措施。

【案情摘要】

周某系名称为"排水板成型机"发明专利的专利权人。根据周某提出的诉前证据保全申请，一审法院对瑞之顺公司的一台被诉侵权产品采取了证据保全措施。之后，周某以瑞之顺公司为被告，在一审法院提起专利侵权诉讼。一审法院组织双方当事人前往瑞之顺公司处对前述保全证据进行现场勘验，被瑞之顺公司法定代表人告知因该公司原经营地点拆迁导致此前保全的被诉侵权产品已被其员工转移，并承认因拆迁而转移保全证据一事并未事先通知法院，导致一审法院未能组织双方当事人围绕被诉侵权产品实物进行技术特征比对。一审法院一再追问被诉侵权产品的实际去向，瑞之顺公司仍拒不告知，后经查实，被诉侵权产品已被瑞之顺公司转售予

案外人。

（撰写人：欧宏伟）

13 单位负责人执行本单位工作任务完成的发明创造的认定
——彝族医药研究所与杨某雷专利权权属纠纷上诉案

- **案　　号**　（2021）最高法知民终 403 号
- **合议庭成员**　张晓阳、崔宁、佘朝阳
- **关 键 词**　民事/专利权权属/职务发明/本单位工作任务
- **相关法条**　《中华人民共和国专利法》第 6 条，《中华人民共和国专利法实施细则》第 12 条①

【裁判要旨】

发明人是可以调动单位有关资源的单位负责人时，可以综合考虑其日常工作内容、知识背景以及单位的性质、主营业务等与诉争专利的关联性，判断专利是否为其"执行本单位的任务"所完成的发明创造。

【案情摘要】

诉争专利为"一种治疗失眠的药物组合物及其制备方法、制剂与应用"发明专利，系杨某雷在彝族医药研究所担任所长期间申请的专利。彝族医药研究所的宗旨和业务范围为开展彝族医药研究，促进卫生事业发展，彝族医药知识和彝族药单方验方收集、整理、开发，以及稀奇彝族药物开发种植和培育。杨某雷是彝族医药专家，在彝族医药研究所任职期间参与多项彝族医药研究工作。诉争专利说明书[0020]段记载"发明人通过 8 年来的临床用药进行观察，共通过 110 例患者进行临床观察，该药总有效率 90%"。在涉案专利申请日前的 8 年内，杨某雷均在楚雄州中医院及其"加挂牌子"的彝族医药研究所工作，其对患者临床用药进行观察的行为既是其履行本职工作的行为，又是完成涉案专利的中药复方产品研发的重要环节。

（撰写人：崔　宁）

---

① 对应《中华人民共和国专利法实施细则》（2023 年修订）第 13 条。

14 实用新型专利中功能性特征内容的认定
——胡某辉与岳某侵害实用新型专利权纠纷上诉案

- **案　　　号**　（2021）最高法知民终411号
- **合议庭成员**　钱建国、陈瑞子、颜峰
- **关　键　词**　民事 / 实用新型专利 / 侵权 / 功能性特征 / 非形状构造类特征 / 实质限定作用
- **相关法条**　《最高人民法院关于审理侵犯专利权纠纷案件应用法律若干问题的解释》第4条

【裁判要旨】

实用新型专利中，说明书及附图所载、为实现功能性特征所限定的功能、效果不可缺少的形状构造类特征和非形状构造类特征，均对该功能性特征具有实质限定作用，均构成功能性特征的内容，在侵权判定时均应予以考虑。

【案情摘要】

胡某辉为"一种多功能塑料书写纸板及书写工具"实用新型专利权人。该专利权利要求1中包含"塑料纸或塑料纸板的一面或者两面经过磨砂处理形成磨砂层，显影层与一面磨砂层粘接链接"的技术特征。二审法院认为，上述显影层为功能性特征。说明书［0054］［0057］－［0061］段记载了关于显影层的物质组分、配方等非形状、结构或其组合的技术特征，该技术特征为实现"显影层"技术特征所限定的功能、效果不可缺少，对该功能性特征具有实质限定作用。被诉侵权产品的浅三色网格表面构成的显影层由黏接剂和石粉组成，但是，该黏接剂和石粉是否具有上述说明书所述"显影层"的具体实施方式及其等同的实施方式相同的技术特征，胡某辉并未予以证明，应当承担相应的不利后果。

（撰写人：钱建国）

15 先用权抗辩中原有范围的证明标准
——赛源公司与乐放公司、晶东公司侵害实用新型专利权纠纷上诉案

- 案　　号　（2021）最高法知民终 508 号
- 合议庭成员　傅蕾、唐小妹、汤锷
- 关 键 词　民事 / 实用新型专利 / 侵权 / 先用权抗辩 / 原有范围 / 举证责任
- 相关法条　《中华人民共和国专利法》第 69 条第 2 项[①]

【裁判要旨】

先用权抗辩中"原有范围"的证明标准不宜过高。被诉侵权人已经尽力举证，所举证据能够初步证明其所主张的原有范围具有合理性，专利权利人没有提供充分反证予以推翻的，一般可以认定被诉侵权人系在原有范围内实施。

【案情摘要】

赛源公司于 2019 年 1 月 23 日向国家知识产权局申请名称为"一种条形音箱"的实用新型专利，于 2019 年 8 月 23 日获得授权。赛源公司在晶东公司的自营店铺发现晶东公司销售的迷你音箱产品涉嫌侵害涉案专利权，产品外包装上显示制造商为乐放公司，赛源公司经过比对，认为该产品落入涉案专利权利要求 1、2、5 的保护范围，故提起诉讼。乐放公司主张先用权抗辩，一审法院未采纳其答辩意见，判决乐放公司停止侵权、赔偿损失等。乐放公司不服提起上诉，主张其未变更厂房地址、未扩大厂房面积，仅持有一套生产模具，无法扩大原有生产范围，先用权抗辩成立。

（撰写人：唐小妹）

[①] 对应《中华人民共和国专利法》（2020 年修正）第 75 条第 2 项。

16 专利侵权案件中"新产品"的认定
——刘某海与逸舒公司侵害发明专利权纠纷申请再审案

- **案　　号**　（2021）最高法民申 5932 号
- **合议庭成员**　张志弘、晏景、李丽
- **关 键 词**　新产品 / 制造方法 / 举证责任
- **相关法条**　《中华人民共和国专利法》第 61 条第 1 款①，《最高人民法院关于审理侵犯专利权纠纷案件应用法律若干问题的解释》第 17 条

【裁判要旨】

在专利申请日以前已经为国内外公众所知的产品，不属于《专利法》第 61 条第 1 款规定的新产品，此类案件不能适用《专利法》第 61 条第 1 款关于举证责任倒置的规定，权利人应当对被诉侵权方法与专利方法相同或等同承担举证责任。

【案情摘要】

刘某海是专利号 ZL00135650.X，名称为"在碱性介质中电解 L—胱氨酸直接合成 S—羧甲基—L—半胱氨酸的生产方法"的发明专利的专利权人，其主张逸舒公司未经许可，使用上述专利权利要求 1 中记载的生产方法，并使用、许诺销售、销售依照该专利方法直接获得的产品——羧甲司坦及羧甲司坦片，该行为侵害了其发明专利权，故诉至法院。广州知识产权法院一审认为，刘某海未能举证证明逸舒公司以与其发明专利相同或等同的方法制备羧甲司坦，故判决驳回刘某海的诉讼请求。刘某海不服上述判决提起上诉，认为使用其发明专利方法获得的羧甲司坦属于新产品，根据《专利法》第 61 条第 1 款规定，本案应由逸舒公司就其制造羧甲司坦的生产方法不同于刘某海的发明专利提供证明。最高人民法院知识产权法庭二审认为，羧甲司坦早在刘某海的发明专利申请日之前已为公众所知，不属于新产品，故本案不适用《专利法》第 61 条第 1 款关于举证责任倒置的规定，刘某海应承担举证责任。故二审法院判决驳回上诉，维持原判。刘某海不服上述判决，向最高人民法院申请再审。最高人民法院认定，一、二审判决并无不当，故裁定驳回刘某海的再

---

① 对应《中华人民共和国专利法》（2020 年修正）第 66 条第 1 款。

审申请。

（撰写人：晏　景、曹佳音）

17 涉案专利权利要求中通过其所起的功能或者效果进行限定的技术特征是否属于功能性特征
——顺泰公司与株式会社岛野侵犯专利权纠纷申请再审案

- **案　　号**　（2020）最高法民申 3723 号
- **合议庭成员**　杜微科、张玲玲、吴蓉
- **关 键 词**　知识产权 / 侵犯专利权纠纷 / 功能性特征 / 公知常识性证据
- **相关法条**　《最高人民法院关于审理侵犯专利权纠纷案件应用法律若干问题的解释》第 4 条，《最高人民法院关于审理侵犯专利权纠纷案件应用法律若干问题的解释（二）》第 8 条

【裁判要旨】

侵犯专利权纠纷中，对于涉案专利权利要求中通过其所起的功能或者效果进行限定的技术特征，如果所属领域普通技术人员通过阅读权利要求，并结合技术词典、技术手册、教科书等所属领域中的公知常识性证据，即可直接、明确地确定实现上述功能或者效果的具体实施方式，则相应以该功能或者效果限定的技术特征不属于功能性特征。

【案情摘要】

株式会社岛野系名称为"具有旋转阻力的自行车变速器"的涉案发明专利的专利权人，其向法院起诉称，顺泰公司制造、销售、许诺销售的"SENSAHSRX 11 速变速器"侵犯了涉案专利权。一审法院判决，顺泰公司的行为构成专利侵权，应当承担侵权责任。顺泰公司不服，提起上诉。二审法院予以维持。顺泰公司申请再审，主张涉案专利权利要求 1 的单向离合器属于功能性特征，被诉侵权产品使用的啮齿型离合器与涉案专利说明书中的具体实施方式不同。最高人民法院于 2021 年 9 月 23 日裁定驳回顺泰公司的再审申请。

（撰写人：张玲玲）

18 权利要求限定非行业通用词汇应结合权利要求及说明书内容予以认定

——重庆运输公司、渝新欧公司与青岛中集公司、成都班列公司侵害发明专利权纠纷申请再审案

- 案　　　号　（2020）最高法民申 3749 号
- 合议庭成员　秦元明、马秀荣、周波
- 关　键　词　发明专利权/权利要求/说明书/非通用词汇
- 相关法条　《中华人民共和国专利法》第 59 条[①]

【裁判要旨】

专利权利要求使用的非行业通用词汇，应当结合权利要求及说明书内容予以认定，并在此基础上认定被诉侵权产品是否落入了专利权保护范围。

【案情摘要】

重庆运输公司、渝新欧公司主张青岛中集公司侵害专利号为 ZL201310134988.6 的蓄能控温集装箱发明专利权，并诉至法院。涉案专利权利要求 1 中所使用的"标准集装箱干箱"一词并非行业通用词汇，双方当事人对该词的含义产生争议。法院经审理认为，对于专利权利要求中的非行业通用词汇，应当结合权利要求及说明书内容予以认定。根据涉案专利权利要求及说明书的记载，本专利技术方案是利用聚氨酯板材制成工艺，利用现有集装箱干箱，将其改装从而具备蓄能保温功能。被诉侵权产品为一体成型，保温层与集装箱外壁为一体，其间并无固定件相连接。故被诉侵权产品技术方案采用的集装箱体与保温板一体的方式即技术特征 A、B，未落入涉案专利权利要求 1 的保护范围。据此，一审、二审法院均未支持重庆运输公司、渝新欧公司的诉讼请求。最高人民法院经审查，亦驳回了重庆运输公司、渝新欧公司的再审申请。

（撰写人：周　波、王　晨）

[①] 对应《中华人民共和国专利法》（2020 年修正）第 64 条。

19 批量公证取证的公证文书证明力的认定标准
——源德盛公司与天鹰经营部侵害实用新型专利权纠纷申请再审案

- **案　　号**　（2020）最高法民申 4927 号
- **合议庭成员**　毛立华、李嵘、江建中
- **关 键 词**　民事 / 实用新型专利 / 公证
- **相关法条**　《中华人民共和国民事诉讼法》第 69 条[①]，《最高人民法院关于适用〈中华人民共和国民事诉讼法〉的解释》第 104 条第 2 款[②]，《最高人民法院关于知识产权民事诉讼证据的若干规定》第 30 条第 2 款

【裁判要旨】

对不同销售主体进行批量公证取证时，公证人员应当对每一个公证购买的商品及其购买票据即时封装封签，并在公证书上完整、准确记录公证过程。公证文书不能如实反映公证的真实情况，保证公证行为客观、公正的，不能作为认定事实的根据。当事人对公证文书提出的异议理由成立，公证机构出具说明或者补正，并结合其他相关证据，仍不能反映案件真实情况的，人民法院对该公证文书的证明力不予确认。

【案情摘要】

源德盛公司享有"一种一体式自拍装置"实用新型专利权。领逸公司受源德盛公司的委托，向厦门市公证处申请证据保全。该公证处与领逸公司一行四人连续 6 日到 6 个不同城市从不同商铺公证购买了百余个手机自拍杆，最后一起依次拍照、封装封签，由公证处出具公证书，其中包含本案被诉侵权自拍杆。源德盛公司起诉天鹰经营部销售的自拍杆构成侵害专利权，请求判令停止侵权并赔偿经济损失及合理费用。原审法院认为公证取证未及时封存，应承担举证不能的后果，判决驳回诉请。最高人民法院认为，批量公证所购自拍杆及票据未即时封装封签，自拍杆在运输途中及最后集中拍照、封存时，存在混淆自拍杆与购买票据及销售主体的可能性，公证处在两年后出具的《情况说明》未对公证过程作出合理解释，未客观真实反映

---

① 对应《中华人民共和国民事诉讼法》（2023 年修正）第 72 条。
② 该解释已于 2022 年修正，修正后该条内容不变。

公证时的情况，对公证书证明力不予确认，故裁定驳回再审申请。

（撰写人：李　嵘、刘海珠）

20 涉案专利的权利要求被生效判决认定为不符合授权条件时裁判文书是否可以对具体侵权理由和具体抗辩理由不予评述

——汉斯希尔公司与纯润公司侵犯专利权纠纷申请再审案

- **案　　号**　（2020）最高法民申 5645 号
- **合议庭成员**　杜微科、张玲玲、吴蓉
- **关 键 词**　知识产权 / 侵犯专利权纠纷 / 现有技术抗辩 / 专利权无效 / 不予评述
- **相关法条**　《中华人民共和国专利法》第 62 条[①]

【裁判要旨】

侵犯专利权纠纷中，如涉案专利权利人用以主张权利的权利要求被人民法院另案作出的生效判决认定为不符合专利授权条件，则可认定被诉侵权行为不成立。裁判文书中对专利权人主张的具体侵权理由和被诉侵权人主张的具体抗辩理由是否成立，可不予以评述。

【案情摘要】

汉斯希尔公司系名称为"过滤器组件"的涉案专利的专利权人，其向法院起诉称，纯润公司制造、销售的前置过滤器侵犯了涉案专利权。一审法院认为，被诉侵权产品落入了涉案专利权利要求 1 的保护范围，纯润公司的行为构成侵权，应当承担侵权责任。纯润公司不服，提起上诉。二审中，纯润公司提出现有技术抗辩，并提交一篇德国专利作为现有技术证据。二审法院认为纯润公司关于现有技术抗辩的理由成立，判决撤销一审判决。汉斯希尔公司不服，申请再审，并主张被诉侵权产品与上述现有技术相比存在多个区别。最高人民法院认为，鉴于人民法院于再审审查期间另案作出的生效行政判决已认定权利要求 1 不具备创造性，不符合专利授权

---

① 对应《中华人民共和国专利法》（2020 年修正）第 67 条。

条件，故纯润公司的行为不构成侵权，本案亦不再对汉斯希尔公司有关现有技术抗辩的主张是否成立予以评述。最高人民法院遂于 2021 年 11 月 17 日裁定驳回汉斯希尔公司的再审申请。

（撰写人：张玲玲）

21 专利权利要求中的技术特征在所属技术领域不具有通用技术含义的情形下如何运用说明书及附图解释权利要求
——中昌公司与迪诺拉公司侵犯专利权纠纷申请再审案

- 案　　号　（2020）最高法民申 6316 号
- 合议庭成员　杜微科、张玲玲、吴蓉
- 关　键　词　知识产权 / 侵犯专利权纠纷 / 特征对比 / 权利要求解释
- 相关法条　《中华人民共和国专利法》第 59 条第 1 款①，《最高人民法院关于审理侵犯专利权纠纷案件应用法律若干问题的解释》第 3 条第 1 款

【裁判要旨】

发明、实用新型专利权的保护范围以其权利要求的内容为准。当权利要求中的特定技术特征的用语在所属技术领域不具有通用的技术含义时，可以根据说明书及附图，包括与权利要求中的特定技术特征对应的具体实施方式及其功能和效果，对特定技术特征的用语含义进行解释。

【案情摘要】

迪诺拉公司系名称为"互锁支撑块体的系统和方法"的涉案发明专利的专利权人，其向法院起诉称，中昌公司制造、销售的过滤器的支撑系统侵犯了涉案专利权。一审判决认为，被诉侵权技术方案落入涉案专利权的保护范围，中昌公司的行为构成侵权，应当承担侵权责任。中昌公司不服，提起上诉。二审判决予以维持。中昌公司申请再审，并主张被诉侵权技术方案不具备涉案专利权利要求 1 的"第二锁结合"等技术特征。最高人民法院经审查认为，应结合涉案专利说明书及附图记载的

---

① 对应《中华人民共和国专利法》（2020 年修正）第 64 条第 1 款。

内容对权利要求中"第二锁结合"等技术特征进行解释,并基于该解释判定被诉侵权产品是否落入涉案专利权保护范围。最高人民法院于 2021 年 6 月 29 日裁定驳回中昌公司的再审申请。

（撰写人：张玲玲）

22 宣告专利权无效的决定对在宣告专利权无效前人民法院作出并已执行的专利侵权的判决、调解书是否具有追溯力

——英辉建材厂与仁创公司侵害发明专利权纠纷申请再审案

- **案　　号**　（2020）最高法民申 6691 号
- **合议庭成员**　杜微科、吴蓉、戴怡婷
- **关 键 词**　民事 / 专利 / 侵权
- **相关法条**　《中华人民共和国专利法》第 47 条

【裁判要旨】

在宣告专利权无效前,专利侵权的判决作出并已执行的,宣告专利权无效的决定对该判决不具有追溯力。

【案情摘要】

仁创公司于 2006 年 9 月 30 日向国家知识产权局申请发明名称为"复合透水砖"的涉案发明专利,于 2012 年 3 月 28 日授权公告。仁创公司以英辉建材厂为被告提起本案诉讼,请求判令英辉建材厂停止侵权并赔偿经济损失。一审法院认为被诉侵权技术方案并未侵害涉案专利权,判决驳回仁创公司的诉讼请求。仁创公司提起上诉,二审法院认为被诉侵权产品落入涉案专利权利要求 1 的保护范围。英辉建材厂向最高人民法院申请再审。

（撰写人：吴　蓉）

23 光学领域专利的权利要求中以光学元器件产生的光线路径限定的技术特征是否属于功能性特征

——未来立体公司与时代华影公司侵犯专利权纠纷申请再审案

- **案　　　号**　（2020）最高法民申 6740 号
- **合议庭成员**　杜微科、张玲玲、吴蓉
- **关　键　词**　知识产权／侵犯专利权纠纷／功能性特征／光学领域／光学元器件／光线路径
- **相关法条**　《最高人民法院关于审理侵犯专利权纠纷案件应用法律若干问题的解释（二）》第 8 条第 1 款

【裁判要旨】

侵害专利权纠纷中，在判断涉案专利权利要求中的技术特征是否为功能性特征时，应结合专利所属技术领域的技术特点进行判断。当涉案专利涉及光学领域时，将权利要求的技术特征撰写为光学元器件及其产生的光线传播路径及光线变化状态，往往可以更好地体现发明的技术特点。相关技术特征在描述光线路径的同时，也限定了光学元器件之间的位置关系，以这种方式表达出的技术特征，是本领域普通技术人员仅通过阅读权利要求即可直接、明确地确定实现相关功能或者效果的具体实施方式，从而不能认定为功能性特征。

【案情摘要】

时代华影公司系名称为"一种低投射比高光效立体投影装置及立体投影系统"的涉案实用新型专利的专利权人，其向法院起诉称，未来立体公司制造、销售的 3D 影像产品侵犯了涉案专利权。一审判决认为，被诉侵权技术方案的全部技术特征，落入涉案专利权保护范围，未来立体公司的行为构成侵权，应当承担侵权责任。未来立体公司不服，提起上诉。二审判决予以维持。未来立体公司申请再审，并主张涉案专利权利要求中的技术特征 B、技术特征 F 属于功能性特征，被诉侵权产品不具备该技术特征。最高人民法院于 2021 年 4 月 29 日裁定驳回未来立体公司的再审申请。

（撰写人：张玲玲）

24 宣告专利权无效的决定对专利侵权判决是否具有追溯力

——苏州碳乐新材料科技有限公司与秦某侵害实用新型专利权纠纷再审案

- **案　　号**　（2020）最高法民再304号
- **合议庭成员**　佟姝、毛立华、戴怡婷
- **关 键 词**　民事/侵害实用新型专利权纠纷/无效决定/追溯力
- **相关法条**　《中华人民共和国专利法》第47条

【裁判要旨】

在涉案专利权被宣告无效前，专利侵权生效判决已经作出，但尚未执行完毕。已经生效的宣告专利权无效的决定对专利侵权一审、二审判决具有追溯力。

【案情摘要】

2011年9月6日，秦某向国家知识产权局提出了一项名为"一种防滑电热垫"的实用新型专利权申请，于2012年5月30日获得授权，专利号为ZL201120332056.9。秦某提起诉讼主张苏州碳乐新材料科技有限公司（以下简称碳乐公司）未经其许可，制造、许诺销售、销售落入涉案专利权保护范围的产品，侵犯了涉案专利权，应当承担停止侵权，赔偿损失的法律责任。一审、二审法院认定侵权成立，遂判决碳乐公司立即停止制造、许诺销售、销售侵害涉案专利权的产品；碳乐公司赔偿秦某经济损失15万元及合理费用3887元。碳乐公司申请再审主张权利要求1已经被原国家知识产权局专利复审委员会宣告无效，应驳回秦某的诉讼请求。

（撰写人：佟　姝、张　博）

25 被诉侵权人在专利无效程序中和诉讼程序中前后不同的陈述不构成反言
——神州公司、鹏万达公司与华福莱公司、陈某胜侵害外观设计专利权纠纷申请再审案

- 案　　号　（2021）最高法民申 235 号
- 合议庭成员　秦元明、马秀荣、周波
- 关 键 词　专利权 / 无效程序 / 诉讼程序 / 禁反言
- 相关法条　《中华人民共和国专利法》第 59 条第 2 款①，《最高人民法院关于审理侵犯专利权纠纷案件应用法律若干问题的解释》第 11 条

【裁判要旨】

当事人就局部细微差别对整体视觉效果的影响，在专利无效程序中和诉讼程序中作出前后不同的陈述，并不影响法院依法判定被诉侵权设计方案是否落入涉案专利保护范围。

【案情摘要】

神州公司、鹏万达公司主张华福莱公司、陈某胜侵犯第 ZL201430254781.8 号路灯产品外观设计专利权，诉至法院。一审法院认为，被诉产品的外观与涉案专利既不相同，也不近似，未落入涉案专利的保护范围，不属于侵权产品，据此判决驳回神州公司、鹏万达公司诉讼请求。神州公司、鹏万达公司不服，提起上诉。二审法院判决驳回上诉，维持原判。神州公司、鹏万达公司申请再审，主张应当依据华福莱公司、陈某胜就局部细微差别对整体视觉效果的影响在专利复审委员会和诉讼中前后不同的反言陈述，不予采信其抗辩。最高人民法院经审查认为，当事人就局部细微差别对整体视觉效果的影响，在专利无效程序中和诉讼程序中前后不同的陈述，并不影响法院依法判定被诉侵权设计方案是否落入涉案专利保护范围。据此，最高人民法院裁定驳回了神州公司、鹏万达公司的再审申请。

（撰写人：周　波、王　晨）

---

① 对应《中华人民共和国专利法》（2020 年修正）第 64 条第 2 款。

26 功能性特征的认定
——袁某忠、先登公司与文丽公司、云雪公司侵害
实用新型专利权纠纷申请再审案

- 案　　号　（2021）最高法民申 324 号
- 合议庭成员　杜微科、吴蓉、张玲玲
- 关 键 词　民事 / 实用新型 / 侵权
- 相关法条　《中华人民共和国专利法》第 11 条、第 59 条①

【裁判要旨】

涉案专利权利要求中并未限定其实现相关功能的具体结构、步骤、条件，本领域技术人员仅通过阅读权利要求，不能直接、明确地得出该功能的具体方式，属于功能性特征，应当结合说明书和附图中描述的该功能或者效果的具体实施方式，确定该技术特征的内容，并判断被诉侵权产品中是否具有与其相同或者等同的技术特征。

【案情摘要】

袁某忠于 2016 年 4 月 8 日向国家知识产权局提出名称为"制造冷库板用的双头自动液压模具"实用新型专利申请，于 2016 年 8 月 31 日获准授权公告，专利权人为袁某忠。袁某忠与先登公司签订专利许可使用协议，约定袁某忠以普通许可的方式将涉案专利授权先登公司实施。袁某忠、先登公司以文丽公司、云雪公司为被告提起本案诉讼，请求判令停止侵权并赔偿经济损失。一、二审法院认为袁某忠和先登公司的诉讼请求不能成立。袁某忠、先登公司向最高人民法院申请再审。

（撰写人：吴　蓉）

---

① 对应《中华人民共和国专利法》（2020 年修正）第 11 条、第 64 条。

27 确定专利侵权损害赔偿数额的考量因素
——光峰公司与德浩公司、超网公司侵害发明专利权纠纷申请再审案

- 案　　号　（2021）最高法民申 2157 号
- 合议庭成员　佟姝、吴蓉、张玲玲
- 关 键 词　民事／专利／侵权／赔偿
- 相关法条　《最高人民法院关于审理专利纠纷案件适用法律问题的若干规定》第 20 条[①]

【裁判要旨】

侵权人因侵权所获得的利益一般按照侵权人的营业利润计算，对于完全以侵权为业的侵权人，可以按照销售利润计算。在确定赔偿数额时，需要考虑涉案专利对整体产品利润额的贡献度，以专利技术在整机产品中所占价值比重，核算和确定专利侵权损害赔偿数额。具体确定涉案专利及其价值对整机产品利润的贡献率时，可以考虑三方面因素：一是被诉整机产品本身的价值；二是涉案专利价值；三是以涉案专利技术方案制造的产品组件在实现整体产品利润率中的贡献度。

【案情摘要】

光峰公司提起本案诉讼，请求判决德浩公司、超网公司停止侵犯其涉案专利权并承担侵权责任。一审法院判决德浩公司、超网公司停止侵权，德浩公司赔偿经济损失。德浩公司提起上诉，二审法院判决重新调整了赔偿数额。二审法院判决以双方确认的 DET 激光投影机销售卖点（技术亮点）为依据，以销售卖点体现出的涉案专利技术及其价值所占销售卖点的比重确定涉案专利技术及其价值在实现整体产品利润中的贡献度，并在此基础上确定本案的损害赔偿额。光峰公司向最高人民法院申请再审，最高人民法院依法驳回其再审申请。

（撰写人：吴　蓉）

[①] 该解释已于 2020 年修正，本条已被删除。

28 被许可人未依约缴纳专利年费导致专利终止的损害赔偿责任认定

——高某清与中技国际公司专利实施许可合同纠纷申请再审案

- **案　　号**　（2021）最高法民申 2561 号
- **合议庭成员**　王艳芳、晏景、李丽
- **关 键 词**　发明／专利实施许可／违约责任／损失赔偿
- **相关法条**　《中华人民共和国合同法》第 61 条、第 113 条第 1 款①，《最高人民法院关于审理技术合同纠纷案件适用法律若干问题的解释》第 26 条

【裁判要旨】

专利实施许可合同约定被许可人缴纳专利年费，被许可人未依约及时、足额缴付导致专利终止的，被许可人应就专利终止给专利权人造成的损失承担赔偿责任。

【案情摘要】

高某清主张，根据其与中技国际公司签订的《专利实施许可合同》的约定，应由中技国际公司承担涉案专利 2010 年至 2015 年的专利年费，但中技国际公司仅依约向国家知识产权局缴付了 2010 年至 2013 年的年费，此后的年费中技国际公司既未向国家知识产权局缴付，亦未通知高某清。该行为导致涉案专利失效。由此给高某清造成的损失应由中技国际公司承担，故诉至法院。湖北省武汉市中级人民法院一审认为，中技国际公司的行为违反了涉案合同第 17 条第 1 款的约定，其对涉案专利终止失效负有主要责任。高某清作为专利权人，在国家知识产权局按规定向涉案专利的代理机构下发《缴费通知书》和《专利权终止通知书》的情况下，却未通知中技国际公司及时补缴专利年费，直至涉案专利最终丧失恢复专利权之机会。可见，高某清对涉案专利权终止导致的损失亦负有过错。中技国际公司和高某清在合同履行过程中均存在过错，中技国际公司应适当赔偿高某清因专利权终止而遭受的经济损失，判决中技国际公司赔偿高某清 4.5 万元。高某清不服，提起上诉。最高人民法院判决驳回上诉，维持一审判决。高某清不服，向最高人民法院申请再审。最高

---

① 对应《中华人民共和国民法典》第 510 条、第 584 条。

人民法院裁定驳回高某清的再审申请。

（撰写人：李　丽、包　硕）

29　外观设计方案公开方式的认定
——富鑫公司与诺森公司侵害外观设计专利权纠纷申请再审案

- **案　　号**　（2021）最高法民申 2577 号
- **合议庭成员**　王艳芳、晏景、李丽
- **关 键 词**　现有设计抗辩/公开/微信平台
- **相关法条**　《中华人民共和国专利法》第 62 条①

【裁判要旨】

微信平台作为信息交流和分享的社交网络平台，已具备互联网营销推广平台的功能。相关用户在该平台发布销售信息，通过在好友间传播并被扩散至更大的范围，能够达到推广销售相关商品或服务的目的。在该用户对允许朋友查看朋友圈的范围和时间未作出特别限定的情况下，相关信息处于公众随时能够获取的状态，该发布行为构成专利法意义上的公开。

【案情摘要】

富鑫公司系名称为"茶几（MG71-003）"，专利号为 ZL201830517581.5 的外观设计专利的权利人，诺森公司销售、许诺销售了被诉侵权产品，富鑫公司主张被诉侵权产品的外观设计落入上述外观设计专利权的保护范围，侵害了其外观设计专利权，故诉至法院。诺森公司辩称富鑫公司的外观设计专利权属于现有设计，并提供了微信朋友圈中发布的相关照片及信息等证据证明被诉侵权产品使用的是现有设计。浙江省宁波市中级人民法院一审认为，被诉侵权产品的外观设计系现有设计，诺森公司的行为未侵害富鑫公司的外观设计专利权，故判决驳回富鑫公司的诉讼请求。富鑫公司不服一审判决，提起上诉，主张诺森公司的举证不足以证明微信朋友圈发布的照片属于专利法意义上的公开。浙江省高级人民法院二审判决驳回上诉，维持原判。富鑫公司不服上述判决，向最高人民法院申请再审。最高人民法院认为，一、

---

① 对应《中华人民共和国专利法》（2020 年修正）第 67 条。

二审判决认定并无不当，故裁定驳回富鑫公司的再审申请。

（撰写人：晏　景、曹佳音）

30 被诉侵权产品未全面覆盖涉案专利权利要求的全部技术特征时的侵权认定

——邦达公司与倍祺公司侵害实用新型专利权纠纷申请再审案

- 案　　号　（2021）最高法民申 2623 号
- 合议庭成员　毛立华、江建中、李嵘
- 关 键 词　民事 / 侵害实用新型专利权 / 权利要求
- 相关法条　《中华人民共和国专利法》第 11 条、第 59 条①

【裁判要旨】

被诉侵权产品仅包含涉案专利权利要求的部分技术特征，且没有证据证明制造、销售该被诉侵权产品的主体知道或者应当知道他人购买该产品系用于实施侵害专利权行为的，该被诉侵权产品的制造、销售主体不构成对涉案专利权的侵害。

【案情摘要】

邦达公司认为倍祺公司生产、销售的被诉侵权产品侵害其 ZL201520064725.7 号"一种光控开关电源"实用新型专利权，诉至法院。一审法院认为，首先，被诉侵权产品上未显示生产者信息，而仅凭产品上的编号不足以锁定与倍祺公司的关联性。其次，从产品的来源看，邦达公司指称被诉侵权产品来源于倍祺公司的直接证据是案外人宜明公司的陈述等，但宜明公司曾称其采购该产品后还需要经过组装。邦达公司主张倍祺公司生产、销售被诉侵权产品及实施了被诉侵权技术方案未达高度盖然性，举证不足，判决驳回其全部诉讼请求。邦达公司不服提起上诉。二审法院认为，被诉侵权产品仅具备涉案专利中的光控电路单元，缺少光控盒和光敏元件 PT1，未落入涉案专利相关权利要求的保护范围。二审法院判决驳回上诉，维持原判。邦达公司不服，向最高人民法院申请再审。最高人民法院裁定驳回其再审申请。

（撰写人：江建中、王　晨）

---

① 对应《中华人民共和国专利法》（2020 年修正）第 11 条、第 64 条。

31 员工离职后 1 年内作出与其在原单位承担的本职工作或者分配任务无关的发明创造不属于原单位的职务发明创造

——歌尔公司与敏芯公司、唐某明等专利申请权权属纠纷申请再审案

- 案　　号　（2021）最高法民申 2779 号
- 合议庭成员　毛立华、李嵘、江建中
- 关 键 词　民事/专利申请权/离职
- 相关法条　《中华人民共和国专利法》第 6 条第 1 款，《中华人民共和国专利法实施细则》第 12 条第 1 款①

【裁判要旨】

判断离职员工作出的发明创造是否属于原单位的职务发明创造，应当满足两个条件：一是发明创造应当是在离职员工调离原单位后或者劳动、人事关系终止后 1 年内作出；二是离职员工作出的发明创造与其在原单位承担的本职工作或者原单位分配的任务有关。在进行相关性判断时，应当从离职员工本职工作或工作任务所属技术领域、离职员工在原单位从事的工作内容和工作职责、技术主题、技术思路等方面进行综合判断。

【案情摘要】

唐某明从歌尔公司离职后入职敏芯公司，1 年内敏芯公司申请"硅麦克风"实用新型专利。歌尔公司以该专利申请与唐某明在歌尔公司从事的工作相关、唐某明应为该专利实际发明人为由起诉，请求法院确认该专利申请为唐某明在歌尔公司工作期间的职务发明，该专利申请权归歌尔公司所有。原审法院认为，唐某明在歌尔公司工作未满 1 年，未担任硅麦克风研发工作，其负责工作与涉案专利申请不相关，无证据证明其接触到歌尔公司麦克风结构图纸等技术信息，且敏芯公司提交了涉案专利申请的研发过程，证明该发明申请系由敏芯公司员工自主完成，与唐某明在歌尔公司的本职工作无关。原审法院判决驳回歌尔公司的诉讼请求。最高人民法院经

---

① 对应《中华人民共和国专利法实施细则》（2023 年修订）第 13 条第 1 款。

审查，驳回歌尔公司的再审申请。

（撰写人：李　嵘、刘海珠）

32 仲裁申请构成专利侵权警告的判定
——嘉德公司与博龙公司、润海源公司确认不侵害专利权纠纷申请再审案

- 案　　　号　（2021）最高法民申 2935 号
- 合议庭成员　王艳芳、晏景、李丽
- 关　键　词　知识产权 / 确认不侵害专利权纠纷 / 侵权警告 / 仲裁
- 相关法条　《最高人民法院关于审理侵犯专利权纠纷案件应用法律若干问题的解释》第 18 条

【裁判要旨】

根据仲裁书的内容判断仲裁的目的，若旨在解决双方之间的侵权纠纷，则不属于专利侵权警告。若属于专利侵权警告，被警告人或者利害关系人向法院提起确认不侵权之诉的条件，应当符合《最高人民法院关于审理侵犯专利权纠纷案件应用法律若干问题的解释》第 18 条的规定。

【案情摘要】

嘉德公司、润海源公司起诉称：2019 年 4 月 16 日，博龙公司向内蒙古自治区包头市中级人民法院起诉称，嘉德公司生产、销售给润海源公司使用的自动集蛋系统侵犯了其"自动产蛋箱防污装置"实用新型专利（ZL201520466076.3），该案审理过程中，被诉侵权产品明显不落入涉案专利权保护范围。2019 年 8 月 11 日，博龙公司申请撤诉，法院裁定准予。8 月 12 日，博龙公司向北京仲裁委员会提起仲裁申请，继续指控嘉德公司、润海源公司的行为侵犯了其涉案专利权。被诉侵权产品明显缺少涉案专利权利要求的必要技术特征，并不侵犯涉案专利权。博龙公司的行为已经对嘉德公司、润海源公司的正常生产经营造成威胁和干扰，并造成了损失和不良社会影响。内蒙古自治区包头市中级人民法院是被诉侵权产品销售、使用等行为地的人民法院，对本案具有管辖权。故诉至法院，请求确认嘉德公司和润海源公司的行为不侵犯涉案专利权。一审法院认为，博龙公司虽以嘉德公司、润海源公司侵害其专利权为由曾提起诉讼，但是已经撤回起诉，嘉德公司、润海源公司也没有提

交其他证据证明博龙公司在撤回起诉之后仍然以书面或者其他形式发出明确的侵权警告或声明，干扰其正常生产和经营。此外，在北京仲裁委员会提起的仲裁案，仲裁相对方是案外人宋某相，仲裁案亦不专门对嘉德公司、润海源公司所实施的技术方案是否落入涉案专利权的保护范围作出裁决，没有导致嘉德公司、润海源公司对其所实施的技术方案是否落入他人专利权保护范围处于不确定的状态。故嘉德公司、润海源公司关于博龙公司之前提起侵权诉讼后撤诉以及之后提起仲裁的行为构成侵权警告的主张不能成立。一审法院裁定驳回了嘉德公司和润海源公司的起诉。嘉德公司和润海源公司不服，提起上诉。最高人民法院判决驳回上诉，维持一审裁定。嘉德公司不服，向最高人民法院申请再审。最高人民法院裁定驳回其再审申请。

（撰写人：李 丽、包 硕）

33 侵害外观设计专利纠纷中先用权抗辩成立的认定
——侯某广与保思公司及嘉冠华公司侵害外观设计专利权纠纷申请再审案

- 案　　号　（2021）最高法民申 3071 号
- 合议庭成员　张志弘、白雅丽、许常海
- 关　键　词　知识产权 / 外观设计专利 / 先用权抗辩
- 相关法条　《中华人民共和国专利法》第 69 条第 2 项[①]

【裁判要旨】

在专利申请日之前，被告已经合法取得被诉侵权设计图纸，开始打样测试，并已实际采用委托加工的方式制造、销售产品，而原告无证据证明被告超出其原有范围制造或者销售相同产品的情况下，应认定被告提出的先用权抗辩成立，属于《专利法》第 69 条第 2 项规定的不视为侵犯专利权的情形。

【案情摘要】

经国家知识产权局授权，侯某广获得"导电薄膜医用感应垫"的外观设计专利

---

① 对应《中华人民共和国专利法》（2020 年修正）第 75 条第 2 项。

权。保思公司、嘉冠华公司制造、销售"碳浆薄膜线路板",经法院审理比对,构成侵害侯某广外观设计专利权。一审判决认定保思公司、嘉冠华公司主张的先用权抗辩成立,故判决驳回侯某广的诉讼请求。二审判决维持。侯某广向最高人民法院申请再审,最高人民法院裁定驳回。

(撰写人:张志弘、张　赫)

34 外观设计专利权保护范围的确定
——伊稻公司与张某炽侵害外观设计专利权纠纷申请再审案

- 案　　号　（2021）最高法民申 3084 号
- 合议庭成员　张志弘、白雅丽、许常海
- 关 键 词　知识产权 / 外观设计专利 / 保护范围
- 相关法条　《中华人民共和国专利法》第 59 条第 2 项①

【裁判要旨】

外观设计专利权的保护范围以表示在图片或者照片中的该产品的外观设计为准,被诉侵权产品正常使用时容易被直接观察到的部位与外观设计专利权产品的图片或者照片存在区别,且呈现较为明显的不同视觉观感,应认定被诉侵权设计与涉案外观设计不构成相同或近似设计,不能认定构成侵权。

【案情摘要】

经国家知识产权局授权,伊稻公司获得"旅行箱(条纹)"的外观设计专利。涉案外观设计专利的设计要点在于产品的形状及图案。被诉侵权产品系淘宝商户张某炽所销售。经一审法院审理比对,认定被诉侵权产品没有侵害伊稻公司外观设计专利权,故判决驳回伊稻公司的诉讼请求。二审判决维持。伊稻公司向最高人民法院申请再审,最高人民法院裁定驳回。

(撰写人:张志弘、张　赫)

---

① 对应《中华人民共和国专利法》（2020 年修正）第 64 条第 2 项。

35 等同侵权判定是指涉案专利权利要求与被诉侵权技术方案中相应技术特征是否等同
——立盈公司与潍坊谷雨公司等侵害发明专利权纠纷申请再审案

- **案　　号**　（2021）最高法民申 3125 号
- **合议庭成员**　佟姝、吴蓉、戴怡婷
- **关 键 词**　民事 / 侵害发明专利权纠纷 / 等同侵权
- **相关法条**　《中华人民共和国专利法》第 11 条

【裁判要旨】

等同侵权判定是指涉案专利权利要求与被诉侵权技术方案中相应技术特征是否等同，而不是指两个技术方案整体上是否等同。如果在技术方案整体上进行等同判定，将不适当扩大专利权的保护范围。

【案情摘要】

2012 年 6 月 8 日，立盈公司向国家知识产权局提出名称为"具有安全可靠性的微耕机"的发明专利申请。2015 年 12 月 2 日，国家知识产权局公告授予专利权。2019 年 4 月 12 日，在山东省临沂市沂蒙公证处公证员朱某及公证员助理周某克的监督下，立盈公司的委托代理人齐某刚来到位于山东省临沂市兰山区北园路与通达路交会处西南方向的华东国际机电城内标示有"临沂鑫源农机""×区××号"的店铺，齐某刚以普通消费者身份购买标有"谷雨"字样的机器一台（以下简称被诉侵权产品），支付货款 1450 元，取得"鑫源农机销货清单"一份、"张某涛"的名片一张。齐某刚对购物现场及所购物品进行了拍照，并封存了相关物品。山东省临沂市沂蒙公证处根据上述保全过程作出公证书。一审法院认为被诉侵权产品落入涉案专利权保护范围，遂判决停止侵权，赔偿损失。潍坊谷雨公司不服，提起上诉。二审法院认为，涉案专利权利要求 1 与被诉侵权技术方案中的技术特征 A 与 a、技术特征 B 与 b、技术特征 D 与 d 既不相同又不等同。遂判决撤销一审判决，驳回立盈公司的诉讼请求。立盈公司不服，向最高人民法院申请再审。

（撰写人：佟　姝、张　博）

36 微信朋友圈发布的信息是否构成专利法意义上的公开
——梁某权与黄某伟、恒达艺居中心、欧之光公司侵害外观设计专利权纠纷申请再审案

- 案　　号　（2021）最高法民申 3199 号
- 合议庭成员　毛立华、江建中、李嵘
- 关　键　词　民事 / 外观设计专利权 / 现有设计抗辩
- 相关法条　《中华人民共和国专利法》第 59 条、第 62 条①，《最高人民法院关于审理侵犯专利权纠纷案件应用法律若干问题的解释》第 8 条、第 11 条

【裁判要旨】

微信朋友圈发布信息的公开范围可由微信用户通过权限设置予以限定，通常可设置为所有朋友可见、选中的朋友可见、选中的朋友不可见或仅自己可见四种状态，且公开范围可以随时切换，不会留下修改痕迹。因此，一般而言，在微信朋友圈发布的信息不能直接认定为构成专利法意义上的公开。

【案情摘要】

黄某伟于 2015 年 8 月 25 日向国家知识产权局申请名称为"吸顶灯（2）"的外观设计专利，于 2015 年 12 月 23 日获得授权，专利号为 ZL201530320734.3。黄某伟向一审法院起诉请求：判令梁某权、恒达艺居中心、欧之光公司停止侵权并赔偿经济损失 15 万元。一审法院认为，被诉侵权产品的设计落入涉案外观设计专利权的保护范围，梁某权以在先外观设计专利为由所提现有设计抗辩不能成立。二审过程中，梁某权以在微信朋友圈发布的图片为依据主张现有设计抗辩。二审法院认为，梁某权提交证据的现有内容仅能得知相应微信用户曾在其微信朋友圈发布有关视频或图片，并不能确定其发布所述内容是仅出于个人欣赏、留存或向圈内好友展示等目的，还是出于向公众推广或销售的目的。在缺乏其他证据佐证的情况下，该证据不足以证明相关视频或图片在涉案专利申请日之前即处于向不特定的社会公众公开的状态，不构成现有设计。二审法院判决驳回上诉，维持原判。梁某权不服，向最高人民法

---

① 对应《中华人民共和国专利法》（2020 年修正）第 64 条、第 67 条。

院申请再审,最高人民法院裁定驳回其再审申请。

(撰写人:江建中、王 晨)

37 电子数据的真实性应当结合影响电子数据完整性和可靠性的各种因素综合判断

——侯某贵与侯歌灯饰厂、欧斯迪曼公司侵害外观设计专利权纠纷申请再审案

- **案　　号**　(2021)最高法民申3250号
- **合议庭成员**　毛立华、李嵘、江建中
- **关 键 词**　民事/现有设计抗辩/电子数据
- **相关法条**　《最高人民法院关于民事诉讼证据的若干规定》第93条第1款

【裁判要旨】

电子数据具有容易被伪造、篡改的特点,其真实性应当结合以下因素综合判断:电子数据的生成、存储、传输所依赖的计算机系统的硬件、软件环境是否完整、可靠;是否处于正常运行状态;不处于正常状态时是否对生成、存储、传输有影响;是否具备有效的防止出错的监测、核查手段;电子数据是否被完整地保存、传输、提取,其方法是否可靠,主体是否适当;电子数据是否在正常的往来活动中形成和存储;其他因素。

【案情摘要】

侯某贵是外观设计"台灯(XLT0002)"的专利权人,其公证购买侯歌灯饰厂制造、欧斯迪曼公司销售的台灯后起诉,请求判令两被告停止侵权并赔偿损失及合理费用。两被告提交工业设计网站、淘宝交易快照等证据主张现有设计抗辩,原审法院认定其现有设计抗辩不成立,支持侯章贵的诉请。最高人民法院认定,工业设计网站其发布时间可任意修改且后台无显示修改记录功能,无法确定图片上传时间;淘宝订单信息与快照内容无法对应,不能确定为同一订单,该快照不属于固定该笔订单交易发生过程的交易快照;其他交易订单亦无交易快照,无法确定订单创建时的产品原始图片。上述证据均为电子数据,存在伪造、篡改的可能性,故现有设计

抗辩不成立，裁定驳回再审申请。

（撰写人：李　嵘、刘海珠）

38 权利要求技术特征的划分
——开拓公司与裕凯隆公司、宏嵘公司侵害发明专利权纠纷申请再审案

- 案　　号　（2021）最高法民申 3272 号
- 合议庭成员　佟姝、吴蓉、张玲玲
- 关 键 词　民事 / 专利 / 侵权
- 相关法条　《中华人民共和国专利法》第 11 条

【裁判要旨】

对于权利要求技术特征的划分，要根据其使用的技术手段、实现的技术功能和效果，并综合与其他技术特征之间的关系来确定。

【案情摘要】

2016 年 1 月 26 日，开拓公司经国家知识产权局批准受让取得了涉案专利的专利权。以裕凯隆公司、宏嵘公司为被告提起本案诉讼，请求判令裕凯隆公司立即停止销售、许诺销售侵犯涉案专利产品的行为，宏嵘公司立即停止制造、销售、许诺销售侵权产品的行为，裕凯隆公司和宏嵘公司连带赔偿开拓公司经济损失及维权合理费用共计 20 万元，并承担本案诉讼费。

（撰写人：吴　蓉）

39 被诉侵犯专利权产品实物难以获得的情形下是否可以产品合同图纸作为技术特征比对对象
——远通公司与宏鑫公司侵犯专利权纠纷申请再审案

- 案　　号　（2021）最高法民申 3831 号
- 合议庭成员　佟姝、张玲玲、吴蓉

- **关 键 词** 知识产权 / 侵犯专利权纠纷 / 特征比对 / 实物获取困难 / 应具备特征
- **相关法条** 《中华人民共和国专利法》第 11 条第 1 款、第 59 条第 1 款、第 60 条[①]

【裁判要旨】

侵犯专利权纠纷中,在判定被诉侵权产品是否落入涉案专利权权利要求的保护范围时,如果获取被诉侵权产品的实物存在困难,但结合所属领域技术人员的普通技术知识,有充分证据证明被诉侵权产品的合同图纸所呈现的技术特征即为被诉侵权产品应具备的技术特征,则可将该图纸所呈现的技术特征与涉案专利权利要求中的技术特征进行比对。

【案情摘要】

宏鑫公司系名称为"管道用耐高压旋转补偿器"的涉案专利的专利权人,其向法院起诉称,远通公司生产、销售的在某石油供热蒸汽管线项目中使用的旋转补偿器侵犯了涉案专利权。一审法院查明,案外人中电投北部湾(广西)热电有限公司与远通公司签订了在上述管线项目中使用的旋转补偿器购买合同及技术协议。一审判决认为,基于被诉侵权产品与该技术协议中的旋转补偿器附图(以下简称合同图纸)的比对,被控侵权产品落入涉案专利权的保护范围,远通公司的行为构成侵权,应当承担侵权责任。远通公司不服,提起上诉。二审判决予以维持。远通公司申请再审,并主张以合同图纸作为侵权判定中的技术特征比对对象无法查明事实真相。最高人民法院于 2021 年 12 月 17 日裁定驳回远通公司的再审申请。

(撰写人:张玲玲)

---

① 对应《中华人民共和国专利法》(2020 年修正)第 11 条第 1 款、第 64 条第 1 款、第 65 条。

40 人民法院可以通过多段视频确定被诉侵权产品的技术特征

——大宇公司与哈里斯公司侵害发明专利权纠纷申请再审案

- **案　　号**　（2021）最高法民申 4381 号
- **合议庭成员**　佟姝、吴蓉、戴怡婷
- **关 键 词**　民事 / 侵害发明专利权纠纷 / 被诉侵权产品技术特征
- **相关法条**　《中华人民共和国专利法》第 11 条

【裁判要旨】

多段视频证据已经形成被诉侵权产品采用相同技术、具有相同结构的证据优势，在被诉侵权人未提交相反证据的情况下，人民法院通过多段视频确定被诉侵权产品的技术特征并进行比对，并无不当。

【案情摘要】

2012 年 3 月 26 日，哈里斯公司向国家知识产权局申请名称为"薄板状物加工装置及薄板状构件的制造方法"的发明专利，国家知识产权局于 2017 年 4 月 12 日予以授权并公告。哈里斯公司指控大宇公司实施了专利产品的制造、销售行为。2018 年 7 月 27 日，哈里斯公司的委托代理人北京康信知识产权代理有限责任公司的林某涛向北京市东方公证处申请对大宇公司涉嫌侵害其专利权的行为进行证据保全。同日，林某涛与北京市东方公证处的公证员范某明及公证人员冯某杰一起来到深圳市宝安区塘新路与大洋路交叉口西南 150 米的华丰物流产业园 3 栋，一起进入标有"深圳市帝晶光电科技有限公司 OEM 事业部第七生产车间"，由林某涛使用经公证人员进行清洁度检查后的设备对该地点的外部情况进行拍照，由林某涛及陈某使用经公证人员进行清洁度检查后的设备对该场所内部分区域的现场进行录像，并将照片和录像进行公证封存。一、二审法院均认为，哈里斯公司拍摄的视频所反映的被诉侵权产品的技术特征，相对于哈里斯公司要求保护的专利技术来说比较完整，能够进行技术比对。通过对比，被诉侵权产品的技术特征与哈里斯公司主张的权利要求的技术特征形成一一对应关系。遂判决大宇公司停止侵权，并赔偿损失。大宇公司不服，向最高人民法院申请再审。

（撰写人：佟　姝、张　博）

41 权利人应对被诉侵权产品具有涉案专利技术特征承担举证责任

——群盛公司与凯得利公司等侵害实用新型专利权纠纷申请再审案

- **案　　号**　（2021）最高法民申 4398 号
- **合议庭成员**　佟姝、吴蓉、戴怡婷
- **关 键 词**　民事 / 侵害实用新型专利权纠纷 / 举证责任
- **相关法条**　《中华人民共和国专利法》第 59 条①

【裁判要旨】

权利人应对被诉侵权产品具备涉案专利权利要求的相应技术特征承担举证责任。如果权利人未提交被诉侵权产品实物，导致不能证明被诉侵权产品具备涉案专利权利要求相应技术特征的，应承担举证不能的法律后果。

【案情摘要】

2015 年 12 月 30 日，群盛公司向国家知识产权局申请名称为"一种摇摆式工艺品"的实用新型专利，并于 2016 年 5 月 18 日获得授权公告。涉案专利权利要求 1：一种摇摆式工艺品，包括优弧状摆体和支座，其特征在于：所述摆体上端顶部设有一仿真模型，所述摆体上端底部设有一支脚，所述摆体通过所述支脚垂直顶持于所述支座上，所述摆体下端设有用于平衡摆体的第一配重块，所述仿真模型两侧分别对称且可摆动地设有一支翼，所述两支翼上分别设有一配重平衡杆，所述两根配重平衡杆呈相互交叉设置。2019 年 10 月 25 日，群盛公司以凯得利公司在广交会 4.1J22-23 展位展出的商品涉嫌侵害涉案专利权为由向投诉站进行投诉。群盛公司确认其未取得被诉侵权产品的实物，请求以其在广交会上拍摄的照片与涉案专利的权利要求进行比对。一、二审法院均认为群盛公司未提交被诉侵权产品的实物，亦未能提供被诉侵权产品动态时的证据或其他证据予以证明被侵权产品具备摇摆功能及三个大小不一的球状体起到可配重平衡杆的作用。因此，群盛公司提供的证据无法证明被诉侵权产品已落入涉案专利权利要求的保护范围，群盛公司依法应承担举

---

① 对应《中华人民共和国专利法》（2020 年修正）第 64 条。

证不力的法律后果，其诉讼请求应予以驳回。群盛公司不服，向最高人民法院申请再审。

（撰写人：佟 姝、张 博）

42 当事人在二审中撤销在一审中的自认是否予以支持
——全益公司与赵某学侵害发明专利权纠纷申请再审案

- 案　　号　（2021）最高法民申4864号
- 合议庭成员　佟姝、吴蓉、张玲玲
- 关 键 词　民事 / 专利 / 侵权 / 自认
- 相关法条　《中华人民共和国专利法》第11条

【裁判要旨】

在诉讼过程中，当事人在一审中就于己不利的事实明确表示承认但又在二审程序中撤销该自认的，且该自认的事实既不涉及可能损害国家社会公共利益、身份关系等，也无证据表明该自认是在受胁迫或者重大误解情况下作出的，人民法院应不予支持。

【案情摘要】

赵某学是涉案"一种新型鞋定型机"发明专利的专利权人，该专利申请日是2009年9月23日，授权公告日是2011年6月15日。赵某学以全益公司为被告提起本案诉讼，主张全益公司生产销售的V12D卧式鞋栏式真空加硫机落入涉案专利权的保护范围，构成侵权，请求判令全益公司停止侵权并赔偿经济损失。一、二审判决认定全益公司侵害了赵某学涉案专利权，应承担停止侵权、赔偿损失等民事责任。全益公司向最高人民法院申请再审。

（撰写人：吴 蓉）

43 实用新型专利侵权案件中等同特征的判断
——莆田市坚强缝制设备有限公司、泉州市亿达超声波设备有限公司侵害实用新型专利权纠纷申请再审案

- **案　　号**　（2021）最高法民申 5398 号
- **合议庭成员**　张志弘、白雅丽、许常海
- **关　键　词**　知识产权 / 专利侵权 / 等同特征
- **相关法条**　《中华人民共和国专利法》第 59 条①

【裁判要旨】

涉案专利是应用超声波技术结合脚动机械传动的冲压来实现对物料的裁切，刀架是通过人工脚动机械传动方式驱动，而被诉侵权产品系通过控制开关使得外接的空压机中的气体进入气动机构，推动气动机构下方的点焊头上下运动以实现相应的功能，即被诉侵权产品不具有利用脚动踏板机械传动方式驱动刀架运动的技术特征。因此，被诉侵权产品所采取的传动和驱动技术手段与涉案专利所记载的技术特征不构成等同特征，被诉侵权产品不具备与涉案专利构成相同或者等同的相应技术特征，依据全面覆盖原则，被诉侵权产品未落入涉案专利的保护范围。

【案情摘要】

涉案专利系名称为"超声波冲压机"实用新型专利，权利人为莆田市坚强缝制设备有限公司。莆田市坚强缝制设备有限公司认为泉州市亿达超声波设备有限公司生产销售的超声波冲压机包含涉案专利权利要求 1 的所有技术特征，落入涉案专利权保护范围。经审理认为，涉案专利权利要求所限定的技术方案实现裁切功能采取的技术手段是：由脚踏板通过链条带动操作台上面的双齿杆压力器来带动刀架向超声波换能器上的布料压紧，然后通过超声波发生器将电波传给超声波换能器以振动加热把被受压的位置上的布料切断，再结合涉案专利说明书记载的对于该技术特征的解释和说明，涉案专利是应用超声波技术结合脚动机械传动的冲压来实现对物料的裁切，刀架是通过人工脚动机械传动方式驱动。而被诉侵权产品实现点焊或者裁

---

① 对应《中华人民共和国专利法》（2020 年修正）第 64 条。

切功能采用的技术手段是通过控制开关使得外接的空压机中的气体进入气动机构，推动气动机构下方的点焊头上下运动以实现相应的功能，即被诉侵权产品不具有利用脚动踏板机械传动方式驱动刀架运动的技术特征。因此，被诉侵权产品采取的上述技术手段与涉案专利并不相同，且由于两者系完全不同的传动和驱动的技术手段，故也不构成等同特征。基于上述分析，被诉侵权产品不具备与涉案专利上述技术特征构成相同或者等同的相应技术特征，依据全面覆盖原则，被诉侵权产品未落入涉案专利的保护范围。

（撰写人：许常海）

44 被诉侵权产品制造者和销售者的认定
——东阿阿胶股份有限公司与福仁堂公司侵害外观设计专利权纠纷申请再审案

- 案　　号　（2020）最高法民申 5626 号
- 合议庭成员　佟姝、毛立华、戴怡婷
- 关　键　词　侵害商标权 / 举证责任
- 相关法条　《中华人民共和国民事诉讼法》第 204 条、第 206 条①

【裁判要旨】

被控侵权产品上所标注的产品标准代码、生产许可证编号、条形码及厂商信息均指向被告，已形成了对被控侵权产品来源的清晰指向，原告已尽到初步的举证责任。

【案情摘要】

被诉侵权产品与东阿阿胶股份有限公司（以下简称东阿阿胶公司）的外观设计专利构成近似。山东省食品药品监督管理局查询信息显示，被控侵权产品背面的产品标准代码及食品生产许可证编号均属于福仁堂公司。扫描产品背面的条形码，显示该条码属于福仁堂公司。产品标注的制造商地址与福仁堂公司的工商登记地址一致。综合上述信息，东阿阿胶公司主张福仁堂公司系被控侵权产品的生产商。但东

---

① 对应《中华人民共和国民事诉讼法》（2023 年修正）第 215 条、第 217 条。

阿阿胶公司称未查询到"益本堂"注册商标的相关信息。一审法院认定以上信息足以认定福仁堂公司系被控产品的生产商。福仁堂公司未经东阿阿胶公司许可,生产、销售侵犯东阿阿胶公司专利权的产品,应承担停止侵权并赔偿损失的法律责任(酌定赔偿20万元)。二审法院认为,被控侵权产品上的信息不能无矛盾地共同指向福仁堂公司,仅凭被控侵权产品上的信息指向不足以认定被控侵权产品系福仁堂公司生产销售。东阿阿胶公司不服,向最高人民法院申请再审。

(撰写人:毛立华、唐 弦)

45 同一现有技术文献不同部分记载的内容是否可以构成单一现有技术方案的司法判断
——建马公司与中顺公司侵犯专利权纠纷申请再审案

- **案　　号**　(2021)最高法民申5727号
- **合议庭成员**　佟姝、张玲玲、吴蓉
- **关 键 词**　知识产权/侵犯专利权纠纷/现有技术抗辩/共同构成一项现有技术/熟知常识/简单组合
- **相关法条**　《中华人民共和国专利法》第62条①,《最高人民法院关于审理侵犯专利权纠纷案件应用法律若干问题的解释》第14条第1款

【裁判要旨】

侵犯专利权纠纷中,在判定被诉侵权人的现有技术抗辩是否成立时,应将被诉侵权技术方案落入涉案专利权利要求保护范围的全部技术特征与一项现有技术方案进行比对。记载在同一现有技术文献不同部分的内容,如果其在文义上互为解释,在技术上彼此关联,相互支持,共同解决一个技术问题,则这些内容应当作为一个整体,共同构成一项现有技术方案。如果被诉侵权技术方案既不属于一项现有技术方案,也非该现有技术方案与所属领域技术人员广为熟知的常识的简单组合,则被诉侵权人的现有技术抗辩不能成立。

---

① 对应《中华人民共和国专利法》(2020年修正)第67条。

【案情摘要】

中顺公司系名称为"一种浮筑楼板法分户楼板保温隔声系统结构"的涉案实用新型专利的专利权人,其向法院起诉称锦隆公司、八建公司、建马公司生产、销售、使用了与涉案专利特征相同的产品,侵犯了涉案专利权。一审诉讼中,被告主张现有技术抗辩,并提交了国家建筑标准设计图集 08J931《建筑隔声与吸声构造》和江苏省住房和城乡建设厅于 2016 年 11 月 1 日的第 37 号公告文件,主张系根据前述图集和公告文件设计被诉施工图。一审判决认为,被诉侵权技术方案与被告举证的现有技术存在区别,被告主张的现有技术抗辩不能成立,其行为构成侵权。八建公司和建马公司不服,提起上诉。二审判决予以维持。建马公司不服,申请再审。最高人民法院审查认为,记载在同一对比文献不同部分的内容,如果其在文意上互为解释,在技术上彼此关联,相互支持,共同解决一个技术问题,则这些内容应当作为一个整体,共同构成一项现有技术。本案中,《建筑隔声与吸声构造》08J931 图集公开了楼面的隔声构造,其中第 30~34 页公开了"三、设计及施工说明"部分,第 30 页第 1 点、第 2 点、第 3 点的文字说明及图示对楼面的设计及施工方式进行了总体说明,然后第 31~34 页通过图表的方式展示了在该总体说明下的各种具体隔声楼面的做法,包括楼 1~12 共 12 种不同的楼面设计。其中第 33 页楼 7 的楼面简图所示的"水泥砂浆浮筑楼面",其设计施工的总体要求应遵从第 30 页的总体文字说明及图示,这些文字说明及图示可以用于解释第 33 页图示中的相关内容。上述两部分内容在技术上是密切关联的,本领域技术人员基于其共同指引才能解决有隔声功能的水泥砂浆浮筑楼面的设计和施工问题。因此,第 33 页楼 7 图和第 30 页的内容应作为一个整体,共同构成一项现有技术,与被诉侵权产品进行比对。由于被诉侵权技术方案与该现有技术存在实质性差异,被告的现有技术抗辩不能成立,故于 2021 年 12 月 17 日裁定驳回建马公司的再审申请。

(撰写人:张玲玲)

46 针对一项专利权签订的和解协议对同一主体其他专利权无约束力

——蔡某珍与顾家家居股份有限公司侵害外观设计专利权纠纷申请再审案

- 案　　　号　（2021）最高法民申 5893 号
- 合议庭成员　毛立华、江建中、李嵘
- 关 键 词　民事 / 外观设计专利权 / 和解协议
- 相关法条　《中华人民共和国专利法》第 11 条第 2 款、第 59 条第 2 款、第 65 条①，《最高人民法院关于审理侵犯专利权纠纷案件应用法律若干问题的解释》第 8 条、第 10 条、第 11 条

【裁判要旨】

被诉侵权人与权利人就其一项专利的侵权行为达成和解协议，对于被诉侵权人侵害该专利权人其他专利权的行为，不具有约束力。

【案情摘要】

顾家家居股份有限公司（以下简称顾家公司）认为蔡某珍在淘宝网开设的店铺销售的被诉侵权产品侵害其专利号为 ZL201330067021.1，名称为"沙发（1762）"的外观设计专利权，诉至法院。蔡某珍主张，根据双方在另案中就另一专利权达成的和解协议，顾家公司应当先通知蔡某珍停止侵权，拒不停止侵权的，才应承担赔偿责任。本案中顾家公司从未通知蔡某珍存在侵权行为，故不应当承担赔偿责任。一审法院认定顾家公司与蔡某珍就另一专利权达成的和解协议与本案没有关联，对蔡某珍的该抗辩不予支持。一审法院判决蔡某珍赔偿相应的损失。二审法院维持一审判决。蔡某珍不服，向最高人民法院申请再审。最高人民法院裁定驳回其再审申请。

（撰写人：江建中、王　晨）

---

① 对应《中华人民共和国专利法》（2020 年修正）第 11 条第 2 款、第 64 条第 2 款、第 71 条。

47 发明专利侵权纠纷中必要措施的认定

——深圳市朗科科技股份有限公司与广州友拓数码科技有限公司、杭州阿里巴巴广告有限公司侵害发明专利权纠纷申请再审案

- **案　　号**　（2019）最高法民申 5971 号
- **合议庭成员**　佟姝、毛立华、戴怡婷
- **关 键 词**　发明专利 / 侵权 / 电子商务平台 / 必要措施
- **相关法条**　《中华人民共和国侵权责任法》第 36 条①

【裁判要旨】

转通知是电子商务平台经营者承担的最低义务，转通知后是否还需要进一步采取必要措施，仍需要结合通知内容作出判断。删除、断开链接是必要措施的一种，采取何种必要措施，与网络服务的类型、权利的性质以及侵权行为等因素相关。电子商务平台经营者负有网络治理的经营者责任，针对不同的情况应采取相应的必要措施，达到较大可能防止侵权的目的。

【案情摘要】

在再审申请人杭州阿里巴巴广告有限公司（以下简称阿里巴巴公司）与被申请人深圳市朗科科技股份有限公司（以下简称朗科公司），一审被告、二审上诉人广州友拓数码科技有限公司（以下简称友拓公司）侵害发明专利权纠纷案中，朗科公司系名称为"用于数据处理系统的快闪电子式外存储方法及其装置"发明专利的专利权人。朗科公司在 1688 网站上友拓公司的店铺购买了被诉侵权的优盘。朗科公司将友拓公司及阿里巴巴公司诉至法院，后向阿里巴巴公司发出律师函。阿里巴巴公司在收到朗科公司的侵权比对表后，通知友拓公司朗科公司进行了投诉，并对朗科公司发送的通知的链接进行了核实，均显示商品已下架。此后，朗科公司发现友拓公司的网店上仍有被诉侵权产品在展示，并进行公证。一审法院认为，阿里巴巴公司作为网络服务提供者，未采取必要措施，造成损失扩大，判令阿里巴巴公司对友拓公司应承担的赔偿额中的 2 万元承担连带赔偿责任。阿里巴巴公司及友拓公司不服，

---

① 对应《中华人民共和国民法典》第 1195 条。

提起上诉。广东省高级人民法院二审判决：驳回上诉，维持原判。阿里巴巴公司不服，向最高人民法院申请再审。最高人民法院于 2021 年 11 月 11 日裁定驳回了阿里巴巴公司的再审申请。

（撰写人：戴怡婷）

48 发明专利侵权纠纷中有效通知的认定

——深圳市朗科科技股份有限公司与广州友拓数码科技有限公司、杭州阿里巴巴广告有限公司侵害发明专利权纠纷申请再审案

- 案　　号　（2019）最高法民申 5971 号
- 合议庭成员　佟姝、毛立华、戴怡婷
- 关 键 词　发明专利 / 侵权 / 电子商务平台 / 有效通知
- 相关法条　《中华人民共和国侵权责任法》第 36 条[①]

【裁判要旨】

有效通知一般包括知识产权权利证明及有效的权利人信息、能够实现准确定位的被诉侵权商品或服务信息、构成侵权的初步证据、要求采取的具体措施、通知真实性的书面保证等。认定有效通知应考虑权利类型、作为网络服务提供者的电子商务平台经营者的监管能力以及平台性质等因素。

【案情摘要】

在再审申请人杭州阿里巴巴广告有限公司（以下简称阿里巴巴公司）与被申请人深圳市朗科科技股份有限公司（以下简称朗科公司）、一审被告、二审上诉人广州友拓数码科技有限公司（以下简称友拓公司）侵害发明专利权纠纷案中，朗科公司在 1688 网站上友拓公司的店铺购买了被诉侵权的优盘，主张友拓公司及阿里巴巴公司侵犯其专利权，遂诉至法院。后朗科公司就友拓公司的被诉侵权行为向阿里巴巴公司发出《律师函》，请阿里巴巴公司撤销被诉侵权产品并删除涉嫌侵权的网页内容。阿里巴巴公司签收了前述《律师函》，并回函称投诉收悉，由于投诉所涉情况已在诉讼中，平台会在收到法院判决后第一时间按照法院判决维护贵方权益。朗科公

[①] 对应《中华人民共和国民法典》第 1195 条。

司又向阿里巴巴公司提交了侵权对比分析表。阿里巴巴公司通知友拓公司朗科公司进行投诉。友拓公司收到转通知后回复"我司正在准备材料中，准备好后第一时间发过去"。一审法院判令阿里巴巴公司对友拓公司应承担的赔偿额中的 2 万元承担连带赔偿责任。阿里巴巴公司及友拓公司不服，提起上诉。广东省高级人民法院二审判决：驳回上诉，维持原判。阿里巴巴公司不服，向最高人民法院申请再审。最高人民法院于 2021 年 11 月 11 日裁定驳回了阿里巴巴公司的再审申请。

（撰写人：戴怡婷）

49 侵害专利权纠纷中被诉侵权产品制造者的认定
——君和俊公司、周俞沈公司与美克公司侵害外观设计专利权纠纷申请再审案

- **案　　号**　（2021）最高法民申 5979 号
- **合议庭成员**　毛立华、李嵘、江建中
- **关 键 词**　民事 / 侵害专利权 / 产品制造
- **相关法条**　《中华人民共和国专利法》第 70 条①

【裁判要旨】

侵害专利权纠纷案件中，被诉侵权产品生产商的认定需结合案件情况予以综合考量。销售商在产品上标注其自身商业标识的行为对外宣示其系被诉侵权产品的制造者的，不能适用合法来源抗辩。

【案情摘要】

美克公司是名称为"书桌（B2601）"，专利号为 ZL201530357548.7 的外观设计专利（以下简称涉案专利）的专利权人，该专利权目前仍有效存续。美克公司在君和俊公司的门店里购买了与涉案专利相近似的被诉侵权产品，被控侵权产品本身没有生产厂商标识，其唯一的标识为 ，该商标曾由君和俊公司及周俞沈公司多次向商标局申请未果。该产品的销售合同上乙方为君和俊公司。周俞沈公司负责网站经营、批发销售以及对全国加盟店运营管理，销售被诉侵权产品的门店为君和俊公

---

① 对应《中华人民共和国专利法》（2020 年修正）第 77 条。

司与周俞沈公司共同经营管理。一审法院判决认为，被告周俞沈公司与被告君和俊公司构成共同制造、销售、许诺销售被控侵权产品，依法判决其停止侵权、赔偿经济损失。君和俊公司、周俞沈公司不服，以其并非侵权产品制造者为由向最高人民法院申请再审。

（撰写人：毛立华、唐　弦）

50 当事人对是否构成外观设计专利侵权存在争议时法院如何认定

——马某利与薛某群侵害外观设计专利权纠纷申请再审案

- **案　　号**　（2021）最高法民申 5984 号
- **合议庭成员**　张志弘、白雅丽、许常海
- **关 键 词**　民事 / 专利 / 外观设计专利 / 侵权
- **相关法条**　《最高人民法院关于审理侵犯专利权纠纷案件应用法律若干问题的解释》第 10 条、第 11 条

【裁判要旨】

在侵害外观设计专利权纠纷中，判断外观设计是否相同或者近似，应当以外观设计专利产品的一般消费者的知识水平和认知能力，根据授权外观设计、被诉侵权设计的设计特征，以外观设计的整体视觉效果进行综合判断。对于主要由技术功能决定的设计特征以及对整体视觉效果不产生影响的产品的材料、内部结构等特征，应当不予考虑。

【案情摘要】

涉案外观设计专利的专利号为 ZL201530092653.2、名称为"塑料泡沫包装垫（1）"，马某利为涉案外观设计专利的专利权人。该外观设计专利产品用于包装发动机飞轮，设计要点为产品的形状，最能表明设计要点的图片为主视图。国家知识产权局出具的涉案外观设计专利权评价报告显示，未发现存在不符合授予专利权条件的缺陷。马某利主张从薛某群处购买的飞轮产品的泡沫垫侵害其外观设计专利，故向法院起诉。

（撰写人：白雅丽、陈泽宇）

51 职务发明的认定
——沈某林与天邦膜技术国家工程研究中心有限责任公司专利权权属纠纷申请再审案

- **案　　号**　（2021）最高法民申 6137 号
- **合议庭成员**　毛立华、江建中、李嵘
- **关 键 词**　民事/专利权权属/职务发明
- **相关法条**　《中华人民共和国专利法》第 6 条

【裁判要旨】

员工在单位从事技术研发工作同时兼任其他岗位工作的，其在单位从事的相关技术的研发工作应属于员工在单位的本职工作任务，不能仅以其还兼任其他岗位工作否定其从事的相关技术研发工作为执行本单位的任务。

【案情摘要】

天邦膜技术国家工程研究中心有限责任公司（以下简称天邦膜公司）以专利权人为沈某林的 201810488723.9 号"一种用于燃料炉窑的新型综合节能减排增产提效型局部增氧助燃系统"的发明专利属于职务发明为由，向一审法院提起诉讼，请求确认涉案专利权为天邦膜公司所有。一审法院认为，涉案专利是沈某林在其与天邦膜公司存在劳务关系期间提出的申请。沈某林不仅从事其抗辩所称的销售工作，更重要的是其系天邦膜公司富氧助燃技术的研发核心人员。涉案专利与沈某林所接受天邦膜公司指派的富氧开发及研究工作任务具有相关性。据此判决涉案专利归属于天邦膜公司。沈某林不服，提起上诉。二审法院判决驳回上诉，维持原判。沈某林不服，向最高人民法院申请再审。最高人民法院裁定驳回其再审申请。

（撰写人：江建中、王　晨）

52 职务发明创造的认定
——莫某华与敦泰公司等专利申请权权属纠纷申请再审案

- **案　　号**　（2021）最高法民申 6273 号
- **合议庭成员**　佟姝、吴蓉、张玲玲
- **关 键 词**　民事 / 专利申请权权属纠纷 / 职务发明
- **相关法条**　《中华人民共和国专利法》第 6 条

【裁判要旨】

劳动、人事关系终止后 1 年内作出的，与其在原单位承担的本职工作或者原单位分配的任务有关的发明创造为职务发明创造。

【案情摘要】

2015 年 12 月 3 日，磨石公司向国家知识产权局提出涉案专利申请，申请公布日为 2016 年 2 月 17 日，发明人为贾某锋、夏某。敦泰公司成立于 2006 年 4 月 29 日，注册资金 3700 万美金，其经营范围包括集成电路设计、开发，主要从事触控芯片、驱动芯片和指纹识别芯片、压力触控芯片的研发、销售工作。莫某华的员工入职登记表、人事资料卡及离职存根显示，莫某华于 2000 年 7 月毕业于南京大学物理系微电子与固体电子专业，莫某华于 2006 年 9 月 4 日入职敦泰公司，莫某华在敦泰公司的部门为研发，岗位是高级副总经理。2015 年 3 月 6 日，莫某华从敦泰公司离职。莫某华在 2015 年 3 月 6 日前于原告处担任经理职务并从事指纹识别技术的开发研究工作，而其从原告处离职前即注册被告磨石公司。莫某华任职敦泰公司期间，敦泰公司以莫某华作为发明人的涉及触控领域的专利以及专利申请达 77 篇。磨石公司成立于 2015 年 2 月 9 日，莫某华为法定代表人和董事长。敦泰公司以磨石公司、莫某华为被告，于 2016 年 9 月 14 日向广东省深圳市中级人民法院提起诉讼，请求判令涉案专利申请权归敦泰公司所有。一、二审法院均认定涉案专利申请系莫某华在与敦泰公司劳动关系终止后 1 年内作出的与其在敦泰公司的本职工作、受分配任务密切相关，并主要利用了原单位敦泰公司所提供的物质技术条件完成的发明创造，系职务发明，涉案专利申请权依法属于敦泰公司。莫某华不服，向最高人民法院申请再审。

（撰写人：佟　姝、张　博）

53 专利实际发明人的认定

——莫某华与敦泰公司、磨石公司、贾某锋、
夏某专利权权属纠纷申请再审案

- **案　　号**　（2021）最高法民申 6274 号
- **合议庭成员**　佟姝、吴蓉、张玲玲
- **关 键 词**　民事 / 专利 / 权属纠纷
- **相关法条**　《中华人民共和国专利法》第 6 条，《中华人民共和国专利法实施细则》第 12 条①

【裁判要旨】

专利证书所记载的发明人仅是名义上的发明人，专利证书并不具有证明实际发明人的当然效力。当异议人对记载在专利证书上的发明人身份提出异议，并提交了相应的合理怀疑证据时，应当全面、客观地审核本案的全部证据，运用逻辑推理和日常生活经验，从各证据与案件事实的关联程度、各证据之间的联系等方面，对专利的实际发明人进行综合审查判断。

【案情摘要】

磨石公司向国家知识产权局申请涉案专利，于 2016 年 6 月 22 日获授权公告，发明人为贾某锋、夏某。敦泰公司以磨石公司、莫某华为被告提起本案诉讼，主张涉案专利是莫某华执行敦泰公司工作任务并主要利用敦泰公司物质技术条件完成的发明创造，属于职务发明创造，涉案专利权应属于敦泰公司，请求判令涉案专利权归敦泰公司所有。一审法院判决涉案专利权属于敦泰公司。磨石公司、莫某华、贾某锋提起上诉，二审判决驳回上诉，维持原判。莫某华向最高人民法院申请再审。

（撰写人：吴　蓉）

---

①　对应《中华人民共和国专利法实施细则》（2023 年修订）第 13 条。

54 专利权属纠纷中如何确定诉争专利的实际发明人及诉争专利是否属于职务发明

——莫某华与敦泰公司等专利申请权权属纠纷申请再审案

- **案　　号**　（2021）最高法民申 6285 号
- **合议庭成员**　佟姝、吴蓉、张玲玲
- **关 键 词**　知识产权 / 专利申请权权属纠纷 / 职务发明 / 实际发明人 / 登记发明人 / 本职工作 / 技术关联 / 研发能力 / 利益关联
- **相关法条**　《中华人民共和国专利法》第 6 条第 1 款,《中华人民共和国专利法实施细则》第 12 条第 1 款①

【裁判要旨】

在专利权或专利申请权权属纠纷中,如果案件争议焦点涉及诉争专利的实际发明人是否为不同于登记发明人的第三人,以及诉争专利是否为该被诉实际发明人在原单位的职务发明时,可以考虑该被诉实际发明人在原单位任职期间承担的本职工作的内容,该本职工作与诉争专利技术内容的关联程度,诉争专利登记发明人作为诉争专利技术来源的合理性,登记发明人与被诉实际发明人的利益关联关系等因素,作出综合判断。

【案情摘要】

敦泰公司以磨石公司、莫某华为被告向法院起诉称:由磨石公司申请的名称为"触摸显示装置的驱动电路"的涉案发明专利申请是莫某华在敦泰公司的职务发明创造,专利申请权应属于敦泰公司。磨石公司辩称贾某锋等人是涉案专利申请的发明人,莫某华辩称涉案专利申请非其职务发明。一审判决认为,磨石公司不能证明涉案专利技术来源于贾某锋等人;涉案专利申请涉及的关键技术与莫某华在敦泰公司工作期间的本职工作、分配任务密切相关,莫某华是涉案专利的实际发明人具有高度可能性,涉案专利申请系其职务发明,专利申请权属于敦泰公司。磨石公司和莫某华不服,提起上诉。二审判决予以维持。莫某华申请再审称,一、二审判决认定莫某华为涉案专利的实际发明人缺乏事实依据。最高人民法院于 2021 年 12 月 15 日

---

① 对应《中华人民共和国专利法实施细则》（2023 年修订）第 13 条第 1 款。

裁定驳回莫某华的再审申请。

（撰写人：张玲玲）

55 外观设计专利所属设计空间大小对于近似性判定的影响

——中山市青润禾日用制品有限公司与昆山市威凯儿童用品、中山市普洛可婴童用品有限公司、刘某兴、浙江淘宝网络有限公司侵害外观设计专利权纠纷申请再审案

- 案　　号　（2021）最高法民申 6401 号
- 合议庭成员　晏景、李丽、江建中
- 关 键 词　民事 / 外观设计专利 / 侵权
- 相关法条　《最高人民法院关于审理侵犯专利权纠纷案件应用法律若干问题的解释（二）》第 14 条

【裁判要旨】

在认定一般消费者对于外观设计所具有的知识水平和认知能力时，一般应当考虑被诉侵权行为发生时授权外观设计所属相同或者相近种类产品的设计空间，设计空间较大的，可以认定一般消费者通常不容易注意到不同设计之间的较小区别；设计空间较小的，可以认定一般消费者通常更容易注意到不同设计之间的较小区别。

【案情摘要】

涉案专利为婴儿推车的外观设计专利。对童车类产品而言，整体均包括手推杆、前脚杆、后脚杆、座椅架、斗篷和车轮等主要部件，各部件的形状、结构以及布局等更受一般消费者所关注。涉案专利的两份无效宣告请求审查决定均认定，其推杆、前脚杆、后脚杆是构成车架的主要部位，属于实现连接方式的关键点，对于整体视觉效果更具有影响。被诉侵权设计与涉案专利均包括推杆、前脚杆、后脚杆、座椅架、斗篷和车轮等主要部件，两者推杆、前脚杆、后脚杆的连接方式、走线设计以及组合后整体车架形状、配件结构布局等基本相同。二者存在"斜杆"与"推杆"、扶手位置和倾斜角度以及斗篷是否包裹推杆的区别。二审法院认定被诉侵权设计落入涉案专利的保护范围。

（撰写人：李 丽、包 硕）

56 专利侵权案件中合法来源抗辩理由的认定
——诺司朗公司与周某侵害外观设计专利权纠纷申请再审案

- **案　　号**　（2021）最高法民申 6587 号
- **合议庭成员**　张志弘、白雅丽、许常海
- **关 键 词**　知识产权 / 专利侵权 / 合法来源
- **相关法条**　《中华人民共和国专利法》第 70 条①

【裁判要旨】

合法来源是指通过合法的销售渠道、通常的买卖合同等正常商业方式取得产品。合法来源抗辩理由审查中，使用者、许诺销售者或者销售者应当提供符合交易习惯的相关证据。

【案情摘要】

周某从 1688 网站购买了被诉侵权产品，卖家信息处显示供应商为诺司朗公司，1688 网页页面显示涉案店铺抬头为诺司朗公司名称，有"专注生产加工灯具厂家支持现货批发加工定制""9 年源头工厂"等字样，产品参数页面显示产品的品牌为诺司朗，名称为 LED 路灯头。被诉侵权产品贴附的合格证上标注生产商为诺司朗公司。原审判决基于上述事实，结合诺司朗公司在原审期间提交的证明被诉侵权产品系另外厂商生产的证据并不充分，且诺司朗公司一、二审期间所提合法来源理由不同有违诚信诉讼，综合认定诺司朗公司关于被诉侵权产品合法来源于他人的理由不成立。

（撰写人：许常海）

---

① 对应《中华人民共和国专利法》（2020 年修正）第 77 条。

57 提供产品组件构成帮助侵权的认定

——优耐特智能制造（青州）有限公司与无锡伟鼎贸易
有限公司侵害实用新型专利权纠纷申请再审案

- **案　　号**　（2019）最高法民申6620号
- **合议庭成员**　佟姝、戴怡婷、张玲玲
- **关 键 词**　发明专利 / 帮助侵权 / 专用产品
- **相关法条**　《中华人民共和国专利法》第11条，《最高人民法院关于审理侵犯专利权纠纷案件应用法律若干问题的解释（二）》第21条第1款

【裁判要旨】

被诉侵权人为生产经营目的提供产品组件，且其明知该产品组件系用于实施侵犯他人专利权行为的专用产品，被诉侵权人以全面覆盖为由进行不侵权抗辩的，不予支持，该组件提供者的行为可以依法认定构成帮助他人实施侵权的行为。

【案情摘要】

在再审申请人优耐特智能制造（青州）有限公司（以下简称优耐特公司）因与被申请人无锡伟鼎贸易有限公司（以下简称伟鼎公司）等人侵害实用新型专利权纠纷一案中，伟鼎公司系名称为"一种织物自动悬挂装置"的实用新型专利的权利人。根据该专利权利要求1的记载，一种织物自动悬挂装置，包括隧道式机架和可在隧道式机架内移动的挂布车。新丝路公司先后分别向伟鼎公司、优耐特公司购买涉案专利产品"全自动挂布机"、被诉侵权产品中的"智能落布机"。其中，"全自动挂布机"包含涉案专利的隧道式机架和可在隧道式机架内移动的挂布车，"智能落布机"仅指代涉案专利中的隧道式机架，不包含隧道式机架内移动的挂布车。新丝路公司在从优耐特公司购买"智能落布机"后，又自行制造挂布车与其一起结合使用。被诉侵权产品中挂布车的技术特征与涉案专利限定的挂布车技术特征相同。伟鼎公司主张新丝路公司、优耐特公司生产销售的全自动挂布机侵害其专利权，遂诉至法院。一审法院驳回伟鼎公司的诉讼请求。伟鼎公司不服，提起上诉，二审判决认定新丝路公司与优耐特公司构成共同侵权，判令停止侵权，赔偿损失。优耐特公司不服，

向最高人民法院申请再审。最高人民法院于 2021 年 12 月 13 日裁定驳回了优耐特公司的再审申请。

（撰写人：戴怡婷）

58 专利侵权案件中相同技术特征的认定
——上海炫速餐饮管理有限公司与云霄飞车（北京）餐饮管理有限公司侵害发明专利权纠纷申请再审案

- 案　　号　（2021）最高法民申 6636 号
- 合议庭成员　张志弘、白雅丽、许常海
- 关　键　词　知识产权 / 专利侵权 / 相同技术特征
- 相关法条　《中华人民共和国专利法》第 11 条

【裁判要旨】

在侵害专利权纠纷案件中，人民法院应当根据权利要求的记载，结合本领域普通技术人员阅读说明书及附图后的理解，准确确定《专利法》规定的权利要求的内容。另外，可以结合工具书、教科书等公知文献以及本领域普通技术人员的通常理解进行解释。

【案情摘要】

涉案专利系名称为"餐馆服务系统"的发明专利，专利权人为海妮麦克有限责任公司，该公司授权云霄飞车（北京）餐饮管理有限公司（以下简称云霄飞车公司）在约定的许可区域独占实施涉案专利。云霄飞车公司认为上海炫速餐饮管理有限公司（以下简称炫速公司）相关被诉侵权产品侵害了涉案专利权。经比对，云霄飞车公司认为相应技术特征均相同，炫速公司则认为存在被诉侵权产品轨道线路并非直接连接餐桌、不具有权利要求 1 中"后厨工作区通过至少一条轨道线路与顾客就餐区的至少一张餐桌相连接"的技术特征等多项区别，未落入涉案专利权利保护范围。经审理认为，根据涉案专利权利要求 1 的记载，后厨工作区（3）和顾客就餐区（4）通过饭菜和 / 或饮料的传送系统（6）相连接，后厨工作区（3）应通过至少一条轨道线路（56）与顾客就餐区（4）的至少一张餐桌（5）相连接或者可以连接。涉案专利所限定的连接方式既可以是直接连接，也可以是间接连接。而被诉侵权餐厅圆盘周围设置有餐桌，上层圆盘与餐桌部分重叠，餐桌底部与圆盘中心轴连接，能够实现后厨工作区与餐桌的间接连接，饭菜和饮料从后厨工作区传送至圆盘上，顾客可以获得饭菜和饮料，不需要借助服务员传送。因此，原审判决认定被诉侵权餐厅相关设置与涉案专利构成相同的技术特征，具有事实和法律依据。

（撰写人：许常海）

59 确定方法权利要求保护范围时顺序撰写的各步骤是否必然自动接续执行

——麦康公司与广绅公司侵犯专利权纠纷申请再审案

- 案　　号　（2021）最高法民申 6675 号
- 合议庭成员　佟姝、张玲玲、吴蓉
- 关 键 词　知识产权 / 侵犯专利权纠纷 / 特征比对 / 方法权利要求 / 步骤衔接
- 相关法条　《中华人民共和国专利法》第 59 条第 1 款①

【裁判要旨】

侵犯专利权纠纷中，发明或实用新型专利权的保护范围以其权利要求的内容为准，说明书及附图可以用于解释权利要求的内容。如涉案专利涉及方法权利要求，且权利要求未清楚记载按顺序撰写的两个步骤间是否自动接续执行，则应站位于所属领域技术人员，结合权利要求书所载技术方案的上下文、说明书记载的发明目的、具体实施方式及技术方案的合理性，综合确定各步骤的执行时序及承接关系，以确定涉案专利权利要求的保护范围。

【案情摘要】

广绅公司系名称为"一种冰淇淋机间歇式加气控制方法"的涉案发明专利的专利权人，其向法院起诉称，麦康公司等公司生产、销售、许诺销售使用其专利方法的侵权产品。一审判决认为，被诉侵权产品的间歇式加气控制方法落入涉案专利权利要求的保护范围，构成侵权，麦康公司等应当承担侵权责任。麦康公司不服，提起上诉。二审判决予以维持。麦康公司申请再审，并主张涉案专利权利要求 1 的技

---

① 对应《中华人民共和国专利法》（2020 年修正）第 64 条第 1 款。

术特征"冰淇淋机主体开机后,空气输送装置打开,并向冰淇淋机主体的制冷缸内注入空气"为冰淇淋机开机后空气输送装置即"自动"向制冷缸内注入空气,而被诉侵权技术方案的冰淇淋机开机后先进入待机的模式状态,因此未落入权利要求1的保护范围。最高人民法院于2021年11月29日裁定驳回麦康公司的再审申请。

(撰写人:张玲玲)

60 宣告专利权无效的决定的追溯力
——虹晨公司与蔡某华侵害实用新型专利权纠纷申请再审案

- 案　　号　(2021)最高法民申 6732 号
- 合议庭成员　秦元明、马秀荣、周波
- 关 键 词　宣告专利权无效 / 追溯力
- 相关法条　《中华人民共和国专利法》第 47 条

【裁判要旨】

宣告专利权无效的决定,对在宣告专利权无效前人民法院作出并已执行的专利侵权的判决、调解书,已经履行或者强制执行的专利侵权纠纷处理决定,以及已经履行的专利实施许可合同和专利权转让合同,不具有追溯力。

【案情摘要】

一审、二审认定虹晨公司未经蔡某华许可,生产、销售侵犯涉案专利权的产品,依法应承担停止侵权、赔偿损失的侵权民事责任。本案二审判决作出后,已经全部执行完毕。2020年8月13日国家知识产权局依据北京市高级人民法院(2018)京行终2307号行政判决书作出宣告该专利权全部无效的决定。虹晨公司申请再审。最高人民法院经审查认为,涉案专利虽经国家知识产权局宣告无效,但二审判决已经生效并执行完毕,无效决定对二审判决不具有追溯力。虹晨公司也未提交证据证明本案中存在专利权人恶意给他人造成损失的情形,其申请再审理由不能成立,应予驳回。

(撰写人:马秀荣、孙冠华)

61 被诉侵犯专利权技术方案相对于涉案专利权利要求增加了技术特征的情形下,是否落入涉案专利权保护范围
——中冶公司与太极公司侵犯专利权纠纷申请再审案

- **案　　号**　（2021）最高法民申 6826 号
- **合议庭成员**　佟姝、张玲玲、吴蓉
- **关 键 词**　知识产权 / 侵犯专利权纠纷 / 特征比对 / 被诉侵权技术方案 / 冗余技术特征
- **相关法条**　《最高人民法院关于审理侵犯专利权纠纷案件应用法律若干问题的解释》第 7 条

【裁判要旨】

侵犯专利权纠纷中,在被诉侵权技术方案相对于涉案专利权利要求增加了若干技术特征的情形下,如果被诉侵权技术方案已经包含了与涉案专利权利要求记载的全部技术特征相同的技术特征,则应判定被诉侵权技术方案落入涉案专利权保护范围。

【案情摘要】

史某祥系名称为"一种多相反应器"的涉案专利的专利权人,其将涉案专利以独占实施许可的方式许可给太极公司。太极公司向法院起诉称:由中冶公司提供的脱硫塔侵犯了涉案专利权。一审判决认为,被诉侵权脱硫塔包含了涉案专利权利要求的所有技术特征,落入了涉案专利权的保护范围,构成侵权,中冶公司应当承担侵权责任。太极公司、中冶公司不服,提起上诉。二审判决对一审判决中要求中冶公司立即停止侵权行为的判决项予以维持,并判决调增中冶公司的侵权赔偿及太极公司为制止侵权行为支付的合理开支。中冶公司不服申请再审,并主张涉案侵权产品技术特征没有全部落入涉案专利保护范围内,不构成专利侵权。最高人民法院于2021 年 11 月 29 日裁定驳回中冶公司的再审申请。

（撰写人：张玲玲）

62 专利权利要求前序部分主题名称的实际限定作用取决于其对权利要求所保护技术方案产生的影响

——何某与丽彩云投公司侵害实用新型专利权纠纷申请再审案

- **案　　号**　（2021）最高法民申 7704 号
- **合议庭成员**　毛立华、李嵘、江建中
- **关 键 词**　民事 / 实用新型专利 / 主题名称
- **相关法条**　《最高人民法院关于审理侵犯专利权纠纷案件应用法律若干问题的解释（二）》第 5 条

【裁判要旨】

专利权利要求前序部分的主题名称可用于解释权利要求，其实际限定作用应当取决于该主题名称对权利要求所要保护的技术方案产生了何种影响。

【案情摘要】

何某系实用新型专利"数码照相摄像简易多功能投影机"的专利权人，其以丽彩云投公司制造销售 S1 微型投影机落入专利权保护范围为由诉请法院判令该公司赔偿其经济损失 300 万元。原审法院经勘验比对，认定 S1 微型投影机不具有数码照相摄像功能或相应设备，未落入专利权的保护范围，判令驳回何某的诉请。最高人民法院认为，权利要求 1 中的"数码照相摄像简易多功能投影机"已明确限定该专利要求保护的投影机，并非任意类型的投影机。该权利要求"镜头和凸透镜之间放置有数码照相机或数码摄像机的液晶显示屏"是对技术方案的抽象和概括，利用数码照相机或数码摄像机实现投影是何某声称其专利相对于现有技术的主要改进，该前序部分主题名称具有实际的限定作用，故丽彩云投公司不构成侵害涉案专利权。

（撰写人：李　嵘、刘海珠）

63 专利说明书等内部证据在解释权利要求时具有优先地位

——庞某敬与超能公司、东西关公司侵害发明专利权纠纷申请再审案

- **案　　号**　（2021）最高法民申 3110 号
- **合议庭成员**　毛立华、江建中、李嵘
- **关 键 词**　民事 / 侵害发明专利权 / 权利要求解释
- **相关法条**　《中华人民共和国专利法》第 59 条第 1 款[①]，《最高人民法院关于审理侵犯专利权纠纷案件应用法律若干问题的解释》第 2 条、第 3 条

【裁判要旨】

在解释权利要求时，专利说明书及附图、专利审查档案等内部证据相对于工具书、教科书等外部证据具有优先地位。在依据内部证据能够明确地解释权利要求的内容时，无须再依据外部证据进行解释。

【案情摘要】

庞某敬（专利权人）据以主张权利的涉案专利权利要求 1 记载了"截面呈 U 形的壳体"的技术特征。涉案专利说明书有"壳体 4 断面呈 U 形""壳体 4 为油箱，其内腔装有润滑油，保证滑动轴承正常工作""齿轮啮合传动在封闭的壳体内，提高了安全性"等记载。涉案专利说明书附图 1 和 2 均显示壳体的剖面为 U 形结构。一审法院认为，本领域普通技术人员在阅读涉案专利后应将壳体理解为截面为 U 形的连续环状壳体。而被诉侵权产品壳体截面并未呈 U 形，而呈 L 形结构，据此判决驳回庞某敬的诉讼请求。庞某敬不服，提起上诉。二审法院判决驳回上诉，维持原判。庞某敬在申请再审过程中提交了《中华人民共和国国家标准 技术制图 图样画法 视图》（GB/T 17451—1998）等证据，主张涉案专利中"截面呈 U 形的壳体"并不表示截面呈连续的 U 形。最高人民法院认为，庞某敬的相关主张不能成立，裁定驳回其再审申请。

（撰写人：江建中、王　晨）

[①] 对应《中华人民共和国专利法》（2020 年修正）第 64 条第 1 款。

64 外观设计专利部分设计特征已被现有设计公开的情形下，被诉侵权设计是否落入涉案外观设计专利的保护范围
——金巢公司与张某亮侵犯外观设计专利权纠纷再审案

- 案　　号　（2021）最高法民再32号
- 合议庭成员　佟姝、张玲玲、吴蓉
- 关　键　词　知识产权 / 侵犯外观设计专利权纠纷 / 现有外观设计 / 设计特征比较
- 相关法条　《中华人民共和国专利法》第59条第2款、第23条第2款①，《最高人民法院关于审理侵犯专利权纠纷案件应用法律若干问题的解释》第11条

【裁判要旨】

侵犯外观设计专利权纠纷中，在认定外观设计是否相同或者近似时，应当根据授权外观设计、被诉侵权设计的设计特征，以外观设计的整体视觉效果进行综合判断。授权外观设计区别于现有设计的设计特征相对于授权外观设计的其他设计特征，通常对外观设计的整体视觉效果更具有影响。通过整体观察和综合判断，在确定涉案专利设计区别于现有设计的设计特征基础上，如果被诉侵权设计与涉案专利设计在整体视觉效果上存在明显差异，则两者不构成相同或近似。

【案情摘要】

张某亮系名称为"产蛋箱"，专利号为ZL201230443688.2的涉案外观设计专利的专利权人，其向法院起诉称，金巢公司制造、销售的产蛋箱侵犯了涉案专利权。一审判决认为，被诉侵权产品落入涉案专利权的保护范围，金巢公司的行为构成侵权，应当承担侵权责任。金巢公司不服，提起上诉。二审判决予以维持。金巢公司申请再审。最高人民法院裁定提审，并于2021年6月22日作出再审改判，撤销一审、二审判决，驳回张某亮的全部诉讼请求。

（撰写人：张玲玲）

---

① 对应《中华人民共和国专利法》（2020年修正）第64条第2款、第23条第2款。

65 证明申请日之前存在的设计系现有设计抗辩成立之要件

——东莞市城市之窗家具有限公司与东莞市卓腾电子商务有限公司侵害外观设计专利权纠纷再审案

- **案　　号**　（2021）最高法民再 111 号
- **合议庭成员**　秦元明、马秀荣、周波
- **关 键 词**　专利 / 现有设计 / 公证
- **相关法条**　《中华人民共和国专利法》第 23 条

【裁判要旨】

在专利侵权纠纷中，被控侵权人有证据证明其实施的技术或者设计属于现有设计的，不构成侵犯专利权。

【案情摘要】

东莞市卓腾电子商务有限公司（以下简称卓腾公司）与东莞市城市之窗家具有限公司（以下简称城市之窗公司）侵害外观设计专利权纠纷中，一审、二审判决认定被诉侵权产品与本案专利在整体视觉效果上无实质性差异，构成近似，认定被诉侵权产品落入涉案授权外观设计专利权利保护范围，卓腾公司应承担停止侵权、赔偿损失的民事责任。卓腾公司提出现有设计抗辩申请再审。最高人民法院认为，将被诉侵权设计与上述现有设计分别进行对比，被诉侵权设计与证据一、证据二记载的现有设计在整体视觉效果上均无实质性差异，均分别构成近似。故卓腾公司的现有设计抗辩成立，不构成侵权。

（撰写人：秦元明、曾　志）

66 不同外观设计专利权应当给予分别的保护
——四川华体照明科技股份有限公司与贵州力士达照明科技有限公司侵害外观设计专利权纠纷再审案

- 案　　号　（2021）最高法民再123号
- 合议庭成员　秦元明、周波、马秀荣
- 关　键　词　外观设计专利／侵权／独立保护／公有领域
- 相关法条　《中华人民共和国专利法》第11条第2款、第59条第2款、第65条①

【裁判要旨】

若权利人同时拥有两项以上的外观设计专利权，应当给予分别的保护，在侵权判断时，不应将权利人请求保护的外观设计专利之外的其他外观设计专利作为权利基础纳入考量范围。

【案情摘要】

在再审申请人四川华体照明科技股份有限公司（以下简称华体公司）与被申请人贵州力士达照明科技有限公司（以下简称力士达公司）侵害外观设计专利权纠纷案中，华体公司主张力士达公司侵害了其享有的ZL200930109818.7号专利权（以下简称818.7号专利），要求力士达公司承担相应的民事责任。一审庭审中，力士达公司不认可被控侵权产品由其生产销售，认为有部分是其他公司生产销售，但并未提出包括现有设计在内的抗辩意见。贵州省贵阳市中级人民法院一审认定侵权成立，判决力士达公司停止侵权、销毁模具并赔偿华体公司经济损失52万元。力士达公司不服，提起上诉，并在二审期间提交了华体公司的CN201430030895.4号外观设计专利（以下简称895.4号专利）的相关材料，用以证明被诉侵权产品使用的是该专利设计方案，该专利与涉案818.7号专利设计方案不同，且已被华体公司于2015年8月6日放弃。贵州省高级人民法院二审采纳了力士达公司补充提交的895.4号专利的材料，认为华体公司曾同时享有818.7号专利和895.4号专利，此时应推定两外观

---

① 对应《中华人民共和国专利法》（2020年修正）第11条第2款、第64条第2款、第71条。

设计在整体视觉效果上存在实质性差异，进而在被诉侵权设计与895.4号外观设计相同的情况下，无须再将其与818.7号外观设计进行比对；华体公司主动放弃895.4号外观设计专利权的行为已由国家知识产权局向全社会公告，如认为他人在原样实施该外观设计的情况下仍会侵犯同一权利人的其他外观设计专利权，则明显损害了社会公众的合理信赖，也有违《专利法》的立法目的。据此判决撤销一审判决，驳回华体公司的全部诉讼请求。华体公司不服，向最高人民法院申请再审。最高人民法院裁定提审本案，并于2021年9月29日改判撤销二审判决，维持一审判决。

最高人民法院再审认为，对于取得合法授权的专利权，应当给予分别的、独立的保护，不应因权利人同时拥有两项以上的专利权，而在侵权判断时将权利人在个案中请求保护的专利之外的其他专利作为权利基础纳入考量范围。也不应因被控侵权人实施的是他人已经放弃专利权的技术方案或外观设计，就当然得出该行为不会侵犯该权利人享有的其他专利权的结论。权利人拥有多项外观设计专利权，判断被诉侵权产品是否侵害其某一特定的外观设计专利权时，必须以请求保护的外观设计专利为基础，将被控侵权产品与该请求保护的外观设计进行"整体观察、综合判断"，而不能以权利人拥有两项以上的外观设计专利权为由，直接推定该两项专利权存在实质性差异，进而以被控侵权产品与权利人在个案中请求保护的外观设计之外的另一项享有权利的外观设计相同或近似为由，得出被控侵权产品不会侵害该请求保护的外观设计专利权的结论。在很多情形下，在同一客体之上可能叠加地存在着多项知识产权或其他合法权益，不能以某一外观设计专利权因期限届满或权利人主动放弃而当然得出该外观设计进入公有领域而不会侵害他人合法权利的结论。二审法院法律适用错误，依法应予纠正。经审查，一审判决有关被诉侵权产品侵害了华体公司涉案外观设计专利权的认定及相关民事责任的确定并无明显不当，因此，最高人民法院在撤销二审判决的同时，维持了一审判决。

（撰写人：周　波、耿慧茹）

67 销售侵害外观设计专利权商品的判断
——刘某兴、雷特公司与尔辰公司侵害外观设计专利权纠纷再审案

- 案　　号　（2021）最高法民再205号
- 合议庭成员　张志弘、白雅丽、许常海
- 关　键　词　外观设计专利／承包人／工程建设／销售

- **相关法条** 《中华人民共和国专利法》第11条第2款

【裁判要旨】

工程承包人采购侵害外观设计专利权的建筑材料用于工程建设，且已获得相关工程价款，应当认定为销售被诉侵权产品的行为。

【案情摘要】

刘某兴、雷特公司主张尔辰公司在建设温室大棚时使用了侵害其外观设计专利权的型材，提起诉讼，请求判令尔辰公司立即停止侵权行为，赔偿经济损失及律师代理费16.5万元。一审法院认为，被控侵权型材产品的外观设计落入了涉案外观设计专利权的保护范围。根据现有证据不能认定尔辰公司实施了生产、销售侵权产品的侵权行为，只能认定尔辰公司在建设大棚项目过程中使用了侵害涉案外观设计专利权的产品，但尔辰公司为生产经营目的使用侵害外观设计专利产品的行为并不属于侵害外观设计专利权的行为。故判决驳回刘某兴、雷特公司的全部诉讼请求。二审法院认为，尔辰公司是温室建设项目工程的承建人，与发包人签订施工合同并按照发包人的要求及图纸进行施工，与发包人形成建设工程合同关系而非买卖合同关系。尔辰公司为生产经营目的使用侵害外观设计专利权的产品，并不属于侵害外观设计专利权。遂判决驳回上诉，维持原判。刘某兴、雷特公司不服，向最高人民法院申请再审。最高人民法院裁定提审，经再审审理，改判：撤销原审判决，判令尔辰公司立即停止侵权，赔偿刘某兴、雷特公司经济损失10万元。

（撰写人：张志弘、张　赫）

68 涉案专利中当事人主张的独立权利要求和从属权利要求中的全部技术特征是否共同构成涉案专利权的保护范围

——株式会社岛野与顺泰公司侵犯专利权纠纷再审案

- **案　　号**　（2021）最高法民再216号
- **合议庭成员**　佟姝、张玲玲、吴蓉
- **关 键 词**　知识产权/侵犯专利权纠纷/独立权利要求/从属权利要求/专利权保护范围

• 相关法条 《中华人民共和国专利法实施细则》第 20 条①

【裁判要旨】

专利权利要求书所记载的每一个权利要求都是一个相对独立的、完整的技术方案，具有各自独立的保护范围，应当分别受到保护。侵犯专利权纠纷中，在确定涉案专利权保护范围时，不应将独立权利要求与其从属权利要求记载的全部技术特征作为确定专利权保护范围的依据。

【案情摘要】

株式会社岛野系名称为"具有旋转阻力的自行车变速器"的涉案发明专利的专利权人，其向法院起诉称，顺泰公司制造、销售、许诺销售的"SENSAHSRX 11 速变速器"侵犯了涉案专利权。一审判决认为，顺泰公司的行为构成专利侵权，应当承担侵权责任。顺泰公司不服，提起上诉。二审判决认为，本案应当以株式会社岛野所主张的权利要求 1、3~6、10~12 所记载的全部技术特征作为涉案专利权的保护范围，被诉侵权产品的技术特征与从属权利要求 10 的单向离合器特征不构成相同或等同，故未落入涉案专利权保护范围，判决撤销一审判决。株式会社岛野不服，申请再审。最高人民法院裁定提审，并于 2021 年 10 月 29 日作出再审改判，撤销二审判决，维持一审判决。

（撰写人：张玲玲）

69 现有技术抗辩的认定
——丰威公司与贝特公司侵害实用新型专利权纠纷再审案

- 案　　号　（2021）最高法民再 278 号
- 合议庭成员　佟姝、吴蓉、张玲玲
- 关 键 词　民事 / 专利 / 现有技术抗辩
- 相关法条 《中华人民共和国专利法》第 62 条②

---

① 对应《中华人民共和国专利法实施细则》（2023 年修订）第 23 条。
② 对应《中华人民共和国专利法》（2020 年修正）第 67 条。

【裁判要旨】

被诉侵权技术方案属于一项现有技术与公知常识简单结合的技术方案的，应当认定被诉侵权人所主张的现有技术抗辩成立。

【案情摘要】

贝特公司向国家知识产权局申请涉案实用新型专利并获得授权。丰威公司在展会期间，将被诉侵权的蝶阀用于现场展示。贝特公司起诉主张丰威公司侵害其实用新型专利权，判令丰威公司立即停止制造、销售、许诺销售等所有侵犯其实用新型专利权的行为并赔偿其经济损失 50 万元。一、二审法院认定丰威公司构成侵权。丰威公司向最高人民法院申请再审，主张其提交的在案证据足以证明其主张的现有技术抗辩成立。

（撰写人：吴　蓉）

植物新品种 ▶▶▶

1　法定赔偿的考量因素
——成岗家庭农场、陈某、徐某梅、陈某超与大华种业公司侵害植物新品种权纠纷申请再审案

- 案　　号　（2021）最高法民申 3353 号
- 合议庭成员　张志弘、白雅丽、张颖新
- 关 键 词　民事 / 植物新品种 / 法定赔偿
- 相关法条　《中华人民共和国种子法》第 73 条第 4 款[①]

【裁判要旨】

在确定植物新品种侵权法定赔偿数额时，法院可以综合考虑本案中侵权人的主

---

① 对应《中华人民共和国种子法》（2021 年修正）第 72 条第 4 款。

观故意、侵权数量、侵权行为发生的时间等因素，酌情确定。

【案情摘要】

2006年9月5日，江苏丘陵地区镇江农业科学研究所就育成的"镇麦168"小麦品种申请植物新品种权保护，于2010年3月1日获得授权，品种权号为CNA2006XXXX.1，该品种权至今合法有效。2013年3月1日，品种权人江苏丘陵地区镇江农业科学研究所授权大华种业公司独占实施"镇麦168"品种权，即以商业目的生产和销售"镇麦168"品种繁殖材料，并有权以自己的名义对未经授权的侵权行为提起民事诉讼等。大华种业公司主张成岗家庭农场、陈某、徐某梅和陈某超构成植物新品种侵权，遂向法院起诉。

（撰写人：白雅丽、陈泽宇）

2 当事人对是否构成农民"自繁自用"存在争议时法院如何认定

——高科种业公司与秦某宏侵害植物新品种权纠纷申请再审案

- **案　　号**　（2021）最高法民申5178号
- **合议庭成员**　张志弘、白雅丽、许常海
- **关 键 词**　民事 / 植物新品种 / 侵权赔偿 / 自繁自用
- **相关法条**　《最高人民法院关于审理侵害植物新品种权纠纷案件具体应用法律问题的若干规定（二）》第12条

【裁判要旨】

"自繁自用"例外适用的主体应是以家庭联产承包责任制的形式签订农村土地承包合同的农民个人，不包括合作社、种粮大户、家庭农场等新型农业经营主体；适用的土地范围应是通过家庭联产承包责任制承包的土地，不包括通过各种流转方式获得经营权的土地；适用的种子用途应以自用为限，除了法律规定可以在当地集贸市场上出售、互换剩余的常规种子外，不能通过各种交易形式将所生产、留用的种子提供给他人使用。

【案情摘要】

2010年12月10日，江苏农科院向农业部申请"南粳9108"水稻植物新品种权，并于2015年5月1日获得授权，品种权号为CNA20101060.9，保护期限15年。2015年5月1日，江苏农科院以独占许可方式许可高科种业公司实施涉案品种，即生产、销售"南粳9108"水稻种子，并有权对未经许可擅自生产、包装、销售"南粳9108"水稻种子的单位和个人追究法律责任，还有权对涉案品种获得授权前生产、销售该品种种子的单位和个人进行追偿。高科种业公司主张秦某宏侵犯了"南粳9108"的植物新品种权，遂向法院起诉。

（撰写人：白雅丽、陈泽宇）

3 当事人对以许可使用费作为侵权赔偿计算方式存在争议时法院如何认定

——高科种业公司与秦某宏侵害植物新品种权纠纷申请再审案

- 案　　号　（2021）最高法民申5178号[①]
- 合议庭成员　张志弘、白雅丽、许常海
- 关 键 词　民事/植物新品种/侵权赔偿/许可使用费
- 相关法条　《最高人民法院关于审理侵犯植物新品种权纠纷案件具体应用法律问题的若干规定》第6条第2款、第3款

【裁判要旨】

当事人对是否以许可使用费作为侵权赔偿计算方式存在争议时，法院可以对本案与可供参考的许可使用协议的地域范围、持续时间的差异进行综合考量后确定。

【案情摘要】

2010年12月10日，江苏农科院向农业部申请"南粳9108"水稻植物新品种权，并于2015年5月1日获得授权，品种权号为CNA20101060.9，保护期限15年。2015年5月1日，江苏农科院以独占许可方式许可高科种业公司实施涉案品种，即

[①] 本案裁判要旨还包括"当事人对是否构成农民'自繁自用'存在争议时法院如何认定"。

生产、销售"南粳9108"水稻种子,并有权对未经许可擅自生产、包装、销售"南粳9108"水稻种子的单位和个人追究法律责任,还有权对涉案品种获得授权前生产、销售该品种种子的单位和个人进行追偿。高科种业公司主张秦某宏侵犯了"南粳9108"的植物新品种权,遂向法院起诉。

(撰写人:白雅丽、陈泽宇)

4 "农民自繁自用"例外的适用条件
——高科种业公司与秦某宏侵害植物新品种权纠纷申请再审案

- 案　　号　（2021)最高法民申7472号
- 合议庭成员　佟姝、吴蓉、张玲玲
- 关　键　词　民事/植物新品种/侵权
- 相关法条　《中华人民共和国植物新品种保护条例》第6条、第10条

【裁判要旨】

"农民自繁自用"例外的适用主体限于家庭联产承包责任制下的农民个人,适用范围限于承包土地,排除通过流转获得经营权的土地。

【案情摘要】

2010年12月10日,江苏农科院申请"南粳9108"水稻植物新品种权,并于2015年5月1日获得授权。2015年5月1日,江苏农科院以独占许可方式许可高科种业公司实施涉案品种,并有权对未经许可擅自生产、包装、销售"南粳9108"水稻种子的单位和个人追究法律责任,还有权对涉案品种获得授权前生产、销售该品种种子的单位和个人进行追偿。高科种业公司以秦某宏为被告提起本案诉讼,主张秦某宏未经许可,擅自生产、销售"南粳9108"水稻种子,侵害了高科种业公司就涉案品种享有的独占实施许可权,请求判令停止侵权并赔偿经济损失。

(撰写人:吴　蓉)

5 单方委托的检验报告的证据性质和证明力
——登海公司与诚信公司、玉丰公司侵害植物新品种权纠纷上诉案

- 案　　号　（2021）最高法知民终 732 号
- 合议庭成员　罗霞、潘才敏、邓卓
- 关 键 词　民事 / 植物新品种 / 侵权 / 单方鉴定 / 证据性质 / 证明力
- 相关法条　《最高人民法院关于知识产权民事诉讼证据的若干规定》第 23 条第 3 项、第 4 项，《最高人民法院关于民事诉讼证据的若干规定》第 40 条第 1 款、第 4 款、第 41 条

【裁判要旨】

侵害植物新品种权纠纷案件中，一方当事人就专门性问题自行委托有关机构或者人员出具的意见，在法律性质上虽非鉴定意见，但仍具备证据资格，一般可以参照法律和司法解释关于鉴定意见的审查规则和准用私文书证的质证规则，结合具体案情，对其证明力适当从严审查。自行委托取得的书面意见由具有相应资格的机构和人员作出、检测程序合法、对照样品来源可靠、检测方法科学，经质证对方当事人未提出足以推翻意见的相反证据或者足以令人信服的质疑的，一般可以确认其证明力；存在程序严重违法、对照样品来源不明等重大错误，或者对方当事人提交了足以推翻意见的相反证据或者足以令人信服的质疑的，不予采信。

【案情摘要】

登海公司为玉米新品种"先玉 508"的独占被许可人。登海公司认为玉丰公司对外销售外包装为"诚信 1 号"而实际为"先玉 508"的玉米种，该玉米种子包装显示生产商为诚信公司。登海公司委托河南中农检测技术有限公司对经公证购买的"诚信 1 号"被诉侵权种子与登海公司自行提供的"先玉 508"对照样品进行品种真实性比对，检验结论为：该样品与对照样品经用 40 对 SSR 引物进行 DNA 谱带数据对比，差异位点数为 0，判定为极近似或相同品种。诚信公司一审中即提出异议，认为登海公司自行进行的检验对照样品来源不明，并申请司法鉴定。

（撰写人：潘才敏）

6 涉"信息匹配平台"销售种子行为的认定
——金地公司与亲耕田公司侵害植物新品种权纠纷上诉案

- 案　　号　（2021）最高法知民终 816 号
- 合议庭成员　罗霞、潘才敏、邓卓
- 关　键　词　民事 / 植物新品种 / 侵权 / 信息匹配平台 / 销售
- 相关法条　《中华人民共和国种子法》第 28 条、第 37 条

【裁判要旨】

被诉侵权人通过网络交易平台以"信息匹配"名义组织被诉侵权种子买卖交易，并实际主导确定交易价格、交易数量、履行时间等具体交易条件的，可以认定其实施了销售被诉侵权种子的行为。

【案情摘要】

金地公司为水稻新品种"金粳818"的独占实施被许可人。金地公司发现亲耕田公司未经许可，以线下门店推广以及在微信群内发布"农业产业链匹配信息"线上宣传等方式，寻找潜在的交易者，在其成为亲耕田公司会员并收取会员服务费后，提供具体的侵权种子交易信息。被诉侵权种子的交易细节如交易品种、交易价格、数量、交货时间等均由亲耕田公司与买家商定，此后亲耕田公司安排他人送货收款，所销售的"金粳818"稻种采用白皮袋包装。亲耕田公司辩称自己仅为交易平台，组织农民交易自繁自用稻种应予免责。

（撰写人：潘才敏）

集成电路布图设计 ▶▶▶

❶ 芯片量产技术委托开发合同中开发方履约情况的认定
——星火原公司与泰凌公司集成电路委托开发合同纠纷上诉案

- **案　　号**　（2020）最高法知民终 394 号
- **合议庭成员**　朱理、原晓爽、傅蕾
- **关 键 词**　民事 / 集成电路 / 委托开发合同 / 芯片量产 / 履约认定 / 违约责任
- **相关法条**　《中华人民共和国合同法》第 8 条第 1 款、第 60 条第 1 款、第 94 条第 4 项、第 97 条、第 113 条第 1 款、第 332 条、第 334 条[①]，《集成电路布图设计保护条例》第 2 条第 1 款

【裁判要旨】

涉及芯片量产的技术委托开发合同纠纷案件中，应当根据合同约定，结合量产芯片研发领域的技术研发特点和产业实践惯例，认定开发任务完成情况。有关合同明确约定以量产芯片为研发目标，但未明确约定全部研发任务详细内容的，原则上应当以完成晶圆材料制造、集成电路制造、芯片封装测试，且晶圆测试、封装测试合格，作为认定完成全部研发任务的标准。鉴于集成电路制造是整个技术开发流程中难度最大、步骤最多、投资最大的主要环节，亦鉴于晶圆测试合格后，有关芯片封装测试可以另行开展，故开发方完成了集成电路设计、样片制造且晶圆测试合格，但未完成芯片封装测试的，可以认定其完成了主要研发任务。

【案情摘要】

星火原公司委托泰凌公司通过 COMS 技术设计空调专用微处理器控制芯片，双方签订协议约定产品开发分为规格定义、完成设计、流片、样片验证、金属层修改、芯片试产、小批量产、完全量产 8 个阶段。星火原公司支付部分款项后，泰凌公司交付流片，经检测，星火原公司认为其不符合产品规格定义书要求。星火原公司遂提起诉讼，请求解除星火原公司与泰凌公司签订的涉案合同，泰凌公司返还星火原公司产品开发费用，泰凌公司赔偿星火原公司高价采购其他替代芯片损失。泰凌公

---

① 对应《中华人民共和国民法典》第 465 条第 2 款、第 509 条第 1 款、第 563 条第 1 款第 4 项、第 566 条第 1 款、第 584 条、第 853 条，第 334 条无对应条文。

司提出反诉请求，星火原公司向泰凌公司支付应付而未付的阶段性合同款及其利息。

（撰写人：原晓爽）

2 集成电路布图设计专有权被撤销时侵权案件的处理
——天微公司与鑫天胜公司、中微爱芯公司侵害
集成电路布图设计专有权纠纷上诉案

- **案　　号**　（2021）最高法知民终 1313 号
- **合议庭成员**　徐卓斌、董胜、黄中华
- **关 键 词**　民事 / 集成电路布图设计 / 侵权 / 专有权撤销 / 裁定驳回起诉 / 另行起诉
- **相关法条**　《中华人民共和国民事诉讼法》第 119 条①

【裁判要旨】

侵害集成电路布图设计专有权纠纷案件中，涉案集成电路布图设计专有权被撤销，权利人据以提起诉讼的权利基础处于不确定状态的，人民法院可以裁定驳回起诉，并允许权利人在有证据证明撤销涉案集成电路布图设计专有权的行政决定被生效判决撤销后另行起诉。

【案情摘要】

天微公司是一项集成电路布图设计专有权的权利人，鑫天胜公司在其电子城柜台销售采购自中微爱芯公司的产品型号为 AiP1637、名称为 "2 线串口共阳极 8 段 6 位 LED 驱动控制 /8*2 位键盘扫描专用电路" 的芯片，天微公司认为该芯片复制了天微公司的涉案布图设计，故提起侵害集成电路布图设计专有权纠纷之诉。一审期间，中微爱芯公司针对涉案布图设计向国家知识产权局提出撤销申请。2021 年 2 月 18 日，国家知识产权局作出集成电路布图设计撤销程序审查决定书，撤销涉案集成电路布图设计专有权。

（撰写人：徐卓斌）

---

① 对应《中华人民共和国民事诉讼法》（2023 年修正）第 122 条。

商标许可合同

商标许可授权方应保证许可商标的有效性
——遵义丹凤山泉水有限公司、赵某与江某顺等
商标使用许可合同纠纷申请再审案

- 案　　号　（2021）最高法民申 4022 号
- 合议庭成员　毛立华、晏景、李丽
- 关 键 词　商标许可 / 商标续展
- 相关法条　《中华人民共和国合同法》第 97 条①

【裁判要旨】

公司注册前以股东名义申请商标，但意在由公司成立后持有。该公司与他人签订商标许可合同，其有义务督促股东及时办理商标转让和续展手续，以保证商标许可合同项下的商标权符合法律规定，并具有许可的可能。

【案情摘要】

遵义丹凤山泉水有限公司（以下简称丹凤山公司）成立前，以该公司股东的名义申请了"冰极零"商标，并明确丹凤山公司完成工商注册后，其"冰极零"商标所有权自然转归丹凤山公司所有。后该公司将"冰极零"商标许可他人使用，但在许可合同存续期间，未及时办理转让和续展手续。双方履约过程中发生纠纷。二审法院判决解除合同，赔偿损失。丹凤山公司不服，向最高人民法院申请再审，最高人民法院裁定驳回其再审申请。

（撰写人：毛立华、唐　弦）

---

① 对应《中华人民共和国民法典》第 566 条第 1 款。

技术合同

1 当事人对合同涉及的股权条款中股权价值存在争议时法院如何认定

——李某、成都趣睡公司与北京联创工场公司技术合同纠纷申请再审案

- 案　　号　（2020）最高法民申 6646 号
- 合议庭成员　郎贵梅、白雅丽、许常海
- 关 键 词　民事 / 技术合同 / 股权价值计算
- 相关法条　《中华人民共和国合同法》第 107 条[①]

【裁判要旨】

对合同涉及的股权条款中股权价值存在争议时，法院以尽量接近合同约定的股权转让的时间作为时间节点，比照该节点向案外人转让股权的相应价值进行计算，符合公平原则。

【案情摘要】

2015 年 11 月 6 日，成都趣睡公司作为甲方，北京联创工场公司作为乙方，李某作为丙方，共同签订了《技术合作协议》。《技术合作协议》第 2.3.3 条"股权激励条款"约定：成都趣睡公司承诺，在双方合作满 8 个月（2016 年 6 月 30 日）以后，在系统运转正常，且双方合作顺利的情况下，成都趣睡公司承诺额外追加 0.07% 的股权由李某赠送给北京联创工场公司作为激励，并在该日期后的 30 日内完成工商变更。合同签订后，北京联创工场公司就成都趣睡公司的开发工作实际进行到了 2016 年 6 月 30 日。北京联创工场公司于 2017 年 9 月向成都睡趣公司发出《律师函》，成都趣睡公司于同年 12 月 12 日回函要求解除《技术合作协议》。北京联创工场公司不同意解除协议，要求成都趣睡公司继续履行合同义务，即支付合同费用中的尾款并兑现股权承诺，遂向法院起诉。

（撰写人：白雅丽、陈泽宇）

[①]　对应《中华人民共和国民法典》第 557 条。

2 当事人对技术合同约定的股权激励条款性质存在争议时法院如何认定

——李某、成都趣睡公司与北京联创工场公司技术合同纠纷申请再审案

- 案　　号　（2020）最高法民申 6646 号
- 合议庭成员　郎贵梅、白雅丽、许常海
- 关 键 词　民事／技术合同／股权赠与
- 相关法条　《中华人民共和国合同法》第 107 条[①]

【裁判要旨】

技术合同中约定一方向另一方转让股权的条款，当事人对该条款属于赠与性质还是交易的对价存在争议的，法院应结合订立合同的目的、具体条款的表述、合同当事人的权利义务履行情况等综合判断。

【案情摘要】

2015 年 11 月 6 日，成都趣睡公司作为甲方，北京联创工场公司作为乙方，李某作为丙方，共同签订了《技术合作协议》。《技术合作协议》第 2.3.3 条"股权激励条款"约定：成都趣睡公司承诺，在双方合作满 8 个月（2016 年 6 月 30 日）以后，在系统运转正常，且双方合作顺利的情况下，成都趣睡公司承诺额外追加 0.07% 的股权由李某赠送给北京联创工场公司作为激励，并在该日期后的 30 日内完成工商变更。合同签订后，北京联创工场公司就成都趣睡公司的开发工作实际进行到了 2016 年 6 月 30 日。北京联创工场公司于 2017 年 9 月向成都睡趣公司发出《律师函》，成都趣睡公司于同年 12 月 12 日回函要求解除《技术合作协议》。北京联创工场公司不同意解除协议，要求成都趣睡公司继续履行合同义务，即支付合同费用中的尾款并兑现股权承诺，遂向法院起诉。

（撰写人：白雅丽、陈泽宇）

[①] 对应《中华人民共和国民法典》第 557 条。

3 当事人对技术开发合同中技术提成费的计算方式存在争议时法院如何认定

——上海国源公司与珠海联邦制药公司、联邦制药控股公司技术开发合同纠纷申请再审案

- **案　　号**　（2021）最高法民申1690号
- **合议庭成员**　张志弘、白雅丽、许常海
- **关 键 词**　民事 / 技术合同 / 技术开发合同 / 技术提成费
- **相关法条**　《中华人民共和国合同法》第8条、第125条第1款①

【裁判要旨】

技术开发合同中约定技术提成费按照产品销售利润计算，而当事人对于用于计算销售利润的产品范围存在争议的，法院应结合合同约定的研究开发人的主要义务、研究开发成果的内容、订立合同的目的、初次开发与二次开发的关系等综合判断。

【案情摘要】

珠海联邦制药公司（委托方，甲方）与上海国源公司（受托方，乙方）签订一份《技术开发合同》，约定双方合作开发生产重组人胰岛素技术，并进行药品注册。项目经费为430万元，分四期支付。其中双方约定："甲方正式生产后，每年按销售利润的5%向乙方支付技术提成费，提成年限为甲方正式销售起6年。"合同签订后，珠海联邦制药公司支付了研发费用430万元。珠海联邦制药公司相继取得了重组人胰岛素原料药和3个注射液的药品批准文号。上海国源公司起诉，要求解除合同并支付2010年至2016年间使用上海国源公司开发的重组人胰岛素产品（包括原料药与注射液）引起的技术提成费16922766.74元及利息、违约金等。原审法院未支持解除合同的主张，判决珠海联邦制药公司支付技术提成费6349008元及利息等。

（撰写人：白雅丽、陈泽宇）

---

① 对应《中华人民共和国民法典》第465条、第466条第1款。

4 软件开发者负有使 App 软件达到应用商店上架要求的义务

——华讯公司与吴某佳计算机软件开发合同纠纷申请再审案

- **案　　号**　（2021）最高法民申 4824 号
- **合议庭成员**　毛立华、江建中、李嵘
- **关 键 词**　民事 / 计算机软件开发合同 /App 软件 / 开发者义务
- **相关法条**　《中华人民共和国合同法》第 94 条、第 97 条①

【裁判要旨】

App 软件开发者明知常用的应用商店相关规则要求，对其开发的软件负有达到在应用商店上架运营要求的义务。软件开发者交付的 App 软件存在核心功能上的缺陷，致使用户无法实现主要功能，最终导致涉案软件无法在常用的应用商店上架运营的，软件开发者应承担相应的责任。

【案情摘要】

吴某佳与华讯公司于 2018 年 12 月 19 日签订《技术开发（委托）合同》，吴某佳委托华讯公司研究开发"淘客 App"项目。后吴某佳认为华讯公司交付的软件存在大量 BUG，无法正常使用，更不能上线运行。吴某佳向一审法院起诉请求解除双方签订的涉案合同，华讯公司返还吴某佳已支付的 35700 元并赔偿吴某佳软件投入费用、交通费等经济损失 9640 元。一审法院认定从现有证据来看，不能证明华讯公司已就吴某佳主张的三项软件核心功能缺陷予以完善。涉案软件作为一款购物分享软件，存在影响用户使用的登录、返利等问题，会影响客户的发展和保留。华讯公司迟延履行合同主要义务，经吴某佳催告后仍未履行，吴某佳要求解除合同，符合法律规定。一审法院判决涉案合同于 2019 年 10 月 21 日解除，华讯公司给付吴某佳 43736 元。华讯公司不服提起上诉，二审法院认为，涉案安卓版本软件无法在常用的应用商店上架；涉案苹果版本软件于 2019 年 7 月 30 日被苹果商城下架。华讯公司迟延履行主要债务，经吴某佳催告后在合理期限内仍未履行。二审法院判决驳回

---

① 对应《中华人民共和国民法典》第 563 条、第 566 条。

上诉，维持原判。华讯公司不服，向最高人民法院申请再审。最高人民法院裁定驳回华讯公司的再审申请。

（撰写人：江建中、王　晨）

5 当事人申请鉴定的事项或者调查收集的证据需与待证事实相关、对证明待证事实有意义或者具有调查收集之必要

——鑫亘基公司与佳胜公司等计算机软件开发合同纠纷申请再审案

- 案　　号　（2021）最高法民申 4840 号
- 合议庭成员　毛立华、李嵘、江建中
- 关 键 词　民事 / 计算机软件 / 鉴定
- 相关法条　《最高人民法院关于民事诉讼证据的若干规定》第 31 条第 1 款、第 32 条第 1 款，《最高人民法院关于适用〈中华人民共和国民事诉讼法〉的解释》第 95 条

【裁判要旨】

当事人申请人民法院委托鉴定或者调查收集证据，需要经过人民法院准许，申请鉴定的事项或者申请调查收集的证据，与待证事实无关联、对证明待证事实无意义或者无调查收集必要的，人民法院不予准许。

【案情摘要】

鑫亘基公司与佳胜公司签订了软件开发合同。鑫亘基公司支付了部分开发费，鑫亘基公司认为佳胜公司交付的软件不符合合同约定构成违约诉至法院，请求判令解除合同、佳胜公司等被告返还软件开发费及利息并支付违约金等。佳胜公司反诉请求支付剩余价款及维护费等。一审法院采信鑫亘基公司单方委托的鉴定结论，认定佳胜公司交付软件质量不合格，判决其返还全部价款并承担违约金。二审法院未采信上述鉴定结论，认为佳胜公司交付的软件存在瑕疵，酌情确定佳胜公司赔偿鑫亘基公司经济损失 40 万元。佳胜公司再审申请鉴定并调取证据，最高人民法院认为二审法院并未采信单方委托的鉴定结论并无不当，本案无鉴定必要；申请调取的证

据与本案无直接关联,无调查收集必要。故对佳胜公司的申请不予准许,裁定驳回再审申请。

(撰写人:李 嵘、刘海珠)

6 技术服务合同违约责任的认定
——禾牧阳光公司与清舍生物公司技术服务合同纠纷申请再审案

- **案　　号**　（2021）最高法民申 6715 号
- **合议庭成员**　秦元明、马秀荣、周波
- **关 键 词**　技术服务合同 / 违约责任
- **相关法条**　《中华人民共和国民事诉讼法》第 64 条 [①]

【裁判要旨】

当事人主张提供技术服务的一方不具备相关资质和能力,但未提供相应证据,可结合双方约定和实际履行情况,特别是合同款项的支付情况认定违约责任承担。

【案情摘要】

禾牧阳光公司作为甲方与乙方清舍生物公司签订《微生物菌床工程制作合同》,约定由清舍生物公司为禾牧阳光公司铺设生物菌床产品。付款方式为分期支付。菌床制作完成后,禾牧阳光公司负责人在《微生物菌床验收单》上签字。此后,禾牧阳光公司负责人在《除雾风机验收单》上签字,确认清舍生物公司依照合同约定,为禾牧阳光公司牛舍安装除雾风机 38 台和排风扇 20 台。禾牧阳光公司按照合同约定的付款条件,截至 2017 年 11 月 10 日支付清舍生物公司第一次生物菌床工程款 99.18 万元;双方又于 2018 年 4 月 4 日签订《资产抵债协议》,禾牧阳光公司以 135 头定胎母牛折价 270 万元抵顶积欠清舍生物公司生物菌床工程款和排湿除雾设备款 269.95 万元,支付第三次工程款在内的合同款项。禾牧阳光公司主张案涉菌床不能正常使用,清舍生物公司存在违约行为,并提出清舍生物公司返还其已支付的合同款项并赔偿损失等反诉请求,一审、二审未予支持。最高人民法院再审认为,一审、二审法院根据双方约定和实际履行情况,特别是三期合同款的支付情况,并结合禾

[①] 对应《中华人民共和国民事诉讼法》(2023 年修正) 第 67 条。

牧阳光公司的举证情况，认定禾牧阳光公司迟延履行付款义务构成违约，不支持其反诉请求，并无不当。裁定驳回再审申请。

（撰写人：马秀荣、孙冠华）

7 委托开发而形成的技术成果归属如何认定
——法瑞纳公司与环莘公司专利权权属纠纷申请再审案

- 案　　号　（2021）最高法民申 6824 号
- 合议庭成员　张志弘、白雅丽、许常海
- 关 键 词　民事 / 合同 / 委托开发合同 / 专利权归属
- 相关法条　《中华人民共和国合同法》第 339 条第 1 款①

【裁判要旨】

对于委托开发而形成的技术成果，应优先以当事人的约定确定其权利归属。

【案情摘要】

2017 年 10 月 27 日，环莘公司作为甲方与作为乙方的法瑞纳公司签订《上海环莘电子科技有限公司采购合同》一份，主要约定内容有：（1）乙方负责儿童推车手柄的设计及生产，甲方提供儿童推车样品配合乙方等。乙方对甲方的儿童推车租赁设备知识产权、产品资料等有绝对保密的义务，禁止以任何形式对外传播。（2）本合同中甲方采购的儿童推车租赁设备相关的设计意念、产品设计外形、结构、系统软件功能、业务模式为甲方提供，知识产权属甲方所有，乙方不得申请儿童推车租赁设备的相关专利。涉案专利是专利号为 ZL201730603149.3、名称为"共享儿童手推车手柄"的外观设计专利，申请日是 2017 年 11 月 30 日，专利权人为法瑞纳公司。环莘公司起诉，请求判令确认环莘公司是涉案专利的专利权人。

（撰写人：白雅丽、陈泽宇）

---

① 对应《中华人民共和国民法典》第 859 条。

8 新证据的认定
——大同实业公司与黄某鹄等技术合同纠纷申请再审案

- 案　　号　（2021）最高法民申 7832 号
- 合议庭成员　秦元明、马秀荣、白雅丽
- 关 键 词　新证据/审计报告
- 相关法条　《中华人民共和国民事诉讼法》第 205 条①

【裁判要旨】

当事人申请再审，应当在判决、裁定发生法律效力后 6 个月内提出。有新的证据，足以推翻原判决、裁定的，自知道或者应当知道之日起 6 个月内提出。再审申请人主张的新证据系依据其自行提供的会计账簿重新计算作出的报告，会计账簿在二审判决作出前已经存在，且为再审申请人所掌握，在二审判决发生法律效力 6 个月后，再审申请人将重新计算的报告的作出时间视为新证据出现的时间，就判决确定的金额提出异议并申请再审，不符合《民事诉讼法》规定的再审条件。

【案情摘要】

在本案各方无其他证据证明该事实的前提下，一审法院充分考虑本案时间跨度长、历史背景复杂等因素，以民事诉讼证据高度盖然性原则，认定大同实业公司应当向黄某鹄支付的技术费金额为 1190829.41 元，向蜀光石化公司支付的三项费用金额为 273271.35 元，二审法院予以维持。申请人提交了二审判决生效 6 个月后由案外公司出具《清算报告》。该报告为申请人委托案外公司自行制作，依据的也是申请人自己提供的账簿。申请人据此主张一审、二审判决的数额有误。另外，申请人在一审判决作出后，并未提出上诉。最高人民法院审查认为，一审判决作出后，大同实业公司未提出上诉。《清算报告》所依据的会计账簿由大同实业公司提供，在二审判决作出前已经存在，大同实业公司应当知晓。大同实业公司将《清算报告》的作出时间视为新证据出现的时间，并就判决确定的金额提出异议，依据不足。大同实业公司的申请再审理由不能成立。

（撰写人：马秀荣、孙冠华）

---

① 对应《中华人民共和国民事诉讼法》（2023 年修正）第 216 条。

9 管辖争议中履行地点无约定或约定不明时合同履行地的认定

——盖讯公司与航电公司劳务派遣合同纠纷管辖权异议上诉案

- **案　　号**　（2021）最高法知民辖终 73 号
- **合议庭成员**　袁晓贞、马军、李锋
- **关 键 词**　劳务派遣合同／管辖连结点／合同履行地／接收货币一方所在地／争议标的／给付货币
- **相关法条**　《中华人民共和国民事诉讼法》第 23 条①，《最高人民法院关于适用〈中华人民共和国民事诉讼法〉的解释》第 18 条第 2 款

【裁判要旨】

《最高人民法院关于适用〈中华人民共和国民事诉讼法〉的解释》关于"合同对履行地点没有约定或者约定不明确，争议标的为给付货币的，接收货币一方所在地为合同履行地"之规定所称"争议标的"，是指当事人诉讼请求所指向的具体合同义务。诉讼请求为给付金钱的，不应简单地以诉讼请求指向金钱给付义务而认定争议标的即为给付货币，而应当根据合同具体内容明确其所指向的合同义务。

【案情摘要】

航电公司与盖讯公司签订《劳务派遣协议书》，约定：盖讯公司接受航电公司的委托，为航电公司提供软件开发服务，双方合作模式采取人员外派和项目程序开发服务外包结合的形式；盖讯公司在每月 5 日按照航电公司确认的人员实际评估及级别向航电公司提出上月付款要求，航电公司在收到付款要求后 10 个工作日内以转账方式支付给盖讯公司。盖讯公司以航电公司并未按照约定支付服务费为由，向上海知识产权法院提起诉讼，要求航电公司支付服务费及违约金。航电公司以合同履行地及被告所在地均在深圳市福田区为由提出管辖权异议。上海知识产权法院一审认为，盖讯公司因计算机软件开发合同纠纷向一审法院起诉请求判令航电公司支付服务费及违约金，为金钱给付之诉，而盖讯公司住所地位于上海市长宁区，属一审法

---

① 对应《中华人民共和国民事诉讼法》（2023 年修正）第 24 条。

院辖区，上海知识产权法院据此对本案享有管辖权。

（撰写人：马　军）

10 劳务派遣合同与技术开发合同的区分认定
——盖讯公司与航电公司劳务派遣合同纠纷管辖权异议上诉案

- **案　　号**　（2021）最高法知民辖终 73 号
- **合议庭成员**　袁晓贞、马军、李锋
- **关 键 词**　技术开发合同／劳务派遣合同／管辖／案由
- **相关法条**　《中华人民共和国民事诉讼法》第 23 条[①]

【裁判要旨】

合同主要条款为派遣人员要求、派遣工作期间、人员级别评估、人员费用结算，且人员费用结算的主要依据为人员级别评估而非技术开发成果，合同亦未明确约定技术开发有关具体权利义务的，一般可以认定该合同属于劳务派遣合同而非技术开发合同。

【案情摘要】

航电公司与盖讯公司签订《劳务派遣协议书》，约定：盖讯公司接受航电公司的委托，为航电公司提供软件开发服务，双方合作模式采取人员外派和项目程序开发服务外包结合的形式；盖讯公司在每月 5 日按照航电公司确认的人员实际评估及级别向航电公司提出上月付款要求，航电公司在收到付款要求后 10 个工作日内以转账方式支付给盖讯公司。盖讯公司以航电公司并未按照约定支付服务费为由，提起诉讼，要求航电公司支付服务费及违约金。一审法院认为，本案属于计算机软件开发合同纠纷。

（撰写人：马　军）

---

① 对应《中华人民共和国民事诉讼法》（2023 年修正）第 24 条。

11 合同订立是否存在虚假意思表示的认定
——中关村公司与斯太尔股份公司等技术秘密许可使用合同纠纷上诉案

- **案　　号**　（2021）最高法知民终 809 号
- **合议庭成员**　郃中林、余晓汉、雷艳珍
- **关 键 词**　民事 / 技术秘密 / 许可协议 / 虚假意思表示 / 合同无效
- **相关法条**　《中华人民共和国民法总则》第 146 条、第 157 条①

【裁判要旨】

关于当事人是否以虚假意思表示订立合同的判断，一般可以按照如下步骤认定：一是审查合同主给付义务是否具备特定类型合同项下主给付义务的基本特征；如不具备，则可以初步认定订立合同时存在虚假意思表示。二是根据当事人订立合同前后的情况和实际履约行为等事实，进一步认定订立合同时所隐藏的真实意图。三是综合全案案情，如果上述两个方面的认定可以相互吻合并能够排除合理怀疑，则可以最终认定当事人以虚假意思表示订立合同。

【案情摘要】

斯太尔股份公司与江苏中关村科技产业园洽谈在当地投资建厂事宜。根据当地的招商引资政策以及斯太尔股份公司计划投资的项目规模，该公司预计可获得 2 亿元综合奖励。双方的关联公司签订涉案技术许可协议，由中关村公司支付 2 亿元许可使用费获得斯太尔股份公司柴油发动机的全部商业秘密和核心技术，中关村公司将该笔款项打入其指定的账户并对该笔资金进行监管。上述合同签订 4 个月后斯太尔股份公司出具回购方案，承诺以 2 亿元价格回购合同约定的商业秘密和核心技术。斯太尔股份公司后续未在当地投资建厂。中关村公司起诉主张涉案技术许可协议是为招商引资需要签订，并非双方真实意思表示，应当无效，斯太尔股份公司及关联公司应当返还 2 亿元资金。

（撰写人：余晓汉）

---

① 对应《中华人民共和国民法典》第 146 条、第 157 条。

特许经营合同

1 合同终止条件中涉及第三人时，当事人对合同终止的条件是否达成存在争议时法院如何认定

——柳某忠、柳某斌与坛思阁公司特许经营合同纠纷申请再审案

- **案　　号**　（2021）最高法民申 2998 号
- **合议庭成员**　张志弘、白雅丽、张颖新
- **关 键 词**　民事 / 合同 / 终止 / 案外第三人
- **相关法条**　《中华人民共和国合同法》第 91 条 ①

【裁判要旨】

合同中约定合同终止的条件为案外第三人停止营业，在一方当事人提交经法院确认的其与第三人的调解协议证明第三人已停止营业，而另一方当事人无证据推翻上述调解协议的情况下，法院应认定合同终止的条件达成。

【案情摘要】

2014 年 8 月 15 日，坛思阁公司（甲方）与柳某斌（乙方）签订《八爷手擀炸酱面特许加盟合同》，就甲方将"八爷手擀炸酱面"特许经营权授权乙方相关事宜达成协议。合同约定：甲方严格执行"区域限制发展加盟店"的总原则，乙方加盟所在一定区域范围内（5公里范围内），未经乙方同意甲方不得再授权于第二者同样的经营权。该合同履行过程中，坛思阁公司与案外人谢某军签订《八爷手擀炸酱面加盟店合作协议》，授权谢某军"八爷手擀炸酱面"特许经营权，其店面经营地址位于上述限定经营区域内。因坛思阁公司违反加盟合同，柳某忠、柳某斌（甲方）与坛思阁公司（乙方）签订涉案协议约定：甲方特此许可乙方在甲方开设的大寺镇张道口村"八爷手擀炸酱面"餐厅区域保护范围内即大寺镇王庄开设"八爷手擀炸酱面"餐厅，乙方需向甲方支付一定费用。坛思阁公司按季度支付竞争补偿金至 2019 年 6 月 15 日。柳某忠、柳某斌起诉，要求解除合同，由坛思阁公司承担违约责任。

（撰写人：白雅丽、陈泽宇）

---

① 对应《中华人民共和国民法典》第 557 条。

2 个人之间签订的特许经营合同效力的认定
——史某芬与黎某珍特许经营合同纠纷申请再审案

- 案　　号　（2021）最高法民申 4413 号
- 合议庭成员　张志弘、白雅丽、许常海
- 关 键 词　知识产权 / 特许经营合同 / 合同无效
- 相关法条　《商业特许经营管理条例》第 3 条第 2 款

【裁判要旨】

拥有注册商标、企业标志、专利等经营资源的企业，以合同形式将其拥有的经营资源许可其他经营者使用，被特许人按照合同约定在统一的经营模式下开展经营，并向特许人支付特许经营费用，此经营活动即为商业特许经营。企业以外的其他单位和个人不具备从事特许经营活动的资格，其签订的特许经营合同应无效。

【案情摘要】

史某芬经转让取得"春漫里 CHUNMAMLI"注册商标，核定使用在第 43 类的住所、备办宴席、咖啡馆、饭店、餐馆、酒吧服务、茶室等服务上。其与黎某珍签订《特许经营许可协议》，约定史某芬授权黎某珍在指定区域使用该商标，黎某珍支付一次性品牌使用费 10 万元等。之后，黎某珍经筹备后开始经营活动，后停止经营，双方发生纠纷。一审判决认定双方签订的《特许经营许可协议》无效，史某芬返还加盟费及保证金，并赔偿部分损失。二审判决就损失数额改判，其余维持。史某芬不服，向最高人民法院申请再审，被裁定驳回。

（撰写人：张志弘、张　赫）

不正当竞争 ▶▶▶

1 技术秘密侵权赔偿数额的考量因素及计算方法
——优铠公司与曹某、路启公司、鲁丽公司等侵害技术秘密纠纷上诉案

- **案　　号**　（2019）最高法知民终 7 号
- **合议庭成员**　朱理、傅蕾、张晓阳
- **关 键 词**　民事 / 技术秘密 / 侵权 / 赔偿数额 / 考量因素 / 计算方法
- **相关法条**　《中华人民共和国反不正当竞争法》第 10 条第 2 款、第 3 款①，《最高人民法院关于审理不正当竞争民事案件应用法律若干问题的解释》② 第 9 条

【裁判要旨】

确定技术秘密侵权损害赔偿数额时，可以考虑技术秘密的性质、商业价值、研究开发成本、创新程度、能带来的竞争优势、技术贡献度和侵权人的主观过错、侵权情节，以及现有证据能证明的部分侵权损失或者侵权获利情况等因素。

【案情摘要】

优铠公司拥有"边测量边锯切的设计"的技术秘密，其以曹某等侵害其商业秘密为由提起前案诉讼，该案生效裁判认定李某保、周某向路启公司披露了涉案技术秘密，曹某未实施向路启公司披露涉案技术秘密的行为。其后，优铠公司提起本案诉讼，主张曹某等人向路启公司披露了涉案技术秘密，路启公司使用优铠公司的技术秘密制造了优选锯产品，构成侵权。鲁丽公司购买并使用了路启公司制造的侵权设备亦构成侵权。

（撰写人：傅　蕾）

---

① 对应《中华人民共和国反不正当竞争法》（2019 年修正）第 9 条第 2 款、第 4 款。
② 该解释已失效。

2 针对披露技术秘密行为的重复诉讼认定
——优铠公司与曹某、路启公司、鲁丽公司等侵害技术秘密纠纷上诉案

- **案　　号**　（2019）最高法知民终 7 号
- **合议庭成员**　朱理、傅蕾、张晓阳
- **关 键 词**　民事／技术秘密／侵权／披露行为／重复诉讼
- **相关法条**　《中华人民共和国反不正当竞争法》第 10 条第 2 款、第 3 款①,《最高人民法院关于审理不正当竞争民事案件应用法律若干问题的解释》② 第 9 条

【裁判要旨】

技术秘密的披露是一次性行为，权利人已就同一主体向另一主体披露同一技术秘密信息的行为提起诉讼，又在诉讼过程中或者裁判生效后再次就此提起诉讼的，构成重复诉讼。

【案情摘要】

优铠公司拥有"边测量边锯切的设计"的技术秘密，其以曹某等侵害其商业秘密为由提起前案诉讼，该案生效裁判认定李某保、周某向路启公司披露了涉案技术秘密，曹某未实施向路启公司披露涉案技术秘密的行为。其后，优铠公司提起本案诉讼，主张曹某等人向路启公司披露了涉案技术秘密，路启公司使用优铠公司的技术秘密制造了优选锯产品，构成侵权。鲁丽公司购买并使用了路启公司制造的侵权设备亦构成侵权。

（撰写人：傅　蕾）

---

① 对应《中华人民共和国反不正当竞争法》（2019 年修正）第 9 条第 2 款、第 4 款。
② 该解释已失效。

3 客户信息构成商业秘密的司法判断

——许某星、李某梅、鸿世通公司与森特瑞公司、赵某庆侵害商业秘密纠纷申请再审案

- **案　　号**　（2020）最高法民申767号
- **合议庭成员**　杜微科、张玲玲、吴蓉
- **关 键 词**　商业秘密/客户信息
- **相关法条**　《中华人民共和国反不正当竞争法》第10条[①]

【裁判要旨】

客户信息是否属于商业秘密要以本领域相关人员为判断主体，秘密性需要从是否不为公众所知悉或不容易获得两个角度进行判断。是否构成侵害商业秘密，不仅要从商业秘密的构成要件进行审查，还需要结合被诉侵权行为的性质进行综合判断。

【案情摘要】

许某星、李某梅、赵某庆原为森特瑞公司员工，在职期间均与森特瑞公司签订了《保密协议》，约定了保密义务，《劳动合同》中亦规定有保密条款。许某星、李某梅离职后，2015年8月7日，鸿世通公司成立，法定代表人为李某梅，股东为许某星。森特瑞公司申请一审法院调取了鸿世通公司在中国银行自2015年9月10日起至2018年2月28日的存款交易明细对账单，对账单显示自2016年2月至2017年11月，鸿世通公司先后与森特瑞公司所主张的六家公司进行交易，并无与其他公司的交易记录。森特瑞公司认为涉案六个公司的客户名单构成法律所保护的经营信息，遂向一审法院起诉。一审法院认为，森特瑞公司与Banas公司在2013年至2015年间存在大量邮件往来，可以推定已经形成了一定的交易习惯、意向等特定内容，而这些需要通过长期积累才能形成，非交易实际参与者通过公共渠道难以获得，因此，上述客户名单具有秘密性。遂判决：一、许某星、鸿世通公司于判决生效之日起两年内停止使用森特瑞公司的商业秘密，即Banas Stones Inc.公司客户名单；二、许某星、鸿世通公司赔偿森特瑞公司经济损失40万元；三、驳回森特瑞公司的其他诉

[①] 对应《中华人民共和国反不正当竞争法》（2019年修正）第9条。

讼请求。森特瑞公司上诉请求撤销一审判决，依法改判鸿世通公司、许某星、李某梅、赵某庆立即停止侵犯森特瑞公司的商业秘密，连带赔偿森特瑞公司经济损失及合理费用100万元。许某星、鸿世通公司共同上诉请求撤销一审判决第一项、第二项，依法改判驳回森特瑞公司的诉讼请求。二审法院认为，通过多达几百次或至少几十次的往来邮件内容可以看出森特瑞公司与该六家公司进行了关于产品、规格、型号、交易方式等方面的交流沟通，上述信息构成区别于相关公知信息的深度客户信息，属于《反不正当竞争法》保护的经营信息，遂判决：许某星、李某梅、鸿世通公司两年内停止使用涉案六家客户信息并连带赔偿100万元。许某星、李某梅、鸿世通公司不服二审判决，向最高人民法院申请再审。最高人民法院裁定驳回许某星、李某梅、鸿世通公司的再审申请。

（撰写人：张玲玲）

4 字号许可使用关系的解除
——泷澄设计院、骆某顺与泷澄集团擅自使用他人企业名称纠纷申请再审案

- **案　　号**　（2020）最高法民申6619号
- **合议庭成员**　杜微科、吴蓉、张玲玲
- **关 键 词**　民事 / 许可使用 / 字号
- **相关法条**　《中华人民共和国反不正当竞争法》第6条

【裁判要旨】

双方当事人就字号的使用存在许可关系，在双方没有事先明确约定使用期限或者事后达成补充协议的情况下，权利人有权随时解除该许可关系。解除后，被许可方没有合理依据继续使用字号构成侵权的，应当依法承担责任。

【案情摘要】

泷澄集团成立于2000年，其"泷澄"字号于2010年12月被福建省工商行政管理局认定为"福建省企业知名字号"（有效期三年）。泷澄集团于2005年9月9日作出《股东会决议》，同意把"泷澄"字号提供给泷澄设计院使用。2005年11月，泷澄集团成为泷澄设计院的股东，占股15%，泷澄设计院名称由"龙海市天厦建筑设

计有限公司"变更为"福建泷澄集团设计院有限公司"。2009年,泷澄集团将其占有的泷澄设计院的15%股份转让给案外人陈某伟。2015年陈某伟将股份转让给骆某顺,泷澄设计院成为自然人独资企业。泷澄集团于2018年8月29日向泷澄设计院发出《关于要求停止使用"泷澄"字号的告知函》,泷澄设计院于2018年8月30日收到函件。此后,泷澄设计院继续使用"泷澄"字号。泷澄集团提起本案诉讼,原审法院判决泷澄设计院停止侵权并赔偿经济损失。泷澄设计院等向最高人民法院申请再审,最高人民法院依法驳回其再审申请。

（撰写人：吴　蓉）

5 使用他人具有较高知名度和影响力的注册商标作为企业名称中的字号是否构成不正当竞争

——中粮集团与蓬莱公司、金鼎公司、兴宏祥批发部侵害商标权及不正当竞争纠纷申请再审案

- 案　　号　（2020）最高法民申6730号
- 合议庭成员　张志弘、曹刚、许常海
- 关 键 词　知识产权/不正当竞争/企业字号
- 相关法条　《中华人民共和国商标法》第58条,《中华人民共和国反不正当竞争法》第2条

【裁判要旨】

作为从事同类生产的企业,将他人具有较高知名度和影响力的商标作为企业名称中的字号使用,具有攀附他人商誉的故意,误导公众,构成不正当竞争,应予禁止。

【案情摘要】

中粮集团拥有带有长城图案的多个图文商标,核定使用在酒类等商品上。相关酒类产品曾在国际国内获多个大奖,相关商标曾被评为驰名商标,具有较高知名度和影响力。蓬莱公司在相同酒类商品上拥有注册商标。金鼎公司前身名称为烟台长城庄园葡萄酒有限公司,受蓬莱公司委托生产被诉侵权产品。宏祥批发部为被诉侵权产品销售商。一审判决认定构成不正当竞争,判令金鼎公司停止使用企业名称,

驳回中粮集团其他诉讼请求。二审判决维持。中粮集团向最高人民法院申请再审，最高人民法院裁定驳回。

（撰写人：张志弘、张　赫）

6　约定保密期限届满后的保密义务
——君德同创公司与泽兴公司、大晓公司侵害技术秘密纠纷上诉案

- 案　　号　（2020）最高法知民终 621 号
- 合议庭成员　原晓爽、孔立明、徐飞
- 关 键 词　民事 / 技术秘密 / 侵权 / 约定保密期限届满 / 保密义务
- 相关法条　《中华人民共和国反不正当竞争法》第 9 条、第 11 条，《中华人民共和国合同法》第 43 条、第 92 条①

【裁判要旨】

技术秘密许可合同约定的保密期限届满，除非另有明确约定，一般仅意味着被许可人的约定保密义务终止，但其仍需承担侵权法上普遍的消极不作为义务和基于诚信原则的后合同附随保密义务。

【案情摘要】

君德同创公司与泽兴公司分别签订《关于北京君德同创与石家庄泽兴氨基酸公司联合开发胍基乙酸项目的战略合作协议》《委托加工协议》，约定君德同创公司委托泽兴公司加工饲料级胍基乙酸产品，合同有效期 3 年；合作期内及双方合作结束后 3 年内，泽兴公司必须对双方合作有关的销售数据、技术信息等进行保密，不得向任何人泄漏任何相关资料。2012 年 6 月，君德同创公司向泽兴公司提供了《单氰胺法生产胍基乙酸》的生产工艺，该生产工艺系君德同创公司拥有的技术秘密。2014 年 6 月，君德同创公司与泽兴公司双方合作终止。合作期内，泽兴公司对外自行销售利用涉案技术秘密生产的相关产品，合作期结束后，2016 年下半年始，君德同创公司发现泽兴公司与大晓公司合作生产、销售饲料级胍基乙酸产品，泽兴公司使用的生产工艺与涉案技术秘密相同，且大晓公司没有生产能力。

（撰写人：原晓爽）

---

① 对应《中华人民共和国民法典》第 501 条、第 558 条。

7 计算机软件技术秘密的保护对象及其证明
——龙软公司与元图公司、刘某喜等侵害商业秘密纠纷上诉案

- **案　　号**　（2020）最高法知民终1472号
- **合议庭成员**　徐燕如、詹靖康、刘晓梅
- **关 键 词**　民事／技术秘密／侵权／计算机软件／源代码／流程／逻辑关系／算法
- **相关法条**　《中华人民共和国反不正当竞争法》第10条第3款①,《最高人民法院关于审理不正当竞争民事案件应用法律若干问题的解释》②第9条、第14条

【裁判要旨】

计算机软件的源代码与流程、逻辑关系、算法等内容一般构成相对独立的技术信息。当事人主张计算机软件的源代码和与源代码对应的流程、逻辑关系、算法均构成技术秘密的，应当分别明确请求保护的具体技术信息并分别证明其符合法律保护条件。

【案情摘要】

涉案5名自然人被告曾在龙软公司任职，且其中多人在任职期间参与了部分软件技术的研发。其后，该5人陆续从龙软公司离职，加入元图公司。龙软公司认为元图公司在一些矿山软件招投标项目中利用了上述人员从龙软公司处获取的技术秘密，致使龙软公司遭受了重大的经济损失和名誉损失，故提起诉讼。龙软公司除对源代码主张权利外，亦针对"流程、逻辑关系、算法"等信息主张了权利。但龙软公司仅提交了涉案软件的源代码作为主张权利的依据，未对算法相关具体信息内容进行说明，且对逻辑关系、流程的说明亦不清楚明确。

（撰写人：詹靖康）

---

① 对应《中华人民共和国反不正当竞争法》（2019年修正）第9条第4款。
② 该解释已失效。

8 非法获取全部技术秘密后对使用技术秘密行为的推定
——嘉兴中华化工公司、上海欣晨公司与王龙集团公司、王龙科技公司、喜孚狮王龙公司、傅某根、王某军侵害技术秘密纠纷上诉案

- **案　　号**　（2020）最高法知民终 1667 号
- **合议庭成员**　朱理、刘晓军、凌宗亮
- **关 键 词**　民事 / 技术秘密 / 侵权 / 完整工艺流程 / 成套生产设备 / 非法获取 / 全部使用 / 事实推定
- **相关法条**　《中华人民共和国反不正当竞争法》第 9 条

【裁判要旨】

权利人举证证明被诉侵权人非法获取了完整的产品工艺流程、成套的生产设备等技术秘密信息或者技术秘密载体，且被诉侵权人已经实际生产出相同产品的，可以根据优势证据规则和日常生活经验，推定被诉侵权人使用了全部技术秘密。

【案情摘要】

嘉兴中华化工公司与上海欣晨公司共同研发出乙醛酸法制备香兰素的新工艺，并作为技术秘密加以保护。王龙集团公司成立于 1995 年，王某军任监事。王龙科技公司成立于 2009 年，由王某军与王龙集团公司共同出资成立，王某军任法定代表人。喜孚狮王龙公司成立于 2015 年，由王龙科技公司出资成立并使用王龙科技公司作为股权出资的生产设备生产香兰素。2010 年，嘉兴中华化工公司香兰素车间副主任傅某根获得王龙集团公司给予的 40 万元报酬后，将嘉兴中华化工公司的香兰素技术秘密披露给王某军，并进入王龙科技公司香兰素车间工作。随后，王龙科技公司利用载有涉案技术秘密的图纸订购香兰素生产设备，组建生产线。2011 年至 2017 年，王龙集团公司、王龙科技公司及喜孚狮王龙公司实际利用涉案技术秘密每年生产和销售香兰素至少 2000 吨。经查明，涉案技术秘密的载体为 287 张设备图和 25 张工艺管道及仪表流程图，王龙集团公司等被诉侵权人非法获取了其中的 185 张设备图和 15 张工艺流程图。

（撰写人：刘晓军）

9 公司法定代表人或者实际控制人与公司共同侵权的认定

——嘉兴中华化工公司、上海欣晨公司与王龙集团公司、王龙科技公司、喜孚狮王龙公司、傅某根、王某军侵害技术秘密纠纷上诉案

- **案　　号**　（2020）最高法知民终 1667 号
- **合议庭成员**　朱理、刘晓军、凌宗亮
- **关 键 词**　民事 / 技术秘密 / 侵权 / 法定代表人 / 实际控制人 / 共同侵权 / 责任承担
- **相关法条**　《中华人民共和国反不正当竞争法》第 9 条

【裁判要旨】

被诉侵权企业系其法定代表人或者实际控制人专门为从事侵权而登记设立，该被诉侵权企业的生产经营主要系实施被诉侵权行为，且该法定代表人或者实际控制人自身积极参与侵权行为实施的，可以认定该法定代表人或者实际控制人与该被诉侵权企业共同实施了侵权行为，并应当依法承担连带法律责任。

【案情摘要】

嘉兴中华化工公司与上海欣晨公司共同研发出乙醛酸法制备香兰素的新工艺，并作为技术秘密加以保护。王龙集团公司成立于 1995 年，王某军任监事。王龙科技公司成立于 2009 年，由王某军与王龙集团公司共同出资成立，王某军任法定代表人。喜孚狮王龙公司成立于 2015 年，由王龙科技公司出资成立并使用王龙科技公司作为股权出资的生产设备生产香兰素。2010 年，嘉兴中华化工公司香兰素车间副主任傅某根获得王龙集团公司给予的 40 万元报酬后，将嘉兴中华化工公司的香兰素技术秘密披露给王某军，并进入王龙科技公司香兰素车间工作。随后，王龙科技公司利用载有涉案技术秘密的图纸订购香兰素生产设备，组建生产线。2011 年至 2017 年，王龙集团公司、王龙科技公司及喜孚狮王龙公司实际利用涉案技术秘密每年生产和销售香兰素至少 2000 吨。经查明，涉案技术秘密的载体为 287 张设备图和 25 张工艺管道及仪表流程图，王龙集团公司等被诉侵权人非法获取了其中的 185 张设备图和 15 张工艺流程图。

（撰写人：刘晓军）

10 以侵权为业时侵权获利的计算

——嘉兴中华化工公司、上海欣晨公司与王龙集团公司、王龙科技公司、喜孚狮王龙公司、傅某根、王某军侵害技术秘密纠纷上诉案

- **案　　号**　（2020）最高法知民终1667号
- **合议庭成员**　朱理、刘晓军、凌宗亮
- **关　键　词**　民事/技术秘密/侵权/损害赔偿/侵权获利/销售利润/侵权为业
- **相关法条**　《中华人民共和国反不正当竞争法》第9条、第17条，《最高人民法院关于审理不正当竞争民事案件应用法律若干问题的解释》[①]第17条，《最高人民法院关于审理专利纠纷案件适用法律问题的若干规定》第20条第2款

【裁判要旨】

侵害技术秘密纠纷案件中，被诉侵权人以侵权为业的，可以被诉侵权行为相关产品的销售利润为基础计算损害赔偿数额；被诉侵权行为相关产品的销售利润难以确定的，可以被诉侵权行为相关产品的销售量乘以权利人相关产品的销售价格及销售利润率为基础计算损害赔偿数额。

【案情摘要】

嘉兴中华化工公司与上海欣晨公司共同研发出乙醛酸法制备香兰素的新工艺，并作为技术秘密加以保护。王龙集团公司成立于1995年，王某军任监事。王龙科技公司成立于2009年，由王某军与王龙集团公司共同出资成立，王某军任法定代表人。喜孚狮王龙公司成立于2015年，由王龙科技公司出资成立并使用王龙科技公司作为股权出资的生产设备生产香兰素。2010年，嘉兴中华化工公司香兰素车间副主任傅某根获得王龙集团公司给予的40万元报酬后，将嘉兴中华化工公司的香兰素技术秘密披露给王某军，并进入王龙科技公司香兰素车间工作。随后，王龙科技公司利用载有涉案技术秘密的图纸订购香兰素生产设备，组建生产线。2011年至2017年，王龙集团公司、王龙科技公司及喜孚狮王龙公司实际利用涉案技术秘密每年生产和销售香兰素至少2000吨。经查明，涉案技术秘密的载体为287张设备图和25

---

① 该解释已失效。

张工艺管道及仪表流程图,王龙集团公司等被诉侵权人非法获取了其中的 185 张设备图和 15 张工艺流程图。

(撰写人:刘晓军)

11 抄袭摹仿同业经营者品牌历史,发布虚假信息欺骗误导消费者构成虚假宣传

——株式会社一无所有与安逸猿公司等侵害作品复制权、发行权、信息网络传播权及虚假宣传纠纷申请再审案

- **案　　号**　(2021)最高法民申 3703 号
- **合议庭成员**　毛立华、李嵘、江建中
- **关 键 词**　民事 / 虚假宣传 / 著作权 / 商标权
- **相关法条**　《中华人民共和国反不正当竞争法》第 9 条第 1 款①

【裁判要旨】

经营者在其官方网站上以抄袭摹仿同业经营者品牌历史的方式发布虚假信息,进行与客观事实不符的品牌介绍,宣传其商品,明显具有攀附同业经营者知名度的主观恶意,容易导致相关公众对商品来源产生混淆误认,或者误认为其与同业经营者之间具有某种特定联系,欺骗、误导消费者,属于虚假或者引人误解的商业宣传,构成虚假宣传的不正当竞争行为。

【案情摘要】

株式会社一无所有享有 Bape 及 BabyMilo 系列图案的著作权、商标权,安逸猿公司使用包含上述图案的安逸猿标识进行经营活动,并在其官网抄袭摹仿株式会社一无所有的品牌历史发布信息宣传商品。株式会社一无所有以安逸猿公司构成侵害著作权及虚假宣传为由起诉,请求判令其停止侵权并赔偿经济损失及合理费用等。原审法院认定株式会社一无所有对涉案作品享有在先著作权,安逸猿公司所使用注册商标申请人存在接触涉案作品的可能性,两者构成实质相似,构成侵害著作权;同时,其在其官方网站上发布虚假品牌信息欺骗、误导消费者构成虚假宣传的不正

---

① 对应《中华人民共和国反不正当竞争法》(2019 年修正)第 8 条第 1 款。

当竞争。原审判决安逸猿公司停止侵权并赔偿经济损失及合理费用 500 万元等，最高人民法院维持了原审判决。

（撰写人：李　嵘、刘海珠）

12　如何认定侵权人使用了全部技术秘密

——王龙集团有限公司等与嘉兴市中华化工有限责任公司等侵害技术秘密纠纷申请再审案

- 案　　号　（2021）最高法民申 3890 号
- 合议庭成员　佟姝、戴怡婷、张玲玲
- 关 键 词　技术秘密 / 全部技术秘密 / 优势证据
- 相关法条　《中华人民共和国反不正当竞争法》第 9 条、第 17 条

【裁判要旨】

权利人举证证明被诉侵权人非法获取了完整的产品工艺流程、成套的生产设备等技术秘密，且被诉侵权人已经实际生产出相同产品的，人民法院可以根据优势证据规则和日常生活经验推定被诉侵权人使用了全部技术秘密。

【案情摘要】

在再审申请人王龙集团有限公司（以下简称王龙集团公司）、宁波王龙科技股份有限公司（以下简称王龙科技公司）、喜孚狮王龙香料（宁波）有限公司（以下简称喜孚狮王龙公司）、傅某根、王某军与被申请人嘉兴市中华化工有限责任公司（以下简称嘉兴中华化工公司）、上海欣晨新技术有限公司（以下简称上海欣晨公司）侵害技术秘密纠纷案中，嘉兴中华化工公司、上海欣晨公司向浙江省高级人民法院（以下简称一审法院）提起诉讼，认为王龙集团公司、王龙科技公司、喜孚狮王龙公司、傅某根、王某军侵害其享有的"香兰素"技术秘密。一审法院判令被诉侵权人停止侵害，并赔偿损失。除王某军外，本案各方当事人均不服，向最高人民法院提起上诉。最高人民法院二审认定被诉侵权人使用了从嘉兴中华化工公司处获得的全部技术秘密，判决撤销一审判决，改判赔偿 1.59 亿元。王龙集团公司、王龙科技公司、喜孚狮王龙公司、傅某根、王某军不服二审判决，向最高人民法院申请再审。最高人民法院于 2021 年 10 月 19 日裁定驳回其再审申请。

（撰写人：戴怡婷）

13 侵害技术秘密纠纷中损害赔偿数额的认定
—— 王龙集团有限公司等与嘉兴市中华化工有限责任公司等侵害技术秘密纠纷申请再审案

- 案　　号　（2021）最高法民申 3890 号
- 合议庭成员　佟姝、戴怡婷、张玲玲
- 关　键　词　技术秘密 / 损害赔偿 / 销售利润
- 相关法条　《中华人民共和国反不正当竞争法》第 9 条、第 17 条

【裁判要旨】

侵害涉案技术秘密的恶性程度、危害后果、侵权时间、妨碍诉讼等可以作为人民法院以销售利润计算损害赔偿的考虑因素。被诉侵权行为相关产品的销售利润难以确定的，人民法院可以被诉侵权行为相关产品的销售量乘以权利人相关产品的销售价格及销售利润率为基础计算损害赔偿数额。

【案情摘要】

在再审申请人王龙集团有限公司（以下简称王龙集团公司）、宁波王龙科技股份有限公司（以下简称王龙科技公司）、喜孚狮王龙香料（宁波）有限公司（以下简称喜孚狮王龙公司）、傅某根、王某军与被申请人嘉兴市中华化工有限责任公司（以下简称嘉兴中华化工公司）、上海欣晨新技术有限公司（以下简称上海欣晨公司）侵害技术秘密纠纷案中，嘉兴中华化工公司、上海欣晨公司向浙江省高级人民法院（以下简称一审法院）提起诉讼，认为王龙集团公司、王龙科技公司、喜孚狮王龙公司、傅某根、王某军侵害其享有的"香兰素"技术秘密。一审法院判令被诉侵权人停止侵害，并赔偿损失。除王某军外，本案各方当事人均不服，向最高人民法院提起上诉。最高人民法院二审认定被诉侵权人使用了从嘉兴中华化工公司处获得的全部技术秘密，判决撤销一审判决，改判赔偿 1.59 亿元。王龙集团公司、王龙科技公司、喜孚狮王龙公司、傅某根、王某军不服二审判决，向最高人民法院申请再审。最高人民法院于 2021 年 10 月 19 日裁定驳回其再审申请。

（撰写人：戴怡婷）

14 适用惩罚性赔偿时的考虑因素
——广州天赐公司、九江天赐公司与华某、刘某、安徽纽曼公司等侵害技术秘密纠纷申请再审案

- 案　　号　（2021）最高法民申 4025 号
- 合议庭成员　佟姝、吴蓉、戴怡婷
- 关 键 词　民事/侵害技术秘密纠纷/惩罚性赔偿
- 相关法条　《中华人民共和国反不正当竞争法》第 17 条第 3 款

【裁判要旨】

被诉侵权人是否以侵权为业、侵权行为是否构成刑事犯罪、诉讼中是否存在举证妨碍行为、侵权受损或者侵权获利数额、侵权规模、侵权持续时间等均可以作为惩罚性赔偿的考量因素。

【案情摘要】

广州天赐公司、九江天赐公司（以下简称两天赐公司）认为，安徽纽曼公司未经许可使用了两天赐公司的技术秘密；华某作为广州天赐公司卡波研发负责人，将其掌握的卡波配方及通过不正当手段获取的工艺、流程、设备的技术秘密披露给安徽纽曼公司使用；刘某作为安徽纽曼公司股东和法定代表人，与华某合谋窃取技术秘密；吴某金、彭某、胡某春、朱某良为上述侵权行为提供帮助，共同侵害了两天赐公司的技术秘密，故向广州知识产权法院提起诉讼，请求判令华某、刘某、安徽纽曼公司、吴某金、彭某、胡某春、朱某良停止侵害并共同赔偿经济损失 7000 万元及维权费用 98 万元，就侵权行为赔礼道歉以消除影响。一审法院认为，两天赐公司卡波工艺、流程、设备的技术信息构成技术秘密，卡波配方不构成技术秘密。华某、刘某、安徽纽曼公司、胡某春、朱某良构成共同侵权，应当承担赔偿责任。安徽纽曼公司以侵权为业，可以按照其销售利润（即毛利润）计算赔偿数额。由于安徽纽曼公司及华某、刘某等人恶意侵权且情节严重，故确定 2.5 倍惩罚性赔偿，判决安徽纽曼公司赔偿两天赐公司经济损失 3000 万元及合理开支 40 万元，华某、刘某、胡某春、朱某良对前述赔偿数额分别在 500 万元、500 万元、100 万元、100 万元范围内承担连带责任。广州天赐公司、九江天赐公司、华某、刘某、安徽纽曼公

司均不服,向最高人民法院提起上诉。最高人民法院于 2020 年 11 月 24 日改判安徽纽曼公司的侵权获利按照涉案技术秘密的贡献程度为 50% 进行调整,依据所认定的安徽纽曼公司侵权获利的 5 倍确定损害赔偿数额,经济损失赔偿数额仍为 3000 万元,并判令华某、刘某、胡某春、朱某良对前述赔偿数额分别在 500 万元、3000 万元、100 万元、100 万元范围内承担连带责任。华某、刘某、安徽纽曼公司不服,向最高人民法院申请再审。

(撰写人:佟 姝、张 博)

15 判断包装装潢是否近似时是否应排除商标标志
——福州汇正贸易有限公司与光明乳业股份有限公司、临沂雅露食品有限公司、山东淳粮食品有限公司不正当竞争纠纷申请再审案

- 案　　号　(2021)最高法民申 4984 号
- 合议庭成员　佟姝、戴怡婷、张玲玲
- 关 键 词　不正当竞争 / 有一定影响的包装装潢 / 商标标志
- 相关法条　《中华人民共和国反不正当竞争法》第 6 条

【裁判要旨】

涉案包装、装潢是包含商标标志在内的多重要素的整体。包装、装潢整体具有区别商品来源作用的,可以受到《反不正当竞争法》保护。当事人仅以商标与包装、装潢是不同保护客体为由,主张适用《反不正当竞争法》第 6 条时应排除商标标志的,不予支持。

【案情摘要】

再审申请人福州汇正贸易有限公司(以下简称汇正公司)与被申请人光明乳业股份有限公司(以下简称光明公司)、一审被告临沂雅露食品有限公司(以下简称雅露公司)、山东淳粮食品有限公司(以下简称淳粮公司)不正当竞争纠纷一案中,经过光明公司在牛奶等商品上获准注册了"莫斯利安及图"商标,经使用具有一定知名度。光明公司在光明莫斯利安巴氏杀菌酸牛奶(原味)(以下简称莫斯利安原味酸奶)的外包装箱和小包装盒上使用的包装、装潢,包含其"莫斯利安及图"商标。

光明公司主张上述包装、装潢系有一定影响的包装装潢。光明公司主张汇正公司作为运营商，雅露公司、淳粮公司生产的"惠牧新西兰酸奶"商品的装潢与其莫斯利安原味酸奶的装潢近似，构成不正当竞争。一审法院认为，上述行为构成2017年修正的《反不正当竞争法》第6条第1项规定的不正当竞争行为。汇正公司不服提起上诉，二审法院判决驳回上诉，维持原判。汇正公司以光明公司莫斯利安原味酸奶包装中除商标标识的部分不足以让消费者产生混淆误认，该商品装潢不具有显著特征为主要理由提起再审申请。最高人民法院经审查，裁定驳回了汇正公司的再审申请。

（撰写人：戴怡婷）

16 驰名商标应按需认定
——欧普照明股份有限公司与深圳市欧普科技有限公司
不正当竞争纠纷申请再审案

- 案　　号　（2021）最高法民申7214号
- 合议庭成员　佟姝、戴怡婷、张玲玲
- 关 键 词　驰名商标 / 按需认定 / 侵害商标权
- 相关法条　《中华人民共和国反不正当竞争法》第6条第2项

【裁判要旨】

认定构成《反不正当竞争法》第6条规定的不正当竞争行为并不以原告使用的商标构成驰名商标为前提，人民法院在审理过程中根据按需认定的原则未予认定驰名商标，原告主张构成漏审的，不予支持。

【案情摘要】

在再审申请人欧普照明股份有限公司（以下简称欧普公司）与被申请人深圳市欧普科技有限公司（以下简称深圳欧普公司）不正当竞争纠纷案中，欧普公司成立于2008年10月21日，并在灯、日光灯管商品上申请注册了"欧普OPPLE及图"商标。深圳欧普公司成立于2006年11月7日，深圳欧普公司的实际经营范围是生产销售光纤产品并提供相关服务，且其产品主要出口国外。深圳欧普公司在实际使用过程中也使用了"OPTICHIN"商标。欧普公司诉至法院，主张深圳欧普公司违反

2017年修正的《反不正当竞争法》第6条第2项规定，构成不正当竞争。一审法院认为，欧普公司的欧普字号取得时间晚于深圳欧普公司，且在案证据不能证明"灯，日光灯管"的商品类别与"光通讯设备、纤维光缆"商品类别属于类似商品，被诉行为不足以使相关消费者产生混淆，遂判决驳回欧普公司的诉讼请求。欧普公司不服，提起上诉。二审法院认为：欧普公司有权承继欧普字号的竞争性利益，系在先注册有一定影响的企业名称，但由于深圳欧普公司的行为不容易引人误以为存在特定联系，因此，深圳欧普公司注册并使用其企业名称的行为不构成不正当竞争行为。二审法院判决：驳回上诉，维持原判。欧普公司不服向最高人民法院申请再审称，一审、二审遗漏其请求确认其欧普商标构成驰名商标的诉讼请求。最高人民法院于2021年12月13日裁定驳回了欧普公司的再审申请。

（撰写人：戴怡婷）

17 饮料包装是否属于有一定影响力的商品包装、装潢的认定

——广东乐虎食品有限公司与达利食品集团有限公司不正当竞争纠纷申请再审案

- **案　　号**　（2021）最高法民申7551号
- **合议庭成员**　秦元明、马秀荣、白雅丽
- **关 键 词**　包装、装潢/一定影响力
- **相关法条**　《中华人民共和国反不正当竞争法》第6条

【裁判要旨】

商品的包装、装潢在文字、色彩、图案及其排列组合上有着较为独特的设计，在整体上具备了较为显著的特征，可以在一定程度上起到区分商品来源的作用。商品的包装、装潢虽为常见设计要素的组合，但由于其组合使用方式的设计空间极大，如进行了较为独特的设计，仍可以具有一定显著性。结合相关商品具有一定的市场知名度，可以认定为有一定影响力的商品包装、装潢。

【案情摘要】

涉案乐虎瓶装功能饮料系达利食品集团有限公司主打产品之一，曾赞助过中国

男子篮球职业联赛、FIA F4 中国锦标赛等大规模赛事，并被评为"2016 年度福建名牌产品"等，可以认定乐虎瓶装功能饮料具有一定的市场知名度。涉案乐虎瓶装功能饮料瓶贴整体正反面为黑色底色，两侧为土黄底色，正反面黑底黄字标识相同文字，中部使用红色侧面虎啸加圆形黄色太阳艺术图案设计，图案上部为标识在红色火焰上的 HI-TIGER，以及"喝乐虎激发正能量"文字，图案下部为 HI-TIGER 及加粗大号乐虎文字，正反面的底部边沿使用红色底色和黄色文字标识"乐虎氨基酸维生素功能饮料"等相关信息，瓶贴侧面使用黄底黑字标识生产商信息，并配有条形码。上述包装、装潢在文字、色彩、图案及其排列组合上有着较为独特的设计，在整体上具备了较为显著的特征，可以在一定程度上起到区别商品来源的作用。涉案包装除侧面虎啸图案、"HI-TIGER"等标识外，还有以黑、黄、红为主的配色及构图设计，红色火焰形图案等其他设计要素的组合。在功能饮料中，火焰、闪电系常见的设计要素，黑、黄、红也系常用的装潢配色，但并不意味着这三种颜色相互间及与其他设计要素间的具体组合使用方式是单一或有限的，其设计空间极大，可以有多种组合搭配，包括各要素的位置、大小、比例等。一审认定构成不正当竞争，二审维持。再审审查认为一审、二审法院认定事实和适用法律正确，驳回再审申请。

（撰写人：马秀荣、孙冠华）

18 擅自使用具有一定影响的商品名称、包装装潢、企业简称构成不正当竞争行为的司法判断

——欧帕公司与文邦公司、杨某聪、大众涂料店不正当竞争纠纷再审案

- 案　　号　（2021）最高法民再 29 号
- 合议庭成员　佟姝、张玲玲、吴蓉
- 关　键　词　商品名称 / 包装装潢 / 企业简称
- 相关法条　《中华人民共和国反不正当竞争法》第 6 条

【裁判要旨】

经过使用具有一定影响的商品名称、包装、装潢，他人未经许可擅自使用，容易使相关公众误认为被诉产品与具有一定影响的商品存在特定联系，属于《反不正当竞争法》第 6 条规制的不正当竞争行为。

【案情摘要】

欧帕公司于 2012 年与杨某聪签订《经营合同书》，向杨某聪提供"欧帕"产品。根据欧帕公司股东陈某炯 2015 年 1 月 9 日申请并授权的外观设计专利，2015 年欧帕公司在中央七套投放的广告等证据，能够证明欧帕公司请求保护的墙面漆商品的包装、装潢形成时间早于 2015 年，且该包装装潢的图形、颜色、文字的排列组合整体视觉效果具有显著特征，并非通用包装。欧帕公司还提交了 2012 年以来的《百度推广服务合同》及发票、与经销商签订的经营合同书明细表以及《阿里巴巴订单》《中国家居正品查询平台》等证据，主张对该产品进行了持续多年的生产经营推广。欧帕公司向一审法院起诉请求：（1）文邦公司、杨某聪立即停止生产、销售、使用含有"欧帕""肌理壁膜"名称、包装、装潢的产品；（2）大众涂料店立即停止销售、使用含有"欧帕""肌理壁膜"名称、包装、装潢的产品；（3）文邦公司、杨某聪将尚未流通（含库存）的含有"欧帕""肌理壁膜"名称、包装、装潢的产品自行销毁；（4）文邦公司、杨某聪、大众涂料店立即销毁含有"欧帕""肌理壁膜"名称、包装、装潢的所有广告宣传；（5）文邦公司、杨某聪在《福建日报》《南方都市报》《东莞日报》上连续 30 天发布公开赔礼道歉声明；（6）文邦公司、杨某聪、大众涂料店连带赔偿欧帕公司经济损失 50 万元（含本案维权合理开支）。一审法院判决：一、文邦公司应于判决生效之日起立即停止在其生产、销售的墙面漆上使用"欧帕"字样，立即停止使用与欧帕公司墙面漆的包装、装潢相近似的包装、装潢，同时销毁尚未流通的侵权商品；二、大众涂料店应于判决生效之日起立即停止销售文邦公司生产的侵权商品；三、文邦公司应于判决生效之日起 10 日内赔偿欧帕公司经济损失及合理费用 10 万元，杨某聪对前述债务承担连带责任；四、驳回欧帕公司的其他诉讼请求。文邦公司、杨某聪不服一审判决，上诉请求：撤销原判，改判驳回欧帕公司的诉讼请求。二审法院判决：一、撤销一审判决；二、驳回欧帕公司的诉讼请求。欧帕公司不服二审判决向最高人民法院申请再审。最高人民法院提审改判，撤销二审判决，维持一审判决。

（撰写人：张玲玲）

最高人民法院裁判要旨精选

19 增值税发票上记载的客户信息不构成商业秘密
——安徽金陵国际货运代理有限公司与阚某、章某璐、崔某东、盛凯公司侵害商业秘密纠纷再审案

- 案　　号　（2021）最高法民再310号
- 合议庭成员　佟姝、张玲玲、吴蓉
- 关 键 词　商业秘密/客户名单
- 相关法条　《中华人民共和国反不正当竞争法》第10条[①]

【裁判要旨】

增值税发票是依据国家相关规定由纳税人向购买方出具的制式票据，票据上直接记载的信息应符合相关管理规定，本身不具有保密的属性。增值税发票交付购买方后，在购买方没有对增值税发票上记载的信息进行保密的法定义务和合同义务的情况下，增值税发票中直接记载的相关信息不构成商业秘密。

【案情摘要】

2014年9月10日，章某璐（乙方）与安徽怀陵进出口贸易有限公司（以下简称怀陵公司）签订《劳动服务协议》。2015年4月9日，阚某与怀陵公司签订了与上述协议内容基本相同的《劳动服务协议》。2015年4月1日，崔某东与安徽金陵国际货运代理有限公司（以下简称金陵公司）签订了一份《劳动服务协议》。上述三份协议书在条款形式、文字表述、排版格式等方面均完全相同。阚某、章某璐和崔某东三人在入职时，前二人向怀陵公司，崔某东向金陵公司出具了相同格式和内容的《入职承诺书》，承诺内容包括不得故意和过失泄露公司的经营、管理、技术机密。2014年8月29日，阚某出具《员工遵守公司客户信息和商业信息承诺书》，记载阚某自愿遵守金陵公司和怀陵公司一切规章制度及公司日常临时规定，并承诺无论离职还是在职绝不泄露公司客户信息和商业信息。2016年4月1日，金陵公司、怀陵公司下发《关于各组组长等职务任命通知》，任命阚某为业务部部长兼任业务部三组组长，分管国际货代业务工作；崔某东为业务部四组组长；章某璐为报关组组

[①]　对应《中华人民共和国反不正当竞争法》（2019年修正）第9条。

1434

长。该文件由金某林签发。2016年6月13日，盛凯公司成立，阚某父亲阚某军任法定代表人，阚某任监事。公司经营范围为海上、航空、陆路国际货物运输代理业务；代理出入、检验检疫；货物仓储（除危险品）；从事货物及技术的进出口业务代理等。

一审诉讼过程中，金陵公司声称包括上海威美国际物流有限公司在内的31家企业名单为其要求保护（受到侵害）的客户名单，为此，该公司举证了自2014年12月至2017年2月4年间，与上述名单中的25家企业开展业务时开具的增值税发票。一审法院应金陵公司申请，调取了盛凯公司自2016年9月至2017年5月期间向其客户开具发票的统计清单，清单反映的客户计55户，其中含有金陵公司主张作为商业秘密保护的上述25家企业，盛凯公司向该25家企业的开票金额计352972.57元。

金陵公司与怀陵公司系同一法人，经营地址相同。金陵公司提交了怀陵公司出具的书面情况说明，该说明记载，怀陵公司与金陵公司系"两个牌子，一班人马"，并确认金陵公司在本案诉讼中所主张的所有商业秘密均系金陵公司所有，怀陵公司不再就上述商业秘密主张任何权利。一审诉讼过程中，阚某提交怀陵公司以其为被申请人提起仲裁的申请书一份，怀陵公司请求合肥市新站区高新技术产业开发区劳动人事争议仲裁院裁决阚某向该公司支付竞业限制违约金5万元；继续履行竞业限制义务，同时离开与怀陵公司有竞争业务的盛凯公司。经查，该劳动仲裁以调解结案，阚某支付竞业限制违约金3万元。阚某、章某璐、崔某东主张盛凯公司是通过互联网搜索的方式获取的客户信息并于2017年2月离开原聘用单位。一审判决阚某、章某璐、崔某东、盛凯公司停止对金陵公司涉案商业秘密的侵权行为并赔偿金陵公司经济损失及制止侵权的合理支出计25万元。二审判决维持一审判决第一项、第三项，改判阚某、章某璐、崔某东、盛凯公司共同赔偿金陵公司经济损失及制止侵权的合理支出合计10万元。阚某、章某璐、崔某东、盛凯公司申请再审。最高人民法院提审改判，驳回金陵公司的全部诉讼请求。

（撰写人：张玲玲）

垄断

1 涉及同一合同的合同之诉与垄断协议之诉的重复诉讼认定
——龙兴公司与拓思公司垄断协议纠纷管辖权异议上诉案

- 案　　号　（2021）最高法知民辖终187号
- 合议庭成员　袁晓贞、马军、李锋
- 关 键 词　垄断协议/管辖/重复诉讼
- 相关法条　《最高人民法院关于适用〈中华人民共和国民事诉讼法〉的解释》第247条第1款

【裁判要旨】

涉及同一合同的合同之诉和垄断协议之诉，分别涉及合同法律关系和反垄断法律关系，诉讼标的不同，即便所涉当事人相同或者后诉的诉讼请求实质否定前诉裁判结果，亦不构成重复诉讼，但原则上宜由一个法院合并审理为宜。

【案情摘要】

龙兴公司与拓思公司签订《代理协议》，约定如发生争议，向拓思公司所在地人民法院起诉。拓思公司先向湖北省咸宁市咸安区人民法院提起诉讼，要求龙兴公司承担违约责任并继续履行《代理协议》。后龙兴公司向湖北省武汉市中级人民法院提起本案诉讼，要求确认《代理协议》为垄断协议。拓思公司提出管辖权异议认为，龙兴公司就同一事实再次提起诉讼属于重复起诉。湖北省武汉市中级人民法院认为本案不涉及垄断纠纷，裁定将本案移送湖北省咸宁市咸安区人民法院处理。

（撰写人：马　军）

2 药品专利侵权案件中对"药品专利反向支付协议"的反垄断审查

——阿斯利康公司与奥赛康公司侵害发明专利权纠纷上诉案

- **案　　　号**　（2021）最高法知民终388号
- **合议庭成员**　邰中林、魏磊、周平
- **关　键　词**　民事／专利侵权／药品专利反向支付协议／反垄断审查
- **相关法条**　《中华人民共和国反垄断法》第13条第1款第6项①，《最高人民法院关于适用〈中华人民共和国民事诉讼法〉的解释》第337条②

【裁判要旨】

"药品专利反向支付协议"是药品专利权利人承诺给予仿制药申请人直接或者间接的利益补偿（包括减少仿制药申请人不利益等变相补偿），仿制药申请人承诺不挑战该药品相关专利权的有效性或者延迟进入该专利药品相关市场的协议。在涉及药品专利权利人和仿制药申请人的药品专利侵权案件中，作为当事人主张依据或者作为法院裁判依据的有关协议具有"药品专利反向支付协议"外观的，人民法院一般应当对其是否违反《反垄断法》进行一定程度的审查。

对于以不挑战专利权有效性为主要内容的"药品专利反向支付协议"是否涉嫌构成垄断协议的判断，核心在于其是否涉嫌排除、限制专利药品相关市场的竞争，一般可以通过比较签订并履行有关协议的实际情形和未签订、未履行有关协议的假定情形，重点考察在仿制药申请人未撤回其无效宣告请求的情况下，药品相关专利权因该无效宣告请求归于无效的可能性，进而以此为基础分析对于专利药品相关市场而言有关协议是否以及在多大程度上造成了竞争损害。原则上，专利权利人为使仿制药申请人撤回无效宣告请求，无正当理由给予其高额利益补偿的，可以作为认定专利权因仿制药申请人提出的无效宣告请求归于无效的可能性较大的一个重要考量因素，同时，一般还要对假定仿制药申请人未撤回其无效宣告请求情况下相关审查结果进行预测判断。

---

① 对应《中华人民共和国反垄断法》（2022年修正）第17条第6项。
② 该解释已于2022年修正，此处法条对应第335条。

【案情摘要】

阿斯利康公司为一种用于治疗糖尿病药品的发明专利的继受权利人。涉案专利原权利人为使专利权效力免受挑战,曾与无效宣告请求人(奥赛康公司关联方)达成《和解协议》,约定:请求人撤回针对涉案专利的无效宣告请求,请求人及其关联方即可获许在涉案专利权保护期限届满前5年多实施涉案专利。后请求人依约撤回无效宣告请求,并由其关联方奥赛康公司实施涉案专利。阿斯利康公司遂诉至法院,主张奥赛康公司侵害其专利权。一审法院认为,根据涉案《和解协议》,奥赛康公司作为Vcare公司的关联方有权实施被诉侵权行为。在二审审理期间,阿斯利康公司以双方于二审审理期间达成和解为由申请撤回上诉。

(撰写人:邰中林)

3 垄断协议豁免的证明责任与涉及垄断协议的合同效力认定

——吉利公司等与东港公司、浙东公司等横向垄断协议纠纷上诉案

- **案　　号**　(2021)最高法知民终1722号
- **合议庭成员**　余晓汉、何隽、薛淼
- **关 键 词**　民事 / 横向垄断协议 / 豁免 / 证明责任 / 合同效力
- **相关法条**　《中华人民共和国反垄断法》第15条①,《中华人民共和国合同法》第56条②

【裁判要旨】

被诉垄断协议实施者主张涉案协议具有《反垄断法》第15条第1款第1项至第5项情形之一,不构成垄断协议的,应当提供充分证据证明:该协议具有前述5项法定情形之一所称积极的竞争效果或者经济社会效果;该协议为实现上述效果所必须,因而不会严重限制相关市场的竞争;该协议能够使消费者分享由此产生的利益。被诉垄断协议实施者不能仅仅依赖一般性推测或者抽象推定有关积极的竞争效果或

---

① 对应《中华人民共和国反垄断法》(2022年修正)第20条。
② 参见《中华人民共和国民法典》第155条、第156条。

者经济社会效果，而应当提供证据证明有关效果是具体的、现实的。

反垄断涉及国家整体经济运行效率和社会公共利益，《反垄断法》关于禁止横向垄断协议行为的规定原则上属于效力性强制性规定，违反该规定的合同条款应属无效。为降低和消除经营者继续实施垄断协议行为的风险，实现《反垄断法》预防和制止垄断行为的立法目的，与横向垄断协议条款具有紧密关系、与之脱离即不再具有独立存在意义的合同条款，以及实质上服务于横向垄断协议行为实施的合同条款，亦应属无效。

【案情摘要】

同在浙江省台州市路桥区的15家汽车驾驶培训单位签订联营协议及自律公约，约定共同出资设立联营公司即浙东公司，固定驾驶培训服务价格、限制驾驶培训机构间的教练车辆及教练员流动，涉案15家驾培单位原先分散的辅助性服务（如报名、体检、制卡等）均由浙东公司统一在同一现场处理，浙东公司对应收取服务费850元。其中，联营协议第3条具体约定了联营公司设立的注册资本与股本结构。涉案15家驾培单位中的吉利公司和承融公司以该15家单位构成垄断经营为由提起诉讼，请求确认联营协议及自律公约无效。一审法院认为，浙东公司统一处理原先分散的辅助性服务，可提高服务质量、降低成本、增进效率，其收取服务费850元并无不当，有关股本结构条款和服务收费条款可以依法适用反垄断豁免，故一审判决仅确认涉案联营协议及自律公约中构成横向垄断协议的条款无效。

（撰写人：余晓汉）

4 反垄断执法机构行政不作为的认定
——格凯公司与市场监管总局其他知识产权行政纠纷上诉案

- 案　　号　（2021）最高法知行终112号
- 合议庭成员　原晓爽、周平、何隽
- 关 键 词　行政／反垄断执法／行政不作为／合理期限
- 相关法条　《中华人民共和国行政诉讼法》第47条第1款

【裁判要旨】

法律、法规和规章未对反垄断书面举报的调查设定期限的，可以综合考虑作为调查对象的涉嫌垄断行为的行为性质、调查难度、调查范围等因素来确定反垄断执法机构履行法定职责的合理期限。当事人于反垄断执法机构履行法定职责的合理期限内提起行政诉讼，主张反垄断执法机构构成行政不作为的，不予支持。

【案情摘要】

市场监管总局于 2020 年 1 月 8 日收到格凯公司的《履行法定职责申请书》，格凯公司请求市场监管总局依法查处玉柴专卖公司滥用市场支配地位、达成并实施垄断协议的垄断行为。格凯公司认为，根据《行政诉讼法》第 47 条第 1 款的规定，市场监管总局未在两个月的法定期限内履行查处职责，构成行政不作为。2020 年 5 月 15 日，格凯公司提起行政诉讼，请求判令市场监管总局履行法定职责，对格凯公司的申请作出处理并回复。

（撰写人：何　隽）

5　垄断行政处罚的司法审查
——盛华公司与海南省市场监督管理局反垄断行政处罚纠纷上诉案

- 案　　号　（2021）最高法知行终 880 号
- 合议庭成员　余晓汉、何隽、薛淼
- 关 键 词　垄断协议 / 反垄断行政处罚 / 上一年度销售额 / 司法审查
- 相关法条　《中华人民共和国反垄断法》第 46 条第 1 款①

【裁判要旨】

对于垄断行政处罚的合法性与合理性的审查，应当重点考量：该行政处罚是否在法律规定的处罚标准和范围之内；该行政处罚是否具有足够的威慑作用，能够实现《反垄断法》关于预防和制止垄断行为的立法目的；该行政处罚是否符合过罚相当原则。具体审查时，应当结合垄断行为的危害性程度、经营者的主观恶意、经营者在违法行为中所处的地位和作用、是否已经并处没收违法所得、经营者是否存在抗拒行政查处或者主动停止违法行为的情节等个案具体情况，以有利于实现反垄断法预防和制止垄断行为的立法目的和确保个案处理结果公正为指引，进行综合判断。

---

① 对应《中华人民共和国反垄断法》（2022 年修正）第 56 条第 1 款。

【案情摘要】

盛华公司于 2017 年起在海南省消防协会消防维保检测行业分会组织下达成并实施消防安全检测价格的横向垄断协议，该公司经营业务范围有 20 余项，其 2018 年年度销售额 1 亿元，其中开展消防安全检测业务的经营收入为 93.9 万元。海南省市场监督管理局于 2019 年 9 月对盛华公司进行垄断立案调查，于 2020 年 11 月作出处罚决定，对盛华公司处以 2018 年销售额 1 亿元 1% 的罚款即 100 万元。盛华公司不服处罚决定，提起行政诉讼，其主张根据《反垄断法》第 46 条的规定，反垄断执法机构对达成并实施垄断协议的经营者，按照上一年度销售额 1% 以上 10% 以下处以罚款。该"销售额"应控制在经营者达成并实施垄断协议的经营部分，而不应将经营者开展其他正常业务的销售额也纳入处罚基数来计算罚款数额。

（撰写人：余晓汉）

计算机软件 ▶▶▶

1　共有著作权的正当行使
——娱美德公司、传奇 IP 与亚拓士公司等侵害计算机软件著作权纠纷上诉案

- 案　　号　（2020）最高法知民终 402 号
- 合议庭成员　徐燕如、刘晓梅、詹靖康
- 关 键 词　民事 / 计算机软件著作权 / 侵权 / 共有著作权权利行使 / 协商
- 相关法条　《中华人民共和国著作权法实施条例》第 9 条，《计算机软件保护条例》第 10 条

【裁判要旨】

共有著作权人的权利行使可以参照适用《著作权法》及其实施条例关于合作作者行使合作作品著作权的规定。原则上，共有著作权人应当通过协商一致行使著作权；不能协商一致或者实际已不具备协商可能的，任何共有著作权人无正当理由不得阻止其他共有著作权人行使除转让、许可他人专有使用、出质以外的其他权利，

但是所得收益应当合理分配给所有共有著作权人。

【案情摘要】

娱美德公司、亚拓士公司为《传奇2》游戏软件的共有著作权人，曾授权盛大公司在中国大陆和香港独家运营《传奇2》游戏软件。娱美德公司等认为，娱美德公司与亚拓士公司是《传奇2》游戏软件的共有著作权人，亚拓士公司未经与共有著作权人协商，单方签署《续展协议》的行为侵害了共有著作权人的利益，遂诉至人民法院，请求确认《续展协议》无效等。

（撰写人：刘晓梅）

2 计算机软件著作权侵权认定中的举证责任
——新思公司与芯动公司侵害计算机软件著作权纠纷上诉案

- 案　　号　（2020）最高法知民终1138号
- 合议庭成员　徐卓斌、李自柱、雷艳珍
- 关 键 词　民事 / 计算机软件著作权 / 侵权 / 举证责任
- 相关法条　《中华人民共和国著作权法》第48条①，《计算机软件保护条例》（2013年修订）第3条

【裁判要旨】

著作权人已经举证证明被诉侵权软件与主张权利的在先软件界面高度近似，或者被诉侵权软件存在相同的权利管理信息、设计缺陷、冗余设计等特有信息，能够初步证明被诉侵权软件与主张权利软件构成实质性近似且被诉侵权人接触主张权利软件的可能性较大的，举证责任转移至被诉侵权人，由其提供相反证据证明其未实施侵权行为。

【案情摘要】

新思公司认为芯动公司未经许可，复制、使用其享有著作权的计算机软件Disign Compiler。经一审法院组织双方当事人各自提供相关软件文件进行勘验比对，

---

① 对应《中华人民共和国著作权法》（2020年修正）第53条。

通过输入探查命令方式固定芯动公司相关计算机和服务器的使用状态。根据保全勘验结果，芯动公司的电脑中存在与新思公司涉案计算机软件的版本信息、目录结构、错误信息等方面均相同的软件信息，其设置路径方式亦是为了运行涉案软件。

（撰写人：徐卓斌）

3 计算机软件委托开发合同中未履行权利瑕疵担保责任对合同目的实现的影响
——欧弗瑞公司与国迅公司等计算机软件开发合同纠纷上诉案

- **案　　号**　（2021）最高法知民终 677 号
- **合议庭成员**　余晓汉、雷艳珍、詹靖康
- **关 键 词**　民事 / 计算机软件开发合同 / 合同解除 / 合同目的 / 权利瑕疵担保责任
- **相关法条**　《中华人民共和国合同法》第 94 条第 4 项[①]

【裁判要旨】

计算机软件委托开发合同约定开发方负责开发源代码、委托方享有源代码著作权的，开发方负有权利瑕疵担保责任，即保证第三人不就该源代码享有任何权利。开发方违反权利瑕疵担保责任的，可以认定委托方取得软件著作权的合同目的不能实现，委托方有权解除合同。

【案情摘要】

欧弗瑞公司（甲方）与国迅公司（乙方）签订《新风网络平台开发协议书》，约定甲方委托乙方设计开发"欧弗瑞新风网 PC、手机、微信网络平台"；网络平台项目中相关程序、文件源码和所有网页的版权归甲方所有。欧弗瑞公司认为，国迅公司交付的涉案软件与案外人所有的"好商城 shopnc"软件高度相似，侵害他人著作权，存在权利瑕疵，欧弗瑞公司无法依照其与国迅公司签订的涉案合同约定取得涉案软件的著作权，不能实现合同目的，国迅公司构成根本违约，故向人民法院提起诉讼，请求判令解除涉案合同，国迅公司返还欧弗瑞公司报酬及费用并赔偿利息损

[①] 对应《中华人民共和国民法典》第 563 条。

失等，徐某欣、王某承担连带赔偿责任。

（撰写人：雷艳珍）

4 计算机软件附条件免费商业使用中的侵权认定与责任承担

——米拓公司与工程建设协会侵害计算机软件著作权纠纷上诉案

- **案　　号**　（2021）最高法知民终 1547 号
- **合议庭成员**　余晓汉、詹靖康、雷艳珍
- **关　键　词**　民事 / 计算机软件著作权 / 侵权 / 附条件许可 / 侵权认定 / 责任承担
- **相关法条**　《中华人民共和国合同法》第 125 条第 1 款①，《中华人民共和国著作权法》第 10 条第 2 项②

【裁判要旨】

软件著作权人向不特定用户提供软件，允许其免费下载并进行商业使用，但在用户协议中明确要求必须保留有关版权标识和链接信息，用户免费下载并在商业使用时去除该版权标识或者链接信息的，应当认定其构成侵害软件著作权人的署名权，可以判令其依法承担停止侵害、赔偿损失的责任，还可以根据侵权人过错及侵权情节视情判令其赔礼道歉。

【案情摘要】

米拓公司于 2019 年 7 月 26 日开发了米拓企业建站系统（MetInfo V7.0）的计算机软件，该公司网站为网络用户提供涉案建站软件的免费下载。当用户在其计算机中安装建站软件时，计算机中弹出界面显示涉案用户协议，用户浏览该协议后点击"我已仔细阅读以上协议并同意安装"按钮即可在自己计算机终端（服务器）中安装、使用建站软件。涉案用户协议主要内容载明：米拓公司同意用户免费商业使用涉案建站软件，但要求用户在所建网站中保留米拓公司的版权标识和网站链接信息。否则，将直接违反该协议并构成侵权，米拓公司有权启用法律程序进行维权和索赔。

---

① 对应《中华人民共和国民法典》第 466 条。
② 对应《中华人民共和国著作权法》（2020 年修正）第 10 条第 2 项。

米拓公司在网站上同时还另行提供收费版本下载,"买断"商业套餐价格为 6999 元。米拓公司起诉主张工程建设协会未按用户协议要求保留米拓公司的版权标识和网站链接信息,侵害了米拓公司依法享有的署名权、修改权、保护作品完整权、复制权、信息网络传播权、获得报酬权等多项权利。

(撰写人:余晓汉)

商标行政诉讼 ▶▶▶

1 商标异议复审案件中"其他不正当手段"的审查
——汤米巴哈马公司与国家知识产权局、百优集团、杭州百优公司商标异议复审行政纠纷再审案

- **案　　号**　(2018)最高法行再 170 号
- **合议庭成员**　杜微科、吴蓉、张玲玲
- **关 键 词**　行政/商标异议复审行政纠纷/其他不正当手段
- **相关法条**　《中华人民共和国商标法》第 41 条第 1 款[①],《最高人民法院关于审理商标授权确权行政案件若干问题的规定》第 24 条

【裁判要旨】

为遏制恶意注册商标、维护正常的商标管理秩序,2001 年《商标法》第 41 条第 1 款"其他不正当手段"的规定可适用于尚未获得注册的商标的审查。诉争商标申请人及其法定代表人、关联公司等没有正当合理理由,围绕他人具有较强显著性和一定知名度的商业标识实施一系列商标、商号、域名等的申请、使用行为,可以认定为构成该条所指的"其他不正当手段"。

【案情摘要】

百优集团于 2010 年 9 月 17 日申请注册第 8678878 号"TOMMY BAHAMA"商标

---

① 对应《中华人民共和国商标法》(2019 年修正)第 44 条第 1 款。

（以下简称被异议商标），汤米巴哈马公司向原商标局提出异议申请，原商标局裁定被异议商标予以核准注册。汤米巴哈马公司不服，向原商标评审委员会提出异议复审申请，原商标评审委员会作出被诉裁定，对被异议商标予以核准注册。汤米巴哈马公司不服，向北京知识产权法院提起行政诉讼。北京知识产权法院一审认为，汤米巴哈马公司提供的证据不足以证明百优集团具有以欺骗手段或其他不正当手段取得注册的情形，被异议商标的申请注册未构成2001年《商标法》第41条第1款规定之情形。遂判决驳回汤米巴哈马公司的诉讼请求。汤米巴哈马公司不服一审判决，向北京市高级人民法院提起上诉。北京市高级人民法院二审判决驳回上诉，维持一审判决。汤米巴哈马公司不服二审判决，向最高人民法院申请再审。最高人民法院再审认为，综合考虑恒丰投资实业公司与百优集团、杭州百优公司等关联公司实施的与"Tommy bahama"相关的一系列行为，应当依法认定被异议商标的申请注册构成2001年《商标法》第41条第1款规定的情形，遂判决撤销一、二审判决和被诉裁定，令国家知识产权局重新作出复审裁定。

（撰写人：杜微科）

2 商标无效案件中地名商标的审查
——蓝海矿泉水公司与国家知识产权局、云露水业公司
商标权无效宣告请求行政纠纷申请再审案

- 案　　号　（2020）最高法行申11355号
- 合议庭成员　杜微科、吴蓉、张玲玲
- 关 键 词　行政／商标权无效宣告请求行政纠纷／县级以上行政区划地名
- 相关法条　《中华人民共和国商标法》第10条第2款

【裁判要旨】

诉争商标标志为县级以上行政区划的地名，如果不能证明其整体上具有区别于地名的含义，应当认定其违反2001年《商标法》第10条第2款的规定。

【案情摘要】

诉争商标为第9522017号"阿尔山"商标，核定使用在第32类的水（饮料）、果汁等商品上，注册人为蓝海矿泉水公司。云露水业公司于2017年2月20日向原

商标评审委员会提出无效宣告请求,主张诉争商标仅直接表示了核定商品的原料、产地,缺乏显著性,应予以宣告无效。原商标评审委员会作出被诉裁定,认定诉争商标的注册属于2001年《商标法》第10条第2款规定的不得作为商标注册和使用的情形,裁定诉争商标的注册予以无效宣告。蓝海矿泉水公司不服被诉裁定,向北京知识产权法院提起诉讼。该院认定诉争商标的注册违反2001年《商标法》第10条第2款的规定,判决驳回蓝海矿泉水公司的诉讼请求。蓝海矿泉水公司不服一审判决,向北京市高级人民法院提起上诉。北京市高级人民法院二审判决驳回上诉,维持一审判决。蓝海矿泉水公司不服二审判决,向最高人民法院申请再审。最高人民法院经审查认为,诉争商标为中文"阿尔山",阿尔山属于县级以上行政区划的地名,依法不得作为商标注册,被诉决定以及一、二审判决的相关认定并无不当,裁定驳回蓝海矿泉水公司的再审申请。

(撰写人:杜微科)

3 在同一种或类似商品上的近似商标的判断标准
——福建达利公司与国家知识产权局、喜力亚太公司商标权无效宣告请求行政纠纷申请再审案

- **案　　号**　(2020)最高法行申11790号
- **合议庭成员**　张志弘、曹刚、许常海
- **关 键 词**　知识产权/商标权无效宣告/商标近似性
- **相关法条**　《中华人民共和国商标法》第30条

【裁判要旨】

同他人在同一种商品或者类似商品上已经注册的商标相同或者近似的,不能注册。对商标近似性的判断,既要结合商标标志构成要素及其整体的近似程度考虑商标标志是否近似,也要结合相关商标的显著性和知名度、所使用商品的关联程度等因素考虑是否存在混淆可能性,以申请注册的商标与引证商标在同一种或类似商品上并存是否容易导致相关公众混淆误认作为判断标准。诉争商标为侧面虎头及圆形黑色背景的图形,引证商标分别为圆环内老虎图形、中文"虎"、英文"Tiger"。诉争商标与各引证商标均指向"老虎"这一动物,在含义、整体视觉效果等方面相近,构成近似商标。

【案情摘要】

福建达利公司注册商标，标志：图形，核定使用在第 32 类酒类等商品上。引证商标 1 至引证商标 6 均为喜力亚太公司商标，标志为图形加汉字"虎"及英文"tiger"，均核定使用在第 32 类酒类等商品上。喜力亚太公司提出诉争商标无效申请，商标评审委员会认定诉争商标与 6 个引证商标构成使用在相同或类似商品上的近似商标，裁定诉争商标予以无效宣告。福建达利公司不服，提起诉讼。一审判决认为诉争商标与各引证商标构成使用在同一种或类似商品上的近似商标，被诉裁定并无不当，判决驳回福建达利公司的诉讼请求。福建达利公司不服，提出上诉。二审判决予以维持。福建达利公司向最高人民法院申请再审，最高人民法院裁定驳回福建达利公司的再审申请。

（撰写人：张志弘、张　赫）

4　象征性使用不属于商标法意义上的使用
——倪某某与国家知识产权局、福建七匹狼公司商标权撤销复审行政纠纷申请再审案

- 案　　号　（2020）最高法行申 13980 号
- 合议庭成员　王艳芳、晏景、李丽
- 关　键　词　行政 / 商标权撤销复审 / 商标使用
- 相关法条　《中华人民共和国商标法》第 44 条第 4 项①

【裁判要旨】

商标使用应当具有真实性和指向性，即商标使用是商标权人控制下的使用，该使用行为能够表达出该商标与特定商品或服务的关联性，能够使相关公众意识到该商标指向了特定的商品或服务。商标权人提交的授权书、销售合同、发票等证据，仅能证明诉争商标的一次商品销售行为，且数量较少，金额较小，属于仅以或主要以维持注册效力为目的的象征性使用商标的行为，不应视为在商标法意义上的使用。

---

① 对应《中华人民共和国商标法》（2019 年修正）第 49 条第 2 款。

【案情摘要】

诉争商标为第 6781976 号"DRUGA 及图"商标，权利人系倪某某。福建七匹狼公司针对诉争商标向国家知识产权局申请撤销复审。原审法院经审理认为，倪某某所提交的授权书、服装销售合同、发票等，仅能证明诉争商标的一次商品销售行为，且销售金额较小，难以发挥诉争商标指向商品来源的作用。且倪某某提交的证据均为自制证据，且无其他证据予以佐证。综上，该证据不足以证明诉争商标于指定期间在核定商品上进行了真实、有效的商业使用。倪某某不服，向最高人民法院再审申请。

（撰写人：王艳芳、唐　弦）

5 商标授权确权行政案件中诉争商标予以宣告无效的事由不复存在时的处理

——劳尔达斯公司与国家知识产权局、E.C. 公司商标权无效宣告请求行政纠纷再审案

- 案　　号　（2020）最高法行再 135 号
- 合议庭成员　佟姝、吴蓉、张玲玲
- 关 键 词　行政 / 商标 / 无效宣告 / 情势变更
- 相关法条　《最高人民法院关于审理商标授权确权行政案件若干问题的规定》第 28 条

【裁判要旨】

商标行政管理部门认为诉争商标与两个引证商标构成使用在类似商品上的近似商标，决定诉争商标予以无效宣告。在人民法院审理针对该无效宣告决定的行政案件过程中，两个引证商标均被撤销，诉争商标予以宣告无效的事由不复存在，人民法院可以依据新的事实撤销被诉裁定，并判令根据变更后的事实重新作出裁决。

【案情摘要】

诉争商标由案外人意大利 CNC 服饰有限公司提出注册申请，核定使用在第 25 类的服装、衬衫、T 恤衫、针织服装、童装、裤子、内衣、运动衫、皮衣、婴儿全

套衣服商品上，后经核准转让至劳尔达斯公司名下。E.C.公司针对诉争商标提出无效宣告请求，原国家工商行政管理总局商标评审委员会作出被诉裁定，认定诉争商标与引证商标一、引证商标二使用在类似商品上的近似商标，对诉争商标予以无效宣告。劳尔达斯公司提起本案行政诉讼。

（撰写人：吴　蓉）

6　商标近似性判断
——北京橡果经贸有限公司与国家知识产权局、石家庄永隆兴经贸有限公司商标权无效行政纠纷再审案

- **案　　号**　（2020）最高法行再 136 号
- **合议庭成员**　杜微科、张玲玲、吴蓉
- **关 键 词**　商标近似 / 知名度 / 恶意
- **相关法条**　《中华人民共和国商标法》第 28 条①

【裁判要旨】

商标近似性判断需要综合考虑诉争商标和引证商标各自的标志组成情况、使用情况、知名度，诉争商标权利人、引证商标权利人申请商标时的主观意图以及相关公众的注意程度，结合在案证据来判断诉争商标的注册是否容易造成相关公众的混淆。

【案情摘要】

2003 年 10 月 20 日，北京橡果经贸有限公司在第四类"发动机燃料非化学添加剂；汽车燃料非化学添加剂；润滑油"商品上申请注册"安耐驰 ENERGY"商标，即诉争商标。2002 年 2 月 21 日，石家庄永隆兴经贸有限公司在第四类"发动机油；润滑油；润滑石墨；润滑剂"等商品上获准注册"耐驰"，即引证商标。商标评审委员会认为诉争商标与引证商标构成类似商品上的近似商标，予以无效宣告。一审判决认为两商标仅存在一字之差，构成近似商标，裁定驳回原告诉讼请求。二审判决予以维持。北京橡果经贸有限公司申请再审。最高人民法院裁定提审。再审诉讼

---

①　对应《中华人民共和国商标法》（2019 年修正）第 30 条。

中，2019年8月23日，国家知识产权局作出商评字〔2019〕第207338号《关于第1716313号"耐驰"商标无效宣告请求裁定书》，引证商标因违反2001年《商标法》第41条第1款"以其他不正当手段取得注册"之规定被裁定予以无效宣告。2021年8月20日，北京知识产权法院作出（2019）京73行初13021号行政判决维持该无效裁定。再审改判撤销一、二审判决及被诉裁定，责令国家知识产权局重新作出裁定。

（撰写人：张玲玲）

7 商标无效行政案件中诉争商标与引证商标构成近似商标的考量因素

——康恩泰有限公司与张某、国家知识产权局商标权无效宣告请求行政纠纷再审案

- 案　　号　（2020）最高法行再290号
- 合议庭成员　郎贵梅、许常海、白雅丽
- 关 键 词　商标无效／商标近似／主观意图
- 相关法条　《中华人民共和国商标法》第30条

【裁判要旨】

判断诉争商标与引证商标是否构成近似商标，是否容易造成相关公众混淆或者误认，应当在考虑商标标志近似程度、商品类似程度的同时，考虑引证商标的显著性和知名度，以及诉争商标申请人的主观意图等因素。诉争商标"ZsnoiSport"与引证商标中的"Zegna"，在字母书写方式、设计风格、表现形式等方面均十分相近。引证商标中的"Zegna"取自品牌创始人的名字，为无固定含义的非普通英文单词，固有显著性较强。引证商标具有一定的知名度，诉争商标权人摹仿引证商标权人系列商标的主观意图明显。综上，诉争商标与引证商标构成在相同或者类似商品上的近似商标，应当宣告无效。

【案情摘要】

诉争商标为第10586767号"ZsnoiSport"商标，由张某于2012年3月8日向原国家工商行政管理总局商标局申请注册，指定使用在第18类"毛皮；钱包（钱夹）；

手提包；旅行包；公文包"等商品上。引证商标一为第G1073051号"ZegnaSport"商标，由康恩泰有限公司（以下简称康恩泰公司）于2011年4月30日申请注册，核定使用在第18类"皮夹子；钱包；雨伞"等商品上，专用权期限至2021年3月28日。引证商标二为第4389933号"Zegna"商标，由康恩泰公司于2004年4月30日申请注册，核定使用在第18类"伞；皮垫"等商品上，专用权期限至2028年9月20日。引证商标三为第G837861号"Ermenegildo Zegna及图"商标，由康恩泰公司于2005年1月14日申请注册，核定使用在第18类"手提包；小钱包；雨伞"等商品上，专用权期限至2024年8月4日。引证商标四为第4389932号"Ermenegildo Zegna"商标，由康恩泰公司于2004年11月30日申请注册，核定使用在第18类"女用阳伞；皮垫"等商品上，专用权期限至2028年9月20日。被诉裁定认为，诉争商标的注册构成《商标法》第30条规定的情形，裁定诉争商标予以无效宣告。张某不服被诉裁定，提起诉讼。一审法院认为，诉争商标与引证商标共存于市场并不易导致相关公众的混淆或误认，未构成近似商标，故撤销被诉裁定。康恩泰公司提起上诉，二审判决驳回上诉，维持原判。康恩泰公司不服二审判决，向最高人民法院申请再审。

最高人民法院经审理认为，诉争商标与四引证商标中的"Zegna"，在字母书写方式、设计风格、表现形式等方面十分相近，从整体视觉印象上，相关公众会认为其相互之间具有一定关联性。在案证据显示，康恩泰公司的"Zegna"品牌于1910年在意大利创立，该品牌于1991年进入中国市场。"Zegna"取自其品牌创始人Ermenegildo Zegna的名字，作为无固定含义的非普通英文单词，"Zegna"具有固有显著性。本案引证商标具有较强的显著性，且在诉争商标申请日前引证商标在第18类商品上具有一定的知名度。在案证据还显示，针对康恩泰公司的"Zegna""ZZegna""ZegnaSport"等注册商标，张某分别在第11类、第18类、第25类等商品上申请注册或者使用"杰尼亚""Zsnoi""ZZ""ZsnoiSport"等商标，摹仿康恩泰公司系列商标的主观意图明显。综合考虑上述因素，诉争商标与四引证商标共同使用在相同或者类似商品上容易使相关公众产生混淆误认，诉争商标的注册构成《商标法》第30条规定的情形，应当宣告无效。

（撰写人：许常海）

8 《商标法》第 44 条第 1 款规定的以 "其他不正当手段取得注册的" 情形的认定

——王某明与国家知识产权局、梁某根商标权无效宣告请求行政纠纷再审案

- 案　　号　（2020）最高法行再 336 号
- 合议庭成员　杜微科、吴蓉、张玲玲
- 关 键 词　行政 / 商标 / 无效宣告
- 相关法条　《中华人民共和国商标法》第 44 条第 1 款

【裁判要旨】

行为人注册多件商标，与我国台湾地区在先注册在同类服务上的注册商标标识相同或者近似，未能提交证据证明其对上述商标具有真实使用意图并实际投入商业使用，其行为扰乱商标注册秩序，损害社会公共利益的，可以认定为《商标法》第 44 条第 1 款规定的以 "其他不正当手段取得注册的" 情形。

【案情摘要】

王某明就诉争商标提起无效宣告请求，原国家工商行政管理总局商标评审委员会作出被诉裁定，认定王某明关于诉争商标构成《商标法》第 10 条第 1 款第 8 项、第 44 条第 1 款规定的主张缺乏充分事实依据，但以诉争商标已构成《商标法》第 32 条所指的情形为由，对诉争商标予以无效宣告。诉争商标的商标权人梁某根提起本案行政诉讼。一审法院认为，诉争商标的注册未构成《商标法》第 32 条规定的 "以不正当手段抢先注册他人在先使用并有一定影响的商标" 之情形，判决撤销被诉裁定。王某明提起上诉，二审法院判决驳回上诉，维持原判。王某明向最高人民法院申请再审。

（撰写人：吴　蓉）

9 无真实使用意图大量注册商标的行为规制
——董某顿与国家知识产权局、宝洁公司商标权
无效宣告请求行政纠纷申请再审案

- 案　　号　（2021）最高法行申 577 号
- 合议庭成员　秦元明、马秀荣、周波
- 关 键 词　商标权无效宣告／不正当手段／无真实使用意图
- 相关法条　《中华人民共和国商标法》第 41 条第 1 款①

【裁判要旨】

当事人及其关联公司大量申请注册与他人有一定影响的商标高度近似的商标，且未能提交证据证明商标已投入实际使用，亦不能证明其商标注册行为系出于正常的生产经营需要的，应当认定为"以其他不正当手段"取得注册的情形。

【案情摘要】

董某顿及其关联公司申请注册了 15 枚与"SK-II""MOONY""ABC""Capri-Sun 果倍爽"等具有一定知名度商标高度近似的商标。宝洁公司依据 2001 年修正的《商标法》第 41 条第 1 款的规定提起行政诉讼，请求宣告诉争商标"SK-II"无效。在诉讼中，董某顿未能提交证据证明对上述绝大部分商标进行了实际使用，亦无法证明其大量注册商标行为系出于正常的生产经营需要。二审法院经审理认为，诉争商标"SK-II"核定使用在"卫生巾；卫生垫；消毒棉"等商品上，并不存在对其指定使用商品的质量等特点作了超出固有程度的表示，容易使公众对商品的质量等特点产生错误的认识。但董某顿及其关联公司的大量囤积商标的行为，并无真实使用意图，不当占用社会公共资源，扰乱了商标注册管理秩序，已构成 2001 年《商标法》第 41 条第 1 款规定的以其他不正当手段取得注册的情形。因此，二审法院改判支持宝洁公司的诉讼请求。董某顿不服二审判决，申请再审，最高人民法院经审查，裁定驳回了董某顿的再审申请。

（撰写人：周　波、王　晨）

---

① 对应《中华人民共和国商标法》（2019 年修正）第 44 条第 1 款。

10 商标驳回复审案件中近似商标的判断因素
——上海悦泷信息技术有限公司与国家知识产权局商标申请驳回复审行政纠纷申请再审案

- 案　　号　（2021）最高法行申 595 号
- 合议庭成员　张志弘、曹刚、许常海
- 关 键 词　商标驳回 / 商标近似 / 个案审查
- 相关法条　《中华人民共和国商标法》第 30 条

【裁判要旨】

诉争商标与各引证商标在整体结构、构成要素等方面相近，使用在同一种或者类似服务上，易使相关公众对服务的来源产生混淆或者误认的，构成《商标法》第 30 条规定的予以驳回的情形。诉争商标由中文"非凡定制"及对应英文构成，引证商标中均包含"非凡"文字。中文"非凡"属于诉争商标显著识别部分之一，该显著识别部分与各引证商标的显著识别部分基本相同。诉争商标与各引证商标构成使用在相同或类似商品上的近似商标。

商标注册实行个案审查制度，其他商标的申请注册情况与本案没有必然的关联性，亦不能当然成为本案诉争商标是否应予注册的依据。

【案情摘要】

诉争商标由汉字"非凡定制"及英文"outstanding customization"上下排列构成；引证商标一为汉字"非凡医疗美容"；引证商标二、引证商标三均为汉字"非凡"；引证商标四为汉字"非凡药房"；引证商标五由手写体汉字"非凡"、小篆体汉字"世家"以及英文"Craftsmen Gentlefolk"组合构成，其中"非凡"为该商标显著识别文字；引证商标六由图形和汉字"非凡名"上下排列构成；引证商标七由图形和汉字"非凡"左右排列构成；引证商标八由汉字"孔""非凡傢俬"和英文"RARO FURNITURE"上下排列构成。诉争商标中的英文"outstanding customization"系"非凡定制"对应的译文，中文"非凡"属于诉争商标显著识别部分之一，该显著识别部分与各引证商标的显著识别部分基本相同。诉争商标与各引证商标在整体结构、构成要素等方面相近，使用在同一种或者类似服务上，易使相关公众对服务的来源产生混淆或者误认。原审判决据此认定诉争商标与各引证商标构成《商标法》第 30 条规定的予以驳回的情形。商标注册实行个案审查制度,其他商标的申请注册情况与本案没有必然的关联性,亦不能当然成为本案诉争商标是否应予注册的依据。

(撰写人:许常海)

11 商标无效宣告请求 5 年期限起算日的判断
——宁波康宁线缆有限公司与国家知识产权局、康宁有限公司商标权无效宣告请求行政纠纷申请再审案

- 案　　号　（2021）最高法行申 966 号
- 合议庭成员　佟姝、戴怡婷、张玲玲
- 关　键　词　商标 / 无效宣告程序 / 起算日 / 商标注册之日
- 相关法条　《中华人民共和国商标法》第 45 条第 1 款

【裁判要旨】

确定商标无效宣告请求 5 年期限的起算日时,应当区分不同的商标注册程序来确定。若商标申请注册过程中未经过商标异议程序,商标初审公告 3 个月期满之日,可以作为商标无效宣告请求 5 年期限的起算日。若商标申请注册过程中经过异议或异议复审程序,该商标最终是否能获得授权处于不确定状态,不宜一概将商标初审公告 3 个月期满之日视为"商标注册之日",对于异议经审查不成立的,可以将商标准许注册日作为商标无效宣告 5 年期限的起算日。

【案情摘要】

在再审申请人宁波康宁线缆有限公司(以下简称康宁线缆公司)与被申请人国家知识产权局、一审第三人康宁有限公司(以下简称康宁公司)商标权无效宣告请求行政纠纷案中,第 6535691 号"康宁"商标(即诉争商标)于 2008 年 1 月 28 日申请注册,核定使用在第 9 类"电源材料(电线、电缆);插座、插头和其他连接物(电器连接)"商品上,注册人为康宁线缆公司。2010 年 6 月 27 日,原国家工商行政管理总局商标局(以下简称商标局)作出商标初审公告,2011 年 4 月 27 日,商标局作出商标异议公告,2012 年 2 月 27 日,商标局作出异议裁定公告,准予诉争商标注册。2017 年 2 月 23 日,康宁公司向原国家工商行政管理总局商标评审委

员会（以下简称商标评审委员会）提出无效宣告请求，商标评审委员会作出商评字〔2017〕第147311号《关于第6535691号"康宁"商标无效宣告请求裁定》（以下简称被诉裁定），宣告诉争商标无效。康宁线缆公司不服，向北京知识产权法院提起行政诉讼。北京知识产权法院一审认为，康宁公司提出无效宣告请求的日期并未超过5年期限，诉争商标应予宣告无效，判决驳回康宁线缆公司的诉讼请求。康宁线缆公司不服，提起上诉。北京市高级人民法院二审判决驳回上诉，维持原判。康宁线缆公司不服，向最高人民法院申请再审。最高人民法院于2021年6月10日裁定驳回了康宁线缆公司的再审申请。

（撰写人：戴怡婷、周睿隽）

12 具有历史渊源关系的商标的近似性判断应充分考虑其在市场中的实际使用情况，以是否容易导致混淆作为判断标准

——单县三義春餐饮有限公司与国家知识产权局、单县三義春（周记）餐饮有限公司商标权无效宣告行政纠纷申请再审案

- 案　　号　（2021）最高法行申1109号
- 合议庭成员　王艳芳、晏景、李丽
- 关　键　词　行政/商标/近似
- 相关法条　《中华人民共和国商标法》第30条

【裁判要旨】

对于具有历史渊源关系的商标的近似性判断，应充分考虑商标在市场的实际使用情况，以是否容易导致混淆、误认作为判断标准。

【案情摘要】

诉争商标为"周保存三義春"，引证商标一为"三義春"。诉争商标的权利人单县三義春（周记）餐饮有限公司与引证商标一的权利人单县三義春餐饮有限公司（以下简称三義春公司）历史上曾在单县共同经营三義春羊肉汤馆，共经历三代人，而"周某存"是中间一代。周某存曾获山东省菏泽市非物质文化遗产项目"单县羊肉汤"代表性传承人证书、"周记三義春羊肉汤"获得"菏泽地方名吃"证书。客观

已经存在不同生产、经营者善意注册、使用的特定商业标志"三義春"共存的情形。三義春公司以诉争商标与引证商标一构成《商标法》第30条所指情形为由，请求对诉争商标予以无效宣告。一审法院认为，诉争商标违反了《商标法》第30条的规定，应予无效宣告。二审法院认为，市场上不同生产经营者善意使用"三義春"标志的客观现实系历史形成，诉争商标权利人亦对"三義春"品牌历史传承作出贡献，且诉争商标"周保存三義春"相较于引证商标"三義春"具有区别性标志"周保存"，二者不构成类似商品上的近似商标，遂判决撤销一审判决。三義春公司不服，向最高人民法院申请再审。最高人民法院再审审查认为，三義春公司的再审请求缺乏事实和法律依据，裁定驳回其再审申请。

（撰写人：李　丽、包　硕）

13　如何认定诉争商标的注册是否属于《商标法》第44条"以其他不正当手段取得注册"情形

——玩国公司与国家知识产权局、联途公司商标权无效宣告请求行政纠纷申请再审案

- **案　　号**　（2021）最高法行申1354号
- **合议庭成员**　王艳芳、晏景、李丽
- **关　键　词**　行政/商标权无效宣告请求行政纠纷/《商标法》第44条/以其他不正当手段取得注册
- **相关法条**　《中华人民共和国商标法》第44条第1款

【裁判要旨】

在商标无效宣告请求案件中，审查判断商标的注册是否属于《商标法》第44条"以其他不正当手段取得注册"的情形，要考虑其是否属于欺骗手段以外的扰乱商标注册秩序、损害公共利益、不正当占用公共资源或者以其他方式谋取不正当利益的手段。申请注册商标，应具有使用的真实意图，申请商标的行为应具有合理性或正当性，超过正常生产经营需要，注册大量商标，无法证明注册目的正当性的，构成《商标法》第44条"以其他不正当手段取得注册"情形。

【案情摘要】

联途公司的商标"火枫 FIREMAPLE 及图"在"户外炉炊具"等商品上已具有较高知名度,玩国公司申请注册多件与联途公司"火枫 FIREMAPLE 及图"相近商标,包括"火枫""FIRE MAPLE"商标数十件,玩国公司及其相关公司从未使用诉争商标,其股东翁某林名下优迈公司注册有包含"火枫 FIRE MAPLE""火枫"等两百余枚商标。原审法院认定诉争商标的注册构成《商标法》第 44 条第 1 款所指"以其他不正当手段取得注册"的情形。玩国公司不服,向最高人民法院申请再审。

（撰写人：王艳芳、唐　弦）

14　再审申请中放弃部分复审商品项目的行为认定
——平罗县大德玻璃纤维有限公司与国家知识产权局商标驳回复审行政纠纷申请再审案

- **案　　号**　（2021）最高法行申 3088 号
- **合议庭成员**　秦元明、马秀荣、周波
- **关 键 词**　行政 / 商品项目 / 放弃 / 被诉决定
- **相关法条**　《中华人民共和国行政诉讼法》第 6 条

【裁判要旨】

判断国家知识产权局作出的被诉决定是否合法,应根据该决定作出时的法律规定和事实情况作出认定,当事人在再审申请书中放弃部分复审商品项目的行为不应纳入审查被诉决定的作出是否合法的考量范围。

【案情摘要】

再审申请人平罗县大德玻璃纤维有限公司（以下简称大德公司）与被申请人国家知识产权局商标申请驳回复审行政纠纷一案中,大德公司主张诉争商标与第 3100377 号"dade 大德"商标（以下简称引证商标二）核定使用商品除 2401 类别中的"无纺布""纺织纤维织物"商品相同外,其他商品不构成同一种商品或类似商品。为有效避免混淆误认,大德公司愿放弃 2401 类全部商品类别和 2402 类别中除"纺织用玻璃纤维织物"之外的全部商品,仅保留 2402 类别中的"纺织用玻璃纤维

织物"一项商品。放弃部分复审商品项目后,诉证商标与引证商标不构成类似商品上的近似商标,应予注册。据此,请求法院再审本案。

最高人民法院认为,根据《行政诉讼法》第6条"人民法院审理行政案件,对行政行为是否合法进行审查"的规定,判断国家知识产权局作出被诉决定是否合法,应根据该决定作出时的法律规定和事实情况作出认定,大德公司在再审申请书中放弃部分复审商品项目的行为,不应纳入审查被诉决定的作出是否合法的考量范围。

（撰写人：周　波、耿慧茹）

15　诉争商标在商标权撤销复审行政纠纷案件审理过程中被宣告无效的,人民法院可以裁定终结诉讼
——宏谋公司与国家知识产权局、米老头公司商标权撤销复审行政纠纷申请再审案

- **案　　号**　（2021）最高法行申6690号
- **合议庭成员**　毛立华、李嵘、江建中
- **关 键 词**　行政/商标权撤销/终结诉讼
- **相关法条**　《中华人民共和国民事诉讼法》第154条第1款第6项①,《最高人民法院关于适用〈中华人民共和国民事诉讼法〉的解释》第381条②

【裁判要旨】

在诉讼过程中,由于存在或发生了特殊情形,使诉讼活动无法再继续进行下去,或者已经没有再进行下去的意义和必要性,可以裁定终结诉讼以结束诉讼程序。

【案情摘要】

宏谋公司于2006年5月22日申请注册第5363229号"米老头"商标,核定使用在第32类的水（饮料）等商品上。米老头公司以该诉争商标连续3年未使用为由

---

① 对应《中华人民共和国民事诉讼法》（2023年修正）第157条第1款第6项。
② 该解释已于2022年修正,此处法条对应第379条。《中华人民共和国行政诉讼法》第101条规定:"人民法院审理行政案件,关于期间、送达、财产保全、开庭审理、调解、中止诉讼、终结诉讼、简易程序、执行等,以及人民检察院对行政案件受理、审理、裁判、执行的监督,本法没有规定的,适用《中华人民共和国民事诉讼法》的相关规定。"因此,该案适用《中华人民共和国民事诉讼法》及其解释的规定。

申请撤销，商标行政部门作出决定：宏谋公司提交的在案证据不能证明诉争商标于指定期间在其核定商品上进行了商业使用，故撤销诉争商标的注册。宏谋公司不服，提起行政诉讼。一审法院驳回其诉讼请求。宏谋公司提起上诉，诉争商标于二审期间被宣告无效，二审法院裁定终结诉讼。宏谋公司申请再审。最高人民法院认为，诉争商标已被宣告无效，即自始无效，故该商标在指定期间的使用情况已无审理的必要，二审法院裁定终结诉讼并无不当，遂裁定驳回其再审申请。

（撰写人：李 嵘、刘海珠）

16 引证商标权利状态不稳定不构成中止审理的当然事由
——小米科技有限责任公司与国家知识产权局商标申请驳回复审申请再审案

- **案　　号** （2021）最高法行申 7910 号
- **合议庭成员** 秦元明、马秀荣、周波
- **关 键 词** 商标 / 复审 / 引证商标 / 商标撤销
- **相关法条** 《中华人民共和国商标法》第 30 条

【裁判要旨】

行政诉讼过程中，当事人以引证商标权利状态不稳定为由申请中止审理的，不构成人民法院中止审理的当然事由。

【案情摘要】

再审申请人小米科技有限责任公司（以下简称小米公司）与被申请人国家知识产权局商标申请驳回复审行政纠纷案中，小米公司申请注册第 33430773 号"小米 MIX"商标（以下简称诉争商标）。2019 年 10 月 31 日，原国家工商行政管理总局商标评审委员会以诉争商标的申请注册违反《商标法》第 30 条规定为由，作出商标驳回复审决定，驳回诉争商标的注册申请。小米公司不服被诉决定，提起行政诉讼。一审法院认为，诉争商标与引证商标一至三分别构成使用在相同或类似服务上的近似商标，其注册申请违反了 2013 年《商标法》第 30 条的规定，判决驳回小米公司的诉讼请求。小米公司不服一审判决，提起上诉。二审阶段，小米公司主张引证商标二正处于无效宣告程序中、引证商标三正处于撤销连续 3 年停止使用程序中，二者权利状态均不稳定，请求中止审理本案。二审法院查明，引证商标二的注册已被

无效宣告，不再构成诉争商标申请注册的在先权利障碍，但引证商标三仍为合法、有效的在先注册商标，虽然一审判决所依据的部分事实发生改变，但其结论正确，故判决驳回上诉，维持原判。小米公司不服二审判决申请再审，主张在引证商标二已无效，引证商标三因被他人提出撤销申请而权利待定的情况下，申请中止审理本案。最高人民法院认为，本案中，虽然引证商标三已经被公告撤销，但是引证商标一仍为有效的在先注册商标，仍构成诉争商标获准注册的在先权利障碍，小米公司的再审申请缺乏事实和法律依据，不符合《行政诉讼法》第91条规定的情形，故裁定驳回小米公司的再审申请。

（撰写人：秦元明、曾　志）

17　诉争商标权利人或者被许可人向案外人购买商品不足以证明诉争商标实际进入市场流通

——星光珠宝公司与国家知识产权局、颜某胜商标权撤销复审行政纠纷申请再审案

- 案　　号　（2021）最高法行申8162号
- 合议庭成员　毛立华、李嵘、江建中
- 关 键 词　行政/商标权撤销/商标使用
- 相关法条　《中华人民共和国商标法》第44条第4项①

【裁判要旨】

仅有诉争商标权利人或者被许可人向案外主体购买标有诉争商标商品的少量证据，不能证明诉争商标权利人或者被许可人将标有诉争商标的商品对外进行了销售，无法证明诉争商标实际进入了市场流通领域。即使该使用行为真实存在，因未达到一定规模，仍属于为规避《商标法》连续3年停止使用的撤销条款以维持其商标注册效力的象征性使用行为，非出于真实的商业目的而使用诉争商标。

【案情摘要】

诉争商标"星光道STARLIGHTWAY及图"注册人为颜某胜，核定使用在第14

---

① 对应《中华人民共和国商标法》（2019年修正）第49条第2款。

类贵重金属合金等商品上。国家知识产权局作出商标撤销复审决定认定颜某胜提交的证据已形成完整证据链,能够证明诉争商标于指定期间在核定商品上进行了使用,维持诉争商标的注册。星光珠宝公司不服,提起行政诉讼。原审法院维持该决定。最高人民法院认为,颜某胜提交的向案外人购买标有诉争商标的商品,不能证明其将该商品对外进行了销售,无法证明诉争商标实际进入了市场流通领域,且因未达到一定规模,属于非出于真实商业目的的象征性使用,不能证明诉争商标于指定期间内在核定使用的商品上进行了真实、合法、有效的商业使用。故裁定指令二审法院再审本案。

(撰写人:李 嵘、刘海珠)

18 商标申请驳回复审行政纠纷中情势变更原则的适用
——麦好公司与国家知识产权局商标申请驳回复审行政纠纷再审案

- **案　　号**　(2021)最高法行再 13 号
- **合议庭成员**　王艳芳、晏景、李丽
- **关 键 词**　商标申请驳回复审 / 在先商标撤销 / 权利障碍消失 / 情势变更
- **相关法条**　《中华人民共和国商标法》第 30 条,《最高人民法院关于审理商标授权确权行政案件若干问题的规定》第 28 条

【裁判要旨】

构成《商标法》第 30 条所规定的申请商标权利障碍的,应当是已经注册或者初步审定的有效商标。在先注册商标已经被撤销并经依法公告的情况下,其注册商标专用权已经终止,不再成为在后申请商标的权利障碍,此时,在后申请商标是否应予核准注册的事实基础发生根本性变化。根据《最高人民法院关于审理商标授权确权行政案件若干问题的规定》第 28 条规定,国家知识产权局此前针对在后申请商标作出的决定及后续行政诉讼中法院判决的结论均应当予以撤销,国家知识产权局应根据现有事实和证据,就在后申请商标是否应予核准注册重新作出决定。

【案情摘要】

麦好公司向国家知识产权局申请注册第 32323724 号"JOE'S TEA"商标,指定使用服务为第 35 类,广告宣传等。国家知识产权局以该商标与核定使用在第 35 类

广告等服务上的第 12892691 号"JOE'S 及图"商标构成《商标法》第 30 条规定的情形为由，决定对第 32323724 号"JOE'S TEA"商标的注册申请予以驳回。麦好公司不服上述决定提起行政诉讼，北京知识产权法院一审判决驳回麦好公司的诉讼请求。麦好公司不服上述判决提起上诉，北京市高级人民法院二审判决驳回上诉，维持原判。二审判决生效后，国家知识产权局刊登《注册商标撤销公告》，依法公告第 12892691 号"JOE'S 及图"商标在全部服务上被撤销，其商标专用权自公告之日起终止。麦好公司不服二审判决，向最高人民法院申请再审，最高人民法院裁定提审本案，并判决撤销一、二审判决及国家知识产权局的决定，判令国家知识产权局就第 32323724 号"JOE'S TEA"商标重新作出复审决定。

（撰写人：晏　景、曹佳音）

19 对商标撤三案件中商标使用证据的认定
——丰山公司与伽蓝公司、国家知识产权局商标权撤销复审行政纠纷再审案

- **案　　号**　（2021）最高法行再 31 号
- **合议庭成员**　王艳芳、晏景、李丽
- **关　键　词**　行政 / 商标权撤销复审行政纠纷
- **相关法条**　《中华人民共和国商标法》第 44 条第 4 项①

【裁判要旨】

商标撤三案件中，商标权人应提供证据证明诉争商标在指定期间内进行了公开、真实、有效的使用。

【案情摘要】

诉争商标系国际注册第 610046 号"CHANDOR"商标，注册日期是 1986 年 6 月 18 日，基础注册国为瑞士联邦，核定使用在第 3 类"化妆品；香料；肥皂；香波及护发用品；牙膏"商品上，经续展商标权专用期限至 2023 年 10 月 11 日，商标权人为伽蓝公司。丰山公司针对该商标提起撤销申请。国家知识产权局决定对诉争商标予以撤销。伽蓝公司不服，向法院起诉。一审法院判决驳回伽蓝公司的诉讼请求。

---

① 对应《中华人民共和国商标法》（2019 年修正）第 49 条第 2 款。

二审期间伽蓝公司提交了大量指定期间内的销售证据,二审法院予以认可并改判。丰山公司不服,向最高人民法院申请再审。

(撰写人:王艳芳、唐　弦)

20 判断商标近似时对标识整体结构及显著识别部分差异性的考虑
——中铁检验认证中心有限公司、国家知识产权局商标驳回复审行政纠纷再审案

- 案　　号　(2021)最高法行再 48 号
- 合议庭成员　张志弘、曹刚、许常海
- 关 键 词　商标近似/整体结构/显著性/包含关系
- 相关法条　《中华人民共和国商标法》第 30 条

【裁判要旨】

在商标驳回复审行政纠纷案件中,判断商标近似时,应当综合考虑诉争商标和引证商标的标识整体结构及组成部分的差异性及显著性,以是否易使相关公众对商品或服务的来源产生混淆误认或者认为存在特定联系作为依据。在商标整体结构及显著识别部分差异较大的情况下,不能仅因商标标识中存在相同要素的包含关系,便认定构成近似商标。

【案情摘要】

诉争商标 由中铁检验认证中心有限公司(以下简称中铁检验公司)于 2017 年 5 月 3 日申请注册。引证商标一为文字"中铁"商标,引证商标二为"中铁跨境购"商标,引证商标四为"中铁联合"商标,引证商标五为"中铁能源"商标,引证商标六为"中铁工程"商标。原商标评审委员会作出驳回复审决定,认为诉争商标已构成《商标法》第 30 条所指情形,故驳回诉争商标的注册申请。一审法院认为,诉争商标与引证商标一、二、四、五、六构成使用在相同或类似服务上的近似商标。在案证据不足以证明诉争商标经宣传使用已具有较高显著性和知名度,从而在指定使用服务上获得了足以与各引证商标相区分的显著特征,遂判决驳回中铁检验公司的诉讼请求。二审法院经审理驳回上诉,维持原判。中铁检验公司不服,向

最高人民法院申请再审。最高人民法院审查认为，虽然诉争商标与引证商标一、二、六均含有"中铁"二字，但诉争商标整体结构相对复杂，其图案及字母"CRCC"为显著识别部分，整体结构、视觉效果方面与各引证商标差异较大。诉争商标汉字"中铁检验认证中心""中铁检验认证"与中铁检验公司业务具有关联性，是企业名称的主要组成部分，"中铁"二字显著性相对较弱。从呼叫、含义等方面看，诉争商标与各引证商标亦有所区别。相关公众施以一般注意力，能够将诉争商标与各引证商标进行区分，不会造成混淆误认，诉争商标与各引证商标不构成《商标法》第30条规定的情形。原审判决和被诉决定基于诉争商标和各引证商标均含有"中铁"二字且"中铁"为诉争商标文字部分的首汉字，认定诉争商标和各引证商标构成使用在相同或者类似服务上的近似商标，有所不当，对此予以纠正。撤销一审、二审判决及第32480号决定，判令国家知识产权局重新作出决定。

（撰写人：许常海）

21 商标应予无效情形下再审申请人以与商标权人达成和解为由申请撤回再审请求的，应否准许

——龙某与人民金行公司、国家知识产权局
商标权无效宣告请求行政纠纷再审案

- 案　　号　（2021）最高法行再58号
- 合议庭成员　张志弘、张颖新、许常海
- 关　键　词　知识产权 / 商标权无效宣告 / 撤回再审请求
- 相关法条　《中华人民共和国商标法》第10条第1款第7项、第8项

【裁判要旨】

商标带有欺骗性，容易使公众对商品的质量等特点或者产地产生误认，以及有其他不良影响的，不得作为商标使用。再审申请人以与商标权人达成和解为由申请撤回再审请求，但因案涉商标存在违反《商标法》规定、应予宣告无效情形，而原审判决未予认定，故再审申请人申请撤回再审请求，甚至无正当理由拒不参加再审开庭审理的，再审法院应不予准许，并应缺席审理后作出再审改判。

【案情摘要】

人民金行公司于2011年12月申请注册"人民金行"商标，后经核准予以注册，核定使用在第14类"贵重金属锭；未加工的金或金箔；钯；铂（金属）；珠宝（首饰）；银饰品；翡翠；金刚石；珍珠（珠宝）；玛瑙"商品上。龙某向原商标评审委员会申请宣告"人民金行"商标无效。原商标评审委员会作出裁定，认定诉争商标违反《商标法》第10条第7项、第8项之规定，对诉争商标予以无效宣告。一审判决认为该商标并不存在违反《商标法》规定的情形，故判决撤销被诉裁定，判令国家知识产权局重新作出裁定。二审判决予以维持。龙某申请再审。最高人民法院裁定提审。再审诉讼中，龙某以与商标权人达成和解为由申请撤回再审请求，最高人民法院裁定不予准许，并作出再审改判，撤销一、二审行政判决，驳回人民金行公司的诉讼请求，支持国家知识产权局作出的商标无效裁定。

（撰写人：张志弘、张　赫）

22　出口行为是否属于商标使用
——大连出口加工区莱诺泰国际工贸有限公司与国家知识产权局、符某军商标撤销复审行政纠纷再审案

- **案　　号**　（2021）最高法行再127号
- **合议庭成员**　佟姝、张玲玲、吴蓉
- **关 键 词**　行政/商标使用/出口
- **相关法条**　《中华人民共和国商标法》第44条[①]

【裁判要旨】

联运提单、航空分运单、海关备案清单等证据可以证明存在真实的商品出口行为。该出口行为是否能够维持商标注册还需要综合考虑出售商品的价值以及诉争商标在复审期间前后使用持续时间、周期等因素。

[①]　对应《中华人民共和国商标法》（2019年修正）第49条。

【案情摘要】

2011年12月30日,大连出口加工区莱诺泰国际工贸有限公司在第七类光学冷加工设备;眼镜片加工设备商品上申请注册了"SOMOS"商标。大连出口加工区莱诺泰国际工贸有限公司提交了《海关信息公开申请答复书》(金普关公复〔2019〕1号),其上记载:090420160040006308海关出境货物备案清单所涉及货物申报、放行的具体时间和流程等信息属于本关依申请公开的政府信息。现予以提供:海关作业系统中对该单的查询结果显示,该单于2016年3月16日10时21分32秒申报电子报关数据。审单合格后系统自动放行,放行时间为2016年3月16日10时21分45秒;提交了申报日期为2016年3月16日的海关加工区出境货物备案清单(即海关备案清单),其上显示"SOMOS"抛光机2台,总价7万欧元,海关备案审核处空白等证据。一审判决在案证据无法形成完整的证据链,不能证明原告在2013年3月24日至2016年3月23日期间(简称指定期间)内将第10384334号"SOMOS"商标在核定的"光学冷加工设备、眼镜片加工设备"商品上进行了实际使用,裁定驳回原告诉讼请求。二审判决予以维持。大连出口加工区莱诺泰国际工贸有限公司申请再审。最高人民法院裁定提审。再审改判撤销一、二审判决及被诉裁定,责令国家知识产权局重新作出裁定。

(撰写人:张玲玲)

23 诉争商标的注册不正当地利用他人驰名商标的市场声誉、损害驰名商标权利人的利益的,应予无效宣告
——索菲亚家居公司与国家知识产权局、河南索菲亚公司商标权无效宣告行政纠纷再审案

- 案　　号　(2021)最高法行再153号
- 合议庭成员　王艳芳、晏景、李丽
- 关 键 词　行政/无效宣告/驰名商标
- 相关法条　《中华人民共和国商标法》第13条第3款

【裁判要旨】

诉争商标的注册和使用不正当地利用了引证商标作为驰名商标的市场声誉,割

裂了相关公众对引证商标与其权利人商品之间的固有联系，从而减弱引证商标作为驰名商标的显著性，误导公众，损害了引证商标权利人作为驰名商标权利人的利益，违反了2013年修正的《商标法》第13条第3款的规定，应予无效宣告。

【案情摘要】

诉争商标系第7708905号"索菲亚SOGAL"商标，由河南索菲亚公司于2009年9月18日申请注册，核定使用在第27类"垫席、人工草皮等"商品上。引证商标一系第1761206号"索菲亚"商标，由广东汇高贸易有限公司于2001年4月16日申请注册，核定使用在第20类"家具；餐具柜"等商品上，于2012年2月经核准变更注册人名义为索菲亚家居公司。一审法院认为，在案证据不足以证明引证商标一在诉争商标申请日之前已经构成驰名商标。因此，诉争商标的注册未违反《商标法》第13条第3款的规定。判决驳回索菲亚家居公司的诉讼请求。二审法院驳回上诉，维持原判。索菲亚家居公司向最高人民法院申请再审。最高人民法院认为，在案证据可以证明索菲亚家居公司多年来在全国范围内持续在家具商品上使用引证商标一，在诉争商标申请日前，引证商标一在家具商品上已为相关公众所熟知，达到驰名的状态。诉争商标构成《商标法》第13条第3款所指情形，应予无效宣告。最高人民法院提审改判。

（撰写人：李　丽、包　硕）

24 商标撤三案件中对商标真实有效使用的认定
——余某玉与杭州亦橙电子商务有限公司、国家知识产权局商标权撤销复审行政纠纷再审案

- **案　　号**　（2021）最高法行再154号
- **合议庭成员**　毛立华、李嵘、江建中
- **关　键　词**　商标权撤销复审 / 真实有效使用
- **相关法条**　《中华人民共和国商标法》第49条

【裁判要旨】

《商标法》第49条中的"使用"应为商标性的使用，即商标权人或被许可人秉持真实使用商标的意图，将商标附着于核定使用的商品或服务上，并投入到公开的

商业流通领域中，使其为相关公众所识别，实现标识来源的作用。描述性使用不能认定为进行了真实有效的使用。

【案情摘要】

余某玉对亦橙公司的诉争商标 提起撤销之诉。国家知识产权局作出被诉决定，对诉争商标予以撤销。一、二审法院认为，被诉决定的认定诉争商标未在指定期间进行商业使用的依据不足。其中涉及对"原创独家设计深色修身韩版小直筒磨破加厚小脚牛仔裤文艺男裤子""港仔文艺春装青年衬衫潮男士百搭修身长袖条纹衬衣小清新简约男装""港仔定制夏季罗马凉鞋男魔术贴拖鞋情侣耐磨EVA沙滩鞋文艺潮"等商品的销售订单的证据认定问题。余某玉不服原审判决，向最高人民法院申请再审。最高人民法院认为，从使用方式和使用目的来看，"文艺"二字的使用更多是对商品特点的描述，而非来源的指示，不能认定为对诉争商标真实有效的使用。最高人民法院提审改判。

（撰写人：毛立华、唐　弦）

25 实际使用商品是否构成在核定商品上使用的认定
——喜之郎公司与国家知识产权局、金高亚太公司商标权撤销复审行政纠纷再审案

- **案　　号**　（2021）最高法行再239号
- **合议庭成员**　王艳芳、晏景、李丽
- **关 键 词**　商标权撤销复审／实际使用证据／商品类别
- **相关法条**　《中华人民共和国商标法》第49条第2款

【裁判要旨】

在商标权撤销复审行政案件中，判断诉争商标在相关商品上的使用是否属于在核定商品上的使用，应当结合商品特性、市场实际以及相关公众的一般认知进行判断。诉争商标实际使用的商品与诉争商标核定使用的商品在商品特性、消费对象等方面存在密切关联，以相关公众的一般认知判断，易于将诉争商标实际使用的商品识别为核定使用的商品的，应认定诉争商标在核定商品上存在使用行为。

【案情摘要】

喜之郎公司向国家知识产权局申请注册第1245146号"招财猫"商标，指定使用商品为第30类，食用糖果；口香糖（非医用）；软糖；饼片；蛋糕；布丁；糕点；麦片；面包；虾条。金高亚太公司以连续三年停止使用为由对该商标提出撤销注册申请，国家知识产权局决定对该商标在"食用糖果；口香糖（非医用）；软糖"商品上予以维持，在"饼片；蛋糕；布丁；糕点；麦片；面包；虾条"商品上予以撤销。金高亚太公司不服上述决定提起行政诉讼，北京知识产权法院一审判决驳回金高亚太公司的诉讼请求。金高亚太公司不服上述判决提起上诉，北京市高级人民法院二审认为，喜之郎公司提交的证据不足以证明第1245146号"招财猫"商标在"食用糖果；口香糖（非医用）；软糖"商品上进行了公开、真实、有效的商业使用，故判决撤销一审判决及国家知识产权局的决定，由国家知识产权局重新作出决定。喜之郎公司不服二审判决，向最高人民法院申请再审。最高人民法院裁定提审本案，认为喜之郎公司实际使用诉争商标的商品属于巧克力与饼干相组合的食品，与诉争商标核定使用的"食用糖果；口香糖（非医用）；软糖"商品在商品特性、消费对象等方面存在密切关联，以相关公众的一般认知判断，易于将上述商品识别为食用糖果或软糖等休闲性食品。因此，应认定喜之郎公司在指定期间内在核定商品上进行了真实、合法以及有效的商业使用，二审判决认定不当。故判决撤销二审判决，维持一审判决。

（撰写人：晏　景、曹佳音）

26　其他缺乏显著特征的标志的判断
——互旺公司与陈麻花公司、国家知识产权局
商标权无效宣告请求行政纠纷再审案

- **案　　号**　（2021）最高法行再253号
- **合议庭成员**　张志弘、白雅丽、许常海
- **关 键 词**　商标/其他缺乏显著特征/识别功能/商标权无效
- **相关法条**　《中华人民共和国商标法》第11条

【裁判要旨】

诉争商标申请注册时，由于同业经营者的大量使用导致相关公众已不能区别商品具体的生产、经营者，诉争商标已不能发挥商标应有的识别功能，构成《商标法》第11条第1款第3项其他缺乏显著特征的标志，不得作为商标注册。已注册的商标，应予以宣告无效。

【案情摘要】

陈麻花公司于2013年11月5日申请注册第13488225号"磁器口陈麻花"商标（即诉争商标），核定使用在第30类麻花等商品上。诉争商标注册后，互旺公司请求依据《商标法》第11条第1款等规定，对诉争商标宣告无效。原国家工商行政管理总局商标评审委员会作出商标无效宣告请求裁定，认定诉争商标违反了《商标法》第11条第1款第1项等的规定，裁定诉争商标予以无效宣告。陈麻花公司不服，提起行政诉讼。一审法院认为，在诉争商标申请注册日之前，"陈麻花"在重庆磁器口地区已经成为一种麻花商品约定俗成的通用名称，本案诉争商标"磁器口陈麻花"中"磁器口"系标示本案"麻花"商品来源所在地重庆市磁器口，故诉争商标"磁器口陈麻花"在整体上亦属于《商标法》第11条第1款第1项规定的情形，故判决驳回陈麻花公司的诉讼请求。陈麻花公司不服，提起上诉。二审法院认为，互旺公司提交的证据不足以证明"陈麻花"系规范化的商品名称，不足以证明"陈麻花"在诉争商标核准注册时成为通用名称，诉争商标"磁器口陈麻花"中"磁器口"系标示本案"麻花"商品来源所在地重庆市磁器口，故诉争商标"磁器口陈麻花"的申请注册未违反《商标法》第11条第1款第1项的规定。遂判决撤销一审判决和被诉裁定，判令国家知识产权局重新作出裁定。互旺公司不服，向最高人民法院申请再审。最高人民法院裁定提审。经再审审理，改判撤销二审判决，维持一审判决。

（撰写人：张志弘、张　赫）

27 参照适用在后的司法解释是否违反"法不溯及既往"原则

——完美世界公司、国家知识产权局与上海游奇公司商标权无效宣告请求行政纠纷再审案

- **案　　号**　（2021）最高法行再 254 号
- **合议庭成员**　张志弘、白雅丽、许常海
- **关 键 词**　行政 / 商标权无效宣告请求行政纠纷 / 在先权利
- **相关法条**　《中华人民共和国商标法》第 31 条①，《最高人民法院关于审理商标授权确权行政案件若干问题的规定》第 18 条

【裁判要旨】

在后的司法解释是在法律修改实施后制定的，其是对修改后的法律进行解释，其内容已被法律规范所涵盖。当修改前的法律条文和修改后的相应条文内容完全相同时，针对该条文的司法解释尽管制定时间晚于修改前的法律，但参照适用该司法解释并不违反"法不溯及既往"原则。

【案情摘要】

诉争商标系第 10572048 号"葵花宝典"商标，由上海游奇公司于 2012 年 3 月 5 日提出注册申请，于 2013 年 6 月 7 日核准注册，核定使用服务为第 41 类：在计算机网络上提供在线游戏；娱乐；提供体育设施；玩具出租；游戏器具出租；动物训练；为艺术家提供模特服务；经营彩票；提供娱乐场所；提供娱乐设施。该商标专用期限自 2013 年 6 月 7 日起至 2023 年 6 月 6 日止。2015 年 3 月 20 日，完美世界公司对诉争商标提出无效宣告申请，请求依据《商标法》第 7 条第 1 款、第 10 条第 1 款第 8 项、第 32 条的规定，宣告诉争商标无效。商标评审委员会认为诉争商标的申请注册损害了金庸所著《笑傲江湖》小说作品中武学秘籍特有名称的商品化权益，违反了"申请商标注册不得损害他人现有的在先权利"的规定，对诉争商标予以无效宣告。

（撰写人：白雅丽、陈泽宇）

---

① 对应《中华人民共和国商标法》（2019 年修正）第 32 条。

28 作品中的特有名称能否受到商标法保护
——完美世界公司、国家知识产权局与上海游奇公司
商标权无效宣告请求行政纠纷再审案

- 案　　号　（2021）最高法行再 254 号
- 合议庭成员　张志弘、白雅丽、许常海
- 关 键 词　行政 / 商标权无效宣告请求行政纠纷 / 在先权利
- 相关法条　《中华人民共和国商标法》第 31 条①，《最高人民法院关于审理商标授权确权行政案件若干问题的规定》第 18 条

【裁判要旨】

《商标法》第 32 条所指的"在先权利"包括民事权利之外的其他合法权益。作品中的特有名称作为在先权利予以保护，须满足三个条件：（1）作品处于著作权保护期限内。（2）作品名称、作品中的角色名称等具有较高知名度。商标法保护的必要性取决于作品元素的知名度和影响力。（3）商标使用在相关商品或服务上造成公众混淆误认的可能性较大。

【案情摘要】

诉争商标系第 10572048 号"葵花宝典"商标，由上海游奇公司于 2012 年 3 月 5 日提出注册申请，于 2013 年 6 月 7 日核准注册，核定使用服务为第 41 类：在计算机网络上提供在线游戏；娱乐；提供体育设施；玩具出租；游戏器具出租；动物训练；为艺术家提供模特服务；经营彩票；提供娱乐场所；提供娱乐设施。该商标专用期限自 2013 年 6 月 7 日起至 2023 年 6 月 6 日止。2015 年 3 月 20 日，完美世界公司对诉争商标提出无效宣告申请，请求依据《商标法》第 7 条第 1 款、第 10 条第 1 款第 8 项、第 32 条的规定，宣告诉争商标无效。商标评审委员会认为诉争商标的申请注册损害了金庸所著《笑傲江湖》小说作品中武学秘籍特有名称的商品化权益，违反了"申请商标注册不得损害他人现有的在先权利"的规定，对诉争商标予以无效宣告。

（撰写人：白雅丽、陈泽宇）

---

① 对应《中华人民共和国商标法》（2019 年修正）第 32 条。

29 仅直接表示商品主要原料与商标显著性的认定
——帝斯曼知识产权资产有限公司与国家知识产权局商标申请驳回复审行政纠纷再审案

- **案　　号**　（2021）最高法行再 257 号
- **合议庭成员**　秦元明、马秀荣、周波
- **关　键　词**　商标 / 商品主要原料 / 显著性 / 整体判断
- **相关法条**　《中华人民共和国商标法》第 11 条第 1 款第 2 项

【裁判要旨】

认定某个标志属于《商标法》第 11 条第 1 款第 2 项所指的标志，不具备显著性，应当符合下列条件：一是该标志是直接表示指定使用商品的质量、主要原料、功能、用途、重量、数量及其他特点的标志。直接表示是指商标直接说明或者描述了指定使用商品的质量、主要原料等特点，或者仅由对商品质量等特点具有直接说明性和描述性的标志构成。二是该标志仅仅包含直接说明或描述商品特点的标志，没有其他非用于指示说明商品特点的部分，或者只能作出指示说明商品特点的理解。三是该标志没有因为使用而获得显著性。

【案情摘要】

国家知识产权局认定，诉争商标 life'sDHA 使用在第 5 类的医用食物营养添加剂（含有二十二碳六烯酸）等商品上，构成《商标法》第 11 条第 1 款第 2 项所指情形。最高人民法院再审认为，依照《商标法》第 11 条规定，认定某个标志属于该条第 1 款第 2 项所指的标志，不具备显著性，不应注册，应当符合下列条件：一是该标志是直接表示指定使用商品的质量、主要原料、功能、用途、重量、数量及其他特点的标志。直接表示是指商标直接说明或者描述了指定使用商品的质量、主要原料等特点，或者仅由对商品质量等特点具有直接说明性和描述性的标志构成。二是该标志仅仅包含直接说明或描述商品特点的标志，没有其他非用于指示说明商品特点的成分，或者只能作出指示说明商品特点的理解。三是该标志没有因为使用而获得显著性。本案诉争商标整体经过独特设计，尽管其中英文"DHA"使用在指定商品上具有表示商品原料的说明性，但经过对文字的美术设计，加上图形设计，诉争商标

不再是仅仅用于表示商品原料的标志，诉争商标的整体具有显著性。诉争商标在我国进行了长期使用，获得了较高的知名度，公众能够将诉争商标标志认知为商标，而非理解为产品的原料。因此，诉争商标具有识别商品来源的作用，不属于《商标法》第 11 条第 1 款第 2 项所指的标志。

（撰写人：马秀荣、孙冠华）

30 共同使用商标不能当然排除一方申请商标注册的正当性
——东方风行公司与旅游卫视公司、国家知识产权局商标异议复审行政纠纷再审案

- **案　　号**　（2021）最高法行再 261 号
- **合议庭成员**　张志弘、白雅丽、许常海
- **关 键 词**　商标行政 / 抢先注册 / 主观恶意
- **相关法条**　《中华人民共和国商标法》第 32 条

【裁判要旨】

商标申请人举证证明其申请注册商标具有正当性，没有利用在先使用商标商誉恶意的，不构成《商标法》第 32 条规定的"以不正当手段抢先注册他人已经使用并有一定影响的商标"。在缺乏法律明确规定及合同依据的情况下，不能采取财产共有的思路认定商标商誉可以共享、排除商标申请人在先申请的正当性。

【案情摘要】

诉争商标"美丽俏佳人及图"商标由东方风行公司于 2008 年 8 月 29 日申请注册，指定使用在电视文娱节目等服务上。旅游卫视公司对此提出异议复审申请。东方欢腾公司于 2005 年下半年开始筹备并制作《美丽俏佳人》节目。2006 年、2007 年，《美丽俏佳人》节目由东方欢腾公司制作，东方欢腾公司与旅游卫视公司共同投资，共同享有节目著作权。2008 年 1 月至 2012 年，与东方欢腾公司具有关联关系的东方风行公司取代东方欢腾公司与旅游卫视公司延续前述合作模式。《美丽俏佳人》节目自 2006 年 1 月起由旅游卫视公司首播，在诉争商标申请日前已具有一定的知名度。东方欢腾公司 2011 年注销后，其股东明确自 2008 年 1 月 15 日起，将包括

"美丽俏佳人"美术作品著作权在内的全部权益转让给东方风行公司。商标评审委员会认为诉争商标在"广播和电视节目制作"等十八项服务项目上不应予以核准注册。一审法院认为,东方风行公司申请注册诉争商标在先,且使用"美丽俏佳人"标志亦早于旅游卫视公司,不符合《商标法》第32条规定的情形。二审法院认为,东方风行公司与东方欢腾公司系不同的法律主体,二者不能混同。在"美丽俏佳人"标志作为在电视文娱活动等服务项目上的商标,经旅游卫视公司的使用和宣传已经被相关公众熟知,构成"在先使用并有一定影响的商标"的情形下,东方风行公司明知该标志的存在,将其申请注册为本案的诉争商标,其行为已构成《商标法》第32条规定的情形。东方风行公司不服,向最高人民法院申请再审。最高人民法院经再审认为,东方风行公司享有"美丽俏佳人"美术作品的著作权。《美丽俏佳人》节目最初由与东方风行公司具有关联关系的东方欢腾公司策划与制作。在诉争商标申请日之前,东方风行公司已实际开展《美丽俏佳人》节目制作服务。东方风行公司申请注册诉争商标具有正当性,没有利用在先使用商标商誉的恶意,应予核准注册。

(撰写人:白雅丽、刘海珠)

31 在商标三年不使用撤销案件中对实际使用商品类别的认定

——顶易公司、国家知识产权局、慈溪市逍林镇今山装饰白水泥厂商标权撤销复审行政纠纷再审案

- 案　　号　(2021)最高法行再445号
- 合议庭成员　张志弘、白雅丽、许常海
- 关 键 词　商标三年不使用撤销 / 商标使用 / 商品类别
- 相关法条　《中华人民共和国商标法》第49条

【裁判要旨】

商标三年不使用撤销制度的目的在于激励商标实际使用行为,清理"囤而不用"的注册商标。在商标权人具有明确使用目的且实际使用的情况下,对于商品分类的争议,应当考虑商标权人业已形成的合法利益。实际使用的商品不属于《类似商品和服务区分表》中的规范商品名称的,在认定具体商品所属类别时,应结合该商品功能、用途、生产部门、消费渠道、消费群体,并考虑消费习惯、生产模式、行业

经验等市场因素综合认定。

【案情摘要】

诉争商标"璧丽宝"为第4264748号商标,核定使用商品(第2类):漆;涂料;刷墙用白浆;油漆稀释剂;油胶泥(腻子);防火油漆;松节油(涂料稀释剂);油漆粘合剂;立德粉(锌钡白);防水冷胶料。商标评审委员会作出撤销复审决定认定,在案证据不足以证明诉争商标于指定期间在核定使用的商品上进行了实际使用,决定诉争商标予以撤销。顶易公司于指定期间内在"腻子粉"商品上对诉争商标进行了使用,顶易公司主张"腻子粉"属于诉争商标核定使用的"涂料;油胶泥(腻子)"商品。一审法院认为,难以认定顶易公司将诉争商标使用在"腻子粉"商品上系对核定使用的"涂料;油胶泥(腻子)"商品的使用。判决驳回顶易公司的诉讼请求。二审法院判决驳回上诉,维持原判。顶易公司向最高人民法院申请再审。最高人民法院提审后经审理认为,"腻子粉"并不属于《类似商品和服务区分表》中明确所列的规范商品名称。当实际使用的商品不属于《类似商品和服务区分表》中的规范商品名称的,在认定具体商品所属类别时,应结合该商品功能、用途、生产部门、消费渠道、消费群体,并考虑消费习惯、生产模式、行业经验等市场因素,对商品的属性和所属类别作出综合认定。一般而言,"腻子粉"是装修墙壁常用的施工材料,其功能主要用于墙面的找平与填缝,一般与涂料、油漆共同使用于建筑装修工程之中。"腻子粉"的生产厂家、销售渠道及消费对象等往往与诉争商标核定使用的"涂料;油胶泥(腻子)"产品密切关联。综合考虑,顶易公司在"腻子粉"商品上使用诉争商标的行为,可以认定为在核定使用商品上的使用。原审判决和被诉决定认定不当,依法予以纠正。

(撰写人:许常海)

专利行政诉讼 ▶▶▶

1 权利要求用语解释的合理性
——西门子公司与国家知识产权局、联影公司专利权无效行政纠纷上诉案

- **案　　号**　（2019）最高法知行终 61 号
- **合议庭成员**　罗霞、童海超、徐飞
- **关 键 词**　行政 / 发明专利 / 无效宣告程序 / 权利要求的解释 / 最大合理解释
- **相关法条**　《中华人民共和国专利法》第 22 条第 2 款

【裁判要旨】

在专利授权确权案件中，应当以本领域技术人员在阅读权利要求书、说明书及附图后所理解的通常含义，界定权利要求的用语。在此过程中，应当以合理解释为出发点和落脚点，确定权利要求用语的最大含义范围。

【案情摘要】

联影公司是"平面回波成像序列图像的重建方法"发明专利的专利权人，西门子公司为该专利权无效宣告请求人。对于如何解释权利要求 1 中的"计算"一词，国家知识产权局在维持本专利权有效的被诉决定中认为，该专利中的"计算"应解释为直接计算，对比文件 1 的间接计算，该专利具备新颖性、创造性等。一审法院认为，不应将"计算"进行限缩解释，"计算"应解释为所有采集三个不同极性的参考回波信号并以此来计算校正参数的计算，该专利不具备新颖性，遂判决撤销被诉决定，国家知识产权局重新作出决定。二审法院认为，结合该专利的发明目的、说明书及附图对"计算"的解释与说明可知，该专利中的"计算"不应根据字面含义进行解释，不应包括所有可能的计算方式，应解释为不损失相位以及其他信息情况下的直接计算。对比文件 1 未公开该专利的计算方式。

（撰写人：徐　飞）

2 创造性判断中对具有协同关系的区别技术特征的考量
——光峰公司与国家知识产权局、卡西欧株式会社发明专利权无效行政纠纷上诉案

- 案　　号　（2020）最高法知行终 155 号
- 合议庭成员　徐燕如、马军、刘晓梅
- 关　键　词　发明专利 / 无效宣告程序 / 创造性 / 协同关系 / 关联技术效果 / 区别技术特征
- 相关法条　《中华人民共和国专利法》第 22 条第 3 款

【裁判要旨】

创造性判断中，对于紧密联系、相互依存、具有协同作用、共同解决同一技术问题、产生关联技术效果的区别技术特征，可以作整体考虑，而不宜简单割裂评价。

【案情摘要】

针对光峰公司对卡西欧株式会社所享有的某专利权提起无效宣告请求，国家知识产权局维持该专利权有效。光峰公司不服，提起本案行政诉讼。一审法院经审理认为权利要求 1 不具备创造性，故判决撤销被诉决定，由国家知识产权局重新作出决定。国家知识产权局、卡西欧株式会社提起上诉，主张该专利权利要求 1 与对比文件 1 的整体构思不同，一审判决认定错误。二审法院经审理认为，权利要求 1 针对不同荧光体的饱和特性不同、发光效率存在差异，采取协调配合的技术手段，应当整体考虑，涉案对比文件未公开整体技术手段，权利要求 1 具备创造性。

（撰写人：徐燕如）

3 化合物组合产品权利要求中的用途限定对创造性判断的影响

——拜耳公司与国家知识产权局发明专利申请驳回复审行政纠纷上诉案

- 案　　号　（2020）最高法知行终 286 号
- 合议庭成员　罗霞、周平、潘才敏
- 关 键 词　发明专利申请 / 驳回复审程序 / 创造性 / 化合物组合 / 用途限定
- 相关法条　《中华人民共和国专利法》第 22 条第 3 款

【裁判要旨】

化合物组合产品权利要求中的用途限定通常不会影响或者改变化合物组合的组分、配比、理化性质等，故在对化合物组合产品权利要求的创造性判断中，原则上无需考虑用途限定。

【案情摘要】

拜耳公司申请的"活性化合物组合"发明专利被国家知识产权局复审驳回。该申请权利要求 1 包含"用于控制晚疫病的活性化合物组合，包含氟吡菌胺或其农用化学品上可接受的盐和氰霜唑"，对比文件 1 涉及杀真菌组合物，公开了氟吡菌胺与复合体Ⅲ机理的一类杀菌剂组合，并验证了其中一个具体组合氟吡菌胺与咪唑菌酮在特定用量配比下对特定对象的杀菌增效。拜耳公司认为实际解决的技术问题是控制晚疫病的协同效应，所属技术领域的技术人员根据对比文件 1 无法预料到氟吡菌胺和氰霜唑的组合在控制晚疫病方面能取得协同效应，不存在技术启示，该申请取得了对比文件 1 预料不到的技术效果，具备创造性。

（撰写人：罗　霞）

4 说明书是否充分公开的审查

——宋某根、宋某炜、宋某承与国家知识产权局实用新型专利申请驳回复审行政纠纷上诉案

- **案　　号**　（2020）最高法知行终 520 号
- **合议庭成员**　周翔、张晓阳、崔宁
- **关　键　词**　实用新型专利申请 / 驳回复审程序 / 说明书充分公开 / 审查对象
- **相关法条**　《中华人民共和国专利法》第 26 条第 3 款

【裁判要旨】

关于专利说明书是否充分公开的判断，应当以权利要求限定的技术方案及其所要解决的技术问题为对象，以本领域技术人员阅读说明书后能否实现该技术方案和解决该技术问题为标准。说明书中与权利要求限定的技术方案及其所解决的技术问题无关的内容，对于说明书公开是否充分的判断一般不产生影响。

【案情摘要】

宋某根、宋某炜、宋某承申请了名称为"高效转盘式水力发电机组"的实用新型专利。该申请说明书记载的有益技术效果及其对应的技术手段包括：将平面轴承技术应用于转轴（即组合承重塔柱）支承中，减小转动摩擦力；将配重技术应用到阻水板的角度调节中，使之能更好地实现无能耗角度匹配；进一步完善现有技术中阻力板的配置，使之轻松无能耗转过无水段；将阻力杆支承在承重柱组成的圆形支撑墙表面转动，减少阻力杆转动过程中的阻力。为克服说明书公开不充分的缺陷，宋某根、宋某炜、宋某承在针对驳回决定申请复审时删除了原权利要求 3-6 关于圆形支撑墙及通过配重调节阻水板角度的技术方案，仅保留了涉及通过平面轴承技术减小转动摩擦力的权利要求。一审法院认为，本申请说明书中关于"圆形支撑墙"以及通过配重调节阻水板角度的记载是含糊不清的，根据说明书记载的内容无法实现，附图中也缺少实施该设想的具体产品结构，使得说明书及附图所记载的内容不能构成一个清楚完整的技术方案，因而说明书未充分公开。二审法院认为，申请人放弃在本申请中保护形成圆形支撑墙及通过配重调节阻水板的技术手段后，本申请要求保护的技术方案不再需要解决减少阻力杆转动过程中的阻力这一技术问题，说

明书中仅清楚地记载通过安装减摩机构提高电能转换效率的实施方式并不会导致说明书公开不充分。

（撰写人：崔　宁）

5　已知化合物药用发明的创造性判断
——诺华公司与国家知识产权局发明专利申请驳回复审行政纠纷上诉案

- **案　　号**　（2020）最高法知行终 558 号
- **合议庭成员**　罗霞、周平、潘才敏
- **关 键 词**　发明专利申请/驳回复审程序/创造性/已知产品的用途发明
- **相关法条**　《中华人民共和国专利法》第 22 条第 3 款

【裁判要旨】

已知产品的用途发明中，该产品用途能否从产品本身已知的活性性质以及现有用途中显而易见地得出，是创造性判断的关键。如果该已知产品的用途发明是从现有技术概括的用途中选择其中一种适应症且并未取得预料不到的技术效果，则其不具备创造性。

【案情摘要】

诺华公司申请的"癌症的治疗"发明专利被国家知识产权局复审驳回。权利要求 1 为 40-o-（2-羟乙基）-雷帕霉素作为单一活性成分用于制备治疗除淋巴癌以外的肾实体瘤的药物的用途。对比文件 1 公开了具有药用价值的雷帕霉素及其衍生物，具体公开了 40-o-（2-羟基）乙基-雷帕霉素，所述化合物可作为单一活性成分用于制备治疗多种疾病的药物，公开了特别用于病症 a）至 i）。诺华公司认为对比文件 1 未公开可用于治疗肿瘤的用途，主张该申请实际解决的技术问题是提供化合物 A 的一种新用途，并提交证据认为根据雷帕霉素的活性无法推测其衍生物化合物 A 具有抗肿瘤的活性，所属技术领域的技术人员基于对比文件 1 无法想到将化合物 A 用于治疗肾实体瘤，而该申请具有预料不到的技术效果。

（撰写人：罗　霞）

6 外观设计专利申请文件修改是否超范围的判断
——帛琦公司与国家知识产权局、米玛公司外观设计专利权无效行政纠纷上诉案

- **案　　号**　（2021）最高法知行终 9 号
- **合议庭成员**　何鹏、欧宏伟、崔宁
- **关 键 词**　行政 / 外观设计专利 / 无效宣告程序 / 专利申请文件 / 修改超范围
- **相关法条**　《中华人民共和国专利法》第 23 条、第 33 条，《中华人民共和国专利法实施细则》第 2 条第 3 款、第 27 条第 3 款①

【裁判要旨】

对外观设计专利申请文件的修改是否超出原图片或者照片表示的范围的认定，应当审查"修改后示出的外观设计"与"修改前示出的外观设计"是否属于相同设计。删除外观设计专利申请文件中存在明显错误的图片或者照片，未导致原申请文件中其他图片或者照片表示的外观设计发生变化的，该删除一般不构成修改超范围。

【案情摘要】

名称为"婴儿手推车"的外观设计专利的申请人在向国家知识产权局提出外观设计专利申请时，所提交的申请文件中共计有 8 幅图片，包括 6 面正投影视图、立体图和另一角度立体图，其中，6 面正投影视图和立体图等 7 幅图片示出的婴儿推车座椅均是朝向前方，而另一角度立体图示出的婴儿推车座椅则是朝向后方。该专利申请文件中既没有变化状态图，也未附简要说明。在初步审查阶段，审查员向专利申请人发出第一次补正通知书，指出：从提交的立体图和另一角度立体图来看，另一角度立体图产品的座椅朝向明显与其他正投影视图表达的座椅朝向不一致，建议删除该另一角度立体图。之后，专利申请人接受审查员的建议，删除了另一角度立体图，其余图片未作修改。

（撰写人：欧宏伟）

---

① 该细则已于 2023 年修订，第 2 条第 3 款已被删除，第 27 条第 3 款对应修改后的第 30 条。

7 同一现有技术文献中存在矛盾记载时公开内容的认定
——巴斯夫公司与国家知识产权局发明专利申请驳回复审行政纠纷上诉案

- 案　　号　（2021）最高法知行终 83 号
- 合议庭成员　张晓阳、佘朝阳、崔宁
- 关 键 词　发明专利申请／驳回复审程序／新颖性／单独对比
- 相关法条　《中华人民共和国专利法》第 22 条第 2 款

【裁判要旨】

同一现有技术文献所记载的特定技术方案内容与其所记载的其他关联内容存在矛盾，本领域技术人员完整阅读文献后，结合公知常识亦不能作出合理解释或者不能判断其正误的，可以认定该现有技术文献未公开上述特定技术方案。

【案情摘要】

巴斯夫公司系名称为"次硝酸铋在电泳漆中的应用"的发明专利的申请人，国家知识产权局认为该专利申请权利要求 1 不具备新颖性，故作出维持驳回该申请的被诉决定。巴斯夫公司认为，虽然对比文件 1 公开了水不溶性的碱式硝酸铋在阴极电泳漆中的应用，但根据对比文件 1 所记载的发明目的，对比文件 1 的技术方案是用水溶性金属硝酸盐替换其背景技术中使用的水不溶性硝酸盐而实现粘合力的改善，故对比文件 1 关于水不溶性的碱式硝酸铋的公开内容违反了其发明目的，不能以错误公开的内容评价所申请发明专利的新颖性。一审法院认为，对比文件 1 对于水溶性硝酸盐范围的理解包括碱式硝酸铋，虽然该理解不同于本领域对碱式硝酸铋是非水溶性的理解，但其可理解为对比文件 1 的重新定义，并不会因为该定义与本领域常规解释不一致就认为对比文件 1 并未公开碱式硝酸铋。

（撰写人：张晓阳）

8 新颖性单独比对原则
——巴斯夫公司与国家知识产权局发明专利申请驳回复审行政纠纷上诉案

- **案　　号**　（2021）最高法知行终83号
- **合议庭成员**　张晓阳、佘朝阳、崔宁
- **关 键 词**　发明专利申请/驳回复审程序/新颖性/单独对比
- **相关法条**　《中华人民共和国专利法》第22条第2款

【裁判要旨】

如果本领域技术人员对一份现有技术文献作整体性解读后可以直接地、毫无疑义地确定，记载于该文献不同部分的技术内容之间存在属于同一技术方案的逻辑关系，将该不同部分的技术内容共同构成的技术方案作为新颖性判断的比对对象，不违反单独比对原则。

【案情摘要】

巴斯夫公司系名称为"次硝酸铋在电泳漆中的应用"的发明专利申请的申请人，国家知识产权局认为该申请权利要求1不具备新颖性，故作出维持驳回该申请的被诉决定。巴斯夫公司认为，在评述所申请专利权利要求1的新颖性时，国家知识产权局原审查部门引用了对比文件1说明书多个段落的内容进行评述，上述内容既涉及产品又涉及方法，且涉及不同可选项的多种组合，因此上述内容应属于多项技术方案，不符合新颖性的单独对比原则。故提起行政诉讼，请求撤销被诉决定。一审法院认为，对比文件1的多个段落涉及的技术特征组成一个单独、完整的技术方案，只是属于该有限多个具体技术方案中的一个，而并非将不同技术方案的特征进行再次组合，因此被诉决定关于新颖性的判断没有违反单独比对原则。

（撰写人：张晓阳）

9 创造性判断的直接证据与"三步法"的关系
——耐玩公司与国家知识产权局、天猫公司、苹果商贸公司、工商银行发明专利权无效行政纠纷上诉案

- **案　　号**　（2021）最高法知行终 119 号
- **合议庭成员**　邰中林、岑宏宇、孔立明
- **关 键 词**　发明专利 / 无效宣告程序 / 创造性 / "三步法" / 直接证据
- **相关法条**　《中华人民共和国专利法》第 22 条第 3 款

【裁判要旨】

专利创造性判断中广泛使用的"三步法"是具有普适性的逻辑推演方法；基于解决长期技术难题、克服技术偏见、实现预料不到的技术效果、获得商业成功等直接证据判断创造性的方法则属于经验推定方法，两者都属于创造性判断的分析工具。运用"三步法"判断的结论是技术方案具备创造性时，一般无需再审查有关创造性的直接证据；运用"三步法"判断的结论是技术方案不具备创造性时，应当审查有关创造性的直接证据，并根据基于创造性直接证据的经验推定结论复验"三步法"的分析，综合考虑逻辑推演和经验推定两方面的结论作出判断。

【案情摘要】

耐玩公司系名称为"一种多元置信度适配系统及其相关方法"的发明专利权利人，天猫公司、苹果商贸公司、工商银行先后分别针对该专利权提出无效宣告请求。国家知识产权局认为该专利缺乏创造性，故宣告该专利全部无效。耐玩公司不服，向人民法院提起诉讼，但未获支持。耐玩公司不服，提起上诉，主张该专利因与最接近的现有技术相比具有的简化输入、简化权重、简化需求、简化检索等四个预料不到的技术效果，具备创造性。

（撰写人：邰中林）

10 创造性判断中对预料不到的技术效果的考虑
——耐玩公司与国家知识产权局、天猫公司、苹果商贸公司、工商银行发明专利权无效行政纠纷上诉案

- **案　　号**　（2021）最高法知行终 119 号
- **合议庭成员**　郃中林、岑宏宇、孔立明
- **关 键 词**　发明专利 / 无效宣告程序 / 创造性 / 预料不到的技术效果
- **相关法条**　《中华人民共和国专利法》第 22 条第 3 款

【裁判要旨】

基于预料不到的技术效果认定专利创造性时，专利权人应当对存在该预料不到的技术效果且其来源于相关区别技术特征承担举证责任。该预料不到的技术效果应当足以实现技术方案实际要解决的技术问题的改进目标。如果某一技术方案是解决技术问题的必然选择，即便有关技术效果难以预料，其也仅为本领域技术人员均可作出的必然选择的"副产品"，仅此尚不足以证明该技术方案具备创造性。

【案情摘要】

耐玩公司系名称为"一种多元置信度适配系统及其相关方法"的发明专利权利人，天猫公司、苹果商贸公司、工商银行先后分别针对该专利权提出无效宣告请求。国家知识产权局认为该专利缺乏创造性，故宣告该专利全部无效。耐玩公司不服，向人民法院提起诉讼，但未获支持。耐玩公司不服，提起上诉，主张该专利因与最接近的现有技术相比具有的简化输入、简化权重、简化需求、简化检索等四个预料不到的技术效果，具备创造性。

（撰写人：郃中林）

11 现有技术对中药发明技术启示的判断
——罗某琴与国家知识产权局发明专利申请驳回复审行政纠纷上诉案

- **案　　号**　（2021）最高法知行终 158 号
- **合议庭成员**　原晓爽、周平、何隽
- **关 键 词**　发明专利申请／驳回复审程序／中药／创造性／最接近的现有技术
- **相关法条**　《中华人民共和国专利法》第 22 条第 3 款

【裁判要旨】

中药发明创造性判断中，关于现有技术是否给出将区别技术特征用于最接近现有技术以解决技术方案实际要解决的技术问题的启示，应当基于中医药传统理论，结合中医辨证施治的基本治疗原则，从治则、治法、配伍、方剂、效果等方面全面分析。

【案情摘要】

罗某琴系"用于治疗肿瘤的药磁贴"的发明专利申请人。经实质审查，国家知识产权局驳回了该申请。罗某琴提出复审请求并修改了权利要求，国家知识产权局复审后维持原驳回决定。国家知识产权局认为，对比文件公开了一种用于肿瘤消肿镇痛的纳米药磁贴及其制备方法，本领域技术人员在对比文件的基础上结合常规选择进行调整能够得到该申请的技术方案，该申请不具备创造性。罗某琴不服，提起行政诉讼，称不应将对比文件作为最接近的现有技术，该申请与对比文件之间存在药物配伍、构造结构、形成剂型类别等诸多区别，该申请具备创造性。

（撰写人：何　隽）

12 中药发明专利创造性判断中最接近的现有技术的选择
——罗某琴与国家知识产权局发明专利申请驳回复审行政纠纷上诉案

- **案　　号**　（2021）最高法知行终 158 号
- **合议庭成员**　原晓爽、周平、何隽

- **关 键 词** 发明专利申请 / 驳回复审程序 / 中药 / 创造性 / 最接近的现有技术
- **相关法条** 《中华人民共和国专利法》第 22 条第 3 款

【裁判要旨】

中药发明专利创造性判断中,对于最接近现有技术的选择,不宜过度关注现有技术披露的发明技术特征数量,如药味重合度,而应当根据中药领域技术特点,特别是配伍组方、方剂变化、药味功效替代等规律,综合考虑发明技术方案和现有技术方案的适应症及有关治则、治法、用药思路是否相同或者足够相似。

【案情摘要】

罗某琴系"用于治疗肿瘤的药磁贴"的发明专利申请人。经实质审查,国家知识产权局驳回了该申请。罗某琴提出复审请求并修改了权利要求,国家知识产权局复审后维持原驳回决定。国家知识产权局认为,对比文件公开了一种用于肿瘤消肿镇痛的纳米药磁贴及其制备方法,本领域技术人员在对比文件的基础上结合常规选择进行调整能够得到该申请的技术方案,该申请不具备创造性。罗某琴不服,提起行政诉讼,称该申请与对比文件技术方案中发挥治疗作用的中药材存在 10 味以上不同,不应将对比文件作为最接近的现有技术,该申请具备创造性。

(撰写人:何 隽)

13 对依据生效裁判所作行政决定的司法审查
——华慧公司与国家知识产权局、力源公司实用
新型专利权无效行政纠纷上诉案

- **案 号** (2021)最高法知行终 199 号
- **合议庭成员** 焦彦、张新锋、徐飞
- **关 键 词** 行政 / 实用新型专利 / 无效宣告程序 / 生效裁判 / 既判力
- **相关法条** 《最高人民法院关于审理专利授权确权行政案件适用法律若干问题的规定(一)》第 26 条

【裁判要旨】

当事人对依据在先生效裁判重新作出的行政决定提起诉讼的,人民法院应当审

查该被诉决定是否全面、准确地履行了在先生效裁判以及是否增加了新的事实或理由;被诉决定未全面、准确履行在先生效裁判或者增加了新的事实或理由的,人民法院应予受理并对其中不受在先生效裁判羁束的内容予以审理;被诉决定全面、准确履行在先生效裁判且未增加新的事实或理由的,当事人对该行政决定不再享有诉权,人民法院不予受理。

【案情摘要】

针对力源公司对某专利提起无效宣告请求,国家知识产权局维持该专利权利要求有效。针对该决定,相关行政诉讼生效判决认为该专利权利要求1不具备创造性,故判决要求国家知识产权局重新作出决定。随后,国家知识产权局依据上述生效判决作出无效宣告请求审查决定,宣告该专利全部无效,华慧公司遂又提起本案行政诉讼;该决定关于该专利权利要求1与对比文件1的区别特征、认定要解决的技术问题、认定该专利权利要求1无创造性的理由与生效判决认定一致。一审庭审中,华慧公司明确表示本案未提出新的证据和理由,其主张的具体事实和理由与前一轮程序相同。

（撰写人:焦 彦）

14 专利授权确权行政案件起诉期限起算点的确定
——叶某微与国家知识产权局专利行政纠纷上诉案

- **案　　号**　（2021）最高法知行终278号
- **合议庭成员**　袁晓贞、马军、李锋
- **关 键 词**　专利授权确权行政决定／起诉期限／起算点／收到有关决定之日／信赖利益
- **相关法条**　《中华人民共和国专利法》第41条第2款,《中华人民共和国电子签名法》第11条第3款、第35条,《中华人民共和国行政诉讼法》第89条第1款第2项,《最高人民法院关于适用〈中华人民共和国行政诉讼法〉的解释》第109条第1款

【裁判要旨】

专利授权确权行政案件起诉期限的起算点是收到被诉决定之日。在案证据能够

证明行政相对人实际收到被诉决定时间的，以实际收到之日为准；在案证据难以证明行政相对人实际收到被诉决定时间的，或者国家知识产权局对于行政相对人实际收到被诉决定的时间另有规定或约定，且该规定或约定有利于行政相对人，也不违反法律、行政法规的禁止性规定的，为保护行政相对人的信赖利益，可以根据具体案情对"收到有关决定之日"作出有利于行政相对人的解释。

【案情摘要】

国家知识产权局于2020年3月24日作出专利复审决定，于2020年4月7日向叶某微即专利申请人电子申请客户端发送该复审决定，又于2020年4月14日向叶某微联系电话发送短信提醒其于15日内通过电子申请客户端接收该复审决定。叶某微主张其于2020年4月29日下载了该复审决定。后于2020年7月11日以邮寄起诉的方式向一审法院提起行政诉讼。一审法院认定叶某微提起诉讼超过了《专利法》规定的3个月起诉期限，故对叶某微的起诉不予立案。叶某微不服，提起上诉，认为根据国家知识产权局发布的《关于专利电子申请的规定》第9条第2款的规定，叶某微收到复审决定的时间应为4月22日（4月7日+15日）。而且，即使以国家知识产权局短信提示时间4月14日，或者叶某微下载复审决定时间4月29日为起算点，其7月11日提起诉讼均未超过起诉期限。

（撰写人：袁晓贞）

15 限定机械部件数量的数值范围技术特征的新颖性评价

——苏某芳与国家知识产权局发明专利申请驳回复审行政纠纷上诉案

- **案　　号**　（2021）最高法知行终349号
- **合议庭成员**　张晓阳、佘朝阳、崔宁
- **关　键　词**　发明专利/驳回复审程序/新颖性/数值范围/技术特征/并列技术手段
- **相关法条**　《中华人民共和国专利法》第22条第2款、第3款

【裁判要旨】

限定机械部件数量的数值范围是自然数区间，其区别于长度等具有连续性物理量的数值范围；限定机械部件数量的数值范围技术特征原则上应当视为并列技术手

段的集合而非一个技术手段,当对比文件仅公开其中一个或者部分数量时,不足以认定该对比文件已经直接公开了该技术特征所限定的其余并列技术手段。

【案情摘要】

针对苏某芳提起的发明专利申请,国家知识产权局作出驳回该申请的决定。苏某芳不服提出复审请求,国家知识产权局作出被诉决定,维持驳回决定。苏某芳遂提起本案诉讼。一审判决和被诉决定均认为对比文件1已公开该申请"至少包含二个杠杆"在内的所有技术特征,该申请不具备新颖性。二审法院认为,机械部件的数量是自然数,与长度等具有连续性的物理量存在区别,对限定机械部件数量的数值范围技术特征的理解,应当区别于限定具有连续性的物理量的数值范围技术特征。该申请"至少包含二个杠杆"的技术特征应当视为并列技术手段的集合,对比文件1限定的杠杆数量为四个,不包括二、三以及四个以上的杠杆技术方案。

(撰写人:佘朝阳)

16 实用新型专利创造性判断中对于非形状构造类特征的考量

——莎普爱思公司与国家知识产权局、李某成实用新型专利权无效行政纠纷上诉案

- 案　　号　（2021）最高法知行终621号
- 合议庭成员　张晓阳、佘朝阳、崔宁
- 关 键 词　实用新型专利 / 无效宣告程序 / 创造性 / 非形状构造类特征 / 技术贡献
- 相关法条　《中华人民共和国专利法》第22条第3款

【裁判要旨】

实用新型专利权的保护对象是由形状、构造或者其结合所构成的技术方案。如果权利要求中非形状构造类特征对产品的形状、构造或者其结合不具有影响,则其通常对于该权利要求的创造性不产生贡献。

【案情摘要】

针对李某成提起的无效宣告请求，国家知识产权局宣告某专利权全部无效。针对该决定，莎普爱思公司提起本案诉讼。一审判决和被诉决定均认为与最接近的现有技术证据1相比：区别特征"滴眼剂瓶采用低密度聚乙烯制成"已由证据8或证据9给出技术启示，"滴眼剂为无防腐剂的苄达赖氨酸"是在常用滴眼剂苄达赖氨酸使用一次性单剂量瓶装的基础上，容易想到不再添加防腐剂。故在证据1的基础上结合证据8或证据9及公知常识得到权利要求1是显而易见的。二审法院认为，对权利要求1限定的滴眼剂瓶材质与瓶内盛装的滴眼剂具体药物组合物的相容性问题的改进，无法确定会对该专利要求保护的滴眼剂瓶产品的形状、构造或者其结合产生影响，故未对该专利产生创造性贡献。

（撰写人：佘朝阳）

17 判断发明专利是否具有新颖性时需考虑主题名称对权利要求的限定作用

——十堰长江公司与国家知识产权局、仁创公司
发明专利权无效宣告行政纠纷申请再审案

- **案　　号**　（2020）最高法行申7970号
- **合议庭成员**　张志弘、曹刚、许常海
- **关 键 词**　发明专利/新颖性/主题名称
- **相关法条**　《中华人民共和国专利法》第22条第2款

【裁判要旨】

发明专利文本前序部分的主题名称对于其请求保护的技术方案的原料、加工工艺以及最终的产品形态等具有实质性影响的，在判断该发明专利是否具备新颖性时，应当对主题名称予以考虑。

【案情摘要】

十堰长江公司就仁创公司拥有的发明专利（以下简称该专利）提出无效宣告请求，专利复审委员会决定维持该专利有效。十堰长江公司不服，提起行政诉讼。一

审法院认为，结合公知常识，证据1的实施例2已经公开了该专利权利要求1，故该专利权利要求1不具备《专利法》第22条第2款规定的新颖性，判决：撤销被诉决定，判令专利复审委员会重新作出审查决定。仁创公司不服，提起上诉。二审法院认为，该专利权利要求1所请求保护的"湿态覆膜砂"具有特定的含义，对于其请求保护的技术方案的原料、加工工艺以及最终的产品形态等均具有实质性影响。因此，在判断该专利权利要求1是否具备新颖性时，应当对"湿态覆膜砂"这一技术特征予以考虑。证据1中并未公开该专利权利要求1限定的"湿态覆膜砂"的特征，故该专利具备新颖性。证据1、证据2并未公开该专利权利要求1限定的"湿态覆膜砂"的特征，因此，在证据3的基础上即便结合证据1，或者证据2，或者证据1和证据2均不能得到权利要求1所要求保护的技术方案，因此该权利要求1亦具备创造性。故判决撤销一审判决，驳回十堰长江公司的诉讼请求。十堰长江公司不服，向最高人民法院申请再审。最高人民法院裁定驳回十堰长江公司的再审申请。

（撰写人：张志弘、张　赫）

18　国家知识产权局在复审程序中可否对专利申请说明书公开不充分依职权审查认定

——欧阳某华与国家知识产权局发明专利申请驳回复审行政纠纷申请再审案

- **案　　号**　（2020）最高法行申11779号
- **合议庭成员**　张志弘、曹刚、许常海
- **关 键 词**　发明专利／复审程序／专利申请说明书／公开不充分
- **相关法条**　《中华人民共和国专利法》第26条第3款

【裁判要旨】

在复审程序中，国家知识产权局经审查认为专利申请说明书公开不充分导致技术方案无法确定，不符合《专利法》第26条第3款的规定，且因技术方案无法确定造成无法对驳回缺陷如专利申请是否具有新颖性、创造性等进行审查，国家知识产权局可以依职权以专利申请说明书不符合《专利法》第26条第3款的规定为由维持驳回决定，该做法并不违法。

【案情摘要】

欧阳某华申请发明创造名称为"大规模雾霾消除装置及方法"。国家知识产权局以该专利申请不具有创造性,不符合《专利法》第22条第3款的规定为由作出决定,驳回了该专利申请。欧阳某华对驳回决定不服,向专利复审委员会提出复审请求。专利复审委员会经审查后作出决定,认为该专利申请说明书公开不充分,不符合《专利法》第26条第3款的规定,并在此基础上维持了驳回决定,但未对该申请是否符合《专利法》第22条第3款的规定进行审查。欧阳某华不服,提起行政诉讼。一审法院认为,专利申请说明书公开不充分,且属于"明显实质性缺陷",专利复审委员会可以在复审程序中依职权进行审查。由于本领域技术人员无法确定该专利申请的技术方案,故专利复审委员会不再对该专利申请的创造性问题进行审查并无不当,遂判决驳回欧阳某华的诉讼请求。欧阳某华不服,提出上诉。二审法院作出判决,驳回上诉维持原判。欧阳某华不服,向最高人民法院申请再审。最高人民法院裁定驳回欧阳某华的再审申请。

(撰写人:张志弘、张 赫)

行政篇

受案范围 ▶▶▶

1 行政机关的"责成"行为是否具有可诉性
——富之源公司与河北省承德市双桥区人民政府、双桥区城市管理综合执法局强制拆除房屋申请再审案

- 案　　号　（2020）最高法行申 12197 号
- 合议庭成员　李智明、杨科雄、李小梅
- 关 键 词　行政/强制拆除/责成
- 相关法条　《中华人民共和国行政诉讼法》第 49 条第 4 项

【裁判要旨】

政府根据《城乡规划法》第 68 条的规定作出的责成相关部门实施拆除行为，是内部职权分配行为，对当事人权利不产生实际影响，不属于行政诉讼受案范围。"责成"行为是审查"被责成"行为的程序合法性时应考量的因素之一，但"责成"行为本身具有内部性，通常不属于行政诉讼受案范围。

【案情摘要】

富之源公司对双桥区城市管理综合执法局以该局名义实施被诉强制拆除行为并无异议，但认为河北省承德市双桥区人民政府曾"责成"该局实施行政强制，故将双桥区人民政府诉至法院。

（撰写人：李智明）

2 申请上级行政机关履行监督下级行政机关的信访回复职责的，上级行政机关是否作出处理均不属于行政诉讼受案范围

——舒某萍与广东省公安厅不履行法定职责申请再审案

- **案　　号**　（2020）最高法行申 14016 号
- **合议庭成员**　耿宝建、田心则、孙茜
- **关 键 词**　行政／不履行法定职责／信访回复／履职监督／受案范围
- **相关法条**　《最高人民法院关于适用〈中华人民共和国行政诉讼法〉的解释》第 1 条第 2 款第 9 项

【裁判要旨】

当事人对行政机关的信访回复不服，向上级行政机关请求履行监督职责的，因信访回复对当事人的权利义务不产生实际影响，故上级行政机关对当事人请求履行监督职责的申请作出或者未作出处理，均对其权利义务不产生实际影响，不属于行政诉讼受案范围。

【案情摘要】

佛山市顺德区公安局大良派出所根据上级转办信访事项，对原告舒某萍作出《信访诉求回复意见书》，告知："你于 2019 年 10 月 15 日通过来访（信访件编号 2019101503）反映：你被辖区民警进行非法监视和监控手机，干扰你正常生活的自由，要求公安机关解释清楚。对你反映的信访诉求，经认真调查核实，你所反映的情况失实。如有疑问建议到大良派出所反映相关情况。"舒某萍不服，向广东省公安厅提交《行政作为申请书》，请求依法对佛山市顺德区公安局民警监视跟踪的违法行为进行调查，并追究相关主要责任人的法律责任，依法对佛山市顺德区大良街道办事处指派文秀居委会配合佛山市顺德区公安局派出所民警跟踪舒某萍的违法行为进行调查，并追究相关主要责任人的法律责任。广东省公安厅对其申请未作出处理，舒某萍提起本案行政诉讼，请求确认广东省公安厅在申请履职的法定答复期限内拒不作为的行为违法，判决广东省公安厅履职纠正下级公安机关的违法行为。一审法院裁定驳回起诉，二审法院维持原裁定。最高人民法院依法驳回其再审申请。

（撰写人：张巧云）

3 行政机关针对信访事项作出的登记、受理、交办、转送、复查、复核意见等行为不属于行政诉讼受案范围

——舒某成与奉节县政府信访答复申请再审案

- 案　　号　（2020）最高法行申15423号
- 合议庭成员　张昊权、杨军、乐敏
- 关 键 词　行政/受案范围/信访答复
- 相关法条　《最高人民法院关于适用〈中华人民共和国行政诉讼法〉的解释》第1条第2款第9项，《最高人民法院关于不服县级以上人民政府信访行政管理部门、负责受理信访事项的行政管理机关以及镇（乡）人民政府作出的处理意见或者不再受理决定而提起的行政诉讼人民法院是否受理的批复》第1条

【裁判要旨】

行政机关针对信访事项作出的登记、受理、交办、转送、复查、复核意见等行为，依法不属于行政诉讼受案范围。信访人对信访工作机构依据《信访条例》处理信访事项的行为或者对不履行《信访条例》规定的职责不服提起行政诉讼的，人民法院不予受理。

【案情摘要】

舒某成不服奉节县水利局作出的奉水信访初字〔2019〕1号《关于舒某成信访事项的复函》，向奉节县政府申请复查，奉节县政府以舒某成的诉求不属于信访事项受理范围为由，作出奉府信访复查告字〔2019〕1号《信访事项复查告知书》，告知舒某成不予复查。

（撰写人：张昊权）

4 已经区（县）以上人民政府确定土地权属或者取得土地权利证书的，一般不属于土地权属争议案件受理范围

——北京摩擦材料厂与北京市昌平区人民政府
履行土地权属争议处理职责申请再审案

- **案　　号**　（2021）最高法行申 161 号
- **合议庭成员**　李德申、李纬华、李小梅
- **关 键 词**　行政/履行法定职责之诉/土地权属争议
- **相关法条**　《土地权属争议调查处理办法》第 14 条，《北京市土地权属争议调查处理办法》第 14 条第 5 项

【裁判要旨】

个人或单位提出土地权属争议调查处理申请应当符合法定的受理条件。已经区（县）以上人民政府确定土地权属或者取得土地权利证书的，一般不属于土地权属争议案件受理范围。

【案情摘要】

北京摩擦材料厂向北京市昌平区人民政府提交《土地权属争议调查处理申请书》及相关证据材料，请求：（1）调查北京摩擦材料厂与爱协林公司争议部分土地的使用历史状况；（2）对颁发给爱协林公司的 18 号国有土地使用权证四至范围的北侧地界，根据实际历史用地情况予以调整；（3）裁决爱协林公司向北京摩擦材料厂退还被侵占的土地。2019 年 12 月 4 日，昌平区人民政府经核实，认定争议土地部分位于爱协林公司所持国有用地范围内，另一部分位于市政道路用地范围内，北京摩擦材料厂申请解决的问题不属于土地权属争议案件的受理范围，决定不予受理。北京摩擦材料厂不服，遂提起本案行政诉讼。

（撰写人：李小梅、任必恒）

5 上级行政机关对下级行政机关的督促履责行为不属于行政诉讼受案范围

——高某顺与商务部申请再审案

- **案　　号**　（2021）最高法行申 350 号
- **合议庭成员**　袁晓磊、孟凡平、厉文华
- **关 键 词**　行政/层级监督行为/不予立案
- **相关法条**　《最高人民法院关于适用〈中华人民共和国行政诉讼法〉的解释》第 1 条第 2 款第 8 项

【裁判要旨】

上级行政机关基于内部层级监督关系对下级行政机关的督促履责等行为，不属于行政诉讼受案范围。

【案情摘要】

高某顺主张其向商务部多次举报金回公司的问题及辽宁省商务厅、阜新市商务局的渎职行为，要求商务部履行其作为负责组织全国报废汽车回收（含拆解）监督管理工作的法定职责，依法对金回公司不符合报废车回收资质的问题进行查处，并对辽宁省商务厅和阜新市商务局不依法履职的行为进行问责。但商务部未执行《报废汽车回收管理办法》的有关规定，故诉请法院判令商务部履行法定职责。一、二审裁定不予立案。高某顺向最高人民法院申请再审，最高人民法院裁定驳回其再审申请。

（撰写人：厉文华）

6 行政机关作出的不产生外部法律效力的批复不属于行政诉讼受案范围

——陆某林与北京市人民政府行政批复申请再审案

- **案　　号**　（2021）最高法行申 539 号
- **合议庭成员**　孟凡平、厉文华、张志刚
- **关 键 词**　行政 / 批复利害关系 / 原告主体资格
- **相关法条**　《中华人民共和国行政诉讼法》第 2 条第 1 款、第 25 条第 1 款、第 49 条第 1 项

【裁判要旨】

上级行政机关针对下级单位的请示所作批复，在大多数情况下并未直接对外创设权利义务，属于不产生外部法律效力的行为，不属于行政诉讼受案范围。

【案情摘要】

陆某林等以北京市人民政府（以下简称市政府）为被告提起行政诉讼，诉称：某学院根据市政府作出的涉诉批复，通过划拨取得了相关小区建设用地的使用权，导致该小区房屋至今无法正常办理商品房产权证书。陆某林等人认为，市政府作出涉诉批复的行政行为适用法律错误、违反法定程序且存在明显不当，请求撤销该批复。一、二审认为，本案被诉批复是市政府针对某学院的请示作出，陆某林并非该批复的行政相对人，该批复亦未对其权利义务直接产生影响。陆某林不具有提起本案行政诉讼的原告主体资格，裁定不予立案。陆某林向最高人民法院申请再审，最高人民法院裁定驳回其再审申请。

（撰写人：张志刚）

7 内部层级监督行为不属于行政诉讼受案范围

——康某、占某玲、詹某容、周某兴与湖北省武汉市青山区人民政府不履行法定职责申请再审案

- **案　　号**　（2021）最高法行申 1241 号
- **合议庭成员**　龚斌、孙江、梁爽
- **关 键 词**　行政/督促履责/受案范围
- **相关法条**　《最高人民法院关于适用〈中华人民共和国行政诉讼法〉的解释》第 1 条第 2 款第 8 项

【裁判要旨】

对下级行政机关作出的查处或不予查处行为不服，请求上级行政机关督促履责，上级行政机关不予答复或作出不改变下级行政机关处理决定的答复，均系行政机关内部层级监督行为，不属于行政诉讼受案范围。

【案情摘要】

康某等人起诉称，其在武汉市青山区武东街贾岭村（原王家新村）各自拥有合法房屋，且所涉房屋所使用土地为国有土地。据青山区武东街贾岭村村民委员会（以下简称贾岭村村委会）称，因城中村综合改造项目需要征收原告的上述房屋。武东街办事处、贾岭村村委会、武汉兴岭置业有限公司按照集体土地征收程序，将原告使用的土地及所有的房屋纳入征收拆迁范围，征收补偿程序存在明显、重大违法之处。原告于 2019 年 4 月 26 日向被告邮寄递交了《违法征收房屋查处申请》，要求其履行职责，依法对所涉违法征收房屋行为进行调查处理，追究相关责任人员的法律责任，并书面答复原告。但被告至今未对违法征收房屋行为履行调查处理职责，所涉违法征收行为一直在进行，严重损害了原告的合法权益。请求判令被告对原告申请查处的违法征收房屋行为履行调查处理的法定职责。

（撰写人：龚　斌）

8 房屋征收过程中的过程性行为是否属于行政复议受理范围
——李某元与福建省福州市鼓楼区人民政府行政复议申请再审案

- **案　　号**　（2021）最高法行申 1374 号
- **合议庭成员**　周觅、贾力、李绍华
- **关 键 词**　行政 / 行政复议 / 过程性行为
- **相关法条**　《最高人民法院关于适用〈中华人民共和国行政诉讼法〉的解释》第 1 条第 2 款第 6 项

【裁判要旨】

征收部门和征收实施单位对征收项目的征收补偿政策进行宣传的行为，属于项目征收工作中的过程性行为，不对行政相对人的权利义务产生实际影响，不属于行政诉讼受案范围，亦不属于行政复议受理范围。

【案情摘要】

因崎上路华大 1-11 号地块旧屋区改造项目需要，福建省福州市鼓楼区人民政府拟征收上述地块。该项目土地权属为集体土地，土地属于福州市鼓楼区五凤街道泉塘经济合作社所有，李某元的房屋位于该项目的征收范围内。征收部门福州市鼓楼区住房保障和房产管理局、征收实施单位福州市鼓楼区城建房屋征收工程处在上述项目的征收宣传期间制作了《致崎上路华大 1-11 号周边旧屋区改造项目被征收人的一封信》（以下简称《一封信》）和《崎上路华大 1-11 号地块旧屋区改造项目协商征收补偿方案》（以下简称《协商补偿方案》）。李某元对《一封信》和《协商补偿方案》不服，向福建省福州市鼓楼区人民政府申请行政复议。该政府作出了《驳回行政复议申请决定书》，后李某元提起本案诉讼。

（撰写人：周　觅）

9 行政机关对于当事人申请协调土地补偿标准的请求是否进行协调，均不属于行政复议受理范围

——白某云与四川省人民政府行政复议申请再审案

- 案　　号　（2021）最高法行申 1419 号
- 合议庭成员　杨军、张昊权、郭艳地
- 关 键 词　行政 / 土地征收 / 协调
- 相关法条　《中华人民共和国土地管理法实施条例》第 25 条第 3 款①，《中华人民共和国行政复议法》第 6 条②

【裁判要旨】

2014 年修订的《土地管理法实施条例》第 25 条第 3 款规定，对农村集体土地补偿标准有争议的，由县级以上地方人民政府协调；协调不成的，由批准征收土地的人民政府裁决。因协调是建立在各方自愿的基础之上的，协调不成的，由有权机关裁决，可以保障被征收人获得权利救济的机会。故行政机关对于当事人所提协调请求是否协调，并不对当事人的权利义务产生实际影响，不属于行政复议受理范围。

【案情摘要】

白某云向四川省政府申请行政复议，请求确认其将白某云提交的《征地补偿安置协调申请书》转交给四川省信访局的办理行为违法。四川省政府作出不予受理决定。白某云不服，提起本案诉讼。

（撰写人：杨　军）

---

① 该条例已于 2021 年 9 月修订，本款已被删除。
② 对应《中华人民共和国行政复议法》（2023 年修订）第 11 条。

10 对内部行政行为的处理未对行政相对人创设新的权利义务，不属于行政诉讼受案范围

——方某与广西壮族自治区南宁市青秀区人民政府行政行为申请再审案

- **案　　号**　（2021）最高法行申 1796 号
- **合议庭成员**　李彤、田心则、寇秉辉
- **关 键 词**　行政／内部行政行为／重复处理行为／受案范围
- **相关法条**　《中华人民共和国行政诉讼法》第 13 条第 3 项，《最高人民法院关于适用〈中华人民共和国行政诉讼法〉若干问题的解释》第 3 条第 1 款第 1 项①

【裁判要旨】

行政机关的内部人事管理行为，属于行政机关对其工作人员作出的奖惩、任免等决定的内部行政行为，不属于行政诉讼受案范围。工作人员对此种行为不服要求撤销，有关行政机关对此作出的告知书未创设新的权利义务，亦不属于行政诉讼受案范围。

【案情摘要】

方某原为广西壮族自治区南宁市新城区计划生育局主任科员，其于 2002 年 6 月 10 日书面向南宁市新城区党委、政府提出书面申请，要求在南宁市机构改革中作为分流人员参加专科学习培训，3 年学习期满后，自谋职业，不要求组织安排工作；如果不能分流学习的，请求批准其按分流人员办理离职手续。方某未能在专科学习培训后自谋职业，南宁市新城区人事劳动和社会保障局遂按照审批流程于 2002 年 8 月 28 日作出《关于同意方某同志辞职的通知》（南新人劳社保〔2002〕23 号）。2017 年，方某向南宁市青秀区政府提交《请求确认南新人劳社保〔2002〕23 号文件无效的请示》，青秀区政府作出《关于对〈请求确认南新人劳社保〔2002〕23 号文件无效的请示〉的告知书》。方某对该告知行为提起行政诉讼，一审法院裁定驳回起诉。方某提出上诉，二审法院认为，《关于同意方某同志辞职的通知》属于政府在机构改革中对工作人员分流所作出的内部人事管理行为，依法不属于行政诉讼的受案

---

① 该解释已失效。

范围；青秀区政府作出的上述告知属于重复处理行为，并没有给行政相对人创设新的权利义务，亦不属于行政诉讼的受案范围，故维持原裁定。方某向最高人民法院申请再审，最高人民法院依法予以驳回。

（撰写人：李 彤）

11 政府行政征收通告是否属于行政诉讼受案范围
——庞某宝、庞某钦、庞某贤与北海市合浦县人民政府行政征收通告申请再审案

- 案　　号　（2021）最高法行申 1804 号
- 合议庭成员　刘少阳、黄西武、寇秉辉
- 关 键 词　行政 / 行政征收通告 / 受案范围
- 相关法条　《中华人民共和国土地管理法》第 46 条[①]，《中华人民共和国土地管理法实施条例》第 25 条[②]，《最高人民法院关于适用〈中华人民共和国行政诉讼法〉的解释》第 1 条第 2 款

【裁判要旨】

根据《土地管理法》的相关规定，县级以上地方人民政府依法发布征收公告，仅仅是将批准征地机关、批准文号、征收土地的用途等事项公示告知的行为。如果征收公告与实际征地批复的内容相符，属于程序性公示告知行为，其本身未创设当事人的权利义务，不属于行政诉讼受案范围。

【案情摘要】

北海市合浦县人民政府（征收人）根据广西壮族自治区人民政府 134 号批复作出本案被诉 71 号通告，通告内容包括 134 号批复的内容，以及有关征收土地补偿安置标准、补偿政策依据、补偿方式、办理程序等内容。庞某宝、庞某钦、庞某贤（被征收人）认为其中 3.56 亩土地是其责任田，而合浦县人民政府未经其同意便征收，故提起诉讼，请求判令 71 号通告违法并归还土地。

（撰写人：蒋凌睿）

---

① 对应《中华人民共和国土地管理法》（2019 年修正）第 47 条。
② 该条例已于 2021 年修订，本条已被删除。

12 司法强制执行行为是否属于行政诉讼受案范围
——魏某与湖南省长沙市开福区人民政府土地行政强制申请再审案

- 案　　号　（2021）最高法行申 1816 号
- 合议庭成员　刘少阳、黄西武、寇秉辉
- 关 键 词　行政 / 司法强制执行行为 / 受案范围
- 相关法条　《中华人民共和国行政诉讼法》第 2 条第 1 款、第 49 条

【裁判要旨】

当事人提起行政诉讼的条件之一即案件"属于人民法院受案范围"。不动产的强制拆除通常应遵循"裁执分离"原则。但在极少数情形下，人民法院针对行政机关的强制执行申请所直接组织实施的强制拆除行为属于司法强制执行行为。被执行人对此提起的诉讼不属于行政诉讼受案范围。

【案情摘要】

湖南省长沙市开福区人民政府作出限期腾退决定书，认定案外人袁某文所有的 87 号房屋属非法建筑，责令其交出土地。案外人起诉后，该决定书已被人民法院生效裁判确认合法。因袁某文未依法履行限期腾地决定确定的腾房义务，长沙市开福区国土分局向长沙市开福区人民法院申请强制执行，开福区人民法院遂对涉案房屋进行强制拆除。魏某系 87 号房屋的合伙建房人，诉称房屋性质为国有用地，不属于拆迁公告确定的拆迁房屋，请求法院确认开福区人民法院实施的强制拆除行为不具有合法性。

（撰写人：杨少慧）

13 对当事人权利义务不产生实际影响的说明函是否属于行政复议受理范围

——赖某传与福建省龙岩市人民政府不予受理行政复议申请再审案

- **案　　号**　（2021）最高法行申 1882 号
- **合议庭成员**　周觅、贾力、李绍华
- **关 键 词**　行政 / 不予受理行政复议 / 权利义务影响
- **相关法条**　《最高人民法院关于适用〈中华人民共和国行政诉讼法〉的解释》第 1 条第 2 款第 10 项

【裁判要旨】

对公民、法人或者其他组织权利义务不产生实际影响的行为依法不属于行政诉讼受案范围。行政机关作出的内容为告知申请人相关复议决定书的落实情况及保护工程项目实施情况的说明函，未对复议申请人设定新的权利义务，依法不属于行政复议受理范围和行政诉讼受案范围。

【案情摘要】

赖某传对福建省龙岩市文化和旅游局作出的《龙岩市文化和旅游局关于赖氏罗婆太古墓迁移保护工作情况的说明函》不服，向福建省龙岩市人民政府提出行政复议申请。从上述说明函来看，其主要内容是：（1）告知龙岩市新罗区相关部门执行落实原市文广新局《行政复议决定书》（龙文广新复〔2018〕1 号）的情况；（2）告知赖氏罗婆太古墓葬迁移保护工程项目实施情况；（3）针对再审申请人《强制执行申请书》中"执行请求"告知相关法律、法规的规定。福建省龙岩市人民政府认定再审申请人提出的行政复议申请不属于行政复议受理范围，作出《不予受理行政复议决定书》。赖某传不服，提起本案诉讼。

（撰写人：周　觅）

14 调解行为是否属于行政诉讼受案范围
——李某江与辽宁省沈阳市人民政府行政复议申请再审案

- **案　　号**　（2021）最高法行申 2087 号
- **合议庭成员**　祝二军、阎巍、杨迪
- **关 键 词**　行政／调解行为／受案范围
- **相关法条**　《最高人民法院关于适用〈中华人民共和国行政诉讼法〉的解释》第 1 条

【裁判要旨】

行政调解体现了双方当事人的意思自治和行政机关的居中服务，调解行为不属于行政诉讼受案范围。

【案情摘要】

2019 年 3 月 6 日，李某江向沈阳市人民政府提出行政复议申请，以其于 2018 年 12 月 25 日向辽宁省沈阳市卫生健康委员会邮寄《关于李某霏与沈阳市妇婴医院医患纠纷行政调解未达成协议的责任问题的行政调查申请》，辽宁省沈阳市卫生健康委员会在收到该申请后超过两个月未答复为由，申请责令辽宁省沈阳市卫生健康委员会履行法定职责。沈阳市人民政府于 2019 年 4 月 29 日作出沈政复字（2019）42 号驳回行政复议申请决定，认为"2017 年申请人已就李某霏与市妇婴医院的医疗纠纷向沈阳市沈河区人民法院提起民事诉讼，根据《辽宁省行政调解规定》第 8 条规定已不适用行政调解。2018 年该案在法院审理期间，被申请人（辽宁省沈阳市卫生健康委员会）为配合法院审理，化解医患争议，主动为双方提供了调解服务。由于本次调解服务申请人未递交书面调解申请，被申请人没有正式启动调解程序，也没有制作调解笔录和调解案卷。被申请人未对申请人申请履行相关行政调查，不属于《行政复议法》第 6 条①第 9 项规定的不作为。根据《行政复议法实施条例》第 48 条第 1 款第 1 项之规定……驳回申请人的行政复议申请"。李某江不服该驳回行政复议申请决定，提起诉讼。

---

① 对应《中华人民共和国行政复议法》（2023 年修订）第 11 条。

（撰写人：杨　迪）

15 会议纪要是否属于行政诉讼受案范围
——王某与海南省三亚市人民政府取消人才
安居住房购房资格会议纪要申请再审案

- **案　　号**　（2021）最高法行申 2108 号
- **合议庭成员**　耿宝建、熊劲松、陈娅
- **关 键 词**　行政 / 会议纪要 / 取消人才房购买资格
- **相关法条**　《最高人民法院关于适用〈中华人民共和国行政诉讼法〉的解释》第 1 条第 2 款第 5 项

【裁判要旨】

会议纪要通常不直接产生对外效力。人才安居住房购买资格的批准和取消往往涉及地方人才保障政策的落实，地方政府及其相关部门具有适用政策的裁量权。类似会议纪要一般不属于行政诉讼受案范围。

【案情摘要】

2018 年 5 月 29 日，三亚市人才工作领导小组经召开 2018 年第一次会议研究后作出 1 号会议纪要，会议研究并同意取消三亚市艺术团李某伟、王某的人才安居住房购买资格，所购住房按原价回购，由三亚市住建局按相关规定和程序办理。同年 9 月 5 日，三亚市城投公司向王某发出《解除合同通知书》，要求收回其之前购买的限价商品住房。王某以三亚市人民政府作出取消其"人才"身份的决定未给予陈述和申辩的权利，严重侵害其合法利益为由，提起本案诉讼。

（撰写人：陈　娅）

16 省级政府征收土地的决定及省级政府对征收土地决定作出实体处理的行政复议决定,是否属于行政诉讼受案范围

——张某美、吕某林与江苏省人民政府行政复议申请再审案

- 案　　号　（2021）最高法行申 2225 号
- 合议庭成员　周觅、贾力、李绍华
- 关 键 词　行政 / 行政复议 / 最终裁决
- 相关法条　《中华人民共和国行政诉讼法》第 13 条第 4 项,《中华人民共和国行政复议法》第 30 条第 2 款①,《最高人民法院关于适用〈中华人民共和国行政复议法〉第三十条第二款有关问题的答复》

【裁判要旨】

人民法院不受理公民、法人或者其他组织对法律规定由行政机关最终裁决的行政行为提起的诉讼。省级人民政府征收土地的决定,以及省级人民政府对征收土地决定作出实体处理的行政复议决定,可视为最终裁决行为,当事人对此提起行政诉讼的,人民法院不予受理。

【案情摘要】

张某美、吕某林不服江苏省人民政府作出的苏政地〔2018〕360 号《江苏省人民政府关于南京市 2018 年度第 1 批次城市建设用地的批复》,向江苏省人民政府申请行政复议。2019 年 12 月 17 日,江苏省人民政府作出〔2019〕苏行复第 225 号《行政复议决定书》,维持苏政地〔2018〕360 号征地批复中征收江苏省南京市栖霞区栖霞街道石埠桥村董家前组集体土地的行政行为。张某美、吕某林不服该复议决定,向法院提起诉讼。

（撰写人：周　觅）

---

① 《中华人民共和国行政复议法》已于 2023 年修订,修订后无对应条文。

17 公证行为不具有行政可诉性
——张某珍与广西壮族自治区容县人民政府、司法局、
公证处不履行撤销公证法定职责申请再审案

- **案　　号**　（2021）最高法行申 2394 号
- **合议庭成员**　李彤、田心则、寇秉辉
- **关 键 词**　行政 / 公证行为 / 受案范围
- **相关法条**　《中华人民共和国公证法》第 2 条、第 6 条、第 39 条、第 40 条，《中华人民共和国行政诉讼法》第 12 条

【裁判要旨】

根据《公证法》的规定，公证机构作出的公证行为属于民事法律行为，依法承担民事责任。当事人认为公证机构的公证行为侵犯其合法权益，有权提起民事诉讼。因公证行为不具有行政可诉性，当事人提起行政诉讼的，人民法院依法不予受理。

【案情摘要】

2006 年 6 月 21 日，广西壮族自治区容县公证处出具（2006）桂容证字第 220 号遗嘱公证书。张某珍认为该公证遗嘱将父亲张某成全部财产公证给其姐姐张某容一人，损害其对按法定继承应分得的 24 平方米土地的继承权。张某珍向容县公证处提出公证复查申请，向容县司法局和容县人民政府投诉，未达目的后以行政机关不履行法定职责为由提起行政诉讼。一审法院认为，张某珍对公证书内容有争议后已向人民法院提起民事诉讼并处理完毕，张某珍的起诉不符合《行政诉讼法》第 12 条的规定，不属于行政诉讼受案范围，依法不予立案。张某珍提出上诉。二审法院认为，根据《公证法》第 2 条、第 6 条、第 39 条、第 40 条的规定，公证行为的性质为民事行为，公证机构的性质为承担民事责任的证明机构，因公证行为引起的纠纷，可以提起民事诉讼，公证行为不具有行政可诉性，故维持原裁定。张某珍向最高人民法院申请再审，最高人民法院依法驳回了张某珍的再审申请。

（撰写人：李　彤）

18 信访复核意见是否属于行政复议受理范围
——赵某杰与辽宁省人民政府不予受理行政复议申请再审案

- 案　　号　（2021）最高法行申 2670 号
- 合议庭成员　祝二军、阎巍、杨迪
- 关 键 词　行政/复核意见/受案范围
- 相关法条　《信访条例》第 35 条①

【裁判要旨】

信访复核意见未对当事人设定新的权利义务，依法不属于行政复议受理范围。

【案情摘要】

再审申请人赵某杰自 2018 年 7 月起，针对物业门禁卡收费问题多次向辽宁省大连市金普新区市场监督管理局、辽宁省大连市市场监督管理局、辽宁省市场监督管理局信访投诉。上述三家单位分别作出《关于诉物业公司电梯卡乱收费问题的答复》《大连市市场监督管理局信访事项不予受理告知书》《辽宁省市场监督管理局信访事项复核（复查）意见书》。2019 年 11 月 12 日，赵某杰以上述三家单位为被申请人向辽宁省人民政府提起行政复议。辽宁省人民政府于 2019 年 11 月 28 日作出辽政行复不受字〔2019〕27 号《不予受理行政复议申请决定书》，对赵某杰的复议申请决定不予受理。赵某杰对此不服，诉至法院。

（撰写人：杨　迪）

19 对明显不符合行政复议受理条件告知行为的可诉性
——田某义与河南省濮阳市人民政府、河南省濮阳县人民政府信息公开及行政复议申请再审案

- 案　　号　（2021）最高法行申 2751 号

---

① 该条例已失效。

- **合议庭成员**　龚斌、孙江、梁爽
- **关　键　词**　行政 / 不予受理告知书 / 受案范围
- **相关法条**　《最高人民法院关于适用〈中华人民共和国行政诉讼法〉的解释》第1条第2款第10项

【裁判要旨】

复议机关因申请复议事项明显不符合行政复议受理条件而以书面方式告知申请人不予受理，申请人对此不服提起诉讼的，不属于行政诉讼受案范围。

【案情摘要】

田某义系复员军人，要求濮阳县人民政府公开濮县政〔1999〕35号文件内所分配复退军人的姓名和单位，申请复议后濮阳市政府作出行政复议告知书，对其申请不予受理。田某义提起诉讼，庭审中明确其诉讼请求为：（1）判决确认濮阳市人民政府、濮阳县人民政府不履行濮县政〔1999〕35号文件体制内安置人员姓名和单位的政府信息公开的行政行为违法；（2）判令濮阳市人民政府、濮阳县人民政府履行濮县政〔1999〕35号文件体制内安置人员姓名和单位的政府信息公开的法定职责；（3）撤销濮政复告〔2020〕1号《行政复议告知书》，责令濮阳市人民政府重新作出行政复议决定；（4）本案诉讼费由濮阳市人民政府、濮阳县人民政府承担。

（撰写人：龚　斌）

20　责令限期改正决定是否属于行政诉讼受案范围
——湖南省长沙市芙蓉区政府与李某国行政复议纠纷申请再审案

- **案　　　号**　（2021）最高法行申2757号
- **合议庭成员**　寇秉辉、宋楚潇、田心则
- **关　键　词**　行政 / 行政诉讼受案范围 / 责令限期改正决定
- **相关法条**　《中华人民共和国行政处罚法》第23条[①]

[①] 对应《中华人民共和国行政处罚法》（2021年修正）第28条。

【裁判要旨】

责令限期改正决定通常作为行政处罚的过程性行为不具有可诉性，但如果独立影响了行政相对人的实体权益，则属于行政诉讼受案范围。

【案情摘要】

芙蓉区环保局于 2019 年 6 月 26 日执法检查时，发现长沙市芙蓉区悦鑫宝汽车维修服务中心（经营者李某国）建设了一个烤漆房，该烤漆房于 2019 年 6 月 10 日建设，已投入使用并安装了污染防治设施，但未办理环境影响评价审批手续。当日，芙蓉区环保局对李某国作出《责令改正违法行为决定书》，责令其立即停止违法行为，并在 2019 年 7 月 15 日前改正违法行为，同时告知其申请行政复议或提起行政诉讼的权利。2019 年 7 月 11 日，芙蓉区环保局对李某国（长沙市芙蓉区悦鑫宝汽车维修服务中心）作出《行政处罚事先（听证）告知书》，告知其违法行为的事实、理由、依据、拟作出的行政处罚及享有的相关权利。2019 年 7 月 23 日，芙蓉区环保局对李某国（长沙市芙蓉区悦鑫宝汽车维修服务中心）作出《行政处罚决定书》，决定对其处以罚款 2040 元的行政处罚。李某国不服《责令改正违法行为决定书》，提起本案诉讼。

（撰写人：寇秉辉、王雨晴）

21 行政机关作出关于成立某项工作领导小组的通知是否属于行政诉讼受案范围

——李某兰与西安市人民政府行政行为违法申请再审案

- 案　　号　（2021）最高法行申 2794 号
- 合议庭成员　高晓力、徐超、吴笛
- 关　键　词　行政 / 受案范围 / 不产生外部法律效力的行为
- 相关法条　《最高人民法院关于适用〈中华人民共和国行政诉讼法〉的解释》第 1 条第 2 款

【裁判要旨】

行政机关作出的关于成立某项工作领导小组的通知，对公民、法人或者其他组织的权利义务不直接产生实际影响,属于不产生外部法律效力的行为,不属于行政诉讼受案范围。

【案情摘要】

2017年11月17日,西安市人民政府作出市政函〔2017〕137号《西安市人民政府关于成立西安市碑林历史文化街区保护改造工作领导小组的通知》(以下简称137号通知),该通知载明:"按照省、市工作要求,为进一步加强碑林历史文化街区保护改造工作的协调和领导,市政府决定成立西安市碑林历史文化街区保护改造工作领导小组,现将领导小组成员名单通知如下……待此项工作完成后,本领导小组自行撤销。"李某兰提起行政诉讼,请求确认上述137号通知中成立"西安市碑林历史文化街区保护改造工作领导小组"违法,被一、二审法院裁定驳回起诉后,向最高人民法院申请再审。

(撰写人:吴　笛、杜健康)

22 国有土地使用权收回公告是否可诉
——贺兰县华康农牧场(有限公司)与贺兰县人民政府有偿收回国有土地使用权申请再审案

- **案　　号**　(2021)最高法行申2839号
- **合议庭成员**　何波、徐超、陈宏宇
- **关　键　词**　国有土地使用权 / 收回公告 / 收回决定 / 补偿决定
- **相关法条**　《最高人民法院关于适用〈中华人民共和国行政诉讼法〉的解释》第1条第2款第10项

【裁判要旨】

收回国有土地使用权应依法推进。对于仅作出收回公告,未作出收回决定和补偿决定即事实上收回国有土地使用权的,应认为实质上含有收回决定、补偿方案内容的收回公告,具有可诉性。

在行政机关未依法推进国有土地使用权收回程序,且行政相对人选择起诉的行为未真正反映其实质诉求的情况下,通过释明、协调,促使行政机关补作收回决定、补偿决定,同时根据行政相对人的实质诉求引导其另诉补偿决定,既有利于实质化

解矛盾，又有利于促进依法行政。

【案情摘要】

贺兰县人民政府于2019年作出《贺兰县人民政府关于收回黄河河滩地的公告》（以下简称《收回公告》），贺兰县华康农牧场（有限公司）（以下简称华康公司）使用的案涉土地在上述公告范围内，故起诉请求撤销《收回公告》，并对相关方案文件进行合法性审查。一、二审法院审理认为，《收回公告》不具有可诉性。华康公司不服，申请再审。由于贺兰县人民政府仅作出收回公告，未作出收回决定和补偿决定即事实上收回国有土地使用权，华康公司实质不服的是补偿问题，再审审查期间最高人民法院敦促贺兰县人民政府补作收回决定、补偿决定并引导华康公司另诉补偿决定，华康公司撤回再审申请。

（撰写人：徐　超、李　欣）

23 上级行政机关对下级行政机关的督促履职行为，不属于行政诉讼受案范围

——张某杰与温州市政府不履行法定职责申请再审案

- **案　　号**　（2021）最高法行申3047号
- **合议庭成员**　王玎、贾力、李绍华
- **关 键 词**　行政/不履行法定职责/督促履职行为
- **相关法条**　《最高人民法院关于适用〈中华人民共和国行政诉讼法〉的解释》第1条第2款第8项

【裁判要旨】

上级行政机关基于内部层级监督关系对下级行政机关作出的督促履职行为，不属于行政诉讼受案范围。当事人以上级行政机关未履行上述职责为由提起的行政不作为之诉，亦不属于行政诉讼受案范围。

【案情摘要】

张某杰向浙江省温州市中级人民法院提起行政诉讼，诉讼请求为：确认温州市政府未对其提出的控告请求予以回复的不作为行为违法，确认温州市政府不责成龙

湾区政府协助评估的不作为行为违法，判令温州市政府责令龙湾区政府对强拆房屋的损失进行评估或直接予以评估。浙江省温州市中级人民法院作出行政裁定，对张某杰的起诉不予立案。

（撰写人：王　坤）

24 事故调查报告的批复是否属于行政诉讼受案范围
——合创顾问公司与深圳市龙华区政府、深圳市政府
行政批复及行政复议申请再审案

- **案　　号**　（2021）最高法行申 4217 号
- **合议庭成员**　寇秉辉、黄西武、陈娅
- **关 键 词**　行政 / 行政批复 / 行政诉讼受案范围
- **相关法条**　《最高人民法院关于适用〈中华人民共和国行政诉讼法〉的解释》第 1 条第 2 款第 5 项

【裁判要旨】

事故调查报告的批复若未明确确定对事故责任人的处理意见，可视为未对事故责任人的实体权利义务直接产生实际影响，不属于行政诉讼受案范围。

【案情摘要】

一名工人在深圳市龙华区龙华街道共和新村进行停车场地面硬化作业时触电身亡。事后，龙华安管办向龙华区政府提交了《关于龙华街道共和新村"6·17"触电亡人事故的调查报告》，请求予以批复。2018 年 9 月 19 日，龙华区政府向龙华安管办作出《批复》，同意调查报告关于"合创顾问公司应对事故承担监理责任，建议龙华区住房和建设局依据有关法律法规对合创顾问公司进行处理"的结论。合创顾问公司不服《批复》及深圳市政府维持《批复》的复议决定，提起本案诉讼。

（撰写人：寇秉辉、王雨晴）

25 行政机关对监督、举报事项作出的处理，是否属于行政诉讼受案范围

——肖某新与湖北省恩施土家族苗族自治州来凤县人民政府、湖北省恩施土家族苗族自治州人民政府不予受理决定及行政复议申请再审案

- 案　　　号　（2021）最高法行申5157号
- 合议庭成员　孙江、聂振华、龚斌
- 关　键　词　行政／监督、举报／权利义务影响／受案范围
- 相关法条　《最高人民法院关于适用〈中华人民共和国行政诉讼法〉的解释》第1条第2款第10项

【裁判要旨】

监督、举报明显对其权利义务不产生实际影响的行政行为，依法不属于行政机关对监督、举报事项作出的处理，如果对监督人、举报人的权利不产生实际影响，依法不属于行政诉讼受案范围。

【案情摘要】

1997年10月20日，因来凤县良种场管理体制改革，肖某新与来凤县良种场签订《来凤县良种场管理体制改革合同》，合同约定：由职工肖某新承包良种场土地8亩（后实际承包6.15亩）。2004年6月6日，肖某新与来凤县新科有限责任公司签订《土地使用权、经营权转让协议》，合同约定：肖某新将良种场分给自己的良田、土地（含肖某新及其子女的土地在内）一次性转让给来凤县新科有限责任公司，实际面积以丈量为准。2006年6月2日，来凤县原国土资源局作出来国土监字（2006）1号《土地行政处罚决定书》，对来凤县新科有限责任公司未经批准非法占用国有农用地14.09亩修建的车辆检测站及配套工程予以没收，并于2006年7月4日将没收的资产移交给来凤县国有资产监督管理局，后划转给来凤县农业局。2006年11月28日，经湖北省人民政府批准，湖北省原国土资源厅作出鄂土资批〔2006〕692号《关于来凤县新科有限责任公司建设用地的批复》，同意将来凤县良种场国有农用地0.9393公顷（14.09亩）转为建设用地。2007年6月18日，来凤县新科有限责任公司与来凤县原国土资源局签订《国有土地使用权出让合同》。2008年11月5日，

肖某新领取了土地补偿费、误耕费、房屋宅基地承诺费等费用。2009年3月,来凤县新科有限责任公司申请对出让土地登记确认并取得《国有土地使用权证》。2014年2月20日,来凤县人民检察院作出来检举移〔2014〕01号《信访举报处理移送函》,建议来凤县原国土资源局严格依照法律规定,向该宗土地使用者来凤县新科有限责任公司收取土地出让金。2019年5月5日和7月25日,来凤县自然资源和规划局向来凤县人民法院发函,因来凤县人民法院以网上公开拍卖的方式处置了来凤县新科有限责任公司部分土地资产,请求按比例将土地出让金追缴到位。2019年6月6日,肖某新向来凤县人民政府提出《行政裁决申请书》,要求来凤县人民政府对14.09亩土地的权属属于国家所有还是来凤县新科有限责任公司所有依法进行行政裁决。来凤县人民政府作出《土地权属争议案件不予受理决定书》,肖某新不服,申请复议,湖北省恩施土家族苗族自治州人民政府(以下简称恩施州政府)于2019年12月18日作出恩州政复决字〔2019〕34号行政复议决定,维持来凤县人民政府作出的不予受理决定书。肖某新仍不服,向原审法院提起行政诉讼,请求:(1)依法撤销恩施州政府于2019年12月18日作出的恩州政复决字〔2019〕34号《行政复议决定书》;(2)责令恩施州政府依法、依规重新作出《行政复议决定书》,实体审理,查明事实真相,负责处理;(3)依法撤销来凤县人民政府于2019年9月28日作出的《土地权属争议案件不予受理决定书》;(4)责令来凤县人民政府依法按法律、法规精神,对原发生国有土地14.09亩土地违法行为是怎么处罚依法查处结案、没收的建筑物和其他设施已通过国有资产处理程序是按什么法律程序依法处置的进行政府信息公开;(5)判令被告承担一切诉讼费用。一审法院认为,从肖某新向来凤县人民政府申请行政裁决的请求来看,是要求依据有关法律、法规对14.09亩土地使用权作出行政裁决。该院合议庭在进行举证质证过程中,询问肖某新申请行政裁决的目的,肖某新认为政府给来凤县新科有限责任公司颁发土地使用证不合法,因为没有缴纳土地出让金,导致国有资产的流失。人民法院在受理行政案件时,起诉人必须对诉讼请求享有一定利益才能成为适格当事人,其起诉才能被法院受理。本案中,肖某新申请行政裁决的行为属于监督性举报,来凤县人民政府给来凤县新科有限责任公司颁发土地使用证的行为,对肖某新的合法权益明显不产生实际影响。故一审法院裁定驳回肖某新的起诉。二审法院认为,根据《行政诉讼法》第2条的规定,公民、法人或者其他组织认为行政机关和行政机关工作人员的行政行为侵犯其合法权益,有权依照该法向人民法院提起诉讼。根据《最高人民法院关于适用〈中华人民共和国行政诉讼法〉的解释》第1条第2款第10项的规定,对公民、法人或者其他组织权利义务不产生实际影响的行政行为不属于人民法院行政诉讼的受案范围。具体到本案,正如肖某新在上诉状中所述,其申请行政裁决的目的是其认为来凤县人民政府给来凤县新科有限责任公司颁发土地使用证不合法,因为没有缴纳土地出让金,导致国有资产流失,其行使的是监督、举报权。因肖某新监督、举报的上述行政行为明显对其权利义务不产生实际影响,依法不属于人民法院行政诉讼的受案范围,原审法院驳回肖某新的起诉认定事实清楚,适用法律正确,肖某新的上诉理由不能成立。故二审法院裁定驳回上诉,维持原裁定。肖某新不服,向最高人民法院申请再审,最高人民法院裁定驳回其再审申请。

(撰写人:孙 江)

26 城乡规划部门修改控制性详细规划的申报和政府审批行为,明显不属于行政复议和行政诉讼受案范围

——天津开发区梅林浩工贸有限公司与天津市人民政府撤销行政复议决定申请再审案

- 案 号 (2021)最高法行申 6519 号
- 合议庭成员 郭修江、蔚强、仝蕾
- 关 键 词 行政/控制性详细规划/行政诉讼/受案范围
- 相关法条 《中华人民共和国城乡规划法》第 2 条、第 19 条、第 20 条、第 21 条、第 48 条,《最高人民法院关于适用〈中华人民共和国行政诉讼法〉的解释》第 1 条、第 2 条第 2 款

【裁判要旨】

城乡规划部门修改控制性详细规划,应当报经原批准机关,也就是本级政府批准后,才可以修改方案;方案修改完成后,再次报本级政府审批,方案方可发生法律效力。其中,报送本级政府审批行为和本级政府作出的审批行为,均属于行政机关内部的过程性层报、审批行为,不对外发生法律效力,明显不属于行政复议和行政诉讼受案范围。对于明显不属于行政复议和行政诉讼受案范围,明显不符合申请行政复议、提起行政诉讼的其他法定条件的案件,复议机关作出不予受理或驳回复议申请决定,当事人仍不服提起行政诉讼的,不予受理或驳回复议申请决定实质是对其请求事项作出信访处理意见,人民法院可以裁定不予立案或驳回其起诉。

【案情摘要】

天津市滨海新区人民政府于2010年4月20日作出津滨政函〔2010〕26号《关于对滨海新区北片区、核心区、南片区控制性详细规划的批复》（以下简称26号《批复》）。天津开发区梅林浩工贸有限公司（以下简称梅林浩公司）认为上述26号《批复》违法，向天津市人民政府（以下简称天津市政府）申请行政复议，请求撤销天津市滨海新区人民政府作出的26号《批复》。天津市政府于2020年3月13日收到梅林浩公司的行政复议申请材料，经审查，于2020年3月16日作出津政复不受字〔2020〕2-246号《不予受理行政复议申请决定书》（以下简称246号复议决定），并邮寄送达梅林浩公司。梅林浩公司不服，提起本案行政诉讼，请求：（1）撤销天津市政府作出的246号复议决定；（2）判决天津市政府重新处理梅林浩公司的行政复议申请，并作出行政复议决定。

（撰写人：郭修江）

27 正确把握投诉举报与行政机关内部层级监督的关系
——朱某智与国家市场监督管理总局未履行法定职责申请再审案

- 案　　号　（2021）最高法行申7100号
- 合议庭成员　郭修江、于泓、朱宏伟
- 关 键 词　行政/内部层级监督/投诉举报/行政诉讼/受案范围
- 相关法条　《中华人民共和国特种设备安全法》第5条，《最高人民法院关于适用〈中华人民共和国行政诉讼法〉的解释》第1条第2款第4项、第8项

【裁判要旨】

当事人投诉举报，可能是对行政相对人违法行为的举报，也可能是对下级行政机关违法行政行为的举报。通常情况下，只有对下级行政机关违法行政行为的举报，才能引发上级行政机关对下级机关的内部层级监督程序。但是，当事人举报行政相对人的违法行为，有管辖权的下级行政机关作出处理或逾期不处理，当事人不服继续向上级行政机关投诉举报，上级行政机关作出未改变下级行政机关处理决定内容、未对利害关系人创设新的权利义务的处理；或者当事人越级向有管辖权的行政机关的上级行政机关投诉举报，上级行政机关将举报事项转交下级行政机关处理或者逾

期不处理，实质上是要求有管辖权的下级行政机关对举报事项予以查处或未履行对下监督职责。上述情形下，上级行政机关的行为亦属于内部层级监督行为。对当事人的权利义务不产生实际影响的内部层级监督行为，不属于行政诉讼受案范围。

【案情摘要】

2020年2月28日，福建省特种设备检验研究院（以下简称福建省特检院）向泉州清源山风景名胜区管理委员会作出《特种设备检验意见通知书更改单》（以下简称涉案更改单），对福建省特种设备检验研究院泉州分院于2013年1月16日作出的《特种设备检验意见通知书》中问题和意见栏的内容进行了修改。后朱某智向国家市场监督管理总局邮寄落款时间为2020年4月3日的《处理申请书》，请求国家市场监督管理总局撤销涉案更改单。2020年4月29日，国家市场监督管理总局向朱某智作出涉案答复，其中认为其无法律依据要求福建省特检院撤销涉案更改单。朱某智不服，提起本案诉讼，请求依法判令国家市场监督管理总局履行法定职责，对涉案更改单依法撤销或确认无效。另朱某智在提起本案诉讼前，曾就涉案答复向一审法院提起行政诉讼，请求一审法院撤销涉案答复。在本案受理后，朱某智撤回对涉案答复的起诉。

（撰写人：郭修江、谭　红）

28 信访工作机构处理信访事项的行为或者不履行信访处理职责的行为不属于行政诉讼受案范围

——尹某琴与人力资源和社会保障部不履行信访处理职责申请再审案

- 案　　号　（2021）最高法行申8227号
- 合议庭成员　袁晓磊、孟凡平、厉文华
- 关 键 词　行政 / 信访机构 / 信访事项 / 受案范围
- 相关法条　《最高人民法院关于不服县级以上人民政府信访行政管理部门、负责受理信访事项的行政管理机关以及镇（乡）人民政府作出的处理意见或者不再受理决定而提起的行政诉讼人民法院是否受理的批复》

【裁判要旨】

信访人对信访工作机构依据《信访工作条例》处理信访事项的行为，或者不履行《信访工作条例》规定的职责不服提起行政诉讼的，不属于行政诉讼受案范围。

【案情摘要】

尹某琴反映其父亲尹某华退休待遇一事，中国铁路哈尔滨局集团有限公司哈铁机务段、中国铁路哈尔滨局集团有限公司社保部、中国铁路哈尔滨局集团有限公司信访工作联席会议办公室已先后分别作出信访处理意见以及复查、复核意见，尹某琴对前述处理意见以及复查、复核意见不服，要求人力资源和社会保障部（以下简称人社部）再次处理。尹某琴以人社部未予答复为由，提起本案诉讼，请求人社部履行处理职责。一审法院以不属于受案范围为由，裁定不予立案，二审法院裁定予以维持。其向最高人民法院申请再审，最高人民法院裁定驳回其再审申请。

（撰写人：袁晓磊）

29 最高人民法院关于中国人民银行分支机构与其行员之间发生的人事争议是否属于人民法院受案范围的答复

- 案　　号　（2021）最高法行他2号
- 关 键 词　中国人民银行／行员／人事争议／受案范围
- 相关法条　《中华人民共和国行政诉讼法》第12条、第13条

【复　　函】

河南省高级人民法院：

你院《关于中国人民银行分支机构与行员之间的人事争议是否属于人民法院受案范围的请示》收悉。经研究，答复如下：中国人民银行是国务院组成部门，根据履行职责的需要设立分支机构。中国人民银行分支机构与其执行行员工资制度的正式工作人员之间发生的人事争议，不属于行政诉讼受案范围，亦不属于劳动争议，应当按照《中国人民银行行员管理暂行办法》第八十五条规定的途径解决。

此复。

2021年3月15日

（撰写人：蒋　蔚）

30 针对事故调查报告作出的批复是否属于行政诉讼受案范围

——陈某琼等与昭平县政府行政批复再审案

- **案　　号**　（2021）最高法行再 37 号
- **合议庭成员**　宋楚潇、刘艾涛、田心则
- **关　键　词**　行政 / 政府行政批复 / 行政诉讼受案范围
- **相关法条**　《中华人民共和国行政诉讼法》第 2 条，《最高人民法院关于适用〈中华人民共和国行政诉讼法〉的解释》第 1 条第 2 款第 8 项、第 19 条

【裁判要旨】

一般认为，上级行政机关基于下级行政机关的请示报告所作的听取、批复，系基于上下级行政机关之间的内部层级监督关系，该行为不属于行政诉讼受案范围。但上级行政机关基于下级行政机关的请示报告所作的听取、批复直接对公民、法人或其他组织权利义务产生实际影响，有可能直接侵犯当事人的合法权益的，系直接对行政相对人的权利义务产生实际影响的、可诉的行政行为，属于行政诉讼受案范围。

【案情摘要】

昭平县走马镇裕路村陆丽冲新石口平地下方冲沟处发生一起工人驾驶装载机（铲车）清理道路路障时死亡的安全生产事故。事故发生后，昭平县政府成立事故调查组并邀请昭平县检察院派人参加，事故调查组出具调查报告对事故作出认定和处理建议：（1）该工人对本次事故负主要责任，鉴于其已在事故中死亡，建议不再追究其责任；（2）昭平县顺祐矿产开发有限公司未履行生产经营单位的安全生产管理职责，未落实安全生产主体责任，对本事故的发生负有责任，建议对该公司予以行政处罚。后昭平县安监局依据上述认定和处理建议作出事故调查报告审批结案的请示，获昭平县政府批复同意。陈某琼等人对该批复不服，遂提起本案诉讼。

（撰写人：宋楚潇、陈　真）

31 行政批复的可诉性如何判断
——天源公司与吉林省公主岭市人民政府、吉林省公主岭市生态环境局行政批复再审案

- **案　　号**　（2021）最高法行再 146 号
- **合议庭成员**　祝二军、阎巍、杨迪
- **关 键 词**　行政 / 不产生外部效力的行政行为 / 行政批复
- **相关法条**　《最高人民法院关于适用〈中华人民共和国行政诉讼法〉的解释》第 1 条

【裁判要旨】

一般而言，行政机关在行政程序内部所作的行为，未对公民、法人或者其他组织合法权益产生实际影响的，并不对外发生法律效力。但是，该种行为一旦通过行政机关的职权行为外化后，如对行政相对人的权利义务产生确切的实际影响，应纳入行政诉讼受案范围。

【案情摘要】

2018 年 5 月 30 日，吉林省公主岭市人民政府作出案涉同意关闭天源公司等 12 家企业的批复。2018 年 11 月 1 日，天源公司同吉林省公主岭市环境保护监察大队签订《拆除协议》，吉林省公主岭市环境保护监察大队为天源公司提供拆除费 15000 元，天源公司自行拆除了所有设备。2019 年 5 月，天源公司提起本诉，并主张被诉批复被张贴在天源公司门口，并已对外发生法律效力。

（撰写人：杨　迪）

32. 认定行政行为是否对当事人的合法权益产生了影响，不能仅根据文字表述而应根据客观实际

——李某与易县政府行政征收决定申请再审案

- **案　　号**　（2020）最高法行申 9391 号
- **合议庭成员**　于泓、朱宏伟、仝蕾
- **关 键 词**　行政 / 征收决定 / 拟征收决定 / 过程性行为
- **相关法条**　《最高人民法院关于适用〈中华人民共和国行政诉讼法〉的解释》第 1 条第 2 款第 6 项

【裁判要旨】

认定行政行为是否对当事人的合法权益产生了影响不能仅根据文字表述，而应当根据客观实际。在集体土地征收过程中，对发生于 2020 年 1 月 1 日《土地管理法》修改前的征地行为，如果市、县人民政府在无省政府相关征收土地的批复等法源依据的情形下，作出了《征收决定》且该决定客观上已推进实施并对当事人权利义务产生了实际影响，即便其中表述了"拟征收"一词，人民法院亦不宜当然认为该《征收决定》为过程性行为而将此排除于行政诉讼受案范围之外。

【案情摘要】

李某诉称，2018 年 9 月 29 日易县政府作出被诉《征收决定》，李某的房屋位于征收决定范围内，易县政府作出的该《征收决定》并没有法律依据，遂提起诉讼，请求依法撤销被诉《征收决定》。一审法院认为，被诉《征收决定》的名称虽然用了"决定"一词，但内容主要是告知被征地村民征收土地的位置、范围和补偿标准等事项，并在文中明确应用了"拟征收"的文字表述，表明征收尚未开始。被诉《征收决定》属于告知性质，是行政机关的过程性行为，依法不属于行政诉讼受案范围。据此，裁定驳回李某的起诉。二审法院以基本相同的理由裁定驳回上诉，维持原裁定。李某申请再审，最高人民法院认为，对本案依法本应启动再审，但考虑再审申请人实体权益已得到处理，为节约司法资源及减轻当事人诉累，本案无启动再审之必要性。最终裁定驳回再审申请。

（撰写人：朱宏伟、袁岸乔）

33 当事人申请区县级人民政府查处征收部门暴力拆迁的，属于申请层级监督

——陈某与嘉善县人民政府房屋拆迁管理（拆迁）行政复议申请再审案

- **案　　号**　（2020）最高法行申 12560 号
- **合议庭成员**　李绍华、何君、朱宏伟
- **关 键 词**　行政 / 层级监督 / 受案范围
- **相关法条**　《中华人民共和国行政诉讼法》第 12 条第 1 款第 6 项，《最高人民法院关于适用〈中华人民共和国行政诉讼法〉的解释》第 1 条第 2 款第 8 项

【裁判要旨】

当事人申请区县级人民政府查处征收部门暴力拆迁的，属于申请层级监督，不属于行政复议和行政诉讼受案范围。

【案情摘要】

陈某诉称，2019 年 8 月 31 日其向嘉善县人民政府申请要求查处嘉善县房屋征收办公室暴力拆迁破坏其房屋的有关责任人。因未收到任何答复，于 2019 年 11 月 29 日向嘉兴市人民政府申请行政复议，要求县长履行法定职责及嘉善县人民政府在法定期限内答复等。嘉兴市人民政府于同年 12 月 5 日出具告知书，告知已流转至嘉善县人民政府信访局，请按《信访条例》办理。陈某认为，其提交的查处申请书是申请履职的行为，而非信访举报，嘉兴市人民政府行政复议局将其转至信访局按信访处理错误，故提起本案诉讼。

（撰写人：李绍华）

34 对公安机关刑事不立案行为不能提起行政诉讼
——陈某、张某娟与上海市公安局浦东新区分局
不履行法定职责申请再审案

- 案　　号　（2020）最高法行申 15421 号
- 合议庭成员　李绍华、何君、朱宏伟
- 关 键 词　行政 / 刑事不立案 / 受案范围
- 相关法条　《中华人民共和国刑事诉讼法》第 112 条、第 113 条

【裁判要旨】

《刑事诉讼法》对刑事不立案行为规定了单独的权利救济途径，不属于行政诉讼受案范围，当事人针对刑事不立案行为不服提起行政诉讼的，人民法院不予支持。

【案情摘要】

陈某、张某娟称，自 2015 年起，其拥有的位于上海市浦东新区宅基地上的房屋不断遭受非法侵入及破坏。二人多次报警求助，均未获受理。2017 年 9 月 29 日，其书面请求上海市公安局立案调查上述违法行为，并追究违法人员刑事责任，未获答复。2019 年 1 月 30 日，其又书面请求上海市公安局浦东分局对上述违法行为登记立案，并进行刑事侦查，亦未获答复。故提起本案诉讼，请求责令上海市公安局浦东分局履行法定职责。

（撰写人：李绍华）

35 事业单位改革中的人事变动不属于行政诉讼受案范围
——周某礼与浙江省衢州市人民政府确认违法申请再审案

- 案　　号　（2021）最高法行申 705 号
- 合议庭成员　李绍华、蔚强、朱宏伟
- 关 键 词　行政 / 事业单位改制 / 行政诉讼受案范围

- **相关法条** 《中华人民共和国行政诉讼法》第 13 条第 3 项

【裁判要旨】

行政机关在改革过程中的职工下岗分流，属于行政机关内部的人事变动，不属于行政诉讼受案范围。

【案情摘要】

周某礼原为衢州市房地产管理处事业编制职工，在 2004 年事业单位改制中，衢州市房地产管理处根据衢州市市属事业单位改革领导小组办公室作出的《关于同意实施〈衢州市房地产管理处职能剥离改革方案〉和〈衢州市市政工程管理处职能剥离改革方案〉的批复》，对周某礼予以分流处理。周某礼认为衢州市人民政府对其作出的改制分流决定违法，要求衢州市人民政府赔偿工资损失，并提起本案诉讼。

（撰写人：李绍华）

36 公安机关依据刑事诉讼法行使职权的行为不属于行政复议受理范围，也不属于行政诉讼受案范围

——恽某平与江苏省公安厅确认违法申请再审案

- **案　　号** （2021）最高法行申 774 号
- **合议庭成员** 李绍华、蔚强、朱宏伟
- **关 键 词** 行政 / 刑事行为 / 受案范围
- **相关法条** 《最高人民法院关于适用〈中华人民共和国行政诉讼法〉的解释》第 1 条第 2 款第 1 项

【裁判要旨】

对于公安机关依据《刑事诉讼法》的规定行使职权的行为，既不属于行政复议受理范围，也不属于行政诉讼受案范围。

【案情摘要】

恽某平不服常州市公安局武进分局 2019 年 11 月 21 日作出的《不予立案通知

书》，向武进分局申请行政复议。2019年12月25日，武进分局作出《刑事复议决定书》，维持原决定。恽某平不服，向常州市公安局申请行政复议复核。2020年1月3日，常州市公安局以检察机关已经受理恽某平对同一事项的控告、申诉为由，作出《不予受理刑事复议申请决定书》。恽某平不服，向江苏省公安厅申请行政刑事复议复核。恽某平不服武进分局作出的《不予立案通知书》，向常州市武进区人民检察院申请监督。2019年12月3日，武进区人民检察院作出受理的《告知函》。恽某平不服江苏省公安厅复核结果，提起本案诉讼。

（撰写人：李绍华）

37 信访答复既不属于行政复议受理范围，也不属于行政诉讼受案范围

——周某顺与江苏省扬州市人民政府不予受理行政复议申请决定申请再审案

- **案　　号**　（2021）最高法行申951号
- **合议庭成员**　李绍华、蔚强、朱宏伟
- **关 键 词**　行政/信访答复/受案范围
- **相关法条**　《中华人民共和国行政复议法》第6条①，《最高人民法院关于适用〈中华人民共和国行政诉讼法〉的解释》第1条第2款第9项

【裁判要旨】

根据《最高人民法院关于适用〈中华人民共和国行政诉讼法〉的解释》第1条第2款第9项的规定，信访答复既不属于行政复议受理范围，也不属于行政诉讼受案范围。

【案情摘要】

针对周某顺提出的关于退休时间、连续工龄计算问题的信访事项，扬州市人民政府于2015年2月15日作出《关于周某顺信访事项的复核意见》，认为宝应县人民政府的复查意见符合政策规定，予以维持。2018年12月10日，扬州市人民政府信

---

① 对应《中华人民共和国行政复议法》（2023年修订）第11条。

访事项复查复核委员会办公室作出《不再受理告知书》，告知周某顺信访事项已经复核终结。2019 年 3 月 7 日，周某顺向扬州市人民政府提出行政复议申请。2019 年 3 月 13 日，扬州市人民政府决定不予受理。周某顺遂向法院提起诉讼。

（撰写人：李绍华）

38 村委会与当事人协商后实施的拆除行为不属于行政诉讼受案范围
——陈某忠与福建省福清市人民政府、福清市玉屏街道办事处行政强制申请再审案

- **案　　号**　（2021）最高法行申 956 号
- **合议庭成员**　李绍华、蔚强、朱宏伟
- **关 键 词**　行政 / 民事行为 / 行政诉讼受案范围
- **相关法条**　《中华人民共和国行政诉讼法》第 49 条

【裁判要旨】

村委会因村内修路而协商拆除村民房屋的，不属于行政行为，不属于行政诉讼受案范围。

【案情摘要】

2016 年福清市进行环城路建设，石井村村委会申请将包括涉案房屋在内的 6 栋民房纳入征收范围。后因各种原因，案涉房屋后来没有列入征迁红线图。陈某忠在"村两委"及"老人会"的动员下，同意将案涉房屋拆除，石井村村委会"村两委"雇请施工队于 2018 年 7 月 7 日拆除了案涉房屋。但由于陈某忠其后称不同意拆除，村委会因无强制力，故房屋东侧的剩余部分至今未拆。陈某忠以尚未签订拆迁安置补偿协议的情况下，祖遗房屋被强制拆除为由提起行政诉讼。

（撰写人：李绍华）

39 村民与村委会之间的土地承包经营权纠纷不属于行政诉讼受案范围

——裴某新、孙某林与江苏省盐城市盐都区人民政府土地承包经营权行政登记申请再审案

- 案　　号　（2021）最高法行申 2556 号
- 合议庭成员　李绍华、贾力、周觅
- 关 键 词　行政 / 土地承包经营权 / 行政登记
- 相关法条　《中华人民共和国农村土地承包法》第 51 条①

【裁判要旨】

村民和当地村委会之间的土地承包经营权纠纷应通过民事诉讼途径解决，不属于行政诉讼受案范围。

【案情摘要】

1998 年农村土地二轮承包时，涉案 0.95 亩土地登记在裴某新户名下。因裴某新自 1997 年起一直在外打工，涉案土地由其父亲裴某山实际种植。2001 年 2 月 13 日，裴某山在保证书中明确向集体交地并由集体分配。后抬头村村委会将该块土地安排给蔡某荣耕种至今。2004 年 10 月 30 日，抬头村村委会与蔡某荣签订一份《农村土地家庭承包合同》，将包含涉案 0.95 亩在内的 7.56 亩土地发包给蔡某荣经营。2016 年 11 月 10 日，抬头村村委会（原抬头村一组）与蔡某荣签订了包含涉案土地在内的 6.66 亩土地的《农村土地家庭承包合同》。同月 15 日，盐都区人民政府向蔡某荣颁发了农村土地承包经营权证书予以确认。裴某新提起本案诉讼。

（撰写人：李绍华）

---

① 对应《中华人民共和国农村土地承包法》（2018 年修正）第 55 条。

40 申请层级监督不属于行政诉讼受案范围
——张某泉与浙江省金华市人民政府行政登记申请再审案

- 案　　号　（2021）最高法行申 2775 号
- 合议庭成员　李绍华、贾力、周觅
- 关 键 词　行政 / 层级监督 / 行政诉讼受案范围
- 相关法条　《最高人民法院关于适用〈中华人民共和国行政诉讼法〉的解释》第 1 条第 2 款第 8 项

【裁判要旨】

当事人对于司法行政部门作出的行政行为不服要求市政府进行处理的，除属于法定的行政复议范畴之外，通常可视为申请层级监督，不属于行政诉讼受案范围。另，当事人因同一事由连续提起多个诉讼的，可能构成诉权滥用。

【案情摘要】

张某泉对金华市司法局作出的《核准注销（法律服务所）决定书》不服，提起本案诉讼，要求浙江省金华市人民政府履行调查、撤销等职责。

（撰写人：李绍华）

41 村民认为村委会制定《城中村改造实施方案》的行为违反法律规定的，应向镇政府、街道办反映，不能直接要求县政府处理，也不能直接提起行政诉讼
——楼某合等与浙江省浦江县人民政府、浦江县浦南街道办事处不履行法定职责申请再审案

- 案　　号　（2021）最高法行申 2808 号
- 合议庭成员　李绍华、贾力、周觅
- 关 键 词　行政 / 村民自治 / 行政诉讼受案范围

- **相关法条** 《中华人民共和国村民委员会组织法》第 27 条第 3 款

【裁判要旨】

村委会制定《城中村改造实施方案》的行为在性质上属于村民自治行为，部分村民对该方案不服的，由于村委会不是行政机关，不能直接提起行政诉讼，也不能直接要求县政府处理，而是应当依照《村民委员会组织法》的相关规定向乡镇人民政府反映。

【案情摘要】

楼某合等人以 984 人的名义起诉称，文溪社区居委会在没有行政权力及征求村民意见的情况下，违法违规制定了《浦江县浦南街道文溪社区城中村改造实施方案》，临时召开所谓"村民代表会议"通过，并层报街道办、浦江县城中村改造指挥部获得通过，严重违法。楼某合等人向浦江县人民政府申请撤销该方案，因浦江县人民政府未予处理而提起行政诉讼。

（撰写人：李绍华）

42 对行政机关工作人员的行政处分行为不属于行政诉讼受案范围
——金某珍与内蒙古自治区通辽市科尔沁区人民政府确认行政处分并行政赔偿申请再审案

- **案　　号** （2021）最高法行申 8282 号
- **合议庭成员** 袁晓磊、孟凡平、厉文华
- **关 键 词** 行政处分 / 行政监察 / 受案范围
- **相关法条** 《中华人民共和国行政诉讼法》第 13 条第 3 项

【裁判要旨】

对行政机关工作人员予以行政处分，系行政机关内部的行政监察行为，不属于行政诉讼受案范围。

【案情摘要】

金某珍请求内蒙古自治区通辽市科尔沁区人民政府对其工作人员予以行政处分，因该区政府未予作出处分，其提起本案诉讼，请求给予行政处分并赔偿损失。一审以不属于受案范围为由，裁定不予立案，二审裁定予以维持。其向最高人民法院申请再审，最高人民法院裁定驳回其再审申请。

（撰写人：袁晓磊）

43 申请公开行政机关内部指导意见不属于行政诉讼受案范围

——孙某玲与公安部信息公开申请再审案

- **案　　号**　（2021）最高法行申4826号
- **合议庭成员**　袁晓磊、孟凡平、厉文华
- **关 键 词**　行政/内部管理行为/不予立案
- **相关法条**　《最高人民法院关于适用〈中华人民共和国行政诉讼法〉的解释》第1条第2款第10项

【裁判要旨】

当事人诉请公开的事项是行政机关内部指导意见，并不直接对外发生法律效力，对当事人权利义务不产生实际影响的行为，不属于行政诉讼受案范围。

【案情摘要】

孙某玲起诉称：孙某玲于2018年12月16日向公安部依法申请信息公开：公开公通字〔2013〕25号《公安部关于公安机关处置信访活动中违法犯罪行为适用法律的指导意见》，请求公安部通过邮寄、快递等方式，书面回复孙某玲。公安部却以系争文件是内部管理信息为由不予公开。孙某玲认为公安部此种做法并不符合有关法律法规规定，依据相关法律法规提起行政诉讼，请求法院依法撤销2019年（答）7号公安部政府信息公开答复书。一、二审法院裁定不予立案。孙某玲向最高人民法院申请再审，最高人民法院裁定驳回其再审申请。

（撰写人：厉文华）

44 信访处理机关作出的信访答复不属于行政诉讼受案范围

——罗某光与国家信访局信访答复申请再审案

- **案　　号**　（2021）最高法行申 4832 号
- **合议庭成员**　袁晓磊、孟凡平、厉文华
- **关 键 词**　行政/信访处理行为/不予立案
- **相关法条**　《最高人民法院关于适用〈中华人民共和国行政诉讼法〉的解释》第 1 条第 2 款第 9 项

【裁判要旨】

信访处理机关针对信访事项作出的答复、交办等行为，对信访人的权利义务不产生实际影响，不属于行政诉讼受案范围。

【案情摘要】

罗某光以国家信访局为被告，向一审法院提起行政诉讼，诉称：因征地拆迁问题，2017 年 4 月 1 日、2018 年 7 月 18 日，罗某光向国家信访局控告、申诉。国家信访局收到申诉书后，未作出处理告知。2019 年 7 月 19 日，罗某光向国家信访局提出政府信息公开申请。国家信访局作出《关于罗某光申请公开政府信息的回复》（国信公开函〔2019〕66 号）。罗某光认为，国家信访局拒绝公开政府信息的行为，侵害了罗某光的合法权利，违反法律规定。罗某光诉至一审法院，提出如下诉讼请求：（1）依法撤销国家信访局作出的《关于罗某光申请公开政府信息的回复》（国信公开函〔2019〕66 号），请求判令国家信访局履行法定职责，依据罗某光申请重新作出行政行为；（2）诉讼费用由国家信访局承担。一、二审法院裁定不予立案。罗某光向最高人民法院申请再审，最高人民法院裁定驳回其再审申请。

（撰写人：厉文华）

45 申请人对相对人权利义务不产生实质影响的答复提起行政诉讼的,人民法院不予受理

——博格纳公司与广东省人民政府行政复议申请再审案

- **案　　号**　（2021）最高法行申 2921 号
- **合议庭成员**　耿宝建、熊劲松、陈娅
- **关 键 词**　行政 / 行政复议 / 不予受理
- **相关法条**　《最高人民法院关于适用〈中华人民共和国行政诉讼法〉的解释》第 1 条第 2 款

【裁判要旨】

申请人越级提出行政复议申请的,行政机关作出的不予受理告知书系对申请人的相关事项进行告知和指引,对申请人的权利义务并不产生实质影响。申请人对该告知行为提起行政诉讼不符合法定的起诉条件,人民法院不予立案。

【案情摘要】

博格纳公司针对珠海市横琴新区管委会作出的《批复》向广东省人民政府申请行政复议,广东省人民政府作出《行政复议告知书》,告知该公司如认为珠海市横琴新区管委会的行为违法,按照规定应向珠海市人民政府提出行政复议申请。博格纳公司对告知书不服,遂诉至法院,请求撤销涉案告知书并判决广东省人民政府受理其复议申请。

（撰写人：熊劲松）

46 《告知书》如对行政相对人的权利义务不产生实际影响，不属于行政诉讼受案范围
——黄某祥、黄某初与广东省广州市人民政府行政告知申请再审案

- **案　　号**　（2021）最高法行申 5477 号
- **合议庭成员**　熊劲松、李彤、陈娅
- **关 键 词**　行政／行政告知／受案范围
- **相关法条**　《最高人民法院关于适用〈中华人民共和国行政诉讼法〉的解释》第 1 条

【裁判要旨】

《告知书》通常是复议机关在复议程序中对复议申请人的相关事项进行告知和指引的行为，该行为如果对复议申请人的权利义务不产生实际影响，不属于行政诉讼受案范围。如果客观上已产生实际影响，人民法院应当立案审查。

【案情摘要】

黄某祥、黄某初不服穗综海违建处字〔2017〕1012 号《违法建设行政处理决定书》，向广州市人民政府提出行政复议申请，广州市人民政府作出涉案《告知书》，告知其复议事项不属于行政复议受理范围。黄某祥、黄某初不服，向广州铁路运输中级法院提起诉讼，该院作出（2020）粤 71 行初 119 号行政裁定，裁定对黄某祥、黄某初的起诉不予立案。黄某祥、黄某初不服一审裁定，向广东省高级人民法院提起上诉，该院作出（2020）粤行终 477 号行政裁定，裁定驳回上诉，维持原裁定。再审申请人黄某祥、黄某初不服，向最高人民法院申请再审。

（撰写人：熊劲松）

主体资格 ▶▶▶

1 集体土地上的违法建设者不具有提起履行征收补偿职责之诉的原告资格

——田某江与天津市滨海新区人民政府确认拒绝履行法定职责违法申请再审案

- **案　　号**　（2020）最高法行申 14265 号
- **合议庭成员**　李德申、李纬华、李小梅
- **关 键 词**　行政 / 履行征收补偿法定职责之诉 / 土地及地上物征收补偿
- **相关法条**　《中华人民共和国土地管理法实施条例》第 26 条第 1 款①

【裁判要旨】

集体土地征收补偿过程中，地上附着物及青苗补偿费归地上附着物及青苗的所有者所有。对于集体土地上未经过权属登记的建筑物，通常按照相关安置补偿方案作出处理。如果该建筑物已被人民法院生效判决确认为违法建设，一般不具有应受保护的合法权益，该违法建设者依法不具有获得拆迁安置补偿的权利。

【案情摘要】

田某江依据《蓟港铁路塘沽段沿线征地范围内拆迁公告》、其养殖场所涉土地承包协议及营业执照，以其养殖场于 2009 年 7 月 21 日被强行拆迁，至今未获得合理的拆迁补偿为由，通过邮寄方式向天津市滨海新区人民政府提出《拆迁补偿申请书》，请求对其养殖场依法作出拆迁补偿，滨海新区人民政府于 2020 年 2 月 17 日收到《拆迁被偿申请书》后未作答复。田某江遂提起本案诉讼。一、二审法院以案涉建筑物已经人民法院生效判决确认为违法建设，并已依法强制拆除，田某江既不是农村集体经济组织成员，也不是涉案土地被征收人，不具备提起本案诉讼的原告主体资格为由，裁定驳回田某江的起诉及上诉。

（撰写人：李小梅、任必恒）

---

① 该条例已于 2021 年修订，本条已被删除。

2 海域养殖场的租赁人对海域使用权证的颁证及变更登记行为不具有诉权

——杨某甲与山东省人民政府海域使用权登记及行政复议申请再审案

- **案　　号**　（2020）最高法行申 8249 号
- **合议庭成员**　于泓、朱宏伟、仝蕾
- **关 键 词**　行政 / 海域使用权证 / 颁发海域使用权证
- **相关法条**　《最高人民法院关于适用〈中华人民共和国行政诉讼法〉的解释》第 13 条

【裁判要旨】

原海域使用权证持有人为村民委员会，后有权机关经过法定程序将证发给他人，其后又变更使用权人，作为非村集体经济组织成员的相关租赁人依据此前与村委会签订的《滩涂养殖承包合同书》从事海域养殖，其与后期颁证行为及变更使用权人的行为之间一般不具有利害关系。

【案情摘要】

原告杨某甲之父杨某乙于 2001 年与金沟村签订《滩涂养殖承包合同书》，承包期为 30 年。山东省人民政府 2006 年向案外人颁发两份海域使用权证，2008 年又将该两份海域使用权证使用权人变更为本案第三人。2008 年，杨某乙向山东省人民政府申请行政复议，请求撤销山东省人民政府为第三人颁发的两份海域使用权证。山东省人民政府于 2019 年 1 月 3 日作出行政复议决定，维持其颁发海域使用权证的行政行为。杨某甲遂于 2019 年 1 月 23 日提起本案之诉，请求撤销山东省人民政府颁发及变更涉案两份海域使用权证的行为及行政复议决定。

一审法院认为，山东省人民政府初始发证的行为合法，原告诉讼请求不能成立；山东省人民政府变更海域使用权证使用主体的行为，与原告之间不具有利害关系。遂判决驳回杨某甲的诉讼请求。二审法院认为，山东省人民政府于 2006 年颁发两份海域使用权证，上诉人于 2019 年才起诉，已超过法定起诉期限。遂裁定撤销一审判决，驳回杨某甲的起诉。杨某甲申请再审，最高人民法院裁定驳回其再审申请，但裁判理由与一、二审法院有别。

（撰写人：朱宏伟、袁岸乔）

3 房屋权属存在争议的，房屋产权人对强制拆除房屋行为提起行政诉讼是否符合起诉条件

——王某与河南省商丘市睢阳区人民政府强制拆除房屋申请再审案

- 案　　　号　（2020）最高法行申 8804 号
- 合议庭成员　龚斌、孙江、梁爽
- 关 键 词　行政 / 房屋产权人 / 起诉条件
- 相关法条　《中华人民共和国行政诉讼法》第 25 条第 1 款、第 49 条第 1 项

【裁判要旨】

对于土地权属及相关房屋产权存在争议，强拆前房产证证载房屋已重建的强拆纠纷，原告所提交的证据不足以证明其所主张的扩建事实的，人民法院可以结合在案其他证据认定原告与被诉强拆行为之间不具有行政法上的利害关系。

【案情摘要】

案涉房地产原产权人系案外人荣某彪，荣某彪办理有房屋所有权证和国有土地使用权证。房产证证载权利人为荣某彪，房屋结构砖木，总层数 1 层，所在层数 1 层，面积 279.84 平方米，用途为工业；国有土地使用权证编号为商国用（2000）字第 1478 号，证载权利人为荣某彪，土地坐落于凯旋南路西侧，用途为住宅，使用权类型为划拨，使用权面积为 1737.217 平方米。河南省高级人民法院（2017）豫民再 2 号民事判决认定，荣某彪将案涉房屋出售给朱某成、刘某、朱某斌、吴某真，王某之父王某明系经办人，荣某彪将案涉房屋及房产证、土地证交付给朱某成等四人，收取了相应价款，荣某彪、王某明给朱某成等四人出具了收款条据。荣某彪将案涉房屋出售给朱某成等四人之后，又将案涉房屋出售给王某，荣某彪又补办了房产证并将房屋过户至王某名下。王某办理了房产证。2009 年 1 月 6 日，河南省商丘市睢阳区人民法院为王某和荣某彪因房屋买卖合同纠纷出具（2009）商睢区民初字第 186 号民事调解书，约定荣某彪将其名下的国有土地使用权证过户到王某名下。在执行该民事调解书的过程中，朱某成、刘某、朱某斌、吴某真和第三人朱某山认为该民事调解书系王某和荣某彪恶意串通，侵犯了案外人的合法权益，提出执行异议。河南省商丘市睢阳区人民法院作出（2009）商睢区民执字第 59-1 号民事裁定书，认

为案外人申请中止执行，理由正当，遂裁定中止执行。王某主张其对原荣某彪名下的房屋、土地享有合法权益并对扩建、加盖的厂房、变压器、配套设施、办公物品享有合法所有权，以睢阳区人民政府拆除房屋违法为由，提起本案行政诉讼。

（撰写人：龚　斌）

4 行政行为对公民、法人或者其他组织权利义务不产生实际影响的，不具有提起行政诉讼的主体资格
——王某祥等 93 户与河南省驻马店市人民政府土地行政管理申请再审案

- 案　　号　（2020）最高法行申 13484 号
- 合议庭成员　方芳、李小梅、沈佳
- 关 键 词　行政 / 土地征收 / 受案范围
- 相关法条　《中华人民共和国行政诉讼法》第 25 条第 1 款，《最高人民法院关于适用〈中华人民共和国行政诉讼法〉的解释》第 1 条第 2 款第 10 项

【裁判要旨】

当事人诉请政府的土地征收行为违法，但其在涉案土地上并无宅基地或承包地，人民法院通常可结合在案其他证据认定当事人与土地征收行为之间不具有行政法上的利害关系。

【案情摘要】

王某祥等 93 户村民起诉称，驻马店市人民政府作出的驻政〔2010〕114 号《关于调整驿城区橡林办事处王东村民组城中村改造项目区域使用权的决定》（以下简称〔2010〕114 号决定）将王东村民组的集体土地收回，未经法定征收程序，严重违法，请求撤销该决定。一、二审法院认为，案涉土地并不涉及王某祥等 93 户的宅基地和承包地，王某祥等 93 户各自与驻马店市人民政府作出驻政〔2010〕114 号决定的行为没有法律上的利害关系。王某祥等 93 户并未提供充分的证据证明其 93 户的人数超过原集体经济组织成员的半数。故王某祥等 93 户无论以自己的名义起诉，还是以原集体经济组织的名义起诉，均不具备提起本案诉讼的主体资格。因此，一审裁定驳回起诉，二审裁定维持。

（撰写人：沈　佳）

5 公司仍然存在时，法定代表人一般不宜以个人名义申请行政复议或者提起行政诉讼
——张某林与江苏省盐城市大丰区人民政府行政复议申请不予受理决定申请再审案

- **案　　号**　（2021）最高法行申586号
- **合议庭成员**　李绍华、何君、朱宏伟
- **关 键 词**　行政/法定代表人/政府复议/行政相对人
- **相关法条**　《中华人民共和国行政复议法实施条例》第28条，《最高人民法院关于适用〈中华人民共和国行政诉讼法〉的解释》第16条第3款

【裁判要旨】

公司法定代表人只有在法律规定的个别情况下才能以个人名义提起诉讼，一般情况下要以公司名义对外行使权利。对于行政机关作废公司原营业执照的行为，由于公司本身仍然存在，故一般不宜以法定代表人个人的名义申请行政复议或者提起行政诉讼。

【案情摘要】

张某林是江苏大丰港石化园管廊建设管理有限公司（以下简称管廊公司）的法定代表人。2018年2月7日，张某林以江苏省盐城市大丰区行政审批局公告作废管廊公司原营业执照的行为无效为由，向江苏省盐城市大丰区人民政府申请行政复议。大丰区人民政府认为张某林和涉案公告不构成法律上的利害关系，不具有申请复议的主体资格，遂作出行政复议申请不予受理决定书。

（撰写人：李绍华）

6 行政强制案件中一般以实施主体为被告
——丛连木业经营部与九江市经济技术开发区管理委员会、九江市城西港区管理局行政强制申请再审案

- 案　　号　（2021）最高法行申 628 号
- 合议庭成员　李绍华、何君、朱宏伟
- 关 键 词　行政 / 诉讼主体资格 / 错列被告
- 相关法条　《中华人民共和国行政诉讼法》第 91 条

【裁判要旨】

行政强制案件中，实施主体具有独立诉讼主体资格的，通常要以实施主体为被告，起诉其他行政机关又不听从释明的，人民法院可以裁定不予立案或者驳回起诉。

【案情摘要】

江西省九江市经济技术开发区丛连木业经营部诉称，其在阎家渡木材市场内建有厂房一处，2019 年 7 月 26 日凌晨 5 点左右，一群不明身份的人员强行拆除了其经营的厂房。经拨打 110 电话报警，公安机关出警后现场答复称：这是政府行为，不属于公安机关管辖，但是未告知具体的强拆实施主体。其自行搜集有关报道和文件后推知，此次强拆行为只有可能是由九江市阎家渡物资运输服务有限公司及周围环境整治工作领导小组、九江市城西港区管理局组织实施。鉴于该整治小组是九江市经济技术开发区管理委员会成立的临时机构，不具有行政主体资格，依据有关法律规定，其所作出的行政行为，应当由成立它的行政机关，即经济技术开发区管理委员会作为担责主体。据此，原告将九江市经济技术开发区管理委员会和九江市城西港区管理局列为共同被告，提起本案诉讼。

（撰写人：李绍华）

7 原土地权利人对被批准征收后的土地出让、登记等后续行为不再具有利害关系

——林某旺等 6 人与福州市长乐区人民政府、福州市长乐区自然资源和规划局土地行政登记申请再审案

- 案　　号　（2021）最高法行申 952 号
- 合议庭成员　李绍华、蔚强、朱宏伟
- 关 键 词　行政 / 土地征收 / 利害关系
- 相关法条　《中华人民共和国行政诉讼法》第 25 条第 1 款

【裁判要旨】

土地经省级人民政府批准征收后，土地原权利人和后续的土地出让、登记行为不具有利害关系。

【案情摘要】

2009 年 12 月 16 日，福建省人民政府作出闽政文〔2009〕420 号《福建省人民政府关于长乐市 2009 年度第三批次城市建设农用地转用和土地征收的批复》，批准征收营前镇营前社区土地。2016 年 11 月 7 日，长乐区自然资源和规划局与吴航公司签订《国有建设用地使用权出让合同》。2017 年 1 月 6 日，长乐区人民政府作出长政地〔2017〕5 号《关于出让国有建设用地使用权提供给福建吴航不锈钢制品有限公司建设产线调整就地技改生活配套项目的批复》。林某旺等 6 人认为其为涉案部分土地的承包经营权人，该出让行为使其权利受到损害，故提起本案诉讼。

（撰写人：李绍华）

8 非公有承租房屋承租人对房屋拆除行为一般不具有行政法上的利害关系

——汤某与浙江省杭州市西湖风景名胜区管理委员会强制拆除申请再审案

- 案　　　号　（2021）最高法行申 957 号
- 合议庭成员　李绍华、蔚强、朱宏伟
- 关　键　词　行政 / 公有承租房屋 / 利害关系
- 相关法条　《中华人民共和国行政诉讼法》第 25 条

【裁判要旨】

公有承租房屋的继承不同于普通财产，具有较强的政策性，确定原告是否属于公房承租人，应当充分考虑当地的政策因素。对于被确定为非公有承租房、承租人的，其对房屋拆除行为一般不具有行政法上的利害关系。

【案情摘要】

1995 年 10 月 27 日，吴某文取得阔石板 83 号公房的杭州市公有住宅租用证，该证记载房屋使用面积为 27.12 平方米，未载明租用期限。该房屋系杭州市直管公房，吴某文为承租人之一。2008 年 4 月，吴某文去世。汤某于 2014 年将户口迁移至阔石板 83 号。汤某于 2016 年提出公房承租人更名申请，未获准许。案涉公房再未核发新的租用证。2017 年 12 月 15 日，杭州西湖风景名胜区市政市容环卫管理中心组织对阔石板路 83 号房屋进行鉴定，该房屋危险性等级为 D 级，构成整幢危房。2018 年 6 月 21 日，杭州西湖风景名胜区市政市容环卫管理中心对案涉公房进行强制腾退。同日，杭州市环湖绿地动迁建设工程处组织对案涉公房实施拆除。汤某以拆迁行为违法为由提起本案诉讼。

（撰写人：李绍华）

9 国有企业职工对单位改制不具有提起行政诉讼的原告资格

——黄某与浙江省嵊州市人民政府确认违法申请再审案

- 案　　号　（2021）最高法行申 2769 号
- 合议庭成员　李绍华、贾力、周觅
- 关 键 词　行政 / 国有企业改制 / 行政诉讼原告资格
- 相关法条　《最高人民法院关于适用〈中华人民共和国行政诉讼法〉的解释》第 16 条第 3 款

【裁判要旨】

根据《最高人民法院关于适用〈中华人民共和国行政诉讼法〉的解释》第 16 条第 3 款的规定，只有非国有企业被行政机关采取注销、撤销、合并、改变隶属关系等强制措施的，才可以提起行政诉讼。对于国有企业的改制，单位职工没有提起行政诉讼的原告主体资格。

【案情摘要】

嵊州市经济体制改革委员会办公室于 2003 年 5 月 23 日作出《关于同意浙江省嵊州市五金交电化工总公司实施产权制度改革和劳动关系转换的批复》。黄某对此不服，通过信访途径一直在表达诉求，并于 2020 年 4 月 7 日提起本案诉讼。

（撰写人：李绍华）

10 由国务院、省级人民政府批准设立的开发区管理机构可以作为行政诉讼被告

——吴某才与贵州省黔南布依族苗族自治州人民政府行政赔偿申请再审案

- 案　　号　（2021）最高法行赔申 384 号
- 合议庭成员　杨军、张昊权、郭艳地

- **关 键 词** 行政/开发区管理机构/行政诉讼被告
- **相关法条** 《中华人民共和国行政诉讼法》第 49 条第 2 项,《最高人民法院关于适用〈中华人民共和国行政诉讼法〉的解释》第 21 条

【裁判要旨】

当事人对由国务院、省级人民政府批准设立的开发区管理机构作出的行政行为不服提起诉讼的,依法可以该开发区管理机构为被告。

【案情摘要】

贵州省人民政府以黔府发〔1995〕36 号《省人民政府关于进一步搞好开发区建设的通知》明确都匀经济开发区为省级经济开发区。吴某才将贵州省黔南布依族苗族自治州人民政府列为被告,经一审法院释明,拒绝变更。一审法院裁定不予立案,二审法院裁定驳回上诉,维持原裁定。

（撰写人：杨　军）

11 对房屋享有合法权利才能成为适格原告
——杨某与天津市河东区政府确认强拆行为违法申请再审案

- **案　　号** （2021）最高法行申 1 号
- **合议庭成员** 于泓、朱宏伟、仝蕾
- **关 键 词** 行政/行政确认之诉/强拆违法/实际使用/合法权利
- **相关法条** 《中华人民共和国行政诉讼法》第 91 条,《最高人民法院关于适用〈中华人民共和国行政诉讼法〉的解释》第 116 条第 2 款

【裁判要旨】

核定公有住房的权利人应当结合政策等多重因素。起诉人虽然实际使用过相关房屋,但不能提供充分的证据证明其对该房屋享有合法权利。故对于其诉请确认强制拆除房屋行为违法的诉求,人民法院可结合在案证据认定其不具有原告主体资格。

【案情摘要】

涉案房屋系公有住房,在某一时间段内,杨某曾经实际使用过涉案房屋。天津

自行车厂系该房屋的权利人,对杨某主张的其系涉案房屋的承租人和使用人均予以否认,对杨某所述在该房屋居住、存放物品的情况表示不知情、不认可。2018年10月26日,天津自行车厂与天津市河东区房管局就该房屋签订征收补偿协议,天津自行车厂选择产权调换方式进行补偿,并已取得产权调换的房屋。杨某对强拆涉案房屋的行为不服,诉请确认该强拆行为违法。

(撰写人:于 泓、刘 澂)

12 行政机关依据人民法院的生效以物抵债裁定予以转移登记的,原产权人不得仅以受让人与民事裁定不一致为由起诉撤销行政登记
——福芳玻璃厂与成都市政府行政登记申请再审案

- 案　　号　(2021)最高法行申197号
- 合议庭成员　张昊权、杨军、郭艳地
- 关 键 词　行政/起诉条件/利害关系
- 相关法条　《中华人民共和国行政诉讼法》第49条、第25条第1款

【裁判要旨】

人民法院作出民事裁定将讼争土地抵偿给他人后,原权利人对该土地已不再享有实体权利。国土资源部门依据上述生效民事裁定转移登记该土地权属,即便过户的受让人与民事裁定中所载名称不一致,该转移登记行为的利害关系人也应当是民事裁定中所载的受让人,而非原权利人,该行为亦未对原权利人的权利义务产生影响,故原权利人的起诉不符合起诉条件。

【案情摘要】

四川省成都市武侯区人民法院(2000)武侯执字第917号民事裁定确定,将福芳玻璃厂的案涉土地抵偿给黄志某。后成都市原国土资源局依据该生效民事裁定将案涉土地予以转移登记到黄治某名下。后福芳玻璃厂提起行政诉讼,以该土地应当过户给"黄志某"而非"黄治某"为由,请求撤销该行政登记。

(撰写人:张昊权)

13 开发区管理机构为适格被告的问题

——张某平与安徽省阜南县人民政府强制清表及占用土地申请再审案

- 案　　号　（2021）最高法行申 1063 号
- 合议庭成员　聂振华、万会峰、朱燕
- 关 键 词　行政诉讼 / 适格被告
- 相关法条　《最高人民法院关于适用〈中华人民共和国行政诉讼法〉的解释》第 21 条

【裁判要旨】

对省级人民政府批准设立的开发区管理机构作出的行政行为不服提起诉讼的，开发区管理机构为适格被告。

【案情摘要】

安徽省阜南县人民政府批准同意阜南开发区管委会重新修订的《苗南河北岸六里社区棚户区改造补充方案》以及《苗南河北岸六里社区棚户区改造住宅房屋货币补偿安置实施办法》。阜南开发区管委会设立的苗南河北岸征迁建设安置指挥部向张某平发出《限期征迁告知书》，告知其限期征迁。张某平认为阜南县人民政府于 2017 年 5 月将其案涉承包土地上的农作物强制清表以及 2017 年 12 月强行占用其承包地的行为违法，遂提起本案诉讼。

（撰写人：聂振华）

14 市、县人民政府在集体土地房屋征收协议中未签章落款，不宜当然认定市、县人民政府系协议的签订主体
——常某与安徽省阜阳市颍州区人民政府、安徽省阜阳市颍州区袁集镇人民政府房屋征收协议申请再审案

- **案　　号**　（2021）最高法行申 1093 号
- **合议庭成员**　龚斌、孙江、梁爽
- **关 键 词**　行政 / 房屋征收协议 / 适格被告
- **相关法条**　《中华人民共和国土地管理法实施条例》第 25 条第 3 款①，《最高人民法院关于适用〈中华人民共和国行政诉讼法〉的解释》第 116 条第 2 款

【裁判要旨】

在 2020 年 1 月 1 日修改后的《土地管理法》施行之前，即使集体土地房屋征收协议书中"征收人"一栏显示为市、县人民政府，但在缺乏市、县人民政府签章落款的情形下，不宜当然认定市、县人民政府系协议的签订主体。根据当时生效的《土地管理法实施条例》的相关规定，公告安置补偿方案的主体为市、县人民政府土地行政主管部门，该部门在实践中多为组织实施征地的行政主体。

【案情摘要】

2014 年 1 月 22 日，安徽省人民政府作出皖政地〔2014〕12 号《关于阜阳市 2013 年第 41 批次城市建设用地的批复》，同意在阜阳市颍州区袁集镇安徐村用地范围内将集体农用地 17.8554 公顷转为建设用地并征收为国有，另征收集体建设用地 3.5614 公顷。2014 年 2 月 26 日，阜阳市国土资源局作出阜国土资函〔2014〕93 号《阜阳市 2013 年第 41 批次城市建设用地征地通告》及〔2014〕25 号《阜阳市 2013 年第 41 批次城市建设用地征地拆迁补偿标准和安置方案通告》。常某在安徽省阜阳市颍州区袁集镇安徐村范庄拥有一处房屋，位于上述征收范围内。2018 年 12 月 14 日，其作为被征收人签订阜州征字第〔2018〕76 号阜阳市颍州区集体土地房屋征收协议书。常某认为阜阳市颍州区人民政府、阜阳市颍州区袁集镇人民政府与其签订

---

① 该行政法规已于 2021 年修订，本条已被删除。

房屋征收协议违法,遂诉至人民法院。

（撰写人：龚 斌）

15 如何认定申请行政复议或者提起行政诉讼的当事人与行政行为有利害关系
——董某标与安徽省人民政府行政复议申请再审案

- **案　　号**　（2021）最高法行申 1263 号
- **合议庭成员**　汪斌、聂振华、梁爽
- **关 键 词**　行政 / 行政复议 / 利害关系
- **相关法条**　《中华人民共和国行政诉讼法》第 25 条第 1 款,《中华人民共和国行政复议法实施条例》第 28 条

【裁判要旨】

申请行政复议或者提起行政诉讼的当事人应与行政行为有利害关系。既非征收范围内集体土地所有权人,亦非征收范围内土地所属的集体经济组织成员,通常应认定与征地批复不具有利害关系。

【案情摘要】

2018 年 11 月 23 日,安徽省政府作出《关于宣州区 2018 年第 19 批次集镇建设用地的批复》（以下简称 895 号《批复》）,批准宣城市人民政府在宣城市宣州区狸桥镇长山村、黄渡乡乌边村、水东镇南阳村用地范围内,征收集体建设用地 5.5355 公顷,用于集镇建设。被征土地经原宣城市国土资源局宣州区分局挂牌出让,宣城市新联商品混凝土有限公司取得该地块国有建设用地使用权。董某标因对安徽省政府作出的 895 号《批复》不服,向安徽省政府申请行政复议。安徽省政府收到行政复议申请后,依法通知宣城市人民政府作为第三人参加行政复议,并要求安徽省自然资源厅及宣城市人民政府提交书面意见。2019 年 10 月 11 日,安徽省政府作出复议决定,以申请人与安徽省政府作出的 895 号《批复》没有利害关系为由驳回申请人董某标的行政复议申请,并依法将决定邮寄给申请人董某标。董某标不服,提起本案诉讼。

（撰写人：梁 爽）

16 被诉职责或者义务属于下级人民政府行使情形的认定和处理

——罗某秀、毛某贵与四川省人民政府行政复议申请再审案

- **案　　号**　（2021）最高法行申 1401 号
- **合议庭成员**　杨军、张昊权、郭艳地
- **关 键 词**　行政 / 法定职责 / 被告适格
- **相关法条**　《中华人民共和国行政诉讼法》第 49 条，《最高人民法院关于正确确定县级以上地方人民政府行政诉讼被告资格若干问题的规定》第 4 条

【裁判要旨】

公民、法人或者其他组织向县级以上地方人民政府申请履行法定职责或者给付义务，法律、法规、规章规定该职责或者义务属于下级人民政府或者相应职能部门的行政职权，县级以上地方人民政府已经转送下级人民政府或者相应职能部门处理并告知申请人，申请人起诉要求履行法定职责或者给付义务的，以下级人民政府或者相应职能部门为被告。

【案情摘要】

罗某秀、毛某贵书面申请四川省人民政府查处四川省泸州市龙马潭区人民政府及该区原国土分局未履行支付被征收人土地补偿款和征地补偿安置费的职责，并责令支付罗某秀、毛某贵上述费用。罗某秀、毛某贵对四川省人民政府不予答复不服，向该政府申请行政复议，又对该政府作出川府复不（2017）11 号《不予受理行政复议申请决定书》不服，提起本案诉讼。

（撰写人：杨　军）

17 合作协议期限届满未续签的当事人起诉行政机关后期作出的行政行为的诉权判断

——江夏俊崎爆破公司与湖北省咸宁市咸安区人民政府行政补偿申请再审案

- 案　　号　（2021）最高法行申 1541 号
- 合议庭成员　龚斌、孙江、梁爽
- 关 键 词　行政 / 合作协议期限 / 有利害关系 / 原告资格
- 相关法条　《中华人民共和国行政诉讼法》第 25 条第 1 款、第 49 条第 1 项

【裁判要旨】

当事人在合作协议期限已经届满并未继续签订合作协议情况下，对行政机关后期作出的综合整治工作实施方案提起诉讼要求行政补偿，不具有原告主体资格。

【案情摘要】

2010 年 9 月 28 日，武汉市江夏闽鄂土石方工程有限公司与第三人咸安高坪开发公司签订了一份《合作协议书》，协议约定：第三人将依法取得的咸安区高桥镇大屋李组的石灰石矿开采与销售发包给武汉市江夏闽鄂土石方工程有限公司经营，经营合作期限从 2010 年 10 月 27 日起至 2015 年 10 月 31 日止，第三人保证该石灰石矿已依法取得采矿权。武汉市江夏闽鄂土石方工程有限公司于 2012 年 7 月 9 日变更名称为江夏俊崎爆破公司。江夏俊崎爆破公司至 2016 年 1 月正式停产。湖北省咸宁市咸安区人民政府于 2017 年 3 月 27 日作出《咸安区非煤矿山综合整治工作实施方案》。2018 年 5 月 14 日，江夏俊崎爆破公司以特快专递形式向湖北省咸宁市咸安区人民政府及高桥镇人民政府提出补偿申请，均未予答复。江夏俊崎爆破公司于 2019 年 1 月 2 日提起本案诉讼。

（撰写人：龚　斌）

18 被征收人履行完毕搬迁补偿合同实际领款并交付房屋后，与其后的拆迁行为不再有行政法上的利害关系

——包某与成都市政府驳回行政复议申请决定申请再审案

- **案　　号**　（2021）最高法行申 1665 号
- **合议庭成员**　张昊权、杨军、郭艳地
- **关 键 词**　行政 / 利害关系 / 房屋拆迁
- **相关法条**　《中华人民共和国行政诉讼法》第 25 条第 1 款

【裁判要旨】

被征收人自愿签订搬迁补偿安置合同，已经按照合同完成搬迁并实际交付房屋，搬迁补偿款已足额存入其银行账户。其对案涉房屋的权利已经让渡，与其后的房屋拆迁行为不再有行政法上的利害关系。

【案情摘要】

成都市青羊区统建办公告了案涉项目模拟搬迁安置补偿方案，包某作为被拆迁人与青羊区统建办签订了《模拟搬迁补偿安置合同》。该项目签约率达到 100% 后，其所有《模拟搬迁补偿安置合同》生效，包某已经按照合同完成搬迁并交付案涉房屋，搬迁补偿款已足额存入其银行账户。后包某认为拆迁行为违法，申请复议并提起行政诉讼。

（撰写人：张昊权）

19 有相邻权上的利害关系如何影响行政诉讼原告的主体资格

——张某华、张某强与南宁市良庆区人民政府、吴某成、冯某柱不履行行政强制拆除职责申请再审案

- **案　　　号**　（2021）最高法行申1813号
- **合议庭成员**　刘少阳、黄西武、寇秉辉
- **关　键　词**　行政／不履行行政强制拆除职责／主体资格
- **相关法条**　《中华人民共和国行政诉讼法》第25条第1款，《最高人民法院关于适用〈中华人民共和国行政诉讼法〉的解释》第1条第2款，《中华人民共和国物权法》第92条①

【裁判要旨】

相邻居住人应按照有利于生产、方便生活、团结互助、公平合理的原则正确处理相邻关系。虽然他人建造围墙的行为违反法律规定，但如果有证据证明该违法行为并未直接对原告相邻权行使造成不利影响，原告不具有针对有管辖权的行政机关提起不履责之诉的诉讼主体资格。

【案情摘要】

第三人吴某成、冯某柱的地块与原告张某华、张某强使用的地块相邻，第三人在其持有使用证的地块紧邻原告房屋处搭建了涉案围墙。2017年，良庆区城管执法局查明该围墙为违法建筑，并作出限期拆除处罚决定，但第三人始终未拆除该围墙。原告认为涉案围墙导致污水滞留，严重影响其居住，为此多次向有关部门投诉反映，并提起本案诉讼。原审法院查明，为解决该街区的排污排水问题，有关部门在预留通道地表以下设置排污水管道，但因地势及管道设计缺陷，排污管道在雨天会发生堵塞，污水溢出地表，故认定张某华等二人与被诉行政行为不存在法律上的利害关系。张某华等二人不服，提起本案诉讼。

（撰写人：蒋凌睿）

---

① 对应《中华人民共和国民法典》第296条。

20 公民、法人或者其他组织与行政行为"有利害关系"是确定原告诉讼主体资格的标准

——吴某宣与辽宁省瓦房店市人民政府行政复议申请再审案

- **案　　号**　（2021）最高法行申 2653 号
- **合议庭成员**　祝二军、阎巍、杨迪
- **关 键 词**　行政复议 / 利害关系
- **相关法条**　《中华人民共和国行政诉讼法》第 25 条，《最高人民法院关于适用〈中华人民共和国行政诉讼法〉的解释》第 1 条

【裁判要旨】

行政机关在作出相应行为时，既要考虑行政相对人的因素，还要考虑行政相关人的因素。是否与被诉行政行为有利害关系是行政诉讼原告资格的重要确定标准。

【案情摘要】

吴某宣诉称，其系原瓦房店市水产养殖公司职工，该单位于 1998 年 12 月宣布破产，瓦房店大洋水产养殖有限公司为之后新组建的股份制企业。2019 年 10 月 23 日，吴某宣以辽宁省瓦房店市市场监督管理局为被申请人，向瓦房店市人民政府提出行政复议申请，复议请求为：要求被申请人限期履行查处瓦房店大洋水产养殖有限公司非法注册公司的法定职责。瓦房店市人民政府于 2019 年 10 月 29 日作出被诉《行政复议决定书》，以被申请人为瓦房店大洋水产养殖有限公司注册成立公司的行政行为未对申请人吴某宣的权利义务产生实际影响，决定不予受理。吴某宣不服，提起行政诉讼。

（撰写人：杨　迪）

21 行政相对人的债权人是否与行政行为有利害关系
——魏某庆与珠海市政府行政复议申请再审案

- 案　　号　（2021）最高法行申 2690 号
- 合议庭成员　寇秉辉、宋楚潇、田心则
- 关 键 词　行政/行政诉讼受案范围/行政相对人的债权人提起行政诉讼
- 相关法条　《中华人民共和国行政复议法实施条例》第 28 条

【裁判要旨】

行政相对人的债权人一般无权以行政行为影响其权利实现为由提起行政诉讼。

【案情摘要】

魏某庆与路桥公司签订了《荣岱市场房屋买卖合同》，约定路桥公司将位于荣岱农贸市场一层 2 号、3 号的商铺出售给魏某庆，但双方并未申请变更登记。后珠海市原国土局根据路桥公司提交的《关于荣岱农贸市场办理房地产变更手续的请示》作出涉案批复，同意路桥公司拥有的荣岱农贸市场用地在补交地价后，土地性质由划拨变更为出让，同时明确路桥公司在办理变更登记时应符合下列条件：（1）不得改变原批准的农贸市场功能；（2）今后不得分割转让或销售；（3）项目今后不得分割登记办证。魏某庆不服涉案批复申请行政复议，珠海市政府以魏某庆与涉案批复无利害关系为由作出被诉复议决定，驳回魏某庆的复议申请，引发本案纠纷。

（撰写人：寇秉辉、王雨晴）

22 行政行为被复议维持后的行政诉讼被告的认定
——彭某明与天心区政府、长沙市政府批准征地
补偿安置方案及行政复议申请再审案

- 案　　号　（2021）最高法行申 2691 号
- 合议庭成员　寇秉辉、宋楚潇、田心则

- **关 键 词** 行政/复议维持/行政诉讼被告
- **相关法条** 《中华人民共和国行政诉讼法》第 26 条第 2 款,《中华人民共和国行政复议法实施条例》第 13 条

【裁判要旨】

须经上级机关批准的行政行为被提起行政复议,因批准机关是行政行为的实际决定主体,应作为行政复议的被申请人。复议机关维持批准行为的,原告应当以批准机关、复议机关为共同被告提起行政诉讼。

【案情摘要】

2018 年 4 月 12 日,湖南省长沙市原国土资源局天心区分局作出〔2018〕第 05 号《征地补偿安置方案征求意见公告》,后将涉案《征地补偿安置方案》报天心区政府批准,天心区政府于 2018 年 8 月 1 日批准同意实施涉案《征地补偿安置方案》。彭某明不服上述方案向长沙市政府申请行政复议,长沙市政府予以维持。彭某明仍不服,以长沙市政府、天心区政府为共同被告提起诉讼。

(撰写人:寇秉辉、王雨晴)

23 投诉举报人应当提供证明其与被投诉行为具有利害关系的初步证据

——兰某涛与北京市西城区政府不履行法定职责申请再审案

- **案 号** (2021)最高法行申 3038 号
- **合议庭成员** 李智明、杨科雄、李小梅
- **关 键 词** 行政/初步证据/投诉举报
- **相关法条** 《中华人民共和国行政诉讼法》第 25 条第 1 款

【裁判要旨】

根据《最高人民法院关于适用〈中华人民共和国行政诉讼法〉的解释》第 12 条第 5 项的规定精神,当事人为维护自身合法权益向行政机关投诉,具有处理投诉职责的行政机关作出或者未作出处理的,属于《行政诉讼法》第 25 条第 1 款规定的"与行政行为有利害关系"。投诉举报人在如果不能提供初步证据证明为维护自身合

法权益而举报相关违法行为人的情况下,其与行政机关就其举报事项作出的处理或者不作为行为均没有利害关系。

【案情摘要】

兰某涛诉称,赵某庆、兰某英夫妇违反《北京市西城区直管公房管理暂行规定》承租北京市西城区政府公房两套。兰某涛于2020年3月31日向西城区政府邮寄《行政审查申请》,反映赵某庆、兰某英夫妇违规承租公房事实,请求北京市西城区政府查实,依法分别解除与赵某庆、兰某英的《公房住宅租赁合同》。北京市西城区政府未作出书面答复。现请求人民法院依法判决北京市西城区政府对兰某涛于2020年3月31日提交的《行政审查申请》进行审查,并对兰某涛作出答复。

(撰写人:李智明)

24 棚户区改造过程中房屋被强制拆除的被告认定规则
——南某武与山东省潍坊市奎文区人民政府房屋行政强制申请再审案

- **案　　号**　(2021)最高法行申3605号
- **合议庭成员**　李智明、杨科雄、李纬华
- **关 键 词**　行政/房屋征收强制拆除之诉/强制拆除房屋主体认定
- **相关法条**　《中华人民共和国行政诉讼法》第26条第1款,《最高人民法院关于适用〈中华人民共和国行政诉讼法〉的解释》第26条第1款,《最高人民法院关于正确确定县级以上人民政府行政诉讼被告资格若干问题的规定》第3条

【裁判要旨】

在棚户区改造项目实施过程中,通常由区县人民政府制定实施方案,由乡镇政府或街道办事处具体负责,村委会负责具体实施。被征收人因房屋被强制拆除依法提起行政诉讼的,应当按照"谁行为,谁被告"的原则确定适格被告。街道办事处作为县级人民政府派出机关,可以独立承担法律责任。村委会自认其实施强制拆除行为,但有证据证明街道办事处具体参与实施强制拆除行为的,该街道办事处为适格被告。

【案情摘要】

山东省潍坊市奎文区人民政府办公室印发《推进"十大工程"提升城市基础设施系列实施方案》,其中"棚户区改造工程"为"十大工程"之一,包括南某武房屋在内的南家南村纳入了棚户区改造范围。南某武所属的南家南村公布《南家南棚户区改造搬迁安置实施方案》。在未就涉案房屋与南某武签订安置补偿协议的情况下,南某武房屋被与南家南村村委会签订了拆除协议的建筑公司强制拆除。拆除过程中,南某武房屋所在的奎文经济开发区管委会以及廿里堡街道办事处的负责人、部分工作人员均在场。南某武对强拆行为不服,以山东省潍坊市奎文区人民政府为被告提起本案诉讼。

(撰写人:李纬华、章文英)

25 原集体土地使用权人对征收后的土地出让行为是否具有利害关系

——李某1、李某2、李某3与河南省郑州市人民政府批准出让土地使用权的行为无效申请再审案

- 案　　号　(2021)最高法行申 5020 号
- 合议庭成员　汪斌、龚斌、梁爽
- 关 键 词　行政 / 行政行为利害关系 / 土地征收
- 相关法条　《中华人民共和国行政诉讼法》第 25 条,《中华人民共和国物权法》第 28 条①

【裁判要旨】

宅基地被政府依法征收,该集体土地所有权转为国家所有。批准出让国有土地的行政行为对原集体土地使用权人的合法权益不产生直接影响,其与被诉行政行为不具有利害关系。

---

① 对应《中华人民共和国民法典》第 229 条。

【案情摘要】

李某1、李某2、李某3家庭曾使用的宅基地经《河南省人民政府关于郑州市2010年度第二批城市建设征收土地的批复》征收,该集体土地所有权转为国家所有,李某1、李某2、李某3的实体权利已经丧失。河南省郑州市人民政府在郑州市原国土资源局与河南建业恒新置业有限公司签订国有建设用地使用权出让合同后,同意河南建业恒新置业有限公司按出让方式办理涉案土地的国有建设用地使用权用地手续,对原权利人李某1、李某2、李某3权利义务不产生直接的影响,李某1、李某2、李某3与该批准出让行为不具有利害关系,不具有提起本案诉讼的原告主体资格。

（撰写人：汪 斌、郑 晨）

26 生效的人民法院裁判文书可作为确认当事人与案涉权益无利害关系的裁判依据

——张某香、邓某芬与湖北省汉川市人民政府、湖北省汉川市涵闸河综合整治工程指挥部、汉川市住房和城乡建设局请求确认房屋征收补偿安置协议违法申请再审案

- 案　　号　（2021）最高法行申5057号
- 合议庭成员　孙江、聂振华、龚斌
- 关 键 词　行政/法律上利害关系/生效裁判文书
- 相关法条　《最高人民法院关于行政诉讼证据若干问题的规定》第70条

【裁判要旨】

根据相关可规定,生效的人民法院裁判文书或者仲裁机构裁决文书确认的事实,可以作为定案依据。在已有生效判决认定当事人对诉争房屋享有的土地使用权已消灭、且该房屋为他人所建的前提下,当事人与该房屋相关的《房屋征收补偿安置协议书》《安置房还建合同》没有行政法上的利害关系。

【案情摘要】

张某香、邓某芬起诉请求确认汉川市涵闸河综合整治工程指挥部、汉川市住房和城乡建设局与张某甲签订《房屋征收补偿安置协议书》和《安置房还建合同》的

行政行为违法,并撤销该行政行为;判令汉川市涵闸河综合整治工程指挥部、汉川市住房和城乡建设局与张某香、邓某芬签订《房屋征收补偿安置协议书》和《安置房还建合同》,并赔偿张某香、邓某芬因违法行政行为造成的经济损失等。一审法院认为,张某香、邓某芬在提起本案行政诉讼之前,向湖北省汉川市人民法院以张某甲为被告提起民事诉讼,请求撤销张某香与张某甲于2018年4月16日签订的《产权转让协议》,汉川市人民法院(2019)0984民初96号民事判决驳回了张某香、邓某芬的诉讼请求。张某香、邓某芬上诉后,二审法院作出(2019)鄂09民终1419号民事判决:驳回上诉,维持原判。故法院生效的法律文书确认张某香与张某甲签订的《产权转让协议》为有效协议,已认定张某香将案涉土地无偿转让给张某甲,张某甲为案涉房屋的实际所有者。现张某香、邓某芬请求确认案涉《房屋征收补偿安置协议书》和《安置房还建合同》违法并撤销,诉讼标的已为生效裁判所羁束,缺乏诉的利益,不具备原告主体资格,不符合行政诉讼的起诉条件。对张某香、邓某芬的起诉,依法应予以驳回。依照《行政诉讼法》第49条、《最高人民法院关于适用〈中华人民共和国行政诉讼法〉的解释》第69条第1款第1项、第9项的规定,裁定驳回张某香、邓某芬的起诉。二审法院认为,根据已查明事实,湖北省孝感市中级人民法院作出的(2019)鄂09民终1419号生效民事判决认定:"双方所讼争的房屋于2018年4月25日被拆除之时,张某香对讼争房屋享有的土地使用权已经消灭,赠与标的物的交付完成,张某香与张某甲的赠与关系成立,赠与合同生效。"且该判决还确认如下事实:"1991年,张某甲与其夫陈某发一家人搬入在张某香原有空置的住房居住生活。2002年下半年,张某甲与其丈夫所居住的房屋拆除后重建,其重建的房屋面积约为130平方米,一层三间。此后,在该新建房屋空处前后又扩建了两栋平房。张某香对张某甲夫妻二人拆除旧房重建新房的事实知晓,未提出任何异议。"根据《最高人民法院关于行政诉讼证据若干问题的规定》第70条规定,生效的人民法院裁判文书或者仲裁机构裁决文书确认的事实,可以作为定案依据。在已有生效判决认定张某香对诉争房屋享有的土地使用权已消灭且诉争房屋为张某甲夫妻二人所建的前提下,张某香与案涉《房屋征收补偿安置协议书》《安置房还建合同》无法律上的利害关系,被上诉人与张某甲签订上述协议及合同对张某香、邓某芬的合法权益明显不产生实际影响,原审裁定驳回张某香、邓某芬的起诉并无不当。综上,张某香、邓某芬的上诉理由不能成立,对其诉讼请求二审法院不予支持。据此,依照《行政诉讼法》第89条第1款第1项之规定,裁定驳回上诉,维持原裁定。张某香、邓某芬不服,向法院提出再审申请。经审查,再审法院认为,原审裁定驳回张某香、邓某芬的起诉并无不当,故裁定驳回张某香、邓某芬的再审申请。

(撰写人:孙 江)

27 土地承租人与土地征收行为利害关系的判断
——单某萍与广西壮族自治区人民政府行政复议申请再审案

- **案　　号**　（2021）最高法行申 5164 号
- **合议庭成员**　耿宝建、田心则、寇秉辉
- **关 键 词**　土地承租 / 土地征收 / 违法建筑 / 利害关系
- **相关法条**　《最高人民法院关于审理涉及农村集体土地行政案件若干问题的规定》第 12 条

【裁判要旨】

土地承租人在承租土地上建设的房屋已被依法认定为违法建筑的，除非土地征收补偿方案中对于类似未登记建筑有专门的政策安排与处理，土地承租人与土地征收补偿安置方案一般不具有行政法上的利害关系。

【案情摘要】

单某萍于 2015 年 6 月 5 日与 ××× 签订《租用场地协议》，租用 4.36 亩土地建设厂房。2017 年 12 月，案涉厂房占用的土地被纳入征地范围。2020 年 1 月，单某萍以案涉《征地补偿安置方案》违法为由申请行政复议。广西壮族自治区人民政府经审查认为，单某萍承租土地上的建筑物已被依法认定为违法建筑，不是本案适格的被补偿人，与案涉《征地补偿安置方案》不具有利害关系，驳回单某萍的行政复议申请。单某萍不服提起本案诉讼，一审法院判决驳回其诉讼请求，二审法院判决驳回其上诉、维持原判。

（撰写人：田心则）

28 非为维护自身合法权益而向行政机关投诉的人与投诉处理结果的利害关系

——兰州永安贸易商行与甘肃省司法厅不履行法定职责申请再审案

- **案　　号**　（2021）最高法行申 5707 号
- **合议庭成员**　齐素、徐超、吴笛
- **关 键 词**　投诉举报 / 律师协会 / 司法行政部门 / 调查处理
- **相关法条**　《最高人民法院关于适用〈中华人民共和国行政诉讼法〉的解释》第 12 条第 5 项

【裁判要旨】

为维护自身合法权益向行政机关投诉，具有处理投诉职责的行政机关作出或者未作出处理的，投诉者与该行政行为具有利害关系。当原告起诉司法行政机关不履行对某一案件中委托诉讼代理律师的投诉进行处理的法定职责时，如原告既非委托人，也不是该案件当事人，则其与该案诉讼标的无利害关系，不具备提起相应履责之诉的原告主体资格。

【案情摘要】

2001 年因兰州市房地产开发公司与鲍某麟［兰州永安贸易商行（以下简称永安商行）的负责人］房屋拆迁纠纷一案，鲍某麟委托律师秦某文作为诉讼代理人。2018 年 9 月，甘肃省律师协会收到鲍某麟投诉上述律师材料，按规定调查处理后已将不予立案的决定书送达鲍某麟。2019 年 12 月 19 日，甘肃省司法厅收到永安商行邮寄的《行政履职督促申请书》，主要内容为：2018 年 9 月 6 日，永安商行向甘肃省律师协会提出对秦某文的《投诉书》及相关证据材料，甘肃省律师协会一年多未作出回复和处理，故请求甘肃省司法厅依法作出行政行为，保障其合法权益。永安商行认为，甘肃省司法厅收到上述《行政履职督促申请书》后未履行法定职责，故提起本案诉讼。

（撰写人：徐　超、李　欣）

29 以未成年人子女名义提起行政诉讼的原告主体资格审查

——桓某与北京市东城区政府解除公有住宅租赁合同申请再审案

- **案　　号**　（2021）最高法行申 6348 号
- **合议庭成员**　于泓、朱宏伟、仝蕾
- **关 键 词**　行政 / 撤销之诉 / 未成年人 / 原告主体适格
- **相关法条**　《中华人民共和国行政诉讼法》第 91 条，《最高人民法院关于适用〈中华人民共和国行政诉讼法〉的解释》第 116 条第 2 款

【裁判要旨】

在案证据无法证明起诉人以未成年子女的名义提起诉讼，符合未成年子女的真实意愿及有利于维护未成年子女的合法权益，应当裁定驳回起诉。

【案情摘要】

桓某于 2011 年出生，桓某利系桓某之父，桓某利以桓某名义诉称，桓某之母白某将涉案公房抵押贷款、借高利贷并出租，导致桓某无法正常生活居住和上学，请求撤销白某和东城区房屋管理局景山管理所于 2000 年 4 月 17 日签订的公房租赁合同，以维护桓某的权益。根据查明的事实，桓某尚未成年且随母亲生活，其表示不知道父亲到法院起诉撤销母亲公房承租权的事情，也没有委托父亲起诉。桓某与其母白某现居住在涉案房屋，在居住地附近上小学，如撤销白某的涉案房屋承租权，明显对桓某不利。另查明，桓某利曾于 2019 年以东城区政府为被告起诉，请求撤销白某对涉案房屋的承租权。经北京市第四中级人民法院审理，以原告与被诉行政行为没有利害关系、原告主体不适格为由，作出（2019）京 04 行初 1651 号行政裁定驳回其起诉。

（撰写人：于　泓）

30 复议维持案件的适格被告及级别管辖
——杨某与天津市公安局、天津市公安局河西分局行政复议申请再审案

- **案　　号**　（2021）最高法行申 8588 号
- **合议庭成员**　袁晓磊、孟凡平、厉文华
- **关 键 词**　复议维持 / 适格被告 / 级别管辖
- **相关法条**　《中华人民共和国行政诉讼法》第 15 条第 1 项，《最高人民法院关于适用〈中华人民共和国行政诉讼法〉的解释》第 134 条第 1 款、第 3 款

【裁判要旨】

对国务院部门或者县级以上地方人民政府所作行政行为提起诉讼的案件，属于中级人民法院管辖的第一审行政案件。复议维持原行政行为的，作出原行政行为的行政机关和复议机关可作共同被告。复议机关共同被告的案件，以作出原行政行为的行政机关来确定案件的级别管辖。

【案情摘要】

杨某对天津市公安局河西分局作出河西信公字〔2020〕第 16 号《政府信息公开答复书》不服，向天津市公安局申请行政复议。天津市公安局作出津公复决字〔2020〕230 号《行政复议决定书》，维持上述政府信息公开答复。杨某不服，以天津市公安局、天津市公安局河西分局为被告提起本案诉讼。

（撰写人：袁晓磊）

31 人民法院认定国有单位产权房屋承租人是否与征收决定具有"利害关系"需综合考虑多重因素
——郑某与顺庆区政府房屋行政征收再审案

- **案　　号**　（2021）最高法行再 152 号
- **合议庭成员**　张昊权、杨军、郭艳地

- **关 键 词** 行政 / 起诉条件 / 房屋征收 / 利害关系 / 公房
- **相关法条** 《中华人民共和国行政诉讼法》第 25 条第 1 款

【裁判要旨】

对于当事人长期承租本系统国有单位产权房屋，在认定其与被诉征收决定是否具有"利害关系"时，不宜仅依据单一的租房协议简单认定其系普通承租人，而否定其诉讼主体资格，而应当综合考虑多重因素决定是否给予当事人诉权。

【案情摘要】

郑某承租本系统国有单位住房一套。因顺庆区政府决定征收郑某租赁的房屋所在片区房屋，郑某认为顺庆区政府的征收行为不符合法律规定，损害了其合法权益，故提起诉讼，请求撤销顺庆区政府作出的南顺房征决字〔2018〕第 1 号《房屋征收决定书》。

（撰写人：张昊权）

32 临时机构委托民事主体作出的行政行为由临时机构的组建机构承担行政责任

——王某刚与山东省济南市槐荫区人民政府房屋行政强制再审案

- **案　　号** （2021）最高法行再 240 号
- **合议庭成员** 李德申、杨科雄、李小梅
- **关 键 词** 行政 / 被告资格 / 临时机构 / 委托
- **相关法条** 《中华人民共和国行政诉讼法》第 26 条第 5 款

【裁判要旨】

负有法定职责的行政主体可以委托有关组织实施特定的行政行为，但由此产生的法律后果应由该行政主体承担，并在由此引发的行政诉讼中作为适格被告。县级人民政府组建的临时机构委托民事主体实施拆除行为，县级人民政府应当作为适格被告并依法对拆除行为承担相应的法律责任。

【案情摘要】

山东省济南市槐荫区吴家堡镇西吴家堡村村民委员会出具证明一份，载明："兹证明我村村民张某荣同志，经村委会批准同意，于2005年新建宅基院落一处，东西30.20米，南北25.10米……"王某刚系张某荣次子。王某刚（乙方）与济南市槐荫区吴家堡街道办事处西吴家堡村村民委员会、济南市槐荫区住房保障和房产管理局、济南市槐荫区人民政府吴家堡街道办事处（甲方）签订了房屋拆迁补偿安置协议，约定甲方拆除归乙方所有的案涉住宅房屋。协议签订后王某刚未将房屋交相关部门拆除。后济南国际医学科学中心建设指挥部委托山东振盛建设工程有限公司济南槐荫分公司实施济南国际医学科学中心片区范围内集体土地上住宅及非住宅的拆迁工作，其中包括本案所涉王某刚的房屋。

（撰写人：李德申）

33 土地的实际权利人在土地未经依法征收的情况下与相关腾迁补偿行政协议具有利害关系
——孙某印与山东省金乡县人民政府撤销行政协议再审案

- **案　　号**　（2021）最高法行再297号
- **合议庭成员**　李德申、杨科雄、李小梅
- **关 键 词**　行政／原告资格／利害关系
- **相关法条**　《中华人民共和国行政诉讼法》第25条第1款，《最高人民法院关于审理行政协议案件若干问题的规定》第5条第3项，《最高人民法院关于审理涉及农村集体土地行政案件若干问题的规定》第4条

【裁判要旨】

有权就行政协议提起行政诉讼的当事人并不限于行政协议的相对人，与协议有利害关系的当事人依法亦有权对行政协议提起诉讼，农村集体土地的使用权人或实际使用人在符合法定条件的前提下，可以以自己的名义提起诉讼。在土地未经过依法征收并补偿、变更土地性质的情况下，政府与民事主体签订腾迁补偿行政协议，土地的合法承包经营权人与该协议具有利害关系。

【案情摘要】

孙某印系金乡县缗城镇孙庄村村民，其与所在村村委会签订了集体土地承包合同，承包土地面积6.14亩，承包期自1999年1月1日至2028年12月31日止，济宁市人民政府向其发放了土地承包经营权证。2010年10月8日，金乡县政府与山东省济宁交通运输集团有限公司签订迁建协议，约定：新建汽车站约占地136亩，该土地位于金乡县北环路路北，由金乡县政府以无偿出让的形式奖励给山东省济宁交通运输集团有限公司自主使用，山东省济宁交通运输集团有限公司应提交相应申请手续，金乡县政府予以批准。金乡县政府应在2010年10月20日前完成征地，土地手续择机办理。该协议约定的新建汽车站已于2013年12月投入使用，但政府未能提交土地征地的相关材料。孙某印提起本案诉讼，请求撤销被诉迁建协议，一审裁定驳回起诉，二审予以维持。

（撰写人：杨科雄、牛延佳）

证据 ▶▶▶

1. 行政相对人在行政程序中依法应当提供而没有提供的证据，在诉讼程序中提供的，人民法院一般不予采纳

——钟鼓村村委会及杨某义等10人与天柱县政府、黔东南州政府及第三人联山村村委会林业行政处理及行政复议申请再审案

- **案　　号**　（2020）最高法行申11387号
- **合议庭成员**　张昊权、杨军、乐敏
- **关 键 词**　行政／林权／证据
- **相关法条**　《最高人民法院关于适用〈中华人民共和国行政诉讼法〉的解释》第45条

【裁判要旨】

行政相对人在行政程序中依法应当提供而没有提供证据，在诉讼程序中提供的，

人民法院一般不予采纳。行政诉讼证据的采信通常应当遵循案卷主义原则,即以行政机关作出行政行为时所掌握的证据作为判断该行为合法性的主要依据。

【案情摘要】

天柱县政府作出〔2017〕天府调9号《关于对凤城街道联山村与钟鼓村岩寨片为"从当白泥巴坡"(黄狗练窝、岩板桥)林地权属争议的处理决定书》,钟鼓村村委会及杨某义等10人对该处理决定不服提起行政诉讼。申诉认为一审法院判决应当采信其提交的林权证作为有效证据。

(撰写人:张昊权)

2 在行政赔偿、补偿案件中,当事人应当对行政行为造成的损害提供证据,因政府方的原因导致其无法举证的,由政府方承担举证责任

——玉平石材厂与兴和县政府拆除行为违法及行政赔偿申请再审案

- 案　　号　（2021）最高法行申2929号
- 合议庭成员　蔚强、朱宏伟、仝蕾
- 关　键　词　行政赔偿、补偿／造成的损害／举证责任
- 相关法条　《中华人民共和国行政诉讼法》第38条第2款

【裁判要旨】

县政府未按法定程序实施强制拆除行为,导致被执行人对被诉强制拆除行为给其造成的损害无法举证或举证困难的,应由政府承担举证责任。县政府在实施被诉强制拆除行为时并未进行清点造册、公证、录像等程序,应当承担举证不能的法律后果。双方当事人均未对财产损失提供有效证据,人民法院对被执行人主张的生产和生活所必需物品的合理损失,应当予以支持;对于被执行人提出的超出上述必需的其他贵重物品、现金损失,可以结合案件相关证据予以认定。

【案情摘要】

兴和县境内石材资源丰富,个体工商户玉平石材厂响应招商引资而在当地经营石材加工、销售。2018年9月,为开展污染防治攻坚战,兴和县政府发布通告,决

定对全县范围所有从事石材开采、加工的企业依法取缔。后兴和县政府在未对兴和县玉平石材厂作出并送达书面催告、强制执行决定书的情况下，于2018年10月10日起，组织相关部门对玉平石材厂等多家石材厂进行了强制拆除。案件审理中，玉平石材厂未能提供其设备毁损清单或其他相关证据。一、二审法院对玉平石材厂要求确认兴和县政府对其实施强制拆除行为违法的诉讼请求，予以支持。关于兴和县政府是否应当承担赔偿责任的问题，一审未支持；二审法院判决撤销一审判决第二项即驳回玉平石材厂的赔偿请求，责令兴和县政府60日内对玉平石材厂因其强制拆除行为造成的损失作出赔偿决定。

兴和县政府向法院申请再审，请求撤销二审判决，维持一审判决。兴和县政府称：该石材加工厂未办理合法审批手续，对其进行强制拆除是对违法行为的治理，是履行职能的正当行为；二审法院在没有查清被申请人是否存在损失及被申请人赔偿诉求不明确具体的情况下，要求兴和县政府作出赔偿决定，属于认定事实不清，适用法律错误。

法院经审查认为，根据《行政强制法》第34条至第37条的规定，行政机关实施行政强制行为，应当依照法定的程序、步骤和方法进行。本案中，根据一、二审法院查明的事实，兴和县政府所提交的证据不能证明其在拆除过程中履行了相应的法定程序，不符合《行政强制法》的相关规定。故一审法院判决确认兴和县政府对被申请人实施的强制拆除行为违法，二审法院予以维持，于法有据。

关于兴和县政府对违法强制拆除行为是否应当承担赔偿责任。《行政诉讼法》第38条第2款规定："在行政赔偿、补偿的案件中，原告应当对行政行为造成的损害提供证据。因被告的原因导致原告无法举证的，由被告承担举证责任。"本案中，由于兴和县政府未按法定程序实施强制拆除行为，导致被申请人对被诉强制拆除行为给其造成的损害无法举证或举证困难，故应由兴和县政府承担举证责任。而兴和县政府在实施被诉强制拆除行为时并未进行清点造册、公证、录像等程序，应当承担举证不能的法律后果。二审法院鉴于双方当事人均未对案涉财产损失提供有效证据，难以对被申请人损失作出直接判赔的情况，基于对当事人实体权益救济考虑，提出案涉赔偿问题应由兴和县政府根据被申请人原经营的实际情况及拆除现场情况，组织对损毁财物评估鉴定，积极达成和解协议或依法作出赔偿决定，酌情确定赔偿数额，并无不当，遂依法裁定驳回其再审申请。

（撰写人：蔚　强、张雪明）

3 被告负举证责任的适用范围主要是证明行政行为的合法性,对于起诉事实是否存在这一前提事实,或者被告否认基础事实存在的消极事实,证明责任在于原告,不能苛求被告自证清白

——叶某来与浙江省安吉县人民政府行政复议申请不予受理决定申请再审案

- **案　　号**　（2021）最高法行申 582 号
- **合议庭成员**　李绍华、何君、朱宏伟
- **关 键 词**　消极事实／行政复议／举证责任
- **相关法条**　《中华人民共和国行政复议法实施条例》第 21 条

【裁判要旨】

被告负举证责任虽然是行政诉讼的一般规则,但其适用范围主要是证明行政行为的合法性,对于起诉事实是否存在这一前提事实,仍然需要原告提供相应的证据证明,至少要提供初步证据。对于实践中较为常见的被告否认基础事实存在的消极事实,行政机关往往无法自证未实施相关行为,证明责任通常亦在原告。原告不能证明被诉事实存在的,可认定其起诉不符合法定条件。

【案情摘要】

2017 年 4 月,叶某来以安吉县公安局侵害其合法权益等为由,向浙江省安吉县人民政府申请行政复议。浙江省安吉县人民政府收到复议申请后,经审查认为复议申请证据不足,要求叶某来补充证明安吉县公安局实施相关行为的材料。叶某来收到该补正通知书后认为补正理由不成立,拒绝补正,浙江省安吉县人民政府遂作出不予受理决定书。

（撰写人：李绍华）

起诉与受理 ▶▶▶▶

1 被征收人对土地征收补偿标准不服，应经正确复议程序后再行起诉
——张某芳与眉山市政府土地行政补偿申请再审案

- **案　　号**　（2020）最高法行申 13250 号
- **合议庭成员**　张昊权、杨军、乐敏
- **关 键 词**　行政 / 征地补偿标准 / 复议前置 / 起诉条件
- **相关法条**　《国务院法制办公室关于依法做好征地补偿安置争议行政复议工作的通知》

【裁判要旨】

土地征收主体如果为区县政府，市政府通常无相应土地征收补偿职责。原告对土地征收补偿标准不服，按旧有规定，可以区县政府为被申请人，向市政府申请行政复议。如果原告径行向市政府请求履行土地征收补偿职责，对市政府的回复意见不服而向省政府申请复议，省政府可不予受理，原告的起诉不符合法定起诉条件。

【案情摘要】

案涉集体土地征收项目经四川省人民政府批准后，由东坡区政府作出征收土地通告，东坡区国土分局经东坡区政府同意作出征收补偿安置方案公告。张某芳等人向眉山市政府提交申诉书，请求眉山市政府履行土地征收补偿职责，眉山市政府作出回复意见，对相关征地实施行为和事实进行告知。张某芳等人对眉山市政府的回复意见不服，向四川省人民政府申请复议，四川省人民政府以不属于行政复议的受案范围为由不予受理，并告知其对土地征收安置行为不服，应依法另案申请行政复议。张某芳对眉山市政府回复意见不服而提起本案诉讼，请求撤销该回复意见，并由眉山市政府履行相应土地征收补偿职责。

（撰写人：张昊权）

2 当事人既提起行政诉讼又提起行政复议的处理
——朱某丽与腾冲市人民政府行政赔偿申请再审案

- 案　　号　（2021）最高法行赔申 156 号
- 合议庭成员　杨军、张昊权、郭艳地
- 关 键 词　行政 / 行政诉讼 / 行政复议
- 相关法条　《中华人民共和国行政诉讼法》第 26 条，《最高人民法院关于适用〈中华人民共和国行政诉讼法〉的解释》第 57 条

【裁判要旨】

行政复议、行政诉讼在监督行政机关依法行使职权、维护当事人合法权益中分工配合。为保证行政复议、行政诉讼的效率，法律、法规未规定行政复议为提起行政诉讼的前置程序的，公民、法人或者其他组织既提起诉讼又申请行政复议的，由先立案的机关管辖；同时立案的，由公民、法人或者其他组织选择。公民、法人或者其他组织已经申请行政复议，在法定复议期间内又向人民法院提起诉讼的，人民法院裁定不予立案。

【案情摘要】

朱某丽就腾冲市人民政府强制拆除房屋的行为，已向保山市人民政府申请行政复议，该行政复议程序途径尚未终结，朱某丽又对该强制拆除行为提起行政诉讼，并请求判令赔偿。据此，一、二审法院裁定驳回起诉和上诉无误。

（撰写人：杨　军）

3 部分当事人已对同一行政行为提起诉讼时，如何保障其他当事人行使诉权
——孙某芬等 37 人与玉溪市江川区人民政府搬迁决定再审案

- 案　　号　（2021）最高法行再 294 号
- 合议庭成员　杨军、郭艳地、郭凌川

- **关 键 词** 行政诉讼 / 诉权 / 涉众行政行为
- **相关法条** 《中华人民共和国行政诉讼法》第 25 条第 1 款、第 49 条第 1 项

【裁判要旨】

同一行政行为涉及众多相对人的合法权益，在部分相对人已经提起行政诉讼但相应裁判生效前，因被诉行政行为的效力尚未被生效裁判羁束，其他相对人基于《行政诉讼法》规定而享有的对该行政行为的诉权应当得到尊重，对该被诉行为提起的行政诉讼依法应当被受理。其后案可基于前案的审理作出裁判。

【案情摘要】

玉溪市江川区人民政府作出玉江政搬字〔2019〕2 号《玉溪市江川区人民政府关于抚仙湖环湖棚户区改造暨生态移民搬迁项目小凹—下坝—隔河、孤山—牛摩片区集体土地上房屋搬迁的决定》（以下简称《搬迁决定》），胡某明针对《搬迁决定》中"小马沟整组搬迁"提起撤销之诉，一审法院受理后中止审理。后孙某芬等 37 人针对《搬迁决定》中"冯家湾组搬迁"提起撤销之诉。一审法院认为，孙某芬等 37 人起诉撤销《搬迁决定》的请求，因涉及该《搬迁决定》效力问题的胡某明案已经立案，依据"一事不再理"原则，裁定不予立案。二审法院认为，已有利害关系人（胡某明）针对《搬迁决定》提起行政诉讼，即《搬迁决定》的合法性已进入人民法院的司法审查，不宜对《搬迁决定》的合法性进行重复审查，裁定驳回上诉，维持一审裁定。孙某芬等 37 人不服一、二审裁定向最高人民法院申请再审，即本案。

（撰写人：杨 军、邹 洪）

4 集体土地征收行为可诉性的判断
——谢某华与湖南省邵阳市人民政府土地行政侵权及行政赔偿申请再审案

- **案 号** （2021）最高法行申 39 号
- **合议庭成员** 田心则、孙茜、寇秉辉
- **关 键 词** 行政 / 集体土地征收 / 行政赔偿
- **相关法条** 《中华人民共和国行政诉讼法》第 49 条

【裁判要旨】

集体土地征收由一系列单个具体的行政行为组成，包含发布征收公告、征收土地批复，发布安置补偿方案、签订安置补偿协议、支付补偿款项、强制交付土地等，每个行政行为作出的时间、主体、可诉性等并不相同。经一审法院释明仍仅笼统起诉土地征收违法的，属于诉讼请求不明确。

【案情摘要】

谢某华认为湖南省邵阳市人民政府征收其承包的土地行为违法，起诉请求判令将征收的土地恢复原状，退回给其继续经营，并赔偿相应损失。一审法院裁定驳回起诉，二审法院裁定驳回上诉，维持原裁定。

（撰写人：田心则）

5 被征收人能否就政府在实施强制拆除房屋行为前作出停电函的行为另行提起诉讼

——张某军与湛河区政府行政强制措施申请再审案

- **案　　号**　（2021）最高法行申 249 号
- **合议庭成员**　马鸿达、袁晓磊、李小梅
- **关　键　词**　行政 / 行政强制措施 / 强制拆除前的行为
- **相关法条**　《中华人民共和国行政诉讼法》第 49 条第 4 项，《最高人民法院关于适用〈中华人民共和国行政诉讼法〉的解释》第 1 条第 10 项

【裁判要旨】

行政机关在对被征收人的房屋实施强制拆除前，向供电公司作出停电函的行为，系为其实施拆除行为所作的准备工作。在被征收人起诉行政机关强制拆除其房屋的诉求已经由法院另案受理的情况下，被征收人单独就停电函提起诉讼已无实际意义，法院可裁定驳回其起诉。

【案情摘要】

2020 年 4 月 16 日，湛河区政府向平顶山市供电公司作出《停电函》。该函载

明，南环路街道办事处程庄村村委会依照相关程序已对村民张某军的集体土地使用权依法收回，拟于近期启动拆除程序。为保证程庄村公共事业顺利推进，确保拆迁施工安全，函请贵单位对程庄村张某军的村民房屋立即采取停电措施。2020年4月17日，平顶山市供电公司对张某军的房屋采取了停电措施。2020年4月19日，湛河区政府对张某军案涉房屋强制拆除。张某军对停电函不服，以停电致其合法权益受损为由，向原审法院提起行政诉讼。张某军诉湛河区政府行政强制拆除行为违法一案，原审法院已依法受理。

（撰写人：吴凯敏）

6 在一个行政诉讼中提出多个诉讼请求的处理
——文某平与国家卫生健康委员会行政复议决定申请再审案

- **案　　号**　（2021）最高法行申277号
- **合议庭成员**　李智明、杨科雄、李纬华
- **关 键 词**　行政/诉讼请求不具体/裁定驳回起诉
- **相关法条**　《最高人民法院关于适用〈中华人民共和国行政诉讼法〉的解释》第25条、第26条、第69条第1款

【裁判要旨】

当事人在提起行政诉讼时提出多个诉讼请求的，人民法院应当根据诉讼理由与事实根据，确定各项诉讼请求所指向的被诉行政行为。若诉讼请求可以并存，不影响正常审理案件的，人民法院应当继续审理。若诉讼请求指向多个独立的被诉行政行为、被告主体不一等影响正常审理的，人民法院可以向当事人释明，要求其明确诉讼请求。当事人拒绝的，人民法院可以诉讼请求不具体为由裁定驳回起诉。

【案情摘要】

2018年2月23日，湖南省卫计委针对文某平等人提出的政府信息公开申请作出答复，文某平等人不服，向国家卫生健康委员会（以下简称国家卫健委）申请行政复议。国家卫健委作出复议决定，撤销了湖南省卫计委作出的答复，责令湖南省卫计委在法定期限内对文某平等人提出的政府信息公开申请重新作出处理，并驳回了其他复议请求。文某平等人仍不服提起本案行政诉讼，但其提出的诉讼请求多达

七项，且部分请求内又存在其他请求，且诉讼请求的性质既包括行政诉讼请求，又包括民事诉讼请求，分属多个不同的行政、民事法律关系。一审法院向文某平等人释明其所提诉讼请求不符合法律规定后，文某平等人表示仍坚持本案诉讼请求。

（撰写人：李纬华、章文英）

7 笼统起诉征地拆迁行为违法，属于诉讼请求不具体
——曹某法等 24 人与河南省开封市人民政府征地拆迁行为违法及河南省人民政府行政复议申请再审案

- 案　　号　（2021）最高法行申 1013 号
- 合议庭成员　聂振华、张淑芳、朱燕
- 关　键　词　行政诉讼／法定起诉条件／诉讼请求
- 相关法条　《中华人民共和国行政诉讼法》第 49 条

【裁判要旨】

当事人的诉讼请求应当明确具体，征收拆迁行为是由作出征地批复、签订征收安置补偿协议、责令交出土地、拆除地上附着物等一系列行政行为组成。当事人不服征地拆迁行为的，应当从便于权益救济、方便法院立案审理的角度选择针对性强的行政行为提起诉讼，笼统要求确认征收拆迁行为违法的，属于诉讼请求不明确、不具体，不符合《行政诉讼法》规定的起诉条件。

【案情摘要】

曹某法等 24 人认为河南省开封市人民政府实施的征地拆迁行为违法，向河南省人民政府申请行政复议，请求对开封市人民政府开封新区实施的违法的征地拆迁（迁村并居）行政行为作出调查并纠正，要求开封市人民政府停止其违法征地拆迁（迁村并居）行为，对开封新区的迁村并居相关政策审查并纠正，并赔偿村民因违法征地拆迁所受损失。河南省人民政府复议后维持了开封市人民政府实施的征地拆迁行为。曹某法等 24 人提起本案诉讼，请求确认开封市人民政府的征地拆迁行为违法。

（撰写人：聂振华、郑　晨）

8 起诉期限通常不因当事人提出主张而中断并重新计算
——罗某昌与昆明市官渡区人民政府强制拆除房屋申请再审案

- **案　　号**　（2021）最高法行申 1150 号
- **合议庭成员**　杨军、张昊权、郭艳地
- **关 键 词**　行政 / 起诉期限 / 重新计算
- **相关法条**　《中华人民共和国行政诉讼法》第 46 条，《最高人民法院关于适用〈中华人民共和国行政诉讼法〉的解释》第 64 条第 1 款

【裁判要旨】

起诉期限是行政诉讼法定的起诉条件之一，超过起诉期限将丧失进入实体审判的程序权利，在不否定相关当事人的举证责任前提之下，人民法院可以对起诉期限主动进行审查。起诉期限的价值在于尊重长期存在的事实状态，维护社会秩序和公法秩序的稳定。起诉期限通常不因当事人向行政机关提出要求而中断并重新计算。

【案情摘要】

罗某昌的房屋被拆除时并未被告知诉权和起诉期限，而其自述被诉强制拆除行为发生在 2018 年 7 月。起诉期限不因当事人提出主张而中断并重新计算，罗某昌于 2019 年 12 月 4 日提起本案诉讼，已超过法定期限。

（撰写人：杨　军）

9 行政机关作出具体行政行为时，未告知公民、法人或者其他组织诉权或者起诉期限的，起诉期限如何计算
——胡某林与剑阁县政府等强制拆迁及行政赔偿纠纷申请再审案

- **案　　号**　（2021）最高法行申 1208 号
- **合议庭成员**　张昊权、杨军、郭艳地
- **关 键 词**　行政 / 起诉期限 / 未告知诉权或者起诉期限

• **相关法条** 《最高人民法院关于执行〈中华人民共和国行政诉讼法〉若干问题的解释》第 41 条第 1 款①

【裁判要旨】

根据 2018 年 2 月 8 日之前的司法解释相关规定，行政机关作出行政行为时，未告知公民、法人或者其他组织诉权或者起诉期限的，起诉期限从公民、法人或者其他组织知道或者应当知道诉权或者起诉期限之日起计算，但从知道或者应当知道行政行为内容之日起最长不得超过两年。人民法院针对起诉超期的情形可以裁定不予立案或者驳回起诉。

【案情摘要】

胡某林于 2012 年 12 月 20 日知晓被申请人的强拆行为，于 2019 年 6 月提起本案行政诉讼，请求确认剑阁县政府、剑阁县自然资源局、剑阁县土地矿权收购储备交易中心的强制拆迁行为违法。

（撰写人：张昊权）

10 自然人、法人或者其他组织请求确认 2015 年 5 月 1 日之前作出的行政行为无效的，如何处理
—— 宋某章、宋某春与河南省许昌市东城区
管理委员会行政协议无效纠纷申请再审案

- **案　　号**　（2021）最高法行申 1338 号
- **合议庭成员**　龚斌、孙江、梁爽
- **关 键 词**　行政 / 征收协议 / 确认无效
- **相关法条**　《最高人民法院关于适用〈中华人民共和国行政诉讼法〉的解释》第 162 条

---

① 该解释已失效，参见《最高人民法院关于适用〈中华人民共和国行政诉讼法〉的解释》第 64 条第 1 款。

【裁判要旨】

公民、法人或者其他组织对 2015 年 5 月 1 日之前作出的行政行为提起诉讼，请求确认行政行为无效的，人民法院可以依法裁定不予立案。已经立案的，可以裁定驳回起诉。

【案情摘要】

宋某章原在许昌市魏都区半截河办事处宋庄 82 号（现东城区大坑李社区）有宅院，因许昌市城市建设发展需要，该宅院被列入当地征地拆迁范围。2012 年 12 月 25 日，宋某章与许昌市人民政府派出机构许昌市东城区管委会的下属机构许昌市东城区统一征地办公室签订《征地拆迁补偿协议》一份，已于同日领取了补偿款 280238 元。宋某章、宋某春提起本案诉讼，请求确认其与许昌市东城区管理委员会签订的《征地拆迁补偿协议》无效。

（撰写人：龚　斌）

11 行政诉讼中最长起诉期限是否以相对人"知道或者应当知道"行政行为为起算点

——池某泉等 26 人与浙江省丽水市人民政府成立公司改制指导小组申请再审案

- 案　　号　（2021）最高法行申 1379 号
- 合议庭成员　周觅、贾力、李绍华
- 关 键 词　行政 / 成立公司改制指导小组 / 起诉期限
- 相关法条　《中华人民共和国行政诉讼法》第 46 条第 2 款

【裁判要旨】

根据行政诉讼法的相关规定，因不动产提起诉讼的案件自行政行为作出之日起超过 20 年，其他案件自行政行为作出之日起超过 5 年提起诉讼的，人民法院不予受理。该条规定的 20 年、5 年最长起诉期限主要针对的是行政相对人不知道行政行为内容的情形，应当以"行政行为作出之日起"为起算点，是一个绝对客观标准，并不以行政相对人"知道或者应当知道"作为起算点。

【案情摘要】

池某泉等26人诉称,其是原集体企业丽水市建筑安装工程公司的职工,2002年丽水市建筑安装工程公司进行改制。池某泉等26人在(2018)浙11行初73号案件中获悉浙江省丽水市人民政府于2002年作出丽体改〔2002〕28号《关于成立丽水市建筑安装工程公司改制指导小组的通知》,强行给丽水市建筑安装工程公司派驻改制指导小组。该行政行为损害了丽水市建筑安装工程公司大部分职工的合法权益,故于2019年4月向法院提起诉讼。

(撰写人:周 觅)

12 在旧的司法解释下,行政机关未履行诉权和起诉期限告知义务的最长起诉期限是2年
——胡某维与民权县政府、民权县环保局履行法定职责及行政赔偿申请再审案

- 案 号 (2021)最高法行申1467号
- 合议庭成员 龚斌、孙江、梁爽
- 关 键 词 行政/起诉期限/履职期限
- 相关法条 《最高人民法院关于执行〈中华人民共和国行政诉讼法〉若干问题的解释》第41[①]条

【裁判要旨】

按照2018年2月8日之前的旧司法解释相关规定,行政机关未告知公民、法人或者其他组织诉权或者起诉期限的,起诉期限从当事人知道或者应当知道诉权或者起诉期限之日起计算,但从知道或者应当知道具体行政行为内容之日起最长不得超过2年。

【案情摘要】

2013年5月,胡某维在民权县庄子镇魏楼村承包鱼塘。2014年5月,民权县环

---

① 该解释已失效,参见《最高人民法院关于适用〈中华人民共和国行政诉讼法〉的解释》第64条。

保局接到群众举报称胡某维鱼塘附近的化工厂给大气造成重大污染,对此进行了立案受理,经过调查、询问、现场勘验,查明了案件的违法事实。2014 年 7 月 1 日,民权县政府组织民权县环保局、公安局、国土资源局、工商局、供电局等部门及庄子镇人民政府依法对化工厂进行了拆除。2014 年 11 月 7 日,在民权县庄子镇人民政府的调解下,胡某维一次性得到 8 万元补偿。胡某维得到补偿款后保证了结此事,不再因此事向任何部门反映、起诉。后胡某维多次提起行政诉讼,均被裁定驳回起诉后又提起本案诉讼。

(撰写人:龚 斌)

13 超出《行政诉讼法》规定的最长保护期限的不予受理
——广东省陆丰市东海镇红光村荣尾经济合作社与
广东省人民政府行政复议申请再审案

- **案　　号**　(2021)最高法行申 1799 号
- **合议庭成员**　李彤、田心则、寇秉辉
- **关 键 词**　行政诉讼 / 行政复议 / 最长诉讼期限
- **相关法条**　《中华人民共和国行政诉讼法》第 46 条

【裁判要旨】

行政复议和行政诉讼均是行政法律规定的救济途径,行为人提起行政复议后对处理结果不服后又提起行政诉讼的,行政诉讼对于当事人的权益处理具有终局性,当事人因自身原因超出法律规定的期限提起行政诉讼的,人民法院可依法裁定不予立案。

【案情摘要】

广东省陆丰市东海镇红光村荣尾经济合作社(以下简称荣尾合作社)不服汕尾市国土局于 1998 年 8 月 17 日作出的《关于陆丰市华侨旅游实业总公司用地的批复》(汕国征〔1998〕056 号),向广东省人民政府申请复议,广东省人民政府告知其提起行政复议申请已经超过 20 年,不符合《行政复议法实施条例》第 28 条第 4 项"在法定期限内提出"而应当予以受理的规定。荣尾合作社起诉至法院后,一审法院认为,其提出行政复议申请已超过《行政诉讼法》第 46 条"因不动产提起诉讼的案

件自行政行为作出之日起超过二十年……人民法院不予受理"规定的最长诉讼期限,对该行政行为无起诉权,即丧失了最后请求司法救济的权利。广东省人民政府行政复议告知书并未对其设立新的权利义务,不属于新的行政行为,不影响行政诉讼期限的计算。一审法院以超过寻求司法救济的最长保护期限20年为由,裁定不予立案;二审法院裁定驳回上诉,维持原裁定。后荣尾合作社向最高人民法院申请再审,最高人民法院依法驳回再审申请。

(撰写人:李 彤)

14 发生在新司法解释之前的行政行为当事人于新司法解释生效后提起行政诉讼的起诉期限如何确定

——聂某辉与湖南省娄底市娄星区人民政府、湖南省娄底市娄星区石井镇人民政府行政强制申请再审案

- **案　　号**　(2021)最高法行申1853号
- **合议庭成员**　朱科、贾清林、田心则
- **关 键 词**　行政 / 行政强制 / 起诉期限
- **相关法条**　《最高人民法院关于执行〈中华人民共和国行政诉讼法〉若干问题的解释》第41条第1款①

【裁判要旨】

《最高人民法院关于执行〈中华人民共和国行政诉讼法〉若干问题的解释》(2018年2月8日起废止)第41条第1款规定,行政机关作出具体行政行为时,未告知公民、法人或者其他组织诉权或者起诉期限的,起诉期限从公民、法人或者其他组织知道或者应当知道诉权或者起诉期限之日起计算,但从知道或者应当知道具体行政行为内容之日起最长不得超过2年。《最高人民法院关于适用〈中华人民共和国行政诉讼法〉的解释》(2018年2月8日起施行)第64条第1款则将起诉期限修改为1年。就上述新旧司法解释中起诉期间新旧衔接的问题,可以参照《最高人民法院关于修改后的民事诉讼法施行时未结案件适用法律若干问题的规定》第6条第

---

① 该解释已失效,参见《最高人民法院关于适用〈中华人民共和国行政诉讼法〉的解释》第64条第1款。

1款所规定的规则,按照旧司法解释规定的2年确定起诉期限,但2018年2月8日新司法解释施行时,原起诉期限的剩余时长超过1年的,仅计算1年,即最长起诉期限截至2019年2月7日。

【案情摘要】

因聂某辉砖厂未办理相关审批,2017年5月10日,娄底市原国土自然局对其作出行政处罚决定书。2017年11月29日,在石井镇政府的组织下,案涉砖厂被强制拆除,拆除时聂某辉在现场。后,聂某辉于2019年11月15日提起诉讼,请求确认强制拆除行为违法,一、二审其诉请被驳回后申请再审。

(撰写人:邵梦苈)

15 当事人对征收集体土地的审批行为提起诉讼是否受生效裁判所羁束的判断标准

——蔡某红、夏某钗、李某春等与浙江省人民政府土地行政批准申请再审案

- **案　　号**　(2021)最高法行申1912号
- **合议庭成员**　周觅、贾力、李绍华
- **关 键 词**　行政/土地行政批准/生效裁判羁束
- **相关法条**　《最高人民法院关于适用〈中华人民共和国行政诉讼法〉的解释》第69条第1款第9项

【裁判要旨】

如果征收集体土地审批行为的合法性已被人民法院另案生效裁判所确认,本案当事人如再对同一征收集体土地的审批行为提起诉讼,如果其诉讼请求未体现出其在本案中有别于其他人的、特定的实体权益,人民法院可以认定诉讼标的已为生效裁判所羁束。

【案情摘要】

袁某钗、袁某华、夏某柱、缪某生等人对浙江省人民政府作出的浙土字A〔2016〕-0×××号《浙江省建设用地审批意见书》中温州市本级城镇低效用地

再开发 2016 年度第二十四批次建设用地涉及征收的温州市龙湾区状元街道横街村 32.5124 公顷集体土地的审批行为不服，提起行政复议后又提起行政诉讼。一审法院经全面审查后作出（2017）浙 03 行初 325 号行政判决，确认被诉审批行为合法，驳回原告的诉讼请求。袁某钗等人不服，提起上诉，二审已作出（2019）浙行终 1811 号判决，驳回上诉，维持原判。本案蔡某红、夏某钗、李某春就同一审批行为不服，再次提起本案诉讼。

（撰写人：周　觅）

16 撤销不予赔偿决定的诉讼请求是否可以单独提出
——柳州市制鞋工厂与柳州市城中区人民政府行政赔偿纠纷申请再审案

- 案　　号　（2021）最高法行申 2512 号
- 合议庭成员　刘少阳、孙祥壮、寇秉辉
- 关 键 词　行政 / 不予赔偿决定 / 行政赔偿
- 相关法条　《中华人民共和国行政诉讼法》第 25 条、第 49 条第 1 项

【裁判要旨】

行政行为的相对人以及其他与行政行为有利害关系的公民、法人或者其他组织，有权提起行政诉讼。若不予赔偿决定系针对案外人作出，本案当事人并非该决定的行政相对人，无权提起诉讼。若赔偿请求人在诉讼中单独提出撤销不予赔偿决定，其实质仍是申请行政赔偿，其亦可通过单独提起行政赔偿诉讼或一并提起确认行政行为违法及行政赔偿诉讼予以主张。

【案情摘要】

2010 年 11 月 10 日，柳州市金沙角片区旧城改造项目指挥部在组织实施房屋拆迁过程中，强制拆除柳州市制鞋工厂（被拆迁人）的行政强制拆除行为。案外人韦某旗向柳州市城中区政府申请行政赔偿，柳州市城中区政府作出不予赔偿决定。柳州市制鞋工厂以案外人系该厂的权利继受人为由，起诉请求撤销不予赔偿决定，同时请求确认柳州市城中区政府强制拆除行为违法并主张赔偿损失。

（撰写人：杨少慧）

17 仲裁裁决作出后当事人就同一事实、同一诉讼请求提起诉讼的，人民法院不予受理

——汤某妹、汤某苟与广西壮族自治区桂林市政府、广西壮族自治区桂林市叠彩区政府履行安置补偿协议申请再审案

- **案　　号**　（2021）最高法行申 2539 号
- **合议庭成员**　朱科、于明、田心则
- **关 键 词**　行政 / 安置补偿协议 / 一裁终局
- **相关法条**　《中华人民共和国仲裁法》第 9 条

【裁判要旨】

原告曾向人民法院申请撤销仲裁机构就其与行政机关纠纷的仲裁裁决但被驳回，故该仲裁裁决仍然有效，对双方当事人均有法律约束力。原告提起本案行政诉讼的被告虽然与仲裁被申请人不同，但诉讼请求仍是同一主张。根据《仲裁法》第 9 条的规定，该诉讼标的已为生效裁定所羁束，对其起诉人民法院可裁定不予立案或者驳回起诉。

【案情摘要】

汤某妹、汤某苟依据其与广西壮族自治区桂林市叠彩区政府签订的仲裁协议申请仲裁，请求广西壮族自治区桂林市叠彩区政府向其支付过渡费。桂林市仲裁委员会受理了该纠纷，对汤某妹、汤某苟主张的房屋基础、过渡费等案件实体问题进行了认定，并作出了仲裁裁决。汤某妹、汤某苟向人民法院申请撤销该仲裁裁决，但被驳回。汤某妹、汤某苟提起本案行政诉讼，请求支付过渡费，不予受理。

（撰写人：朱　科）

18 人民法院裁定准许原告撤诉后，原告以同一事实和理由无正当理由再行起诉的如何处理

——李某与湖北省武汉市公安局江夏区分局、湖北省武汉市江夏区人民政府行政复议决定申请再审案

- 案　　号　（2021）最高法行申 2853 号
- 合议庭成员　龚斌、孙江、梁爽
- 关 键 词　行政 / 撤诉 / 按撤诉处理 / 再行起诉
- 相关法条　《最高人民法院关于适用〈中华人民共和国行政诉讼法〉的解释》第 60 条、第 69 条第 1 款第 7 项

【裁判要旨】

人民法院裁定准许原告撤诉后，原告以同一事实和理由无正当理由再行起诉，已经立案的，裁定驳回起诉。

【案情摘要】

李某因不服案涉夏政复决〔2018〕16 号行政复议决定，曾于 2019 年 1 月 2 日向武汉市江夏区人民法院提起行政诉讼，经传票传唤，无正当理由拒不到庭，江夏区人民法院于 2019 年 2 月 26 日作出（2019）鄂 0115 行初 3 号行政裁定，该案按撤诉处理。现李某以同一事实和理由再次提起行政诉讼。

（撰写人：龚　斌）

19 被诉行政行为不明确的，人民法院应当予以指导和释明

——邝某军、李某与河南省项城市人民政府高压走廊升级改造项目申请再审案

- 案　　号　（2021）最高法行申 2864 号
- 合议庭成员　龚斌、孙江、梁爽

- 关　键　词　行政/具体的诉讼请求/被诉行政行为不明确
- 相关法条　《中华人民共和国行政诉讼法》第49条第3项,《最高人民法院关于适用〈中华人民共和国行政诉讼法〉的解释》第69条第1款第10项

【裁判要旨】

提起诉讼应当有具体的诉讼请求,所谓具体的诉讼请求,关键是要有明确的被诉行政行为。原告提起诉讼的被诉行政行为不明确的,人民法院应当予以指导和释明。对于已经立案,经释明仍然不能明确被诉行政行为的,裁定驳回起诉。

【案情摘要】

2017年邝某军、李某房屋被征收拆迁,河南省项城市人民政府拟在被征收地块开发建设高压走廊升级改造项目。邝某军、李某认为省政府征地批复不涉及拆迁安置和建设项目,提起诉讼请求撤销项城市高压走廊升级改造项目。

（撰写人：龚　斌）

20 应综合判断疫情是否构成立案不能克服的障碍
——汪某喜与浙江省杭州市下城区人民政府其他城建行政复议申请再审案

- 案　　号　（2021）最高法行申3005号
- 合议庭成员　汪鸿滨、贾力、李绍华
- 关　键　词　诉权保护/新冠疫情/不可抗力
- 相关法条　《中华人民共和国行政诉讼法》第45条

【裁判要旨】

法律保护正当的诉权,但当事人也应当及时行使自身诉权。新冠疫情是否构成不可抗力,应结合当事人提供的证据以及客观状况综合判断。当事人并未提供疫情对其起诉造成妨碍的证据,且相关法院通过多种方式告知公众疫情防控期间可选择网上立案、邮寄立案。即使受疫情影响无法现场立案,当事人仍可通过网络、邮寄等方式完成立案,因此疫情并非当然的立案不能克服的障碍。

【案情摘要】

汪某喜于 2020 年 1 月 21 日收到《行政复议不予受理决定书》，于 2020 年 5 月 25 日向一审法院提起诉讼，明显超过 15 日的起诉期限。汪某喜称，耽误起诉期限系因临近春节假期以及新冠疫情，属于因不可抗力耽误起诉期限。第一，临近春节假期并非不可预见、不能避免且不能克服的客观情况，不属于不可抗力。第二，新冠疫情是否构成不可抗力，应结合汪某喜提供的证据以及客观状况综合判断。首先，汪某喜并未提供证据证明疫情对其起诉造成根本妨碍。其次，相关法院于 2020 年 1 月 28 日发布《关于疫情防控期间诉讼及相关事项的通告》，告知公众疫情防控期间可选择网上立案、邮寄立案方式。即使受疫情影响无法现场立案，仍可以通过网络、邮寄等方式完成立案，疫情并非立案不能克服的障碍。故汪某喜主张临近春节假期及新冠疫情耽误其行使起诉权的意见不能成立。法院裁定不予立案。

（撰写人：康　昕）

21 行政机关变更或者撤回生效行政许可，当事人直接提起行政诉讼主张行政补偿的，一般不符合起诉条件

——战明养殖公司与山西省忻州市五台县人民政府行政补偿申请再审案

- 案　　号　（2021）最高法行申 3152 号
- 合议庭成员　龚斌、孙江、梁爽
- 关 键 词　行政／变更或撤回行政许可／行政补偿申请
- 相关法条　《最高人民法院关于审理行政许可案件若干问题的规定》第 14 条

【裁判要旨】

行政机关依据《行政许可法》第 8 条第 2 款规定变更或者撤回已经生效的行政许可，公民、法人或者其他组织仅主张行政补偿的，通常宜先向行政机关提出申请；在未向行政机关提出过行政补偿申请的情况下提起行政诉讼，一般不符合起诉条件。但是，行政机关依职权或者相关规定应当主动履行补偿职责的情形除外。

【案情摘要】

2017 年 6 月 6 日，五台县工商行政管理局给战明养殖公司颁发了营业执照。

2017年4月18日，五台县水污染防治工作领导小组办公室向陈家庄乡党委、政府发出《五台县水污染防治工作领导组办公室关于对全县公路和河道沿线乱建乱堆等违法行为清理整顿的通知》，陈家庄乡人民政府于2018年5月13日给战明养殖公司下发《清河专项行动限期整改通知书》，责令其接到通知后在规定期限内自行将渔场拆除。2018年7月20日、8月20日陈家庄乡人民政府给战明养殖公司下发《限期清理通知单》，要求其限期自行清理完毕，恢复原貌。战明养殖公司在不能证明其曾向行政机关提出过行政补偿申请情况下，提起本案诉讼。

（撰写人：龚　斌）

22 监护人未及时行使被监护人的诉权并不是耽误起诉期限的正当理由

——宋某佳与浙江省绍兴市柯桥区人民政府房屋拆迁安置补偿申请再审案

- 案　　　号　（2021）最高法行申3302号
- 合议庭成员　汪鸿滨、李绍华、周觅
- 关　键　词　被监护人诉权／起诉期限／耽误起诉期限的正当理由
- 相关法条　《中华人民共和国未成年人保护法》第10条①，《中华人民共和国行政诉讼法》第48条

【裁判要旨】

法定监护人应尽职履行好监护人的职责，保护好被监护人的诉讼权利。其中行政诉讼中的诉权受起诉期限的严格限制，目的是督促当事人及时行使诉权，避免相关行政法律关系长期处于不确定状态。尽管未成年人的权益要得到充分保护，但也同样受到起诉期限的规制，监护人不熟悉法律不能成为延误被监护人起诉期限的正当理由。

【案情摘要】

宋某佳为未成年人，行政机关于2016年5月审批同意莫某海的《绍兴市柯桥区柯岩街道房屋拆迁住房困难户安置审批表》，其中安置人口不包括宋某佳。该户户主

---

① 该法已于2020年修订，本条已被删除。

莫某海及宋某佳的母亲莫某萍在当时即知晓上述情况。故本案起诉期限应当自2016年5月起计算，申请人至2019年12月才提起本案诉讼，已经超过起诉期限。宋某佳的父母均为其监护人，在被监护人合法权益受到侵害时均具有代理被监护人进行诉讼的职责。因监护人均不熟悉法律导致未在2016年5月知晓安置人口不包括宋某佳的事实后及时提起诉讼，并不构成本案中申请人耽误起诉期限的正当理由。因此，申请人主张其提起诉讼未超过法定期限的意见不能成立。法院据此裁定驳回宋某佳的起诉。

（撰写人：康　昕）

23 在行政机关明确就争议问题予以处理的情况下，行政相对人等待行政机关处理的期间不属于自身原因耽误的起诉期限
——单某涛与辽宁省大连市旅顺口区农业农村局扣押船舶并赔偿申请再审案

- **案　　号**　（2021）最高法行申3413号、5700号，（2021）最高法行再262号、290号，共4案（以3413号案为蓝本）
- **合议庭成员**　祝二军、阎巍、杨迪
- **关 键 词**　行政/非自身原因耽误/起诉期限
- **相关法条**　《最高人民法院关于执行〈中华人民共和国行政诉讼法〉若干问题的解释》第41条①

【裁判要旨】

行政相对人就争议问题向行政机关申请协商解决后，行政机关明确同意予以处理，后因对行政机关的处理结果不服，行政相对人提起诉讼时，对于等待行政机关处理有关问题的期间，应认定为"不属于自身原因耽误的起诉期限"，在计算起诉期限时，应对该期间应予扣除。

针对同一执法对象开展的分阶段的连续执法行为，在无法确定侵权行为由谁实施的情况下，相关参与执法的行政机关应当作为共同被告参加诉讼。

---

① 该解释已失效，参见《最高人民法院关于适用〈中华人民共和国行政诉讼法〉的解释》第64条。

【案情摘要】

单某涛系"辽庄渔61011"号渔业船舶的所有权人。2017年4月17日,旅顺口公安分局下发《旅顺口公安分局集中开展制止非法越界捕捞专项整治行动实施方案》,由旅顺口区公安分局集中整治出海船舶突出治安问题,清理"三无"(无船名船号、无船舶证书、无港籍)渔船、"套牌船舶"。2017年5月30日,旅顺口区公安分局北海边防派出所向旅顺口区原海洋与渔业局(以下简称旅顺海渔局,现为旅顺口区农业农村局)移交29号(即"辽庄渔61011"号)渔船,后单某涛向旅顺海渔局提供该渔船船舶检验证书;因船舶证书显示为庄河籍渔船,2017年9月5日,旅顺海渔局致函庄河市海洋与渔业局(以下简称庄河海渔局),请求对该船舶与证件是否相符进行认定;2017年9月26日,庄河海渔局确认"辽庄渔61011"号渔船为非"三无"船舶。2017年11月1日,旅顺海渔局向旅顺口区边防大队致函,认定"辽庄渔61011"号渔船为合法渔船。

2017年9月,单某涛到"三无"船舶集中停放处查看其船舶时发现船舶因拖拽运输而发生损坏,随后找到旅顺海渔局,要求其赔偿损失并返还船舶。因单某涛多次针对船舶损坏问题要求旅顺海渔局予以赔偿,后旅顺海渔局同意给单某涛修理船舶,故于2019年年初将船舶送至大连旅顺昌发修船厂修理,但至今仍未修理完毕,仍在修船厂停放。单某涛于2019年9月提起本案诉讼,请求确认旅顺农业农村局扣押船舶违法并赔偿损失45万元。

(撰写人:阎 巍)

24 未告知诉权的起诉期限问题
——张某明与山西省隰县人民政府强制清除地上物申请再审案

- **案　　号**　(2021)最高法行申4406号
- **合议庭成员**　汪斌、聂振华、梁爽
- **关　键　词**　行政诉讼/起诉期限
- **相关法条**　《最高人民法院关于执行〈中华人民共和国行政诉讼法〉若干问题的解释》第41条第1款①

---

① 该解释已失效,参见《最高人民法院关于适用〈中华人民共和国行政诉讼法〉的解释》第64条第1款。

【裁判要旨】

被诉行政行为发生在2016年7月，根据当时有效的《最高人民法院关于执行〈中华人民共和国行政诉讼法〉若干问题的解释》第41条第1款的规定，行政机关未告知诉权的，起诉期限从当事人知道或应当知道诉权或起诉期限之日起计算，但从知道或应当知道具体行政行为内容之日起最长不得超过2年。在有证据显示当事人于2016年已知具体行政行为内容的情形下，其于2019年12月提起行政诉讼，已超过起诉期限。

【案情摘要】

张某明以山西省隰县人民政府于2016年7月26日强制征收清除其在拆迁范围内种植的苗木为由，于2019年12月提起本案确认违法诉讼。

（撰写人：聂振华）

25 基于自愿签订的安置补偿协议而实施拆除房屋的行为能否认定为强制拆除

——周某与河南省平顶山市新华区人民政府行政强制行为纠纷申请再审案

- 案　　号　（2021）最高法行申4787号
- 合议庭成员　孙江、龚斌、梁爽
- 关 键 词　行政强制/强拆/已签订协议/不可诉
- 相关法条　《最高人民法院关于适用〈中华人民共和国行政诉讼法〉的解释》第69条第8项

【裁判要旨】

当事人在政府组织的城中村改造过程中，通过各方协商一致签订了合法有效的拆迁安置补偿协议，在协议已得到充分履行，特别是当事人已实际交付房屋之后，政府对涉案房屋所实施的拆除行为并不存在强制因素，该拆除行为也并不对当事人的合法权益造成实际影响。

【案情摘要】

2019年6月28日，平顶山市新华区西高皇街道办事处（甲方）与周某（乙方）及平顶山市新华区西高皇街道办事处西高皇村村民委员会（丙方）签订了《新华区西高皇街道西高皇村城中村改造开发房屋拆迁安置补偿协议书》。周某于同日为平顶山市新华区西高皇街道办事处出具了收到322368.5元拆迁改造补偿款的收到条（但周某未收到该补偿款）并在"自签订协议（2019年6月28日）起，限五日内腾空房屋，如不腾空，此协议作废，立即执行强拆程序，房屋（2019年7月20日）立即拆除"的内容下签署"同意"并签名。2019年7月11日，案涉房屋由平顶山市新华区西高皇街道办事处牵头，其他部门配合拆除下被拆除。周某不服，诉至法院。一审法院认为，周某因房屋拆迁而享有的安置补偿权益可通过履行签订的房屋拆迁安置补偿协议得到维护。因此，本案被诉强拆房屋行为对周某合法权益明显不产生实际影响，其提起本案诉讼亦无实际意义。故裁定驳回周某的起诉。周某不服，提起上诉。二审法院裁定驳回上诉，维持原裁定。当事人不服，向最高人民法院申请再审。最高人民法院认为，当事人在政府组织的城中村改造过程中，通过各方协商一致签订的拆迁安置补偿协议，其实从某种程度上确认了对一种权利的处分或者让渡，具体可以认为是协议方支付了相应的安置补偿对价，而权利人将对房屋等财产的处分权让渡给对方。就本案来说，2019年6月平顶山市新华区西高皇街道办事处（甲方）与周某（乙方）及平顶山市新华区西高皇街道办事处西高皇村村民委员会（丙方）签订了《新华区西高皇街道西高皇村城中村改造开发房屋拆迁安置补偿协议书》，在上述协议未被撤销或者确认无效的情况下，周某已经将房屋的处分权让渡给了城中村改造的具体实施部门新华区西高皇街道办事处。并且，拆迁安置补偿协议所约定的周某的安置补偿款项，新华区政府的相关部门已经拨付至周某所在的村委会，履行了协议约定的义务。故可以认定基于生效的协议，新华区政府对涉案房屋所实施的拆除行为并不存在强制因素，该拆除行为也并不对周某的合法权益造成实际影响。原审裁定驳回周某的起诉结果正确。再审申请人周某的申请理由不成立，本案不符合再审立案条件，裁定驳回申请人的再审申请。

（撰写人：孙　江）

26 诉讼标的已为生效裁判所羁束，已经立案的，应当裁定驳回起诉

——秦某鱼与河南省三门峡市陕州区人民政府撤销拆迁安置补偿协议申请再审案

- 案　　　号　（2021）最高法行申 4917 号
- 合议庭成员　龚斌、孙江、梁爽
- 关　键　词　行政/诉讼标的已为生效裁判所羁束/起诉条件
- 相关法条　《最高人民法院关于适用〈中华人民共和国行政诉讼法〉的解释》第 69 条第 1 款第 9 项

【裁判要旨】

诉讼标的已为生效裁判所羁束，已经立案的，应当裁定驳回起诉。如果被诉行为已经在另案生效判决中被审查且已有评判结论，另案之外的当事人再次针对该行为提起本案诉讼的，不符合法定起诉条件。

【案情摘要】

原告秦某鱼系陕州区张湾乡雷湾村村民，其家庭成员有丈夫雷某明，长子雷某 1，次子雷某 2（妻子张某红、儿子雷某鹏）。因陕州区张湾乡雷湾村集体土地征收，2012 年 4 月 11 日，张湾乡政府与雷某彬签订拆迁安置补偿协议一份，户主为雷某 2，家庭成员为张某红、雷某鹏；2012 年 4 月 25 日，张湾乡政府与秦某鱼签订拆迁安置补偿协议一份，户主为秦某鱼，家庭成员为雷某鹏。2018 年 7 月 10 日，张湾乡政府对雷湾村户型定户核查情况进行第三榜公示，原告秦某鱼不在上述公示认定户型中。原告秦某鱼认可，张湾乡政府与雷某 2 签订的拆迁安置补偿协议已履行完毕，并给雷某 2 安置 100 平方米房屋。2019 年 6 月 17 日，张湾乡政府向原告秦某鱼作出《关于变更〈三门峡市中心商务区建设农村改造拆迁安置补偿协议〉的通知》，并送达秦某鱼。河南省高级人民法院（2020）豫行终 392 号行政判决认定：该家庭户签订了两份、享受两户安置利益的协议，张湾乡政府据此撤销以秦某鱼名义签订的安置补偿协议，事实清楚，适用法律正确，予以确认。

（撰写人：龚　斌）

27 不符合法定起诉条件的不应作出实体判决

——李某录与山西省大同市人民政府、山西省大同市云冈区人民政府、山西省大同市云冈区平旺乡人民政府、山西省大同市云冈区平旺乡马营村村民委员会安置补偿申请再审案

- **案　　号**　（2021）最高法行申 5058 号
- **合议庭成员**　孙江、龚斌、梁爽
- **关 键 词**　行政诉讼 / 起诉条件 / 实体判决
- **相关法条**　《中华人民共和国行政诉讼法》第 46 条、第 49 条，《最高人民法院关于适用〈中华人民共和国行政诉讼法〉的解释》第 123 条

【裁判要旨】

公民、法人或者其他组织提起诉讼应当有具体的诉讼请求和事实依据。如果起诉涉及两个以上不同的行政行为，且这些行政行为之间各自独立，具有不同的法律依据、法律程序及法律效果，人民法院应当释明并引导起诉人明确具体诉哪个行政行为，起诉人明确拒绝的，可以诉求不明为由裁定不予立案或者驳回起诉。

【案情摘要】

2005 年 5 月 30 日，大同市南郊区①平旺乡马营村村民委员会与李某录签订了日光温室大棚承包合同书，村委会收取 1.2 万元现金，收取承包费 1.2 万元，承包期为 30 年，用于种植和养殖。2013 年 12 月 20 日，山西省大同市人民政府作出《关于南环路西延路南侧地块项目建设土地征收（拆迁）的通告》，李某录承包的大棚在征收范围内，2014 年 9 月南郊区人民政府对涉拆房屋进行了现场勘查，并对建筑物、构筑物及附属设施进行了评估，合计价值为 328548 元，总面积为 379.64 平方米。2015 年 12 月 27 日区政府和乡政府对李某录涉案大棚及建筑物、构筑物予以拆除，双方未达成安置补偿协议，李某录一直未领取安置补偿款，另，李某录提供 2015 年 4 月 20 日防疫部门给其发放的动物免疫证和大同市云冈区平旺畜牧兽医中心站于 2018 年 10 月 16 日工作人员刘某英给其出具的证明以及照片若干张，证明目的为李

---

① 南郊区为旧区名，现已撤销，变更为云冈区。

某录在被征收拆迁之前生猪存栏88头,要求按相关规定给予补偿。因安置补偿事宜双方未达成一致,李某录提起本案诉讼,请求判令三被告共同对其按2015年大同市征地拆迁安置补偿标准进行房屋拆除货币补偿(以鉴定评估数为准);按2015年大同市拆除奖励费标准给付8000元奖励费;按2015年大同市拆迁安置补偿标准给付母猪、肥猪赔偿款20600元;确认三被告强制拆除其地上设施的行为违法;判令三被告支付其自拆除之日至评估值确定之日期间以评估值为基数至付清之日前的同期银行贷款利息;支付其因违法强拆而遭受的精神损失30万元。

(撰写人:孙 江)

28 如何判断提起行政诉讼须有"具体的诉讼请求"
——王某与辽宁省沈阳市苏家屯区人民政府政府信息公开、侵害相邻权并赔偿、行政许可等申请再审案

- 案　　号　(2021)最高法行申5586号
- 合议庭成员　祝二军、阎巍、杨迪
- 关 键 词　行政/具体诉讼请求
- 相关法条　《中华人民共和国行政诉讼法》第49条

【裁判要旨】

提起行政诉讼应当有具体的诉讼请求。当事人诉讼请求涉及不同主体、不同法律关系,且不符合合并审理条件,经人民法院释明后,拒不变更诉讼请求的,人民法院可裁定驳回起诉。

【案情摘要】

王某提起本案行政诉讼,其诉讼请求为:(1)判令辽宁省沈阳市苏家屯区人民政府等机关履行法定职责、依当事人申请政务公开的具体内容出纸质版盖公章的正式书面答复,并配详细资料说明情况;(2)判令不动产的相邻权利人正确处理相邻关系,并赔偿损失;(3)判决行政机关承担行政赔偿责任;(4)依法判令行政机关作出的行政许可决定以及相应的不作为、行政机关就行政许可的变更、延续、撤回、注销等事项作出的有关行政行为及相应的不作为进行赔偿;(5)判令未批先建及未批先建又加建的相关楼栋的利润,以及由此造成的关联公司合同无效而不当得

利的，按各自权责、职能、实际侵权、损害的占比赔偿；（6）判令所有涉案合同、协议、相关文件中相应的格式条款无效；一并审查规章以下规范性文件；（7）判令关联公司、股东对各自的责任进行分别赔偿；（8）判令因涉案因素对房主及家人造成的各种侵权、损害进行赔偿；（9）判令苏家屯区人民政府等行政机关作出的各种结果无效；（10）判令各被申请人不正当竞争，并且给业主王某造成的损失进行赔偿；（11）判令各被申请人的股东及股东的关联公司以及个人承担无限连带赔偿责任；（12）判令各被申请人额外另行支付王某诉讼费等。经人民法院一再向其释明，要求其明确诉讼请求，但王某坚决要求对其全部诉讼请求一并审查。

（撰写人：杨　迪）

29　送达瑕疵对计算起诉期限的影响
——张某河与山东省曹县人民政府房屋征收行政补偿申请再审案

- **案　　号**　（2021）最高法行申 6600 号
- **合议庭成员**　李智明、杨科雄、李纬华
- **关 键 词**　行政／诉讼请求不具体／裁定驳回起诉
- **相关法条**　《中华人民共和国行政诉讼法》第 46 条第 1 款

【裁判要旨】

受送达人实际接收了行政决定文书的，通常适用直接送达的要求。留置送达适用的前提是受送达人拒绝接收的情况。根据送达的法定要求，留置送达应当将文书送至受送达人的住所。在非住所地点采取留置送达方式的，属于送达存在瑕疵情形。

行政决定文书送达的时间与起诉期限的起算点通常相同，但二者并非完全等同关系，在特定情形下可能存在相互分离的情形。行政相对人通过有瑕疵的送达方式，知道或者应当知道行政行为的，即可起算起诉期限，而非限定于以依法送达之日为起算点。

【案情摘要】

山东省曹县人民政府制作的送达回证以及视频资料显示："2019 年 6 月 14 日，房屋征收部门的两名工作人员向张某河直接送达被诉房屋征收补偿决定书时张某河拒绝签字，并在备注处有两名以上张某河所在社区工作人员签字见证；征收部门工

作人员向张某河送达时，张某河接收了被诉房屋征收补偿决定书，但拒绝签字。被诉房屋征收补偿决定书载明了提起行政诉讼的权利及六个月的起诉期限。"张某河诉称其拒绝接收被诉房屋征收补偿决定，而是通过其儿子向曹县住房和城乡建设局询问后才得知被诉房屋征收补偿决定的内容，遂以被诉房屋征收补偿决定认定的房屋价格与周边类似商品房价格差距甚大，且存在程序违法情形，于2020年3月5日提起本案诉讼，请求撤销被诉房屋征收补偿决定。

（撰写人：李纬华、章文英）

30 对于直接起诉原行政行为和起诉行政复议决定两种救济途径，不能同时选择进行
——李某光与财政部行政复议申请再审案

- **案　　号**　（2021）最高法行申7071号
- **合议庭成员**　蔚强、朱宏伟、仝蕾
- **关 键 词**　起诉原行政行为/起诉行政复议决定/救济途径/不能同时选择
- **相关法条**　《最高人民法院关于适用〈中华人民共和国行政诉讼法〉的解释》第57条

【裁判要旨】

法律、法规未规定行政复议为提起行政诉讼必经程序，公民、法人或者其他组织既提起诉讼又申请行政复议的，应由先立案的机关管辖。为避免复议程序与诉讼程序之间发生冲突，当事人对于直接起诉原行政行为和起诉行政复议决定两种救济途径，不能同时选择进行。当事人坚持同时起诉的，不符合法定起诉条件。

【案情摘要】

2019年9月，李某光向广东省财政厅投诉查处广东天华华粤会计师事务所有限公司及注册会计师违反《注册会计师法》禁止性规定。针对李某光的投诉，广东省财政厅于2019年11月14日作出《关于投诉广东天华华粤会计师事务所有限公司有关事项的复函》。李某光不服该复函，于2019年11月30日向财政部提起行政复议。2020年2月4日，财政部作出被诉复议决定，认为李某光与被申请复议的行为之间缺乏法律上的利害关系，复议请求不属于行政复议范围，也不符合行政复议受

理条件,决定驳回其行政复议申请。李某光不服被诉复议决定,诉至一审法院。一审法院在审理中查明,李某光针对广东省财政厅复函向广州铁路运输中级法院提起行政诉讼,请求确认该复函违法,并予以撤销;判令广东省财政厅依法履行法定职责,查处会计师事务所及注册会计师故意出具虚假的审计报告涉嫌严重违法违规行为。广州铁路运输中级法院已受理该案,案号为(2020)粤71行初357号。

一、二审法院认为,根据《最高人民法院关于适用〈中华人民共和国行政诉讼法〉的解释》第57条规定,法律、法规未规定行政复议为提起行政诉讼必经程序,公民、法人或者其他组织既提起诉讼又申请行政复议的,由先立案的机关管辖;同时立案的,由公民、法人或者其他组织选择。在上述情形下,当事人既可以直接起诉原行政行为,也可以起诉驳回复议申请决定,但两种救济途径不能同时进行,应选择其一。本案中,李某光针对广东省财政厅复函向财政部申请行政复议,财政部作出被诉复议决定。李某光针对被诉复议决定提起本案诉讼,其同时又针对复函向广州市铁路运输中级法院提起行政诉讼,且该案已立案受理。鉴于可能对李某光合法权益造成侵害的实质上是复函,李某光直接起诉该复函更有利于保护其合法权益,从根本上解决行政争议。经向李某光释明,其仍坚持同时起诉被诉复议决定,故其再提起本案之诉不符合法定起诉条件。一、二审法院裁定驳回了其起诉和上诉。

李某光以一、二审法院认定事实错误、适用法律错误等为由,向最高人民法院申请再审。最高人民法院经审查,以与一、二审相同的理由依法裁定驳回其再审申请。

(撰写人:蔚 强、张雪明)

31 起诉征地行为违法的应当明确诉讼请求

——黄某碧、陆某琼与蓬安县人民政府、蓬安县河舒镇人民政府征收土地申请再审案

- **案　　号**　(2021)最高法行申8468号
- **合议庭成员**　杨军、郭凌川、郭艳地
- **关　键　词**　行政/诉讼请求/释明
- **相关法条**　《中华人民共和国行政诉讼法》第49条、第51条,《最高人民法院关于适用〈中华人民共和国行政诉讼法〉的解释》第55条

【裁判要旨】

征地由一系列的行为构成，包括征地批复、发布征地公告、进行征地补偿登记、签订补偿协议或者作出补偿决定、责令交出土地等行为。当事人起诉要求确认征地行为违法的，人民法院应当进行释明，对于符合起诉条件的诉讼可以受理；对于气绝变更诉求的，人民法院一般可以诉讼请求不明确为由裁定不予立案或者驳回起诉。

【案情摘要】

黄某碧、陆某琼向一审法院提起行政诉讼，称被申请人未出示征地批文、征地公告，违反规定强征土地，又称被申请人不签订人员安置协议，安置行为违反规定。根据原审法院查明的事实，再审申请人已经获取补偿款。黄某碧、陆某琼如果认为征收土地的决定侵犯其合法权益，可以依法主张权利；如果对补偿安置不服，可以依法起诉补偿决定或者提起履行补偿安置职责诉讼。黄某碧、陆某琼的诉讼请求不具体，结合其起诉的理由、所列事实依据仍不能明确被诉行政行为。

（撰写人：杨　军）

32 超出法定起诉期限情形的判断
——海南省定安县定城镇茅坡仔村村民委员会东排坡村民小组与海南省定安县人民政府颁发集体土地所有证再审案

- 案　　号　（2021）最高法行再38号
- 合议庭成员　耿宝建、田心则、孙茜
- 关　键　词　行政/法定起诉期限
- 相关法条　《最高人民法院关于执行〈中华人民共和国行政诉讼法〉若干问题的解释》第41条①

【裁判要旨】

行政机关举证证明了颁发诉争土地证之前进行了公告，并在公告异议期满后颁发该证。一审原告在公告异议期满后就应知道诉争颁证行为，其于10余年后才提起

---

① 该解释已失效，参见《最高人民法院关于适用〈中华人民共和国行政诉讼法〉的解释》第64条。

诉讼请求撤销该证，明显超过法定起诉期限且无正当理由，依法应当裁定驳回起诉。

【案情摘要】

2004年8月25日，海南省定安县国土局召集东排坡村民小组，茅坡仔一、二村民小组进行土地权属界线核定，各方在界线临时编号为Ll的土地权属界线核定书上签名盖章，确认各自使用的土地界线。2004年10月12日，定安县人民政府经过地籍调查及张榜公告征询异议后，就46.2772公顷土地给茅坡仔一、二村民小组分别颁发定城集有（2004）第316-1号、第316-2号《集体土地所有证》，确认第316-1号、第316-2号两个土地证项下登记的46.2772公顷土地为茅坡仔一、二村民小组共有。东排坡村民小组认为，涉案的14.87亩土地上有东排坡村民小组祖坟及其村民在祖坟周围种植的树木，属该村集体所有土地。定安县人民政府将该地颁证给茅坡仔一、二村民小组错误，遂于2018年4月起诉请求撤销定安县人民政府颁发的第316-2号土地证。一审法院判决驳回诉讼请求，二审法院判决撤销一审判决，撤销定安县人民政府颁发的第316-2号土地证。

（撰写人：田心则）

33 行政机关所作会议纪要虽未向原告送达，但原告举示证据证明其受该会议纪要内容影响而作出相关行为，行政机关未能举示证据反驳的，应视为会议纪要行政行为存在并已效力外化

——开明石粉厂与金沙县人民政府行政补偿再审案

- **案　　号**　（2021）最高法行再166号
- **合议庭成员**　张昊权、杨军、郭艳地
- **关 键 词**　行政 / 行政补偿 / 起诉条件 / 行政行为
- **相关法条**　《中华人民共和国行政诉讼法》第49条，《最高人民法院关于适用〈中华人民共和国行政诉讼法〉的解释》第63条

【裁判要旨】

会议纪要性质上虽然一般属于行政机关的内部指导性文件，即便未向当事人送达，但如果出现行政机关的相关职能部门根据会议纪要履职且客观上对当事人的权

利义务产生实质影响，行政机关亦未举示证据证明当事人系主动自行作出相关行为的，则应视为该会议纪要行政行为存在并已效力外化。

【案情摘要】

2010年11月13日，金沙县人民政府作出44号会议纪要，其中第3项载明：在城镇规划区范围内和影响城镇、道路景观的砂石矿山开采企业一律停止建设和生产，必须先通过环保部门环评，再到相关部门完善手续后，方可恢复砂石矿山建设及生产行为。2011年4月26日，开明石粉厂制作《情况说明书》，载明其停产原因为："2010年10月5日起，由于我矿地处金沙县城镇新城区规划区域内，县委决定在所有规划区内的砂石厂停止一切开采、生产及销售至今。"金沙县原城关镇人民政府、金沙县原国土资源局城关镇国土资源所，以及金沙县原城关镇外寨村村民委员会在该说明书上加盖公章并确认情况属实。开明石粉厂认为金沙县人民政府关停其石粉厂但未予补偿，多次向金沙县人民政府申请解决经济损失问题，但未得到答复。2016年1月8日，开明石粉厂到金沙县群众工作中心信访，该中心予以受理。针对该信访请求，金沙县建设投资集团有限公司于2018年1月5日、1月8日分别向金沙县人民政府呈报两份报告，均向金沙县政府建议调查核实、评估后与该厂协商补偿具体事宜。2019年1月6日，开明石粉厂提起行政诉讼，请求补偿投资损失及停产停业损失。

（撰写人：张昊权）

34 新司法解释施行前发生的行政行为，起诉期限原则上适用原司法解释，同时兼顾新司法解释的规定
——梁某成与蒙山县人民政府土地行政强制再审案

- **案　　号**　（2021）最高法行再246号
- **合议庭成员**　贾清林、田心则、朱科
- **关 键 词**　行政 / 土地行政强制 / 受理 / 起诉期限
- **相关法条**　《最高人民法院关于执行〈中华人民共和国行政诉讼法〉若干问题的解释》第41条第1款[①]

[①] 该解释已失效，参见《最高人民法院关于适用〈中华人民共和国行政诉讼法〉的解释》第64条第1款。

【裁判要旨】

遵循法不溯及既往的一般原则，对于行政机关在 2018 年 2 月 8 日前作出的行政行为，行政相对人的起诉期限原则上适用原司法解释，即自其知道或者应当知道行政行为内容之日起 2 年；但自 2018 年 2 月 8 日起新司法解释开始施行，前述起诉期限由 2 年调整为 1 年，若此时按照原司法解释规定计算的 2 年起诉期限尚未届满，且剩余起诉期限超过 1 年的，可以 1 年为限；剩余期限不足 1 年的，可以剩余期限为限。

【案情摘要】

梁某成以丰源种植园名义提起行政诉讼，请求确认蒙山县人民政府对其种植经营的位于蒙山县西河镇大塘村灌溉试验站办公楼西北面围墙内 36 亩种植园的强制拆除的行政行为违法。一、二审法院均适用新的司法解释认定起诉期限已过，裁定驳回起诉。梁某成不服一、二审裁定，向最高人民法院申请再审；最高人民法院经审查后提审，遂成本案。

（撰写人：贾清林、乔希木）

35 重复起诉的认定
——王某涛、王某芬与北京市西城区政府公有住宅租赁合同申请再审案

- 案　　号　（2021）最高法行申 70 号
- 合议庭成员　于泓、朱宏伟、仝蕾
- 关 键 词　行政/行政租赁之诉/重复起诉
- 相关法条　《中华人民共和国行政诉讼法》第 91 条，《最高人民法院关于适用〈中华人民共和国行政诉讼法〉的解释》第 69 条第 1 款第 6 项、第 116 条第 2 款

【裁判要旨】

对同一承租公有住房行为，起诉人前后提起两个诉讼，虽然起诉人请求撤销的是租赁合同，但实质均系对变更承租人的行为不服。对于前诉，法院已作出终审裁定，现起诉人再次诉请撤销续签的租赁合同的，属于重复起诉。

【案情摘要】

1995年7月，北京市西城区房管所与王某兰签订《北京市公有住宅租赁合同》。2000年，因调整租金，北京市西城区政府与王某兰签订第40016号《北京市公有住宅租赁合同》。2016年3月，王某涛、王某芬曾起诉请求撤销西城区政府与王某兰签订的《北京市公有住宅租赁合同》，北京市高级人民法院作出（2016）京行终3417号行政裁定，认为其实质诉争的是涉案公房的承租人由王某波变更为王某兰的行为，租赁合同仅是该变更行为的载体，有证据证明的公房承租人变更行为最早发生于1995年7月，王洪涛、王秀芬于2016年3月提起诉讼，已超过法律规定的最长保护期限，故裁定驳回起诉。王某涛、王某芬再次起诉，要求撤销2000年西城区政府与王某兰签订的第40016号《北京市公有住宅租赁合同》。

（撰写人：于　泓、刘　潋）

36 裁判生效后，简单增加被告另行提起诉讼的，如果诉讼请求实质上一致，仍可认定为重复起诉

——温岭万华工艺品有限公司与温岭市政府、温岭工业园区管理委员会行政协议申请再审案

- 案　　号　（2020）最高法行申12555号
- 合议庭成员　李绍华、何君、朱宏伟
- 关 键 词　起诉目的／推翻生效裁判／重复起诉
- 相关法条　《最高人民法院关于适用〈中华人民共和国行政诉讼法〉的解释》第106条

【裁判要旨】

虽然《最高人民法院关于适用〈中华人民共和国行政诉讼法〉的解释》第106条规定构成重复起诉的条件之一是"后诉和前诉的当事人相同"，但由于原告起诉时被告的确立具有较大的随意性，故对该条件不能机械理解。当事人在判决生效后，简单增加被告另行起诉的，如果诉讼请求实质上一致，仍可认定为重复起诉。

【案情摘要】

温岭万华工艺品有限公司诉称，其在温岭市东湖工业园区内有 4687.1 平方米国有出让土地使用权，因温岭市东湖工业区"退二进三"政策，温岭市城市新区建设办公室于 2009 年 11 月 16 日就收购上述国有土地使用权与原告签订了温岭市国有土地使用权收购合同、温岭市东湖工业区块企业搬迁协议。温岭万华工艺品有限公司以其未足额获得协议约定的补偿款为由提起诉讼，起诉的被告为温岭市政府和温岭工业园区管理委员会。从一审法院查明的事实看，在提起本案诉讼之前，温岭万华工艺品有限公司曾于 2018 年 8 月以温岭市政府为被告提起过行政协议诉讼，诉讼理由和本案一致，生效裁判以温岭市政府不是适格被告为由已驳回其起诉。

（撰写人：李绍华）

37 诉讼请求是否明确是一种法律评价，如果当事人的诉讼请求明显涉及两个以上不相关联的事项，可以诉讼请求不明确为由裁定驳回起诉

——袁某军与江西省樟树市人民政府行政强制申请再审案

- 案　　号　（2021）最高法行申 453 号
- 合议庭成员　李绍华、何君、朱宏伟
- 关 键 词　法律评价／"一行为一诉讼"／诉讼请求不具体
- 相关法条　《中华人民共和国行政诉讼法》第 49 条，《最高人民法院关于适用〈中华人民共和国行政诉讼法〉的解释》第 64 条第 1 款

【裁判要旨】

诉讼请求是否明确、具体是一种法律评价，并非仅仅看其字面意思，如果当事人的诉讼请求明显涉及两个以上不相关联的事项，可以诉讼请求不明确为由裁定驳回起诉。

【案情摘要】

2014 年年底，袁某军发现其居住的房屋被拆除后，认为是江西省樟树市人民政府所为，故于 2019 年 1 月 14 日向江西省樟树市人民政府申请政府信息公开。袁某

军的诉讼请求为：（1）确认拆迁行为违法；（2）判令责任方进行赔偿；（3）确认政府信息公开答复违法。

（撰写人：李绍华）

38 对于当事人谎称不知道行政行为发生时间，意图逃避起诉期限制度的，其针对该行为另案起诉的时间可以认定为起算点

——滕某武等4人与江苏省南京市浦口区人民政府确认违法申请再审案

- 案　　号　（2021）最高法行申962号
- 合议庭成员　李绍华、蔚强、朱宏伟
- 关　键　词　起算点／另案诉讼／起诉期限
- 相关法条　《中华人民共和国行政诉讼法》第46条

【裁判要旨】

起诉期限的起算点在行政诉讼中具有重大意义，直接决定案件是否符合起诉条件。对于当事人谎称不知道行政行为发生时间，意图逃避起诉期限的，应结合其他证据综合判断，进而准确认定案件是否超过起诉期限。其中当事人针对本案被诉行政行为另案提起了诉讼，就是有力的书面证据之一，可以另案起诉的时间作为知道或应当知道本案行政行为内容的起算点。

【案情摘要】

2012年9月11日，江苏省南京市浦口区人民政府作出《征收土地公告》，同意征收浦口区江浦街道集体土地9.1439公顷。2015年4月正式组织实施土地征收行为。2020年5月，被征收人滕某武等4人对该征收行为提起诉讼。从一审法院查明的事实看，滕某武等4人曾于2016年12月7日在浦口区法院诉浦口区江浦街道办事处财产损害赔偿纠纷一案。在该案第一次庭审中，滕某武作为案件代理人明确表示浦口区政府2015年4月发布拆迁公告。

（撰写人：李绍华）

行政处罚类

1 操纵证券市场行政处罚如何计算违法所得
——孟某龙与中国证券监督管理委员会行政处罚及行政复议申请再审案

- 案　　号　（2020）最高法行申 7679 号
- 合议庭成员　梁凤云、杨科雄、李小梅
- 关 键 词　证券 / 行政处罚 / 违法所得计算
- 相关法条　《中华人民共和国证券法》第 203 条①

【裁判要旨】

通过大宗交易承接股票，并利用实际控制的账户拉抬股价并反手卖出的行为中，建仓、拉抬、卖出过程连贯。对上述行为进行行政处罚时，将大宗交易价格作为买入成本计算违法所得具有合理性。股票操纵行为对股票价格的影响是持续的，后期的股票价格也会受到前期操纵行为的影响，每次操纵行为会对股票价格产生叠加效应，简单分段计算违法所得很难真实反映前期操纵行为对后期股票价格的影响，不能真正反映操纵行为的获利情况。因此，在违法所得计算中应当整体予以考量。

【案情摘要】

证监会于 2018 年 3 月 26 日对孟某龙作出〔2018〕12 号行政处罚决定，认定孟某龙通过实际控制账户，在开盘集合竞价阶段、尾市阶段利用资金优势申报买入影响涉案股票价格，并于当日或次日反向买入，非法获利共计 16212888.46 元。证监会决定没收违法所得 16212888.46 元，并处以 32425776.92 元罚款。孟某龙不服向证监会申请行政复议，证监会作出被诉〔2018〕95 号行政复议决定，维持〔2018〕12 号行政处罚决定。一审法院认为，本案当事人无前期持股，通过大宗交易获得股票后开始来抬股价并迅速反手卖出，建仓、拉抬、卖出过程连贯，其进行大宗交易的目的在于建仓，故证监会将大宗交易价格作为买入成本计算违法所得并无不当。且本案系连续交易操纵行为，操纵行为对股票价格影响是持续的，当事人提出的分段计算主张不能得到支持。在处罚数额上予以违法所得 2 倍罚款亦无不当。故判决驳

---

① 对应《中华人民共和国证券法》（2019 年修订）第 192 条。

回诉讼请求。二审法院以类似理由判决驳回上诉,维持一审判决。

(撰写人:徐　超)

2 上市公司高管因未勤勉尽责而被行政处罚的司法审查
——刘某与中国证券监督管理委员会行政处罚申请再审案

- **案　　号**　(2021)最高法行申 1329 号
- **合议庭成员**　李智明、杨科雄、李纬华
- **关 键 词**　行政 / 证券行政处罚 / 高管勤勉尽责
- **相关法条**　《中华人民共和国证券法》第 68 条第 3 款、第 193 条第 1 款[①],《上市公司信息披露管理办法》第 58 条第 1 款[②],《中华人民共和国公司法》第 147 条[③]

【裁判要旨】

因上市公司违反信息披露相关规定,证券行政主管部门以该公司有关人员未勤勉尽责为由对其作出行政处罚,被处罚人不服提起行政诉讼的,人民法院应当重点审查该公司是否违反信息披露要求、被处罚人在该公司所担任的职务及承担的职责、被处罚人勤勉尽责的情况等。当事人对是否勤勉尽责发生争议的,人民法院应当考虑以下因素:一是被处罚人与所在公司违法行为发生之间的关联,二是被处罚人是否具有避免所在公司违法行为发生的行为,三是被处罚人的行为是否达到免除责任的程度。

【案情摘要】

中国证券监督管理委员会(以下简称证监会)以成都华泽钴镍材料股份有限公司(以下简称华泽钴镍)未在法定期限内披露 2017 年年度报告及 2018 年第一季度报告等为由,拟对刘某等人作出《行政处罚决定书》。刘某在处罚听证时,主张年度报告未能披露的直接原因在于关联方资金占用导致华泽钴镍无力支付审计费用,其作为管理层在客观上无法阻止年度报告延期披露的发生,其没有主观过错,且已勤勉尽责,采取了纠正重大会计差错、及时决策提议选聘审计机构、积极协助融资支

---

① 对应《中华人民共和国证券法》(2019 年修订)第 82 条第 3 款、第 85 条。
② 对应《上市公司信息披露管理办法》(2021 年修正)第 51 条第 1 款。
③ 参见 2023 年修正、2024 年 7 月 1 日施行的《中华人民共和国公司法》第 179 条、第 180 条。

付审计费、与监管层积极沟通等多种措施尽力阻止违法行为的发生，亦采取了积极的补救措施从而规避了更为严重的无法出具年度报告的法律后果，因此不应承担责任。证监会采纳刘某的相关申辩意见，适当调减罚款金额，最终决定对刘某给予警告，并处以 10 万元的罚款。刘某不服上述被诉处罚决定提起本案诉讼，请求撤销被诉处罚决定中针对其作出的处罚。

（撰写人：李纬华、章文英）

3 因未达到"三通一平"条件而未开发利用土地，可以认定为有正当原因
——新乡容创公司与新乡平原管委会、原阳县政府、新乡市政府土地行政管理纠纷申请再审案

- **案　　号**　（2021）最高法行申 1465 号
- **合议庭成员**　汪斌、孙江、梁爽
- **关 键 词**　行政 / 土地行政管理 / 无偿收回土地
- **相关法条**　《中华人民共和国城市房地产管理法》第 26 条①，《闲置土地处置办法》第 8 条

【裁判要旨】

行政机关基于公共利益需要，依法可以无偿收回土地使用权的条件，应是满 2 年未动工开发且无除外规定的情形。因未按照国有建设用地使用权有偿使用合同或者划拨决定书约定、规定的期限、条件将土地交付给国有建设用地使用权人，致使项目不具备动工开发条件的，属于政府、政府有关部门的行为造成动工开发延迟的情形。因讼争土地未达到"三通一平"的条件，而未进行开发利用，可以认定有正当原因，不符合无偿收回土地使用权的条件。

【案情摘要】

2014 年 3 月 26 日，新乡容创公司通过竞拍方式竞得案涉国有建设用地的使用权。后与原阳县国土资源局（新乡平原新区管委会国土资源局）签订《国有建

---

① 对应《中华人民共和国城市房地产管理法》（2019 年修正）第 26 条。

设用地使用权出让合同》，约定出让人同意在交付土地时该宗土地应达到"三通一平"条件。《国有建设用地使用权出让合同》签订后，新乡容创公司缴纳了土地出让金。2018年4月27日，原阳县国土资源局（新乡平原新区管委会国土资源局）通过《新乡日报》向容创公司发送《告知函》，告知该公司所取得的建设用地荒废搁置早已超过2年，拟对该建设用地使用权收回。此后，原阳县国土资源局（新乡平原新区管委会国土资源局）分别作出《闲置土地调查通知书》《闲置土地认定书》《闲置土地处置听证权利告知书》。2018年12月13日，原阳县政府、新乡平原管委会向新乡容创公司作出《收回国有建设用地使用权决定书》，决定依法无偿收回上述闲置土地使用权。新乡容创公司不服，向新乡市政府申请行政复议，新乡市政府作出《行政复议决定书》，维持了《收回国有建设用地使用权决定书》。新乡容创公司不服，遂提起本案诉讼。

（撰写人：梁　爽）

4　针对同批次侵犯商标权的商品分别作出罚款是否违反"一事不再罚"原则

——爱贝尔公司与中山市市监局等罚款及行政复议申请再审案

- **案　　号**　（2021）最高法行申7150号
- **合议庭成员**　寇秉辉、黄西武、陈娅
- **关 键 词**　行政/侵犯注册商标专用权/罚款行政处罚/一事不再罚原则
- **相关法条**　《中华人民共和国商标法》第57条、第60条第2款，《中华人民共和国行政处罚法》第24条①

【裁判要旨】

根据《商标法》第60条第2款的规定，商标侵权行政罚款是针对侵犯注册商标专用权的行为作出，罚款数额一般为违法经营额的倍数。市场监督部门针对不同时期查获违法行为人的侵权商品，根据侵权商品确定其违法经营额，在法律规定的处罚幅度范围内，分别科处罚款，符合"过罚相当"原则，不违背"一事不再罚"原则。

---

①　对应《中华人民共和国行政处罚法》（2021年修订）第29条。

【案情摘要】

2015年12月15日，中山市市监局在爱贝尔公司经营场所现场查获其生产标注有"yoya"商标的儿童推车39台，作出"2016年处罚决定"，对爱贝尔公司进行罚款。2016年4月12日，中山市市监局在甜戈公司处查获爱贝尔公司生产并向其销售标注有"babyyoya"及"yoya"商标的儿童手推车共787台，作出"2018年处罚决定"，再次对爱贝尔公司进行罚款。爱贝尔公司认为中山市市监局两次罚款针对的是同一批次产品，违反了"一事不再罚原则"，引发本案纠纷。

（撰写人：寇秉辉、王雨晴）

5 土地因规划原因无法开发导致土地闲置是否属于使用权人原因

——广立达公司与海口市政府、海南省政府土地行政处罚及行政复议再审案

- 案　　号　（2021）最高法行再122号
- 合议庭成员　寇秉辉、宋楚潇、田心则
- 关　键　词　行政／土地行政处罚及行政复议／土地闲置
- 相关法条　《中华人民共和国土地管理法》第3条①，《中华人民共和国城市房地产管理法》第26条②

【裁判要旨】

闲置土地无偿收回的目的在于督促土地使用权人及时利用土地，避免土地闲置导致的资源浪费。对于闲置超过2年的土地，如果是因为规划原因导致无法开发，且土地使用权人已经反映情况，相关部门未予解决，因而导致的土地闲置非使用权人原因，行政机关不能无偿收回。

---

① 对应《中华人民共和国土地管理法》（2019年修正）第3条。
② 对应《中华人民共和国城市房地产管理法》（2019年修正）第26条。

【案情摘要】

广立达公司于 2004 年取得案涉国有商住混合用地的使用权，约定于 × 年 × 月 × 日前动工开发。2010 年 6 月，海口市规划局对广立达公司有关申请作出函复，要求案涉土地须与西面的地块统一开发建设。但案涉土地西面的地块为集体土地，按照土地管理法相关规定，无法与涉案土地统一开发。2012 年，《海口市闲置土地认定书审批表》中载明广立达公司提出了案涉土地西面地块为集体土地无法统一开发的申辩，海口市国土资源局在该审批表中也出具了"现公司用地西面地仍是集体土地，土地闲置存在政府原因，建议签订补充协议，重新约定动、竣工（时间）及违约责任"的意见。2016 年 12 月，当地国土资源局发现案涉土地仍处于闲置状态。2017 年 9 月，海口市政府作出无偿收地决定，后被海南省政府复议维持，引发本案纠纷。

（撰写人：寇秉辉、王雨晴）

6 行政处罚应"过罚相当"，保护行政相对人的信赖利益
——亿隆公司与文昌市环境局、文昌市政府罚款及行政复议再审案

- 案　　号　（2021）最高法行再 248 号
- 合议庭成员　耿宝建、李彤、寇秉辉
- 关　键　词　未批先建 / 信赖利益 / 过罚相当
- 相关法条　《中华人民共和国行政处罚法》第 54 条，《中华人民共和国环境保护法》第 61 条，《中华人民共和国环境影响评价法》第 31 条

【裁判要旨】

"过罚相当"原则要求，行使行政处罚自由裁量权，必须以事实为依据，处罚种类和幅度应当与当事人违法过错程度相适应，与环境违法行为的性质、情节以及社会危害程度相当。讼争项目未取得环境影响评价审批即开工建设属实，但行政机关处罚决定未衡量事实原因、责任过错、违法情节和危害程度等因素，作出的处罚及确定的处罚幅度，裁量依据不足。行政机关应依法全面、客观、公正地调查收集有关证据，准确认定事实，充分考虑违法情形和环境影响评价制度的设立目的，遵守法定程序，正确适用法律，并遵循"处罚和教育相结合"与"过罚相当"原则，依法作出处理。

【案情摘要】

山海天大道项目由亿隆公司作为建设业主单位、文昌市政府投资建设的市政道路工程。亿隆公司在未办理环评手续的情况下提前对案涉项目开工建设,是为了响应政府要求保障2016年"火箭首发"龙楼镇区道路通行的要求,并非擅自开工建设。案涉项目未取得环境影响报告表的原因是否在亿隆公司,文昌市环境局未进行充分调查,以亿隆公司"未批先建"违反《环境保护法》《环境影响评价法》的规定为由,对亿隆公司作出总投资额1%罚款的行政处罚。亿隆公司向文昌市政府申请行政复议,文昌市政府维持了行政处罚决定。亿隆公司遂提起行政诉讼,并对一审、二审的结果不服,向最高人民法院申请再审。最高人民法院再审认为,该行政处罚决定基本事实不清、主要证据不足,选择适用法律及确定处罚幅度未依法说明理由,依法应予撤销。复议决定错误维持应予撤销的行政处罚决定,亦应撤销。二审判决错误支持行政处罚决定和复议决定,应予一并撤销。一审判决适用法律错误,亦应一并撤销。因案涉项目未批先建事实存在,文昌市环境局有权依法重新调查处理。在重新调查处理期间,应按照2021年1月22日修订、自2021年7月15日起施行的《行政处罚法》第54条的规定,必须依法全面、客观、公正地调查收集有关证据,准确认定事实,包括环评申报主体、开工及竣工时间、环评手续申报流程、未批先建中的企业原因与政府原因、对环境的现实危害后果等,充分考虑违法情形和环境影响评价制度的设立目的,依照法定程序,正确适用法律,并遵循"处罚和教育相结合"与"过罚相当"原则,依法作出处理。据此,最高人民法院再审判决撤销一审、二审判决,行政复议决定,行政处罚决定,责令文昌市环境局依法重新调查处理。

(撰写人:李 彤)

7 对于因历史原因而长期、连续、无争议使用划拨土地且已经建设完毕并运营多年的老项目,不能适用《闲置土地处置办法》进行处置
——毛岭公司与海南省陵水县政府土地行政处罚行政再审案

- 案　　号　（2021)最高法行再272号
- 合议庭成员　耿宝建、田心则、寇秉辉
- 关　键　词　行政／土地行政处罚／划拨土地收回

• **相关法条** 《中华人民共和国土地管理法》第58条①,《闲置土地处置办法》第2条

【裁判要旨】

讼争土地虽被确定为划拨土地,但并无划拨决定书或用地批文约定具体的动工开发日期、应动工开发建设用地总面积、规划和建设条件等建设项目开发内容。行政机关在未能提交证据证明其或其职能部门曾对讼争土地专门作出过有关规划、建设条件的文件的情况下,适用《闲置土地处置办法》处理因历史原因已经建设完毕并运营多年的老项目,属于适用法律错误,应予撤销。

【案情摘要】

毛岭公司的前身是成立于1981年的陵水金属废品回收站。2008年8月6日,经陵水县工商部门登记更名为陵水毛岭金属回收有限责任公司。2009年2月3日,海南省陵水县政府给毛岭公司颁发了陵国用(椰)第12971号《国有土地使用证》,确认位于陵水县椰林镇陵水藤竹工艺品有限公司旁的19446.7平方米国有土地使用权归毛岭公司,地类(用途)为工业用地,使用权类型为划拨,"终止日期"栏为空白。毛岭公司自1981年起至今在案涉土地上建设了办公房屋、维修和新建仓库、围墙等。2017年11月21日,陵水县政府作出124号收地决定。毛岭公司不服,于2018年5月15日起诉请求撤销124号收地决定。一审法院判决撤销124号收地决定,二审法院判决撤销一审判决,驳回毛岭公司的诉讼请求。毛岭公司不服,提起再审申请。

(撰写人:田心则)

8 法院应正确识别诉讼请求并指导和释明
——付某生与邯郸市政府、邯郸市公安局丛台区分局
治安管理行政复议再审案

• **案　　号** (2020)最高法行再373号
• **合议庭成员** 于泓、朱宏伟、仝蕾

---

① 对应《中华人民共和国土地管理法》(2019年修正)第58条。

- **关　键　词**　行政 / 行政复议之诉 / 诉讼请求 / 正确识别
- **相关法条**　《中华人民共和国行政诉讼法》第 89 条第 1 款第 1 项，《最高人民法院关于适用〈中华人民共和国行政诉讼法〉的解释》第 119 条第 1 款、第 123 条第 3 项

【裁判要旨】

人民法院应当正确识别起诉人的主要诉讼请求，对于起诉人所列诉讼请求中存在的问题，应当进行必要的指导和释明，不应简单以"诉讼请求不明确"为由裁定不予立案或者驳回起诉。

【案情摘要】

付某生不服邯郸市公安局丛台区分局对其处以行政拘留 14 日的丛公（刑八）行罚决字〔2015〕0750 号行政处罚决定，向邯郸市政府提起行政复议申请。邯郸市政府作出邯政复决〔2016〕14 号行政复议决定，撤销 0750 号处罚决定，并责令邯郸市公安局丛台区分局重新作出行政行为。付某生不服，诉至法院。经审理，二审法院撤销 14 号复议决定，责令邯郸市政府于法定期限内重新作出行政复议决定。2017 年 11 月 30 日，邯郸市政府根据上述判决重新作出邯政复决〔2017〕62 号行政复议决定，认为邯郸市公安局丛台区分局构成程序违法，决定撤销 0750 号处罚决定。付某生仍不服，提起本案诉讼。经一审法院释明，付某生明确其诉讼请求为：（1）判决确认邯郸市人民政府作出的 62 号复议决定违法，并依法变更；（2）判令邯郸市政府、邯郸市公安局丛台区分局为付某生恢复名誉、赔礼道歉、赔偿冤拘付某生 14 日经济损失 219.72 元 / 日 ×14 日 =3076.08 元，精神损害抚慰金 7000 元，赔偿付某生两名律师费用、诉讼费用等 8000 元，共计 18076.08 元；（3）判决邯郸市政府责令邯郸市公安局丛台区分局、罗某鑫返还付某生家属被骗的 5000 元现金和 500 元礼品；（4）判令邯郸市政府针对邯郸市公安局丛台区分局启动行政追责程序；（5）诉讼费用由邯郸市政府承担。

一审法院认为，付某生应该明确变更行政行为或确认行政行为违法，其笼统要求判决违法并变更，诉讼请求仍不具体且并非行政诉讼受案范围，裁定驳回付某生的起诉。二审法院认为，付某生经一审法院释明变更的诉讼请求仍不明确、不具体，不符合起诉，裁定驳回上诉，维持一审裁定。付某生申请再审，再审裁定撤销一、二审裁定，指令一审法院继续审理本案。

（撰写人：于　泓、刘　澂）

9 违反披露规则和慢走规则的公司及直接负责的主管人员应当承担相应责任

——李某义与证监会行政处罚申请再审案

- **案　　号**　（2020）最高法行申13441号
- **合议庭成员**　于泓、朱宏伟、仝蕾
- **关 键 词**　行政处罚／权益披露／慢走规则
- **相关法条**　《中华人民共和国证券法》第86条、第193条第2款、第204条[①]

【裁判要旨】

投资者持股比例达到5%以及持股5%以上的股东增减持股份数每增加或减少5%，即触发2014年修订的《证券法》第86条"权益披露规则及慢走规则"。当事人虽主观上有通过反向增持以减轻违法行为后果的意图，但客观上并未实施，因此不能认定其具有从轻或者减轻处罚的情形。

在持股公司的董事长对减持行为具体决策的情况下，应当认定为直接负责的主管人员，依据原《证券法》第193条第2款及第204条之规定，应承担相应行政法律责任，至于相关决策是否由董事会、股东会集体作出，不影响其应承担的个人法律责任。

【案情摘要】

在2014年11月10日减持前，东亚真空为持股长信科技股份比例18.485%的股东。2014年11月10日至2015年4月22日，东亚真空减持长信科技共计7050万股，占长信科技总股份12.8121%。其中，在2014年11月13日15时06分31秒减持220万股后，东亚真空累计减持比例超过长信科技股份的5%。东亚真空对其减持股份超过5%的行为以及此后再次超过5%的行为，未依规定向证监会和深交所提交书面报告。东亚真空违法减持的股份数为4481万余股，金额为9.5659亿余元。减持行为发生时李某义为东亚真空的董事长、主要负责人及信息披露义务人，减持行为由其具体决策。

---

① 对应《中华人民共和国证券法》（2019年修订）第83条、第197条第2款。

证监会作出被诉处罚决定,对东亚真空及其负直接负责的主管人员李某义分别予以处罚。李某义遂提起本案行政诉讼,请求撤销该处罚决定。一审法院判决驳回李某义的诉讼请求。二审法院判决驳回上诉,维持原判。李某义申请再审,最高人民法院裁定驳回其再审申请。

(撰写人:朱宏伟)

10 被处罚人应对证券机构提供的证明其违法行为的基础事实作出合理说明
——余某林与证监会证券行政处罚申请再审案

- **案　　号**　(2021)最高法行申 2616 号
- **合议庭成员**　李德申、杨科雄、李小梅
- **关 键 词**　行政/证券行政处罚/证明标准
- **相关法条**　《中华人民共和国证券法》第 67 条第 2 款第 8 项、第 75 条第 2 款①,《最高人民法院关于审理证券行政处罚案件证据若干问题的座谈会纪要》第 5 条

【裁判要旨】

在证券行政处罚案件中,对行政处罚事实认定的证据证明标准,不完全等同于一般的行政处罚领域的证明标准,因证券领域违法行为具有较强的隐蔽性,对于由被处罚人控制、外界难以获取的违法事实的相关证据,证券监管机构提供的证据能够证明违法行为成立的法定基础事实,而被处罚人又不能作出合理说明或者提供证据予以排除的,可以据此认定该违法事实存在。

【案情摘要】

证监会经调查认定,余某林利用内幕信息知情人毛某丽掌握并告知其的内幕信息买卖"科融环境",其交易"科融环境"行为与内幕信息形成、发展过程以及与内幕信息知情人毛某丽通话联系时间高度吻合,在内幕信息披露前买入"科融环境"又全部卖出,其交易"科融环境"明显异常,且无正当理由或者正当信息来源,余某林的行为构成证券法规定的内幕交易行为。证监会遂作出被诉行政处罚,没收余

---

① 对应《中华人民共和国证券法》(2019 年修订)第 80 条第 2 款第 8 项、第 52 条。

某林违法所得 175.06 万元，并处以 525.18 万元的罚款。余某林起诉请求撤销处罚决定，一审法院判决驳回诉讼请求，二审予以维持。余某林申请再审，最高人民法院裁定驳回再审申请。

（撰写人：杨科雄、牛延佳）

行政强制类 ▶▶▶

1 行政机关未作行政决定即实施的行政强制行为不属于代履行行为
——涞源县皓清养殖场与河北省涞源县人民政府等行政机关行政强制申请再审案

- 案　　号　（2020）最高法行申 15297 号
- 合议庭成员　李德申、李纬华、李小梅
- 关 键 词　行政 / 行政强制之诉 / 强制拆除、代履行
- 相关法条　《中华人民共和国行政强制法》第 50 条

【裁判要旨】

代履行是当事人因拒绝或者没有能力导致其逾期不履行义务时，行政机关决定由其或者第三人代替当事人履行义务的一种强制执行方式。代履行的前提是行政机关已经依法作出要求当事人履行排除妨碍、恢复原状等义务的行政决定，适用范围应限于后果已经或者将危害交通安全、造成环境污染或者破坏自然资源的情形。行政机关未对案涉房屋及其他地上附属物等作出强制拆除、恢复原状行政决定即实施拆除的，系直接强制执行行为，不符合《行政强制法》第 50 条规定的代履行情形。

【案情摘要】

涞源县畜牧业发展服务中心两次向涞源县皓清养殖场发出责令停产搬迁告知书，责令其停止经营、立即搬迁；涞源县生态环境局作出环境监察现场通知书，要求其禁养殖区域内停止违法行为；涞源县自然资源和规划局发出责令停止违法行为通知

书，要求其立即停止在涞源县施工建设的违法行为。后涞源县皓清养殖场因环境问题被多次信访举报；中共河北省委、河北省人民政府环境保护督察工作领导小组办公室文件中指出仍在经营的涞源县皓清养殖场位于禁养区内。2019年7月12日，涞源县皓清养殖场被强制拆除。涞源县皓清养殖场遂以其养殖场的房屋被强制拆除，树木、室内物品、地上附属物和家禽均被破坏殆尽为由提起本案诉讼。一审法院以涞源县皓清养殖场经营场所不具有合法权益，案涉强制拆除行为对其合法权益不产生实际影响为由裁定驳回其起诉。二审法院以诉争行为系代履行行为，不属行政行为范畴，不符合行政诉讼的受案范围为由，驳回上诉，维持原裁定。

（撰写人：李小梅、任必恒）

2 集体土地征收范围内违法建筑强制拆除主体的认定
——吴某仙、杨某慧与云南省昆明市五华区人民政府等行政强制及行政赔偿申请再审案

- **案　　号**　（2020）最高法行申9141号
- **合议庭成员**　乐敏、张昊权、杨军
- **关 键 词**　行政/集体土地征收/违法建筑/强制拆除
- **相关法条**　《中华人民共和国行政诉讼法》第49条第3项，《中华人民共和国城乡规划法》第64条

【裁判要旨】

位于集体土地征收范围内的房屋被强制拆除，不宜简单认定系征地实施机关直接实施了拆除行为，而应当根据案件事实认定拆除主体。如果负责查处违法建筑的职能部门对处于征地范围内的违法建筑进行强制拆除，并提交了有关查处及拆除违法建筑的证据，应当认定该职能部门系强制拆除行为的实施主体。

【案情摘要】

吴某仙、杨某慧租赁案涉地块上的停车场进行经营，案涉地块经依法批准征收，且经云南省昆明市五华区人民政府（以下简称五华区政府）发布补偿安置公告后，该地块上的案涉房屋被强制拆除。吴某仙、杨某慧遂诉请确认五华区政府及五华区政府黑林铺街道办强制拆除案涉房屋的行为违法并赔偿损失。诉讼过程中，五华区

政府、五华区政府黑林铺街道办及五华区城管局均陈述案涉房屋系作为违法建筑被五华区城管局拆除，并提交了查处该违法建筑过程中形成的《调查询问通知书》《限期拆除通知书》《现场勘查记录》等证据。

（撰写人：乐　敏）

3 行政强制执行行为的可诉性问题
——荆某雷与竞秀区政府等行政强制执行申请再审案

- **案　　号**　（2020）最高法行申 15346 号
- **合议庭成员**　李德申、阎巍、仝蕾
- **关 键 词**　行政 / 行政强制执行 / 行政强制执行行为的可诉性
- **相关法条**　《中华人民共和国行政诉讼法》第 2 条第 1 款、第 12 条第 1 款，《最高人民法院关于适用〈中华人民共和国行政诉讼法〉的解释》第 1 条

【裁判要旨】

行政机关的强制执行行为对当事人的权利义务产生了实际影响，当事人认为造成其损害，提起行政诉讼的，除属于执行人民法院的生效裁判或协助执行通知书情形外的，人民法院应当依法受理。

【案情摘要】

2016 年 11 月 22 日，竞秀区政府办公室发布《保定市竞秀区畜禽养殖业污染防治实施方案》，规定了禁养区的事实依据、主要内容、禁养限养范围等。荆某雷养鸡场所在区域被列为禁养区范围。2016 年 9 月 20 日至 2017 年 9 月 6 日，富昌乡政府及该乡农业技术综合推广站先后 5 次向荆某雷养殖场送达告知书，告知荆某雷所建的养殖场被列为搬迁、取缔范围，限期自行处理存栏及拆除养殖场。2019 年 3 月 19 日，竞秀区政府根据《保定市竞秀区畜禽养殖业污染防治实施方案》《告知书》，组织联合执法行动，拉走荆某雷养殖场饲养鸡。荆某雷提起本案诉讼，诉请确认竞秀区政府等组织实施的强制封锁、关停其养鸡场并拉走 6 车鸡的行政行为违法。

（撰写人：仝　蕾、徐小玉）

4 对无书面法律文书确认而房屋被强制拆除的，适格责任主体如何认定

——衡阳市耀德贸易有限责任公司与湖南省衡阳市珠晖区人民政府行政强拆违法及行政赔偿再审案

- **案　　号**　（2020）最高法行再456号
- **合议庭成员**　耿宝建、田心则、孙茜
- **关 键 词**　行政 / 行政强制拆除 / 行政赔偿 / 责任主体
- **相关法条**　《国有土地上房屋征收与补偿条例》第4条第1款、第2款，第5条，第8条

【裁判要旨】

对无书面法律文书确认、无法通过文书署名情况确定强制拆除主体的，房屋虽实际由非职权主体拆除，但在强制拆除行为与职权主体行政职权内容存在高度关联的情况下，可推定职权主体与非职权主体在征收拆迁中是基于共同意思联络、共同参与下实施的强制拆除，职权主体为强制拆除责任主体。

【案情摘要】

衡阳市耀德贸易有限责任公司（以下简称耀德公司）在衡阳市珠晖区茶山坳镇金甲岭街上有两处房产，土地使用权类型为国有出让。2015年年初，湖南省衡阳市珠晖区人民政府（以下简称珠晖区政府）为推进金甲岭小城镇建设，打造湖南美丽乡镇和全国宜居乡镇，成立了珠晖区茶山坳镇金甲岭小城镇建设项目协调指挥部，下设办公室，要求以茶山坳镇政府为主体，在征拆工作、规划设计、招投标、工程质量等方面规范运作，并要求其在2015年年底前有明显的成效。2015年9月19日，茶山坳镇下辖的金甲村、樟木村、复兴村18个组的村民自发成立了一个庙会，由庙会的负责人报请茶山坳镇政府同意，组织村民强行拆除了耀德公司上述两处房产，珠晖区政府随后将其建成居民文化生活广场。耀德公司诉至法院要求确认珠晖区政府行政强拆违法及行政赔偿。一审法院认为珠晖区政府为实施本次强制拆除行为的主体，判决确认珠晖区政府强拆行为违法并参照当地基准地价判决赔偿耀德公司财产损失1382440元。二审法院认为在案证据不能证明拆除涉案房屋的主体是珠

晖区政府，判决撤销一审判决，驳回耀德公司起诉。耀德公司不服，向最高人民法院申请再审。

（撰写人：陈得和）

5 违法强制行为涉及的土地客观上不具备恢复原状可能性，行政相对人可就此前的补偿问题另循救济
——刘某修与钦州市钦北区小董镇人民政府、钦州市钦北区人民政府行政强制执行申请再审案

- 案　　号　（2021）最高法行申 168 号
- 合议庭成员　张昊权、杨军、郭艳地
- 关 键 词　行政 / 行政强制执行 / 恢复原状
- 相关法条　《中华人民共和国国家赔偿法》第 32 条第 2 款

【裁判要旨】

在土地征收中，行政机关强制执行土地行为被确认违法，因土地已经平整并进行建设项目开发，恢复土地原状在客观上已不具备可能性。行政相对人若对此前土地补偿行为与补偿金额问题不服，可另循其他法律途径救济。

【案情摘要】

刘某修持有《农村土地承包经营权证书》的集体土地被钦北区政府征收。该土地已经土地行政主管部门出让给案外人赣联公司，土地已经平整并进行小董万象城新农商创富小镇项目的开发建设。钦北区政府在取得《用地批复》后，为推进项目组织实施完成公告、签订征地协议、补偿等一系列行政行为。钦北区政府组织小董镇政府等有关部门对该地的地上附着物进行强制填埋。刘某修提起本案行政诉讼，请求确认钦北区政府和小董镇政府组织人员强行侵犯其承包土地的行政行为违法，恢复土地原状。一审法院判决确认钦北区政府和小董镇政府对刘某修承包土地上的附着物实施强制执行行为违法，驳回刘某修要求对被强制执行的土地恢复原状的诉讼请求，二审法院维持原判决。刘某修向最高人民法院申请再审。

（撰写人：张　英）

6 原审生效裁判已经支持了当事人诉讼请求的，如果不具有继续审查的诉讼利益，人民法院通常不支持当事人的申请再审请求

——徐某贵与莆田市城厢区政府行政强制申请再审案

- **案　　号**　（2021）最高法行申 452 号
- **合议庭成员**　李绍华、何君、朱宏伟
- **关 键 词**　诉讼利益 / 超出诉讼请求 / 已经支持诉讼请求
- **相关法条**　《中华人民共和国行政诉讼法》第 91 条

【裁判要旨】

一审、二审法院已经支持了当事人诉讼请求的，则通常其不再具有继续审查的诉讼利益，获得支持的一方继续申请再审的，法院亦无从审理。申请再审期间提出新的诉讼请求的，由于缺少对方的抗辩以及庭审质证，法院亦无法进行审理和裁判，故不属于审查范围。就土地征收案件而言，由于征地批复属于最终裁决，法院不能撤销省级以上人民政府作出的征地批复，所以土地经省级人民政府批准征收后，当事人只能就补偿等问题提出主张，不能要求撤销征地批复、恢复土地原状。

【案情摘要】

2008 年 8 月，福建省人民政府作出涉案征地批复，原告徐某贵承包的土地位于征收范围内。2016 年 12 月 29 日，经实地丈量面积登记后，征迁指挥部组织相关部门的人员，将原告的土地强行清理、填埋。为此，原告诉至法院，请求确认被告组织实施填埋原告的农田行为违法。一审法院支持徐某贵的诉讼请求后，徐某贵又以未将涉案土地恢复原状为由提出上诉，二审驳回其上诉请求，徐某贵继续向最高人民法院申请再审。

（撰写人：李绍华）

7 居委会自认实施强制拆除房屋行为的责任主体如何认定

——张某与万柏林区政府行政复议纠纷申请再审案

- **案　　号**　（2021）最高法行申 1181 号
- **合议庭成员**　汪斌、龚斌、梁爽
- **关　键　词**　行政 / 行政复议 / 强制拆除
- **相关法条**　《中华人民共和国行政复议法实施条例》第 11 条

【裁判要旨】

居委会出具《情况说明》，认可其实施了拆除讼争房屋的行为，但由于其并非行政主体，不具有强制拆除他人房屋的行政职权。其实施的强制拆除房屋行为如果有证据证明系受行政机关的委托，相应的行政法律责任应由委托机关承担。否则，居委会宜承担其他法律责任。

【案情摘要】

张某系太原市万柏林区下元街道大王社区居民，其父亲张某福在该社区有宅基地一处，并在地上建有房屋。《太原市城中村改造村民建房控制责任书》记载，该处建筑有 6 层，二层以下为张某福长子张某 1，三层以上为次子张某。太原市万柏林区下元街道大王社区于 2015 年被列入太原市城中村改造名录。2019 年 1 月 28 日，张某案涉房屋被强制拆除。张某以其房屋是由太原市万柏林区下元街道办事处组织拆除且拆除行为违法为由，向万柏林区政府提起行政复议。万柏林区政府作出《行政复议决定书》，驳回张某的复议申请。张某不服，形成本诉。

（撰写人：梁　爽）

8 房屋征收补偿协议实际履行完毕后拆除房屋行为的可诉性

——史某军与山东省曹县人民政府行政强制申请再审案

- **案　　号**　（2021）最高法行申 1271 号
- **合议庭成员**　李智明、杨科雄、李纬华
- **关 键 词**　行政 / 房屋征收强制拆除之诉 / 强制拆除房屋主体认定
- **相关法条**　《中华人民共和国行政诉讼法》第 26 条第 1 款，《最高人民法院关于适用〈中华人民共和国行政诉讼法〉的解释》第 26 条第 1 款，《最高人民法院关于正确确定县级以上人民政府行政诉讼被告资格若干问题的规定》第 3 条

【裁判要旨】

被征收人就行政机关拆除或者搬迁被征收房屋行为提起行政诉讼，有证据证明已经就被征收房屋订立征收补偿协议、实际领取了补偿权益，并且已经通过签订房屋移交验收单或者将房屋钥匙交付征收实施单位等方式表明其移转占有、实际交付房屋的，人民法院可不予立案。已经立案的，裁定驳回起诉。但被征收人提供初步证据证明行政机关拆除或者搬迁行为致其被征收房屋以外其他财产、人身损失的，人民法院应当依法立案。

【案情摘要】

山东省曹县人民政府发布《关于曹县老城片区（二期）棚户区改造房屋征收的决定》，史某军的房屋在征收范围内。史某军与曹县住房和城乡建设局、曹县人民政府曹城街道办事处签订《房屋征收补偿安置协议》，约定："乙方（史某军）需在签订本协议时将被征收房屋的房屋所有权证、土地使用权证等证件交甲方统一办理注销登记，并在本协议签订之日起 5 日内腾空房屋交给甲方。乙方因故未能在 5 日内腾空房屋交给甲方的，应征得甲方书面同意，否则视为自动交房，甲方有权拆除房屋或申请人民法院强制执行，由此产生的损失由乙方全部承担。"史某军当日领取征收奖金，之后实际领取补偿款。但史某军认为补偿协议价值较低，一直未交付房屋钥匙，曹县人民政府组织人员拆除涉案房屋。史某军认为拆除房屋行为违法，提起本案诉讼。

（撰写人：李纬华、章文英）

9 强制拆除行为的适格被告
——安某忠与银川市西夏区人民政府强制拆除申请再审案

- 案　　号　（2021）最高法行申 1831 号
- 合议庭成员　何波、徐超、陈宏宇
- 关　键　词　房屋征收／强制拆除／区、县政府／镇政府
- 相关法条　《中华人民共和国行政诉讼法》第 26 条

【裁判要旨】

虽然区、县政府是一般意义上的征收主体，但如果现有证据尚不足以证明区、县政府直接实施了强拆行为，而镇政府等主体明确承认系其具体实施了被诉行为的情形下，可根据全案证据，结合责任承担能力等要件，认定镇政府等主体为适格被告。

【案情摘要】

安某忠诉称，2018 年，银川市西夏区人民政府（以下简称西夏区政府）对安某忠位于银川市西夏区兴泾镇十里铺村涝池组的房屋进行征收，后其房屋被强制拆除，遂起诉请求确认西夏区政府强拆其房屋的行为违法。但西夏区政府称因涉案被拆除房屋位于银川市西夏区兴泾镇，故涉案强制拆除行为由银川市西夏区兴泾镇人民政府（以下简称兴泾镇政府）具体牵头实施，兴泾镇政府对此亦予以认可。一、二审法院均认为，安某忠提交的证据不足以证明西夏区政府具体实施了涉案强制拆除行为，兴泾镇政府亦认可涉案强制拆除行为系由其实施，故兴泾镇政府应为本案适格被告。

（撰写人：徐　超、李　欣）

10 当事人对行政强制行为不服，应以作出该强制行为的行政机关为被告提起诉讼

——郑某煌与福建省莆田市荔城区人民政府行政强制申请再审案

- **案　　号**　（2021）最高法行申 1950 号
- **合议庭成员**　周觅、贾力、李绍华
- **关 键 词**　行政 / 行政强制 / 强制拆除
- **相关法条**　《中华人民共和国行政诉讼法》第 49 条第 3 项

【裁判要旨】

行政强制行为属于事实行为，如对行政强制行为不服，应以作出该事实行为的行政机关为被告提起诉讼。如果根据在案证据，能够证明被诉强拆行为系由镇政府组织人员实施，同时，当事人提供的证据并不足以证明区政府对诉争房屋直接实施了强制拆除行为，其对区政府的起诉缺乏事实根据。

【案情摘要】

郑某煌诉称，其所属的 4 处房屋被突如其来的大批身穿迷彩服身份不明的人，利用大型挖掘机夷为平地。报警后公安机关不予立案，理由是"因属于西天尾镇政府工作人员执行职务时的侵权行为，不属公安机关管辖范围"。郑某煌认为公安机关的理由不可信，上述拆除行为明显系行政暴力拆迁行为，镇政府没有法定主体资格。经乡亲介绍，郑某煌得知该行为系福建省莆田市荔城区人民政府和福建省莆田市荔城区西天尾镇人民政府实施，郑某煌遂提起本案诉讼。

（撰写人：周　觅）

11 乡政府自认为强拆主体的应以其为适格被告
——昝某春、昝某专与安徽省安庆市迎江区人民政府、安庆市迎江区龙狮乡人民政府房屋强制拆除申请再审案

- 案　　号　（2021）最高法行申 2337 号
- 合议庭成员　孙江、梁爽、聂振华
- 关 键 词　自认强拆主体／适格被告
- 相关法条　《中华人民共和国行政诉讼法》第 26 条第 1 款

【裁判要旨】

在起诉行政主体强制拆除行为违法的案件中，乡政府已自认其是强拆主体，原审法院也释明乡政府为适格被告，人民法院裁定驳回当事人对区政府的起诉并无不当。

【案情摘要】

2019 年 6 月 19 日，昝某春、昝某专房屋被强拆。二人诉至法院，请求确认安徽省安庆市迎江区人民政府和迎江区龙狮乡人民政府强拆昝某春、昝某专房屋的行为违法。原审法院认为，安庆市迎江区龙狮乡人民政府向一审法院出具书面情况说明，自认系其实施涉案房屋拆除行为，并且该乡人民政府有独立的行政主体资格，是本案的适格被告。一、二审法院认定安庆市迎江区龙狮乡人民政府为本案适格被告，裁定驳回当事人对迎江区人民政府的起诉。当事人不服，向最高人民法院申请再审。最高人民法院认为，本案中乡人民政府已自认其是强拆主体，原审法院也释明乡政府为适格被告，一审法院裁定驳回昝某春、昝某专对安庆市迎江区人民政府的起诉并无不当。遂裁定驳回当事人的再审申请。

（撰写人：孙　江）

12 确认房屋拆除行为违法的适格被告问题
——钟某华与湖北省荆州市荆州区古城保护发展中心、荆州市荆州区人民政府行政强制及行政赔偿申请再审案

- **案　　号**　（2021）最高法行申 2605 号
- **合议庭成员**　汪斌、聂振华、梁爽
- **关 键 词**　行政诉讼／房屋拆除行为／适格被告
- **相关法条**　《最高人民法院关于适用〈中华人民共和国行政诉讼法〉的解释》第 25 条

【裁判要旨】

市、县级人民政府确定的房屋征收部门组织实施房屋征收与补偿工作过程中作出行政行为，被征收人不服提起诉讼的，以房屋征收部门为被告。若遇机构改革，则通常由承接原房屋征收部门职能的行政主体为被告。

【案情摘要】

钟某华诉称，其在荆州市荆州区北环路的房屋被非法拆除，故请求确认荆州市荆州区古城保护发展中心（荆州区原房屋征收与补偿办公室）、荆州区人民政府强拆行为违法并要求予以赔偿。钟某华起诉时提交的《荆州区房屋征收与补偿办公室关于城北快速路项目房屋搬迁安置有关事项的通告》载明，房屋搬迁部门为荆州区房屋征收与补偿办公室，房屋搬迁实施单位为荆州区城北快速路项目部。

（撰写人：聂振华、郑　晨）

13 被征收人与强制拆除房屋行为是否具有利害关系的判定标准
——衣某春与黑龙江省七台河市桃山区人民政府强制拆除申请再审案

- **案　　号**　（2021）最高法行申 2716 号

- 合议庭成员　祝二军、阎巍、杨迪
- 关　键　词　强制拆除房屋／利害关系
- 相关法条　《国有土地上房屋征收与补偿条例》第 27 条

【裁判要旨】

对房屋强制拆除行为起诉的，起诉人需要提供初步证据证明其合法权益遭受不利影响，法院在认定其与被诉行政行为是否具有利害关系时，需要结合被征收人是否仍在房屋内居住生活、被征收人是否腾空交付房屋、房屋内是否存有物品等因素作出综合认定。

【案情摘要】

2018 年 9 月 21 日，黑龙江省七台河市桃山区人民政府办公室对衣某春房屋所在的自建区居民棚户区进行房屋安置。2019 年 2 月 19 日，桃山区棚户区改造工程办公室与衣某春签订《房屋置换安置协议书》。衣某春提供了其银行卡复印件和书写了电话号码，并签名按手印。协议约定：衣某春应在安置协议签订时向棚改办交付有关房屋、土地证件等原件，身份证户口本等相关证件手续。衣某春在搬迁腾空住房时，旧房归棚改办拆除处理，屋内设施不得损坏及自行拆卸，否则，衣某春需要按价赔偿。桃山区人民政府办公室 2019 年 6 月 27 日作出《关于衣某春依法申请公开事项的答复》，载"衣某春与桃山区棚户区改造办公室虽然已签订《房屋置换安置协议书》，但目前衣某春动迁房屋未搬家，无法完成验收手续……"2019 年 9 月 20 日该协议约定的房屋被拆除。衣某春于 2019 年 11 月 21 日起诉要求确认桃山区人民政府拆除行为违法。

（撰写人：杨　迪）

14 农村村民拒不交回多占的宅基地的，理应按照非法占用土地的处理程序处理

——瞿某金与红塔区政府、任井社区拆除房屋收回宅基地申请再审案

- 案　　　号　（2021）最高法行申 3709 号
- 合议庭成员　张昊权、杨军、郭艳地
- 关　键　词　行政／收回宅基地使用权／一户一宅／强制拆除

• 相关法条 《中华人民共和国土地管理法》第 62 条第 1 款、第 3 款，第 65 条第 1 款，第 76 条，第 77 条，第 83 条①；《中华人民共和国土地管理法实施条例》第 45 条②

【裁判要旨】

农村村（居）民拒不交回多占的宅基地的，可以按照《土地管理法》有关非法占用土地的处理程序处理，即应由县级以上人民政府责令退还非法占用的土地或者采取其他的法定程序处理。2021 年 9 月 1 日《土地管理法实施条例》修改施行前的有权机关为县级以上人民政府土地行政主管部门。

【案情摘要】

在红塔区政府组织的清理整治农村集体土地和规范管理农村集体资产资源工作过程中，任井社区以瞿某金已经在康井社区居委会十组取得宅基地建盖新房，违背"一户一宅"的规定为由，组织人员对瞿某金坐落于任井社区居民委员会三组的房屋予以强制拆除。该行为实为强制收回宅基地使用权的行为。

（撰写人：张昊权）

15 在实施行政强制执行的过程中，应遵循催告、听取陈述和申辩、作出强制执行决定、送达强制执行决定等程序要求

——同昌吉新墙体建筑材料厂与河北省怀安县政府行政强制再审案

• 案　　号　（2021）最高法行再 142 号
• 合议庭成员　蔚强、朱宏伟、仝蕾
• 关 键 词　行政强制执行/强制执行程序
• 相关法条 《中华人民共和国行政强制法》第 34 条至第 38 条、第 44 条

---

① 分别对应《中华人民共和国土地管理法》（2019 年修正）第 62 条第 1 款、第 4 款，第 66 条第 1 款，第 77 条，第 78 条，第 83 条。
② 该行政法规已于 2021 年修订，此处法条对应第 62 条。

【裁判要旨】

《行政强制法》第34条至第38条、第44条等对行政机关的强制执行程序作了明确规定。在实施行政强制执行的过程中应遵循催告、听取陈述和申辩、作出强制执行决定、送达强制执行决定等程序要求。人民法院对于当事人提起的确认拆除行为违法的诉求,应当坚持全面审查原则,对涉案实体和程序的合法性作出综合判断。

【案情摘要】

为改善环境空气质量,解决砖瓦窑燃煤低空直排、污染严重问题,河北省怀安县政府于2015年6月作出《关于关停取缔实心粘土砖瓦窑的通告》。后同昌吉新墙体建筑材料厂未进行拆除和整改,仍继续生产,怀安县政府组织对轮窑窑体打洞,制止生产,强制关闭。同昌吉新墙体建筑材料厂提起本案诉讼,请求确认怀安县政府强制拆除其厂房设备行政行为违法。

一、二审法院认为,同昌吉新墙体建筑材料厂在未取得粘土开发许可证的情况下生产含粘土成分的烧结砖,且存在污染大气的问题,还存在未办理环评、用地手续的问题,故属于通告关停取缔范围。同昌吉新墙体建筑材料厂未按照通告要求进行整改及拆除,怀安县政府对其采取打洞、强制关闭的强制措施,该行为是通告的执行行为。因通告合法,拆除其生产厂房设备并无不当。判决驳回了同昌吉新墙体建筑材料厂的诉讼请求和上诉。

同昌吉新墙体建筑材料厂称其不在怀安县政府文件所列的拆迁名单中,不属于拆迁取缔对象,县政府违法拆除其砖瓦窑的部分窑体,应一并判决赔偿,一、二审判决认定事实不清、适用法律错误。遂向最高人民法院申请再审,请求撤销一、二审判决,指令一审法院继续审理。

最高人民法院经审查认为,本案争议焦点为同昌吉新墙体建筑材料厂是否属于取缔关停的范围及一、二审判决认定怀安县政府的行政强制合法是否正确。

一是关于同昌吉新墙体建筑材料厂是否属于取缔关停的范围。根据2015年河北省、张家口市治理大气污染的政策及怀安县政府关于关停取缔不合格实心粘土砖瓦窑的通告,同昌吉新墙体建筑材料厂在未取得粘土开采许可证的情况下生产含粘土成分的烧结砖,且未按要求进行整改,故怀安县政府将其列为取缔关停的范围,并无不当。

二是关于一、二审判决认定怀安县政府的行政强制行为是否正确。《行政强制法》第34条至第38条、第44条等对行政机关的强制执行程序作了明确规定。在实施行政强制执行的过程中应遵循催告、听取陈述和申辩、作出强制执行决定、送达强制执行决定等程序要求。一、二审法院仅认为怀安县政府实施的强制打洞行为系对其《关于关停取缔实心粘土砖瓦窑的通告》的执行行为，径行认定强制打洞行为合法，而并未对强制打洞行为的实施过程、程序等进行调查认定。故一、二审判决存在认定事实不清的情形，依法应予撤销。遂依法裁定撤销一、二审行政判决，将本案发回一审法院重新审理。

（撰写人：蔚　强、蒋　蔚）

16 复议诉讼期间等属非自身原因耽误起诉期间的，不应计算在起诉期间内
——佘某鸿与深圳市宝安区土地规划监察局
行政强制拆除及行政赔偿再审案

- 案　　号　（2021）最高法行再 298 号
- 合议庭成员　黄西武、孙祥壮、陈娅
- 关 键 词　行政 / 行政强制拆除 / 行政赔偿 / 起诉期限
- 相关法条　《中华人民共和国行政诉讼法》第 48 条第 1 款

【裁判要旨】

准确适用《行政诉讼法》第 48 条第 1 款有关不属于公民、法人和其他组织自身原因扣除起诉期限的规定，须综合考虑当事人寻求救济意图和行政机关行政程序表象，科学评判是否存在怠于行使诉权情形，依法保障当事人程序与实体权益。在起诉强拆行为违法的诉讼案件中，有证据表明当事人此前已就限期拆除决定（通知）申请复议，此复议期间可以作为起诉期限法定扣除理由。起诉人就被诉行政行为向相关政府及职能部门（不包括信访部门）反映，政府及其职能部门依照法定程序受理、审查、作出相应处理的期间，一般不属于因起诉人自身原因耽误起诉的情形，应予扣除。

【案情摘要】

2017 年 3 月 27 日，深圳市宝安区土地规划监察局作出《限期拆除通知书》，通知限期拆除佘某鸿房屋。同年 4 月 26 日，在未作出强制拆除决定的情况下，宝安区土地规划监察局强制拆除了佘某鸿的房屋。次日，佘某鸿即申请行政复议，请求复

议机关撤销宝安区土地规划监察局作出的《限期拆除通知书》行为。2017年7月31日，复议机关决定撤销上述行为。2018年3月，佘某鸿以违法拆除涉案房屋为由向宝安区土地规划监察局申请赔偿。2018年5月8日，宝安区土地规划监察局以佘某鸿房屋系违法建筑、不属国家赔偿范围为由，决定不予赔偿。同年7月18日，佘某鸿提起本案诉讼，请求确认强制拆除行为违法并主张赔偿。一、二审以超过起诉期限为由，驳回佘某鸿的起诉。佘某鸿不服，向最高人民法院申请再审，最高人民法院依法提审后作出裁判。

（撰写人：崔明明）

许可批复类 ▶▶▶

1 道路机动车辆生产企业准入标准的司法审查

——湖南宏兵安防设备有限公司与工信部履行法定职责申请再审案

- **案　　号**　（2020）最高法行申12503号
- **合议庭成员**　李智明、杨科雄、李纬华
- **关　键　词**　行政/企业准入许可/车辆企业准入许可条件
- **相关法条**　《中华人民共和国行政许可法》第32条第1款，《道路机动车辆生产企业及产品准入管理办法》第5条、第6条

【裁判要旨】

行政相对人申请获得行政许可时，应当提供符合法定要求的申请材料。不符合要求的，行政机关可以告知行政相对人予以补正。行政相对人补正后仍不符合要求的，行政机关告知行政相对人再次补正而未直接作出不予许可决定的，更有利于保障行政相对人的合法权益，不属于怠于履行行政许可的法定职责。

行政相对人申请道路机动车辆生产企业准入的，工信部为贯彻落实《道路机动车辆生产企业及产品准入管理办法》制定的《道路机动车辆生产企业准入审查要求》，将审查机关的审查标准和条件公布于众，有利于申请企业有针对性地准备和提交申请材料，可以作为是否作出企业准入决定的有效依据。行政相对人主张准入审

查要求不符合准入管理办法，进而未按照准入审查要求提供申请材料，行政机关以不符合企业准入许可条件为由未作出准入许可决定的，人民法院可以支持。

【案情摘要】

湖南宏兵安防设备有限公司（以下简称湖南宏兵公司）向工信部提交道路机动车辆生产企业准入申请资料。因湖南宏兵公司申请资料不符合要求，工信部要求其进行修改补正。之后收到湖南宏兵公司的补正材料，但发现其补正申请材料中的投资项目备案文件仍然存在问题，要求其予以更正。工信部收到二次补正材料后，对湖南宏兵公司的申请依法予以受理，委托装备中心对湖南宏兵公司企业生产条件进行现场考核。装备中心出具情况说明，载明：湖南宏兵公司尚未申报消防车产品的强制性检验和定型检验，无法出具国家消防装备质量监督检验中心的强制性检验和定型检验报告。国家消防装备质量监督检验中心出具相关情况说明，载明：截至目前，湖南宏兵公司一直没有提出正式的检验申请，也未送样车到我中心检验。湖南宏兵公司以工信部拖延作出企业准入许可，混淆企业准入和产品准入的条件，未在法定期限内许可其企业准入申请为由，请求确认工信部不作为行为违法。

（撰写人：李纬华、章文英）

2 不予延续行政许可应综合考虑法律、政策变化和信赖利益保护之间的平衡

——海南鑫星光矿业有限公司与海南省自然资源和规划厅地质矿产行政许可申请再审案

- 案　　号　（2021）最高法行申 3544 号
- 合议庭成员　耿宝建、熊劲松、陈娅
- 关　键　词　行政 / 采矿权许可 / 延续许可条件
- 相关法条　《中华人民共和国行政许可法》第 50 条，《海南省矿产资源管理条例》第 46 条、第 32 条第 2 款

【裁判要旨】

采矿权延续许可的申请和审批均应严格遵守法定程序，行政主管部门具有独立判断权，不能借征求意见环节拖延甚至搁置审批流程。受首次许可行为的约束，应

综合考虑法律变化、政策调整、技术改进和资源利用等多重管理因素，审慎行使审查职权；如决定不予延续，必须有充分的事实和法律依据，并对逾期审批可能造成的后果、是否存在信赖保护利益以及企业后续发展等问题予以充分关注，将可能造成的不利影响控制在最小限度内。

【案情摘要】

海南鑫星光矿业有限公司申请东方市北牛抱板金矿采矿权延续，海南省自然资源和规划厅承诺在40个工作日内办结，并向相关部门征求意见。东方市人民政府函复称涉案金矿项目已不符合海南省产业政策，不同意办理延续登记。海南省自然资源和规划厅召开听证会，作出《关于贯彻落实矿产资源开发规模化集约化绿色发展要求进一步规范采矿权延续审批工作的通知》，并依据该通知和新修订的《海南省矿产资源管理条例》，以涉案采矿权有效期届满申请延续时保有资源储量规模为小型，且东方市政府不同意为由，作出采矿权不予延续的行政许可决定。海南鑫星光矿业有限公司不服，提起本案诉讼。

（撰写人：陈　娅）

3　采矿权与土地使用权关系的认定
——丰群国际有限公司与广东省惠州市自然资源局、
广东省自然资源厅采矿许可及行政复议申请再审案

- **案　　号**　（2021）最高法行申2177号
- **合议庭成员**　田心则、宋楚潇、寇秉辉
- **关　键　词**　行政/行政许可/采矿权/土地使用权
- **相关法条**　《中华人民共和国矿产资源法》第3条，《中华人民共和国矿产资源法实施细则》第5条、第30条

【裁判要旨】

矿产资源属于国家所有，不因其所依附的土地所有权或者使用权的不同而改变。行政机关作出的采矿权行政许可行为，并不涉及采矿权行政许可范围内的土地所有权和使用权问题，即行政主管部门核发采矿许可证不需要以采矿权申请人是否享有土地使用权、矿产所在土地的性质作为审批依据。采矿权申请人在获得采矿许可证

之后，可根据生产建设的实际需要依法取得土地使用权。

【案情摘要】

2016年4月13日，广东省惠州市原国土资源局向深圳市景田食品饮料有限公司核发案涉《采矿许可证》。丰群国际有限公司称其于2018年12月26日在香港丰裕公司与博罗县横河镇人民政府合同纠纷案中，由深圳市景田食品饮料有限公司提交的证据材料始知道案涉《采矿许可证》。丰群国际有限公司不服案涉《采矿许可证》，于2019年1月21日向广东省自然资源厅申请行政复议，请求撤销，后又不服行政复议决定，向法院提起诉讼。一审法院裁定驳回起诉，二审法院裁定驳回上诉，维持原裁定。

（撰写人：田心则）

4 依照相关法律规定对符合法定受理条件的重大事故调查报告批复行为的合法性进行审查
——朝阳光达化工有限公司与山东省人民政府行政批复申请再审案

- 案　　号　（2021）最高法行申6512号
- 合议庭成员　郭修江、蔚强、仝蕾
- 关 键 词　重大事故 / 调查处理 / 程序
- 相关法条　《生产安全事故报告和调查处理条例》第3条第1款第2项、第19条第2款、第22条第2款、第25条、第27条、第29条、第30条、第32条第2款

【裁判要旨】

人民法院对符合法定受理条件的重大事故调查报告批复行为，应当按照《生产安全事故报告和调查处理条例》相关规定，对重大事故调查报告批复行为的合法性进行审查。根据该条例第30条第4项、第5项规定，事故调查报告的内容应当包括事故发生的原因和事故责任的认定等内容。事故调查报告的批复主体在对调查报告内容进行审查时，分析事故原因、确定事故责任，不可避免地要对涉事主体相关生产、经营、销售行为是否合法进行审查、评价。这种审查、评价，是批复主体行使法定批复职权不可或缺的权力，不存在超越职权的问题。

【案情摘要】

2019年4月15日15时10分左右，位于山东省济南市历城区董家镇的济南齐鲁天和惠世制药有限公司（以下简称天和公司）四车间地下室，在冷媒系统管道改造过程中，发生重大着火中毒事故，造成10人死亡12人受伤。同日，山东省人民政府安委会办公室作出《关于成立省政府天和公司"4.15"重大事故调查组（以下简称事故调查组）的请示》，分管副省长批示同意。2019年4月23日公布了事故调查组成员名单，涉案事故调查组由第三人山东省应急管理厅（以下简称省应急厅）牵头，由省总工会、省公安厅、省工业和信息化厅、省住房和城乡建设厅、山东省济南市人民政府共同组成，同时邀请辽宁省应急管理厅派员参加，事故调查组下设技术组、管理组、综合组。2019年5月13日，事故调查组委托山东省基本化工产品质量监督检验站对LMZ冷媒增效剂作技术鉴定，5月15日出具检验报告，检验报告显示LMZ冷媒增效剂亚硝酸钠的含量为89.1%；5月16日，事故调查组委托国家民用爆破器材质量监督检验中心、南京理工大学化学材料测试中心对LMZ冷媒增效剂作技术鉴定，6月12日出具检验报告，结论为：该样品为危险化学品，在封闭条件下加热显示剧烈效应，应划入第1类爆炸品。2019年7月24日，事故调查组向国务院安委会办公室提交《关于审核天和公司"4.15"重大着火中毒事故调查报告的请示》（鲁安发〔2019〕26号），国务院安委会办公室8月17日作出《国务院安委会办公室关于天和公司"4.15"重大着火中毒事故调查报告审核意见的复函》（安委办函〔2019〕46号），原则上同意了事故调查组的意见。8月27日，事故调查组组织召开全体成员会议，讨论审议并原则通过了《天和公司"4.15"重大着火中毒事故调查报告》（以下简称事故调查报告），形成会议纪要，省纪委、省监委安排人员出席会议，调查组人员均签字。事故调查报告认定事故发生的直接原因是："天和公司四车间地下室管道改造作业过程中，违规进行动火作业，电焊或切割产生的焊渣或火花引燃现场堆放的冷媒增效剂（主要成分为氧化剂亚硝酸钠，有机物苯并三氮唑、苯甲酸钠），瞬间产生爆燃，放出大量氮氧化物等有毒气体，造成现场施工和监护人员中毒窒息死亡……经检测检验，LMZ冷媒增效剂成分为：亚硝酸钠89.1%、苯甲酸钠2.5%、苯并三氮唑6.3%、水分1.7%，为危险化学品，在封闭条件下加热显示剧烈反应，应划入第1类爆炸品。经测算，事故现场存放48袋冷媒增效剂，25千克/袋，共计1200千克，仅计算亚硝酸钠反应和分解，可放出氮氧化物713千克（折合二氧化氮），地下室内二氧化氮平均浓度可达371毫克/平方米，远高于其直接致害浓度96毫克/平方米，短时间接触容许浓度10毫克/平方米，这是导致10名人员死亡、12名人员呛伤的原因。间接原因是：（1）天和公司未深刻吸取以前事故教训,未落实安全生产主体责任……朝阳光达化工有限公司(以下简称光达公司)非法生产、销售危险化学品。事故现场发生爆炸的冷媒增效剂系光达公司生产销售,且光达公司未办理危险化学品安全生产许可手续非法生产危险化学品,未将LMZ冷媒增效剂作为危化品进行管理,是事故发生的责任单位。"2019年9月3日,山东省政府召开第46次常务会议审议通过事故调查报告,9月5日作出鲁政字〔2019〕162号《关于天和公司"4.15"重大着火中毒事故调查报告的批复》(以下简称162号批复),其主要内容为:天和公司"4.15"重大着火中毒事故调查组提交的调查报告已经国务院安委会办公室审核同意,并经省政府第46次常务会审议通过,现批复如下:"一、事故调查组的组成和工作程序符合《生产安全事故报告和调查处理条例》和《山东省生产安全事故报告和调查处理办法》等有关规定。二、同意事故调查组对事故的原因分析和责任认定。三、同意事故调查组对有关责任人的处理建议。四、同意事故调查组对事故相关责任单位及其责任人的行政处罚建议……七、同意事故调查组提出的事故防范和整改措施……"光达公司不服,提起本案诉讼,请求撤销162号批复中关于光达公司的事实认定、法律适用和处理建议等相关内容。

(撰写人:郭修江、谭 红)

5 国有土地使用证登记错误但不适宜撤销的,不动产登记机构可予更正登记

——谭某兴与广东省湛江市人民政府颁发国有土地使用证再审案

- **案　　号**　(2021)最高法行再131号
- **合议庭成员**　杨志华、宋楚潇、刘艾涛
- **关 键 词**　行政/颁发国有土地使用证/更正登记
- **相关法条**　《不动产登记暂行条例实施细则》第79条、第80条、第81条

【裁判要旨】

国有土地使用证登记确有错误,但撤销会对众多业主已取得的相关不动产登记产生影响的,本着行政诉讼实质化解行政争议的立法目的,由不动产登记机构或者其他实际履行该职责的职能部门予以更正登记,纠正登记错误事项,从而以最小成本最大限度地降低因纠正违法行政行为所造成的社会不良影响。

【案情摘要】

华兴公司登记的土地位于谭某兴的房屋所在位置西南角。华兴公司 2004 年取得被诉的 91 号国有土地使用证，后用于建设兴华广场项目。91 号证系由原始登记在东园合作社名下的 99 号证和之后变更登记在黎某连、谭某平名下的 58 号证再次变更登记而来。另案生效判决已确认原始登记发证行为即湛江市政府核发给东园合作社的 99 号证违法，认定该证所登记的土地面积、四至范围、宗地图与东园合作社申请登记时提交的原始权属来源材料均不一致，登记错误。现谭某兴诉请撤销湛江市政府颁发给华兴公司的 91 号国有土地使用证。

（撰写人：张巧云）

征收补偿类 ▶▶▶

1 对合法有效的规范性文件确定的村民资格标准，人民法院应当予以尊重

——尹某帅、张某、尹某莘与德州经济技术开发区管理委员会、德州经济技术开发区袁桥镇人民政府、德州经济技术开发区袁桥镇尹庄村村民委员会、山东簸箕刘集团有限公司拆迁安置补偿行政复议申请再审案

- 案　　号　（2020）最高法行申 1241 号
- 合议庭成员　郭修江、蔚强、朱宏伟
- 关 键 词　合法有效 / 规范性文件 / 村民资格标准
- 相关法条　《中华人民共和国行政诉讼法》第 63 条第 1 款、第 3 款

【裁判要旨】

对于村庄改造和房屋拆迁安置补偿缺乏上位法的统一、明确规定时，地方政府和职能部门结合地方的具体实际情况，依法制定规章或规章以下的规范性文件，人民法院经审查认为合法、有效且合理、适当的，应当承认其效力，并作为判断被诉拆迁安置补偿行为是否合法的根据。

【案情摘要】

尹某帅原籍为袁桥乡西尹庄村，2004年10月考入济南大学读书，将户口迁至学校。2007年大学毕业，尹某帅将户口迁至袁桥乡袁桥街621号（集体户）。2011年10月26日，尹某帅将户口迁回原籍袁桥乡西尹庄村，与父母尹某金、张某芬登记于一个户口簿上。2012年1月11日，尹某帅与张某登记结婚。同年3月14日，张某将户口迁至尹某帅处。2014年12月1日，尹某帅与张某之女尹某莳出生，亦落户登记于该户口簿。尹某帅系山东金悦进出口有限公司员工，自2011年2月起，缴纳工伤保险，2016年7月开始缴纳养老、失业、生育、医疗保险。

2007年3月17日，山东省德州经济技术开发区管理委员会（以下简称德州管委会）办公室作出德经开发（2007）9号批复（以下简称9号批复），同意规划建设局呈报的《德州经济开发区村庄改造房屋拆迁补偿安置实施办法》（以下简称9号安置办法）。9号安置办法第6条规定："以户为单位户口在本村的常住村民（常住村民指本村集体经济组织成员），本人有合法住宅，每人按40平方米予以房屋安置。"第10条规定："原户口在本村但已经迁出，在本村确有合法住宅的，视同本村村民（居民）给予补偿安置，其家庭成员在二口以下（含二口人）的每户给予80平方米安置，三口人以上（含三口人）的每户给予120平方米安置。"第15条规定："符合本办法第六、七、八、九条规定的村民，以户为单位，两代以上（含两代）家庭成员共同生活，在应安置面积总和之外每户照顾40平方米。"2016年8月，袁桥镇西尹庄村开始进行村庄改造。2016年12月22日，山东省德州经济技术开发区袁桥镇人民政府（以下简称袁桥镇政府）向德州管委会提交德经开袁政发（2016）88号《关于牟庄、大王等村全家非农业搬迁安置有关问题的请示》（以下简称88号请示），其中第2条规定："原籍在本村后迁出转为非农业人口或原农转非后又转回本村的，在本村有合法住宅。本人及子女等家庭成员合并计算，在两口人以下（含两口人），在三口人以上（含三口人）的每户给予120平方米安置。"2017年1月23日，德州管委会作出德经开发（2017）10号《关于对袁桥镇牟庄、大王等村全家非农业搬迁安置有关问题的批复》（以下简称10号批复），同意88号请示作为9号批复的补充，在全区城市规划范围内执行。

2016年8月11日，尹某帅的父母尹某金、张某芬与袁桥镇政府、山东省德州经济技术开发区袁桥镇尹庄村村民委员会、山东簸箕刘集团有限公司签订房屋拆迁补偿安置协议和旧房残值处理协议，获得一套84.69平方米的安置楼房。同时，袁桥镇政府同意按照9号安置办法第10条规定，给尹某帅、张某、尹某莳（以下简称尹某帅等3人）120平方米的安置房屋（以下简称补偿安置行为）。尹某帅等3人认为，其3人属于本村村民，应当适用9号安置办法第6条和第15条规定，在120平方米基础上再照顾40平方米，总计应当安置160平方米的房屋，遂于2017年5月12日，申请行政复议。2017年8月14日，德州管委会作出德经复决字（2017）16号行政复议决定（以下简称16号复议决定），认为9号安置办法第6条规定的适用条件是本村常住村民，即本村集体经济组织成员，根据《山东省实施〈中华人民共和国农村土地承包法〉办法》第6条规定，尹某帅的户口迁出本村后不被认为是本村村民，其妻子张某也不符合成为本村村民的条件，请求照顾40平方米不符合政策要求。补偿安置行为事实清楚、证据确凿，适用法律、法规正确，符合法定程序，依照《行政复议法》第28条规定，决定维持袁桥镇政府作出的补偿安置行为。2017年8月30日，尹某帅等3人提起本案行政诉讼，请求撤销16号复议决定，责令其重新作出决定。

（撰写人：郭修江）

2 征收、占用未经审批办理占地、规划手续的土地，对地上建筑物、附着物如何补偿的问题
——翁某华与管城区政府行政补偿申请再审案

- **案　　号**　（2020）最高法行申2334号
- **合议庭成员**　孙江、聂振华、袁晓磊
- **关 键 词**　行政 / 行政补偿 / 违法建筑补偿
- **相关法条**　《最高人民法院关于适用〈中华人民共和国行政诉讼法〉的解释》第116条第1款、第118条第2款

【裁判要旨】

对于未经审批办理占地、规划手续的地上建筑物、附着物，涉及征收占用土地、拆违等情形时，应当综合考虑地上建筑物、附着物形成的历史背景、持续存在时间和原因等因素，公平合理确定补偿标准，不宜一概按照违法建筑处理。

【案情摘要】

翁某华投资建设河南中正机电城，未经相关部门审批办理占地、建设规划手续，但已缴纳耕地占用税，商户亦入驻经营。管城区政府为实施铁路沿线绿化和环境综

合整治而拆除河南中正机电城前,并没有相关部门认定该机电城为违法建筑,翁某华积极配合进行商户清退工作,认为应当按照《郑州市人民政府关于调整国家建设征收集体土地青苗费和地上附属物补偿标准的通知》(郑政文〔2014〕142号)进行补偿。南曹乡重点工程指挥部制作了《管城回族区建设征用地附着物清点登记表》,向管城区工程指挥部提交《关于小湖村方庄"河南中正机电城"地上建筑物拆迁补偿有关问题的请示》,建议"参照郑政文〔2009〕127号文件补偿标准,对砖混及以上结构房屋按照500元/平方米的标准进行补偿"。管城区政府认为河南中正机电城项目因未取得合法的用地许可手续和规划许可手续,所建房屋属于违法建筑,所以不能按照合法建筑进行补偿,只同意按照拆除违法建筑的补偿标准支付拆工费。双方就补偿问题未能达成一致,翁某华提起本案诉讼。

(撰写人:袁晓磊)

3 未依法定程序处置土地使用权,可能承担国家赔偿责任
——江西省南昌市自然资源局与罗某湘等行政赔偿申请再审案

- **案　　号**　(2020)最高法行申3978号
- **合议庭成员**　何君、朱宏伟、李绍华
- **关 键 词**　行政征收/行政赔偿
- **相关法条**　《中华人民共和国国家赔偿法》第4条

【裁判要旨】

在行政相对人对诉争土地拥有合法使用权的情况下,行政机关在未依法定程序征收土地、收回土地使用权并予以补偿的情况下,直接将诉争土地使用权进行出让并为第三人办理土地登记,侵害了行政相对人的合法权益,构成违法行政,依法应当予以赔偿。

【案情摘要】

1993年12月,江西省决策委、江西河道湖泊管理局、南昌市建委、交通局等四家共同签订了《联合整治开发南昌市赣江江边站河段所得土地使用权的分配比例协议书》,协议明确所开发的土地使用权分配比例分别为33%、30%、20%、17%。1994年1月,该工程获江西省水利厅审查同意,4月获省计委立项批复。同年5月,

四家单位为加强对工程项目的组织协调，联合成立赣江南昌市江边站港区整治工程领导小组，并决定成立开发办。开发办采取边预售转让土地、边办理工程相关审批手续的方式，进行该工程的实际运作。从1994年1月工程启动至同年12月，填沙造地工程已完成总量的80%。至1997年，前开发办通过预售或销售转让土地使用权取得收入等形式（预售土地平均每亩18.45万元，转让土地平均每亩30万元），共转让土地给24家单位，面积约267亩，收入共计6374.37万元人民币。

2010年1月，罗某湘、罗某山以开发办名义向南昌市国土资源局提交报告，请求为涉案64.81亩土地办理土地使用权证。因南昌市国土资源局未能为后开发办办证，后开发办向南昌市人民政府申请行政复议，在该复议程序中，南昌市国土资源局答辩称其并非不为后开发办办证，而是要求后开发办补齐办理土地证所需要的材料。为确定宗地界址及坐标，后开发办于2011年3月3日委托南昌市土地测绘工程公司进行了测绘，确定了宗地的四至及坐标。后南昌市国土资源局于2011年4月19日向后开发办等方发出《约定指界通知书》，通知其在2011年4月26日下午3点到现场勘定划界。后各方勘界完成后，南昌市国土资源局在继续办理土地证过程中查询电脑档案时发现，涉案土地中的40.6亩已于2010年4月27日被第三人江西省博泰房地产开发有限公司以18797.8万元（单价463万元/亩）竞得，27.231亩土地于2010年12月31日被第三人南昌水利投资发展有限公司以16338.6万元（单价600万元/亩）竞得，剩余土地已由市政修建了市政道路和绿化带。

（撰写人：何　君）

4 集体土地被依法征收后发布的征地补偿安置公告是否可诉

——吴某仙、杨某慧与云南省昆明市五华区人民政府拆迁补偿安置公告申请再审案

- **案　　号**　（2020）最高法行申9429号
- **合议庭成员**　乐敏、张昊权、杨军
- **关 键 词**　行政 / 集体土地征收 / 补偿安置标准 / 公告
- **相关法条**　《中华人民共和国土地管理法实施条例》第25条第3款[①]，《最高人

[①] 该行政法规已于2021年修订，本条已被删除。

民法院关于审理涉及农村集体土地行政案件若干问题的规定》第 10 条

【裁判要旨】

在 2020 年 1 月 1 日修改后的土地管理法施行之前,集体土地经依法批准征收后,区、县人民政府发布的征收集体土地及补偿安置方案公告中,有关征收集体土地的内容仅系对相应征地批文内容的告知,对当事人权利义务不产生实际影响,该部分内容不可诉;有关对补偿安置标准的异议,可通过提起行政裁决或行政复议的方式寻求救济,对该部分内容亦不可直接提起行政诉讼。

【案情摘要】

吴某仙、杨某慧租赁案涉地块上的停车场进行经营,案涉地块于 2009 年 11 月 12 日取得了征地批复。2017 年 11 月 28 日,云南省昆明市五华区政府作出《关于五华 18 号路、云冶铁路防洪边沟建设暨龙院、上峰村(四期)城中村改造项目集体土地上房屋拆迁补偿安置公告》,内容包括拆迁改造范围、房屋拆迁实施单位、搬迁期限、限制行为、房屋拆迁补偿安置标准等。吴某仙、杨某慧不服该公告,遂诉请撤销该公告。

(撰写人:乐 敏)

5 对已经批准征收土地是否有权要求政府换发新的土地承包经营权证

——林某明与福建省建瓯市政府不履行颁发土地承包经营权证申请再审案

- 案　　号　(2020)最高法行申 11605 号
- 合议庭成员　李成玉、蔚强、王岩
- 关 键 词　行政/要求颁发土地承包经营权证之诉/土地已经批准征收
- 相关法条　《中华人民共和国行政诉讼法》第 91 条,《最高人民法院关于适用〈中华人民共和国行政诉讼法〉的解释》第 116 条第 2 款

【裁判要旨】

在当事人提出的要求行政机关履行法定职责之诉中,应当满足以下条件:当事人所申请的事项具有实体法上的请求权基础,行政机关具备相应的法定职责,申请

行政机关所作的行为是一个具体、特定的行政行为，可能侵害的是属于其本人的主观权利。当其所承包的农村集体土地已经政府批准征收，则农村土地承包经营权证属于依法应收回的情形，在此情形下，诉请政府为其换发新的土地承包经营权证，缺乏事实根据，不符合法定的起诉条件。

【案情摘要】

林某明持有福建省建瓯市政府颁发的《农村集体土地承包经营权证》，其承包地已经福建省人民政府批准征收。但其认为政府征用其承包土地的行为违法，且其并未领到征地补偿款。为此，林某明以其持有的《农村集体土地承包经营权证》合法有效为由，要求建瓯市政府为其承包的农村集体土地确权、登记并办理《农村土地承包经营权证》。建瓯市政府拒绝为其确权、登记和颁证。对此，林某明诉至法院，请求判令建瓯市政府向其颁发土地承包经营权证，一审、二审均被驳回起诉后提起本案再审申请。

（撰写人：史锋华）

6 对因征收房屋造成停产停业损失的补偿可以根据房屋被征收前的效益、停产停业期限等因素确定
——翁某弟与鹿城区政府房屋征收补偿申请再审案

- 案　　号　（2020）最高法行申13079号
- 合议庭成员　蔚强、汪鸿滨、王岩
- 关　键　词　征收房屋/停产停业损失/征收补偿标准
- 相关法条　《国有土地上房屋征收与补偿条例》第23条

【裁判要旨】

根据《国有土地上房屋征收与补偿条例》第23条规定，对因征收房屋造成停产停业损失的补偿，根据房屋被征收前的效益、停产停业期限等因素确定。征收非住宅房屋，补偿停产停业损失的前提是有征收造成停产停业损失的事实，并非只要属于非住宅房屋，就必然给予停产停业损失补偿。当事人应提交停产停业损失的相关证据。

最高人民法院裁判要旨精选

【案情摘要】

2018年7月20日，鹿城区政府作出被诉补偿决定，主要内容为：房屋规划用途为非居住，合法产权面积14.89平方米，经评估补偿价值为181377元，亦可选择产权调换方式予以补偿等。后翁某弟对补偿决定未包括停产停业损失等有异议，提起本案诉讼。一审法院判决驳回其诉讼请求；二审法院以证据不足为由对翁某弟所主张的停产停业损失补偿未予支持，但因补偿决定的其他项目存在认定事实不清、适用法律有误为由，判决撤销了一审判决及被诉补偿决定，并责令政府方重作补偿决定。翁某弟向最高人民法院申请再审，仍继续主张停产停业的损失补偿。最高人民法院经审查，因当事人未能提供案涉房屋在征收前有工商登记及相关经营项目、效益等有效证据，依法裁定驳回了再审申请。

（撰写人：蔚 强）

7 房屋征收补偿决定中用于置换的房屋不明确的或作出时间过于滞后以致明显不公正的，可判决予以撤销

——河北天唯实业有限公司与邢台市桥东区政府、邢台市政府房屋征收补偿及行政复议申请再审案

- 案　　号　（2020）最高法行申14233号
- 合议庭成员　于泓、朱宏伟、仝蕾
- 关　键　词　房屋征收/补偿决定/产权置换/评估时点
- 相关法条　《国有土地上房屋征收与补偿条例》第21条第1款、第2款

【裁判要旨】

根据《国有土地上房屋征收与补偿条例》的规定，房屋被征收人有权选择补偿方式，市、县级政府作出的《房屋征收补偿决定》中用于产权置换的安置房屋应当是明确和具体的。《房屋征收补偿决定》中未明确用于产权调换的房屋的位置、面积、价格等基本要素，仅表述"选择产权调换的，按照征收补偿方案进行转换"，而根据征收补偿方案亦无法明确产权调换房屋具体的位置、面积、价值等，故补偿决定内容不合法。市、县级政府以发布征收决定公告的日期作为被征收房屋价值的评估时点，但作出补偿决定明显滞后，其间当地房地产价格明显上涨，故补偿决定显

失公正。人民法院据此判决撤销该补偿决定正确。

【案情摘要】

邢台市桥东区政府于2017年9月22日对征收天唯公司的非住宅类房产作出《房屋征收补偿决定》。天唯公司提起行政复议继而提起本案之诉，诉讼请求：撤销被诉《房屋征收补偿决定》；撤销邢台市政府的行政复议决定；判决邢台市桥东区政府作出赔偿原告各项损失暂计2500万元的决定。一审法院判决驳回天唯公司的全部诉讼请求。二审法院认为：被诉《房屋征收补偿决定》中产权置换实际未提供具体的置换意见，违反了《国有土地上房屋征收与补偿条例》的相关规定；货币补偿数额明显低于作出《房屋征收补偿决定》时的市场价值，显失公正。遂判决：撤销一审判决，撤销邢台市政府行政复议决定，撤销邢台市桥东区政府的《房屋征收补偿决定》，由邢台市桥东区政府依法重新作出行政行为。邢台市桥东区政府对二审判决申请再审，最高人民法院裁定驳回其再审申请。

（撰写人：朱宏伟、袁岸乔）

8 对国有土地上房屋征收决定是否判决撤销如何把握
——周某南、周某渝与重庆市沙坪坝区人民政府房屋征收决定申请再审案

- 案　　号　（2020）最高法行申14557号
- 合议庭成员　杨军、张昊权、乐敏
- 关 键 词　行政／征收决定／确认违法
- 相关法条　《中华人民共和国行政诉讼法》第74条第1款第1项，《最高人民法院关于适用〈中华人民共和国行政诉讼法〉的解释》第116条第2款

【裁判要旨】

行政行为依法应当撤销，但撤销会给国家利益、社会公共利益造成重大损害的，人民法院可不撤销行政行为，应当依法判决确认违法。当事人对于因违法行政行为所遭受的损失，可以通过合法渠道另行主张行政赔偿。

【案情摘要】

周某南、周某渝等人因不服沙坪坝区政府于2019年4月2日作出的沙府发

〔2019〕8号《重庆市沙坪坝区人民政府关于磁器口金碧正街项目的征收决定》，分别提起诉讼，诉请撤销该征收决定。经审查，被诉征收决定不符合《国有土地上房屋征收与补偿条例》的相关规定。但在最高人民法院审查过程中，沙坪坝区政府积极完善相关程序，现重庆市规划和自然资源局报送的关于审批案涉地块控制性详细规划修改方案的请示已获重庆市人民政府批准，可视为对被诉行政行为进行的补正。案涉地块上的建筑现已全部拆迁完毕。

（撰写人：杨 军）

9 行政机关作出行政行为应当遵循正当程序原则
——林某月等5人与厦门市政府征收行政裁决申请再审案

- 案　　号　（2020）最高法行申15237号
- 合议庭成员　朱宏伟、何君、李绍华
- 关　键　词　征收房屋／裁决／正当程序
- 相关法条　《国务院全面推进依法行政实施纲要》第5条

【裁判要旨】

行政机关作出行政行为应当遵循正当程序。市政府如果在行使法定裁决权的过程中，又将裁决工作交由区政府负责实施，区征收办既作为裁决的申请方，又具体参与实施了裁决审理工作，则裁决过程明显不符合正当程序。

【案情摘要】

厦门市集美区政府与本案5名再审申请人就房屋征收补偿安置事宜未达成协议。2017年7月25日，集美区征收办（其行为责任的承担者为集美区政府）作为申请人向厦门市政府提出裁决申请。厦门市政府于2017年9月5日作出被诉裁决书。5名再审申请人向福建省政府申请行政复议，福建省政府作出复议决定维持了《裁决书》。5名再审申请人遂提起本案之诉，请求判决撤销被诉裁决书及福建省政府行政复议决定书。一审法院认为，虽被诉裁决书上加盖的是厦门市政府的公章，但厦门市政府直接将裁决工作交由与征收补偿安置工作有利害关系的集美区政府负责实施，有悖居中裁决的公正性，违反了正当程序原则。且本案裁决申请人集美区征收办的工作人员彭某某既作为裁决申请人的委托代理人参加裁决程序中的质证审理，又作为厦门市政府的委托代理人向厦门市集美区公证处申请对裁决质证、审理会全过程进行保全证据公证，亦明显有违正当程序原则。据此，判决撤销被诉《裁决书》及福建省政府的行政复议决定。

　　厦门市政府提出上诉。福建省高级人民法院二审认为，厦门市政府依照2017年5月生效的《裁决规程》第4条的规定，由集美区政府及其工作人员负责具体实施裁决工作，均是在法定职责范围内，体现分工配合，各司其职，各负其责，并无不当。集美区政府及其工作人员负责实施裁决工作，主要是负责实施推进裁决进程的具体工作，其并非作出裁决的主体，并无最终裁决的权力，不对裁决结果负责，作出裁决的主体仍是厦门市政府，厦门市政府对裁决结果负责，集美区政府与裁决结果并无利害关系。集美区政府负责实施裁决工作，正是为了保证裁决程序的各参与主体平等参加裁决过程，裁决程序公开、公正，并未损害相关参与主体的程序权利，符合正当程序原则。此外，在案涉裁决过程中，为证明裁决质证、审理会的真实性，由裁决的申请人集美区征收办的工作人员委托相关公证机关进行公证的行为，其目的正当，并未损害被征收人的权益，且有利于保证裁决程序公正进行，并未违背正当程序原则。一审认定厦门市政府作出被诉裁决书违背正当程序原则，属认定事实不清，适用法律错误。据此，判决：撤销一审判决，驳回林某月等5人的诉讼请求。林某月等5人申请再审，最高人民法院裁定指令福建省高级人民法院再审本案。

（撰写人：朱宏伟）

10 农村集体土地征收中如何确定补偿对象
——龚某珍、马某华与务川仡佬族苗族自治县
人民政府行政赔偿申请再审案

- 案　　　号　（2021）最高法行赔申846号
- 合议庭成员　杨军、张昊权、郭艳地
- 关　键　词　行政／征收补偿标准／补偿对象
- 相关法条　《中华人民共和国行政诉讼法》第25条，《中华人民共和国土地管理法》第47条①

---

①　对应《中华人民共和国土地管理法》（2019年修正）第48条。

【裁判要旨】

生效判决已经确认拆除不动产行为违法，有合法利益的权利人有主张行政赔偿的权利。尽管相关权利人所占具体份额可以另案解决，但权利人范围能够在本诉中明确的应当尽早明确。

【案情摘要】

务川仡佬族苗族自治县人民政府因实施项目开发需要，于2014年3月27日作出务政房征（2014）4号《关于白金瀚宫开发项目房屋征收的决定》。再审申请人主张位于该自治县地名为"马道子"的汽车修理厂（原茂华砖厂）在上述项目征收范围内，属于因农村集体土地征收及该土地上附属设施征收拆除所引起的纠纷。无论是根据2004年修订的《土地管理法》及其实施条例，抑或是参照《国有土地上房屋征收与补偿条例》的规定，行政机关均应当对相关权属进行调查登记，明确被征收房屋的权属进而明确征收补赔偿的相对人，并按照相应标准给予补偿。本案裁定指令再审。

（撰写人：杨 军、王琪璟）

11 农村集体土地征收补偿参照执行国有土地上房屋征收补偿标准的认定和处理
——龚某珍、马某华与务川仡佬族苗族自治县人民政府行政赔偿申请再审案

- 案　　号　（2021）最高法行赔申846号[①]
- 合议庭成员　杨军、张昊权、郭艳地
- 关 键 词　行政/征收补偿标准/参照执行
- 相关法条　《中华人民共和国土地管理法》第47条[②]，《最高人民法院关于审理涉及农村集体土地行政案件若干问题的规定》第12条第2款

---

① 与本案相关的裁判要旨还包括"农村集体土地征收中如何确定补偿对象"。
② 对应《中华人民共和国土地管理法》（2019年修正）第48条。

【裁判要旨】

生效判决已经确认拆除不动产行为违法，有合法利益的权利人有主张行政赔偿的权利。司法解释明确了征地时未就不动产进行安置，补偿安置时房屋所在地已纳入城市规划区，土地权利人请求参照执行国有土地上房屋征收补偿标准的，人民法院一般应予支持，但应扣除已取得土地补偿费。

如果有权机关对赔偿金额的认定既不符合集体土地征收补偿要求，也不符合国有土地上房屋征收补偿要求，则可能存在认定基本事实不清的问题。

【案情摘要】

务川仡佬族苗族自治县人民政府因实施项目开发需要，于2014年3月27日作出务政房征（2014）4号《关于白金瀚宫开发项目房屋征收的决定》。再审申请人主张位于该自治县地名为"马道子"的汽车修理厂（原茂华砖厂）在上述项目征收范围内，属于因农村集体土地征收及该土地上附属设施征收拆除所引起的纠纷。无论是根据2004年修订的《土地管理法》及其实施条例，抑或是参照《国有土地上房屋征收与补偿条例》的规定，行政机关均应当对相关权属进行调查登记，明确被征收房屋的权属进而明确征收补赔偿的相对人，并按照相应标准给予补偿。本案裁定指令再审。

（撰写人：杨　军、王琪璟）

12 对国有土地上房屋被征收后的价值补偿应当包含相应土地使用权的价值

——朱某章与江北区政府房屋征收补偿申请再审案

- **案　　号**　（2021）最高法行申204号
- **合议庭成员**　张昊权、杨军、郭艳地
- **关 键 词**　行政 / 征收补偿 / 国有土地上房屋 / 土地使用权价值 / 重复起诉
- **相关法条**　《最高人民法院关于适用〈中华人民共和国行政诉讼法〉的解释》第106条

【裁判要旨】

对国有土地上房屋被征收后的价值补偿应当包含相应土地使用权的价值。被征收人对人民政府作出的补偿决定不服,向人民法院提起行政诉讼,在该案审理过程中,被征收人又起诉要求政府对其国有土地使用权予以补偿,在存在后诉主张的补偿权益已被前诉所包含的情形下,后诉通常可视为对征收补偿争议事项的重复起诉。

【案情摘要】

江北区政府已向朱某章作出《房屋征收补偿决定书》,朱某章已就该《房屋征收补偿决定书》向人民法院提起行政诉讼,在该案审理过程中,朱某章又提起本案诉讼,要求江北区政府对其主张的国有土地使用权予以补偿。

（撰写人：张昊权）

13 在作出房屋征收决定的条件尚不完备,房屋尚未拆除时,对被征收人提出的确认未作出房屋征收决定行为违法的主张不予支持

——阎某岭与卫东区政府不履行房屋征收法定职责申请再审案

- 案　　号　（2021）最高法行申 259 号
- 合议庭成员　马鸿达、袁晓磊、李小梅
- 关 键 词　行政／不履行房屋征收法定职责／作出房屋征收决定的条件
- 相关法条　《国有土地上房屋征收与补偿条例》第 9 条、第 10 条、第 11 条、第 15 条、第 20 条

【裁判要旨】

房屋征收决定作出前,应当由相关部门履行包括制定"四规划一计划"、拟定征收补偿方案并组织论证、公布和征求意见、组织听证、进行社会稳定风险评估等多个程序。在作出房屋征收决定的相关条件尚不完备,房屋亦未被拆除的情形下,当事人提出要求确认行政机关未作出房屋征收决定行为违法的诉求,缺乏事实根据和法律依据。

【案情摘要】

阎某岭拥有案涉房屋,并于2001年6月办理了《房屋所有权证》。2016年12月,平顶山市国土资源局将案涉房屋所在的国有土地出让。自2018年开始,卫东区政府进行了入户调查、选定房产评估机构等程序。阎某岭于2019年1月15日向卫东区政府申请公开对案涉房屋的《房屋征收决定》、补偿安置方案及房屋征收范围图、相关征收审批材料,卫东区政府于2019年1月29日作出答复称补偿安置方案复印件已邮寄给阎某岭,征收申请人房屋的《房屋征收决定》和房屋征收范围图本机关未查询到该信息,相关征收审批材料因不够明确,需要进一步明确公开信息事项。阎某岭遂提起本案诉讼,主张卫东区政府未作出房屋征收决定,请求确认卫东区政府行政不作为违法。

(撰写人:吴凯敏)

14 行政机关出具的张贴公告的书面证明及视听资料、被征地农民出具的证言可以作为认定依法发布征收土地公告的证据

——刘某海、李某勤、刘某乾与河南省政府驳回行政复议申请决定申请再审案

- 案　　号　(2021)最高法行申260号
- 合议庭成员　马鸿达、袁晓磊、李小梅
- 关 键 词　行政 / 驳回行政复议申请决定 / 发布征收土地公告的证据
- 相关法条　《国务院法制办公室关于认定被征地农民"知道"征收土地决定有关问题的意见》第2条

【裁判要旨】

行政机关能够提供下列证据之一,经查证属实的,可以作为认定依法发布了征收土地公告的证据:(1)行政机关出具的在被征收土地所在地的村、组内张贴公告的书面证明及视听资料;征收乡(镇)农民集体所有土地的,出具的在乡(镇)人民政府所在地张贴公告的书面证明及视听资料;(2)被征地农民出具的证实其被征收土地已张贴公告的证言等证据。

【案情摘要】

2009年4月20日河南省政府作出283号批复、285号批复。2010年6月12日，洛龙区政府作出《关于征收郑西高铁洛阳龙门站地区建设用地的通告》，对283号批复、285号批复的主要内容予以公告，该公告已于同年6月在被征地村组进行张贴。刘某海、李某勤、刘某乾向洛龙区国土资源局申请对其房屋所处区域地块的征地批准文件及申报材料信息公开。2018年5月9日，洛龙区国土资源局作出政务信息公开告知书。2018年6月16日，刘某海、李某勤、刘某乾分别向河南省政府申请撤销283号批复、285号批复。河南省政府认为，刘某海、李某勤、刘某乾未在知道该批复之日起60日内申请行政复议，驳回其行政复议申请。刘某海、李某勤、刘某乾不服该上述复议决定，提起本案行政诉讼。

（撰写人：吴凯敏）

15 征收集体宅基地可因地制宜采取多种安置方式，并非必须以重新安排宅基地建房的方式进行补偿安置
——陈某秀与太和县政府不履行安置补偿法定职责申请再审案

- **案　　号**　（2021）最高法行申266号
- **合议庭成员**　马鸿达、袁晓磊、李小梅
- **关 键 词**　行政 / 不履行安置补偿法定职责 / 对宅基地征收补偿
- **相关法条**　《国土资源部办公厅关于切实做好征地拆迁管理工作的紧急通知》第2条

【裁判要旨】

对于宅基地的补偿方式可由行政机关结合当地实际情况自主决定，法律法规并未规定征收集体宅基地必须以重新安排宅基地建房的方式进行补偿安置。被征收人可以选择货币安置或产权调换等方式予以补偿。

【案情摘要】

陈某秀的宅基地所在地块纳入城市规划区，太和县政府根据当地实际情况出台《集体土地征收房屋拆迁补偿安置暂行办法》，规定被征收人可以选择货币安置或产

权调换方式予以补偿。太和县政府对其他被征收户均系按以上两种方式予以安置补偿。当地出台了征地补偿安置方案，亦未规定该征收项目应以重新安排宅基地的方式补偿。现征收补偿款已经打入银行专户，陈某秀的安置房也已经预留，陈某秀要求以重新安排宅基地建房的方式补偿，并向人民法院起诉。

（撰写人：吴凯敏）

16 强制拆除房屋的实施主体能查清且其具备独立承担法律责任的能力的，不再将具有征收补偿职责的行政机关推定为实施主体

——刘某祥与荆州市政府不履行行政复议法定职责申请再审案

- 案　　号　（2021）最高法行申305号
- 合议庭成员　马鸿达、袁晓磊、李小梅
- 关 键 词　行政/不履行行政复议法定职责/拆除行为的实施主体
- 相关法条　《中华人民共和国行政复议法》第10条第4款①

【裁判要旨】

在国有土地上房屋征收过程中，被征收房屋被强制拆除的，如果难以查清拆除行为的实施主体，人民法院有权推定具有征收补偿职责的行政机关为适格被告；如果能够查清实际拆除的行政主体，且该主体也具备独立承担法律责任的能力，则应当据实认定。

【案情摘要】

案涉房屋被强拆，案涉房屋的征收主体为沙市区政府，征收部门为沙市区征收办，征收实施单位为解放路街道办。解放路街道办自认案涉房屋系由其拆除，且其系能够独立承担行政责任的派出机关。刘某祥主张沙市区政府是法定的征收主体，并以沙市区政府为被申请人向荆州市政府申请行政复议，荆州市政府作出行政复议决定驳回其复议申请，刘某祥不服该行政复议决定，向一审法院提起诉讼。

（撰写人：吴凯敏）

---

① 参见《中华人民共和国行政复议法》（2023年修订）第19条。

17 申请人无证据证明其在征收范围内有符合征收条件的合法房屋被征收的，对其发放安置补助的请求不予支持

——孔某健与海南省海口市秀英区人民政府安置协议纠纷申请再审案

- 案　　号　（2021）最高法行申 592 号
- 合议庭成员　胡仕浩、宋楚潇、刘艾涛
- 关 键 词　行政 / 征收 / 临时安置费用
- 相关法条　《国有土地上房屋征收与补偿条例》第 17 条第 1 款第 2 项、第 22 条

【裁判要旨】

在房屋征收过程中，申请人无证据证明其在征收范围内有符合征收条件的合法房屋被征收的，对其关于发放安置补助的请求不予支持。

【案情摘要】

因海口市新海片区棚户区（城中村）改造项目，秀英区人民政府于 2015 年作出《安置方案》。2015 年 12 月 8 日，秀英区人民政府与孔某健签订《安置协议》，约定孔某健被征收房屋建筑面积为 0 平方米，其中有房屋权属证明的建筑面积为 0 平方米。同日，孔某健和秀英区人民政府签订了《产权调换协议》，主要约定孔某健选择产权调换面积为 200 平方米，并领取 108000 元补助。秀英区人民政府认可该补助是政府考虑到本案孔某健确实在项目被征收的范围内没有房屋，出于加快棚改项目的推进和维护社会稳定，所以给予一次性补助，其计算方式为：200 平方米 × 18 元 × 30 个月。因 30 个月的交房期限届满后，秀英区人民政府未能交付安置房，孔某健提起行政诉讼请求，秀英区人民政府按 18 元 / 平方米的标准支付自 2018 年 6 月 1 日起至安置房交付之日止的过渡安置费用。

（撰写人：高晓丹）

18 房屋征收补偿协议案件中房屋征收部门是否为适格被告

——苏某萍与福建省莆田市涵江区人民政府等房屋征收补偿申请再审案

- **案　　　号**　（2021）最高法行申1280号
- **合议庭成员**　周觅、贾力、李绍华
- **关　键　词**　行政／房屋征收补偿／房屋征收部门
- **相关法条**　《最高人民法院关于适用〈中华人民共和国行政诉讼法〉的解释》第25条第1款

【裁判要旨】

房屋征收补偿协议系由作为房屋征收部门的行政主体与被征收人签订时，被征收人对协议不服提起诉讼的，应当以房屋征收部门为被告。

【案情摘要】

2011年12月10日，福建省莆田市涵江区人民政府发布《房屋征收决定书》，决定征收涵江区塘北社区一期改造项目范围内的国有土地上的所有房屋。房屋征收部门为福建省莆田市涵江区住房和城乡建设局，征收实施单位为福建省莆田市涵江区涵东街道办事处。苏某萍与福建省莆田市涵江区住房和城乡建设局和福建省莆田市涵江区涵东街道办事处签订《房屋征收补偿安置协议书》，后苏某萍对该协议不服，以福建省莆田市涵江区人民政府、福建省莆田市涵江区住房和城乡建设局、福建省莆田市涵江区涵东街道办事处为被告提起行政诉讼。

（撰写人：周　觅）

19 被征收集体土地上房屋的承租人是否有权要求行政机关为其安置土地

——惠丰文武学校与五河县政府不履行拆迁安置行为违法纠纷申请再审案

- **案　　号**　（2021）最高法行申1304号
- **合议庭成员**　汪斌、聂振华、梁爽
- **关 键 词**　行政／土地行政管理／拆迁安置
- **相关法条**　《中华人民共和国土地管理法》第47条[①]，《中华人民共和国土地管理法实施条例》第26条[②]

【裁判要旨】

根据2020年1月1日修改施行前的土地管理法相关规定，征地补偿费用由土地补偿费、安置补助费、地上附着物补偿费和青苗补偿费四部分组成，其中土地补偿费归农村集体经济组织所有，地上附着物及青苗补偿费归地上附着物及青苗所有者所有，安置补助费用于安置被征收土地所在集体经济组织的农业人口。如果承租人既非所有权人，亦非被征土地所在的集体经济组织成员，一般不属于法定安置对象，行政机关并无为集体土地上房屋的承租人安置土地的法定职责。

【案情摘要】

2007年1月12日，五河县头铺镇花木王村（甲方）与惠丰文武学校（乙方）签订租赁协议，约定：甲方将花木王小学七口教室，东三间简易砖瓦房以及整个校园场地租赁给乙方教学使用。2008年10月9日，五河县土地规划建设领导小组会议纪要决定对五河县惠丰文武学校的建设用地按"教育用地性质挂牌出让"。2009年12月，花木王小学被部分拆迁。2009年12月31日，安徽省人民政府向蚌埠市人民政府作出皖政地〔2009〕890号《关于五河县2009第一批次城镇建设用地的批复》。2010年，五河县规划局出具《五河县规划局规划设计条件和要求通知书》，ZW06-005用地红线图等。在此期间，惠丰文武学校在未取得《建设用地规划许可证》《国有土地使用证》《建设工程施工许可证》的情况下，开始在规划的地块上建

[①] 对应《中华人民共和国土地管理法》（2019年修正）第48条。
[②] 该行政法规已于2021年修订，此处法条对应第32条。

围墙,并进行项目建设的准备工作。2011年5月18日,五河县城市建设经营有限责任公司(甲方)与惠丰文武学校(乙方)签订房屋拆迁补偿协议,惠丰文武学校因土地征收拆迁的需要,就房屋拆迁补偿事宜达成协议,惠丰文武学校的法定代表人领取相关补偿款后,花木王小学被全部拆迁完毕。惠丰文武学校于2016年9月6日提起行政诉讼,请求判决五河县政府不予审批用地行为违法并附带提出行政赔偿,针对不予审批用地行为违法案件,人民法院判决驳回惠丰文武学校的诉讼请求。针对附带提出行政赔偿案件,人民法院判决确认五河县政府允诺惠丰文武学校先建设后办手续的行为违法并赔偿惠丰文武学校相关损失及利息。此后,惠丰文武学校又以五河县政府2011年拆迁没有给予安置的行为违法为由提起本案诉讼。

(撰写人:梁 爽)

20 被征收人提供虚假证明签订的征收补偿协议依法不予支持
——张某斌与河南省郑州市郑东新区管理委员会、河南省郑州市郑东新区圃田乡人民政府要求支付拆迁安置补偿款申请再审案

- 案 号 (2021)最高法行申1341号
- 合议庭成员 孙江、龚斌、聂振华
- 关 键 词 行政/虚假证明/征收补偿协议
- 相关法条 《最高人民法院关于审理行政协议案件若干问题的规定》第16条第1款

【裁判要旨】

征收部门与被征收人签订的《村民住宅拆迁协议书》通常是以被征收人拥有合法宅基地使用权为前提,按合法宅基地上建筑物标准进行补偿。若被征收人在签订协议书时提交虚假的宅基地使用证,则该协议书的签订存在重大误解。被征收人请求征收部门履行涉案《村民住宅拆迁协议书》,并按照该协议书内容向其支付拆迁安置补偿款,缺乏履行基础,依法不予支持。

【案情摘要】

张某斌系郑州市郑东新区圃田乡河沟王村五组村民,在本村民组建有住宅一套,

该套住宅一、二层为钢结构，面积356.7平方米；三层为砖混结构，面积178.35平方米；四层"炮楼"面积为21.28平方米。张某斌庭审中自认在村里没有取得宅基地使用证。2015年5月22日，张某斌与圃田乡政府成立的圃田乡合村并城征迁安置指挥部签订《拆迁协议书》，5月30日，张某斌与该征迁安置指挥部签订《空房交接单》。张某斌搬迁完毕后，因郑东新区管委会、圃田乡政府未向其支付相关安置补偿款，遂诉至法院，请求判决郑东新区管委会、圃田乡政府支付张某斌征迁补偿费用：（1）一、二层356.7平方米钢结构房屋补偿款285360元（800元/平方米）；（2）三层178.35平方米砖混结构房屋补偿款121278元（680元/平方米）；（3）四层炮楼21.28平方米补偿款14470.4元（680元/平方米）；（4）门口路面119平方米补偿款2380元（20元/平方米）；（5）附属物补偿款8000元；（6）清理垃圾费用27816.5元（50元/平方米×556.33平方米）；（7）搬迁奖励费用55633元（100元/平方米×556.33平方米）；（8）全家5人18个月的过渡费、生活补助费、交通补助费72000元（过渡费600元/人/月、生活补助费、交通补助费100元/人/月）；（9）搬家费3000元；（10）搬迁奖金45000元；（11）男孩年满18岁补2分宅基地400平方米×680元/平方米=244800元；（12）2分宅基地补助奖金45000元，以上共计922537.9元。

（撰写人：孙　江）

21 被征收人已得到相应补偿后，不能再要求政府予以补偿

——王某岁等4人与河南省濮阳县人民政府、
河南省濮阳县自然资源局行政补偿款申请再审案

- 案　　号　（2021）最高法行申1352号
- 合议庭成员　孙江、龚斌、梁爽
- 关 键 词　行政/被征收人/补偿协议/相应补偿
- 相关法条　《最高人民法院关于审理行政协议案件若干问题的规定》第11条

【裁判要旨】

被征收人中的部分人员认可在征地过程中没有向行政机关申请补偿登记，而是其他被征收人与行政机关签订了拆迁补偿协议。且该部分被征收人在其他征收人收

到征地补偿款后与其对财产及地上附着物补偿款进行了分割,收到了相应的补偿款。故该部分被征收人再要求政府进行补偿缺乏事实和法律依据。

【案情摘要】

2001年2月16日,濮阳市扶贫畜牧养殖场(位于濮阳县城关镇王庄村)与濮阳县城关镇王庄村村民王某臣、王某安、王某军、王某卿签订财产租赁合同,租期至2011年2月20日。2008年12月9日,王某岁等4人与濮阳市扶贫畜牧养殖场签订资产买卖协议,购得养殖场资产。王某臣之父王某堂于2012年2月15日成立濮阳县城关镇盛源养殖场,经营生猪养殖,负责人为王某堂。2015年4月30日,河南省人民政府作出《河南省人民政府关于濮阳县2014年度第九批乡镇建设征收土地的批复》(豫政土〔2015〕404号)。2015年5月25日,濮阳县政府作出《征收土地方案公告》(〔2015〕10号),同日,濮阳县国土资源局作出《征地补偿安置方案公告》(〔2015〕第10号)。濮阳县城关镇盛源养殖场虽然地址为濮阳县城关镇王庄村东北,但被登记在邢楼村,在此次征收范围内。2016年5月28日王某堂(王某臣)与濮阳县产业集聚区签订了拆迁补偿协议,且王某堂(王某臣)已领取好太太项目(宸龙科技)养猪场涉及的补偿款。王某岁等4人认可豫盛华评报字〔2013〕第107-04号征地拆迁分户评估报告中所列部分项目属于其财产,对评估报告列举的财产数量和品种均认可,其主张的财产评估价值1851089元已由王某堂(王某臣)向王某岁等4人支付。王某岁等4人主张补偿的地上附着物位于上述两公告确定的征收土地范围内,提起本案诉讼,请求依法判令濮阳县政府、濮阳县自然资源局按照濮阳县政府〔2015〕10号征收土地方案公告、征地补偿安置方案公告的附着物补偿标准支付其土地征收附属物补偿款2321464元。

(撰写人:孙 江)

22 被征收房屋的承租人是否与征收补偿决定有利害关系
——周某与湖北省武汉市蔡甸区人民政府房屋征收补偿申请再审案

- 案　　号　(2021)最高法行申1533号
- 合议庭成员　龚斌、孙江、梁爽
- 关 键 词　行政 / 承租人 / 原告资格
- 相关法条　《中华人民共和国行政诉讼法》第25条第1款、第49条第1项

【裁判要旨】

在征收过程中具有原告主体资格的应当是征收行为的相对人或者与征收行为具有利害关系的公民、法人或者其他组织。承租人在被征收房屋上有不可分割的重大添附，或者依法独立在承租房屋开展经营活动，或者强制拆除房屋行为造成其物品损失的，承租人在此情形下与征收补偿决定、强制拆除房屋等行为有利害关系，具有原告资格，起诉时应当提交与被诉行政行为具有利害关系的材料。在不能证明征收行为发生时其仍处于约定的租赁期内且正常履行租赁合同的情况下，一般不具有原告主体资格。

【案情摘要】

周某起诉称其自2012年起租用武汉市蔡甸区蔡甸街汉阳大街52附××号房屋经营火锅店。2019年年初，因辖区旧城改造，其所承租的商铺被征拆，该征拆给其造成停业、装修等经济损失，为维护自己的合法权益，特诉至法院，请求判令蔡甸区政府与周某签订安置补偿协议，赔偿其各项损失共计人民币1313390元。但周某在一审中并未提交房屋租赁合同。

（撰写人：龚 斌）

23 当事人提起行政诉讼应当有明确的诉讼请求和被诉行为

——邱某东与福建省福州市人民政府土地行政管理申请再审案

- **案　　号**　（2021）最高法行申1670号
- **合议庭成员**　周觅、贾力、李绍华
- **关 键 词**　行政／土地行政管理／房屋征收
- **相关法条**　《中华人民共和国行政诉讼法》第49条第3项，《最高人民法院关于适用〈中华人民共和国行政诉讼法〉的解释》第69条第1款第1项

【裁判要旨】

当事人提起行政诉讼应当有具体的诉讼请求和事实根据，不符合该条件，已经立案的，应当依法裁定驳回起诉。具体的诉讼请求主要指有诉讼请求明确和被诉行

为明确。不动产征收行为通常涉及多个独立的行政行为，当事人笼统地以房屋征收行为违法提起行政诉讼，属于没有明确诉讼请求和被诉行为的情形。经过人民法院释明，当事人仍然未能明确其所诉具体指向的是哪一个行政行为，则一般可视为不符合法定的起诉条件。

【案情摘要】

邱某东诉称福建省福州市人民政府房屋征收行为违法，与其房屋相关的征收方案未经审批，征收范围内部分房屋被强拆未予赔偿，政府部门未对被征收户进行宅基地安置，相关安置方案违反土地管理规定和相关规划要求等，向法院提起行政诉讼，请求依法确认福建省福州市人民政府征收其房屋的行政行为违法。

（撰写人：周　觅）

24 购房协议无效是否当然无法获取拆迁补偿
——俞某江与浙江省杭州市富阳区人民政府城建
行政强制及行政赔偿申请再审案

- 案　　号　（2021）最高法行申 1898 号
- 合议庭成员　汪鸿滨、贾力、李绍华
- 关 键 词　行政 / 房屋搬迁协议 / 购房协议无效 / 行政诉讼的事实根据
- 相关法条　《中华人民共和国行政诉讼法》第 49 条

【裁判要旨】

从民事法律角度分析，当时签订的《购房协议书》已经确认无效，但不能以此否认房屋已实际交付多年并已取得对价的情况下，房屋买受人在此长期实际居住使用且拆迁改造时房屋仍为其居住使用的事实。尽管买受人未能取得房屋产权证书，并不宜据此当然否定其依据拆迁政策或相关规定获取合理的拆迁补偿的权利。仅以《购房协议书》被确认无效提起行政诉讼没有事实根据而否认其获偿权，有悖于诚信原则和合理原则。

【案情摘要】

基于盛某涛、案外人吕某炳长期实际居住使用及拆迁改造时房屋仍为其居住使用的事实，富阳城投集团根据盛某涛、吕某根提供的《购房协议书》和案外人吕某炳提供的与其父吕某根签署的《析产协议》等材料，与房屋的实际使用人盛某涛、案外人吕某炳签订案涉《房屋搬迁协议》。《房屋搬迁协议》签订后俞某江通过民事诉讼确认之前的《购房协议书》无效，并据此主张富阳城投集团与盛某涛、案外人吕某炳签订的《房屋搬迁协议》无效，进而要求将拆迁补偿款作为违法强制拆除赔偿款对其进行赔偿。因俞某江在已将房屋交付多年并已取得对价的情况下，且俞某江与吕某根签订的《购房协议书》中专门约定了如国家需要拆迁改造，买受人与出让人一样，享受同等国家政策等内容，法院因此认定俞某江的诉讼请求没有事实根据，不符合起诉条件，裁定驳回其起诉。

（撰写人：康　昕）

25　征收"外来人员"在村民宅基地上建设的房屋是否应予补偿

——王某富与海南省三亚市吉阳区人民政府征收补偿申请再审案

- **案　　号**　（2021）最高法行申 2106 号
- **合议庭成员**　耿宝建、熊劲松、陈娅
- **关 键 词**　行政 / 征收补偿 / 外来人员
- **相关法条**　《中华人民共和国土地管理法》第 63 条①

【裁判要旨】

我国对集体土地进入建设用地市场进行严格限制，"外来人员"并非集体经济组织成员，即使其与本村村民就集体土地建设用地使用权的"转让"进行公证，按照现有规定并不意味着其有权在该宅基地上投资建房，亦难以取得建设许可，所建房屋依法定程序有可能被认定为违法建筑。对于违法建筑，征收时通常不予补偿。但按照补偿方案确定的搬迁补助和奖励费，因符合征收管理工作的实际需要，且不损害社会公共利益，可予兑现。

---

① 对应《中华人民共和国土地管理法》（2019 年修正）第 63 条、第 64 条。

【案情摘要】

王某琴与张某（已故）出具声明，将张某所持有土地证的集体土地建设用地使用权以抵偿借款的方式转让给王某富，并进行了公证。随后，王某富在该土地上投资建房，但未取得相关房屋报建审批手续。三亚市人民政府启动东岸村棚改项目，王某富为取得高额补偿款，让王某琴持有该土地权属证明，假借其名义作为被征收人取得征收补偿款，又因补偿利益分配问题起诉王某琴。此后，人民法院生效判决确认王某琴与吉阳区政府签订的《房屋征收补偿协议》无效，吉阳区政府作出追缴通知，王某琴退还了安置补偿款及搬迁奖励费并被取消棚户区改造项目安置房资格。王某富遂向吉阳区政府申请拆迁补偿，但未获支持，经行政复议后提起本案诉讼。

（撰写人：陈　娅）

26 不能因为棚户区改造项目中的"商业开发"而否定征收的公共利益目的

——张某与湖南省长沙市开福区人民政府房屋征收补偿申请再审案

- 案　　号　（2021）最高法行申 2124 号
- 合议庭成员　耿宝建、熊劲松、陈娅
- 关 键 词　行政 / 房屋征收 / 公共利益
- 相关法条　《国有土地上房屋征收与补偿条例》第 8 条

【裁判要旨】

根据《国有土地上房屋征收与补偿条例》的规定，征收国有土地上的房屋应当基于公共利益的需要，且以征收实质目的为判断标准。棚户区改造项目属于保障性安居工程建设，是为了改善人民群众的居住条件和生活环境，具有公益性质。棚户区改造项目的公益性是从项目整体开发目的的角度而言的，对其中部分具有"商业开发"特点的内容，其总的目的仍是改善被征收人的居住环境、提高生活品质。在征收部门保障了被征收人获得安置补偿的合法权益的情况下，不能仅凭个别表象而从整体上否定政府征收行为的公共利益目的。

【案情摘要】

湖南省长沙市开福区人民政府作出《关于开福区湘雅路口（花鸟虫鱼市场）地块棚户区改造项目房屋征收决定公告》（开政征字〔2017〕6号），张某的案涉房屋位于征收范围内。经协商、评估等程序后，开福区人民政府作出开政征补字〔2019〕第51号房屋征收补偿决定。张某认为征收项目存在商业开发性质，不符合公共利益，该征收补偿决定违法，提起本案诉讼。

（撰写人：陈　娅）

27 国有土地上房屋征收中，房屋补偿安置"就近地段安置"应如何考量

——王某云与辽宁省兴城市人民政府、辽宁省葫芦岛市人民政府征收补偿决定及行政复议申请再审案

- 案　　号　（2021）最高法行申2687号
- 合议庭成员　祝二军、阎巍、杨迪
- 关 键 词　行政/征收补偿/就近地段安置
- 相关法条　《国有土地上房屋征收与补偿条例》第21条

【裁判要旨】

《国有土地上房屋征收与补偿条例》并未以数据形式具体量化"就近地段"概念。确定"就近地段"的范围，一般应考虑城市规模、交通状况、安置房源数量和户型面积等实际因素，由征收部门结合被征收房屋套型、面积和价值、被征收房屋与安置房屋匹配程度、当地大多数被征收人对安置房屋接受度等具体因素，选择确定更有利于保障被征收人居住权的安置房屋。

【案情摘要】

兴城市人民政府启动兴城市"城中村"棚户区改造项目并于2017年12月11日作出《国有土地上房屋征收决定的公告》。公示期满后，评估人员与社区工作人员向被征收人下发评估报告，并告知被征收人对评估结果有异议有权申请复核，其中被征收人王某云收取评估报告，但拒绝签字。兴城市人民政府按照征收决定公告及公

示的签约期限告知被征收人，王某云在规定的期限内未与兴城市人民政府达成一致意见，亦未签订补偿协议。后兴城市人民政府对王某云作出被诉房屋征收补偿决定。王某云向辽宁省葫芦岛市人民政府提起行政复议，复议机关作出行政复议决定，维持被诉房屋征收补偿决定。王某云提起诉讼，请求撤销房屋征收补偿决定及行政复议决定，理由之一为补偿决定中确定的安置楼远离城区缺乏法律依据。

（撰写人：杨　迪）

28　原告主张有关征地行为违法应提供存在征收行为的初步证据

——王某启与河南省夏邑县人民政府征收土地违法及行政赔偿申请再审案

- **案　　号**　（2021）最高法行申 2827 号
- **合议庭成员**　龚斌、孙江、梁爽
- **关 键 词**　行政／事实根据／起诉条件
- **相关法条**　《中华人民共和国行政诉讼法》第 49 条第 3 项，《最高人民法院关于行政诉讼证据若干问题的规定》第 4 条第 1 款

【裁判要旨】

原告实际领取土地补偿款后，未能向法院提供初步证据证明系某一行政机关对涉案宅基地实施了征收行为，可视为提起行政诉讼缺乏基础事实根据，不符合法定起诉条件。

【案情摘要】

王某启系夏邑县曹集乡王老家村民，在该村有宅基一处。王老家村王家祠堂已经有 600 余年历史，需要修缮。2010 年前后，根据王老家村部分村民提议，经夏邑县曹集乡政府批准，计划重建王家祠堂。为解决用地问题和化解占地矛盾，计划由王老家村村委会提供地皮，曹集乡政府提供资金对占用土地户给予一定补偿。建设王家祠堂占用王某启家宅基地。2010 年 12 月 3 日，王某启父亲王某春在土地领款凭证上签字，并将名字为王某启的补偿款存折领走，2011 年 8 月 26 日，王某启从银行支取了该补偿款。2018 年，王家祠堂开始修建，2019 年 11 月，王家祠堂建设完成并搬迁。后王某启不服，以夏邑县政府征收其土地违法为由，提起本案诉讼。

（撰写人：龚　斌）

29 国有农场用地被征收后的补偿原则与补偿方式
——李某华与湖南省新宁县人民政府、湖南省邵阳市人民政府行政征收及行政复议申请再审案

- 案　　号　（2021）最高法行申 2885 号
- 合议庭成员　田心则、宋楚潇、寇秉辉
- 关　键　词　行政 / 国有农场用地征收 / 补偿标准 / 补偿方式
- 相关法条　《中华人民共和国土地管理法》第 47 条①

【裁判要旨】

收回国有农场农用地的补偿原则是保持失地的国有农场职工原有生活水平不降低。对于具体的补偿方式则由当地结合国有农场土地实际情况、长期承包国有农场农用地并将其作为生产生活主要来源的农业职工的具体社会保障情况来确定。

【案情摘要】

1985 年，李某华之父与原新宁县水冲园艺场管委会签订承包合同书，承包了该园艺场部分土地进行种植，承包期为 6 年。合同到期后，双方未签订新的合同，由原告一家继续承包至征地之时。2017 年，案涉国有农场用地被征收，李某华对补偿安置方案以及相关的行政复议决定不服而提起本案诉讼。一审判决驳回原告李某华的全部诉讼请求，二审判决驳回上诉，维持原判。

（撰写人：田心则）

30 一审期间被划出征收范围将不再具有诉讼主体资格
——卓某刚与江苏省新沂市人民政府房屋征收决定申请再审案

- 案　　号　（2021）最高法行申 3466 号
- 合议庭成员　汪鸿滨、李绍华、周觅

---

① 对应《中华人民共和国土地管理法》（2019 年修正）第 48 条。

- 关 键 词 行政 / 征收对象 / 重新作出征收决定 / 合理行使诉权
- 相关法条 《中华人民共和国行政诉讼法》第 25 条

【裁判要旨】

一审诉讼期间重新作出征收决定，当事人的房屋已划出被诉征收决定的范围，市政府也将不再对其房屋进行征收的事项以多种方式告知当事人，此时当事人按照新的征收决定，有可能与被诉征收行为不再有行政法上的利害关系。从诉讼主体资格分析，有利于当事人理解确定征收决定范围的价值与意义。但如果当事人对被诉行政行为拒不申请撤诉，则不宜简单以不具有行政法上利害关系为由裁定驳回起诉。

【案情摘要】

卓某刚提起诉讼要求撤销市政府的房屋征收决定。一审诉讼期间，市政府提交的证据证明，征收决定已变更征收范围，且该事项亦告知卓某刚的事实。现卓某刚的房屋已不在被诉征收决定的范围，卓某刚仍要求撤销被诉征收决定，但其并非被诉征收决定的相对人，亦与被诉征收行为已无法律上的利害关系，法院裁定驳回卓某刚的起诉。

（撰写人：康　昕）

31 行政案件的实质调解工作贯穿始终
——刘某茵与昆明市五华区人民政府房屋征收补偿决定及昆明市人民政府行政复议申请再审案

- 案　　号 （2021）最高法行申 3756 号
- 合议庭成员 杨军、张昊权、郭艳地
- 关 键 词 行政 / 调解 / 实质化解
- 相关法条 《中华人民共和国行政诉讼法》第 60 条

【裁判要旨】

当事人因改造项目对国有土地及房屋征收不满，曾经提起多个行政诉讼，和其同一项目也有其他当事人提起类似行政诉讼。在先案件的审判中，一、二审法院做到具体问题具体分析，对于行政违法之处通过司法监督加以纠正。再审申请审查中，在此前行政复议、行政诉讼奠定的基础之上,在征收补偿这一关键阶段,鼓励行政机关自行化解达成征补协议,促进案结事了。

【案情摘要】

昆明市五华区人民政府作出征收与补偿公告,刘某茵房屋位于征收项目范围内。历经一系列征收程序之后,五华区人民政府作出房屋征收补偿决定公告,将《房屋征收补偿决定书》向刘某茵进行了送达。刘某茵对五华区人民政府作出的《房屋征收补偿决定书》不服,向昆明市政府申请行政复议,昆明市政府经受理、调查、听证后作出《行政复议决定书》,决定维持《房屋征收补偿决定书》。刘某茵不服,遂提起行政诉讼。本案审查过程中,刘某茵以已签订房屋征收补偿协议、案涉纠纷已解决为由,申请撤回再审申请。最高人民法院裁定准许撤回再审申请。

（撰写人：杨 军）

32 群体案件中实质化解工作的开展
——田某惠与重庆市渝北区人民政府房屋征收决定申请再审案

- 案　　号　（2021）最高法行申 4095 号
- 合议庭成员　杨军、张昊权、郭艳地
- 关 键 词　行政 / 群体案件 / 实质化解
- 相关法条　《中华人民共和国行政诉讼法》第 60 条

【裁判要旨】

针对国企历史形成福利租房相关问题,存在众多当事人就同一片区行政征收补偿安置行为,以相同的诉讼请求和理由提起诉讼的群体性隐患。人民法院要积极探索改进工作方式方法,对于能够给予先行调解化解的部分当事人积极促成行政机关给予安置补偿,形成片区争议中和解撤诉的样板。

【案情摘要】

田某惠等 20 余名当事人分别起诉称,其为重庆江合煤化（集团）有限公司（以下简称江合公司）的退休职工,在该公司原焦化厂、大桥区域的单位公房内居住多年,且被江合公司认定为合规租住户。2020 年 5 月 9 日,渝北区政府因国有土地上房屋征收发布征收公告，相关征收决定缺乏法律依据，且程序违法，请求给予撤销。其中，田某惠案在审查过程中达成和解并签订房屋住户搬迁协议，经田某惠申请，裁定准许撤回再审申请。

（撰写人：杨　军）

33 因申请人自身原因放弃的权利无法得到保护
——田某新与浙江省绍兴市上虞区人民政府不履行国有土地上房屋征收职责申请再审案

- **案　　号**　（2021）最高法行申 4163 号
- **合议庭成员**　汪鸿滨、李绍华、周觅
- **关 键 词**　行政/要求履行法定职责/自身原因/放弃权利
- **相关法条**　《国有土地上房屋征收与补偿条例》第 35 条，《最高人民法院关于适用〈中华人民共和国行政诉讼法〉的解释》第 93 条

【裁判要旨】

原告申请行政机关依法履职除行政机关应具备所需的法定职责外，还应在规定的时间及合理的诉求范围内。原告未在规定的时间内达成补偿协议，政府为推进项目落实，及时调整了规划，避开对房屋的征收，在不影响公共利益实现的前提下，针对原告提起的不履责之诉，人民法院一般不予支持。

【案情摘要】

田某新所在房屋土地于 2009 年被批准收回，拆迁人同年取得拆迁许可证。田某新的房屋拆迁补偿工作应适用《城市房屋拆迁管理条例》（2001 年）的规定，由取得房屋拆迁许可证单位执行。涉案项目自 2009 年开始实施，田某新未能达成补偿协议并就涉案国有土地使用权收回决定及拆迁许可证提起诉讼。项目现已通车，田某新房屋拆除与否已经不再影响项目建设。田某新又起诉要求区政府对其房屋征收，根据《城市房屋拆迁管理条例》，区政府不具有作出征收决定的法定职责，且房屋征收决定应由市、县人民政府依职权履行，而非依申请作出。法院判决驳回田某新的诉讼请求。

（撰写人：康　昕）

34 行政征收补偿案件中适格原告主体的确定
——张某海与重庆市巴南区人民政府、重庆市人民政府行政处理及行政复议申请再审案

- **案　　号**　（2021）最高法行申4532号
- **合议庭成员**　杨军、张昊权、郭艳地
- **关 键 词**　行政/征收补偿标准/原告
- **相关法条**　《中华人民共和国行政诉讼法》第25条、第49条

【裁判要旨】

当事人认为政府对其在涉案土地有合法营业执照的淡水鱼养殖企业未进行补偿。如果纠纷主要涉及大中型水利水电工程建设征地补偿和移民安置中农村集体土地上附着物等的补偿问题，而针对企业的补偿问题可以通过另诉解决则对于当事人提出的补偿企业诉求，人民法院可告知其另案提出主张，对涉及征地、移民安置的集体土地上附着物补偿的本诉作出公正裁决。

【案情摘要】

重庆市巴南区水务局、重庆市巴南区东温泉镇政府向张某海作出《观景口水利枢纽工程项目关于领取各项补偿费用的通知》并向张某海送达。2019年2月26日，巴南区人民政府作出《关于观景口水利枢纽工程移民搬迁的告知书》并送达张某海，要求张某海拆除土地上建（构）筑物并进行移民搬迁。因张某海未履行相应义务，2019年3月20日，巴南区人民政府作出《关于观景口水利枢纽工程移民搬迁的行政处理决定书》。张某海不服向重庆市政府申请复议，2019年7月3日，重庆市政府作出渝府复（2019）513号《行政复议决定书》。张某海仍不服，遂向一审法院提起行政诉讼。

（撰写人：杨　军、王琪璟）

35 当事人对不在征收红线范围内的房屋申请征收补偿应如何处理

——罗某武与湖南省邵东市人民政府不履行征收补偿安置行政职责申请再审案

- 案　　　号　（2021）最高法行申 6646 号
- 合议庭成员　耿宝建、熊劲松、陈娅
- 关　键　词　行政 / 征收补偿安置 / 公路建筑控制区
- 相关法条　《公路安全保护条例》第 13 条第 1 款

【裁判要旨】

通常，在公路建筑控制区内而不在征收红线范围内的房屋，如对公路建设和运行安全未产生直接影响，非必须予以征收。但是，如距离公路较近，公路建成投入使用后客观上使房屋正常使用功能受到一定限制和管制，受到影响的物权权利人，有权请求政府采取补偿措施直至征收房屋。政府及相关部门应当积极回应，并基于平等协商及时作出处理决定，人民法院亦应尊重行政机关的自由裁量及首次判断权。

【案情摘要】

湖南省人民政府批准建设"八老公路"省道改建工程，罗某武的房屋位于公路沿线控制范围内，其申请将房屋拆迁并自愿接受评估。邵东县灵官殿镇蒸阳村村民委员会、邵东县灵官殿镇"八老公路"建设指挥部均签署了同意的意见。罗某武对建设指挥部确定的补偿标准不服，拒绝签订房屋征收与补偿安置协议，向邵东市人民政府邮寄了《补偿申请书》。邵东市政府收到申请后，安排指挥部的工作人员与罗某武进行沟通，提供了依法征收其房屋或不拆迁但为其修建高规格防撞墙两个方案供选择。罗某武对两个方案均不满意，遂以邵东市政府收到申请书后未作出答复、未依法对其房屋进行征收补偿安置为由，提起本案诉讼。

（撰写人：陈　娅）

36 已经签订土地征收补偿协议之后再起诉土地征收行政行为的处理

——王某军、刘某刚、廖某梅、王某意与攀枝花市西区人民政府土地行政补偿申请再审案

- **案　　号**　（2021）最高法行申 6995 号
- **合议庭成员**　杨军、郭凌川、郭艳地
- **关 键 词**　行政 / 土地征收 / 行政协议
- **相关法条**　《中华人民共和国行政诉讼法》第 25 条，《中华人民共和国土地管理法》第 47 条①

【裁判要旨】

人民法院应当尊重依法订立的补偿安置协议的效力。被征收人已签订补偿安置协议、领取相应补偿费用且交出土地后，又起诉征收行为的，人民法院可裁定不予立案；但补偿安置协议明确约定保留提起相关诉讼的权利，或者协议存在以欺诈、胁迫的手段订立，损害国家利益等无效情形的除外。

【案情摘要】

西区政府征收了王某军的承包土地，双方达成安置补偿协议，王某军对安置方式等作出承诺，王某军及廖某梅领取了生产安置费。现王某军等 4 人依据上述协议后取得的农地承包权证，提起本案诉讼，并将诉讼请求确定为"判决确认西区政府的调查、公告和补偿行为违法，并请求责令西区政府在原补偿基础之上，按照正确的地类和面积进行补偿"。

（撰写人：杨　军）

---

① 对应《中华人民共和国土地管理法》（2019 年修订）第 48 条。

37 被诉征收补偿决定已被人民法院作出的生效裁定准予执行的，在该准予强制执行裁定的效力被依法否定前，不能诉请撤销被诉征收补偿决定

——刘某思与山东省青岛市市北区人民政府房屋征收补偿申请再审案

- **案　　号**　（2021）最高法行申 7993 号
- **合议庭成员**　李智明、杨科雄、李小梅
- **关 键 词**　行政 / 征收补偿决定 / 准予执行 / 撤销
- **相关法条**　《最高人民法院关于适用〈中华人民共和国行政诉讼法〉的解释》第 69 条第 1 款第 9 项

【裁判要旨】

根据司法解释相关规定，诉讼标的已为生效裁判或者调解书所羁束的，已经立案的，应当裁定驳回起诉。诉争征收补偿决定已被人民法院作出的生效裁定准予执行，属于为生效裁判所羁束，则在该准予强制执行裁定的效力被依法否定之前，当事人不能诉请撤销被诉征收补偿决定。

【案情摘要】

原告刘某思在青岛市市北区闫家山村 ×× 号拥有合法房屋一处。2018 年 8 月 18 日，被告市北区政府作出《市北区郑州路两侧改造项目房屋征收决定》，原告的涉案房屋在上述房屋征收范围内。就涉案房屋的征收补偿问题，房屋征收部门未与原告达成一致意见，被告遂作出青北补决字〔2019〕319 号《房屋征收补偿决定书》。因原告未在法定期限内提起行政复议和行政诉讼，经被告申请，青岛市市北区人民法院作出（2020）鲁 0203 行审 104 号行政裁定书，裁定对涉案 319 号《补偿决定书》准予强制执行，并载明"本裁定送达后即发生法律效力"。送达后，刘某思提起行政诉讼，要求撤销被诉征补决定。

（撰写人：李智明）

38 被征地农民因对集体土地征收补偿标准不服而申请裁决或复议的，对补偿安置方案及其批复文件可视为一体

——毛某兴等26人与成都市郫都区人民政府土地
征收补偿标准及成都市人民政府行政复议再审案

- 案　　号　（2021）最高法行再150号
- 合议庭成员　张昊权、杨军、郭艳地
- 关 键 词　行政/集体土地征收补偿标准/补偿安置方案/批复
- 相关法条　《中华人民共和国土地管理法实施条例》第25条①，《最高人民法院关于审理涉及农村集体土地行政案件若干问题的规定》第1条、第10条

【裁判要旨】

当事人对土地补偿标准不服提起行政诉讼，最初的争议对象为补偿安置方案所载补偿标准，经过行政机关的一系列指引之后，最后到批复文件，且其在各程序中始终对补偿标准提出异议。征地补偿、安置方案与市、县人民政府批准行为是一体的，不能割裂。补偿标准的载体本应为经过批准后的补偿安置方案，但在原补偿安置方案经批复文件批准之后，并未再次予以公告明确其已经过批准的情况下，可将该补偿安置方案与批复文件视为一个整体予以审查。

【案情摘要】

因郫都区政府征收原郫县红光镇济阳村农村集体土地，毛某兴等人对补偿方案制定的标准不服，向郫都区政府申请协调提高补偿，郫都区政府作出不予提高补偿的决定。毛某兴等人遂向四川省人民政府申请裁决，四川省人民政府转交原四川省国土资源厅办理，原四川省国土资源厅告知其向批准补偿安置方案的人民政府的上一级政府申请行政复议。毛某兴等人遂向成都市政府申请行政复议，成都市政府要求其补充郫都区政府对该征地补偿安置方案的批复。毛某兴等人通过信息公开得知1号批复，遂申请复议，请求撤销该1号批复。后成都市政府作出复议决定维持该1号批复。

（撰写人：张昊权）

---

① 该行政法规已于2021年修订，本条已被删除。

39 起诉人能提供初步证据证明其对被征收房屋享有权益，则具备提起行政诉讼的原告资格

——路某生与天津市南开区人民政府房屋征收补偿决定再审案

- **案　　号**　（2021）最高法行再163号
- **合议庭成员**　孟凡平、厉文华、张志刚
- **关 键 词**　行政 / 被征收人 / 房屋征收补偿决定 / 原告资格
- **相关法条**　《中华人民共和国行政诉讼法》第2条第1款、第25条第1款，《最高人民法院关于适用〈中华人民共和国行政诉讼法〉的解释》第123条第2项

【裁判要旨】

起诉人能够提供初步证据证明其对被征收房屋享有权益，且行政机关就被征收房屋作出的征收补偿决定可能侵犯其合法权益，则其有权针对该征收补偿决定提起行政诉讼。

【案情摘要】

从本案路某生诉称及其所提交证据看，1966年其父亲路某科为照顾国家建设将所有的南开三纬路××号房屋与3522工厂（后改制更名为际华三五二二装具饰品有限公司）北门里靳家胡同×号院内住房四间互换产权；1968年经南开区人民法院调解，路某科与3522工厂达成（68）军管法南民协字第199号民事协议书，约定路某科将上述互换产权所得的北门里靳家胡同×号院内住房四间与3522工厂所有的南开区五马路××号院内南房三间对等调换；路某生作为路某科的继承人，一直在调换后的涉案五马路××号院（现××号院）内南房三间中的其中一间×号房屋居住50余年，现×号房屋位于征收范围已被拆除，但南开区人民政府却将际华三五二二装具饰品有限公司确定为被征收人，即路某生认为×号房屋系其父亲50余年前用自有房屋置换所得，被诉征收补偿决定认定被征收人错误，导致其不能享有拆迁利益，故而提起本案诉讼要求确认被诉征收补偿决定无效。一、二审法院以路某生与被诉行为没有利害关系，不具有原告主体资格为由，裁定不予立案。最高人民法院经审查认为，路某生所提交证据已初步证明其与被诉征收补偿决定具有利害关系，在南开区政府和际华三五二二装具饰品有限公司未进入本案诉讼的情况下，

原审法院立案环节即认定路某生不具备原告诉讼主体资格裁定不予立案不当,适用法律错误,裁定撤销一、二审裁定,指令一审法院受理。

(撰写人:张志刚)

40 征收补偿方案已对被征收房屋的附属面积予以考虑的,被征收人不能再另行主张补偿
——冯某玲与北京市西城区政府房屋征收补偿决定申请再审案

- **案　　号**　(2021)最高法行申194号
- **合议庭成员**　于泓、朱宏伟、仝蕾
- **关 键 词**　行政/行政征收之诉/附属面积/院落补偿/空地补偿
- **相关法条**　《中华人民共和国行政诉讼法》第91条,《最高人民法院关于适用〈中华人民共和国行政诉讼法〉的解释》第116条第2款,《国有土地上房屋征收与补偿条例》第17条、第19条、第21条、第22条、第25条、第26条

【裁判要旨】

被征收人认为征收补偿决定对院落、空地和附属物未补偿,但征收补偿方案已对院落、空地面积予以考虑并落实的,被征收人主张另行补偿,人民法院不予支持。如果当事人有证据证明确实存在应补未补的缺漏项,则其权利以诉讼方式寻求司法救济。

【案情摘要】

西城区政府实施菜园街及枣林南里棚户区改造项目,冯某玲等人主张对院落、空地和附属物也应一并征收补偿,而《菜园街及枣林南里棚户区改造项目房屋征收补偿方案》实际已对被征收房屋的附属面积予以了考虑:被征收房屋为平房的,原建筑面积增加15平方米附属面积后,按成套建筑面积区间与相对应的回迁房屋选房面积区间予以安置,安置面积≥(对建筑面积+15)×1.5。因协商不成,西城区政府作出西政房征补字(2018)第20号《房屋征收补偿决定书》。冯某玲等人不服,提起本案行政诉讼,诉请撤销该补偿决定。

(撰写人:于 泓、刘 漱)

41 征收补偿安置方案没有对宅基地安置作出规定，被征收人坚持要求宅基地安置缺乏法律法规依据

——赵某与山东省平邑县政府强制拆除房屋及行政赔偿申请再审案

- 案　　号　（2021）最高法行申 230 号
- 合议庭成员　于泓、朱宏伟、仝蕾
- 关 键 词　行政／征收补偿安置之诉／安置方式／宅基地安置
- 相关法条　《中华人民共和国行政诉讼法》第 91 条，《最高人民法院关于适用〈中华人民共和国行政诉讼法〉的解释》第 116 条第 2 款

【裁判要旨】

征收补偿安置方案规定原则上不再统一安置的，被征收人拒绝还建楼房安置，坚持要求宅基地安置的，缺乏法律法规依据。

【案情摘要】

山东省平邑县政府发布《鲁南高速铁路平邑段征地拆迁实施方案》，规定沿线镇（街道、开发区）具体组织实施地面附着物的拆迁、安置工作，镇（街道、开发区）成立相应的征地拆迁工作机构，具体负责拆迁安置工作的落实。平邑经开区管委会强制拆除涉案房屋，赵某等人坚持要求宅基地还建。《鲁南高速铁路平邑段集体土地征收及地上附着物拆迁、补偿、安置实施细则》第 7 条"还建安置"规定："1. 原则上拆迁房屋较少的村（社区）原则上不再统一安置，由被拆迁户自行解决，享受货币化补偿的奖励政策……2. 对拆迁房屋较多的村（社区）也积极鼓励实行货币化补偿。但确需统一安置的村（社区）由各镇（街道、开发区）依照有关法律规定，参照县内集中联片安置的成功经验，制定具体的安置方案……"

（撰写人：于　泓）

42 已经确认违法的补偿安置方案或其批准行为，对确认违法之诉可不再重复处理，但确认违法的效力要及于本案原告

——张某成等 61 人与金华市人民政府土地行政批准申请再审案

- 案　　号　（2020）最高法行申 12654 号
- 合议庭成员　李绍华、何君、朱宏伟
- 关 键 词　行政 / 确认违法 / 受生效裁判羁束
- 相关法条　《最高人民法院关于适用〈中华人民共和国行政诉讼法〉的解释》第 69 条第 1 款第 9 项

【裁判要旨】

土地征收案件中，征收安置补偿方案或其批准行为一般不作为单独可诉的行政行为，对少数其他人另案起诉补偿安置方案或其批准行为，生效判决已经确认违法的，可认定为本案受生效裁判羁束，对本案的违法之诉可不再重复处理，但确认违法的效力要及于本案原告。

【案情摘要】

张某成等 61 人经由金华市人民政府信息公开申请获知《关于实施〈罗店镇前庄头村房屋征收和补偿安置方案〉的通知》。在该通知中，金华市人民政府审批了该村集体土地上房屋征收和补偿安置方案，张某成等 61 人的房屋均位于该批复范围内，张某成等 61 人对此行为不服，提起本案诉讼。

另案中楼某富等 11 人因不服金华市人民政府作出的批准《罗店镇前庄头村房屋征收和补偿安置方案》行为，提起行政诉讼。经二审法院审理后，确认金华市人民政府的批准行为违法。

（撰写人：李绍华）

43 房屋征收补偿遗漏事项经行政机关采取补救措施后，可确认补偿决定违法而不予撤销

——何某田与睢宁县人民政府房屋征收补偿决定申请再审案

- 案　　号　（2020）最高法行申 12889 号
- 合议庭成员　李绍华、何君、朱宏伟
- 关 键 词　行政 / 不予撤销 / 房屋征收补偿 / 补救措施
- 相关法条　《中华人民共和国行政诉讼法》第 12 条第 1 款第 5 项、第 74 条第 2 款

【裁判要旨】

征收补偿标准是否合理，应结合产权调换、被征收房屋价值、搬迁补助费等项目综合判断，对于遗漏事项已经采取补救措施的，可确认补偿决定违法而不予撤销。

【案情摘要】

睢宁县人民政府作出《房屋征收决定》并予以公告，该项目被征收人共 470 余户，460 余户已经签订征收补偿协议，尚有包括何某田在内的 5 户被征收人未签订。后经多次协商，何某田与睢宁县房屋征收办公室未能达成征收补偿安置协议，睢宁县政府作出被诉《房屋征收补偿决定书》送达何某田。何某田不服，提起本案诉讼。一审期间，睢宁县政府发现有错误，又作出决定书，增加部分补偿。

（撰写人：李绍华）

44 居住人对征收补偿决定不服提起的诉讼，通常受针对房屋权利人作出的生效判决的羁束

——张某惠等 3 人与上海市人民政府、上海市虹口区人民政府房屋征收补偿决定及行政复议决定申请再审案

- 案　　号　（2020）最高法行申 13091 号
- 合议庭成员　李绍华、何君、朱宏伟

- **关 键 词** 行政 / 土地征收 / 利害关系
- **相关法条** 《中华人民共和国行政诉讼法》第 25 条第 1 款

【裁判要旨】

房屋权利人对征收补偿决定提起行政诉讼后，居住人在通常情形下不能对补偿问题另行提起诉讼，可以认定其受生效裁判的羁束。

【案情摘要】

涉案房屋系公房，承租人为张某清，在册户籍 2 人，即户主张某清、儿子戎某祺。2016 年 7 月 1 日，虹口区政府对该房屋作出房屋征收补偿决定。张某清不服，向上海市政府申请行政复议，上海市政府于 2016 年 10 月 18 日作出行政复议决定，维持了虹口区政府的房屋征收补偿决定。张某清仍不服，同戎某祺就上述房屋征收补偿决定及行政复议决定向法院提起行政诉讼，法院驳回了张某清、戎某祺的诉讼请求，并经二审予以维持。现张某惠、王某菊、张某提起本案诉讼，请求撤销房屋征收补偿决定及行政复议决定。

（撰写人：李绍华）

45 征收过程中的评估、鉴定等行为属于证据，通常不能单独提起行政诉讼

——陈某、张某娟与上海市浦东新区规划和自然资源局土地征收补偿申请再审案

- **案　　号** （2020）最高法行申 15420 号
- **合议庭成员** 李绍华、何君、朱宏伟
- **关 键 词** 行政 / 单独起诉 / 土地征收补偿 / 证据
- **相关法条** 《中华人民共和国行政诉讼法》第 49 条第 1 款第 3 项、第 4 项

【裁判要旨】

征收过程中的评估程序、评估分户报告单、估价项目汇总表、具体补偿方案，属于证明征收补偿决定是否合法、合理的一个环节，属于证据的范畴，通常不能单独提起诉讼。

【案情摘要】

1982年，陈某、张某娟一家获批在位于上海市浦东新区的宅基地上翻建房屋，其中东南上下两间归其一家所有。2015年，涉案房屋被列入征收范围。2016年11月4日，上海市浦东新区房屋征收事务中心对该户作出《具体补偿方案》，陈某、张某娟认为，至今未获得实际的征收补偿，在征收过程中，上海市浦东新区规划和自然资源局没有对征收评估机构进行选举，剥夺了其选择评估机构的权利，同时也未向其送达评估报告及送达回证，剥夺了知情权和异议权，对涉案房屋的评估程序严重违法。此外，评估报告的内容无论是在涉案房屋的主体还是房屋面积的评估上都存在错误。故提起本案诉讼。

（撰写人：李绍华）

46 家庭成员签订的征迁补偿协议效力及于其他家庭成员
——叶某英与浙江省金华市婺城区人民政府房屋征收补偿申请再审案

- 案　　号　（2021）最高法行申950号
- 合议庭成员　李绍华、蔚强、朱宏伟
- 关　键　词　行政/征迁补偿协议/家庭成员
- 相关法条　《中华人民共和国行政诉讼法》第25条第1款、第49条第1款第1项

【裁判要旨】

共同生活的成年家庭成员原则上具有相互家事代理的权利，夫妻一方已经签订搬迁协议和补偿协议，另一方除非有充分的确实不知情方面的证据，否则原则上不能以其不同意或者不知情为由提起诉讼。

【案情摘要】

叶某英的丈夫徐某光为案涉房屋的产权登记人，徐某光就案涉房屋与行政机关签订过《先行搬迁拆除协议》《货币补偿协议》并领取了全部款项，协议已履行完毕。叶某英曾就本案所涉房屋征收起诉至一审法院，要求确认拆除、征收行为违法并赔偿损失，该案以叶某英不具有诉的利益为由裁定驳回叶某英的起诉，二审予以

维持。现叶某英就征迁补偿提起本案诉讼。

（撰写人：李绍华）

47 征收房屋实际面积与证载面积不一致应如何认定
——赵某凤等4人与上海市普陀区人民政府、上海市人民政府房屋征收补偿决定及行政复议申请再审案

- 案　　号　（2021）最高法行申2559号
- 合议庭成员　李绍华、贾力、周觅
- 关　键　词　行政/证载面积/房屋征收补偿/拆迁补偿安置房屋
- 相关法条　《中华人民共和国行政诉讼法》第69条

【裁判要旨】

对于被征收房屋的面积认定，在缺乏完整权利凭证的情况下，征收部门依据其他材料认定并无不当。对于原告提出的房屋实际面积大于证载面积、完工凭证记载错误的意见，应审查其当年是否提出异议和诉讼，结合安置补偿方案的规定作出综合评价。

【案情摘要】

赵某凤等4人的房屋位于征收范围内，其未在征收补偿方案确定的签约期限内与政府部门达成房屋征收补偿协议，普陀区房管局提供产权调换房屋并报请上海市普陀区人民政府作出征收补偿决定。上海市普陀区人民政府向赵某凤等4人作出房屋征收补偿决定后向其送达并公告。赵某凤等4人对该房屋征收补偿决定不服，向上海市人民政府申请行政复议，上海市人民政府维持了征收补偿决定。赵某凤等4人仍不服，以评估鉴定房屋面积与实际房屋面积不符，补偿安置不合理、不合法为由提起本案诉讼。

（撰写人：李绍华）

行政登记类 ▶▶▶

1 以房屋已为第三人善意取得为由判决确认房屋登记行为违法，不撤销登记行为的情形如何认定

——永泰隆公司与怀远县人民政府房屋行政登记纠纷申请再审案

- 案　　号　（2020）最高法行申 13300 号
- 合议庭成员　汪斌、聂振华、梁爽
- 关 键 词　行政 / 行政登记 / 善意第三人
- 相关法条　《最高人民法院关于审理房屋登记案件若干问题的规定》第 11 条第 3 款

【裁判要旨】

第三人签订商品房买卖合同时，如果讼争房屋已经登记在案外人名下，第三人没有对产权情况进行核实，未能尽到买房人的合理审查义务，存在过失。第三人明知转让人无处分权，且存在一定过失，不符合司法解释规定的应当认定受让人为善意的标准。人民法院径行认定讼争房屋属于第三人善意取得时必须证据充分。

【案情摘要】

2003 年 7 月 30 日，宋某富与汇龙公司签订《商品房买卖合同》，约定宋某富购买汇龙公司开发的包含案涉房屋在内的门面房 5 间。同年宋某富取得房屋所有权证。2004 年 8 月 29 日，第三人石某虎与汇龙公司签订《商品房买卖合同》，出卖人"怀远县汇龙商住小区物业有限公司"、买受人"石某虎"；合同约定：石某虎以 144000 元价款购买汇龙公司开发的门面房 1 间，至 2005 年 11 月石某虎陆续支付上述房款，但未取得购房发票；2013 年 3 月 16 日，石某虎（共有人毛某梅）取得房地产权证。2010 年 5 月 19 日，永泰隆公司依借款企业汇金公司先后两次申请，向其发放贷款共计 360 万元，永泰隆公司遂于 2012 年 1 月 12 日起诉借款人汇金公司及保证人汇龙公司、宋某富、顾某英并提出保全申请。2012 年 2 月 14 日，人民法院作出民事裁定，查封保证人宋某富所有商业用房，查封期限为 2 年。永泰隆公司取得宋某富的产权证后，未到产权部门办理房产抵押手续。人民法院查封期间，怀远县人民政府为石某虎办理了被保全房屋的过户手续，并重新办理了房屋产权证书。永泰隆公

司不服变更登记行为，提起行政诉讼，请求撤销怀远县人民政府为第三人石某虎发放的房屋产权证书。

（撰写人：梁 爽）

2 土地权属在争议期间的，人民法院一般不宜受理相关权属登记纠纷案件
——海南省三亚市吉阳区田独镇翻园村民小组与三亚市人民政府林权行政登记纠纷申请再审案

- 案　　号　（2021）最高法行申 923 号
- 合议庭成员　耿宝建、田心则、寇秉辉
- 关 键 词　行政 / 土地权属争议 / 行政诉讼受案范围
- 相关法条　《中华人民共和国土地管理法》第 14 条①

【裁判要旨】

土地权属纠纷正在行政裁决或行政诉讼中的，人民法院一般不宜受理针对该土地相关权属登记的起诉。

【案情摘要】

三亚市吉阳区田独镇翻园村民小组已申请三亚市吉阳区政府对包含争议林地在内的荔仙公墓项目（二期工程）所征土地进行权属纠纷处理，海南省高级人民法院作出（2020）琼行终 44 号生效行政判决，认为吉阳区政府有依法处理的职责，并责令其予以处理。翻园村民小组以争议林地归其所有，但被诉林权证将争议林地登记在保球村民小组名下为由，又起诉请求撤销被诉林权证。

（撰写人：寇秉辉、王雨晴）

---

① 对应《中华人民共和国土地管理法》（2019 年修正）第 13 条。

3 当事人请求撤销农村土地承包经营权登记的处理方式
——林某梅与昌江县人民政府行政登记纠纷申请再审案

- **案　　号**　（2021）最高法行申 926 号
- **合议庭成员**　耿宝建、田心则、寇秉辉
- **关 键 词**　行政 / 撤销行政登记
- **相关法条**　《中华人民共和国农村土地承包法》（2009 年修正）第 22 条①，《中华人民共和国农村土地承包经营权证管理办法》第 2 条第 1 款、第 9 条

【裁判要旨】

农村土地承包经营权登记是对农村土地承包合同的行政确认，后者也是判断前者合法性的重要依据之一，若登记内容和合同内容一致，通常不宜支持当事人请求撤销承包经营权登记的诉讼请求。

【案情摘要】

豹某园与村民小组 2015 年签订承包合同，昌江县人民政府向豹某园户颁发 2017 年承包证，2017 年承包证与 2015 年承包合同一致，林某梅请求撤销 2017 年承包证。

（撰写人：寇秉辉、王雨晴）

4 土地登记机关对登记材料应当尽到合理审慎的审查义务
——杜某国、冯某云与吉林省德惠市人民政府土地行政登记申请再审案

- **案　　号**　（2021）最高法行申 2684 号
- **合议庭成员**　祝二军、阎巍、杨迪
- **关 键 词**　行政 / 土地登记 / 合理审慎审查义务

---

① 对应《中华人民共和国农村土地承包法》（2018 年修正）第 23 条。

• 相关法条 《中华人民共和国土地管理法》第 13 条[①]

【裁判要旨】

行政机关应当在其职责和能力内，对登记材料的真实性尽到合理审慎的审查义务，以维护当事人的合法权益。

【案情摘要】

再审申请人杜某国于 2005 年 3 月 29 日与案外人赵某国签订《买卖房屋协议》，购买赵某国的房屋，协议载明房屋边界为：东焦某飞房西榆树为界；西赵某国院墙为界；南赵某国院墙外土坑为界；北 102 线为界。赵某国原持该房屋《集体土地建设用地使用证》记载的四至为：东 13 米焦某飞；西 6 米；主房前 30 米外坑；后 15 米道，用地面积为 1581 平方米，建筑占地 72 平方米。双方房屋买卖交易之后，杜某国于 2006 年 7 月 24 日提交土地登记申请。吉林省德惠市原国土资源局经过地籍调查、权属审核程序，确认土地面积及四至与赵某国原《集体土地建设用地使用证》记载的面积及四至一致，即总用地面积为 1581 平方米，宅基地 288 平方米，建筑面积 72 平方米，《土地登记申请书》《地籍调查表》《土地登记审批表》记载该宗土地四至为：东以主房外墙皮 13 米外是焦某飞；西以主房外墙皮 6 米外是空闲地；南以主房外墙皮 30 米外是坑；北以主房外墙皮 15 米外是 102 线。然而《土地登记申请书》《土地登记审批表》中附载的宗地图与文字描述不一致，宗地图显示"南面"边界为主房外墙皮 10 米以外，再另计算 30 米的距离共计 40 米，宗地图显示的总面积为 1891 平方米。吉林省德惠市人民政府于 2006 年 8 月 9 日为杜某国颁发土地使用证，该土地使用证中无土地四至的记载，但附图显示：东西界至边长为 31 米，南北界至边长为 61 米，可计算得出该宗地总面积为 1891 平方米。冯某云所持有的《宜林地使用证》系吉林省德惠县松花江人民公社林业工作站于 1983 年 9 月 9 日颁发，该使用证载明的宜林地情况为：地块坐落河边，面积 3.2 亩，长 80 米，宽 40 米，四至：东至河；南至大柳树；西至焦某风；北至东北路。冯某云认为吉林省德惠市人民政府的土地行政登记行为侵犯了其宜林地合法权益，提起行政诉讼。

（撰写人：杨 迪）

[①] 对应《中华人民共和国土地管理法》（2019 年修正）第 12 条。

5 第三人仅对土地承包经营权有异议，请求撤销据此颁发的权证，人民法院一般不予支持

——覃某群与广西壮族自治区象州县人民政府土地行政登记申请再审案

- **案　　号**　（2021）最高法行申 2898 号
- **合议庭成员**　耿宝建、熊劲松、陈娅
- **关 键 词**　行政 / 土地行政登记 / 土地承包经营权
- **相关法条**　《中华人民共和国农村土地承包法》（2009 年修正）第 22 条[①]

【裁判要旨】

土地承包由承包人与其所在的村民小组签订的承包合同予以确定，人民政府颁证行为系对该承包合同确定的承包关系予以确认。第三人对土地承包经营权有异议，应当依据《农村土地承包法》针对土地承包合同提起民事诉讼，其仅基于上述异议而直接请求撤销地方政府据承包合同颁发的《土地承包经营权证》，人民法院一般不予支持。

【案情摘要】

涉案土地位于广西壮族自治区象州县那芙村委会那芙村，覃某群曾在承包责任制后管理涉案土地至 1986 年下半年，之后外出打工四五年，回来后覃某宗在该地上种植桑树至今。2016 年 11 月 20 日，那芙村第 2 组与覃某宗签订了土地家庭承包合同书，将涉案土地发包给覃某宗承包，象州县人民政府后于 2017 年 8 月 8 日颁发《土地承包经营权证》给覃某宗。覃某群认为象州县人民政府所颁发的《土地承包经营权证》将应属其经营管理土地划归第三人覃某宗承包，属颁证错误，因而向法院起诉请求撤销该行政行为。

（撰写人：熊劲松）

[①] 对应《中华人民共和国农村土地承包法》（2018 年修正）第 23 条。

6 土地使用权证登记的用地范围存在重叠情况下的争议解决方式

——韩某锋、韩某勇、韩某慧与广东省中山市自然资源局土地行政登记纠纷申请再审案

- 案　　号　（2021）最高法行申 2959 号
- 合议庭成员　耿宝建、熊劲松、陈娅
- 关 键 词　行政 / 土地行政登记 / 权属争议解决途径
- 相关法条　《中华人民共和国土地管理法》第 14 条①

【裁判要旨】

一方当事人主张所持土地使用权证记载的用地范围与另一方当事人的权证登记存在重叠，并诉请撤销对方的权证。该土地证重叠问题实际涉及土地权属争议，可在权属争议处理程序中解决，由人民政府作出处理，以实质化解争议。

【案情摘要】

韩某勇、韩某锋、韩某慧3人主张石某联的土地使用证记载的用地范围与该3人所持有的土地使用证存在重叠。韩某勇、韩某锋、韩某慧3人起诉请求撤销石某联的土地使用证。诉讼期间，石某联向中山市自然资源局就双方争议土地部分提出处理土地权属争议的申请，中山市自然资源局已经受理该申请，并向双方发送权属争议受理通知书。

（撰写人：张巧云）

---

① 对应《中华人民共和国土地管理法》（2019 年修正）第 14 条。

7 直接向政府申请土地确权并颁发土地承包权经营证不符合土地确权登记逐级申报的规定
——姚某和与山西省朔州市朔城区人民政府不履行法定职责申请再审案

- 案　　　号　（2021）最高法行申 4799 号
- 合议庭成员　汪斌、龚斌、梁爽
- 关 键 词　行政 / 土地确权登记
- 相关法条　《中华人民共和国农村土地承包经营权证管理办法》第 7 条

【裁判要旨】

农村土地经营权证颁发需要遵循法定程序。由发包方在土地承包合同生效后 30 个工作日内将相关材料报乡（镇）人民政府初审后，再由乡（镇）人民政府向县级以上地方政府提出颁证书面申请。当事人直接向县级政府申请对承包土地确权登记不符合土地确权逐级申报的规定。

【案情摘要】

姚某和的诉讼请求为确认山西省朔州市朔城区人民政府未对其邮寄的土地确权申请作出处理的不作为行为违法，并判令朔城区人民政府限期对其申请作出处理。农村土地经营权证颁发需要遵循法定程序。根据《农村土地承包经营权证管理办法》第 7 条的规定，土地承包合同生效后，应由发包方在 30 个工作日内，将土地承包方案等相关材料报乡（镇）政府农村经营管理部门初审。材料符合规定的，由乡（镇）政府向县级以上地方政府提出颁证书面申请。姚某和直接向朔城区人民政府申请对其承包土地确权登记不符合《农村土地承包经营权证管理办法》规定的土地确权应当逐级申报的程序，朔城区人民政府不能直接根据该申请作出确权登记并颁发农村土地承包经营权证。姚某和申请朔城区人民政府为其诉争的土地进行确权无法律依据。

（撰写人：汪　斌、郑　晨）

政府信息公开类 ▶▶▶

1 政府信息公开形式的司法审查范围
——叶某来、王某法与浙江省人民政府政府信息公开申请再审案

- **案　　号**　（2021）最高法行申 580 号
- **合议庭成员**　李绍华、何君、朱宏伟
- **关 键 词**　行政／政府信息公开／司法审查
- **相关法条**　《中华人民共和国政府信息公开条例》第 21 条①

【裁判要旨】

政府信息公开案件主要审查行政机关是否依申请提供了相关信息，对于政府信息公开纠纷中有关要求提供复印件、要求加盖公章等形式方面的诉讼请求，人民法院原则上不予支持。

【案情摘要】

王某法、叶某来 2016 年 10 月 11 日向浙江省人民政府邮寄《政府信息公开申请表》，其中所需信息的内容描述为"《浙江省征地补偿和被征地农民基本生活保障办法》省政府令第 264 号"，所需信息的用途描述为"要求盖有印章，作诉讼和有关证据使用"，所需信息的指定提供方式勾选"纸面"，获取信息的方式勾选"快递"。浙江省人民政府 10 月 13 日收到该政府信息公开申请，于 10 月 17 日作出答复意见，并于 10 月 26 日向王某法、叶某来邮寄该答复意见及附件。王某法、叶某来不服，提起本案诉讼。

（撰写人：李绍华）

---

① 对应《中华人民共和国政府信息公开条例》（2019 年修订）第 36 条。

2 要求公开信访答复意见涉及的内容属于信访事项
——易某与江苏省人民政府政府信息公开及行政复议申请再审案

- 案　　号　（2021）最高法行申 712 号
- 合议庭成员　李绍华、蔚强、朱宏伟
- 关 键 词　行政 / 政府信息公开 / 信访答复
- 相关法条　《中华人民共和国政府信息公开条例》第 2 条①

【裁判要旨】

当事人对信访答复意见中的"符合有关文件规定""按有关文件规定"不服而要求公开具体内容的，按照信访有关的规定处理，不属于政府信息公开案件的审查范围，可裁定不予立案或者驳回起诉。

【案情摘要】

南通市市级机关事务管理局于 2018 年 5 月 29 日就易某的信访事项作出答复，易某不服该信访答复，向江苏省人民政府申请复核。江苏省人民政府于 2013 年 10 月 9 日作出信访复核意见书。易某于 2018 年 5 月 29 日以挂号信邮寄方式向江苏省人民政府提交政府信息公开申请 2 份，申请公开的内容分别描述为：公开信访复核意见书中"符合南通市有关文件的规定"和"按有关文件规定"所指的文件名称、文号（第几条第几款第几项）等内容。江苏省人民政府向易某作出《信息公开答复》，告知易某"您提出的内容属于信访事项，请按照信访有关规定办理"并送达。易某收到后不服，向江苏省人民政府申请行政复议。江苏省人民政府经审查予以维持。易某不服，提起本案诉讼。

（撰写人：李绍华）

---

① 对应《中华人民共和国政府信息公开条例》（2019 年修订）第 2 条。

3 政府信息公开诉讼应以向行政机关提出申请为前提
——秦某康与江苏省公安厅政府信息公开申请再审案

- **案　　号**　（2021）最高法行申 1087 号
- **合议庭成员**　李绍华、蔚强、朱宏伟
- **关 键 词**　行政／政府信息公开／主动申请
- **相关法条**　《中华人民共和国行政诉讼法》第 49 条，《中华人民共和国政府信息公开条例》第 29 条①

【裁判要旨】

虽然政府信息公开分为主动公开和依申请公开，但对于行政诉讼而言，原则上要以当事人申请为前提，如果当事人在未向行政机关提出申请的情况下直接起诉，可裁定不予立案。

【案情摘要】

秦某康认为高邮市公安局未向其公开相关执法记录仪视频信息，其通过信访途径向上级机关提出信访诉求，高邮市公安局收到上级机关交办的信访件后，向秦某康发函，对其信访诉求予以答复。秦某康在未依法向高邮市公安局提出政府信息公开申请的情况下，向扬州市江都区人民法院提起行政诉讼，请求判决高邮市公安局公开相关政府信息，扬州市江都区人民法院驳回秦某康的起诉。后秦某康要求江苏省公安厅批准其获取相关信息，并提起本案诉讼。

（撰写人：李绍华）

---

① 对应《中华人民共和国政府信息公开条例》（2019 年修订）第 46 条。

4 在已签订补偿安置协议后,又反复多次提起实质为不满协议的各类诉讼,人民法院通常不予支持

——王某华与浙江省嘉兴市秀洲区人民政府政府信息公开申请再审案

- **案　　号**　（2021）最高法行申 2772 号
- **合议庭成员**　李绍华、贾力、周觅
- **关 键 词**　行政 / 诉讼利益 / 政府信息公开
- **相关法条**　《最高人民法院关于适用〈中华人民共和国行政诉讼法〉的解释》第 106 条

【裁判要旨】

当事人因对已签订的补偿安置协议不服,围绕房屋拆迁问题,先后向各级国土资源部门、公安机关、区政府等机关申请公开各类政府信息、提起各类诉讼,如果实质系对协议不满,人民法院可引导其针对协议本身寻求司法救济,对于其提出的其他相关诉求,通常不予支持。

【案情摘要】

朱某祥之妻王某华与嘉兴市麟湖新农村建设投资有限公司（以下简称麟湖建设公司）于 2015 年 5 月 4 日签订的《房屋拆迁补偿协议书》,虽然朱某祥本人未签字,但朱某祥及其妻子王某华均认可签约时朱某祥在场,故该协议书经双方签字后已依法成立并生效。麟湖建设公司收到承租人交付的钥匙后,根据协议书内容对涉案房屋实施拆除。王某华于 2019 年 4 月 8 日向嘉兴市秀洲区人民政府邮寄政府信息公开申请表,申请依法公开案涉房屋拆除的政府信息。嘉兴市秀洲区人民政府于 2019 年 4 月 9 日收到,但未作出任何答复或告知,故王某华提起本案诉讼。

（撰写人：李绍华）

5 行政机关对于投诉举报事项调查核实过程中产生的相关材料信息是否属于政府信息

——宋某、岳某亭与水利部信息公开及行政复议申请再审案

- 案　　号　（2021）最高法行申 3855 号
- 合议庭成员　李德申、李纬华、李小梅
- 关 键 词　行政 / 政府信息公开、行政复议之诉 / 投诉举报
- 相关法条　《中华人民共和国政府信息公开条例》第 2 条①

【裁判要旨】

行政机关对于投诉举报事项进行调查核实过程中产生的相关材料信息，属于行政机关的行政执法类信息，不属于《政府信息公开条例》规范的政府信息。

【案情摘要】

宋某、岳某亭向水利部申请公开"陕西省水利厅就《河湖监管举报调查任务单》中要求提供的书面调查结果，即陕西省水利厅提交的马镇古渡码头被列入违建并强制拆除的调查文字、照片、视频等证明材料"。水利部以该信息属于过程性信息为由，作出告知书决定不予公开。宋某、岳某亭不服，向水利部申请行政复议，水利部经复议决定维持上述告知书。宋某、岳某亭遂提起本案行政诉讼。

（撰写人：李德申）

6 当事人提出多项诉讼请求时的处理方式

——綦某芹与国家发展和改革委员会信息公开及行政复议申请再审案

- 案　　号　（2021）最高法行申 6583 号
- 合议庭成员　李德申、李纬华、李小梅
- 关 键 词　行政 / 政府信息公开、行政复议 / 诉讼请求具体、明确

---

① 对应《中华人民共和国政府信息公开条例》（2019 年修订）第 2 条。

- **相关法条** 《中华人民共和国行政诉讼法》第 49 条

【裁判要旨】

当事人在一案中针对多个行为提起行政诉讼应当有具体的多项诉讼请求。人民法院认为不符合合并审理条件，应分别立案，经释明原告仍拒绝分别起诉或者拒绝明确的，人民法院可以认定其起诉不符合法定起诉条件，裁定不予立案或者驳回起诉。

【案情摘要】

綦某芹不服国家发展和改革委员会作出的政府信息公开答复及复议决定，向人民法院提起行政诉讼，针对不同行政行为和法律关系共提出 7 项诉讼请求。经释明，綦某芹拒绝分案处理。一、二审法院依法裁定驳回綦某芹的起诉及上诉。

（撰写人：李德申）

7 政府信息不存在时的告知义务
——尚某辉与北京市门头沟区人民政府政府信息公开申请再审案

- **案　　号**　（2021）最高法行申 7103 号
- **合议庭成员**　李德申、李纬华、李小梅
- **关　键　词**　行政 / 政府信息公开之诉 / 政府信息不存在
- **相关法条**　《中华人民共和国政府信息公开条例》第 21 条第 3 项①

【裁判要旨】

当事人向行政机关提出政府信息公开申请，行政机关经检索、查询后，认定本机关不存在该政府信息的，应当告知申请人。

【案情摘要】

尚某辉向北京市门头沟区人民政府申请公开："贵单位强制拆除申请人位于北京市门头沟区七棵树西大街 ×× 排 × 号房屋时的执法依据和强制执行程序文件。"北京市门头沟区人民政府经查询及向有关部门了解后，作出案涉告知书，告知尚某辉

---

① 对应《中华人民共和国政府信息公开条例》（2019 年修订）第 36 条第 4 项、第 5 项。

所申请的信息在该机关不存在。尚某辉不服，遂提起本案诉讼。

（撰写人：李德申）

8 更正政府信息内容、撤销行政处罚决定、追究有关人员责任等问题，不属于政府信息公开案件的审查范围
——李某芳与始兴县公安局、始兴县人民政府政府信息公开及行政赔偿申请再审案

- 案　　号　（2021）最高法行申108号
- 合议庭成员　耿宝建、寇秉辉、李光琴
- 关 键 词　行政/政府信息公开/审查范围
- 相关法条　《中华人民共和国政府信息公开条例》第21条、第22条①

【裁判要旨】

当事人申请公开的政府信息中含有不应当公开的内容，但是能够作区分处理的，行政机关应当向申请人提供可以公开的信息内容。当事人就政府信息公开申请行政复议时提出的更正政府信息内容、撤销行政处罚决定、追究有关人员责任等问题，不属于政府信息公开案件的审查范围。

【案情摘要】

李某芳向县公安局申请公开若干项政府信息，县公安局根据法院生效行政判决，对部分申请公开项进行了重新答复。李某芳不服，向县政府申请行政复议。县政府复议认为，对李某芳申请的部分内容，县公安局应当就案卷中可以公开的信息向其公开并按照实际情况予以答复。据此，县政府撤销了县公安局的答复告知书中所作的相关答复，并责令县公安局重新作出答复。对于李某芳申请其他内容，县公安局已明确告知其申请公开的内容不存在。李某芳申请行政复议时还提出更正政府信息内容、撤销行政处罚决定、追究有关人员责任等问题。李某芳不服县政府的复议决定，提起本案诉讼。

（撰写人：李光琴）

---

① 对应《中华人民共和国政府信息公开条例》（2019年修订）第36条、第37条。

9 政府信息公开案件的审查内容和合法性审查标准如何把握

——任某英与四川省人民政府行政复议申请再审案

- **案　　号**　（2021）最高法行申 1403 号
- **合议庭成员**　杨军、张昊权、郭艳地
- **关 键 词**　行政 / 信息公开 / 知情权
- **相关法条**　《中华人民共和国政府信息公开条例》第 1 条、第 36 条[①]

【裁判要旨】

《政府信息公开条例》的宗旨在于保障公民、法人和其他组织依法获取政府信息，提高政府工作的透明度，促进依法行政，充分发挥政府信息对人民群众生产、生活和经济社会活动的服务作用。对于行政机关尽到合理的查找和检索义务而确认未制作或保存相关信息的情形，此时可视为并未侵害公民、法人和其他组织的知情权等合法权益，人民法院对当事人的诉求可不予支持。

【案情摘要】

任某英申请公开《征收土地公告》《征收土地补偿安置方案公告》政府信息所涉建设项目为成都市第二绕城高速公路工程项目，该项目建设用地系成都市"5·12"汶川大地震灾后重建土地利用规划，实行边建设边报批，故不存在任某英申请公开的信息。成都市政府在查实上述事实的情况下，却告知任某英向成都市温江区自然资源局申请案涉信息公开，确有不当。但鉴于任某英申请公开的政府信息不存在，再责令成都市政府重新作出告知行为无实质意义，四川省政府经审查作出复议决定，确认成都市政府作出的告知书违法，具有正当性。

（撰写人：杨　军）

[①] 对应《中华人民共和国政府信息公开条例》（2019 年修订）第 1 条、第 54 条。

10 对申请公开的政府信息未能全部予以公开是否违法
——张某与安徽省太和县人民政府政府信息公开申请再审案

- 案　　号　（2021）最高法行申 1629 号
- 合议庭成员　汪斌、聂振华、梁爽
- 关 键 词　行政 / 行政诉讼 / 政府信息公开
- 相关法条　《中华人民共和国政府信息公开条例》第 21 条①

【裁判要旨】

对政府信息公开申请，行政机关应根据不同情况分别作出答复。申请公开的政府信息依法不属于本行政机关负责公开的，对能够确定该政府信息的公开机关的，应当告知申请人该行政机关的名称、联系方式。

【案情摘要】

太和县人民政府依申请向张某公开了《太和县人民政府征收土地方案公告》，以及案涉城镇建设用地批复；对不属于政府制作、保存的补偿安置方案，告知张某到安徽省太和县国土局查询，并告知联系方式。张某不服，诉请责令太和县人民政府重新予以答复。

（撰写人：聂振华、郑　晨）

11 当事人被刑事拘留羁押期间的信息是否属于政府信息公开范围
——王某灏与浏阳市政府行政复议纠纷申请再审案

- 案　　号　（2021）最高法行申 2692 号
- 合议庭成员　寇秉辉、宋楚潇、田心则
- 关 键 词　行政 / 政府信息公开范围 / 当事人被羁押期间的信息

---

① 对应《中华人民共和国政府信息公开条例》（2019 年修订）第 36 条。

- **相关法条** 《最高人民法院关于适用〈中华人民共和国行政诉讼法〉的解释》第1条第2款第10项

【裁判要旨】

公安机关在履行《刑事诉讼法》授权职责中制作或获取的信息,并非行政机关履行行政管理职能过程中制作或者获取的信息,不属于《政府信息公开条例》的调整范围。

【案情摘要】

王某灏因涉嫌聚众扰乱公共场所秩序罪被刑事拘留,羁押在浏阳市看守所,后王某灏向浏阳市看守所提交政府信息公开申请,申请公开其羁押期间的相关信息。

(撰写人:寇秉辉、王雨晴)

12 信访过程中形成的信息能否通过申请政府信息公开的途径获取

——王某林与辽宁省凌源市人民政府政府信息公开申请再审案

- **案　　号**　(2021)最高法行申3360号
- **合议庭成员**　祝二军、阎巍、杨迪
- **关 键 词**　行政／政府信息公开／信访救济
- **相关法条**　《中华人民共和国政府信息公开条例》第39条

【裁判要旨】

公民、法人或者其他组织申请获取行政机关在信访处理过程中的相关信息,应当按照信访相关的规定办理。

【案情摘要】

2020年1月14日,王某林向凌源市人民政府申请公开对其信访问题处理意见所依据的法律或规范性文件。2020年2月21日凌源市人民政府政务公开办公室向王某林作出被诉《政府信息告知书》,并告知诉权及复议期限。王某林不服,提起行政诉讼。

(撰写人:杨　迪)

13 当事人针对同一行政行为既提起诉讼又申请行政复议如何处理

——冯某与黑龙江省人民政府政府信息公开申请再审案

- **案　　号**　（2021）最高法行申 3845 号
- **合议庭成员**　祝二军、阎巍、杨迪
- **关 键 词**　行政 / 行政复议 / 行政诉讼
- **相关法条**　《最高人民法院关于适用〈中华人民共和国行政诉讼法〉的解释》第 57 条

【裁判要旨】

法律、法规未规定行政复议为提起行政诉讼必经程序，公民法人或其他组织既提起诉讼又申请行政复议的，由先立案的机关管辖。公民、法人或其他组织已经申请行政复议，在法定复议期限内又向人民法院起诉的，人民法院可裁定不予立案。

【案情摘要】

黑龙江省人民政府于 2020 年 4 月 8 日作出黑政公开（2020）13 号政府信息公开申请答复，冯某不服分别向黑龙江省哈尔滨市中级人民法院提起诉讼、向黑龙江省人民政府申请复议。黑龙江省人民政府于 5 月 13 日受理冯某的复议申请，黑龙江省哈尔滨市中级人民法院于 5 月 27 日受理冯某的起诉。复议机关黑龙江省人民政府于 8 月 21 日作出黑政复决（2020）37 号行政复议决定。冯某不服黑政复决（2020）37 号行政复议决定于 8 月 26 日向黑龙江省哈尔滨市中级人民法院提起诉讼，该院于 9 月 1 日受理。冯某提起本案诉讼，请求：确认黑龙江省人民政府办公厅作出的黑政办公开（2020）13 号政府信息公开申请答复无效或违法，黑龙江省桦南县公安局行政处罚行为违法。

（撰写人：杨　迪）

14 由行政机关制作的政府信息的公开义务机关应为制作机关
——万某辉与江西省丰城市人民政府政府信息公开再审案

- **案　　号**　（2021）最高法行再 8 号
- **合议庭成员**　周觅、贾力、李绍华
- **关 键 词**　行政 / 政府信息公开 / 信息公开
- **相关法条**　《中华人民共和国政府信息公开条例》第 17 条、第 21 条第 3 项①，《最高人民法院关于审理政府信息公开行政案件若干问题的规定》第 12 条第 1 项

【裁判要旨】

政府信息公开遵循"谁制作谁公开、谁保存谁公开"的原则，即行政机关制作的政府信息，制作该政府信息的行政机关为公开义务机关；行政机关从公民、法人或者其他组织获取的政府信息，保存该政府信息的行政机关为公开义务机关。

【案情摘要】

万某辉于 2018 年 11 月通过邮寄方式向江西省丰城市人民政府申请信息公开，内容包括 6 项：（1）《丰城市城中村改造指导性意见（试行）》；（2）《丰城市河洲片区城中村改造安置补偿办法》；（3）案涉项目征地批复文件及与其相对应的"一书四方案"；（4）项目农用地转用审批手续、用地预审报告及用地预审批准文件；（5）项目的地籍调查表、地上附着物登记表；（6）项目的征收土地公告、征地补偿安置方案公告、征地补偿安置情况及勘测定界图。江西省丰城市人民政府向万某辉作出答复，对申请中第 1 项、第 2 项予以公开，对第 3 项至第 6 项信息，告知其向其他行政机关咨询。万某辉不服案涉信息公开答复，向法院提起行政诉讼。

（撰写人：周　觅）

---

① 对应《中华人民共和国政府信息公开条例》（2019 年修订）第 17 条、第 36 条第 5 项。

行政复议类 ▶▶▶

1 未办理产权证的房屋实际居住使用人对行政机关为第三人颁发土地证和房产证的行为申请行政复议，是否具有行政复议申请人的主体资格

——苏某来与周口市人民政府行政复议决定申请再审案

- 案　　号　（2020）最高法行申8329号
- 合议庭成员　龚斌、孙江、梁爽
- 关 键 词　行政/行政复议申请人/房屋实际居住使用人/颁证行为
- 相关法条　《中华人民共和国行政复议法》第2条，《中华人民共和国行政诉讼法》第70条第2项，第91条第2项、第4项

【裁判要旨】

未办理诉争房屋产权证的实际居住使用人在合法居住使用期间，对于行政机关就该房屋为他人颁发土地证和房产证的行为，具有申请行政复议的主体资格。

【案情摘要】

苏某来与杜某永签订房屋交换协议，杜某永将其名下房屋与苏某来互换，苏某来实际占有使用案涉房屋至今。后太康县政府为王某颁发房屋所有权证，该证项下面积含杜某永房屋所有权证项下面积。苏某来向周口市政府提起行政复议申请，请求撤销太康县政府为王某颁发的国有土地使用证和房屋所有权证。周口市政府作出周政（行复决）〔2014〕61号行政复议决定，撤销太康县政府为王某颁发的国有土地使用证和房屋所有权证。王某不服，提起诉讼。漯河市中级人民法院作出（2014）漯行初字第55号行政判决，驳回王某的诉讼请求。河南省高级人民法院作出（2015）豫法行终字第00181号行政判决，判决撤销漯河市中级人民法院（2014）漯行初字第55号行政判决；撤销周口市政府周政（行复决）〔2014〕61号行政复议决定；责令周口市政府于判决生效后60日内重新作出处理。2019年4月1日，周口市政府重新作出行政复议决定，驳回苏某来提出的行政复议申请。苏某来对该行政复议决定不服，提起本案诉讼。

（撰写人：龚　斌）

2 申请人提起行政复议申请已超过法定申请期限，且不存在因不可抗力或者其他正当理由耽误申请期限的情形，对复议机关作出的驳回复议申请决定应予支持

——红旗机床公司与安徽省人民政府行政复议决定申请再审案

- 案　　号　（2020）最高法行申 12331 号
- 合议庭成员　龚斌、孙江、梁爽
- 关　键　词　行政 / 行政复议申请期限
- 相关法条　《中华人民共和国行政复议法》第 9 条[①]

【裁判要旨】

公民、法人或者其他组织认为行政行为侵犯其合法权益的，可以自知道该行政行为之日起 60 日内提出行政复议申请；因不可抗力或者其他正当理由耽误法定申请期限的，申请期限自障碍消除之日起继续计算。对于提起行政复议申请已超过法定申请期限，且不存在因不可抗力或者其他正当理由耽误申请期限的情形，依法应驳回复议申请。

【案情摘要】

红旗机床公司原名芜湖红旗机床有限责任公司，性质为股份合作制有限责任公司。芜湖市高新技术中小企业集合债券是国家发改委为中小企业集合债券开辟绿色通道后核准的首批债券，由安得物流等 7 家高新技术中小企业联合发行，总规模 4.1 亿元。红旗机床公司在此债券中获批 2500 万元借款资格，芜湖市建设投资有限公司对该期债券提供无条件不可撤销的连带责任保证担保。2012 年 2 月，红旗机床公司在就芜湖市高新技术中小企业集合债券申请借款期间，出现经营状况严重恶化，有丧失或者可能丧失履行债务能力等法定情形，故芜湖市建设投资有限公司和芜湖经济技术开发区建设投资公司在红旗机床公司无法为其募集资金提供反担保措施的情况下，于 2012 年 8 月 13 日对红旗机床公司停止发放其获批的 2500 万元借款。红旗机床公司于 2019 年 4 月 1 日向安徽省政府提交行政复议申请书。安徽省政府经审查，以红旗机床公司的申请超过了法定行政复议申请期限为由，决定驳回申请人的

---

① 参见《中华人民共和国行政复议法》（2023 年修订）第 20 条。

行政复议申请。红旗机床公司不服，提起本案诉讼。

（撰写人：龚　斌）

3　用工单位违法转包情况下的工伤认定
——吴某雷与内蒙古自治区阿拉善左旗人力资源和社会保障局工伤认定及内蒙古自治区阿拉善左旗人民政府行政复议申请再审案

- 案　　号　（2020）最高法行申14244号
- 合议庭成员　李德申、杨科雄、李纬华
- 关 键 词　行政/用工单位/违法转包/工伤
- 相关法条　《最高人民法院关于审理工伤保险行政案件若干问题的规定》第3条第4项

【裁判要旨】

用工单位违反法律、法规规定将承包业务转包给不具备用工主体资格的组织或者自然人，后者聘用的职工从事承包业务时因工伤亡的，在通常情况下，用工单位可视为承担工伤保险责任的单位。即使生效裁判或者仲裁裁决确认违法发包、转包、分包或者挂靠情形下的工伤职工与前述用工单位之间不存在劳动关系，如果工伤认定申请符合《工伤保险条例》的基本认定条件，人民法院结合个案特定案情可考虑予以支持。

【案情摘要】

2017年7月13日，第三人江西正宇建设集团有限公司（以下简称正宇公司）与解放军某部队签订贺兰施工生活暂设工程施工合同，正宇公司负责该部队的贺兰施工生活暂设工程项目，工程地点在内蒙古自治区阿拉善左旗吉兰泰镇西南约20公里。合同签订后正宇公司将其中部分零散工程承包给李某飞，李某飞又将打混凝土、砌墙、抹灰等瓦工项目以每立方米180元的价格承包给王某成。王某成将其中的砌墙、抹灰等瓦工项目以每立方米125元的价格承包给张某五。张某五找到包括吴某雷及妻子周某艳在内的共11人负责具体砌墙施工。2017年11月8日18时许，吴某雷及妻子周某艳等人乘坐张某义驾驶的车牌号为蒙MB0×××的皮卡车从工地出发前往阿拉善左旗。途中行驶至阿拉善左旗境内S218线西侧二炮基地连接线9公里处路段时发生交通事故，造成张某明、吴某芝、吴某雷受伤，周某艳死亡。本次事故经阿拉善左旗公安局交通警察大队道路交通事故认定书认定：张某义在本次道路交通事故中负全部责任，乘车人周某艳、张某明、吴某芝、吴某雷在本次道路交通事故中不负责任。吴某雷、范某芹、吴某涛、吴某晴（以下简称吴某雷等 4 人）系死者周某艳近亲属。据此，吴某雷等 4 人向阿拉善左旗劳动人事争议仲裁院提出申请，申请确认周某艳与正宇公司存在劳动关系。阿拉善左旗劳动人事争议仲裁院于 2018 年 2 月 24 日作出仲裁裁决，驳回了吴某雷等 4 人的仲裁请求。吴某雷等 4 人不服仲裁裁决，向内蒙古自治区阿拉善左旗人民法院提起民事诉讼，请求依法确认周某艳与正宇公司存在事实劳动关系。该院判决驳回了吴某雷等 4 人的诉讼请求。吴某雷等 4 人不服提出上诉，二审法院于 2018 年 9 月 13 日依法作出（2018）内 29 民终 360 号民事判决，维持该案一审判决。该判决现已生效。吴某雷等 4 人于 2018 年 6 月 12 日向内蒙古自治区阿拉善左旗人力资源和社会保障局（以下简称阿拉善左旗人社局）申请认定 2017 年 11 月 8 日周某艳交通事故死亡属于工伤，阿拉善左旗人社局认为周某艳与正宇公司不存在劳动关系，不符合工伤认定条件，于 2018 年 6 月 21 日作出阿左人社工伤非受字〔2018〕第 002 号《工伤认定申请不予受理决定书》，后该不予受理决定书被法院判决撤销。阿拉善左旗人社局于 2018 年 12 月 19 日作出 2018 第 57 号《工伤认定申请受理决定书》受理了本案，并于 2019 年 2 月 18 日作出阿左工不决字〔2019〕001 号《不予认定工伤决定书》。吴某雷等 4 人不服，向阿拉善左旗人民政府提出行政复议，阿拉善左旗人民政府经延期审理后于 2019 年 6 月 28 日作出《阿拉善左旗人民政府行政复议决定书》，维持了阿拉善左旗人社局作出的阿左工不决字〔2019〕001 号《不予认定工伤决定书》。现吴某雷等 4 人不服该复议决定，提起诉讼，请求依法撤销阿拉善左旗人社局作出的阿左工不决字〔2019〕001 号《不予认定工伤决定书》及阿拉善左旗人民政府作出的阿左复决字〔2019〕1 号行政复议决定书，并责令阿拉善左旗人社局对周某艳的死亡认定为工伤。

（撰写人：李德申）

4 学生就高校行为申请行政复议的裁判规则
——张某泉与教育部不予受理行政复议决定申请再审案

- **案　　号**　（2021）最高法行申 214 号

- **合议庭成员**　李智明、杨科雄、李纬华
- **关　键　词**　行政/高校行为纠纷/行政复议受案范围
- **相关法条**　《中华人民共和国高等教育法》第30条第1款、第32条，《中华人民共和国行政复议法实施条例》第28条

【裁判要旨】

学生对高校的各类行为都可能提出异议进而寻求法定救济路径。法律规定对相关争议的救济路径作出明确规定的，按照法律规定的路径进行救济。法律没有明确规定的，把握以下原则：一是尊重学校的自治权，因法定自治领域引发的纠纷，符合内部人事关系特征的，原则上按照内部申诉救济路径解决。二是不属于自治权范围，或自治权范围所涉事项不宜归入内部人事争议的，原则上按照外部纠纷救济路径解决。在确定具体救济路径之前，应当明确是否属于外部纠纷，以及外部纠纷属于民事争议抑或行政争议两类。

从行政争议角度，关于高校行为的性质及争议解决路径认定，以属于自治行为、内部救济为原则，以不属于自治行为、外部救济为例外。实践中，例外情形主要有两类：一是法律、法规等明确规定可以申请行政复议或提起行政诉讼的；二是直接影响行政相对人与高校之间的身份关系的，如不予颁发毕业证、学位证、开除学籍等。

【案情摘要】

张某泉向教育部提交行政复议申请书，复议请求为：(1)确认中国地质大学（北京）不依法履行法定职责违法；(2)责令中国地质大学（北京）依法履行法定职责，对张某泉晚发毕业证、学位证的行政侵权导致人身权利（健康权利、就业权利）受到损害予以保护。教育部作出被诉复议决定，载明：中国地质大学长城学院为中国地质大学（北京）与保定贺阳教育投资有限公司合作举办的独立学院，是独立颁发学位证书、学历证书的办学主体，张某泉作为长城学院学生，向与其毕业证、学位证颁发无法律上利害关系的中国地质大学（北京）提交《履行法定职责申请书》于法无据。同时，中国地质大学（北京）不是行政机关，张某泉提出的行政复议申请不属于行政复议受理范围，决定不予受理。张某泉不服提起行政诉讼，请求撤销被诉复议决定，责令教育部受理其行政复议申请。

（撰写人：李纬华、章文英）

5 林权争议由各级人民政府依法作出处理决定
——先锋村民组、新发村民组与潜山市政府、安庆市政府林地、林木、山岭权属确权及行政复议申请再审案

- 案　　号　（2021）最高法行申 251 号
- 合议庭成员　马鸿达、袁晓磊、李小梅
- 关 键 词　行政 / 林地、林木、山岭权属确权及行政复议 / 林权确权处理决定
- 相关法条　《林木林地权属争议处理办法》第 4 条第 1 款

【裁判要旨】

林权争议由各级人民政府依法作出处理决定。各级人民政府根据法定职权配置，对当事人提出的林地确权申请，结合林地的山林所有权证记载情况和经营管理情况作出林权归属的确权处理决定。

【案情摘要】

1981 年林业"三定"时，原庙冲大队、原庙冲大队兴发生产队分别取得了原潜山县人民政府颁发的林证字第 08307 号、第 03673 号《山林所有权证》，两证均包含了案涉争议山场。案涉争议林地至迟自 1991 年之后就一直由望虎村村委会经营管理。潜山市政府根据历史和现实情况作出案涉林权归属望虎村村委会的确权处理决定，安庆市政府作出维持原行政行为的复议决定。先锋村民组、新发村民组主张案涉林地归其所有，向一审法院提起诉讼。

（撰写人：吴凯敏）

6 道路交通事故认定书目前不属于行政复议受理范围
——庞某红与湖北省襄阳市人民政府行政复议申请再审案

- 案　　号　（2021）最高法行申 977 号
- 合议庭成员　孙江、万会峰、朱燕

- **关　键　词**　行政 / 交通事故认定书 / 行政复议受案范围
- **相关法条**　《中华人民共和国道路交通安全法》第 73 条

【裁判要旨】

道路交通事故认定书是公安机关交通管理部门对交通事故的成因、责任分担等作出的评价，其作为处理道路交通事故的证据，目前不属于行政复议受理范围。针对道路交通事故认定作出的复核行为，亦不属于行政复议受理范围。

【案情摘要】

2016 年 5 月 2 日 20 时许，庞某红驾驶二轮电动自行车沿襄南大道非机动车道由北向南逆向行驶至襄城区襄南大道路富春山居路段非机动车道内时，与对向李某骑行的捷安特牌二轮自行车发生碰撞，致庞某红、李某两人不同程度受伤、两车受损的交通事故。襄阳市公安局交通警察支队襄城大队于 2016 年 5 月 18 日作出鄂公交认字〔2016〕第 00089 号道路交通事故认定书认定庞某红驾驶非机动车逆向行驶是造成此事故的全部原因，其行为违反了《道路交通安全法》第 35 条"机动车、非机动车实行右侧通行"之规定，负此事故全部责任；李某无责任。庞某红对该道路交通事故认定有异议，提出复核申请。襄阳市公安局交通警察支队于 2016 年 5 月 24 日出具襄公交复字〔2016〕第 0112 号道路交通事故认定复核结论，认为襄城交警大队对该道路交通事故认定事实清楚。依据《道路交通事故处理程序规定》第 54 条规定，维持襄城交警大队对该道路交通事故的认定。后庞某红以李某为被告提起民事诉讼，被襄城区人民法院〔2017〕鄂 0602 民初 1255 号民事判决驳回诉讼请求；庞某红不服该判决上诉后一审法院以〔2017〕鄂 06 民终 2752 号民事判决驳回上诉，维持原判。2019 年 8 月，庞某红针对交警部门作出的道路交通事故认定和道路交通事故认定复核结论，向被告襄阳市人民政府提出行政复议申请。同年 8 月 26 日，襄阳市人民政府作出襄政行复告字〔2019〕9 号行政复议告知书，告知庞某红所提行政复议申请，不属于《行政复议法》规定的行政复议范围。庞某红对该告知不予受理行为不服，于 2019 年 8 月 30 日诉至法院。一审判决驳回庞某红的诉讼请求。二审判决驳回上诉，维持原判。当事人不服，向最高人民法院申请再审，最高人民法院认为，根据《道路交通安全法》第 73 条规定，公安机关交通管理部门应当根据交通事故现场勘验、检查、调查情况和有关的检验、鉴定结论，及时制作交通事故认定书，作为处理交通事故的证据。根据该规定，道路交通事故认定书是公安机关交通管理部门对交通事故的成因、责任分担等作出的客观评价，其作为处理道路交通事故的证据，并非作出的行政行为，不属于行政复议的受案范围。故针对道路交通事故认定作出的复核行为，亦不属于行政复议受案范围。襄阳市人民政府对庞某红就交通事故认定及其复核行为提起的行政复议以告知书形式作出的不予受理决定，符合《行政复议法》的规定。一、二审法院的处理结果并无不当。裁定驳回当事人的再审申请。

（撰写人：孙　江）

7　信访局是否安排接谈不属于法律规定的行政复议受理范围

——王某芝、王某成与湖北省襄阳市人民政府请求撤销行政复议告知申请再审案

- 案　　号　（2021）最高法行申979号
- 合议庭成员　孙江、张淑芳、朱燕
- 关　键　词　行政/安排接谈/行政行为/行政复议范围
- 相关法条　《中华人民共和国行政复议法》第6条①

【裁判要旨】

申请人认为信访过程中信访局不安排接谈不履行法定职责，不属于法律规定的行政复议受理范围。

【案情摘要】

2019年12月3日，王某芝、王某成对行政复议被申请人襄阳市信访局在市委领导接访日不依序让其接谈反映问题的行为不服，向襄阳市政府提出行政复议申请，请求确认襄阳市信访局在市委领导接访日不依序让其接谈反映党委领导问题的行为违法。2019年12月6日，襄阳市政府作出襄政行复补字〔2019〕5号《补正行政复议申请通知书》，通知王某芝、王某成自收到补正通知之日起10日内补充提供"市委领导接访日未按顺序让其反映问题"的相关证据，并告知若无正当理由逾期不提供，视为放弃行政复议申请。2019年12月19日，襄阳市政府根据《行政复议法实施条例》第29条的规定，作出襄政行复告字〔2019〕12号《行政复议告知书》，

---

① 参见《中华人民共和国行政复议法》（2023年修订）第11条。

告知王某芝、王某成在其限定的期限内未补正相关证据，视为其放弃行政复议申请。王某芝、王某成对上述告知书不服，遂于2020年1月3日诉至一审法院，请求撤销襄阳市政府作出的襄政行复告字〔2019〕12号行政复议告知书，并判令其作出行政复议决定。一审法院裁定驳回王某芝、王某成的起诉。二审裁定驳回上诉，维持一审裁定。王某芝、王某成不服，向最高人民法院申请再审。最高人民法院经审查认为，根据一审法院查明的事实，王某芝、王某成称其对湖北省襄阳市信访局在市委领导接访日不依顺序接谈的行为不服，向襄阳市政府申请行政复议。根据《行政复议法》第6条之规定，王某芝、王某成所提出的复议申请不属于行政复议范围，亦不属于《行政诉讼法》第12条规定的行政诉讼受案范围。因此，一、二审裁定驳回其起诉并无不当。裁定驳回王某芝、王某成的再审申请。

（撰写人：孙　江）

8 复议机关对申请复议事项明显不符合行政复议受理条件而作出的程序性驳回复议申请决定是否可诉
——刘某雄与湖北省武汉市汉阳区人民政府行政复议申请再审案

- 案　　号　（2021）最高法行申1358号
- 合议庭成员　龚斌、孙江、梁爽
- 关 键 词　行政 / 行政复议范围 / 程序性驳回决定
- 相关法条　《中华人民共和国行政复议法实施条例》第28条

【裁判要旨】

行政复议申请事项应当属于法定的行政复议受理范围。复议机关针对申请复议事项明显不符合行政复议受理条件而作出程序性驳回复议申请决定，当事人对该决定不服提起诉讼的，人民法院可裁定不予立案，已经立案的，裁定驳回起诉。

【案情摘要】

刘某雄原系武汉市自行车车圈厂职工，2011年12月30日，该厂解除与刘某雄等人的劳动关系。2014年11月28日，该厂与武汉市汉阳区劳动力市场办公室签订档案托管协议，约定武汉市自行车车圈厂将被解除劳动关系的刘某雄等人的个人档案委托武汉市汉阳区劳动力市场办公室托管。刘某雄申请行政复议。汉阳区政府作出阳复决字〔2019〕24 号行政复议决定。刘某雄提起诉讼，请求撤销该行政复议决定。

（撰写人：龚　斌）

9 行政复议确认行政行为违法是否需要责令重新作出行政行为
——任某英与四川省人民政府行政复议申请再审案

- **案　　号**　（2021）最高法行申 1403 号
- **合议庭成员**　杨军、张昊权、郭艳地
- **关 键 词**　行政 / 行政复议 / 责令重作
- **相关法条**　《中华人民共和国行政复议法》第 28 条第 1 款第 3 项[①]，《中华人民共和国行政诉讼法》第 74 条

【裁判要旨】

根据《行政复议法》的相关规定，行政复议决定确认行政行为违法的，可以责令被申请人在一定期限内重新作出行政行为。但行政行为违法不具有可撤销内容，或者当事人诉称被申请人不履行法定职责，决定重新作出行政行为没有意义的，无需决定重新作出行政行为。

【案情摘要】

任某英申请公开《征收土地公告》《征收土地补偿安置方案公告》政府信息所涉建设项目为成都市第二绕城高速公路工程项目，该项目建设用地系成都市"5·12"汶川大地震灾后重建土地利用规划，实行边建设边报批，故不存在任某英申请公开的信息。成都市政府在查实上述事实的情况下，却告知任某英向成都市温江区自然资源局申请案涉信息公开，确有不当。但鉴于任某英申请公开的政府信息不存在，再责令成都市政府重新作出告知行为无实质意义，四川省政府经审查作出复议决定，确认成都市政府作出的告知书违法，具有正当性。

（撰写人：杨　军）

[①]　参见《中华人民共和国行政复议法》（2023 年修订）第 64 条。

10 当事人的重复申请行为不属于行政复议的受理范围
——董某心与浙江省人民政府行政复议申请再审案

- **案　　号**　（2021）最高法行申 1660 号
- **合议庭成员**　周觅、贾力、李绍华
- **关 键 词**　行政／行政复议／重复申请行为
- **相关法条**　《最高人民法院关于适用〈中华人民共和国行政诉讼法〉的解释》第 1 条第 2 款第 4 项

【裁判要旨】

复议期间，行政机关对其作出的行政处理决定所使用公章错误进行更正。在当事人对更正前的行政处理决定申请行政复议，且复议机关已作出行政复议决定情况下，当事人又就更改公章后的行政处理决定申请行政复议的，因更正后的行政处理决定仅是对于落款予以更正，未对当事人权利义务产生新的影响，当事人对更正后的处理决定不服提起复议和诉讼，属于重复申请行为，不属于行政复议的受理范围和行政诉讼的受案范围。

【案情摘要】

董某心向浙江省人民政府邮寄案涉行政裁决补偿争议申请书。浙江省人民政府征地补偿标准争议协调裁决办公室作出浙征裁告〔2019〕7 号《不予受理告知书》。董某心不服申请行政复议，浙江省人民政府作出浙政复〔2019〕459 号《行政复议决定书》，确认案涉告知书违法。行政复议期间，浙江省自然资源厅向董某心邮寄《更正书》，将"浙江省人民政府征地补偿标准争议协调裁决办公室章"更正为"浙江省人民政府征地补偿标准争议裁决专用章"，并附更正后的浙征裁告〔2019〕7 号《不予受理告知书》。董某心就更正后的告知书向浙江省人民政府再次申请行政复议。后者作出浙政复〔2019〕679 号《行政复议告知书》，不予受理该行政复议申请。董某心遂提起本案诉讼，请求撤销〔2019〕679 号《行政复议告知书》。

（撰写人：周　觅）

11 省级人民政府根据国务院土地征收批准文件作出的土地征收实施方案批准行为是否属于行政复议的受理范围
——崔某香与甘肃省政府驳回行政复议申请决定申请再审案

- **案　　号**　（2021）最高法行申 1876 号
- **合议庭成员**　齐素、陈宏宇、徐超
- **关 键 词**　行政/行政复议/土地征收实施方案批准行为
- **相关法条**　《中华人民共和国土地管理法》第44条、第45条①

【裁判要旨】

省级人民政府根据国务院土地征收批准文件作出的土地征收实施方案批准行为，属于对国务院批准行为的具体落实，并非新的独立的审批行为，未对当事人设定新的权利义务，不属于行政复议的受理范围。

【案情摘要】

原国土资源部依据国务院批准的《关于兰州市2010年度城市建设用地的请示》，作出《关于兰州市2010年度农用地转用和土地征收方案的批复》。甘肃省原国土资源厅向兰州市政府下发《甘肃省国土资源厅转发国土资源部关于兰州市2010年城市建设农用地转用和土地征收方案批复的通知》。后兰州市政府向甘肃省政府上报《关于报批七里河区2010年度第一批次城市建设农用地转用和土地征收实施方案的请示》。甘肃省政府就上述请示作出《关于兰州市2010年度第2批城市建设实施方案七里河区综合用地的批复》，崔某香获知该批复后申请行政复议，请求撤销该批复，甘肃省政府作出《驳回行政复议申请决定书》。崔某香不服，起诉请求撤销《驳回行政复议申请决定书》并请求甘肃省政府依法受理其行政复议申请。

（撰写人：齐　素、孙　阳）

---

① 对应《中华人民共和国土地管理法》（2019年修正）第44条、第45条。

12 同一主体就同一事实已提起行政诉讼，再就该事实申请行政复议，不符合行政复议申请受理条件
——姚某云等 5 人与南京市政府驳回行政复议申请决定申请再审案

- **案　　号**　（2021）最高法行申 1925 号
- **合议庭成员**　王珅、贾力、李绍华
- **关 键 词**　行政 / 驳回行政复议申请决定 / 行政复议申请受理条件
- **相关法条**　《中华人民共和国行政复议法》第 16 条第 2 款[①]，《中华人民共和国行政复议法实施条例》第 28 条

【裁判要旨】

公民、法人或者其他组织向人民法院提起行政诉讼，人民法院已经受理的，同一主体就同一事实不得再申请行政复议。复议机关已经受理的，应当决定驳回行政复议申请。

【案情摘要】

姚某云等 5 人曾分别以南京市雨花台区政府为被告向南京市中级人民法院提起行政诉讼，请求确认土地收（退）回、房屋拆除等行为违法并要求赔偿，均被驳回起诉。后姚某云等 5 人以南京市雨花台区政府为被申请人重新向南京市政府申请行政复议，复议请求同前述行政诉讼请求一致。南京市政府受理行政复议申请后，发现该行政复议申请不符合行政复议受理条件，遂作出决定驳回姚某云等 5 人的行政复议申请。姚某云等 5 人不服驳回行政复议申请决定，提起本案诉讼。

（撰写人：王　珅）

[①]　参见《中华人民共和国行政复议法》（2023 年修订）第 29 条第 2 款。

13 行政诉讼中知晓行政决定的时间能否作为申请行政复议期限的起算点

——海南金橡桥架机电设备有限公司与海南省东方市人民政府行政复议申请再审案

- **案　　号**　（2021）最高法行申 2113 号
- **合议庭成员**　耿宝建、熊劲松、陈娅
- **关 键 词**　行政 / 行政复议不予受理决定 / 不予许可决定
- **相关法条**　《中华人民共和国行政复议法》第 9 条①，《中华人民共和国行政复议法实施条例》第 15 条第 1 款第 6 项、第 2 款

【裁判要旨】

根据《行政复议法》及其实施条例的相关规定，行政相对人申请行政复议期限的起点自知道或应当知道行政行为之日起计算。行政机关作出行政行为，依法应当向行政相对人送达法律文书而未送达的，视为该行政相对人不知道该行政行为。行政机关在行政诉讼中将行政决定作为证据使用，行政相对人此时方知晓该行政行为的，不宜视为行政机关已向其送达法律文书，此时间一般不能简单作为申请行政复议期限的起点。

【案情摘要】

海南金橡桥架机电设备有限公司（以下简称金橡公司）向海南省东方市自然资源和规划局申请临时占用林地，长期未收到处理结果，故而提起履职之诉。诉讼中，东方市自然资源和规划局提交了《行政不予许可（审批）决定书》作为证据，东方市人民法院判决确认该不予许可决定违法。金橡公司提起上诉，二审发回重审后，东方市自然资源和规划局向金橡公司送达了上述不予许可决定书。金橡公司以东方市自然资源和规划局主动履行法定职责为由撤回起诉，又就该不予许可决定申请行政复议。东方市人民政府以人民法院在原一审中已向金橡公司送达上述不予许可决定书为由，认为金橡公司在该判决作出前已经知晓该决定书，其提出行政复议已经超过

---

① 参见《中华人民共和国行政复议法》（2023 年修订）第 20 条。

60 日的申请期限，遂作出行政复议不予受理决定。金橡公司不服，提起本案诉讼。

（撰写人：陈　娅）

14 行政机关对当事人以信息公开名义进行咨询所作的答复是否属于行政复议受理范围

——赵某华与上海市静安区人民政府行政复议不予受理申请再审案

- **案　　号**　（2021）最高法行申 2131 号
- **合议庭成员**　周觅、贾力、李绍华
- **关 键 词**　行政 / 行政复议 / 咨询行为、信息公开
- **相关法条**　《中华人民共和国政府信息公开条例》第 2 条,《最高人民法院关于适用〈中华人民共和国行政诉讼法〉的解释》第 1 条第 2 款第 10 项

【裁判要旨】

行政机关对当事人以信息公开的名义进行咨询所作的答复，对当事人的权利义务不产生实际影响，不属于行政复议受理范围。

【案情摘要】

2018 年 9 月，上海市静安区住房保障和房产管理局受理赵某华提起的信息公开申请，内容为要求获取关于规定"行政机关认定申请人不享有《信息公开条例（2007 年）》第 21 条第（四）项规定的被告知作出更改、补充权利的具体情形"的规范性文件等信息。2018 年 10 月 8 日，上海市静安区住房保障和房产管理局对赵某华的来信作出答复，认定赵某华来信内容属于咨询。赵某华不服，向上海市静安区人民政府提起行政复议，后者作出不予受理行政复议决定，赵某华遂提起本案诉讼。

（撰写人：周　觅）

15 公民个人能否请求审计机关开展审计监督
——李某华与审计署不予受理行政复议申请决定申请再审案

- **案　　号**　（2021）最高法行申 2470 号
- **合议庭成员**　李智明、杨科雄、李小梅
- **关 键 词**　行政 / 行政复议 / 审计、计划
- **相关法条**　《中华人民共和国审计法》第 26 条、第 31 条

【裁判要旨】

审计机关是政府职能部门，不同于作为中介机构的审计师事务所。公民可以向审计机关提出工作建议，但审计机关行使审计监督权，应当严格按照年度审计项目计划实施，而不是基于公民个人的请求而实施。公民个人无权申请审计监督，其所提复议申请不属于行政复议受理范围。

【案情摘要】

2019 年 7 月 6 日，李某华向江西省审计厅提交《责令履职申请书》，以江西省新余市审计局为被申请人，请求事项为："（1）责令被申请人对新余市委党校整体搬迁项目征收补偿费用的管理和使用进行审计；（2）书面告知申请人处理结果。"江西省审计厅于 2019 年 8 月 12 日作出《关于"责令履职申请书"的回复》，认为，审计项目计划的确定是根据政府的中心工作和审计资源的可能来确立，而不是依申请执行的，李某华的申请没有法律依据。李某华不服，遂以江西省审计厅为被申请人，向审计署提交行政复议申请书，请求事项为："（1）责令被申请人依法履行法定的审计监督职责；（2）对逃避履职的有关人员移交有权机关予以处分。"审计署对此作出《关于李某华行政复议申请不予受理的决定》，主要内容为：根据《审计法》第 38 条等规定，审计机关行使审计监督权，应当严格按照年度审计项目计划实施，而不是基于公民个人的请求而实施。审计机关依照法律规定的职权和程序有计划地组织实施审计，其他任何单位和个人都无权申请审计机关履行审计职责。李某华不服，提起本案诉讼。

（撰写人：李智明）

16 仅告知适格复议机关的行为不属于行政诉讼受案范围

——李某与西安市人民政府行政复议告知行为违法申请再审案

- **案　　号**　（2021）最高法行申 2830 号
- **合议庭成员**　何波、徐超、张梅
- **关 键 词**　行政 / 行政复议 / 告知书 / 受案范围
- **相关法条**　《最高人民法院关于适用〈中华人民共和国行政诉讼法〉的解释》第 1 条第 2 款

【裁判要旨】

行政机关告知申请人应向其他机关申请行政复议的告知书仅具有指示作用，在申请人已按照告知书指示向相应机关申请复议并已收到相应复议决定的情况下，前述行政复议告知书对申请人的权利义务并不产生实际影响，不属于行政诉讼的受案范围。

【案情摘要】

2018 年 11 月 9 日，李某向西安市人民政府提交行政复议申请书，要求确认西安市雁塔区丈八街道办事处作出的《西安高新区红庙村拆迁通告》违法。西安市人民政府于 2018 年 11 月 15 日先后作出两份市政复告字〔2018〕713 号行政复议告知书，分别告知李某应向西安市雁塔区人民政府、西安高新技术产业开发区管理委员会提出行政复议。后李某以相同事项先后向西安市雁塔区人民政府、西安高新技术产业开发区管理委员会申请复议，并针对相应复议结果分别提起诉讼。2019 年 10 月 22 日，李某以西安市人民政府 2018 年 11 月 15 日作出上述两份行政复议告知书违法为由提起本案诉讼，请求撤销上述两份行政复议告知书，由西安市人民政府向李某作出复议决定。

（撰写人：徐　超、李　欣）

17 移民部门实施行政行为后并入其他行政机关，当事人申请行政复议应如何确定被申请人

——董某林与河南省鹤壁市人民政府行政复议申请再审案

- 案　　号　（2021）最高法行申 4928 号
- 合议庭成员　汪斌、聂振华、梁爽
- 关 键 词　行政 / 行政诉讼 / 行政复议 / 被申请人
- 相关法条　《中华人民共和国行政复议法》第 12 条[①]，《中华人民共和国行政复议法实施条例》第 14 条

【裁判要旨】

区政府移民办公室发布了移民搬迁安置公告及旧房集中拆除通知，并实施了拆除行为，后并入区政府水利局。当事人不服，以区政府为复议被申请人向市政府申请行政复议，不符合《行政复议法实施条例》规定的受理条件，其应以移民办公室后并入的行政机关为复议被申请人申请行政复议。

【案情摘要】

鹤壁市淇滨区移民办公室于 2019 年 3~10 月先后发布《盘石头水库第三期移民河头村搬迁安置公告》及旧房集中拆除通知。同年，因机构改革，区移民办公室并入区水利局，成为其内设机构。2019 年 12 月 18 日，董某林向鹤壁市人民政府提出行政复议申请，请求确认鹤壁市淇滨区人民政府将其房屋强制拆除的行为违法。鹤壁市人民政府以不符合行政复议受理条件为由驳回董某林的行政复议申请。董某林不服，提起本案诉讼。

（撰写人：聂振华）

[①] 参见《中华人民共和国行政复议法》（2023 年修订）第 27 条、第 28 条。

18 行政机关机构改革后，如何确定行政复议的被申请人
——刘某喜与鹤壁市政府行政复议决定纠纷申请再审案

- **案　　号**　（2021）最高法行申 4977 号
- **合议庭成员**　汪斌、聂振华、梁爽
- **关 键 词**　行政 / 行政复议 / 机构改革
- **相关法条**　《中华人民共和国行政复议法实施条例》第 28 条

【裁判要旨】

作出行政行为的行政机关因机构改革并入另一行政机关，成为另一行政机关的内设机构的，当事人对该机关原来作出的相关行政行为不服，应以被并入的行政机关为复议被申请人提出复议申请。

【案情摘要】

2019 年 3 月 27 日、4 月 11 日、4 月 13 日、10 月 19 日，鹤壁市淇滨区移民办先后发布〔2019〕1 号、2 号、3 号《盘石头水库第三期移民河头村搬迁安置公告》及旧房集中拆除通知。淇滨区移民办系淇滨区政府设立的移民管理机构，2019 年因机构改革，并入淇滨区水利局，为其内设机构。2019 年 12 月 20 日，刘某喜向鹤壁市政府提出复议申请，请求确认淇滨区政府 2019 年 12 月 17 日将其房屋强制拆除的行为违法。2020 年 2 月 13 日，鹤壁市政府作出《行政复议决定书》，认为"申请人以淇滨区政府为被申请人向本机关提出的行政复议申请，不符合《行政复议法实施条例》第 28 条第 1 项'有符合规定的被申请人'之规定，决定驳回申请人的行政复议申请"。刘某喜不服，提起本案诉讼。

（撰写人：梁　爽）

19 现有法律未予明确行政复议的最长申请期限，司法实践中能否参照《行政诉讼法》关于20年最长起诉期限的规定

——周口市牛营八组与周口市人民政府行政复议决定申请再审案

- **案　　号**　（2021）最高法行申 5217 号
- **合议庭成员**　龚斌、孙江、聂振华
- **关 键 词**　行政 / 行政复议最长申请期限 / 参照行政诉讼法
- **相关法条**　《中华人民共和国行政复议法》第 9 条第 1 款[①]，《中华人民共和国行政诉讼法》第 46 条第 2 款

【裁判要旨】

现行行政复议法及其实施条例均未规定申请行政复议的最长期限。根据行政复议与行政诉讼的衔接关系，参照行政诉讼法相关规定，申请行政复议的最长期限应以 20 年为宜。20 年申请期限的起算点是"行政行为作出之日起"，该期限为不变期间，无论申请人何时知道行政行为的内容，或者因其他原因耽误申请，从行政行为作出之日起超过 20 年，即丧失申请复议的权利，不能再通过复议的方式寻求救济。

【案情摘要】

周口市牛营八组与第三人沈丘县莲池供销合作社等因侵权纠纷诉至沈丘县人民法院，在诉讼过程中得知沈丘县人民政府于 1995 年 12 月为沈丘县莲池供销合作社颁发了国有土地使用证。沈丘县人民法院于 2020 年 3 月 16 日以牛营八组未在规定期限内预交案件受理费为由，作出（2020）豫 1624 民初 520 号民事裁定，按牛营八组撤回起诉处理。2020 年 5 月 8 日，牛营八组向周口市政府提出行政复议申请，请求撤销沈丘县人民政府于 1995 年 12 月为第三人沈丘县莲池供销合作社颁发的国有土地使用证或确认无效，并责令沈丘县人民政府重新颁发集体土地确权证书。周口市政府于 2020 年 5 月 9 日作出周政（复不可诉）字〔2020〕5 号行政复议不予受理

---

① 参见《中华人民共和国行政复议法》（2023 年修订）第 20 条第 1 款。

决定，认为：牛营八组申请撤销的国有土地使用证的颁发日期为1995年12月，距今已超过20年。参照《行政诉讼法》第46条第2款"因不动产提起诉讼的案件自行政行为作出之日起超过二十年，其他案件自行政行为作出之日起超过五年提起诉讼的，人民法院不予受理"的规定，涉案国有土地使用证自作出之日起已经超过20年，牛营八组提出行政复议申请不符合受理条件，根据《行政复议法》第17条第1款的规定，决定不予受理。牛营八组不服提起本案行政诉讼。

（撰写人：龚　斌）

20 复议申请人与原行政行为无利害关系，人民法院撤销行政机关错误受理后作出的复议决定时，无须一并责令其重新作出不予受理复议申请的决定

——西安市长安区大兆街道办事处与王某安、西安市长安区人民政府行政复议申请再审案

- 案　　号　（2021）最高法行申5743号
- 合议庭成员　齐素、徐超、吴笛
- 关　键　词　利害关系／行政复议／宅基地改造批复
- 相关法条　《中华人民共和国行政复议法》第2条、第6条①

【裁判要旨】

在复议申请人与原行政行为没有利害关系的情况下，复议机关如认为相应行政行为违法，宜通过内部层级监督而非行政复议程序予以纠正。

复议申请人与原行政行为无利害关系，复议机关受理复议申请并作出复议决定，当事人诉请撤销复议决定，人民法院可判决撤销复议决定，同时无须再责令复议机关作出不予受理复议申请决定。

【案情摘要】

2003年11月20日，西安市长安区大兆街道办事处（以下简称大兆街道办）根据王某安母亲尚某贤与王某均签订的《售房协议》以及其父亲王某发书写的《收款

---

① 参见《中华人民共和国行政复议法》（2023年修订）第2条、第11条。

收据》等材料为王某均办理了《原庄基改造登记表》。2020 年 4 月 13 日，王某安向西安市长安区人民政府（以下简称长安区政府）提起行政复议，请求撤销大兆街道办为王某均审批办理老宅基地改造批复的行为。2020 年 7 月 15 日，长安区政府作出复议决定确认原庄基改造批复的行为违法。再审审查查明，复议时的证据不足以证明王某安与《原庄基改造登记表》具有利害关系。2021 年 11 月 19 日，长安区政府作出长政复决字〔2020〕第 04-1 号行政复议决定书，以王某安与案涉《原庄基改造登记表》不具有法律上的利害关系为由，决定驳回王某安的复议申请。

（撰写人：徐　超、李　欣）

21 行政机关应司法机关的要求调查核实相关情况的行为，对当事人不产生直接影响，即便当事人最终承担了不利后果，也是司法裁判所致，不属于行政复议受理范围

——陈某蝶与上海市浦东新区人民政府行政复议
申请不予受理决定申请再审案

- 案　　号　（2020）最高法行申 14130 号
- 合议庭成员　李绍华、何君、朱宏伟
- 关 键 词　行政/司法行为/受案范围
- 相关法条　《中华人民共和国行政复议法》第 6 条①

【裁判要旨】

司法机关在案件审理过程中，某些事项需要行政机关进一步调查核实并出具相关说明材料，这些行为并不直接对当事人产生影响，即便司法机关采信了行政机关的意见，并让当事人承担了不利的诉讼后果，也是司法裁判所致，并非行政机关的调查核实行为所致，后者不属于行政复议受理范围。

【案情摘要】

陈某蝶向上海市浦东新区政府申请行政复议，请求"确认浦东新区高行镇人民政府向上海市检察院第一分院提供其房屋情况的行为违法"。上海市浦东新区政府收

---

① 参见《中华人民共和国行政复议法》（2023 年修订）第 11 条。

到申请后，认为请求事项不属于行政复议受理范围，遂作出不予受理决定书。

（撰写人：李绍华）

22 因对法院的判决结果不服而重新申请行政复议或者变相申请行政复议，违背了司法终局原则，不属于行政复议受理范围

——宋某利与浙江省杭州市人民政府驳回行政复议申请决定申请再审案

- 案　　号　（2021）最高法行申701号
- 合议庭成员　李绍华、蔚强、朱宏伟
- 关 键 词　行政复议／行政诉讼／变相申请
- 相关法条　《中华人民共和国行政复议法》第16条第2款①

【裁判要旨】

根据《行政复议法》的相关规定，公民、法人或者其他组织向人民法院提起行政诉讼，人民法院已经依法受理的，不得申请行政复议。由此可见，法律确立了司法最终裁判原则。当事人如果针对诉争问题已经提起过行政诉讼，不得因对法院的判决结果不服而重新申请行政复议或者变相申请行政复议，否则相当于要求行政机关推翻法院的生效判决，明显违背司法终局原则。

【案情摘要】

宋某利认为西兴街道办事处2015年11月28日强制拆除其承包地上建筑物的行为违法，向杭州市滨江区人民法院提起诉讼，请求确认强制拆除行为违法并进行赔偿。生效判决确认强制拆除行为违法，并判决赔偿宋某利50万元及利息42158元，合计542158元。判决生效后，宋某利又向杭州市滨江区人民政府提出行政复议申请，要求滨江区政府责令西兴街道办事处对强制拆除的损失进行赔偿。滨江区政府作出行政复议不予受理决书。本案庭审中，宋某利自认其在本案中要求西兴街道办事处赔偿的事项范围与生效裁判处理过的事项范围一致。

（撰写人：李绍华）

---

① 参见《中华人民共和国行政复议法》（2023年修订）第29条第2款。

23 被征地集体经济组织和农民对补偿标准和方案不服向上级人民政府申请复议的，符合行政复议受理条件

——卓某墩、黄某尧与广东省梅州市人民政府驳回行政复议申请再审案

- **案　　号**　（2021）最高法行申 8353 号
- **合议庭成员**　耿宝建、黄西武、陈娅
- **关 键 词**　行政/驳回行政复议申请决定/被征地农民对补偿标准和方案不服申请裁决
- **相关法条**　《中华人民共和国行政复议法》第 13 条第 1 款①，《中华人民共和国土地管理法实施条例》第 25 条第 3 款②

【裁判要旨】

修改前的《土地管理法实施条例》第 25 条第 3 款规定，对补偿标准有争议的，由县级以上地方人民政府协调；协调不成的，由批准征收土地的人民政府裁决。《国务院法制办公室关于依法做好征地补偿安置争议复议工作的通知》规定，被征地集体经济组织和农民对有关市、县人民政府批准的征地补偿、安置方案不服要求裁决的，应当依照行政复议法律、法规的规定向上一级地方人民政府提出申请。故被征地集体经济组织和农民对补偿方案不服，向上一级人民政府申请行政复议，符合行政复议受理条件。

【案情摘要】

五华县人民政府发布《关于征收农民集体土地及补偿安置方案的公告》后，原告卓某墩、黄某尧对该公告中确定的补偿安置方案不服，向上一级人民政府梅州市政府申请行政复议。梅州市政府认为卓某墩、黄某尧二人请求复议的事项应根据《土地管理法实施条例》第 25 条第 3 款规定由县级以上人民政府协调、裁决，该复议申请不符合法定的行政复议受理条件，故驳回二人的行政复议申请。卓某墩、黄

---

① 参见《中华人民共和国行政复议法》（2023 年修订）第 24 条第 1 款。
② 该行政法规已于 2021 年修订，本条已被删除。

某尧不服，提起本案诉讼。一审判决驳回诉讼请求。二审判决撤销梅州市政府作出的《驳回行政复议申请决定书》，责令梅州市政府重新作出行政复议决定。梅州市政府申请再审。

（撰写人：张巧云）

24 申请人针对《行政复议条例》《行政复议法》施行之前的行政行为申请复议无法律依据
——李某英与贺州市人民政府不予受理行政复议申请再审案

- 案　　号　（2021）最高法行申 2904 号
- 合议庭成员　耿宝建、熊劲松、陈娅
- 关 键 词　行政 / 不予受理行政复议 / 溯及既往
- 相关法条　《中华人民共和国行政复议法实施条例》第 18 条第 2 项

【裁判要旨】

1990 年颁布的《行政复议条例》与 1999 年颁布的《行政复议法》中均无关于溯及既往的特别规定，申请人针对《行政复议条例》《行政复议法》施行之前的行政行为申请复议无法律依据。

【案情摘要】

1987 年 3 月 11 日，贺县政府发出征地批复，批准贺县城乡建设环保局征用包括案涉土地在内的地块。1988 年 9 月 27 日，贺县土地管理局发出划拨用地批复，给予刘某新、翟某珍办理了划拨手续。1990 年，刘某新申请办理国有土地使用证，李某英在界址调查表签字确认了边界。后李某英认为刘某新建房屋面积超出了其转让给刘某新的土地使用权面积，遂于 2019 年 12 月 23 日向贺州市不动产局提交申请书，提出上述两批复及不动产权证均有错，侵犯了其合法权益。贺州市不动产局对李某英提交的申请进行了答复。2020 年 3 月 31 日李某英向贺州市人民政府申请行政复议。贺州市人民政府经审查作出不予受理行政复议申请决定书。李某英遂向法院对该不予受理行为提起诉讼。

（撰写人：熊劲松）

行政裁决类 ▶▶▶

无权属凭证时如何确定土地、山林、水利权属
——可江村民小组、韦某科、韦某平、韦某荣与东兰县政府、河池市政府林业行政裁决及行政复议申请再审案

- **案　　号**　（2021）最高法行申 2689 号
- **合议庭成员**　寇秉辉、宋楚潇、田心则
- **关 键 词**　行政 / 土地、山林、水利权属纠纷 / 林业行政裁决
- **相关法条**　《广西壮族自治区土地山林水利权属纠纷调解处理条例》第 4 条

【裁判要旨】

土地、山林、水利权属纠纷中，若争议各方均无权属证据，权属通常宜确定给长期使用的一方，以有利于生产生活、有利于经营管理、有利于社会和谐稳定。

【案情摘要】

可江村民小组和哄老村民小组均不能提供关于 0.6 亩争议地的有效权属凭证。东兰县政府 1 号处理决定依据哄老村民小组村民牙某建户长期经营管理争议地的事实，将争议地确定归哄老村民小组集体所有，现有的林木归牙某建户所有，引发本案纠纷。

（撰写人：寇秉辉、王雨晴）

行政协议类 ▶▶▶▶

1 因履行行政协议产生纠纷的时效如何适用法律
——鸿亿公司诉葫芦岛市资源局、龙港区政府土地出让行政协议申请再审案

- **案　　号**　（2020）最高法行申 11747–11749、11751、11753 号，共 5 案。（以 11747 为蓝本）
- **合议庭成员**　梁凤云、张艳、杨迪
- **关 键 词**　行政 / 行政协议 / 土地出让
- **相关法条**　《中华人民共和国城市房地产管理法》第 17 条[①]，《最高人民法院关于审理行政协议案件若干问题的规定》第 25 条，《最高人民法院关于适用〈中华人民共和国行政诉讼法〉若干问题的解释》[②] 第 12 条

【裁判要旨】

公民、法人或者其他组织对行政机关不依法履行、未按照约定履行行政协议提起诉讼的，属于行政诉讼受案范围，诉讼时效参照民事法律规范确定。当事人双方未按照合法有效的合同约定全面履行合同义务的，应当承担违约责任。

【案情摘要】

葫芦岛市资源局作为出让人与受让人鸿亿公司签订国有建设用地使用权出让合同，就宗地位置、面积、交付时间、交付条件、使用权出让价款、违约金条款及合同解除等作出约定。合同签订后，鸿亿公司交付了案涉土地的全额土地使用权出让金。至鸿亿公司提起行政诉讼时，案涉土地内仍有未动迁房屋，未达到宗地内平整。鸿亿公司提起行政诉讼，请求解除国有建设用地使用权出让合同、返还土地出让金并支付违约金。

（撰写人：张　艳）

[①] 对应《中华人民共和国城市房地产管理法》（2019 年修正）第 17 条。
[②] 该解释已失效。

2 行政机关超越法定职权签订协议作出承诺或约定的效力如何认定

——河南牧业学院与金水区政府、金水区土储中心未按约定履行行政协议纠纷申请再审案

- 案　　号　（2020）最高法行申 12583 号
- 合议庭成员　汪斌、聂振华、梁爽
- 关 键 词　行政/土地储备
- 相关法条　《土地储备管理办法》第 1 条第 3 项

【裁判要旨】

区政府并非土地法定收储机关，不具有收储土地的法定职权，亦不具有确定国有土地收购补偿标准的相关职权，其与当事人签订《土地收购工作协议》并作出相应约定通常应视为超越法定职权。

行政机关超越法定职权与当事人签订协议，作出与法定的土地补偿标准不符的承诺或约定，违反依法行政原则，据此执行将损害国家利益和社会公共利益的，应当被认定为无效。

【案情摘要】

2013 年 12 月 30 日，原牧业专科学校（甲方）与金水区土地储备中心（乙方）、金水区政府（丙方）签订《土地收购工作协议》，拟收购原牧业专科学校面积约 32 亩土地，并约定若土地出让后的收购补偿款低于每亩 500 万元，金水区政府及时足额将不足部分通过金水区土储中心补足给原牧业专科学校。2014 年 8 月 4 日，原牧业专科学校作出《国有土地拟收购方案》，建议以地块出让成交净价的 55% 进行收购补偿。2014 年 12 月 18 日，郑州市土地储备中心、金水区土地储备中心和原牧业专科学校签订《国有土地收购合同》，该收购合同对土地收购范围与补偿标准、土地交付与补偿费的支付、违约责任等进行了约定。2017 年 12 月 28 日，郑州市土地储备中心、金水区土地储备中心和原牧业专科学校又签订《土地收购补充合同》。案涉土地出让后，金水区土地储备中心在收到郑州市土地储备中心的转款后，向河南牧业学院付款。后河南牧业学院以根据《土地收购工作协议》中土地补偿标准每亩不

低于500万元的约定，尚有补偿款未补偿到位为由，提起本案行政诉讼，请求判令金水区土地储备中心支付收购国有土地使用权补偿款及利息，金水区政府承担补偿责任。

（撰写人：梁　爽）

3 行政协议预期可得利益损失如何认定
——池州同晖房产公司、安庆同晖投资公司与大观区政府、华亭路街道办行政协议纠纷申请再审案

- **案　　号**　（2020）最高法行申13316号
- **合议庭成员**　汪斌、聂振华、梁爽
- **关 键 词**　行政／行政协议／预期可得利益损失
- **相关法条**　《最高人民法院关于审理行政协议案件若干问题的规定》第17条，《中华人民共和国合同法》第97条①

【裁判要旨】

可得利益损失一般是当事人所期望在合同全面履行以后可以实现和取得的财产权利。讼争投资协议约定的项目如果仅开展了前期土地使用权竞买及周边拆迁整理工作，尚未进行实际施工建设，将来是否盈利具有很强的不确定性。当事人以此主张可得利益损失缺乏事实和法律依据。

【案情摘要】

大观区政府、花亭路街道办因招商引资，在申请办理相关手续期间与池州同晖房产公司签订了《投资项目协议书》。池州同晖房产公司作为甲方（投资方）、花亭路街道办作为乙方（招商方）、安徽富春拍卖有限公司作为丙方（投资引进方）、大观区项目领导小组作为丁方（监证方），四方共同签订该《投资项目协议书》。后因池州同晖房产公司、安庆同晖投资公司所拍得的工业用地转化为商业用地手续未完成，致使其无法取得约定的商业用地的土地使用权，不能在案涉的土地上进行商业综合体的开发建设。池州同晖房产公司、安庆同晖投资公司以大观区政府、花亭路

---

① 对应《中华人民共和国民法典》第566条。

街道办存在根本违约为由，提起行政诉讼。请求判令解除《投资项目协议书》，大观区政府、花亭路街道办返还投资成本及利息并承担因违约导致的可得利益损失。

（撰写人：梁　爽）

4 行政机关不依法履行、未按照约定履行行政协议案件应按行政案件标准交纳诉讼费用

——诸葛某同等人与大连保税区二十里堡街道办事处履行行政协议请示案

- 案　　号　（2020）最高法行他8号
- 合议庭成员　马小红、刘杰、李健
- 关 键 词　不依法履行行政协议／未按照约定履行行政协议／诉讼费用
- 相关法条　《中华人民共和国行政诉讼法》第12条第11项，《诉讼费用交纳办法》第13条第1款第5项

【裁判要旨】

公民、法人或者其他组织不服行政机关不依法履行、未按照约定履行行政协议行为提起诉讼的案件，属于行政案件，诉讼费用适用行政案件的交纳标准。

【案情摘要】

诸葛某同、晚某春、孙某雪诉大连保税区二十里堡街道办事处履行行政协议一案，辽宁省瓦房店市人民法院于2019年4月5日判决大连保税区二十里堡街道办事处于判决生效之日起30日内给付诸葛某同、晚某春、孙某雪违约金571250.62元。案件受理费50元，由大连保税区二十里堡街道办事处负担。诸葛某同提出上诉，2019年12月9日，大连市中级人民法院判决驳回上诉，维持原判。一审案件受理费人民币42441元，由诸葛某同、晚某春、孙某雪负担32929元，大连保税区二十里堡街道办事处负担9512元。二审案件受理费人民币47383元，由诸葛某同负担37871元，大连保税区二十里堡街道办事处负担9512元。2020年1月8日，诸葛某同向大连市中级人民法院提出诉讼费用异议复核申请，理由是：依据《诉讼费用交纳办法》第13条第1款第5项"行政案件按照下列标准交纳：（1）商标、专利、海事行政案件每件交纳100元；（2）其他行政案件每件交纳50元"之规定，该案诉讼费应按50元交纳，大连市中级人民法院按照民事诉讼的标准向其收取诉讼费用，不

符合《诉讼费用交纳办法》第 3 条"在诉讼过程中不得违反本办法规定的范围和标准向当事人收取费用"的规定。

（撰写人：李德申、谭　红）

5　对行政协议是否无效的审查
——华隆公司与华润公司、河南省濮阳市城管局、
河南省濮阳市政府确认行政协议无效再审案

- **案　　号**　（2020）最高法行再 509 号
- **合议庭成员**　姜伟、包剑平、李小梅
- **关 键 词**　行政 / 行政协议无效
- **相关法条**　《中华人民共和国行政诉讼法》第 75 条，《最高人民法院关于审理行政协议案件若干问题的规定》第 20 条，《最高人民法院关于适用〈中华人民共和国行政诉讼法〉的解释》第 99 条，《中华人民共和国合同法》第 52 条①

【裁判要旨】

行政协议系行政机关为了实现行政管理或公共服务目标，与公民、法人或者其他组织协商订立的具有行政法上权利义务内容的协议。管道燃气特许经营协议作为政府特许经营协议，是典型的行政协议，该协议兼具"行政性"和"合同性"。人民法院在审理行政协议效力认定的案件时，不但要根据《行政诉讼法》及相关司法解释规定的无效情形进行审查，还要遵从相关民事法律规范对于合同效力认定的规定。此外，人民法院对行政协议无效的认定要采取谨慎的态度，如果可以通过瑕疵补正的，应当尽可能减少无效行政协议的认定，以推动协议各方主体继续履行义务，从而维护国家利益和社会公共利益。

【案情摘要】

濮阳市城管局先后与华润公司、华隆公司分别签订《濮阳华润燃气有限公司管道燃气特许经营协议》《濮阳市城市管道燃气特许经营协议》。华润公司认为上述两份协议约定的管道燃气经营区域部分重叠，濮阳市城管局在与华润公司先签署特许

---

① 对应《中华人民共和国民法典》第 153 条、第 154 条。

经营协议后又将部分区域交华隆公司经营，侵害了华润公司权益。遂提起本案诉讼，请求法院判决确认 2013 年 12 月 10 日濮阳市政府委托濮阳市城管局与华隆公司签订的《濮阳市城市管道燃气特许经营协议》（以下简称被诉协议）无效。

一审法院查明：2012 年 8 月 21 日，濮阳市城管局与华润公司签订《濮阳华润燃气有限公司管道燃气特许经营协议》，合同约定的特许经营权行使范围为濮阳市规划区等以及下属的各乡镇及原濮阳市天然气公司已取得的其他经营区域，并随所在区域的扩大而扩大。2013 年 12 月 10 日，濮阳市城管局与华隆公司签订被诉协议，协议约定了华隆公司具体的特许经营权范围。2015 年 8 月 1 日，濮阳市城管局与华润公司签订《濮阳华润燃气有限公司管道燃气特许经营补充协议》，明确了华润公司特许经营范围。

一审法院认为，濮阳市城管局 2012 年 8 月 21 日与华润公司签订了协议后，又在 2013 年 12 月 10 日与华隆公司签订被诉协议，协议约定的经营区域部分重叠，该约定行为违法。判决：确认被诉协议中第 3.4 条款违法；责令濮阳市城管局采取补救措施；驳回华润公司的其他诉讼请求。华润公司、华隆公司、濮阳市城管局均不服一审判决，向二审法院提起上诉。二审法院查明事实与一审法院认定一致。二审法院认为，被诉协议约定的经营区域与华润公司签订的特许经营协议约定的经营区域部分重叠，该重叠部分属于重复许可，自始不发生法律效力。因涉案争议区域是签订被诉协议的基础，故被诉协议属于无效协议。此外，濮阳市城管局关于已经与华润公司签订补充协议、华润公司与华隆公司特许经营区域不再重叠的主张不能成立。判决撤销一审判决；确认被诉协议无效。华隆公司不服，向最高人民法院申请再审。

（撰写人：李小梅）

6 行政机关根据上级要求依法调整政策，可以不再履行相关协议

——王某民与河北省滦平县人民政府不依法履行住房安置协议申请再审案

- **案　　号**　（2021）最高法行申 3886 号
- **合议庭成员**　李智明、杨科雄、李小梅
- **关 键 词**　行政协议 / 政策调整
- **相关法条**　《最高人民法院关于审理行政协议案件若干问题的规定》第 10 条第 1 款

【裁判要旨】

公民签订搬迁协议后,上级行政机关发布政策文件,要求县政府针对易地扶贫搬迁方面存在的问题开展自查自纠。据此,县政府认为当事人已不符合享受易地扶贫搬迁政策的要求,可不再履行相关协议。

【案情摘要】

王某民与滦平县大屯满族乡兴州村村委会签订搬迁协议,约定王某民享受河北省易地扶贫搬迁的相关政策。其后,王某民又与泰然房地产公司签订《滦平县易地扶贫搬迁县城安置区同步搬迁人口住房安置协议》,并向该公司交付10.5万元购房款,并抓阄确定了安置房楼号。其后,河北省发展和改革委员会发布文件,对易地扶贫搬迁方面存在的问题,要求自查自纠。滦平县对照省里的《新时期易地扶贫搬迁工作百问百答》进一步明确,"村内无房,村外房产于2015年8月31日前为新民居小产权房的,不能享受搬迁政策"。经核实,2011年12月25日,王某民的妻子已经购买兴州村新民居房。据此,滦平县政府认为王某民不符合享受易地扶贫搬迁政策的要求,遂通知王某民领回已缴纳费用,不再履行相关协议。王某民遂起诉要求继续履行搬迁协议。

(撰写人:李智明)

7 村民组长个人违规处置集体财产,以集体名义向村民出具拆迁补偿安置承诺的效力如何认定

——管城区政府与梁某荣、紫荆山南路街道办、赵堡居民组依法履行《梁某荣拆迁问题解决方案》纠纷申请再审案

- **案　　　号** （2021）最高法行申284号
- **合议庭成员** 汪斌、龚斌、梁爽
- **关 键 词** 行政/行政协议/拆迁安置/村民资格
- **相关法条** 《最高人民法院关于审理行政协议案件若干问题的规定》第11条第1款,《中华人民共和国村民委员会组织法》第8条、第24条

【裁判要旨】

村民组长个人违规处置集体财产，违反法律及廉洁纪律，侵害村民集体利益，未经村集体讨论即以集体名义向个别村民出具拆迁补偿安置承诺，程序、内容不符合法律规定，不应判令继续履行该承诺。

【案情摘要】

2011年梁某荣所住赵堡村被政府列为城中村改造范围，梁某荣以管城区政府及紫荆山南路街道办未将其儿媳列入拆迁待遇人员名单且对宅基地证面积补偿计算有误为由，多次向管城区政府及紫荆山南路街道办信访反映该问题。2012年9月26日，赵堡城中村改造指挥部向梁某荣出具解决方案，对村民待遇以及安置房屋面积等作出承诺。梁某荣因解决方案未履行，提起本案诉讼。

（撰写人：梁　爽）

8 涉及国家和社会公共利益的行政决议违法能否被撤销
——王某省等5人与泌阳县政府行政征收申请再审案

- 案　　号　（2021）最高法行申315号
- 合议庭成员　包剑平、袁晓磊、杜军
- 关 键 词　行政 / 行政征收 / 确认行政行为违法
- 相关法条　《中华人民共和国行政诉讼法》第74条

【裁判要旨】

行政行为依法应当撤销，但撤销会给国家利益、社会公共利益造成重大损害的，人民法院可以判决确认违法，但不撤销行政行为。针对该行政行为可能造成的合法权益侵害，行政相对人可以一并提起行政赔偿诉求，也可以单独另行主张赔偿权利。

【案情摘要】

王某省等5人在位于泌阳县许泌路拥有门面房，作为商业用房使用。为保障省道升级改造工程，泌阳县政府作出对泌阳县省道快速通道升级改造工程规划范围内土地房屋实施的《征收决定》。王某省等5人在知道《征收决定》后，提起本案行政诉讼要求撤销该《征收决定》。案涉《征收决定》相关的补偿除王某省等5人外，其余已经补偿完毕。原审法院认定泌阳县政府在作出该征收决议时存在作出《征收决定》证据不足的情形，确认该征收决议违法；但撤销该《征收决定》将会给国家利益、社会公共利益造成重大损失，因此不宜撤销该征收决定。王某省等5人对原审判决不服申请再审。

（撰写人：杜　军）

9 拆迁补偿安置协议中行政机关是否需要对建设用地使用权人进行实质审查

——费某民与中原区政府履行安置补偿职责申请再审案

- **案　　号**　（2021）最高法行申321号
- **合议庭成员**　李相波、谢勇、马鸿达
- **关 键 词**　行政 / 履行安置补偿职责 / 集体建设用地使用权人
- **相关法条**　《中华人民共和国土地管理法》第62条①

【裁判要旨】

夫妻双方离婚时协议约定，诉争集体建设用地及地上房屋双方各享有一半权利。离婚后，一方取得该集体建设用地使用权证。拆迁过程中，行政机关以集体建设用地使用权证书为依据，与登记权利人一方签订拆迁补偿安置协议。另一方以其对该集体建设用地使用权及其上房屋享有实际权益为由，请求行政机关与其重新签订拆迁补偿安置协议的，人民法院一般不予支持。另一方对该拆迁补偿安置协议中确定的安置利益享有权益的，可通过协商或民事诉讼向登记权利的一方另行主张。

【案情摘要】

费某民与第三人谢某枝于1987年2月离婚，离婚时双方达成协议，案涉宅基地及地上房屋一人一半。离婚后，谢某枝在该宅基地上继续生活，并于1998年11月20日取得该宅基地的集体建设用地使用权证。在中原区三王庄柳沟片区拆迁改造中，谢某枝（乙方）作为户代表与中原区政府指挥部（甲方）于2013年12月9日

---

① 对应《中华人民共和国土地管理法》（2019年修正）第62条。

就案涉宅基地签订《拆迁补偿安置协议》。离婚后，费某民搬离上述宅基地，与张某美另行组成家庭共同生活，张某美持有双方目前共同居住的宅基地使用证。2013年12月22日，张某美作为户代表与指挥部（甲方）签订拆迁补偿安置协议，费某民（乙方）与指挥部（甲方）签订无证宅基地拆迁补偿安置协议。费某民认为其与谢某枝离婚时约定案涉宅基地及房屋一人一半，中原区政府应该分别与其二人签订拆迁安置补偿协议，故提起诉讼，请求中原区政府履行拆迁安置补偿职责，为其安置408平方米房屋。

（撰写人：谢　勇、郭培培）

10　支付临时安置费应以征收房屋为前提
——林某川与秀英区政府不履行行政协议申请再审案

- **案　　号**　（2021）最高法行申491号
- **合议庭成员**　宋楚潇、刘艾涛、田心则
- **关 键 词**　行政／不履行行政协议／拆迁补偿安置费
- **相关法条**　《国有土地上房屋征收与补偿条例》第17条第1款第2项、第22条

【裁判要旨】

根据《国有土地上房屋征收与补偿条例》的相关规定，作出房屋征收决定的市、县级人民政府应给予被征收人因征收房屋造成的搬迁、临时安置的补偿，即因征收房屋造成搬迁的，房屋征收部门应向被征收人支付搬迁费；如选择房屋产权调换的，产权调换房屋交付前，房屋征收部门应向被征收人支付临时安置费或提供周转用房。因此，临时安置费是房屋征收部门在产权调换房屋交付前，支付给合法房屋所有权人用于解决临时居住问题的费用；没有房屋被征收，则不存在支付临时安置费的前提。

【案情摘要】

秀英区政府与林某川因海口市新海片区棚户区（城中村）改造项目分别签订了《安置协议》及《产权调换协议》，约定林某川被征收房屋建筑面积为0平方米，选择产权调换面积为150平方米。秀英区政府考虑到本案林某川在被征收的范围内没

有房屋，出于加快棚改项目的推进和社会稳定的目的，给予其一次性补助，补助发放至政府公告的安置房交付之日止。后因安置房未如约交付，秀英区政府未继续向林某川发放安置补助费；海口市房屋征收局亦向秀英区政府作出《关于明确临时安置补助费标准相关问题的复函》，空地、基础等不属于合法住宅类房屋的情况均不属于发放临时安置补助费的范围。林某川认为发放安置补助不应区分是否有住房被拆，遂提起本案诉讼。

（撰写人：宋楚潇、陈 真）

行政机关解除、变更、撤销行政协议应有明确的意思表示和法律依据

——刘某敏与河南省郑州市二七区人民政府及河南省郑州市二七区马寨镇人民政府行政协议履行纠纷申请再审案

- **案　　号**　（2021）最高法行申 1097 号
- **合议庭成员**　孙江、龚斌、聂振华
- **关 键 词**　行政协议/解除、变更、撤销/意思表示
- **相关法条**　《最高人民法院关于审理行政协议案件若干问题的规定》第 11 条

【裁判要旨】

若安置补偿协议系双方真实意思的表示，且不违反法律、行政法规的强制性规定，也不属于行政协议"重大且明显违法"的情形，不能认定协议无效。行政机关解除、变更、撤销行政协议应有明确的意思表示和法律理由与依据，且要遵循法定程序。

【案情摘要】

刘某敏与刘某臣为父女关系。刘某臣在马寨镇张寨村有宅基地一块，并建有房屋，但未办理集体土地使用证，2013 年河南省郑州市二七区人民政府（以下简称二七区政府）对马寨镇张寨村进行合村并城改造，在经过附属物普查、空房验收等程序后，同年 10 月 26 日二七区政府成立的马寨合村并城指挥部与刘某敏签订《拆迁安置补偿协议》，对刘某敏进行安置补偿。涉案房屋建于 2005 年，刘某臣于 2007 年与郭某莲再婚后，二人居住于该房屋内。2011 年刘某臣因交通事故死亡。其名下另

有一块宅基地（证号006××××），在合村并城改造中，马寨合村并城指挥部已向刘某臣之子刘某俊进行补偿安置。2019年5月25日马寨合村并城指挥部在《郑州晚报》发布公告，以与刘某敏等人所签安置补偿协议不符合拆迁改造政策、补偿有误等为由，决定对协议不再履行，过渡费不再发放等，并告知其复议及诉讼权利。刘某敏以该不履行拆迁安置补偿职责的行为严重侵犯其合法利益为由提起行政诉讼，请求判令二七区政府、马寨镇政府继续履行与其签订的《拆迁安置补偿协议》。

（撰写人：孙　江）

12　行政协议案件中如何确定适格被告
——王某与辽宁省沈阳市人民政府、辽宁省沈阳长白岛
经济区管理委员会行政协议纠纷申请再审案

- 案　　号　（2021）最高法行申2085号
- 合议庭成员　祝二军、阎巍、杨迪
- 关 键 词　行政/行政协议/适格被告
- 相关法条　《最高人民法院关于审理行政协议案件若干问题的规定》第4条

【裁判要旨】

因行政协议的订立、履行等产生纠纷，应以承担具体职责的行政主体为被告提起行政诉讼。

【案情摘要】

2010年9月30日，辽宁省沈阳市和平区人民政府发布案涉《征地拆迁公告》，对案涉房屋所在地区进行土地整理。项目单位为辽宁省沈阳长白岛管理委员会。后辽宁省沈阳长白岛管理委员会更名为辽宁省沈阳长白岛经济区管理委员会（以下简称长白岛管委会）。2012年11月29日，长白岛管委会与王某签订《城市房屋拆迁补偿安置协议》。后长白岛管委会作出《关于变更王某〈城市房屋拆迁补偿安置协议〉的决定》。王某对此不服，提起诉讼请求：（1）撤销长白岛管委会作出的《关于变更王某〈城市房屋拆迁补偿安置协议〉的决定》；（2）判令沈阳市人民政府、长白岛管委会继续履行与王某签订的《城市房屋拆迁补偿安置协议》；（3）判令沈阳市人

民政府、长白岛管委会承担诉讼费用。经法院释明，王某拒绝变更被告，坚持以沈阳市人民政府为被告。

（撰写人：杨　迪）

13　行政协议履行纠纷适用诉讼时效的规则
——张某岭与河南省临颍县人民政府履行行政协议纠纷申请再审案

- **案　　号**　（2021）最高法行申 2612 号
- **合议庭成员**　孙江、龚斌、梁爽
- **关 键 词**　行政 / 行政协议 / 履行 / 诉讼时效
- **相关法条**　《最高人民法院关于审理行政协议案件若干问题的规定》第 25 条

【裁判要旨】

公民、法人或者其他组织对行政机关不依法履行、未按照约定履行行政协议提起诉讼的，诉讼时效参照民事法律规范确定。

【案情摘要】

2001 年 12 月 3 日，临颍县人民政府作出临政土〔2001〕46 号文件《临颍县人民政府关于拟收回第二汽车制造厂周口技术服务站临颍分站国有划拨土地使用权的通知》，决定收回该宗划拨土地使用权用于公益建设用地。2001 年 8 月 1 日临颍县人民政府拆迁管理办公室作出临拆管〔2001〕1 号《关于 107 国道与颍松大道交叉口区域拆迁安置的通知》，该通知载明拆迁时间为 2001 年 8 月 1 日至 8 月 31 日，并载明了拆迁补偿与安置的具体内容，张某岭涉案房屋位于拆迁范围内。张某岭向一审法院举证的临证字第 4310 号、4311 号、4312 号、4313 号房屋所有权证显示涉案房产所有权人均为第二汽车制造厂周口技术服务站临颍分站。其提供的营业执照显示："企业名称为第二汽车制造厂周口技术服务站，法定代表人为张某岭。"2001 年 8 月 15 日张某岭作为乙方经办人与甲方临颍县园林管理处就涉案房产的拆迁签订了房屋拆迁安置协议书，该协议书第 6 条约定"此协议有效期至房屋搬迁补偿安置完毕终止"。2001 年 8 月 15 日临颍县房屋拆迁补偿表显示："被拆迁人为张某岭，总合计 461876.45。"2001 年 11 月 5 日临颍县人民法院向临颍县园林管理处、临颍县拆迁管理办公室发出协助执行通知，该通知限临颍县园林管理处于 2001 年 11 月

12日将临颍县人民法院扣押的周口二汽服务站临颍分站房地产补偿费补偿到位，并由临颍县拆迁管理办公室督促办理。该通知发出后2002年2月至2003年7月，张某林陆续领取涉案房屋的补偿款。2005年4月10日张某岭向临颍县拆迁管理办公室出具委托书，委托张某林负责张某岭所在的二汽周口技术服务站临颍站拆迁后的赔偿事宜。2019年7月9日，张某岭提起本案行政诉讼，请求依法判令临颍县政府履行其与临颍县园林管理处于2001年8月15日签订的《房屋拆迁安置协议书》。

（撰写人：孙　江）

14 对行政机关不履行行政协议约定义务的审查
——达美公司与通山县政府、通山县住建局政府特许经营行政协议申请再审案

- **案　　号**　（2021）最高法行申4916号
- **合议庭成员**　孙江、龚斌、梁爽
- **关 键 词**　行政 / 行政协议 / 政府特许经营 / 履行
- **相关法条**　《中华人民共和国行政诉讼法》第12条第1款第11项，《最高人民法院关于审理行政协议案件若干问题的规定》第10条、第11条

【裁判要旨】

人民法院审理行政协议案件，应当对被告履行、变更、解除行政协议等行为是否合法进行全面审查。从行政管理和责任政府、法治政府的角度来看，针对行政机关存在明确法定和协议约定追究违约责任方式的情况下，通过采取不按照协议约定标准履行合同主要义务的方式追究县污水处理厂的违约责任，缺乏事实根据和法律依据。行政机关应当全面履行合法有效的行政协议约定的义务。

【案情摘要】

2008年12月20日，通山县住建局作为甲方与达美公司（乙方）签订了《协议书》，双方对主要权利义务约定如下：（1）通山县住建局受通山县政府委托，将通山县污水处理工程独家特许经营权授予达美公司，期限30年。达美公司按照BOT运作方式，负责该项目的设计、建设、运营与维护，提供污水处理服务并获取污水处

理服务费，在特许经营期满后无偿将项目设施完好移交给通山县住建局或其指定的机构。在特许经营期内，达美公司成立项目公司，由该项目公司代表达美公司履行协议下的权利和义务。（2）工程设计日污水处理能力（即额定水量）为1.5万立方米/日，污水处理服务费为0.8元/立方米。商业试运行期间，通山县住建局按实际处理污水量的80%结算污水处理服务费；商业运行期间，在出水水质标准足量、达标处理的前提下，通山县住建局应就计量水量支付基本污水处理服务费。当实测水量低于当年日保证水量时，则按日保证水量计费支付污水处理服务费。（3）污水进水量作为达美公司计费依据的实际处理水量，出水水量作为复核依据，双方在每个运营月的最后一日对污水进水量及水质联合抄表、签字确认。达美公司应根据当月《月度水量报告》，向通山县住建局书面提交"污水处理服务费付款申请书"，该局应于每月20日前足额支付上个月的污水处理服务费。（4）达美公司负责本项目截污主干管网的建设，通山县住建局负责完成该项目城区污水收纳系统管道建设与污水处理厂配套管网设计。同时，《协议书》12.2.1还对项目商业运行的程序进行了明确约定：（1）达美公司的项目公司通过环保部门的检测，并接到环保部门出具的验收监测报告后，应立即书面通知通山县住建局，申请开始商业运行。（2）通山县住建局自收到前款所述之书面申请之日后7个工作日内，书面通知该项目公司是否同意开始商业运行，如果不同意须同时书面陈述理由。如果通山县住建局未发出此等通知，视为同意该项目公司开始商业运行。2009年6月23日，达美公司设立通羊公司具体负责涉案污水处理厂项目运营。2009年10月16日，通山县污水处理一期工程项目环境影响报告表经咸宁市环境保护局审批通过。2010年12月1日，通山县污水处理厂开始进水调试试运行。2010年12月23日，该厂通过竣工验收备案。2011年3月20日，该厂竣工环境保护验收合格。2012年年初，为提升截污主干网污水水位，达美公司建成月亮湾泵站并投入运行。2011年6月至2017年12月期间，通山县住建局通过代付工程款、直接支付污水处理服务费等形式给付达美公司1218万元。通山县住建局、通山县财政局曾于2013年5月20日、7月29日，2014年5月19日、8月26日，按照《协议书》约定的商业运行标准，以协议约定的保底水量为基数，申报并向通山县污水处理厂支付了2013年2月至5月、9月至10月，2014年1月至2月的污水处理服务费。2011年4月1日至2018年8月，通山县污水处理厂共收到通山县住建局通过代付工程款、直接支付污水处理服务费等形式给付的污水处理服务费1256万元。期间，因通山县污水处理厂管道维修、工程纠纷、低水位、暴雨被淹等各项原因共停运233.27天。后双方因通山县污水处理厂出水水质超标、溢流、停产、污水处理服务费支付等情况发生纠纷。达美公司向法院提起行政诉讼，要求通山县政府、通山县住建局继续履行协议并支付拖欠污水处理服务费及利息和逾期违约金，并要求通山县住建局承担月亮湾泵站的运行电费。

（撰写人：孙　江）

15　确认行政协议无效应提交证据证明存在法定无效情形
——曹某强与河南省开封市祥符区人民政府确认行政协议无效申请再审案

- **案　　号**　（2021）最高法行申 5074 号
- **合议庭成员**　汪斌、聂振华、梁爽
- **关 键 词**　行政 / 行政诉讼 / 行政协议 / 无效
- **相关法条**　《中华人民共和国行政诉讼法》第 75 条，《最高人民法院关于审理行政协议案件若干问题的规定》第 12 条

【裁判要旨】

当事人请求确认行政协议无效，应当提供证据证明存在《行政诉讼法》规定的行政行为无效或民事法律规范规定的协议无效的情形。若签订行政协议时行政主体并无《行政诉讼法》规定的不具有行政主体资格或者没有依据等重大且明显违法情形，亦没有民事法律规范规定的协议无效情形，行政协议应当认定为有效。

【案情摘要】

为解决环境污染对徐府楼村群众的生产生活所造成的影响，河南省开封市祥符区人民政府发布了徐府楼村搬迁补偿安置方案，并与开封黄龙产业集聚区管理委员会签订委托书，委托该管理委员会负责处理房屋搬迁与补偿的具体工作事宜。后开封黄龙产业集聚区管理委员会与曹某强签订了案涉安置补偿协议书。协议约定的房屋、地上附着物补偿和其他各项费用等安置补偿款已全部履行完毕，安置房亦已完成选房。曹某强提起本案诉讼，请求确认《徐府楼村搬迁安置补偿协议》无效。

（撰写人：聂振华、郑　晨）

16 2015年前订立的行政协议是否属于人民法院行政诉讼受案范围

——永靖县兴翔生态养殖农民专业合作社与永靖县人民政府行政协议及行政赔偿申请再审案

- **案　　号**　（2021）最高法行申 5716 号
- **合议庭成员**　齐素、徐超、吴笛
- **关 键 词**　行政／行政协议／仲裁条款／争议解决途径
- **相关法条**　《最高人民法院关于审理行政协议案件若干问题的规定》第 28 条

【裁判要旨】

具有行政法上权利义务内容的招商引资协议，性质上属于行政协议，其中约定的仲裁条款一般应被确认无效。即便该协议订立于 2015 年 5 月 1 日（2014 年修正的《行政诉讼法》实施之日）前，实务中对其性质及与此相关的仲裁问题认识不一，但若其仲裁条款仅约定为"向有管辖权的仲裁委员会申请仲裁"，则也会因属于对仲裁机构约定不明而应被确认无效。对于 2015 年 5 月 1 日前订立的行政协议，当时的法律、行政法规及司法解释没有明确规定的，应当尊重行政相对人对诉讼程序的选择。

【案情摘要】

永靖县兴翔生态养殖农民专业合作社（以下简称兴翔合作社）2018 年收到永靖县农牧局禁养搬迁通知后起诉请求确认 2013 年永靖县人民政府与其签订的《刘家峡镇生态养殖场建设项目合同书》行政协议违法，并判令永靖县人民政府赔偿其因此所造成的损失。上述合同第 6 条载明发生争议协商不成时"双方同意向有管辖权的仲裁委员会申请仲裁"。一、二审法院认为，兴翔合作社应依据合同约定申请仲裁，本案不属于行政诉讼受案范围。兴翔合作社不服，申请再审。再审审查期间最高人民法院通知双方当事人询问，并与双方当事人就有关问题沟通，后兴翔合作社因永靖县人民政府将与其进行矛盾实质化解，故撤回再审申请。

（撰写人：徐　超、李　欣）

17 行政协议约定的解除协议事由成就时，解除权人依法享有解除权

——惠州首创公司与广东省惠州市人民政府继续履行行政协议申请再审案

- 案　　号　（2021）最高法行申7693号
- 合议庭成员　耿宝建、黄西武、陈娅
- 关 键 词　行政 / 行政协议 / 行政协议解除
- 相关法条　《中华人民共和国合同法》第93条第2款①，《最高人民法院关于审理行政协议案件若干问题的规定》第27条第2款

【裁判要旨】

行政机关为实现行政管理或者公共服务目标，与法人协商订立的具有行政法上权利义务内容的行政协议，行政协议约定的解除条件成就时，行政机关有权解除。另一方对行政协议解除持有异议提起诉讼，人民法院可参照用民事合同的相关规定对行政协议解除问题进行审查。

【案情摘要】

广东省惠州市人民政府（以下简称惠州市政府）为了实现行政管理或者公共服务目标，与惠州首创公司签订的《惠州海洋生态园项目协议书》4.2条明确约定每个项目周期需投资的数额；协议8.1条约定若惠州首创公司因自己原因未能按照约定进度投资建设运营，惠州市政府有权单方解除协议。协议履行过程中，因惠州首创公司资金未到位，惠州市海洋与渔业局于2015年3月发函要求其抓紧完成项目融资，确保资金尽快到位。2016年1月14日，惠州首创公司向惠州市海洋与渔业局发函，自认项目投资资金尚未到位，未到位原因系其认为项目效益增长点不明显，后续盈利难以保障，以及北京首创公司发生重大人事变动。惠州市政府遂依据《惠州海洋生态园项目协议》约定，通知解除协议。惠州首创公司提起本案诉讼，请求撤销解除协议的通知，继续履行协议。

（撰写人：张巧云）

---

① 对应《中华人民共和国民法典》第562条第2款。

行政赔偿类 ▶▶▶

1 不具备重新评估条件时法院可以酌定损失
——铭源造型厂与济南市历城区政府行政赔偿申请再审案

- **案　　号**　（2020）最高法行赔申 379 号
- **合议庭成员**　于泓、朱宏伟、仝蕾
- **关 键 词**　行政 / 行政赔偿之诉 / 强制拆除 / 酌定
- **相关法条**　《中华人民共和国国家赔偿法》第 2 条第 1 款,《中华人民共和国行政诉讼法》第 91 条,《最高人民法院关于适用〈中华人民共和国行政诉讼法〉的解释》第 116 条第 2 款

【裁判要旨】

因违法强制拆除造成机器设备损失,行政机关不能提交强制拆除时的证据材料,行政相对人亦无法合理说明其设备的实际价格,不具备重新评估的条件,人民法院可根据相关证据材料,酌情确定赔偿数额。

【案情摘要】

济南市历城区政府（以下简称历城区政府）因土地征收强制拆除铭源造型厂厂房,该强拆行为已被人民法院判决确认违法。铭源造型厂向历城区政府申请赔偿,历城区政府在法定期限内未作赔偿决定。铭源造型厂不服,提起行政赔偿诉讼。关于铭源造型厂主张的厂房内机器设备,因历城区政府没有提交涉案厂房被拆除时的录像资料,铭源造型厂亦无法合理说明其设备的实际价格,铭源造型厂虽对土地征收前、调查摸底时由山东道勤资产评估有限公司出具的评估价值有异议,但涉案机器设备下落不明,不具备重新评估的条件,法院酌定按照山东道勤资产评估有限公司出具的评估报告中机器设备的重置价值进行计算,另向铭源造型厂赔偿拆卸、运输、安装调试费。

（撰写人：于　泓、刘　潋）

2 无产权证房屋被强拆灭失，对房屋面积的举证责任应当由实施违法强拆行为的被告承担

——刘某明、刘某珠与涵江区政府行政赔偿申请再审案

- **案　　号**　（2020）最高法行赔申 406 号
- **合议庭成员**　朱宏伟、何君、李绍华
- **关 键 词**　行政 / 行政赔偿 / 举证责任 / 程序空转
- **相关法条**　《中华人民共和国行政诉讼法》第 38 条、第 39 条、第 40 条

【裁判要旨】

征收房屋过程中，因违法强拆无证房屋引发的行政赔偿诉讼，双方当事人对于行政主体应承担对房屋的征收补偿责任（因强拆违法而转化为赔偿责任）并无分歧，仅对房屋的面积有分歧，因房屋灭失，原告对房屋面积不能举证的情况下，该项举证责任应当由实施违法强拆行为的被告承担。

【案情摘要】

原告刘某明、刘某珠的房屋在涵江区政府征收范围内，2016 年 7 月 1 日涉案房屋被拆除。刘某明、刘某珠将该强制拆除行为起诉至法院，莆田市中级人民法院判决确认涵江区政府强制拆除该房屋的行为违法。各方未上诉，判决生效。后刘某明、刘某珠向"莆田市涵江区人民政府区长"邮寄《行政赔偿申请书》，未得到答复，遂提起本案行政赔偿之诉。莆田市中级人民法院一审认为，在行政赔偿、补偿的案件中，依照法律规定，原告应当对行政行为造成的损害提供证据。故本案对因行政强制行为造成的损失数额应由原告进行举证。在双方均未提供关于房屋面积认定证据的情况下，原告主张的"对非法拆除刘某明、刘某珠房屋 276.39 平方米，赔付同区位、同面积的合格房屋"没有证据支持，不能成立。原告可在取得相关证据后，另行提起行政赔偿之诉。至于室内财物损失，原告虽未提供证据证明损失数额，但考虑到实际情况，酌情给予人民币 2 万元作为财产损失补偿。据此，判决：一、涵江区政府应在本判决生效之日起 15 日内支付给刘某明、刘某珠人民币 2 万元作为室内财产损失补偿款；二、驳回刘某明、刘某珠其他的赔偿请求。二审法院以基本相同的理由判决：驳回上诉，维持原判。刘某明、刘某珠申请再审，最高人民法院

裁定指令福建省高级人民法院再审本案。

（撰写人：朱宏伟）

3 行政机关因登记错误造成损害的，承担相应的赔偿责任

——汉凌公司与海口市人民政府行政赔偿申请再审案

- **案　　号**　（2020）最高法行赔申 1004 号
- **合议庭成员**　刘艾涛、宋楚潇、杨志华
- **关 键 词**　行政 / 登记错误 / 行政赔偿 / 过错程度 / 追偿
- **相关法条**　《中华人民共和国物权法》第 21 条[①]，《中华人民共和国国家赔偿法》第 2 条第 1 款，《最高人民法院关于审理行政赔偿案件若干问题的规定》第 23 条

【裁判要旨】

行政机关在办理土地使用权转移登记时未尽合理审慎审查职责，因登记错误被生效判决确认违法，导致原土地使用权人遭受客观损失的，行政机关应当根据其过错程度及其在损害中所起的作用，赔偿其违法颁证行为给原土地权利人造成的损失。行政机关承担赔偿责任后，可以依法向造成登记错误的人追偿。行政机关已经尽到审慎审查义务的，不承担行政赔偿责任。

【案情摘要】

汉凌公司因不服海口市人民政府给豫财公司颁发国有土地使用证的行政行为，向海口市中级人民法院提起另案行政诉讼。经海口市中级人民法院、海南省高级人民法院审理，认定海口市人民政府在豫财公司提交的合同书真实性难以确定且未提交付款凭证的情况下即为其颁发国有土地使用证，主要证据明显不足，依法应予撤销，由于豫财公司已在该地上建好商住楼，且已售出大部分房屋，撤销该国有土地使用证会涉及社会公众利益，故判决确认海口市人民政府给豫财公司颁发国有土地使用证的具体行政行为违法。裁判生效后，汉凌公司向豫财公司提出赔偿主张，因

---

① 对应《中华人民共和国民法典》第 222 条。

双方未能达成赔偿协议，汉凌公司遂向一审法院提起本案行政赔偿诉讼，请求判令海口市人民政府向其赔偿经济损失。一、二审法院经审理认为，汉凌公司在本案中主张的各项损失的实质是基于《合同书》所享有的债权，其主张的合同价款损失不属于行政赔偿的范围，汉凌公司可以通过民事途径主张权利。海口市政府的违法颁证行为并未对汉凌公司合同权益造成损害，依法不承担国家赔偿责任，遂判决驳回汉凌公司的诉讼请求和上诉。汉凌公司不服，向最高人民法院申请再审。最高人民法院经审理，裁定指令二审法院再审本案；再审期间，中止原判决的执行。

（撰写人：刘艾涛）

4 行政赔偿中当事人的损失因客观原因无法鉴定的，如何确定赔偿数额

——鸿泰宇矿业有限公司与湖南省湘潭县人民政府行政赔偿纠纷申请再审案

- 案　　号　（2020）最高法行赔申 1440 号
- 合议庭成员　耿宝建、田心则、孙茜
- 关 键 词　行政 / 行政赔偿 / 赔偿数额确定
- 相关法条　《最高人民法院关于适用〈中华人民共和国行政诉讼法〉的解释》第 47 条第 3 款

【裁判要旨】

违法行政行为对当事人的合法权益造成损害的，当事人有权申请国家赔偿，行政机关应当对当事人因行政行为受到的直接损失予以赔偿。当事人的损失因客观原因无法鉴定的，人民法院以可根据相关法律法规，结合当地政策文件精神，考虑当事人的实际情况、各方当事人的主张和在案证据，遵循法官职业道德，运用逻辑推理和生活经验、生活常识，酌情确定赔偿数额。

【案情摘要】

湘潭县政府对鸿泰宇公司一矿井口实施强制封闭，经生效行政判决确认该行政行为违法，鸿泰宇公司向法院申请国家赔偿，请求判决湘潭县政府赔偿其各项损失 182297196 元及利息。一审法院委托评估机构对鸿泰宇公司的实际损失进行审计、

评估，由于当事人提交资料不完善，评估机构无法作出审计、评估结论。一审法院根据当时中央、省、市、县有关煤矿关闭退出政策的规定，判决湘潭县政府赔偿鸿泰宇公司奖补资金1400万元。二审法院认为还应对鸿泰宇公司为扩大该矿产能的投入进行弥补，但未能确定为扩大产能投入的损失数额，酌情确定由湘潭县政府赔偿鸿泰宇公司各项财产损失2433万元及利息。鸿泰宇公司不服，向最高人民法院申请再审。

（撰写人：陈得和）

5 在被拆除房屋已出租给他人经营的情况下，因强拆行为导致的租金损失是否应予赔偿
——安庆荣龙船舶公司与怀宁县政府行政赔偿纠纷申请再审案

- **案　　号**　（2020）最高法行赔申1477号
- **合议庭成员**　汪斌、聂振华、梁爽
- **关 键 词**　行政/行政赔偿/评估时点/直接损失
- **相关法条**　《中华人民共和国国家赔偿法》第4条、第36条，《国有土地上房屋征收与补偿条例》第19条第1款

【裁判要旨】

当事人将被拆除房屋出租给他人经营，其直接损失应为因强拆行为而导致的租金损失。征收过程中的停产停业损失，只是补偿因征收给房屋所有权人经营造成的临时性经营困难，具有过渡费用性质，因而只能计算适当期间或者按照房屋补偿金额的适当比例计付。同时，房屋所有权人在征收或者侵权行为发生后的适当期间，也应当及时寻找合适地址重新经营，不能将因自身未开展经营的损失，全部由行政机关来承担。行政机关因侵权行为所承担的损失赔偿责任，也仅限因行政侵权行为给被征收人造成的直接损失，不应将因自身产生的扩大损失和预期可得利益作为直接损失，要求行政机关承担赔偿责任。

【案情摘要】

2017年3月29日，怀宁县政府将安庆荣龙船舶公司位于怀宁县月山工业园的房屋强制拆除。安徽省安庆市中级人民法院于2017年9月27日作出（2017）皖08

行初 51 号行政判决，确认该强制搬迁行为违法。安庆荣龙船舶公司向怀宁县政府提出国家赔偿申请。怀宁县政府作出行政赔偿决定，对安庆荣龙船舶公司提出的赔偿请求不予支持。安庆荣龙船舶公司认为，怀宁县政府作出的行政赔偿决定未弥补违法强拆行为对其造成的损失，故提起诉讼，请求怀宁县政府赔偿因违法强拆行为给安庆荣龙船舶公司造成的各项损失。

（撰写人：梁　爽）

6 当事人已获得足额补偿时则赔偿之诉不予支持
——葛某飞与嵊州市人民政府拆迁行政赔偿申请再审案

- 案　　号　（2020）最高法行赔申 1546 号
- 合议庭成员　李绍华、何君、朱宏伟
- 关 键 词　行政 / 行政赔偿 / 行政补偿
- 相关法条　《中华人民共和国国家赔偿法》第 4 条、第 36 条

【裁判要旨】

由于《国家赔偿法》未规定惩罚性赔偿制度，当事人申请赔偿的数额和能获得的补偿数额存在重合之处。如果当事人已经获得的补偿数额不存在问题，则对其提起的赔偿之诉，人民法院可不予支持。

【案情摘要】

涉案房屋位于城中村改造范围。2016 年 10 月 30 日，以嵊州市经济开发区（浦口街道）管理委员会为甲方，嵊州市美瑞房屋拆迁有限公司为乙方，葛某中（葛某飞弟弟）为丙方，就葛某中户房屋面积、安置人口、各项安置补偿费用等事项签订了《嵊州市城中村改造房屋征收补偿安置协议书》，葛某飞系该户在册及安置人口。相关款项已实际履行完毕。嵊州市人民政府征收涉案房屋的行为被法院判决确认违法。葛某飞于 2019 年 5 月 22 日向嵊州市人民政府提起行政赔偿申请，嵊州市人民政府于 2019 年 7 月 16 日作出不予赔偿决定，葛某飞提起本案诉讼。

（撰写人：李绍华）

7 国有土地上房屋征收中被征收房屋价值的审查认定
——王某启与日照市东港区人民政府行政赔偿申请再审案

- **案　　号**　（2020）最高法行赔申 1655 号
- **合议庭成员**　李智明、杨科雄、李纬华
- **关 键 词**　行政／房屋征收／被征收房屋价值／公平补偿
- **相关法条**　《国有土地上房屋征收与补偿条例》第 2 条

【裁判要旨】

在行政赔偿案件中确定被强拆的被征收房屋的价值，应参照公平补偿原则。公平补偿原则要求保障国有土地上房屋被征收人生产、生活水平不降低。在横向维度上，对被征收房屋价值的补偿不得低于房屋征收决定公告之日被征收房屋类似房地产的市场价格；在纵向维度上，保障被征收人在实际获得补偿安置时能够在市场上购买到类似房地产。无论是从哪个维度分析，对被征收房屋确定的价值是否公平均缺乏有效证据证明，应当认定构成主要证据不足。

【案情摘要】

王某启在山东省日照市东港区东关北路 96 号舒斯贝尔商业街拥有房屋。1991 年 12 月 10 日，日照市人民政府就该房屋为其颁发了房屋契证。2012 年 2 月 13 日，日照市东港区人民政府（以下简称东港区政府）作出东政征字〔2012〕1 号《关于征收东关北路改造区域内房屋的决定》及东政字〔2012〕7 号《关于印发东关北路改造区域内房屋征收补偿安置方案的通知》。王某启的涉案房屋位于东关北路改造区域内，王某启与房屋征收部门未达成安置补偿协议。2015 年 11 月 15 日，涉案房屋被东港区政府组织实施强制拆除。2017 年 11 月，王某启向东港区政府提出国家赔偿申请。2018 年 1 月 12 日，东港区政府以未对王某启作出房屋征收补偿决定书和未实施违法强制拆除行为为由，作出东赔决字〔2017〕2 号《国家赔偿决定书》，决定对王某启不予国家赔偿。2011 年 5 月 21 日，东港区政府作出《东关北路改造区域营业性房屋征收补偿安置方案》，对涉案房屋区域内的房屋制定征收补偿安置方案，实行货币补偿和产权调换两种方式，被征收人可以自由选择。2014 年 9 月 4 日，东港区政府按照该补偿安置方案作出东政征字〔2014〕1 号房屋征收补偿决定，

对同等区域商业用房每平方米房屋补偿费均价为 9541 元。王某启提起本案诉讼，故请求：（1）依法判决撤销东港区政府对其作出的赔偿决定；（2）责令东港区政府依法将涉案房屋恢复原状或按照赔偿时改建地段或就近地段类似房屋的市场价予以赔偿；（3）责令东港区政府赔偿其营业损失、室内物品损失、律师代理费及差旅费若干元。

（撰写人：李纬华、章文英）

8 违法强制拆除禁止养殖区域内的养殖场造成损失的，应当给予公平合理的赔偿或补偿
——黄某卿与广东省开平市人民政府行政赔偿再审案

- 案　　号　（2020）最高法行赔再 11 号
- 合议庭成员　杨志华、宋楚潇、刘艾涛
- 关 键 词　行政 / 行政赔偿 / 违法强制拆除
- 相关法条　《畜禽规模养殖污染防治条例》第 25 条

【裁判要旨】

因划定禁止养殖区域，确需关闭或者搬迁现有禽畜养殖场所，致使禽畜养殖者遭受经济损失的，地方人民政府应当从保护行政相对人合法权益的角度出发，依法给予公平合理的赔偿或补偿，且不得低于其他同类情形养殖场的补偿标准。

【案情摘要】

2015 年，广东省开平市人民政府（以下简称开平市政府）办公室将马降龙等世界文化遗产的核心区和缓冲区划定为禽畜禁养区。黄某卿经营的养猪场地点位于上述禁养区内，且该经营的养猪场不具有环评审批和验收文件。百合镇政府于 2017 年 5 月 18 日组织工作人员对涉案养殖场进行部分拆除。另案生效行政判决以百合镇政府超越职权，实施涉案强制拆除行为程序违法为由，判决确认开平市政府对黄某卿涉案禽畜栏舍的强拆行为违法。黄某卿不服上述强制拆除行为，提起本案诉讼，请求判令开平市政府赔偿因强制拆除行为给其造成的损失。

（撰写人：张巧云）

9 行政赔偿方式与赔偿标准的确定
——张某宝与河北省张家口市怀来县人民政府行政赔偿申请再审案

- **案　　号**　（2021）最高法行赔申 1 号
- **合议庭成员**　李德申、李纬华、李小梅
- **关 键 词**　行政 / 行政赔偿之诉 / 赔偿方式 / 赔偿标准
- **相关法条**　《国有土地上房屋征收与补偿条例》第 2 条、第 17 条，《中华人民共和国国家赔偿法》第 36 条

【裁判要旨】

在行政征收过程中，行政强制拆除行为已被确认为违法的，被征收人获得的行政赔偿应不低于其依照征收补偿方案可以获得的征收补偿。关于房屋的赔偿，其标准不应低于房屋征收决定公告之日改建地段或者就近地段类似房屋的市场价值。关于屋内物品损失的赔偿问题，在诉争房屋已被强制拆除，无法通过充分的证据确定相关损失的情形下，人民法院应根据在案证据，综合考虑案情背景、物品价值等因素，酌情确定房屋内物品损失的赔偿金额。

【案情摘要】

张某宝的案涉房屋位于征收范围之内，该房屋被河北省张家口市怀来县人民政府于 2017 年 11 月 16 日拆除，该拆除行为被人民法院生效判决确认为违法。河北省张家口市怀来县人民政府未向张某宝作出赔偿决定，张某宝遂提起本案赔偿诉讼。河北省张家口市怀来县人民政府未提供证据证明在拆除张某宝房屋过程中对其房屋室内物品进行了清点造册和妥善保管，亦未提交在拆除张某宝房屋时室内物品的影像资料。

（撰写人：李小梅、任必恒）

10 房屋征收补偿决定被裁定准予执行后的强制执行行为的责任承担
——马某明与山东省日照市东港区人民政府房屋强制拆除及行政赔偿申请再审案

- **案　　号**　（2021）最高法行赔申 69 号
- **合议庭成员**　李智明、杨科雄、李纬华
- **关 键 词**　行政/行政赔偿之诉/房屋征收补偿决定/裁定准予执行
- **相关法条**　《中华人民共和国行政诉讼法》第 74 条第 2 款,《中华人民共和国国家赔偿法》第 4 条、第 32 条、第 36 条

【裁判要旨】

行政机关作出房屋征收补偿决定后,行政相对人在法定期限内未申请行政复议、未提起行政诉讼,又未履行房屋征收补偿决定的,行政机关可以依法申请人民法院强制执行房屋征收补偿决定。在人民法院准予强制执行房屋征收补偿决定之后,行政机关应当在房屋征收补偿决定确定的的范围内实施,并遵守《行政强制法》对执行程序的相关规定,承担相应的法律责任。

【案情摘要】

因马某明未与房屋征收部门达成安置补偿协议,山东省日照市东港区人民政府(以下简称东港区政府)对马某明的房屋作出房屋征收补偿决定,限马某明在收到补偿决定书之日起,15 日内将被征收的房屋搬迁腾空并与申请人办理交接手续,如拒绝办理交接手续或逾期腾空房屋,将依法强制征收。马某明收到后未在规定的期限内申请行政复议或提起行政诉讼,东港区政府又向马某明送达了履行行政决定的催告,马某明仍未履行。东港区政府申请强制执行房屋征收补偿决定,日照市东港区人民法院裁定准予强制执行,由东港区政府组织实施。之后,马某明的房屋被东港区政府强制拆除。马某明向东港区政府提起国家赔偿申请,东港区政府作出国家赔偿决定,以房屋征收补偿决定合法生效、强制征收行为合法未给被征收人造成损失为由,对马某明作出不予国家赔偿的决定。马某明对赔偿决定不服,遂提起本案行政诉讼。

（撰写人：李纬华、章文英）

11 已签订补偿协议领取补偿款后，另行就停产停业损失主张行政赔偿的，如何认定

——杜某章与洛阳市政府行政赔偿纠纷申请再审案

- 案　　　号　（2021）最高法行赔申 154 号
- 合议庭成员　孙江、龚斌、梁爽
- 关　键　词　行政 / 行政赔偿 / 停产停业损失
- 相关法条　《中华人民共和国国家赔偿法》第 4 条

【裁判要旨】

当事人已签订合法有效的《国有土地上房屋征收补偿协议书》，并对停产停业损失等进行约定，被征收人对上述征收补偿协议中停产停业损失的补偿标准无异议，并已实际领取补偿款的，应视为行政机关已就停产停业损失履行了赔偿义务。被征收人在其停产停业损失已得到补偿的情况下，再次要求行政机关对其停产停业损失予以赔偿，缺乏法律依据，人民法院不予支持。

【案情摘要】

杜某章在河南省洛阳市洛龙区龙门石窟商业街有房屋一处。洛阳市政府作出《国有土地上房屋征收的决定》（洛政〔2015〕17 号），决定对相关范围内的国有土地上房屋及附属物予以征收，土地使用权同时收回。杜某章案涉房屋在该建设项目范围内。龙门石窟西北入口生态区建设项目拆迁指挥部于 2016 年 10 月 27 日发出公告，全面开始龙门商业街拆迁并对龙门商业街南段进行全面封闭施工。杜某章认为封闭龙门商业街的行为违法，遂提起行政诉讼，河南省高级人民法院作出（2019）豫行终 1417 号行政判决书，认定洛阳市政府封闭龙门商业街的行为违法。2019 年 10 月 31 日，洛阳市政府将案涉房屋拆除。2020 年 6 月 1 日，龙门石窟世界文化遗产园区龙门石窟街道办事处与杜某章签订《龙门石窟商业街拆迁项目国有土地上房屋征收补偿协议书》，并支付包含停产停业损失在内的各项补偿款。2020 年 7 月 2 日，洛阳市政府作出洛政赔决字〔2020〕第 3 号行政赔偿决定，决定赔偿杜某章停产停业损失 230774 元。杜某章对该赔偿决定不服，提起行政赔偿诉讼。

（撰写人：梁　爽）

12 宅基地上房屋因城中村改造被拆除后又原址重建，是否属于行政赔偿范围
——常某辉与山西省长治市潞州区人民政府行政赔偿纠纷申请再审案

- **案　　号**　（2021）最高法行赔申 155 号
- **合议庭成员**　孙江、龚斌、梁爽
- **关 键 词**　行政 / 行政赔偿 / 合法权益
- **相关法条**　《中华人民共和国国家赔偿法》第 2 条第 1 款

【裁判要旨】

当事人原宅基地上房屋因城中村改造被拆除，该村村委会已向其提供了过渡房保障其临时居住权利，其在村委会统一回迁安置之前又到已拆房屋所在位置上建设房屋，且没有依照《土地管理法》的相关规定办理建房用地审批手续。因此该房屋不属于经过法定程序审批后修建的合法建筑，一般不属于行政赔偿的范围。

【案情摘要】

常某辉在山西省长治市城区五马街道办事处南石槽村有房屋一处。2013 年 3 月 14 日，常某辉与山西省长治市城区五马街道办事处南石槽村村委会达成《南石槽村城中村改造一期工程搬迁安置协议书》。依据《南石槽村城中村改造一期工程搬迁安置协议书》的约定，南石槽村村委会为其安置了过渡房并将该处房屋进行了拆除，常某辉领取了相关款项。2015 年，常某辉在未办理修建住房相关手续的情况下，又返回原处修建了房屋。2017 年 5 月 27 日上午，常某辉的房屋被强制拆除。山西省长治市潞州区人民政府（以下简称潞州区政府）在拆除案涉房屋前，未按有关规定履行催告、告知陈述申辩权等程序，未作出行政决定并进行有效送达。被人民法院判决确认强拆案涉房屋的行为违法。后常某辉向潞州区政府申请赔偿，潞州区政府在 2 个月内未进行赔偿，常某辉提起本案诉讼。

（撰写人：梁　爽）

13 转让买卖时未依法办理报批手续的房屋，所有权人如何认定

——宋某成与迎泽区政府行政赔偿纠纷申请再审案

- **案　　号**　（2021）最高法行赔申 173 号
- **合议庭成员**　汪斌、聂振华、梁爽
- **关 键 词**　行政／行政赔偿／原告资格
- **相关法条**　《中华人民共和国国家赔偿法》第 2 条

【裁判要旨】

当事人所购房屋未取得房屋登记部门颁发的合法有效的产权证，且房屋所在土地为国有划拨用地，该房屋在转让买卖时也未依法办理报批手续。上述房屋被拆除，当事人以房屋所有权人身份要求行政机关赔偿房屋损失，人民法院一般不予支持。

【案情摘要】

1998 年 12 月，太原市人民政府给太原昕利轻工机械总厂颁发了并政地国用 98-20323 号《国有土地使用证》，土地性质为国有划拨土地。2003 年，宋某成从太原昕利轻工机械总厂购得位于太原市迎泽区郝庄南楼四街 ×× 号门面房一处，用于居住和经营。太原昕利轻工机械总厂给宋某成出具了"房屋所有权证"，但未经相关部门进行房屋及土地登记。2015 年 4 月 18 日，迎泽区政府作出迎政房征决字〔2015〕2 号《太原市迎泽区人民政府房屋拆迁、征收决定》。2015 年 5 月 14 日，宋某成的房屋被拆除。宋某成不服提起诉讼，阳泉市中级人民法院作出（2016）晋 03 行初 31 号行政判决书，确认迎泽区政府强制拆除宋某成涉案房屋的行为违法。迎泽区政府提起上诉。山西省高级人民法院作出（2018）晋行终 426 号行政判决书，驳回上诉，维持原判。判后，宋某成向迎泽区政府提出国家赔偿申请，迎泽区政府于 2019 年 4 月 25 日作出迎政国赔决字〔2019〕第 1 号《不予受理国家赔偿申请决定书》。宋某成不服，提起本案诉讼。

（撰写人：梁　爽）

14 行政赔偿中，赔偿义务机关与赔偿申请人就产权置换或调换不能达成调解的，人民法院可以判令支付货币的形式实现赔偿申请人的权益

——陈某河与河南省洛阳市人民政府行政赔偿申请再审案

- **案　　号**　（2021）最高法行赔申 246 号
- **合议庭成员**　龚斌、孙江、梁爽
- **关 键 词**　行政 / 行政赔偿 / 产权置换 / 赔偿数额
- **相关法条**　《中华人民共和国行政诉讼法》第 91 条，《最高人民法院关于适用〈中华人民共和国行政诉讼法〉的解释》第 116 条第 2 款

【裁判要旨】

行政机关强制拆除房屋被判决确认违法，应该承担国家赔偿责任。行政赔偿中，赔偿义务机关与赔偿申请人就产权置换或调换不能达成调解的，人民法院可以判令支付货币的形式实现赔偿申请人的权益。

【案情摘要】

河南省洛阳市人民政府组建的指挥部组织有关部门对陈某河的房屋及附属物实施拆迁，该强拆行为已被（2004）洛行初字第 11 号行政判决确认违法。陈某河两次从指挥部领取款项共计 1 万元，指挥部经陈某河要求暂借陈某河 1 万元。陈某河对此赔偿结果不服，提起本案诉讼。一审、二审法院根据河南省洛阳市基本建设拆除房屋登记计算表，结合陈某河的房屋为砖木结构平房，属营业房的基本事实，参照同类地段营业房现行市场价格，计算赔偿数额共计为 787099 元。陈某河主张的原地回迁安置产权调换等诉请不能成立。

（撰写人：龚　斌）

15 赔偿请求人就损害情况的初步证明标准如何认定
——吕梁国建公司与离石区政府、吕梁市政府行政赔偿纠纷申请再审案

- 案　　号　（2021）最高法行赔申 253 号
- 合议庭成员　汪斌、孙江、梁爽
- 关 键 词　行政/行政赔偿/直接损失
- 相关法条　《中华人民共和国国家赔偿法》第 2 条第 1 款、第 36 条

【裁判要旨】

行政赔偿范围以直接损失为限。因违法强拆引发的行政赔偿案件，赔偿范围应为因强拆行为产生的直接损失。仅有部分房屋被强拆，未被拆除房屋及附属物的损失及企业整体搬迁损失，通常不属于因违法强拆行为产生的直接损失范畴。

行政赔偿案件中，赔偿请求人应对其损害情况承担初步举证责任，即应对损坏物品的种类、损害的数额等相关情况予以证明。若主张的损失不能提供证据材料直接证明的，人民法院一般不予支持，但可向其释明在进一步收集证据材料后另行主张权利。

【案情摘要】

2004 年 3 月 28 日，吕梁国建公司所属的离石区信义镇洗煤厂与山西省吕梁市离石区信义镇砖窑沟村村民委员会（以下简称砖窑沟村村委会）签订租赁合同，2011 年 1 月 28 日，该公司租赁土地中的 43982.197 平方米取得集体土地使用证。同年 10 月 26 日，吕梁环城高速公路建设管理处与砖窑沟村村委会签订征用土地协议，吕梁国建公司的洗煤厂部分被划为征地拆迁范围。吕梁国建公司与离石区政府因征地拆迁补偿安置一直未达成协议。2013 年 4 月 22 日，吕梁国建公司在征地拆迁范围内的两幢一层厂房及附属设施被强行拆除。2013 年 4 月 26 日，国土资源部发出国土资函（2013）277 号《国土资源部关于吕梁环城高速公路工程建设用地的批复》，该批复同意离石区政府、山西省吕梁市方山县人民政府征收吕梁环城高速公路建设项目使用土地。2013 年 8 月 20 日，离石区政府作出离政公字（2013）第 17 号《关于吕梁环城高速公路工程建设用地征用土地方案的公告》，同日吕梁市国土资源局离石分局作出离国土字（2013）15 号《关于吕梁环城高速公路工程建设用地

（原信义镇砖窑沟村）征地补偿安置方案公告》。吕梁国建公司以离石区政府于2013年4月22日对该公司厂房及其附属设施组织实施的拆除行为违法为由，向山西省吕梁市中级人民法院提起诉讼。经山西省吕梁市中级人民法院和山西省高级人民法院审理，判决确认离石区政府对吕梁国建公司实施的该拆除行为违法。吕梁国建公司于2015年4月11日，分别向离石区政府和吕梁市政府邮寄递交了赔偿申请。因离石区政府和吕梁市政府在规定期限内未作出赔偿决定，吕梁国建公司于2015年6月23日向法院提起诉讼。

（撰写人：梁　爽）

16 对集体土地上住宅房屋主张停产停业损失能否支持
——李某良与河南省周口市鹿邑县人民政府行政赔偿纠纷申请再审案

- **案　　　号**　（2021）最高法行赔申309号
- **合议庭成员**　汪斌、聂振华、梁爽
- **关　键　词**　行政／行政赔偿／停产停业损失
- **相关法条**　《中华人民共和国国家赔偿法》第4条，《最高人民法院关于适用〈中华人民共和国行政诉讼法〉的解释》第47条

【裁判要旨】

诉讼时讼争房屋已被拆除，主张的室内物品损失无法进行鉴定和评估，且双方当事人均未就该项损失提交具体明确的证据，在具体损失无法认定的情况下，人民法院可依照《最高人民法院关于适用〈中华人民共和国行政诉讼法〉的解释》第47条规定的精神，遵循法官职业道德，运用逻辑推理和生活经验、生活常识等，酌情确定赔偿数额。对于集体土地上不具有商业用途的住宅房屋，当事人主张停产停业损失的，人民法院一般不予支持。

【案情摘要】

李某良系鹿邑县卫真办事处大李村村民，在该村拥有房屋一处，房屋所在土地性质为集体土地。2018年6月22日，河南省周口市鹿邑县人民政府（以下简称鹿邑县政府）作出鹿政征决字〔2018〕5号征收决定书，决定对"辅仁大道西侧卫真路北侧、博德路南侧、小洪洼居委会郭庄自然村至大李居委会大李自然村水泥路东

侧范围内涉及的所有房屋及其附属物、构筑物"实施征收，李某良的房屋在征收范围之内。河南盈正房地产评估有限公司对案涉房屋进行评估后作出《鹿邑县卫真办事处大李房屋征收评估分户报告单》。在李某良与征收部门尚未就房屋征收补偿事宜达成一致意见的情况下，鹿邑县卫真办事处组织人员即对案涉房屋实施了拆除。周口市中级人民法院作出（2019）豫16行初142号行政判决，确认鹿邑县政府强制拆除行为违法。判决生效后，李某良向鹿邑县政府申请行政赔偿。李某良不服鹿邑县政府作出的行政赔偿决定，提起本案诉讼。

（撰写人：梁　爽）

17 行政行为被确认违法是否应向行政相对人赔偿
——何某成等人与邵阳市大祥区政府行政赔偿申请再审案

- 案　　号　（2021）最高法行赔申397号
- 合议庭成员　宋楚潇、田心则、寇秉辉
- 关 键 词　行政/行政赔偿/违法行政行为
- 相关法条　《中华人民共和国国家赔偿法》第2条第1款

【裁判要旨】

行政机关强制拆除房屋的行为被确认违法，但其实施的其他征收、补偿行为依然有效且补偿款已全部支付到位，未给行政相对人合法权益造成损失的，依法不应赔偿，即只有国家机关和国家机关工作人员违法行使职权，并且给公民、法人和其他组织的合法权益造成损害的，受害人才能获得国家赔偿。

【案情摘要】

邵阳市大祥区体育中心指挥部与何某成等人签订《集体土地上房屋征收协议书》《补充协议》，何某成领取拆迁补助款后未如约搬迁腾地，体育中心指挥部遂对其房屋实施强拆。何某成等人向法院诉请确认邵阳市大祥区政府强制拆除违法及损坏其室内物品行为违法。经原审法院审查，体育中心指挥部系邵阳市大祥区政府成立的临时机构，其对涉案房屋实施强拆的法律后果应由邵阳市大祥区政府承担，何某成等人拒绝履行安置补偿协议、拒不交房腾地，应由县级以上人民政府土地管理部门申请法院强制执行，故确认邵阳市大祥区政府的强制拆除行为违法并驳回何某成等人确认损坏其室内物品行为违法的诉讼请求。何某成等人不服,向邵阳市大祥区政府邮寄行政赔偿申请书未获处理后就本案提起行政赔偿诉讼。

(撰写人:宋楚潇、陈 真)

18 在涉案房屋已被拆除、评估机构因评估资料不足而退件的情况下,参照房屋被拆除时辖区二手住房成交均价并适当扣除土地出让费用后给予相应赔偿

——高某红与河南省郑州市惠济区人民政府、河南省郑州市惠济区长兴路街道办事处长兴路办事处行政赔偿申请再审案

- 案　　号　（2021)最高法行赔申 425 号
- 合议庭成员　龚斌、孙江、聂振华
- 关 键 词　行政／行政赔偿／赔偿标准／屋内物品损失
- 相关法条　《中华人民共和国土地管理法》第 62 条;《中华人民共和国行政诉讼法》第 38 条第 2 款;《最高人民法院关于审理行政赔偿案件若干问题的规定》第 32 条①;《中华人民共和国国家赔偿法》第 4 条第 4 项,第 32 条第 1 款,第 36 条第 4 项、第 8 项

【裁判要旨】

在讼争房屋已被拆除、评估机构因评估资料不足而退件的情况下,对于合法部分的赔偿,人民法院可参照房屋被拆除时辖区二手住房成交均价,并适当扣除土地出让费用后给予当事人相应赔偿。

【案情摘要】

高某红系郑州市惠济区长兴路街道办事处(以下简称长兴路办事处)老鸦陈村村民,其系涉案宅基地登记的使用权人,证载用地面积 210 平方米。该宅基地上建有房屋一栋,其中,三层以下(含三层)房屋面积为砖混 702.5952 平方米,三层以上砖混面积 234.1984 平方米、彩板房 102.372 平方米。在老鸦陈村城中村改造过程中,涉案房屋于 2016 年 4 月 10 日被长兴路办事处工作人员拆除,生效判决已确认

---

① 该解释已于 2022 年修正,本条已被删除。

该行为违法,并责令郑州市惠济区人民政府(以下简称惠济区政府)与长兴路办事处共同采取补救措施。2018年12月18日,高某红同时向该案惠济区政府与长兴路办事处提出国家赔偿申请,长兴路办事处于2019年1月14日作出涉案《赔偿决定》并送达高某红。惠济区政府于2019年2月11日作出《赔偿告知书》并送达高某红,称因长兴路办事处已就其赔偿申请作出了《赔偿决定》,故不再就其申请重复作出赔偿决定。高某红不服,提起本案诉讼。

(撰写人:龚 斌)

19 拆迁补偿安置方案是认定集体土地上房屋财产损失的重要标准

——李某芳等人与洛阳市洛龙区人民政府行政赔偿申请再审案

- **案　　号**　(2021)最高法行赔申429号
- **合议庭成员**　汪斌、聂振华、梁爽
- **关 键 词**　行政/行政诉讼/行政赔偿/拆迁补偿
- **相关法条**　《中华人民共和国国家赔偿法》第32条、第36条,《中华人民共和国土地管理法》第48条①,《中华人民共和国土地管理法实施条例》第25条②

【裁判要旨】

对于强制拆除集体土地上房屋被确认违法引发的行政赔偿纠纷,讼争地块或项目的拆迁补偿安置方案是认定房屋财产损失的重要标准。

【案情摘要】

李某芳等人房屋所占土地在内的练庄村集体土地被批准征收为城市建设用地。后该村改造列入洛阳市城中村开发改造项目。《练庄村拆迁补偿安置办法》对房屋及附属物面积认定、补偿标准等均作了详细规定。李某芳等人的房屋被强制拆除,强拆行为经法院生效判决确认违法。洛阳市洛龙区人民政府依申请就房屋等财产损失

---

① 对应《中华人民共和国土地管理法》(2019年修正)第47条。
② 该行政法规已于2021年修订,本条已被删除。

作出行政赔偿决定，李某芳等人不服，提起本案行政赔偿诉讼。

（撰写人：聂振华）

20 对城中村未登记房屋的赔偿要综合考虑现实中城中村村民自建房屋产权登记普遍不完善的现状
——郑某伟与安阳市文峰区政府行政赔偿纠纷申请再审案

- **案　　号**　（2021）最高法行赔申 477 号
- **合议庭成员**　龚斌、孙江、梁爽
- **关 键 词**　行政 / 行政赔偿 / 赔偿标准
- **相关法条**　《中华人民共和国国家赔偿法》第 4 条，《最高人民法院关于适用〈中华人民共和国行政诉讼法〉的解释》第 47 条

【裁判要旨】

国家赔偿应以当事人的合法权益损失为限，讼争房屋虽无相关登记，但人民法院综合考虑现实中城中村村民自建房屋产权登记普遍不完善的现状，按照当地《关于进一步规范农村村民住宅建设的指导意见》的规定，对宅基地上原有房屋的合法面积进行认定赔偿，无明显不当。

【案情摘要】

郑某伟在河南省安阳市文峰区中华路街道办事处郑家村拥有合法房屋。2019 年 4 月 11 日，安阳市文峰区政府将其房屋违法拆除。后安阳市中级人民法院于 2019 年 12 月 11 日作出（2019）豫 05 行初 232 号行政判决，确认安阳市文峰区政府的强拆行为违法。郑某伟主张其房屋所在地已被征收为国有并且划入到城市规划区内，安阳市文峰区政府应该依据《最高人民法院关于审理涉及农村集体土地行政案件若干问题的规定》的规定，对其房屋参照周边国有土地上房屋的价格进行赔偿。故起诉请求判令安阳市文峰区政府参照周边国有土地上房屋的价格，赔偿房屋、附属物、其他被毁物品损失及空院损失，或比照原房屋面积就近进行安置，赔偿临时安置费用。

（撰写人：梁　爽）

21 赔偿的损害情况因被告原因导致原告无法举证的，由被告承担举证责任
——胡某杰与北京市怀柔区人民政府行政赔偿申请再审案

- 案　　号　（2021）最高法行赔申 551 号
- 合议庭成员　李德申、杨科雄、李小梅
- 关 键 词　行政 / 行政赔偿 / 举证责任
- 相关法条　《最高人民法院关于适用〈中华人民共和国行政诉讼法〉的解释》第 47 条

【裁判要旨】

在行政赔偿、补偿案件中，因被告导致原告无法就损害情况举证的，应当由被告就该损害情况承担举证责任。对于各方主张损失的价值无法认定的，应当由负有举证责任的一方当事人申请鉴定，但法律、法规、规章规定行政机关在作出行政行为时，依法应当评估或者鉴定的除外；负有举证责任的当事人拒绝申请鉴定的，由其承担不利的法律后果。当事人的损失因客观原因无法鉴定的，人民法院应当结合当事人的主张和在案证据，遵循法官职业道德，运用逻辑推理和生活经验、生活常识等，酌情确定赔偿数额。

【案情摘要】

胡某杰诉北京市怀柔区人民政府（以下简称怀柔区政府）确认强制拆除行为违法一案，经法院生效判决确认怀柔区政府强制清除其土地上的核桃树的行为违法。胡某杰提起本案行政赔偿之诉。怀柔区政府提交了《评估项目地上物清点表》两份，载明了树木的数量，且经过胡某杰签字认可。因双方主张的损失价值无法认定，一审法院审理期间，曾依法组织鉴定，对核桃树是否文物核桃树以及相应的价值进行鉴定，但鉴定机构称因标的物灭失无法鉴定不予受理。在鉴定不能的情况下，法院结合怀柔区政府在诉讼过程中提交的评估作价参考标准、补偿实施方案等材料，从保护再审申请人合法权益的角度出发，判决怀柔区政府赔偿胡某杰树木损失 180481 元。

（撰写人：杨科雄、牛延佳）

22 从事经营活动的违法建设的补偿与赔偿
——王某与郑州市高新区管委会行政赔偿纠纷申请再审案

- **案　　号**　（2021）最高法行赔申 708 号
- **合议庭成员**　汪斌、龚斌、梁爽
- **关 键 词**　行政 / 强制拆除 / 行政赔偿 / 违章建筑
- **相关法条**　《中华人民共和国国家赔偿法》第 4 条，《最高人民法院关于适用〈中华人民共和国行政诉讼法〉的解释》第 47 条

【裁判要旨】

当事人未经审批在租赁的集体土地上建造房屋、从事经营活动，因相关行政机关并未及时予以制止、处罚，致使其在此经营多年，后被强制拆除。对此，人民法院可以在综合考量各方因素及过错的基础上，参照地上附着物补偿标准，酌定补偿或赔偿数额。

【案情摘要】

1999 年和 2004 年，郑州市中原区沟赵乡庄王村村民委员会与王某签订合同，将原小学校址承包给王某作为工业用地使用，合同有效期为 2001 年至 2050 年，并约定合同期内如遇国家征地，地面上附属物赔偿归王某，土地补偿归村委会。后王某在未办理施工许可证等相关手续的情况下，加盖重建案涉厂房。2006 年，王某设立郑州绿保粘合剂有限公司，以原小学校址为住所地进行生产经营。2015 年 11 月 6 日，郑州市高新区管委会强行拆除案涉厂房，该行为已被生效的（2018）行终 1044 号行政判决确认违法。王某提起本案行政赔偿诉讼，要求郑州市高新区管委会赔偿相关经济损失。

（撰写人：梁　爽）

23 对以租赁方式取得集体土地使用权后建造的房屋主张损失补偿应否支持

——柳某英与周口经开区管委会行政赔偿纠纷申请再审案

- **案　　号**　（2021）最高法行赔申712号
- **合议庭成员**　汪斌、聂振华、梁爽
- **关 键 词**　行政／租赁／集体土地／行政赔偿
- **相关法条**　《中华人民共和国国家赔偿法》第2条

【裁判要旨】

非集体经济组织成员通过租赁的方式取得诉争房屋所在土地使用权，并在未取得乡村建设规划许可证的情况下自行建造房屋的行为，不符合相关法律规定，该房屋不宜认定为合法宅基地上房屋。基于当事人实际居住使用该房屋以及行政机关对该房屋已进行补偿估价的事实，从对行政机关违法强拆行为的惩戒，以及实质化解行政纠纷的角度出发，人民法院可以按照评估结果对当事人的损失进行救济性补偿。

【案情摘要】

2003年10月12日，柳某英与案外人李某签订土地租赁协议，以租赁的名义购买了位于周口经济开发区太昊路办事处许某一组的集体土地并建造了案涉房屋，柳某英并非许某一组村民。2018年5月15日，周口市规划局作出周规开限拆字〔2018〕第217号《周口市规划局限期拆除决定书》，认定案涉房屋为违法建筑，并责令柳某英在收到决定书之日起7日内自行拆除。2018年6月21日，周口经开区管委会组织人员将柳某英案涉房屋强制拆除。柳某英认为强制拆除行为违法，诉至法院。法院作出行政判决，确认周口经开区管委会2018年6月21日对柳某英房屋实施的强制拆除行为违法。河南省高级人民法院作出（2019）豫行终187号行政判决，驳回上诉，维持原判。柳某英遂提起本案诉讼，请求赔偿各项损失共计3480578.75元。

（撰写人：梁　爽）

24 如何认定被违法拆除房屋的赔偿标准及数额
——刘某民与郑州航空港区管委会行政赔偿纠纷申请再审案

- **案　　号**　（2021）最高法行赔申 765 号
- **合议庭成员**　孙江、聂振华、梁爽
- **关 键 词**　行政 / 行政赔偿 / 宅基地赔偿标准
- **相关法条**　《中华人民共和国国家赔偿法》第 2 条，《最高人民法院关于适用〈中华人民共和国行政诉讼法〉的解释》第 47 条

【裁判要旨】

农村宅基地上房屋的功能即为满足村民基本的居住需要，宅基地使用权乃无偿取得，宅基地上房屋目前依法不允许上市自由交易，上述房屋被违法拆除后，可以按照建筑成本价值对被拆迁人进行赔偿。如果基于土地征收背景且征收环节已运行到方便测算出当事人应得必得的补偿利益，则该部分利益可作为直接损失计入应赔偿范围内。如果不方便测算，则被拆迁人在获得讼争房屋建筑成本的价值赔偿后，仍有权基于集体经济组织成员身份主张按照相关安置补偿方案，获得安置补偿利益（安置房）。

【案情摘要】

刘某民系郑州航空港经济综合实验区新港办事处花园村村民，在本村有宅基地和房屋一处。后其因房屋于 2015 年 8 月 8 日被强制拆除，提起诉讼，要求确认拆除其房屋的行为违法，法院经审理作出行政判决，确认郑州航空港区管委会对刘某民等人房屋实施拆除的行为违法。郑州航空港区管委会不服，提起上诉，河南省高级人民法院驳回上诉，维持一审判决。后刘某民向郑州航空港区管委会邮寄行政赔偿申请书，请求赔偿损失各项损失共计 4893656 元。郑州航空港区管委会于 2019 年 12 月 10 日作出《行政赔偿决定书》，决定赔偿刘某民人民币 229260 元，安置房屋 240 平方米。刘某民不服，提起本案行政赔偿诉讼。

（撰写人：梁　爽）

25 商铺经营权损失赔偿问题
——乔某侠与郑州市中原区人民政府行政赔偿申请再审案

- 案　　号　（2021）最高法行赔申 786 号
- 合议庭成员　汪斌、聂振华、梁爽
- 关 键 词　行政 / 行政诉讼 / 行政赔偿 / 商铺经营权
- 相关法条　《中华人民共和国国家赔偿法》第 32 条、第 36 条

【裁判要旨】

按照转让协议约定和生效民事判决的认定，当事人享有的是商铺经营权，其要求以商铺所有权人的名义获得行政赔偿不应予以支持，但其因违法拆迁导致商铺经营权灭失而所受损失，应当按照《国家赔偿法》的相关规定予以赔偿。

【案情摘要】

乔某侠与大庄园公司签订《中原汽配大世界商铺经营权转让协议书》，协议约定：大庄园公司将自行拥有的中原汽配大世界内商场经营权转让给乙方，乙方应交纳投资款计人民币 34 万余元。商铺结构为钢架、彩钢板和玻璃。大庄园公司与其他中原汽配大世界二期商铺经营权受让人之间商铺经营权转让协议纠纷的生效民事判决也已认定商铺经营权转让协议约定购买的是商铺经营权，而非所有权。后中原汽配大世界商铺被强制拆除，强拆行为经法院生效判决确认违法。郑州市中原区人民政府依申请就商铺等财产损失作出不予行政赔偿决定通知书，乔某侠不服，提起本案行政赔偿诉讼。

（撰写人：聂振华）

26 行政赔偿案件中如何认定被强拆房屋的相关权益
——高某革与郑州市中原区人民政府行政赔偿纠纷申请再审案

- 案　　号　（2021）最高法行赔申 815 号
- 合议庭成员　汪斌、聂振华、梁爽

- **关 键 词**　行政 / 行政赔偿 / 赔偿方式
- **相关法条**　《中华人民共和国国家赔偿法》第 2 条、第 4 条、第 32 条、第 36 条

【裁判要旨】

关于商铺权益损失赔偿问题,当事人之间签订《商铺经营权转让协议》明确约定了商铺经营权的转让期限,并约定协议期满时,无条件放弃该商铺使用权等。据此可以认定双方当事人约定转让的权利是商铺经营、使用的权利。人民法院可以认定当事人对诉争商铺仅享有经营权,并可按照协议约定的转让价格确定商铺相关权益损失的赔偿数额。

【案情摘要】

2010 年 8 月 31 日,高某革与大庄园公司签订《中原汽配大世界商铺经营权转让协议书》,约定大庄园公司将自己拥有的中原汽配大世界市场内商铺经营权转让给高某革;并对投资款、期限等作出约定。此后,郑州市中原区人民政府(以下简称中原区政府)将郑州中原汽配大世界项目列入郑州市中原区国民经济和社会发展第十二个五年规划纲要,高某革案涉商铺为中原汽配大世界二期商铺,位于拆迁范围内。2014 年 1 月 6 日"中原区西岗村(一、二组)、大厨房(汽配大世界)拆迁(安置)工作指挥部"签章发布《中原汽配大世界一期商铺拆迁安置补偿方案》,中原汽配大世界一期商铺经营权受让人按照该方案签订了《拆迁补偿安置协议》。高某革在规定期限内未与中原区西岗村(一、二组)、大厨房(汽配大世界)拆迁(安置)工作指挥部签订相关协议。2018 年 6 月高某革案涉商铺被拆除,高某革不服诉至郑州铁路运输中级法院,法院作出行政判决,确认中原区政府对高某革位于中原汽配大世界汽配区 6 排 7 号商铺的拆除行为违法。河南省高级人民法院作出行政判决,驳回上诉,维持一审判决。

2019 年 11 月 20 日高某革向中原区政府提交《国家赔偿申请书》,请求恢复原状或赔偿因违法强拆造成的房屋损失 2514959.12 元,或者赔偿原告原拆迁安置房,面积要求达到同地段原产权面积基数的 1 倍;因强拆行为导致的搬迁补偿费、临时安置费、房屋出租经营损失、律师代理费、精神损失费等共计 603195.03 元。中原区政府于 2020 年 1 月 15 日作出《不予行政赔偿决定通知书》,高某革不服,提起本案诉讼。

(撰写人:梁　爽)

27 房屋产权人对强制拆除房屋行为提起行政赔偿诉讼，在确认违法行政起诉被裁定驳回的情况下，不符合起诉条件
——王某与河南省商丘市睢阳区人民政府行政赔偿申请再审案

- **案　　号**　（2021）最高法行赔申1043号
- **合议庭成员**　龚斌、孙江、梁爽
- **关 键 词**　行政 / 行政赔偿 / 房屋产权人 / 起诉条件
- **相关法条**　《最高人民法院关于审理行政赔偿案件若干问题的规定》第19条①

【裁判要旨】

公民、法人或者其他组织一并提起行政赔偿诉讼，人民法院经审查认为行政诉讼不符合起诉条件的，对一并提起的行政赔偿诉讼，已经立案的，裁定驳回起诉。

【案情摘要】

涉案房地产原产权人系案外人荣某彪，荣某彪办理房屋所有权证和国有土地使用权证。房产证证载权利人为荣某彪，房屋结构砖木，总层数1层，所在层数1层，面积279.84平方米，用途为工业；国有土地使用权证编号为商国用（2000）字第1478号，证载权利人为荣某彪，土地坐落凯旋南路西侧，用途为住宅，使用权类型为划拨，使用权面积为1737.217平方米。河南省高级人民法院（2017）豫民再2号民事判决认定，荣某彪将涉案房屋出售给朱某成、刘某、会某、吴某真，王某之父王某明系经办人，荣某彪将涉案房屋及房产证、土地证交付给朱某成等4人，收取了相应价款，荣某彪、王某明给朱某成等4人出具了收款条据。荣某彪将涉案房屋出售给朱某成等4人之后，又将涉案房屋出售给王某，荣某彪又补办了房产证并将房屋过户至王某名下。王某也办理了房产证。2009年1月6日，商丘市睢阳区人民法院为原告王某和被告荣某彪因房屋买卖合同纠纷出具（2009）商睢区民初字第186号民事调解书，约定荣某彪将其名下的国有土地使用权证过户到王某名下。在执行该民事调解书的过程中，朱某成、刘某、朱某斌、吴某真和第三人朱某山认为该民事调解书系原告王某和荣某彪恶意串通，侵犯了案外人合法权益，提出执行异

---

① 该解释已于2022年修正，此处法条对应第10条。

议。商丘市睢阳区人民法院作出（2009）商睢区民执字第59-1号民事裁定书，认为案外人申请中止执行，理由正当，遂裁定中止执行。王某主张其对原荣某彪名下的房屋、土地享有合法权益并对扩建、加盖的厂房、变压器、配套设施、办公物品享有合法所有权，以被告河南省商丘市睢阳区人民政府拆除房屋违法为由，提起本案行政赔偿诉讼。

（撰写人：龚　斌）

28 生效行政判决确认强拆行为违法后，当事人提起行政赔偿诉讼符合法定起诉条件

——韩某生与山东省济南市市中区人民政府行政赔偿再审案

- 案　　　号　（2021）最高法行赔再3号
- 合议庭成员　于泓、杨科雄、李小梅
- 关　键　词　行政 / 行政赔偿 / 一并提起行政赔偿诉讼
- 相关法条　《中华人民共和国国家赔偿法》第9条第2款

【裁判要旨】

赔偿请求人先提起行政诉讼，后又提起行政赔偿诉讼，表明其没有选择向行政机关直接提出赔偿请求的途径，而是选择由人民法院解决其行政赔偿问题，通常符合法定起诉条件。当事人针对强拆提起的行政诉讼被生效行政判决确认违法后，就赔偿问题提起行政赔偿诉讼，符合提起行政赔偿诉讼的法定条件。

【案情摘要】

韩某生因其宅基地上的房屋被拆除向山东省济南市中级人民法院提起行政诉讼，请求确认济南市市中区人民政府（以下简称市中区政府）强拆行为违法，该院作出一审行政判决，判决确认市中区政府强拆房产行为违法。市中区政府提出上诉，山东省高级人民法院作出二审生效行政判决，维持一审判决。后韩某生提起本案行政赔偿诉讼，一审法院以韩某生是否真正拥有本案中其所称的房屋的基础事实尚未获得最终确认而缺乏请求赔偿前提为由裁定驳回起诉，二审法院认为在房屋事实存疑的情况下韩某生不具备单独提起行政赔偿的条件而裁定驳回上诉，维持一审裁定。

（撰写人：杨科雄、牛延佳）

29 被拆迁人对因政府违法强拆造成可利用价值的损失是否可获行政赔偿

——钟某坤、钟某源与广西壮族自治区梧州市龙圩区人民政府行政行为违法及行政赔偿再审案

- 案　　号　（2021）最高法行赔再 8 号
- 合议庭成员　耿宝建、熊劲松、陈娅
- 关 键 词　行政 / 行政赔偿 / 强制拆迁厂房
- 相关法条　《中华人民共和国国家赔偿法》第 2 条

【裁判要旨】

政府的强制拆除行为违反法律规定程序，经生效判决确认违法的，在当事人此前已与政府签订协议并领取相关补偿款的前提下，政府应对违法强制拆除行为对被拆迁人造成的可利用价值的损失进行赔偿。

【案情摘要】

广西壮族自治区梧州市龙圩区人民政府对钟某坤、钟某源的涉案厂房进行强制拆除。钟某坤、钟某源起诉请求确认强制拆除行为违法并主张相应赔偿。原审法院认定强制拆除行为因违反法律规定程序被确认违法，政府应对钟某坤、钟某源因违法强拆行为造成损坏的机器设备和生产线、棚架厂房可利用价值的损失进行赔偿。但二审法院判决从损失赔偿金额中减去强拆前钟某坤、钟某源与政府签订企业补偿协议已领取的房屋建（构）筑物补偿及机器设备搬迁费。钟某坤、钟某源不服，向最高人民法院申请再审。

（撰写人：刘伟凯）

30 农作物绝产的损失不属于直接损失，可不予赔偿
——源伟合作社与衡阳市珠晖区人民政府、衡阳市珠晖区茶山坳镇人民政府行政强制行为违法及行政赔偿申请再审案

- 案　　号　（2021）最高法行申 2191 号
- 合议庭成员　耿宝建、熊劲松、陈娅
- 关 键 词　行政／行政强制行为违法／行政赔偿／直接损失
- 相关法条　《中华人民共和国国家赔偿法》第 36 条

【裁判要旨】

关于违法行政行为造成的损失赔偿问题，对于赔偿房屋本身的价值，因在耕地上建造房屋进行农家乐等非农业生产属于违法行为，拆除后对房屋本身的价值进行赔偿法律依据不足。对于农作物等的绝产损失，属于预期利益损失，不属于直接损失，可不予赔偿。

【案情摘要】

2019 年 3 月 1 日，原衡阳市国土资源局对源伟合作社下达《责令改正违法行为通知书》，告知其未经依法批准擅自在茶山坳镇金甲村曾家垅组占用基本农田，根据《基本农田保护条例》第 35 条的规定责令改正。但源伟合作社认为其并未违法，仅自行拆除玻璃房和塘干上的钢架棚结构房屋。同年 3 月 24 日，衡阳市朱晖区茶山坳镇人民政府、衡阳市珠晖区人民政府组织人员将源伟合作社位于塘干上的钢架棚结构、厨房、厕所、堰渠上的房屋、水塔旁的房屋亭子及相应附属设施拆除，将室内物品搬至其他地方保管，并将两口池塘中的水放干。源伟合作社诉至衡阳市中级人民法院，请求确认衡阳市朱晖区茶山坳镇人民政府、衡阳市珠晖区人民政府强拆行为违法，并赔偿经济损失 7334767.49 元。

（撰写人：熊劲松）

31 非法强制拆除房屋赔偿标准时间节点的认定
——温某可与广西壮族自治区贵港市港北区人民政府
行政强制拆除及强制赔偿申请再审案

- 案　　号　（2021）最高法行申 2883 号
- 合议庭成员　田心则、宋楚潇、寇秉辉
- 关　键　词　行政/强制拆除/行政赔偿标准时间节点
- 相关法条　《中华人民共和国国家赔偿法》第 36 条,《国有土地上房屋征收与补偿条例》第 19 条

【裁判要旨】

原审法院参照《补偿安置方案》公布的时间节点酌情确定赔偿数额,未充分考虑到《补偿安置方案》公布以来同一地段类似房屋价格上涨等合理因素,所确定的赔偿标准时间节点理据不足。

【案情摘要】

2013 年 11 月 10 日,广西壮族自治区贵港市人民政府作出贵政通〔2013〕23 号征收房屋决定,温某可的房屋纳入该建设项目的征收范围。在征收房屋过程中,因温某可不同意房屋征收补偿安置方案的补偿标准,故未与征收部门签订房屋征收补偿协议。2018 年 4 月 27 日,广西壮族自治区贵港市港北区人民政府(以下简称港北区政府)对温某可位于贵港市高铁站前广场建设项目范围内调查编号为 A146 号的房屋予以强制拆除。温某可于 2018 年 6 月 12 日提起诉讼,请求确认港北区政府强制拆除其房屋的行为违法;赔偿其房屋装修及财产损失共 1157870.6 元;支付其各项拆迁安置费 30 万元;支付其从 2018 年 4 月 27 日至本案结案之日止,因强制拆除房屋造成生活损失,每月 1 万元;赔偿其被强制拆除的商铺及住房共 7263706 元。一审法院判决:确认港北区政府强制拆除温某可位于贵港市高铁站前广场建设项目范围内调查编号为 A146 号的房屋的行政行为违法;判令港北区政府赔偿温某可土地和房屋价值、附属设施迁移等损失总计 1668676.87 元及利息;驳回温某可其他诉讼请求。温某可不服,提起上诉。二审法院判决驳回上诉,维持原判。

(撰写人:田心则)

32 当事人提起行政赔偿诉讼时，应当有相对充分的事实根据

——岳某飞与贵州省贵阳市人民政府住房增量补贴政策赔偿申请再审案

- **案　　号**　（2021）最高法行申 8310 号①
- **合议庭成员**　杨军、郭凌川、郭艳地
- **关 键 词**　行政 / 行政赔偿 / 确认违法
- **相关法条**　《中华人民共和国行政诉讼法》第 49 条第 3 项，《中华人民共和国国家赔偿法》第 7 条第 1 款，《最高人民法院关于审理行政赔偿案件若干问题的规定》第 21 条第 4 项②

【裁判要旨】

行政机关及其工作人员因违法行使行政职权侵犯公民、法人和其他组织的合法权益造成损害时，应当给予行政赔偿。在赔偿请求人主张行政机关不落实住房增量补贴法律和政策规定行为应当给予赔偿时，如果无法初步举证证实该行为违法并侵犯其合法权益造成损害，则其诉求通常可视为事实依据不足，进而认定不符合法定起诉条件。

【案情摘要】

岳某飞申请再审称，因其是贵州省贵阳市人民政府（以下简称贵阳市政府）管辖的职工，而贵阳市政府制订和落实住房增量补贴政策，故其向贵阳市政府申请发放住房增量补贴属于其财产权益，贵阳市政府未依法依规发放损害其财产权，属于人民法院受案范围。贵阳市政府作出被诉不予赔偿决定违法。据此提起本案诉讼。

（撰写人：杨　军）

---

① 与本案相关联的裁判还包括（2021）最高法行申 8276 号等。
② 该解释已于 2022 年修正，此处法条对应第 13 条第 5 项。

33 征收补偿决定是否可依生效裁判作出
——王某国与海南省洋浦管委会房屋行政征收再审案

- **案　　号**　（2021）最高法行再33号
- **合议庭成员**　宋楚潇、刘艾涛、寇秉辉
- **关 键 词**　行政 / 房屋行政征收 / 生效裁判 / 定案依据
- **相关法条**　《最高人民法院关于行政诉讼证据若干问题的规定》第70条

【裁判要旨】

生效的人民法院裁判文书或者仲裁机构裁决文书确认的事实，可以作为定案依据。行政机关应当尊重并以生效的法律文书作为行政行为的依据。行政机关在作出房屋征收决定时，直接适用对当事人不利的补偿安置条款，未按照生效裁判文书认定的事实和依据作出补偿决定的，法院对此应当依法予以撤销并要求行政机关重新作出处理。

【案情摘要】

1986年，国投洋浦巷一期码头建设，征用拆迁了王某国80平方米的房屋，王某国搬到119亩示范区用地建房居住，面积为15.39平方米。2010年6月24日，海南省洋浦经济开发区规划建设土地局要求自行拆除119亩示范区用地建房，对其上的房屋予以补偿。新干冲区办事处同意王某国补漏登记，人口登记底册注明其1985年4月10日迁入洋浦，房屋底册确认其建筑物为瓦房80平方米，119亩示范区建房15.39平方米。2015年8月15日，王某国15.39平方米的房屋被拆除，但未得到补偿。2018年1月29日，海南省洋浦管委会认定其15.39平方米的房屋建设于2011年前后，未在2010年进行申请登记，搬迁工作组未发现该房屋，按照补偿规定，补偿其3693.6元，提供优惠价格供其购买经济适用房，王某国不服该补偿决定，提起本案诉讼。

（撰写人：宋楚潇、陈　真）

34 单独提起行政赔偿诉讼起诉期限的计算
——校园公司与延吉市政府行政强制及赔偿再审案

- 案　　号　（2021）最高法行再 124 号
- 合议庭成员　祝二军、阎巍、杨迪
- 关 键 词　行政／起诉期限／赔偿诉讼
- 相关法条　《最高人民法院关于审理行政赔偿案件若干问题的规定》第 24 条①

【裁判要旨】

赔偿请求人无论是因不服行政机关先行处理单独提起行政赔偿诉讼还是提起行政诉讼的同时一并提出行政赔偿请求，都应当符合法律规定的起诉期限，但不同救济路径下提起诉讼的起诉期限起算点不同。赔偿义务机关受理行政赔偿申请后，无论是决定赔偿还是不予赔偿，或者在法定期限内未作出赔偿决定，赔偿请求人不服，均可单独提起行政赔偿诉讼，起诉期限起算点应当根据赔偿义务机关作出赔偿决定的情况以及履行教示义务的情况分别确定为赔偿义务机关作出赔偿决定期限届满之日、赔偿决定作出之日以及赔偿请求人收到赔偿决定之日。公民、法人或者其他组织起诉加害行为时一并提出行政赔偿请求，起诉期限起算点应当根据行政机关作出加害行为的情况以及履行教示义务的情况分别确定为行政机关履行法定职责期限届满之日、作出加害行为之日以及赔偿请求人知道或者应当知道加害行为内容之日。

【案情摘要】

延吉市政府于 2015 年 9 月 28 日对被征收人校园印刷公司的被征收房屋作出补偿决定。延吉市政府于 2016 年 7 月 1 日向延吉市人民法院申请强制执行《补偿决定》，延吉市人民法院于 2016 年 8 月 1 日作出裁定准予强制执行。2017 年 6 月 7 日，延吉市政府向校园印刷公司法定代表人金某浩打电话告知将对其被征收房屋进行强制拆迁，之后对校园印刷公司的房屋进行了强制拆迁。延吉市政府于 2017 年 8 月 15 日向金某浩送达了《领取提存物通知》。

2018 年 8 月 15 日，校园印刷公司向延吉市政府申请赔偿，延吉市政府于 2018

---

① 该解释已于 2022 年修正，此处法条对应第 17 条。

年11月16日作出不予赔偿告知书,未告知诉权和起诉期限。校园印刷公司不服提起本案诉讼,请求判令延吉市政府赔偿因违法强拆给校园印刷公司造成的各项经济损失共计230万元(暂定)。

(撰写人:阎 巍)

35 赔偿请求人对行政机关的事实行为未经确认程序而直接提起行政赔偿诉讼的,人民法院在判决时应当对赔偿义务机关致害行为是否违法予以确认

——杨某智、杨某浩与贵州省黔南布依族苗族自治州贵定县政府、贵州省黔南布依族苗族自治州贵定县住建局、贵州省黔南布依族苗族自治州贵定县房地产服务中心等行政赔偿再审案

- 案　　号　(2021)最高法行再151号
- 合议庭成员　张昊权、杨军、郭艳地
- 关 键 词　行政/行政赔偿/起诉条件/单独提起的行政赔偿/事实行为
- 相关法条　《最高人民法院关于审理行政赔偿案件若干问题的规定》第34条①

【裁判要旨】

因行政机关的事实行为引起的行政赔偿,单独提起行政赔偿诉讼的,应适用《最高人民法院关于审理行政赔偿案件若干问题的规定》第34条之规定,即人民法院对赔偿请求人未经确认程序而直接提起行政赔偿诉讼的案件,在判决时应当对赔偿义务机关致害行为是否违法予以确认。

【案情摘要】

案涉房屋被强制拆除后,杨某智、杨某浩作为承租人对房屋征收拆迁的补偿问题与对室内物品的损失赔偿问题分案处理,本案中导致室内物品损失的强制拆除房屋行为,虽具有影响当事人权益的效果,但不具有产生、变更或消灭行政法律关系的目的,系事实行为,杨某智、杨某浩对此直接提起行政赔偿诉讼,人民法院应对赔偿义务机关实施的强制拆除房屋致室内物品损失的行为是否违法进行审理确认,

---

① 该解释已于2022年修正,此处法条对应第13条。

并据此对赔偿请求作出判决。一审、二审法院以前述强制行为尚未被确认违法为由，认定杨某智、杨某浩的起诉不符合起诉条件，裁定驳回起诉属适用法律错误，依法应予纠正。

（撰写人：张昊权）

36 赔偿请求人因行政机关的事实行为单独提起行政赔偿诉讼的，人民法院应对致害行为是否违法一并予以确认
——苗木中心、叶某波、陈某蓉与贵州省黔南布依族苗族自治州册亨县人民政府行政赔偿再审案

- **案　　号**　（2021）最高法行再167号
- **合议庭成员**　张昊权、杨军、郭艳地
- **关 键 词**　行政 / 行政赔偿 / 起诉条件 / 单独提起赔偿诉讼 / 事实行为
- **相关法条**　《最高人民法院关于审理行政赔偿案件若干问题的规定》第34条①

【裁判要旨】

原告主张的苗木损失系因行政机关的强制清除行为所致，该强制清除苗木的行为虽具有影响当事人权利的效果，但不具有产生、变更或消灭行政法律关系的目的，系事实行为。原告直接提起行政赔偿诉讼，人民法院在判决时应对行政机关的致害行为（即强制清除苗木行为）是否违法予以确认，而不是以该事实行为尚未经法定程序确认违法为由，认定不符合起诉条件而直接裁定驳回起诉。

【案情摘要】

2013年6月，贵州省黔南布依族苗族自治州册亨县政府（以下简称册亨县政府）下发《关于依法征收土地和征地补偿安置方案公告》，对册亨县者楼镇布依广场下侧者楼村、东风村集体土地"纳楼田"的征收补偿进行明确，并要求不得抢栽抢种。叶某波于2011年成立苗木中心，经营林木种植。2013年5月至2014年6月，苗木中心租赁农民位于者楼"河坝上"的稻田用来种植经营苗木。2016年4月20日，册亨县者楼街道办事处向叶某波、陈某蓉作出《通知》，告知其于2014年从

---

① 该解释已于2022年修正，此处法条对应第13条。

"望安高速"征地范围内移植到布依广场下侧者楼村有关土地（纳楼田）上的林木，不予补偿，限叶某波、陈某蓉于2016年4月27日前自行将林木移除。2016年7月12日，册亨县政府强制清除了涉案苗圃里的林木。后陈某蓉、叶某波提起行政诉讼，人民法院判决撤销了前述《通知》。苗木中心向册亨县政府提出赔偿申请。册亨县政府作出不予赔偿决定。苗木中心及叶某波、陈某蓉三人不服，遂起诉请求赔偿强制清除苗木的损失。

（撰写人：张昊权）

37 准确把握"直接损失"的范围
——镇江市新源化工有限公司与江苏省镇江市润州区人民政府、江苏省镇江市水利投资公司行政赔偿再审案

- 案　　号　（2021）最高法行再241号
- 合议庭成员　郭修江、蔚强、仝蕾
- 关　键　词　行政／确认违法／行政赔偿／行政补偿／直接损失
- 相关法条　《中华人民共和国国家赔偿法》第4条第4项、第36条第7项、第8项

【裁判要旨】

《国家赔偿法》第36条第8项规定的"直接损失"，是指违法行政行为造成行政相对人各项合法财产实际损失的总和。通常，对企业厂房实施征收，补偿范围包括被征收房屋价值的补偿，因征收房屋造成的搬迁费、临时安置费的补偿，因征收房屋造成的停产停业损失的补偿，以及按照补偿安置方案应当给予被征收企业的补助和奖励等。由于企业厂房被拆除，未被拆除但已废弃、无法再利用的附属设施，如化工水塘，亦属于应当予以赔偿的"直接损失"。

【案情摘要】

镇江市新源化工有限公司（以下简称新源化工）与镇江市化工染料二厂（镇江市润州区和平街道自办企业，以下简称染料二厂）签订租赁协议，由新源化工于2001年10月28日起租赁染料二厂的厂房和锅炉进行生产，租赁期为20年。之后，新源化工添置设备，未经批准扩建了厂房进行化工生产。2006年10月21日，为落

实《江苏省人民政府关于自2006年10月起在全省范围内开展化工生产企业专项整治工作的决定》，镇江市人民政府下发了镇政办发〔2006〕164号《关于印发〈镇江市化工生产企业专项整治实施方案〉的通知》。该通知明确清查的重点是化工企业有无环评手续等。2007年3月5日，江苏省镇江市润州区人民政府（以下简称润州区政府）制定了镇润政办〔2007〕13号《关于印发〈润州区化工生产企业整治〉意见的通知》（以下简称《13号通知》），要求新源化工在2007年6月30日前落实"完成环评手续，及时向当地环保部门进行排污申报"等7项整治意见。同年11月，润州区政府作出镇润政〔2007〕42号《关于关闭镇江市新源化工有限公司等两家化工生产企业的通知》（以下简称《42号通知》），将新源化工列为限期关闭企业，明确要求其在2007年11月底之前完成关闭任务。到期后，新源化工未关闭。2008年1月，镇江市委办公室下发关于《北部滨水区范围内工业企业搬迁（关停）工作协调会会议纪要》[以下简称《搬迁（关停）会议纪要》]，纪要明确在2008年6月30日前完成北部滨水区范围内工业企业搬迁（关停）工作。同年6月20日，润州区北部滨水区企业搬迁工作指挥部作出《通知》，责令新源化工于2008年6月25日前搬迁。2008年7月8日，润州区政府组织人员对新源化工实施了强制拆除。新源化工向法院提起行政诉讼，要求确认润州区政府《13号通知》中要求新源化工限期治理的行为和《42号通知》关闭新源化工企业的行为违法。2010年12月17日，江苏省镇江市中级人民法院分别作出（2010）镇行初字第0014号、第0015号行政判决，确认润州区政府上述行为违法。后新源化工向润州区政府提出赔偿申请，由于未能就赔偿数额达成一致，遂向法院提起本案行政赔偿诉讼，请求赔偿损失1716万元。经新源化工及润州区政府申请，法院委托江苏省苏润土地房地产价格咨询有限公司、镇江市价格认证中心对新源化工的损失以2008年7月8日为基准日进行了评估，并出具了评估结论。另，2007年7月，镇江市拆迁管理办公室因引航道南侧、江南桥北侧土地整理（一期）项目建设需要，下发镇拆办拆许字〔2007〕第07号拆迁许可证，对该片区进行拆迁。新源化工在北部滨水区的搬迁范围内，也在该许可证许可的拆迁范围内。

（撰写人：郭修江、谭　红）

履行职责类

1 参加城镇职工基本养老保险、享受新农村合作医疗保险待遇的被征地农民能否享受被征地农民养老和医疗保障待遇

——张某华与辽宁省大连金普新区管理委员会、辽宁省大连金州新区大魏家街道后石村村民委员会履行法定职责申请再审案

- 案　　号　（2020）最高法行申 400 号
- 合议庭成员　祝二军、阎巍、杨迪
- 关 键 词　行政 / 征地行为 / 养老保险 / 征地补偿
- 相关法条　《中华人民共和国社会保险法》第 16 条、第 96 条

【裁判要旨】

如果被征地农民在当地政府统一为被征地村集体经济组织成员办理失地农民社会保障时，因个人缴费参加相关社会保险，并享受相关待遇，而无须统一安置，当地政府可将用于解决被征地农民社会保障问题的费用返还本人，以维护被征地农民合法权益。

【案情摘要】

辽宁省大连金普新区管理委员会（以下简称金普新区管委会）自 2008 年至 2012 年分批征收张某华所在的后石村共 3000 亩土地，该村未实行家庭联产承包责任制，未将集体土地分配至农民。金普新区管委会征收土地后通过为村民办理失地保障的方式予补偿安置，按照征收土地亩数除以土地人均面积计算应纳入失地保障的人数。村委会研究决定优先保障年龄较大的村民。张某华符合该村规定的参保条件。但张某华在金普新区管委会为其办理失地保障之前，于 2013 年 12 月以灵活就业人员身份趸缴 15 年养老保险费，办理退休手续，享受了当地城镇职工基本养老保险和新农村合作医疗保险待遇。因公民不能同时享受两份社会保险，金普新区管委会以此为由未为张某华办理失地农民保险。在信访过程中，金普新区管委会主张张某华可以申请退出城镇职工基本养老保险，然后为其办理失地农民保险，张某华拒绝，进而引发本案。

张某华请求确认金普新区管委会未为其办理被征地农民社会保障保险、未给付失地补偿费和安置补偿费违法，判令金普新区管委会支付被征地农民保险个人专户应付资金（来源于失地补偿费和安置补偿费）本息共计 47 万元。

（撰写人：阎　巍）

2 诉请行政机关依据行政处罚决定履行职责应当以该处罚决定对行政机关设定了义务为前提

——张某祥与云南省昆明市西山区人民政府土地行政管理申请再审案

- 案　　号　（2020）最高法行申 5870 号
- 合议庭成员　乐敏、张昊权、杨军
- 关 键 词　行政 / 履行法定职责 / 行政处罚 / 违法占地
- 相关法条　《中华人民共和国行政诉讼法》第 49 条第 3 项

【裁判要旨】

原告诉请行政机关按照行政处罚决定书履行法定职责，应当以该处罚决定书对该行政机关设定了相应义务为前提条件。如果处罚决定书系国土部门作出，内容为责令某公司向有关居民小组退还其违法占用的土地。该处罚决定书中并未对区政府设定义务，原告诉请判令区政府根据该处罚决定书履行法定职责，缺乏事实和法律依据。

【案情摘要】

云南省昆明市国土资源局西山分局于 2018 年 2 月 23 日作出昆国土西执罚〔2018〕7 号《行政处罚决定书》，认定滇池投资公司构成违法占用土地，责令滇池投资公司退还其违法占用昆明市西山区碧鸡街道办事处富善社区富善居民小组的31.44 亩土地。张某祥据此诉请判令云南省昆明市西山区人民政府按照该《行政处罚决定书》认定的 31.44 亩土地面积，退还其承包经营的土地并恢复原状。

（撰写人：乐　敏）

3 支付临时安置费应以在征收范围内 有合法房屋被征收为前提

—— 林某清与海南省海口市秀英区人民政府未按照 约定履行棚户区改造安置协议申请再审案

- **案　　号**　（2021）最高法行申 436 号
- **合议庭成员**　耿宝建、宋楚潇、田心则
- **关　键　词**　行政 / 未按照约定履行棚户区改造安置协议 / 临时安置费
- **相关法条**　《国有土地上房屋征收与补偿条例》第 17 条第 1 款第 2 项、第 22 条

【裁判要旨】

《国有土地上房屋征收与补偿条例》规定的临时安置费，是因征收房屋造成搬迁，选择房屋产权调换的，房屋征收部门在产权调换房屋交付前，支付给合法房屋所有权人用于解决临时居住问题的费用。支付临时安置费应以在征收范围内有合法房屋被征收为前提；没有房屋被征收，就不具备支付临时安置费的前提条件。

【案情摘要】

海口市秀英区人民政府（以下简称秀英区政府）对海口市新海片区棚户区（城中村）进行改造。林某清作为新海村村民与秀英区政府签订《安置协议》，约定林某清被征收房屋建筑面积为 0 平方米；第 3 条"奖励"第 1 项约定，林某清应安置面积为 669.4 平方米，秀英区政府按 113400 元给予补助。秀英区政府认可《安置协议》第 3 条"奖励"的 113400 元是政府考虑到林某清在项目被征收范围内没有房屋，出于加快棚改项目的推进和社会稳定，按照 210 平方米 ×18 元 ×30 个月标准给予的一次性补助。林某清提起本案行政诉讼，请求判决秀英区政府依法履行《安置协议》，即按 18 元 / 平方米的标准支付 2018 年 6 月 1 日起至安置房交付之日的过渡安置费。一审法院判决驳回林某清的诉讼请求，二审法院维持原判决。林某清向最高人民法院申请再审。

（撰写人：张　英）

4 行政诉讼中原告举证责任如何把握
——吴某国与广元市昭化区人民政府不履行法定职责申请再审案

- 案　　号　（2021）最高法行申 1149 号
- 合议庭成员　杨军、张昊权、郭艳地
- 关 键 词　行政 / 行政诉讼 / 举证责任 / 原告
- 相关法条　《中华人民共和国行政诉讼法》第 38 条、第 49 条第 3 项

【裁判要旨】

"被告对作出的行政行为负有举证责任"是行政诉讼的举证基本通例。但是，在起诉被告不履行法定职责的案件中，除法定除外情形，原告应当提供其向被告提出申请的证据。实务中需要把握两点：一是原告应当在开庭审理前或者人民法院指定的交换证据之日提供证据；二是人民法院具有释明义务，该义务是法律所明确规定的，而非属于提示性或倡导性的义务。

【案情摘要】

吴某国向广元市昭化区人民政府（以下简称昭化区政府）申请对争议林地进行确权，昭化区政府作出回复意见建议吴某国直接向所在乡人民政府申请处理之后，吴某国对该回复意见未提异议并据其指引寻求救济。此后，吴某国并未重新向昭化区政府提出林权确权申请。吴某国以昭化区政府为被告提起本案诉讼，经释明明确具体诉讼请求为判令昭化区政府履职。

（撰写人：杨　军）

5 在其房屋搬迁补偿工作已全部完成的情况下，被征收人无权要求政府再履行征收房屋的法定职责

——包某1、包某2与成都市青羊区政府、成都市政府不履行征收房屋职责及行政复议申请再审案

- 案　　号　（2021）最高法行申1619号
- 合议庭成员　张昊权、杨军、郭艳地
- 关 键 词　行政/不履行法定职责/房屋征收
- 相关法条　《中华人民共和国行政诉讼法》第69条,《最高人民法院关于适用〈中华人民共和国行政诉讼法〉的解释》第93条第2款

【裁判要旨】

被征收人在自愿签订补偿安置合同，获得协议约定的补偿费用，按协议约定完成搬迁、交付房屋，房屋产权证已注销，整个房屋搬迁补偿工作已全部完成的情况下，要求区政府履行征收其国有土地上房屋的法定职责的主张不能成立。

【案情摘要】

成都市青羊区统建办公告了案涉项目模拟搬迁安置补偿方案，包某1、包某2作为被拆迁人，经过协商与区统建办签订了《模拟搬迁补偿安置合同》。该项目签约率达到100%后，该项目所有《模拟搬迁补偿安置合同》生效，搬迁补偿款已支付到原告包某1、包某2名下银行卡，原告已向区统建办交付房屋，并委托注销了房屋产权证。后包某1、包某2又申请成都市青羊区政府履行作出国有土地上房屋征收决定的法定职责。

（撰写人：张昊权）

6 如何判断政府是否履行征收公告职责
——谢某平与广东省汕尾市海丰县人民政府不履行征地公告法定职责申请再审案

- **案　　号**　（2021）最高法行申1732号
- **合议庭成员**　胡夏冰、耿宝建、陈娅
- **关 键 词**　行政/履行征地公告职责/被征地农民
- **相关法条**　《国务院法制办公室关于认定被征地农民"知道"征收土地决定有关问题的意见》第2条

【裁判要旨】

实践中，各地对认定被征地农民知道征收土地行为把握标准不一致，存在以申请信息公开为由规避起诉期限的情形。通常，要结合行政机关提供的证据进行综合判断，如能够提供被征收土地所在地的村、组内依法张贴公告的证据，即可视为被征收人"知道"。

【案情摘要】

谢某斌等11人向广东省人民政府申请公开位于广东省汕尾市海丰县海城镇长埔村村委会长二村的承包地因"中医馆项目及龙津河改造扩建项目"被征收的征地批文及申报材料等政府信息。广东省自然资源厅代为作出《广东省自然资源厅关于政府信息公开申请的答复》，附件有粤国土资（建）字〔2014〕75号《广东省国土资源厅关于海丰县2012年度第五批次城镇建设用地的批复》。谢某平由此得知海城镇长埔村属下集体农用地的征地批复已经作出，认为广东省汕尾市海丰县人民政府未依法履行征地公告程序，侵犯其合法权益，提起本案诉讼。

（撰写人：陈　娅）

7 补偿工作宣传提纲并非依照法定权限、程序制定的征地补偿安置方案

——倪某君与眉山市政府、四川省人民政府
不履行征地补偿安置职责及行政复议申请再审案

- **案　　号**　（2021）最高法行申 2040 号
- **合议庭成员**　张昊权、杨军、郭艳地
- **关 键 词**　行政 / 行政补偿 / 宣传提纲 / 补偿安置方案
- **相关法条**　《中华人民共和国土地管理法实施条例》第 25 条第 3 款①

【裁判要旨】

行政机关制作的补偿工作宣传提纲并非依照法定权限、程序制定的征地补偿安置方案，且该宣传提纲载明的就业安置方式后期因规划调整已无法实施，变更为货币化安置。故当事人请求行政机关按补偿工作宣传提纲发布的安置方式和标准履行补偿安置职责，缺乏法律依据。

【案情摘要】

倪某君所在集体组织的土地被征收为国家所有后，眉山市东坡区人民政府在随后开展的补偿安置工作中，曾发布过补偿工作宣传提纲，载有"对符合条件的征地拆迁安置对象，提供每户 10 平方米 / 人商业服务用房用于就业安置"等内容。

（撰写人：张昊权）

---

① 参见《中华人民共和国土地管理实施条例》（2021 年修订）第 26 条第 2 款。

8 公安机关作出不予调查处理告知书是否构成行政不作为

——李某安与郑州市公安局未来路分局履行法定职责、
郑州市金水区人民政府行政复议申请再审案

- **案　　号**　（2021）最高法行申 2618 号
- **合议庭成员**　汪斌、聂振华、梁爽
- **关 键 词**　行政 / 行政诉讼 / 履行法定职责 / 行政不作为
- **相关法条**　《中华人民共和国行政诉讼法》第 69 条

【裁判要旨】

公安机关接报案后经调查核实，腾房行为系房屋所有权人实施的民事自力救济行为，不属于公安机关管辖范围，据此作出不予调查处理告知书告知报案人，应认定其已履行法定职责，而非行政不作为。因房屋租赁产生纠纷的当事人可以通过民事诉讼等途径予以解决。

【案情摘要】

郑州市公安局未来路分局在接到李某安的报警后，及时出警，对李某安以及强制清空房屋的人员进行询问，调查核实后查明，案涉清房行为系房屋所有权人河南省直物业管理有限责任公司在社会第三方独立拍摄机构全程摄像、社区人员和律师参加的情况下实施的行为，房屋租赁存在纠纷。该局遂以不属于公安机关管辖范围为由作出不予调查处理告知书。李某安不服，申请行政复议。郑州市金水区人民政府以郑州市公安局未来路分局已履行法定职责为由驳回李某安的行政复议申请。李某安提起本案诉讼，请求确认郑州市公安局未来路分局行政不作为违法。

（撰写人：聂振华、郑　晨）

9 土地权属争议的认定
——何某盛与广东省广州市荔湾区人民政府不履行法定职责申请再审案

- **案　　号**　（2021）最高法行申 2887 号
- **合议庭成员**　田心则、宋楚潇、寇秉辉
- **关 键 词**　行政/不履行法定职责/土地权属争议
- **相关法条**　《土地权属争议调查处理办法》第 14 条

【裁判要旨】

土地权属争议通常指在土地权属登记确定之前,土地权利的利害关系人因土地所有权和使用权归属问题而发生的争议。争议土地已经由相应行政主管部门核发《房地产证》的,争议土地的使用权人自发证之日起已经明确,当事人再提出确认土地权属申请的,一般不属于《土地权属争议调查处理办法》规定的土地权属争议案件。实践中,针对若干不动产权属证之间存在登记范围冲突情形,也有视为土地权属争议加以处理的做法。

【案情摘要】

2017 年 8 月 1 日,何某盛向广东省广州市荔湾区人民政府(以下简称荔湾区政府)递交《申请书》及相关材料,请求荔湾区政府解决土地使用权争议问题,拆除东望大街十二巷 11 号(后变更为 13 号)的外阳台,还何某盛集体土地使用权,补偿因此造成的批准东塱大街十一巷 10 号房屋少建的 8.9298 平方米(三层)的面积。2017 年 10 月 16 日,何某盛要求荔湾区政府解决上述申请中提出的土地权属争议事项并给予答复。荔湾区政府认定涉案房屋不存在需要其处理的土地权属争议问题。何某盛不服,提起本案诉讼。一审法院判决驳回诉讼请求,二审法院判决驳回上诉,维持原判。

（撰写人：田心则）

10 基于政府机关内部往来文件请求政府履行职责，人民法院不予支持

——河南冶金公司与河南省郑州市人民政府履行法定职责申请再审案

- 案　　号　（2021）最高法行申 5132 号
- 合议庭成员　汪斌、龚斌、梁爽
- 关 键 词　行政／内部行为
- 相关法条　《中华人民共和国行政诉讼法》第 12 条、第 13 条

【裁判要旨】

政府内部往来文件并非外部对当事人作出的允诺，国有土地使用权出让及出让金的确定应当依法进行。当事人基于上述文件诉请判令政府履行职责，人民法院不予支持。

【案情摘要】

为明确河南省省属工程勘察设计单位改制中土地出让金收取标准问题，河南省建设厅曾专门致函河南省郑州市人民政府。2006 年 12 月 25 日，河南省郑州市人民政府以《关于省属勘察设计单位体制改革中土地出让有关问题的函》回复："同意省属有土地的勘察设计单位均按宗地地价的 60% 缴纳土地出让金，职工安置由省属勘察单位负责。"河南省郑州市人民政府的回函系与原河南省建设厅内部的文件来往，并非对河南冶金公司作出的允诺。国有土地使用权出让及出让金的确定和减免应当依法进行、于法有据。河南冶金公司主张扣除的相关费用系案外人河南省财政厅在拨付改制成本费用时未拨付的费用，其要求在本次交纳土地出让金过程中予以扣除的依据不足。

（撰写人：汪　斌、郑　晨）

11 被关停企业向行政机关多次要求解决补偿问题，行政机关一直未作出明确决定的，应视为行政机关未履行关停补偿职责的状态一直持续

——开明石粉厂与贵州省毕节市金沙县人民政府行政补偿再审案

- **案　　号**　（2021）最高法行再 166 号
- **合议庭成员**　张昊权、杨军、郭艳地
- **关 键 词**　行政／行政补偿／未履行职责／起诉期限
- **相关法条**　《中华人民共和国行政诉讼法》第 38 条第 1 款第 1 项

【裁判要旨】

原告被关停后多次向行政机关要求解决其关停补偿问题，而行政机关及其相关职能部门均未明确表示不予补偿或不予处理；且相关单位在 2018 年对有关原告的信访事项进行了调查处理后，仍向行政机关作出报告建议予以补偿，行政机关仍未作出明确决定。行政机关未履行关停补偿职责的状态一直持续，原告 2019 年提起本案诉讼，未超过起诉期限。

【案情摘要】

2010 年 11 月 13 日，贵州省毕节市金沙县人民政府（以下简称金沙县政府）作出 44 号会议纪要，其中第 3 项载明：在城镇规划区范围内和影响城镇、道路景观的砂石矿山开采企业一律停止建设和生产，必须先通过环保部门环评，再到相关部门完善手续后，方可恢复砂石矿山建设及生产行为。2011 年 4 月 26 日，开明石粉厂制作《情况说明书》，载明其停产原因为："2010 年 10 月 5 日起，由于我矿地处金沙县城镇新城区规划区域内，县委决定在所有规划区内的砂石厂停止一切开采、生产及销售至今。"原金沙县城关镇人民政府、原金沙县国土资源局城关镇国土资源所以及原金沙县城关镇外寨村村民委员会在该说明书上加盖公章并确认情况属实。开明石粉厂认为金沙县政府关停其石粉厂但未予补偿，多次向金沙县政府申请解决经济损失问题，但未得到答复。2016 年 1 月 8 日，开明石粉厂到金沙县群众工作中心信访，该中心予以受理。针对该信访请求，金沙县建设投资集团有限公司于 2018 年 1 月 5 日、1 月 8 日分别向金沙县政府呈报两份报告，均向金沙县政府建议调查

核实、评估后与该厂协商补偿具体事宜。2019年1月6日，开明石粉厂提起行政诉讼，请求补偿投资损失及停产停业损失。

（撰写人：张昊权）

其他行政类案件

1 本案合议庭组成人员参与审理当事人起诉的另外案件的，不属于法定应当回避的情形
——朱某章与重庆市江北区政府房屋征收补偿申请再审案

- 案　　号　（2021）最高法行申204号
- 合议庭成员　张昊权、杨军、郭艳地
- 关 键 词　行政/回避/不同审判程序/利害关系
- 相关法条　《中华人民共和国行政诉讼法》第55条第1款，《最高人民法院关于适用〈中华人民共和国行政诉讼法〉的解释》第75条第1款

【裁判要旨】

合议庭组成人员参与当事人起诉的另案审理，不属于《最高人民法院关于适用〈中华人民共和国行政诉讼法〉的解释》第75条第1款规定的在同一案件中参与了不同审判程序审理的情形。当事人认为合议庭组成人员在另案审理中立场不中立公正，涉嫌司法腐败，其已提出监察申请等情形，均不属于《行政诉讼法》第55条第1款规定的审判人员与本案有利害关系或者有其他关系，可能影响公正审判，应当回避的情形。

【案情摘要】

朱某章在审理过程中，提出回避申请，理由为本案合议庭组成人员曾参与审理朱某章分别起诉的另两个案件；本案合议庭组成人员在另案审理中立场不中立公正，涉嫌司法腐败，其已提出监察申请。

（撰写人：张昊权）

2 政府关闭存在重大消防隐患和安全风险市场的行为，系依法履职具有正当合法性

——陈某惠与湖南省郴州市北湖区人民政府
确认关闭北湖市场行为违法申请再审案

- 案　　号　（2021）最高法行申 1694 号
- 合议庭成员　胡夏冰、耿宝建、陈娅
- 关 键 词　行政/确认违法/关闭市场/消防安全
- 相关法条　《中华人民共和国消防法》第 3 条第 1 款，《中华人民共和国城乡规划法》第 9 条第 1 款

【裁判要旨】

地方各级人民政府担负本行政区域内的消防工作的职责，对于存在重大消防隐患和安全风险、经多次整改仍无法根本消除消防和安全隐患的市场，政府依法作出关闭市场的行为，是履行保护人民人身财产安全，维护公共安全的职责，符合《城乡规划法》的规定和城市提质改造的要求。

【案情摘要】

北湖市场建于 20 世纪 90 年代初，内部分为一期工程和二期工程，陈某惠是北湖市场一期工程的承租人。受当时设计、建设条件限制，北湖市场存在重大消防隐患和安全风险。自 2011 年起，国务院、湖南省人民政府多次下达整改督办令，虽经多次整改，仍无法根本消除消防和其他安全隐患。2018 年 10 月 24 日，郴州市北湖区人民政府发布《关于北湖市场、马家坪市场搬迁的通告》，要求同年 12 月 20 日前北湖市场完成搬迁。2019 年 2 月 3 日，北湖市场一期关停。陈某惠提起本案行政诉讼，请求确认郴州市北湖区人民政府关闭北湖市场的行为违法，恢复北湖市场正常营业。一审法院判决驳回陈某惠的诉讼请求，二审法院维持原判决。陈某惠向最高人民法院申请再审。

（撰写人：张　英）

3 组织关停整改具有安全隐患的市场经营场所是各级人民政府的法定职责

——胡某文与郴州市北湖区人民政府确认关闭北湖市场行为违法申请再审案

- 案　　号　（2021）最高法行申1711号
- 合议庭成员　胡夏冰、耿宝建、陈娅
- 关 键 词　行政 / 关闭市场 / 消防安全
- 相关法条　《中华人民共和国消防法》第3条第1款

【裁判要旨】

根据《消防法》的规定，地方各级人民政府负责本行政区域内的消防工作，对存在重大安全隐患的市场等场所，具有组织相关部门责令整改直至关停或搬迁的职权，此系强制性行政管理措施，具有公益性、正当性和紧急性。市场主体如认为其租金等民事权益受损，可另行主张，也可按方案要求获得一定的补偿，但不能无视安全隐患于不顾，应积极配合落实搬迁事宜。

【案情摘要】

1995年9月13日，胡某文与原郴州市工商行政管理局签订《北湖综合市场门面租用合同》。2011年以来，北湖市场因存在重大火灾隐患，被国务院、湖南省人民政府、郴州市人民政府多次挂牌督办。郴州市北湖区人民政府发布《关于北湖市场、马家坪市场搬迁的通告》（北政通〔2018〕16号），后北湖市场一期被关闭，其正门及进入市场的主要通道入口被封闭，市场周边被围挡包围。胡某文以郴州市北湖区人民政府强行关闭北湖市场行为违法为由，提起本案诉讼。

（撰写人：陈　娅）

4 集体经济组织成员资格判断应考虑户籍和应尽义务等因素

——金某兵与长沙市望城区政府、长沙市自然资源和规划局望城分局不履行法定职责申请再审案

- **案　　号**　（2021）最高法行申 2116 号
- **合议庭成员**　寇秉辉、宋楚潇、田心则
- **关 键 词**　行政 / 集体经济组织成员资格 / 户籍
- **相关法条**　《中华人民共和国行政诉讼法》第 25 条

【裁判要旨】

集体经济组织成员资格的判断不能仅以当事人户籍为标准，还要考虑其是否形成较为固定的生产、生活状态，是否依赖于农村集体土地作为生活保障等实质性条件。

【案情摘要】

金某兵原籍安徽省定远县，2001 年 3 月，金某兵与陈家坪组村民蔡某辉登记结婚，2017 年 6 月以夫妻投靠的名义将户口迁入陈家坪组。2018 年 8 月长沙市望城区政府决定征收陈家坪组土地，2018 年 11 月金某兵妻子所在的家庭户签订了拆迁腾地补偿合同，金某兵未被列入安置补偿对象。金某兵以其属于陈家坪组集体经济组织成员为由提起本案诉讼，要求长沙市望城区政府、长沙市自然资源和规划局望城分局对其进行补偿安置。金某兵自述其对被征收的房屋不享有份额，未提交承包陈家坪组土地的证据，亦未提交陈家坪组通过民主议定程序接纳其为集体经济组织成员的证据。

（撰写人：寇秉辉、王雨晴）

5 发包行为被确认无效后，原发证机关注销土地承包经营权证的行为合法有效

——温某义与广东省惠州市博罗县人民政府土地承包经营权发证申请再审案

- **案　　号**　（2021）最高法行申 2977 号
- **合议庭成员**　耿宝建、熊劲松、陈娅
- **关 键 词**　行政 / 土地承包经营权证 / 发证 / 注销
- **相关法条**　《中华人民共和国农村土地承包经营权证管理办法》第 20 条第 4 款、第 21 条

【裁判要旨】

村民小组向承包人作出的发包行为经生效民事判决确认无效的，属于应依法终止原农村土地承包经营权证效力的情形；承包方无正当理由拒绝交回农村土地承包经营权证，原发证机关决定注销该证的，具有事实和法律依据。

【案情摘要】

温某义持有的农村土地承包经营权证中登记的部分土地，系由黄某慧交由温某义代耕。当地村民小组未经原承包人黄某慧的同意，将该部分土地的承包经营权转移给温某义。广东省惠州市博罗县人民政府（以下简称博罗县人民政府）据此向温某义颁发农村土地承包经营权证。另案生效判决确认该发包行为无效，并向广东省惠州市博罗县农业局发出协助执行通知书，要求变更承包经营权人。广东省惠州市博罗县农业局通知温某义将土地承包经营权证收回进行更正登记。因温某义拒绝交回土地承包经营权证，博罗县人民政府作出行政决定，注销温某义的农村土地承包经营权证。温某义不服，提起本案诉讼，请求撤销该注销决定。

（撰写人：张巧云）

6 林木林地权属争议处理中，如何对行政裁量权进行司法审查

——黔东南苗族侗族自治州锦屏县人民政府与黔东南苗族侗族自治州锦屏县铜鼓镇水冲村水冲二组等林业行政处理及行政复议申请再审案

- **案　　号**　（2021）最高法行申 4546 号
- **合议庭成员**　杨军、张昊权、郭艳地
- **关 键 词**　行政 / 权属确认 / 行政裁量
- **相关法条**　《中华人民共和国行政诉讼法》第 6 条，《林木林地权属争议处理办法》第 6 条、第 7 条第 3 项

【裁判要旨】

司法审查中对行政裁量行为的审查需要秉持"尊重与严格审查相并存"的理念，在坚持合法性审查的同时兼顾合理性。准确把握行政法上的"法律优先原则""法律保留原则""比例原则""平等原则""信赖保护原则"。在审查涉及林木林地权属行政裁量案件中，既要考量涉及权证的合法性基础，也要考量在权证与调解协议并存时如何作出合理性释明，结合行政法原则作出综合判断。

【案情摘要】

本案中，对争议的黔东南苗族侗族自治州锦屏县铜鼓镇林地水冲二组持有黔东南苗族侗族自治州锦屏县人民政府（以下简称锦屏县人民政府）颁发的《山林所有证》，锦屏县人民政府在被诉权属处理决定中认定该《山林所有证》是林地所有权权属证书，却又依据黔东南苗族侗族自治州锦屏县铜鼓镇水冲二组与村民个人达成的山林权属争议调解协议，将有关林地明确给黔东南苗族侗族自治州锦屏县铜鼓镇乐安村大言冲组。另外，锦屏县人民政府对 5 号小班由耕地转变为林地相关事实并未查清，对该林地作出处理决定的主要证据不足。

（撰写人：杨　军）

7 未经批准使用农村集体土地进行建设的应确认该占地行为违法

——河南省洛阳市洛龙区人民政府与河南省洛阳市洛龙区关林街道办事处刘富村村民委员会、河南省洛阳市人民政府确认行政行为违法申请再审案

- 案　　号　（2021）最高法行申4899号
- 合议庭成员　孙江、龚斌、梁爽
- 关 键 词　行政/农用地/建设用地/违法
- 相关法条　《中华人民共和国土地管理法》第44条、第45条、第46条①

【裁判要旨】

建设项目需要使用农用地等农村集体土地的，一般应当依法办理土地征收及农用地转建设用地审批手续。土地使用部门不能提交集体土地依法转为建设用地的审批手续以及对讼争土地进行征收补偿等相关证据，而是通过土地流转方式对相关区域进行拆迁、清理、占用，用于建设体育设施、公园绿地、发展生态观光旅游等非农业建设的，不符合法律规定，应确认该占地行为违法。

【案情摘要】

2012年9月28日，河南省洛阳市洛龙区关林街道办事处刘富村村民委员会（甲方，以下简称刘富村村委会）与河南中迈集团洛阳中亦中置业有限公司（乙方，以下简称中迈公司）签订《关林镇刘富村土地流转合同》，洛阳市洛龙区关林镇人民政府（以下简称关林镇政府）系鉴证方，约定甲方将刘富村615.008亩土地承包经营权流转给乙方，用于生态农业观光，流转时限自2012年10月1日至2029年9月30日止，并对交付时间及方式、权利义务等进行约定。2014年9月19日，中迈公司（甲方）与关林镇政府（乙方）、刘富村村委会（丙方）签订《刘富村流转合同经营转让协议书》，约定将甲方2012年9月28日与丙方签订的《关林镇刘富村土地流转合同》确定的权利和义务，由乙方承继，丙方同意；并对合同履行等其他内容进行约定。2016年11月14日，河南省洛阳市洛龙区人民政府办公室印发《伊河生态

---

① 对应《中华人民共和国土地管理法》（2019年修正）第44条、第45条、第46条、第47条。

廊道及周边区域综合整治方案》。该方案记载："二、整治目标。通过对伊河生态廊道及周边区域地面附属物进行拆迁清理，采取绿化或土地流转的方式，发展生态休闲观光旅游等相关产业……三、工作任务。（一）征地拆迁工作……2. 东环路（希望路至开元大道）西侧 15 米、东侧至伊河地界征迁腾地。工作任务：涉及八里堂村范围的土地流转……"2017 年 7 月 1 日，河南省洛阳市洛龙区关林街道办事处（甲方）与刘富村村委会（乙方）签订《关林街道办事处刘富村土地流转合同》，约定乙方将其位于刘富村的 295.79 亩土地承包经营权流转给甲方，流转时限自 2017 年 7 月 1 日至 2027 年 6 月 30 日止；并对流转数量、权利义务等予以约定。2018 年 3 月 13 日，河南省洛阳市人民政府印发《工作部署（中心城区城建项目）》，对包括"伊水游园"（八里堂段、伊滨经开区段、龙门园区段）等建设工程进部署。后河南省洛阳市人民政府和河南省洛阳市洛龙区人民政府在上述集体土地上施工进行"伊水游园"建设，并建设有足球场、篮球场等建设项目。刘富村村委会认为河南省洛阳市人民政府和河南省洛阳市洛龙人民区政府"以租代征"，占用刘富村村委会土地进行绿化和体育设施建设于法无据，遂以刘富村村委会的名义，向法院起诉请求确认河南省洛阳市人民政府、河南省洛阳市洛龙区人民政府占用刘富村村委会集体土地的行为违法。

（撰写人：孙　江）

8 提前退休工种应与相关特殊工种名录相符

——王某文与海南省人力资源和社会保障厅劳动和社会保障行政管理申请再审案

- 案　　号　（2021）最高法行申 5204 号
- 合议庭成员　耿宝建、田心则、寇秉辉
- 关　键　词　行政 / 劳动和社会保障 / 特殊工种 / 提前退休
- 相关法条　《中华人民共和国劳动法》第 55 条、第 73 条

【裁判要旨】

特殊工种须严格按照特殊工种名录进行认定。特殊工种名录不能跨行业、跨工种、跨地区之间通用。因当事人所从事的工种未在国务院原劳动主管部门和有关行政主管部门批准的特殊工种名录中，不属于可以提前退休的特殊工种，不符合特殊

工种提前退休的条件。

【案情摘要】

1983年10月,王某文被安排在广东省地方国营定安糖厂工作,其中1983年11月至1990年以及1993年至1995年从事司炉工作。2019年11月7日,王某文向海南省定安县人力资源和社会保障局申请办理特殊工种提前退休,该局作出初审意见后报送海南省人力资源和社会保障厅,该厅审核王某文的个人档案后,认定王某文不符合特殊工种提前退休的条件,并作出被诉1118号《通知》,王某文不服,起诉请求撤销《通知》。一审法院判决驳回王某文的诉讼请求,二审法院判决驳回上诉,维持原判。

(撰写人:田心则)

9 被诉行政行为不属于法定无效情形原告仍坚持请求确认无效的该如何处理
——陶某军与河南省驻马店市确山县人民政府强制收回土地使用权无效申请再审案

- 案　　号　(2021)最高法行申5285号
- 合议庭成员　孙江、龚斌、梁爽
- 关 键 词　行政 / 不属无效情形 / 拒绝变更诉讼请求
- 相 关 法 条　《最高人民法院关于适用〈中华人民共和国行政诉讼法〉的解释》第94条第2款

【裁判要旨】

公民、法人或者其他组织起诉请求确认行政行为无效,人民法院审查认为行政行为不属于《行政诉讼法》第75条规定的无效情形,经释明,原告请求撤销行政行为的,应当继续审理并依法作出相应判决;原告请求撤销行政行为但超过法定起诉期限的,裁定驳回起诉;原告拒绝变更诉讼请求的,可判决驳回其诉讼请求。

【案情摘要】

陶某军在河南省驻马店市确山县三里河乡秀山村陶二组享有承包地。2017年12

月始，陶某军所在村组耕地被政府征收使用。陶某军起诉请求"确认确山县政府收回承包土地使用权的行为无效"，经原审核实，陶某军仍坚持诉讼请求"确认确山县政府强制收回土地使用权的行为无效"，并明确其所诉的行为为强制收回土地承包权的事实行为。一审法院认为，事实行为与行政法律行为不同。行政法律行为是行政主体行使行政权力，产生法律效果以实现国家行政管理目的的行为；行政事实行为是行政行为不以实现某种特定的法律效果为目的，而以影响或者改变事实状态为目的实施的行为，行政事实行为是一种客观状态，不存在无效的问题，也不能被撤销或变更。本案中，经庭审多次释明，陶某军仍坚持诉讼请求是"确认确山县政府强制收回土地使用权的行为无效"，陶某军所诉行为并非征地决定，也未提供收回土地使用权的行政法律行为的证据，其明确所诉的行为系事实行为。陶某军请求确认事实行为无效，没有法律依据。陶某军诉讼请求理由不能成立，不予支持。依照《最高人民法院关于适用〈中华人民共和国行政诉讼法〉的解释》第94条第2款之规定，判决驳回陶某军的诉讼请求。二审法院认为，陶某军请求确认河南省驻马店市确山县人民政府（以下简称确山县政府）强制收回土地使用权的行为无效，并在起诉中称，确山县政府在陶某军的承包地上动用挖掘机、推土机等大型机械挖建人工湖，修建三里河景观文化公园、三里河街道水韵太极湾等商业开发项目，以征收的名义收回承包土地使用权，是在没有合法的征地批复文件的情况下实施，收回土地使用权的行为无效。据此，可以认定陶某军是对确山县政府的征地组织实施行为不服提起的本案诉讼，由于确山县政府并未作出收回陶某军土地使用权的行为，陶某军的诉讼请求实质是确认确山县政府强制占用其承包地的行为无效。确山县政府占用陶某军的承包地，系按照集体土地征收程序组织实施，提供的有征地批复、土地勘测定界技术报告书、土地补偿款分配表、安置补偿方案公告等证据在卷佐证，该占用土地行为是事实行为，不属于《行政诉讼法》第75条规定的无效情形。原审法院已经向陶某军进行了释明，但陶某军拒绝变更诉讼请求，根据《最高人民法院关于适用〈中华人民共和国行政诉讼法〉的解释》第94条第2款关于"公民、法人或者其他组织起诉请求确认行政行为无效，人民法院审查认为行政行为不属于无效情形，经释明，原告请求撤销行政行为的，应当继续审理并依法作出相应判决；原告请求撤销行政行为但超过法定起诉期限的，裁定驳回起诉；原告拒绝变更诉讼请求的，判决驳回其诉讼请求"的规定，原审判决驳回陶某军的诉讼请求并无不当。陶某军如果认为案涉土地未被批准征收，可以针对确山县政府的征地组织实施行为另行主张权利。综上，陶某军的上诉理由不能成立，不予支持。根据《行政诉讼法》第89条第1款第1项之规定，判决驳回上诉，维持原判。陶某军不服，向最高人民法院申请再审，最高人民法院认为，根据《最高人民法院关于适用〈中华人民共和国行政诉讼法〉的解释》第94条第2款的规定，公民、法人或者其他组织起诉请求确认行政行为无效，人民法院审查认为行政行为不属于无效情形，经释明，原告拒绝变更诉讼请求的，判决驳回其诉讼请求。本案中，从再审申请人的起诉状内容分析，其实质指向的行为应是确山县政府的占地行为。但确山县政府占用再审申请人的承包地，系按照集体土地征收程序组织实施，并有征地批复、土地勘测定界技术报告书、土地补偿款分配表、安置补偿方案公告等证据在卷佐证，并不存在重大且明显违法的情形，不属于《行政诉讼法》第75条规定的无效情形。原审判决驳回再审申请人的诉讼请求，并无不当。裁定驳回陶某军的再审申请。

（撰写人：孙　江）

10 "包工头"因工伤亡可认定工伤
——刘某丽与广东省英德市人民政府行政复议再审案

- **案　　号**　（2021）最高法行再1号
- **合议庭成员**　耿宝建、宋楚潇、刘艾涛
- **关 键 词**　行政 / 工伤认定 / "包工头" / 工伤保险责任 / 行政复议
- **相关法条**　《工伤保险条例》第15条，《最高人民法院关于审理工伤保险行政案件若干问题的规定》第3条第1款

【裁判要旨】

建筑施工企业违反法律、法规规定将自己承包的工程交由自然人实际施工，该自然人因工伤亡，社会保险行政部门参照《最高人民法院关于审理工伤保险行政案件若干问题的规定》认定建筑施工企业为承担工伤保险责任单位的，人民法院可予以支持。

【案情摘要】

再审申请人刘某丽的丈夫梁某洪是一名"包工头"。案涉工程由建安公司承建，梁某洪组织工人实际施工。2017年6月9日，梁某洪等待住建部门现场检查时猝死。后刘某丽向广东省英德市人社局申请工伤认定。广东省英德市人社局作出《视同工亡认定书》，认定梁某洪是在工作时间和工作岗位，突发疾病在48小时之内经抢救无效死亡，符合《工伤保险条例》规定，视同因工死亡。建安公司不服，向广

东省英德市人民政府（以下简称英德市政府）申请行政复议。英德市政府以广东省英德市人社局作出的《视同工亡认定书》事实不清，证据不足，适用依据错误，程序违法为由，作出《行政复议决定书》撤销工伤认定。刘某丽不服，提起本案诉讼，请求撤销《行政复议决定书》，恢复《视同工亡认定书》的效力。一、二审法院判决驳回刘某丽的诉讼请求和上诉。刘某丽不服，向最高人民法院申请再审。最高人民法院经再审，判决撤销一、二审判决、撤销广东省英德市政府作出的《行政复议决定书》，恢复广东省英德市人社局作出的《视同工亡认定书》的效力。

（撰写人：刘艾涛）

11 当事人自愿流转土地且宅基地初始登记生效的，对既已形成的法律关系可给予必要的考虑和尊重

——杨某华与四川省宜宾市筠连县人民政府土地行政批准再审案

- 案　　号　（2021）最高法行再 120 号
- 合议庭成员　杨军、张昊权、郭艳地
- 关 键 词　行政 / 行政批准 / 土地承包经营权 / 宅基地使用权
- 相关法条　《中华人民共和国土地管理法》第 8 条第 1 款①，《中华人民共和国农村土地承包法》第 19 条②，《最高人民法院关于适用〈中华人民共和国行政诉讼法〉的解释》第 69 条第 1 款

【裁判要旨】

如果原告对初始的宅基地权属批准登记行为未提出异议和诉讼，仅就在后的变更批准行政行为提起诉讼，在缺乏相应证据佐证的情形下，人民法院可视案情认定其与初始登记行为不具有利害关系；对于当事人之间以协议方式处分土地所形成的长期稳定的法律关系，人民法院可给予必要的考虑和尊重。

---

① 案涉协议签订时适用 1987 年 1 月 1 日起施行的《中华人民共和国土地管理法》，该法于 2004 年修正时，本条已被删除。

② 案涉土地承包经营权设立时适用 2003 年 3 月 1 日起施行的《中华人民共和国农村土地承包法》，该法已于 2018 年修正，此处法条对应第 20 条。

【案情摘要】

何某仁与杨某严定有婚约，后因杨家退婚，何某仁、杨某严及杨某付（杨某严之父）于1987年签订《退婚调解协议》，约定杨家地上已修建的房子和地基都归何某仁，之后的土地纠纷由杨家出面接洽。1988年，四川省宜宾市筠连县人民政府（以下简称筠连县政府）根据何某仁的申请，向其颁发（88）957号《宅基地批准书》，又于1996年向其颁发《集体土地建设用地使用证》。2014年，何某仁计划将该房屋原基改建，经申请后筠连县政府向其颁发（2014）3177号《宅基地批准书》。2015年，杨某华（杨某严之兄）经行政复议后，提起本案诉讼，认为其持有的自1999年生效且期限为30年的《土地承包经营权证书》上的土地范围包括了上述房屋的占地，故要求撤销（2014）3177号《宅基地批准书》及复议决定。

（撰写人：杨　军、翁碧悦）

12 人民法院审理大中型水利水电工程移民安置补偿案件，应当追加项目法人为第三人

——李某锋与云南省昭通市永善县人民政府、移民服务中心移民安置行政补偿再审案

- 案　　号　（2021）最高法行再168号
- 合议庭成员　张昊权、杨军、郭艳地
- 关 键 词　行政／移民安置补偿／大中型水利水电工程／第三人
- 相关法条　《大中型水利水电工程建设征地补偿和移民安置条例》第5条、第6条、第7条、第10条、第18条、第27条、第29条

【裁判要旨】

被征收人有权以行政机关为被告，请求兑付因水电站建设丧失经营条件的设施设备的补偿款。人民法院在审查相关征收补偿案件确定第三人时，鉴于大中型水利水电工程的项目法人通常承担着编制移民安置规划大纲、会同地方人民政府实施工程占地和淹没区实物调查、编制移民安置规划、防护工程的建设费用、与移民区和移民安置区的地方人民政府签订移民安置协议、向地方人民政府支付征地补偿和移民安置资金等一系列工作，可根据办案需要追加项目法人、设计单位为第三人，以

便在实物调查结果的认定、移民安置规划的修改及补偿资金的支付等方面,作出有针对性的裁判。

【案情摘要】

李某锋建设的输电设备设施因案涉水电站建设,丧失经营条件,部分设备设施获得补偿,另有10千伏输电线路21.8千米、6台变压器未作补偿。李某锋起诉行政机关要求给予补偿。原审法院认定对李某锋前述财产损失目前没有补偿标准,请求补偿没有依据,原补偿并无不当,遂驳回其诉讼请求。

(撰写人:张昊权)

国家赔偿篇

无罪逮捕赔偿

1. 人民法院赔偿委员会提审决定未对申诉事项和请求进行审查，申诉人继续申诉的，人民法院赔偿委员会应当受理并决定重新审理

——杨某军申请黑龙江省牡丹江市爱民区人民检察院无罪逮捕赔偿申诉案

- 案　　号　（2021）最高法委赔监33号
- 关 键 词　国家赔偿 / 申诉事项 / 提审 / 继续申诉 / 重新审理
- 相关法条　《最高人民法院关于国家赔偿监督程序若干问题的规定》第8条

【裁判要旨】

人民法院赔偿委员会对申诉案件应当围绕申诉事项和理由进行审查，并决定对申诉请求是否支持。未对申诉事项和理由进行审查而作出提审决定，当事人向上一级人民法院赔偿委员会继续申诉的，上一级人民法院赔偿委员会应当受理并决定重新审理。

【案情摘要】

杨某军涉嫌刑事犯罪，黑龙江省牡丹江市爱民区人民检察院批准逮捕，后牡丹江市公安局作出撤销案件决定。杨某军实际被羁押112天。杨某军申请无罪逮捕赔偿。牡丹江市中级人民法院赔偿委员会决定由黑龙江省牡丹江市爱民区人民检察院按照国家2018年度职工日平均工资标准支付杨某军被羁押112天的人身自由赔偿金。黑龙江省牡丹江市爱民区人民检察院不服，以杨某军在侦查阶段作过有罪供述，其不应当承担国家赔偿责任为由申诉。黑龙江省高级人民法院赔偿委员会直接审理，决定由黑龙江省牡丹江市爱民区人民检察院按照国家2019年度职工日平均工资标准支付杨某军被羁押112天的人身自由赔偿金，并支付精神抚慰金。黑龙江省牡丹江市爱民区人民检察院仍不服，要求最高人民法院对本案重新审理。

（撰写人：崔晓林）

2 因法律修改致犯罪标准提高而不构成犯罪的，国家不承担赔偿责任

——马某权申请河北省秦皇岛市人民检察院无罪逮捕赔偿申诉案

- 案　　号　（2021）最高法委赔监 207 号
- 关 键 词　国家赔偿 / 无罪逮捕 / 法律修改不构成犯罪与国家免责
- 相关法条　《中华人民共和国国家赔偿法》第 19 条第 3 项

【裁判要旨】

因法律修改致犯罪标准提高，犯罪嫌疑人的行为因此不构成犯罪，但并未否定其行为的违法性，且检察机关在合理期限内依法履行职责，将强制措施变更为取保候审并作出撤销案件决定，符合《国家赔偿法》第 19 条"依照刑事诉讼法第十五条规定不追究刑事责任的人被羁押的"，国家不承担赔偿责任的情形。

【案情摘要】

马某权因涉嫌受贿罪被检察机关刑事拘留，后被逮捕。在《最高人民法院、最高人民检察院关于办理贪污贿赂刑事案件适用法律若干问题的解释》将受贿罪的具体犯罪数额标准由 5000 元提高到 3 万元后，检察机关以法律发生变化为由，决定将马某权的强制措施变更为取保候审，并于作出决定当日将其释放。此后，检察机关以《最高人民法院、最高人民检察院关于办理贪污贿赂刑事案件适用法律若干问题的解释》规定的立案标准发生变化为由，根据《刑事诉讼法》第 15 条的规定，决定撤销案件。马某权以无罪逮捕赔偿为由，向检察机关提出赔偿申请。

（撰写人：宋楚潇、王　京）

无罪错判赔偿 ▶▶▶

1 刑事赔偿案件中确定精神损害赔偿责任，应当综合考量精神损害的严重程度和其他相关因素
——吴某红申请河南省高级人民法院再审无罪赔偿案

- **案 号** （2020）最高法委赔25号
- **关 键 词** 国家赔偿刑事赔偿／赔偿委员会审理程序／精神损害抚慰金
- **相关法条** 《中华人民共和国国家赔偿法》第35条，《最高人民法院关于审理国家赔偿案件确定精神损害赔偿责任适用法律若干问题的解释》第7条、第8条、第9条

【裁判要旨】

本案是最高人民法院适用《最高人民法院关于审理国家赔偿案件确定精神损害赔偿责任适用法律若干问题的解释》审理并作出决定的第一起案件，认定赔偿请求人的精神损害程度及确定精神损害抚慰金数额，应结合案件具体情况，坚持以人为本，综合考量侵权行为方式、侵权机关违法、过错程度以及原错判罪名、刑罚、羁押时间等情节，充分考虑受害人因刑事错判被长期羁押所带来的身体健康损害和巨大的精神创伤，以及漫长纠错过程给赔偿请求人及其家庭成员在生活、求学、就业、生产经营等方面造成的严重影响。

【案情摘要】

吴某红因涉嫌故意杀人被三次判处死刑、缓期二年执行，后被改判为无期徒刑，被羁押15年后经再审改判宣告无罪后被释放。吴某红共被羁押5612天，其家中原有房屋目前不适宜居住，其原先用于进行木材加工的设备亦有遗失及毁损，同时还身患多种严重疾病，生活能力、劳动能力严重受限，给吴某红造成的精神损害后果特别严重。

（撰写人：高　珂）

2 人民法院判处有期徒刑缓刑后再审改判无罪，被害人在判决生效前被羁押的，作出原生效判决的法院为赔偿义务机关

——干某芹申请黑龙江省齐齐哈尔市梅里斯达斡尔族区人民法院再审改判无罪赔偿申诉案

- 案　　号　（2020）最高法委赔监 210 号
- 关 键 词　国家赔偿 / 再审改判无罪 / 缓刑
- 相关法条　《中华人民共和国国家赔偿法》第 17 条、第 21 条

【裁判要旨】

在具有法院错判及判前羁押的情况下，适用后置吸收原则，由作出原生效有罪判决的法院为赔偿义务机关对判前羁押部分予以赔偿。

【案情摘要】

2013 年 3 月 27 日，干某芹因涉嫌故意毁坏财物被刑拘，同年 4 月 3 日被逮捕。2013 年 4 月 25 日，一审法院判决干某芹犯故意毁坏财物罪，判处有期徒刑六个月，缓刑一年，并于同日决定对其取保候审并释放。2018 年 5 月 3 日，法院经再审撤销原判，宣告干某芹无罪。干某芹遂申请赔偿。

（撰写人：张元光）

刑事违法查封、扣押、冻结、追缴赔偿

赔偿请求人提供财产损失初步证据后，能否以赔偿请求人不能提供充分有效的证据证明财产损失为由驳回赔偿请求

——夏某申请吉林省长春市公安局朝阳区分局刑事违法扣押赔偿申诉案

- 案　　号　（2021）最高法委赔监49号
- 关 键 词　国家赔偿／刑事违法扣押／评估／举证责任
- 相关法条　《中华人民共和国国家赔偿法》第26条第1款，《最高人民法院关于人民法院赔偿委员会审理国家赔偿案件程序的规定》第12条

【裁判要旨】

国家赔偿案件中，赔偿请求人应当就其遭受的损害及其损害大小提供相应的证据。在赔偿请求人已经提供二审改判无罪文书、车辆销售发票等证据后，应当认定已经完成举证责任。

【案情摘要】

夏某申请吉林省长春市公安局朝阳区分局刑事违法扣押赔偿申诉一案，在刑事案件侦查过程中，案涉车辆被刑事扣押。后夏某被二审改判无罪。吉林省长春市公安局朝阳区分局于2018年3月下旬数次通知夏某取回车辆，夏某于2019年1月3日将案涉车辆取回。经鉴定，该车取回时评估价格为人民币261874元。该车购买时间为2013年7月16日，价格合计人民币104万元。夏某申请国家赔偿时，提供了二审改判无罪文书、车辆销售发票、车辆现值鉴定报告等证据。

（撰写人：张元光）

殴打、虐待、怠于履行职责赔偿

1 赔偿请求时效认定问题
——张某申请甘肃省敦煌市公安局国家赔偿申诉案

- 案　　号　（2021）最高法委赔监42号
- 关 键 词　国家赔偿/赔偿请求时效
- 相关法条　《中华人民共和国国家赔偿法》第39条

【裁判要旨】

在以法治思维法治方式解决相关问题的今天,不鼓励以信访或其他非法定途径维权,应作为司法裁判原则。赔偿请求人在知道国家机关及其工作人员行使职权行为侵权之日起,不通过法定程序申请国家赔偿,而是选择向党委、政府等部门信访等非法定途径维权,造成超过赔偿请求时效的,应承担不利后果。

【案情摘要】

张某因涉嫌犯罪被刑事拘留、逮捕,羁押于敦煌市看守所。羁押期间,该看守所民警曾用橡皮警棍殴打、体罚张某。3个月后,张某出现相关病症。敦煌市人民检察院针对张某亲属的控告查证,认为张某控告其所患疾病是由看守所人员殴打所致无证据证实,但体罚张某事实存在。2007年1月,敦煌市人民检察院将调查相关情况复函告知张某家属。张某父母自2006年3月至2012年4月期间,通过向敦煌市委、市委政法委、市政府信访办等部门写信、到访等方式寻求救济。2015年3月,张某向甘肃省敦煌市公安局申请国家赔偿。敦煌市公安局以张某超过赔偿请求时效为由提出抗辩。甘肃省高级人民法院赔偿委员会审理认为,张某家属持续以信访方式维权,不应认定超过请求时效。敦煌市公安局不服提出申诉。最高人民法院经审查认为,甘肃省高级人民法院赔偿委员会原决定对时效及其他问题的认定不当,决定予以提审。

（撰写人：苏　戈）

2 人民检察院对于监所被羁押人员死亡所作调查结论的证据认定问题

——孟某生、孟某林申请哈尔滨市公安局国家赔偿申诉案

- **案　　号**　（2021）最高法委赔监73号
- **关 键 词**　国家赔偿／证据认定
- **相关法条**　《中华人民共和国监狱法》第6条、第22条、第55条，《中华人民共和国看守所条例》第8条、第27条

【裁判要旨】

依照《监狱法》《看守所条例》规定，人民检察院依法对监管机关执行刑罚、日常监管等工作行使监督职权，对监管机关日常监管活动或者突发性事件，负有代表国家行使检察、监督的法定职责，其依法履职作出的相关文书或者结论性意见，除有充分反证足以否定其真实性外，应当作为人民法院赔偿委员会审查、认定国家赔偿案件的依据。

【案情摘要】

刘某芳（系申诉人孟某林之妻、孟某生之母）因涉嫌犯罪被刑事拘留，羁押于哈尔滨市公安局第二看守所。3个半月后，刘某芳因病医治无效死亡。哈尔滨市疾控中心报告确认刘某芳系"HIV-I抗体阳性"。司法鉴定中心出具鉴定意见：被鉴定人因患有艾滋病合并肺感染、多器官结核，致多脏器功能衰竭死亡；刘某芳所患艾滋病为感染HIV后的最终阶段（即可说明其并非在押期间感染艾滋病）。哈尔滨市人民检察院针对申诉人提出的控告，经调查作出《被监管人死亡调查意见书》，认为刘某芳在羁押期间，看守所和卫生所依法履行了监管、医疗职责，无证据证明民警和医生有玩忽职守行为。

（撰写人：苏　戈）

3 侵害公民健康权的赔偿请求时效起算问题
——何某龙申请陕西省黄陵监狱虐待致伤赔偿申诉案

- 案　　号　（2021）最高法委赔监 196 号
- 关 键 词　国家赔偿 / 刑事赔偿 / 申诉审查程序 / 赔偿请求时效起算点
- 相关法条　《中华人民共和国国家赔偿法》第 39 条

【裁判要旨】

涉及监狱侵权致人身体伤残赔偿的案件，受害人一般需要在治疗终结、伤残等级评定后才能确定损害严重程度和相关费用数额，因此，这类案件的请求时效不应简单以实施侵权行为或者罪犯刑满释放时间来确定时效起算点，应当具体情况具体分析，把治疗终结、伤残等级评定时间等作为认定赔偿请求时效起算的重要时间节点。

【案情摘要】

2015 年 2 月，何某龙在陕西省黄陵监狱服刑期间被同监服刑人员打伤。2016 年 3 月 14 日至 3 月 21 日，何某龙依据与监狱及有关方面达成的"会议纪要"继续在医院住院治疗。同年 4 月 28 日，公安司法鉴定中心对何某龙作出重伤二级、伤残七级的鉴定。同年 10 月 20 日，打伤何某龙的服刑人员提起公诉，法院于 2017 年 3 月 10 日作出刑事判决。2017 年 8 月 25 日，何某龙以监狱为被告提起行政赔偿诉讼，诉讼中法院依申请委托进行了损害因果关系鉴定，并于 2020 年 2 月 27 日以该案不属于行政诉讼受案范围为由裁定驳回何某龙起诉。何某龙遂向陕西省黄陵监狱申请国家赔偿。

（撰写人：高　珂）

4 赔偿请求人主体资格认定问题
——伯某万申请广东省东莞市公安局国家赔偿申诉案

- **案　　号**　（2021）最高法委赔监220号
- **关 键 词**　国家赔偿／赔偿请求人／主体资格
- **相关法条**　《中华人民共和国国家赔偿法》第6条、第20条，《中华人民共和国民法总则》第117条①

【裁判要旨】

受害的公民死亡，其继承人和其他有扶养关系的亲属有权要求赔偿。在第一顺位继承人不申请赔偿的情况下，第二顺位继承人不具有申请赔偿的主体资格。

【案情摘要】

伯某福因涉嫌犯罪被广东省东莞市公安局刑事拘留，拘留期间，伯某福因病医治无效死亡。伯某福已离异，父母去世，有一子一女，其子受其女委托全权处理伯某福死亡一事，对公安机关执法过程及伯某福死因无异议，并接收困难救助10万元。嗣后，伯某福之弟伯某万向广东省东莞市公安局申请国家赔偿。

（撰写人：苏　戈）

---

① 对应《中华人民共和国民法典》第117条。

违法采取对妨害诉讼的强制措施赔偿

人民法院合法采取对妨害诉讼的强制措施造成诉讼参与人身体伤害的不承担赔偿责任
——张某亭申请山东省高级人民法院国家赔偿案

- 案　　号　（2021）最高法委赔 11 号
- 关 键 词　国家赔偿 / 对妨害民事诉讼的强制措施 / 依法履职 / 人身伤害赔偿
- 相关法条　《中华人民共和国国家赔偿法》第 38 条

【裁判要旨】

诉讼参与人在民事诉讼过程中未经准许用手机录音录像的，人民法院工作人员依法采取对妨害诉讼的强制措施，要求其删除，且采取的手段方式在合理限度内，因诉讼参与人逃避检查并强行离开造成身体伤害的，人民法院不承担赔偿责任。

【案情摘要】

张某亭到山东省高级人民法院参加案件的调查听证。庭审过程中，张某亭几次操作手机，情绪激动，多次被法官叫停，并要求其注意法庭秩序。听证结束后，张某亭情绪激动并用手机录音录像。执勤法警发现后当即阻止并要求其删除。执勤法警监督其删除手机音视频时，张某亭试图逃避检查并要强行离开，执勤法警抓住其单肩包包带予以阻止，张某亭随后用左手肘部拉动挎包猛烈往后挣脱数次。执勤法警松手后，张某亭随后蹲在地上喊疼，称其左胳膊被扭伤，并打电话报警。公安局经过调查认为，张某亭被打一案没有违法事实的情形，决定终止调查。张某亭要求山东省高级人民法院赔偿其医疗费、精神抚慰金等，向最高人民法院赔偿委员会申请作出赔偿决定。

（撰写人：何　君、岳蓓玲）

错误执行赔偿

1. 受害人对被确认违法的执行行为无法通过诉讼或者执行程序填补损失的，人民法院应当承担赔偿责任

——沈阳航天新阳速冻设备制造有限公司申请
河北省保定市中级人民法院错误执行赔偿案

- **案　　号**　（2019）最高法委赔提 4 号
- **关 键 词**　国家赔偿/错误执行/案外人异议/执行程序终结
- **相关法条**　《中华人民共和国国家赔偿法》第 38 条，《最高人民法院关于审理民事、行政诉讼中司法赔偿案件适用法律若干问题的解释》第 19 条

【裁判要旨】

人民法院执行行为已被确认违法，且受害人的损失已经确定，无法通过相关诉讼或者执行程序予以补救，执行法院应当向受害人承担赔偿责任，赔偿委员会不得以尚不具备进入国家赔偿程序的条件为由驳回受害人的国家赔偿申请。受害人受偿后不得再就该部分已经获得填补的损失主张权利，而应由人民法院行使追偿权。

【案情摘要】

河北省保定市中级人民法院在执行袁某诉保定威尔冻干食品有限公司（以下简称威尔公司）拖欠工程款纠纷一案过程中，沈阳航天新阳速冻设备制造有限公司（以下简称新阳公司）以保留所有权为由，请求保定市中级人民法院撤回对涉案设备的拍卖委托。保定市中级人民法院裁定驳回新阳公司的执行异议，将设备以 232.5268 万元予以拍卖，该案执行完毕。新阳公司对此又提起诉威尔公司货款纠纷一案，保定市中级人民法院判决威尔公司给付新阳公司余款 146.2 万元及利息。该判决现仍在执行中。河北省高级人民法院于 2016 年 3 月 24 日裁定确认保定市中级人民法院前述执行行为违法。新阳公司提出赔偿申请，河北省高级人民法院赔偿委员会以尚不具备进入国家赔偿程序的条件为由驳回新阳公司的赔偿申请。

（撰写人：梁　清）

2 在错误执行赔偿案件中不能简单以执行程序尚未终结为由驳回赔偿请求人的申请

——北京安华建筑工程公司申请北京市第二中级人民法院错误执行赔偿申诉案

- **案　　号**　（2020）最高法委赔监273号
- **关 键 词**　国家赔偿/错误执行赔偿/申诉审查程序/执行程序终结/受理条件
- **相关法条**　《中华人民共和国国家赔偿法》第38条，《最高人民法院关于适用〈中华人民共和国国家赔偿法〉若干问题的解释（一）》第8条，《最高人民法院关于审理民事、行政诉讼中司法赔偿案件适用法律若干问题的解释》第19条

【裁判要旨】

对于申请错误执行赔偿案件不应一概以执行程序尚未终结为由不予受理或驳回申请，应根据《国家赔偿法》和相关司法解释规定精神，正确把握原则和例外的关系，结合案件具体情况，准确适用《最高人民法院关于审理民事、行政诉讼中司法赔偿案件适用法律若干问题的解释》第19条其他例外情形的规定，对于执行期限较长、被执行人下落不明、无财产可供执行且已经终结本次执行程序的案件，应当及时受理并作出赔偿决定，防止出现当事人长期告状无门的情况。①

【案情摘要】

北京安华建筑工程公司诉北京安华西马汽车改装厂建筑工程施工合同纠纷一案，该公司胜诉后于2000年向北京市第二中级人民法院申请执行，但该案长期未能得到执行。2009年北京市第二中级人民法院以被执行人营业执照已被吊销且无财产可供执行为由，裁定终结本次执行程序。2018年北京安华建筑工程公司向执行法院申请错误执行赔偿后，原审法院以该案执行程序尚未终结为由驳回了北京安华建筑工程公司的赔偿申请。

（撰写人：高　珂）

---

① 2022年3月发布的《最高人民法院关于审理涉执行司法赔偿案件适用法律若干问题的解释》第5条第1款第3项规定吸收了本案要旨。

3 错误执行赔偿案件中因赔偿义务机关过错致使申请人无法举证时举证责任倒置

——吴某华申请石家庄市长安区人民法院错误执行赔偿申诉案

- 案　　号　（2021）最高法委赔监 9 号
- 关 键 词　国家赔偿/扣押物品灭失/遗漏登记/举证责任倒置
- 相关法条　《中华人民共和国国家赔偿法》第 26 条第 1 款,《最高人民法院关于人民法院赔偿委员会适用质证程序审理国家赔偿案件的规定》第 6 条

【裁判要旨】

在错误执行赔偿案件当中,赔偿请求人应当就其遭受的损害及其损害大小提供相应的证据,因赔偿义务机关过错致使赔偿请求人无法提供证据的,由赔偿义务机关负举证责任。①

【案情摘要】

石家庄市长安区人民法院在清点扣押物品时遗漏登记,吴某华以遗漏登记的物品中部分灭失等理由申请赔偿。吴某华在列举了灭失物品的种类、数量和价格的同时,称存放上述物品发票等证据的铁柜,被石家庄市长安区人民法院扣押后没有返还。案经河北省高级人民法院赔偿委员会提审后,吴某华仍不服,向最高人民法院赔偿委员会申诉。最高人民法院赔委会认为,上述情况如果属实,则导致吴某华无法就其损害提供充分证据的原因在于石家庄市长安区人民法院,故应由该院承担举证责任。

（撰写人：王振宇）

---

① 2022 年 3 月发布的《最高人民法院关于审理涉执行司法赔偿案件适用法律若干问题的解释》第 9 条规定吸收了本案要旨。

4 依据错误的执行根据所为的执行行为,未超出执行根据范围的,不属于执行错误

——张某秋申请山东省泰安市宁阳县人民法院错误执行赔偿申诉案

- 案　　号　（2021）最高法委赔监 177 号
- 关 键 词　国家赔偿 / 错误执行 / 执行依据错误
- 相关法条　《中华人民共和国国家赔偿法》第 38 条

【裁判要旨】

依据错误的执行根据所为的执行行为,未超出执行根据范围的,不属于执行错误。

【案情摘要】

山东省泰安市宁阳县原建设局作出行政裁决书,限期张某秋腾空房屋交付拆迁,并向山东省泰安市宁阳县人民法院（以下简称宁阳法院）申请强制执行,宁阳法院作出行政裁定书,准予强制执行,限期被执行人张某秋腾空房屋交付拆迁。被执行人随后履行了该裁定书,自行腾空了房屋。后张某秋的房屋被拆除。后经行政诉讼,山东省泰安市宁阳县原建设局对张某秋的行政裁决书被依法撤销。张某秋以错误执行为由,向宁阳法院提出国家赔偿申请。

（撰写人：张昊权）

执行篇

执行依据

1　申请执行的生效法律文书不具备明确具体的给付内容，不符合执行条件

——民生银行呼和浩特分行与国栋公司借款合同纠纷申请执行复议案

- **案　　号**　（2021）最高法执复22号
- **合议庭成员**　马岚、刘慧卓、仲伟珩
- **关 键 词**　执行/执行的申请和受理/执行依据内容不明
- **相关法条**　《最高人民法院关于适用〈中华人民共和国民事诉讼法〉的解释》第463条①

【裁判要旨】

依照《最高人民法院关于适用〈中华人民共和国民事诉讼法〉的解释》第463条第1款之规定："当事人申请人民法院执行的生效法律文书应当具备下列条件：（一）权利义务主体明确；（二）给付内容明确。"当事人申请人民法院执行的生效法律文书应当具备明确具体的给付内容，否则不符合执行条件。本案生效判决主文确定了案涉质权标的物、行使质权范围及具体金额计算方法，由于计算方法中的被执行人应承担的违约金并不明确，不符合执行依据确定的给付内容应当具体、明确的法定情形，目前并不具备执行条件。待违约金确定、执行依据的给付内容明确后，申请执行人可再申请执行。

【案情摘要】

民生银行呼和浩特分行向内蒙古自治区高级人民法院申请执行，内蒙古自治区高级人民法院审查认为，本案执行依据民事判决确定的国栋公司应当履行的义务为附条件的义务，只有在条件成就时方可执行。其可以执行的条件首先要判项中违约责任明确，违约金具体，其次要国栋公司减持股票所得价款有盈余。目前判项中的违约责任和违约金并不明确，减持收益无法计算，所附条件并未成就，不具备执行条件。据此作出执行异议裁定，驳回民生银行呼和浩特分行对国栋公司的执行申请。

---

① 该解释已于2022年修正，此处法条对应第461条。

民生银行呼和浩特分行向最高人民法院申请复议。最高人民法院驳回其复议申请,维持内蒙古自治区高级人民法院法院异议裁定。

（撰写人：马 岚）

❷ 被执行人根据判决中涉及的协议内容主张其已在判决前偿还债务,不属于执行程序审查范围

——滨海公司与骏德公司合同纠纷执行复议案

- 案　　号　（2021）最高法执复54号
- 合议庭成员　邱鹏、杨春、仲伟珩
- 关　键　词　执行 / 执行依据
- 相关法条　《中华人民共和国民事诉讼法》第225条①,《最高人民法院关于人民法院办理执行异议和复议案件若干问题的规定》第23条

【裁判要旨】

当事人在上诉时仅针对一审判决的部分判项提出上诉并被驳回。案件进入执行程序后,该当事人对一审判决中其未提出上诉的判项中认定的债权债务数额不服,提出执行异议,认为根据判决中涉及的当事人之间签订的协议,其已经在判决前偿还了绝大部分债务,该异议请求实质上系对本案执行依据不服,应通过其他法定程序解决,不属于执行异议审查范围。

【案情摘要】

原告骏德公司与被告滨海公司合同纠纷一案,天津市高级人民法院作出民事判决,判令滨海公司于判决生效后10日内向原告骏德公司偿还14.5亿元及相应利息。滨海公司针对一审判决的利息部分向最高人民法院提出上诉被驳回。案件进入执行程序后,天津市高级人民法院作出执行通知书,责令滨海公司向骏德公司偿还人民币14.5亿元及利息。滨海公司提出执行异议,认为依照当事人签订的《六方合作协议》的约定,已经授权城投滨海公司向申请执行人骏德公司通过资金归集方式偿还完毕绝大部分债务款项,且判决生效后仍存在通过资金归集方式偿还债务的情况。

---

① 对应《中华人民共和国民事诉讼法》（2023年修正）第236条。

天津市高级人民法院认为，滨海公司主张《六方合作协议》中资金归集偿还债务的约定内容，实质上系对本案执行依据产生的争议，应通过其他法定程序解决，不属于执行异议审查范围，故裁定驳回滨海公司的异议。滨海公司不服，向最高人民法院申请复议，最高人民法院裁定驳回复议申请。

（撰写人：仲伟珩）

3 人民法院应按照执行依据明确的利率标准、利息计算方法确定利息的执行
——刘某珂与郑州宏基公司民间借贷纠纷执行监督案

- **案　　号**　（2021）最高法执监25号
- **合议庭成员**　孙建国、于明、薛贵忠
- **关 键 词**　执行 / 执行依据 / 给付内容明确 / 申请执行人 / 被执行人 / 执行程序 / 执行法院
- **相关法条**　《最高人民法院关于适用〈中华人民共和国民事诉讼法〉的解释》第463条①

【裁判要旨】

执行依据明确利率标准按照中国人民银行同期同类贷款利率的四倍计算。对于中国人民银行"同期同类贷款利率"，在执行实践中一般是按照银行业常用的"同期同档利率"来理解，根据未履行期间的长短确定应当适用的中国人民银行公布的同档贷款基准利率，未履行期间逾5年的，适用中国人民银行公布的5年以上档的贷款基准利率；中国人民银行公布的同期贷款基准利率发生变化的，根据该利率的变化分段计算。

【案情摘要】

刘某珂申请执行郑州宏基公司民间借贷纠纷案执行中，本案生效法律文书确定利率标准按照中国人民银行同期同类贷款利率的四倍计算。对于中国人民银行"同期同类贷款利率"，在执行实践中一般是按照银行业常用的"同期同档利率"来理

---

① 该解释已于2022年修正，此处法条对应第461条。

解，根据未履行期间的长短确定应当适用的中国人民银行公布的同档贷款基准利率，未履行期间逾5年的，适用中国人民银行公布的5年以上档的贷款基准利率；中国人民银行公布的同期贷款基准利率发生变化的，根据该利率的变化分段计算。鹤壁市中级人民法院认为，根据执行依据确定的利息计算方法，按照2013年至2019年中国人民银行发布的同期贷款5年期以上利率的情况，以四倍分段计算利息，并无不当。刘某珂不服，向河南省高级人民法院申请复议，被驳回后提起本案监督，最高人民法院裁定驳回刘某珂的申诉请求。

（撰写人：燕东申）

4 对执行依据确定的执行对象的执行，不存在被执行人有多项财产可供执行进而选择某项财产执行的问题

——杨某文、丁某与艾黎小贷公司借款担保纠纷执行监督案

- 案　　号　（2021）最高法执监121号
- 合议庭成员　万会峰、朱燕、仲伟珩
- 关 键 词　执行／执行依据
- 相关法条　《最高人民法院关于人民法院执行工作若干问题的规定（试行）》第2条①

【裁判要旨】

在执行程序中，人民法院依照生效法律文书确定的内容采取执行措施是依法执行的应有之义。案涉质押的股权系本案判决主文确定的执行对象。在该案进入执行程序后，执行法院依照申请执行人的申请，优先组织评估、拍卖案涉质押的股权，系执行法院对执行依据确定的执行对象的执行，并不存在被执行人有多项财产可供执行进而选择执行的问题。

【案情摘要】

本案判决主文第3项明确，艾黎小贷公司有权以杨某文、丁某分别提供质押的股权折价或者拍卖、变卖该质押财产所得的价款，在本金、利息、违约金及实现债

---

① 该解释已于2020年修正，此处法条对应第2条。

权的费用等范围内优先受偿。进入执行程序后，杨某文、丁某对执行法院拍卖其持有的欧亚建设公司股权的执行行为不服，提出书面异议。执行法院经审查认为，杨某文、丁某对本案债务承担的是一般保证，在本案主债务人欧亚建设公司有可供执行的财产的情况下，应优先执行欧亚建设公司的财产，裁定撤销执行股权的行为。艾黎小贷公司提出复议，法院审查认为异议裁定认为杨某文、丁某承担一般保证责任无法律依据应予纠正，撤销了异议裁定。杨某文、丁某向最高人民法院申请监督。最高人民法院维持复议裁定。

（撰写人：万会峰）

5 对执行依据内容不服提出的异议，不属于执行异议程序的审查范围
——沈某勋与五建建设公司执行监督案

- **案　　号**　（2021）最高法执监 217 号
- **合议庭成员**　万会峰、马岚、林莹
- **关 键 词**　执行 / 执行异议的受理 / 对执行依据不服
- **相关法条**　《中华人民共和国民事诉讼法》第 225 条、第 227 条[①]，《最高人民法院关于人民法院办理执行异议和复议案件若干问题的规定》第 2 条

【裁判要旨】

执行过程中，当事人、利害关系人、案外人提出执行异议实质上是对执行依据不服的，不属于《民事诉讼法》第 225 条、第 227 条规定的执行异议或案外人异议程序的审查范围，其依法应通过申请再审或提起第三人撤销之诉程序予以救济。

【案情摘要】

郑州市中级人民法院在执行该院（2019）豫 01 民初 1434 号民事调解书过程中，案外人沈某勋认为该调解书系基于虚假诉讼而形成，损害其合法权益，请求中止对该调解书的执行。郑州市中级人民法院向沈某勋明确释明对执行依据即调解书不服，不属于执行异议的审查范围，应通过申请再审程序或第三人撤销程序予以解决，案

---

① 对应《中华人民共和国民事诉讼法》（2023 年修正）第 236 条、第 238 条。

外人沈某勋仍明确坚持提出异议并要求郑州市中级人民法院审理。郑州市中级人民法院立案后驳回沈某勋的异议申请。沈某勋提起复议亦被河南省高级人民法院驳回，遂提起本案申诉，最高人民法院审查后驳回申诉。

（撰写人：林　莹、苏国梁）

6 执行依据判令被执行人应当向申请执行人履行补偿职责，被执行人未作出补偿行为，执行法院应当责令被执行人履行补偿义务，执行法院不能以执行依据内容不明确为由驳回申请执行人的执行申请

——正达公司与抚顺市人民政府履行法定职责纠纷执行监督案

- 案　　号　（2021）最高法执监369号
- 合议庭成员　朱燕、邵长茂、杨春
- 关 键 词　执行/执行异议/执行依据内容不明
- 相关法条　《中华人民共和国行政诉讼法》第94条、第96条、第101条

【裁判要旨】

执行依据明确判令被执行人履行对申请执行人的投入给予补偿的法定职责，因此被执行人需要履行的义务即是作出对申请执行人的投入给予补偿这一行政行为，执行依据确定的权利义务明确具体。至于执行依据未确定补偿的金额，并不影响被执行人履行行为义务，双方当事人如对补偿金额不服可另诉解决。执行法院以执行依据内容不明确为由驳回申请执行人的执行申请没有事实及法律依据。

【案情摘要】

本案执行依据为行政判决，执行法院认为正达公司要求在该案中确认具体补偿数额和赔偿利息损失的诉讼请求属于行政权限范围，司法权不能代替行政权，故该诉讼请求不属于该案审查范围，法院无法支持，待抚顺市人民政府确定具体补偿数额后，正达公司可另行主张权利，遂判令抚顺市人民政府履行对正达公司的投入给予补偿的法定职责。后正达公司申请执行，执行法院以行政判决未确定补偿金额、属于执行依据内容不明确为由驳回了正达公司的执行申请。正达公司不服先后提起异议、复议，均被驳回后申诉至最高人民法院，最高人民法院裁定撤销了复议、异

议裁定，本案由执行法院继续执行。

（撰写人：朱　燕、王晓萌）

7 生效法律文书执行内容不明确，执行部门应按审判部门的答复补正裁定内容执行
——尤某芬与杨某富、杨某莉执行监督案

- **案　　号**　（2021）最高法执监 376 号
- **合议庭成员**　朱燕、林莹、马岚
- **关 键 词**　执行 / 刑事裁判涉财产部分的执行 / 执行依据内容不明
- **相关法条**　《最高人民法院关于刑事裁判涉财产部分执行的若干规定》第 6 条，《最高人民法院关于人民法院立案、审判与执行工作协调运行的意见》第 15 条

【裁判要旨】

执行程序中，执行法院应严格依照刑事判决确认的内容依法执行，刑事裁判涉财产部分的裁判内容，应当明确、具体，执行机构如发现作出的生效法律文书执行内容不明确的，应书面征询作出生效法律文书的审判部门意见，由审判部门作出书面答复或者裁定予以补正，执行机构应按审判部门答复或补正裁定内容依法执行。

【案情摘要】

凉川市中级人民法院在执行（2017）川刑终 532 号刑事判决的过程中，因该判决主文第 9 项的内容不尽明确、具体，该院执行机构征询执行依据作出部门的意见。四川省高级人民法院刑二庭出具答复函明确，自李某国 2007 年 1 月起承包经营以来至案发前鑫盛典当公司的股东所得分红，均属违法所得应予以追缴。该判决亦查明，鑫盛典当公司的股东从 2007 年至 2012 年累计分红 11809558.7 元，西昌益泰环保设备工程有限公司作为鑫盛典当公司的法人股东累计分得红利 127 万元；杨某光证人证言自认其是西昌益泰环保设备工程有限公司的法定代表人，2007 年、2010 年其向鑫盛典当公司先后各投资 20 万元，共分得红利 140 余万元。凉川市中级人民法院据此裁定续行冻结杨某光在工商银行账户资金的 2137600 元。杨某光的继承人尤某芬、杨某富、杨某莉对冻结行为不服，提出执行异议及复议被凉川市中级人民法院及四川省高级人民法院驳回后，提起本案申诉，最高人民法院审查后驳回申诉。

（撰写人：林　莹、苏国梁）

执行的申请和受理 ▶▶▶

1 当事人、利害关系人对执行行为不服，应在执行程序开始之后、终结之前提出
——日升公司与浦发银行洛阳分行、倪某禄执行复议案

- **案　　号**　（2021）最高法执复 21 号
- **合议庭成员**　刘慧卓、林莹、李宗诚
- **关 键 词**　执行／执行异议的受理／提出执行异议的期限
- **相关法条**　《中华人民共和国民事诉讼法》第 225 条①，《最高人民法院关于人民法院办理执行异议和复议案件若干问题的规定》第 2 条、第 6 条

【裁判要旨】

当事人、利害关系人对执行行为不服，提出执行异议的期间为执行程序开始之后、终结之前。当事人、利害关系人在执行程序终结后提出执行异议的，人民法院不予受理；对立案后发现不符合执行异议受理条件的，裁定驳回异议申请。

【案情摘要】

河南省高级人民法院在诉讼过程中保全了现被执行人倪某禄持有的股票证券，执行过程中将指定郑州铁路运输中级法院执行本案。郑州铁路运输中级法院执行过程中将剩余股票证券及剩余拍卖款等移送上海相关法院执行，后于 2017 年 11 月 27 日裁定终结河南省高级人民法院（2013）豫法民一初字第 4 号民事调解书的执行。2020 年 8 月，日升公司就本案执行行为向河南省高级人民法院提出执行异议，该院裁定驳回日升公司的异议申请。日升公司不服申请复议，最高人民法院予以驳回。

（撰写人：苏国梁）

---

① 对应《中华人民共和国民事诉讼法》（2023 年修正）第 236 条。

2 识别当事人的异议属于何种性质并决定适用相应程序应由法院作出判断

——周某茹以案外人身份申请执行复议案

- 案　　号　（2021）最高法执复 36 号
- 合议庭成员　万会峰、刘慧卓、邱鹏
- 关 键 词　执行 / 执行异议的申请和受理 / 利害关系人异议和案外人异议
- 相关法条　《中华人民共和国民事诉讼法》第 225 条、第 227 条[①]

【裁判要旨】

利害关系人以对另案执行标的享有质押权要求执行法院停止执行被驳回后，以其对另案执行标的享有足以排除强制执行的民事权益要求法院按照《民事诉讼法》第 227 条规定而非第 225 条规定予以审理，人民法院经审查认为识别当事人的异议属于何种性质并决定适用相应程序应由法院作出判断，而非由当事人决定。在认为其不享有质押权，更不享有足以排除强制执行的民事权益的情况下，按照《民事诉讼法》第 225 条规定进行审查并无不当。

【案情摘要】

周某茹认为其对另案法院执行的恒润互兴公司的股票享有质押权，请求停止执行。执行法院经审理，认为其对案涉股票不享有质押权，驳回其异议。周某茹认为其对案涉股票享有足以排除强制执行的民事权益要求法院按照《民事诉讼法》第 227 条（现为第 234 条）规定而非第 225 条（现为第 232 条）规定予以审理向最高人民法院提出复议申请。最高人民法院驳回了周某茹的复议申请，维持了异议裁定。

（撰写人：万会峰）

[①] 对应《中华人民共和国民事诉讼法》（2023 年修正）第 236 条、第 238 条。

3 独立于执行当事人且与执行行为无法律上利害关系的主体是否为执行异议的适格主体

——海南一桥置业有限公司与中城汇日月湾（海南）冲浪文化产业有限公司执行回转复议案

- 案　　号　（2021）最高法执复44号
- 合议庭成员　刘慧卓、杨春、李宗诚
- 关 键 词　执行/利害关系人执行异议/执行异议的适格主体
- 相关法条　《中华人民共和国民事诉讼法》第225条、第227条①，《最高人民法院关于人民法院办理执行异议和复议案件若干问题的规定》第2条第1款

【裁判要旨】

案外人非执行当事人，与案件执行当事人系两个独立法人，与案涉土地无法律上的利害关系，其在异议及复议申请中均未主张其本身对案涉土地的实体权利，不属《民事诉讼法》第225条规定的利害关系人，亦非《民事诉讼法》第227条规定的案外人，对其提出的异议请求不应予以审查。

【案情摘要】

湖北省高级人民法院执行海南一桥置业有限公司与中城汇日月湾（海南）冲浪文化产业有限公司执行回转一案中，案外人中城汇文旅公司对湖北省高级人民法院（2020）鄂执5号执行通知不服，向湖北省高级人民法院提出书面异议。湖北省高级人民法院作出裁定，驳回中城汇文旅公司异议申请。中城汇文旅公司向最高人民法院申请复议，最高人民法院裁定驳回其复议申请。

（撰写人：王宝道）

---

① 对应《中华人民共和国民事诉讼法》（2023年修正）第236条、第238条。

4 债权受让人和转让人同时申请执行应参照适用第三人申请变更、追加其为申请执行人的相应规定
——摩根信通公司与武威公司执行复议案

- **案　　号**　（2021）最高法执复59号
- **合议庭成员**　杨春、朱燕、马岚
- **关 键 词**　执行/申请和受理条件/申请执行人资格、变更
- **相关法条**　《最高人民法院关于人民法院执行工作若干问题的规定（试行）》第16条，《最高人民法院关于民事执行中变更、追加当事人若干问题的规定》第9条

【裁判要旨】

债权受让人和债权转让人同时申请执行，在当事人对债权转让合同效力发生争议时，应通过另行诉讼解决。在这种情况下，执行程序应参照适用第三人申请变更、追加其为申请执行人的相关规定，即在生效法律文书确定的债权依法转让给第三人的条件下，应同时满足"申请执行人必须书面认可第三人取得该债权"这一条件。

【案情摘要】

摩根信通公司以武威公司权利承受人身份向法院申请执行。立案执行后，武威公司对摩根信通公司申请执行主体资格提出异议，并以自己名义申请执行。执行法院认为，摩根信通公司的权利承受人身份尚未得到武威公司的书面确认，驳回了摩根信通公司的执行申请。摩根信通公司遂申请复议，请求确认其已经取得对生效判决申请强制执行的主体资格。最高人民法院驳回摩根信通公司复议申请，维持执行裁定。

（撰写人：杨　春、邵夏虹）

5 案外人基于对管辖法院的错误认识超过法定期限提出异议的，应驳回其异议申请

——北大青鸟公司借款合同纠纷执行复议案

- **案　　号**　（2021）最高法执复84号
- **合议庭成员**　马岚、邵长茂、林莹
- **关 键 词**　执行／案外人异议／执行异议的申请和受理
- **相关法条**　《最高人民法院关于人民法院办理执行异议和复议案件若干问题的规定》第4条、第6条

【裁判要旨】

《最高人民法院关于人民法院办理执行异议和复议案件若干问题的规定》第4条第2款规定，执行案件被指定执行后，案外人对原执行法院的执行标的提出异议的，由原执行法院审查处理。第6条第2款规定："案外人依照民事诉讼法第二百二十七条规定提出异议的，应当在异议指向的执行标的执行终结之前提出；执行标的由当事人受让的，应当在执行程序终结之前提出。"指定执行后，案外人向受指定法院提出案外人异议，受指定法院以不享有管辖权为由裁定驳回异议，案外人不服向上一级法院申请复议，亦被驳回。之后案外人向原执行法院提出案外人异议，因案件已执行完毕，超过案外人异议法定期限，应裁定驳回异议申请。

【案情摘要】

北大青鸟公司针对案涉查封土地使用权提出案外人异议，海口海事法院以不享有管辖权为由裁定驳回异议，并在裁定中明确指出应当向指定执行的上级法院海南省高级人民法院提出。此时执行案件尚未执行完毕，但北大青鸟公司仍然继续向海南省高级人民法院申请对海口海事法院异议裁定的复议，而不依法向海南省高级人民法院提出案外人异议。直至海南省高级人民法院裁定驳回北大青鸟公司的复议申请后，该公司才向海南省高级人民法院提出案外人异议，此时执行案件已执行完毕，且完成公告送达，故北大青鸟公司并未在执行程序终结之前的法定期限内提出案外人异议，其异议不符合《最高人民法院关于人民法院办理执行异议和复议案件若干问题的规定》第6条规定的受理条件，海南省高级人民法院驳回其异议。

该公司向最高人民法院申请复议，亦被驳回。

（撰写人：马　岚）

6 义务人在履行仲裁调解书中是否构成违约以及承担违约责任不应在执行程序中作出判断
——仁核公司与亨特公司仲裁调解书执行申诉案

- **案　　号**　（2021）最高法执监84号
- **合议庭成员**　黄金龙、邱鹏、仲伟珩
- **关 键 词**　执行/申请和受理条件/违约责任判断
- **相关法条**　《最高人民法院关于人民法院执行工作若干问题的规定（试行）》第16条

【裁判要旨】

　　义务人已经履行完毕双方约定的给付义务后，权利人以义务人迟延履行为由，向法院申请执行仲裁调解书中约定的"被申请人违约"情形下给付违约金责任的，执行前必须先明确义务人是否构成违约及是否承担违约责任。在被申请人提出其具有不可抗力、仅存在瑕疵履行而非根本违约等免责事由予以抗辩的情况下，该违约责任是否成立不同于简单的事实判断，而属于双方在履行生效仲裁调解书过程中产生的新的实体争议，应由当事人通过重新仲裁或另行诉讼的方式解决，而不宜直接在执行程序中作出判断。

【案情摘要】

　　仁核公司与亨特公司签订仲裁调解书，约定亨特公司以分期付款方式支付剩余工程款。其中一项约定，若亨特公司未按本协议向仁核公司履行工程款给付义务，视为亨特公司违约，则亨特公司除应继续按本协议约定履行工程款给付义务外，还应向申请人支付逾期付款违约金。后亨特公司有一笔付款比协议约定时间晚了几天履行，但在仁核公司申请执行前已经履行完毕。亨特公司向执行法院提出执行异议，认为其已经履行完毕，且其迟延履行系不可抗力和瑕疵履行，不属于根本性违约。执行法院认为违约金的给付以判断亨特公司是否违约及违约程度为前提，系在履行调解书过程中产生的新的实体争议，不宜由执行程序判断，遂支持了亨特公司的异

议，仁核公司不服，申请复议，被驳回后提出监督申请。最高人民法院裁定驳回。

（撰写人：黄金龙、邵夏虹）

7 指定执行系执行法院内部管辖调整不属于可以提出执行异议的执行行为
——郭某海借款合同纠纷执行复议案

- 案　　号　（2021）最高法执复103号
- 合议庭成员　马岚、朱燕、仲伟珩
- 关 键 词　执行/指定执行/执行异议的申请和受理
- 相关法条　《中华人民共和国民事诉讼法》第225条[①]，《最高人民法院关于高级人民法院统一管理执行工作若干问题的规定》第8条

【裁判要旨】

当事人依照《民事诉讼法》第225条规定对指定执行提出的异议。指定执行系人民法院内部对执行案件管辖权的调整，不属于《民事诉讼法》第225条规定的执行行为，不符合执行异议受理和审查范围。对此问题，执行法院仍进行实质审查，适用法律存有不当，但异议裁定结论无须纠正，因此本案复议裁定对此问题予以指正。

【案情摘要】

郭某海在执行程序中提出执行异议，理由包括以下几个部分：一是主张执行依据的民事判决错误；二是主张执行依据民事判决还未生效不具有执行效力；三是对山西省高级人民法院指定忻州市中级人民法院提出异议；四是对案涉股权拍卖行为的异议。根据山西省高级人民法院查明，因山西省高级人民法院指定该案由忻州市中级人民法院执行，郭某海已就案涉股权的评估、拍卖行为向忻州市中级人民法院三次提出执行异议，忻州市中级人民法院审查并作出裁定后郭某海申请复议，山西省高级人民法院先后作出执行复议裁定驳回其复议申请。郭某海又依照《民事诉讼法》第225条之规定向山西省高级人民法院提出上述执行行为异议，不符合山西省

[①] 对应《中华人民共和国民事诉讼法》（2023年修正）第236条。

高级人民法院的受理审查条件。对于指定执行问题，山西省高级人民法院进行了实质审查，认为该案指定由忻州市中级人民法院一并执行更有利于减轻当事人诉累，能够更为及时地维护各方当事人的合法权益，并无不当。郭某海不服山西省高级人民法院异议裁定，向最高人民法院申请复议。最高人民法院驳回其复议申请，维持山西省高级人民法院异议裁定，但对于适用法律不当问题进行指正。

（撰写人：马　岚、盛　强）

8 在执行和解协议有效订立后，因不可归责于双方当事人的新冠疫情原因，致使合同履行的基础动摇或丧失，若严格履行合同，将显失公平的，当事人申请变更和解协议履行期限的，人民法院应予支持

——博坤公司与广佳欣公司、管某生执行监督案

- 案　　号　（2021）最高法执监 19 号
- 合议庭成员　邱鹏、孙建国、仲伟珩
- 关 键 词　执行 / 不予恢复执行 / 疫情
- 相关法条　《最高人民法院关于依法妥善办理涉新冠肺炎疫情执行案件若干问题的指导意见》第 6 条

【裁判要旨】

在执行和解协议有效订立后，因不可归责于双方当事人的新冠疫情原因，致使和解协议履行的基础动摇或丧失，若严格履行和解协议，将显失公平的，当事人申请变更和解协议履行期限的，人民法院应予支持。

【案情摘要】

博坤公司与广佳欣公司、管某生建设工程施工合同纠纷一案，双方于 2020 年 1 月 19 日达成执行和解协议，约定广佳欣公司、管某生承诺剩余 8560 万元款项分期支付；第一期，2020 年 1 月 31 日前，还款 2500 万元，2020 年 2 月 29 日前，还款 1500 万元；第二期，2020 年 4 月 30 日前，还款 4560 万元。广佳欣公司于 2020 年 1 月 30 日支付博坤公司 2500 万元，2 月 28 日支付 1500 万元，4 月 30 日支付 100 万元。广佳欣公司主张因新冠疫情导致该公司售楼营业几乎停顿，没有任何经济来

源，请求延期 3 个月支付款项。博坤公司不予认可，并于 2020 年 5 月 11 日申请恢复执行原生效判决。广佳欣公司于 2020 年 7 月 30 日向河南省安阳市中级人民法院转款 4460 万元。广佳欣公司、管某生对恢复执行不服，提出执行异议得到支持，博坤公司不服，申请复议被河南省高级人民法院驳回。后博坤公司向最高人民法院提起申诉亦被驳回。

（撰写人：仲伟珩、魏　丹）

9 对执行法院依职权启动执行监督作出的执行裁定不服，上级法院应根据裁定主文内容判断适用何种程序进行救济
——黔程公司与任某伟、国旅公司执行监督案

- **案　　号**　（2021）最高法执监 183 号
- **合议庭成员**　万会峰、马岚、林莹
- **关 键 词**　执行 / 执行监督 / 院长发现程序 / 执行复议申请受理
- **相关法条**　《中华人民共和国民事诉讼法》第 225 条①，《最高人民法院关于人民法院发现本院作出的诉前保全裁定和在执行程序中作出的裁定确有错误以及人民检察院对人民法院作出的诉前保全裁定提出抗诉人民法院应当如何处理的批复》第 1 条

【裁判要旨】

不服人民法院通过院长发现程序启动执行监督后作出的执行监督裁定，通过何种途径救济，应根据裁定主文的内容进行判断。执行监督裁定作出撤销原裁定的裁项内容属于执行监督程序的审查处理结果，当事人对该裁项内容不服的，应通过执行监督程序寻求救济。若在执行监督裁定中同时对当事人提出的执行行为异议请求，进行实质审查并作出具体处理裁项的，当事人不服该裁项内容可申请复议，复议法院应予审查处理。

【案情摘要】

重庆市第四中级人民法院在执行申请执行人黔程公司与被执行人国旅公司及申

---

① 对应《中华人民共和国民事诉讼法》（2023 年修正）第 236 条。

请执行人广源公司与被执行人国旅公司建设工程施工合同纠纷两案过程中，国旅公司名下涉案房产经两次网拍流拍后，经任某伟申请，重庆市第四中级人民法院裁定将案涉房产抵偿给任某伟。黔程公司不服该抵债裁定，提出执行异议，重庆市第四中级人民法院作出（2017）渝04执异30号裁定驳回黔程公司的异议请求。后重庆市第四中级人民法院通过院长发现程序启动执行监督作出（2019）渝04执监1号裁定，撤销（2017）渝04执异30号裁定，驳回黔程公司的异议申请。黔程公司不服（2019）渝04执监1号裁定申请复议，重庆市高级人民法院以重庆市第四中级人民法院（2019）渝04执监1号裁定系通过执行监督程序作出的执行监督裁定，不应通过执行异议、复议的方式予以救济，对该复议申请不予审查，驳回了黔程公司的复议申请。黔程公司遂提起本案申诉，最高人民法院审查后发回重庆市高级人民法院重新审查。

（撰写人：林　莹、苏国梁）

10 申请执行人对终结本次执行程序案件申请恢复执行不受申请执行时效期间限制

——南华公司与虹云公司、华夏公司、汉润公司金融不良债权追偿纠纷执行监督案

- **案　　　号**　（2021）最高法执监190号
- **合议庭成员**　马岚、杨春、李宗诚
- **关　键　词**　执行/申请执行人/终结本次执行程序/恢复执行
- **相关法条**　《最高人民法院关于严格规范终结本次执行程序的规定（试行）》第9条，《最高人民法院关于人民法院执行工作若干问题的规定（试行）》第71条①

【裁判要旨】

人民法院裁定执行案件终结本次执行程序，并将裁定书送达申请执行人后，虽然可以对执行案件作结案处理，但终结本次执行程序，并不消灭债权债务关系和执行依据执行力，亦不代表执行程序的彻底终结，执行案件实际仍处于"执行过程"中。在终结本次执行程序后，申请执行人发现被执行人有可供执行财产的，可以向

---

① 该解释已于2020年修正，本条已被删除。

执行法院申请恢复执行,且不受申请执行时效期间的限制。

【案情摘要】

北京市第二中级人民法院在执行申请执行人南华公司与被执行人虹云公司、华夏公司、汉润公司金融不良债权追偿纠纷一案中,根据南华公司的申请,于2015年12月23日裁定终结本次执行程序,并明确南华公司如发现虹云公司、华夏公司、汉润公司具备执行条件,可申请恢复执行。2019年6月,南华公司向北京市第二中级人民法院申请恢复执行。虹云公司以南华公司申请恢复执行已超过法定期限、其申请不应予以准许为由,向北京市第二中级人民法院提出执行异议,该院经审查,裁定驳回虹云公司的异议请求。虹云公司不服,相继向北京市高级人民法院和最高人民法院申请执行复议和监督,均被裁定驳回。

(撰写人:马 岚、盛 强)

11 案外人针对诉前保全提出的排除执行异议已经审判程序被驳回,在执行程序中又对同一标的以相同理由提出案外人异议,人民法院不应受理

——商会公司与胡某、罗某及殷某辉、雷某、恒森公司合同纠纷执行监督案

- **案　　号**　(2021)最高法执监198号
- **合议庭成员**　朱燕、杨春、李宗诚
- **关 键 词**　执行/案外人执行异议/执行异议的申请和受理
- **相关法条**　《最高人民法院关于人民法院办理执行异议和复议案件若干问题的规定》第2条,《最高人民法院关于人民法院办理财产保全案件若干问题的规定》第17条

【裁判要旨】

案外人在诉前保全阶段即对查封财产提起排除执行异议,被驳回后经执行异议之诉一审、二审,判决准许对案涉财产继续查封。后该诉讼保全转为执行中的财产保全,案外人再次针对同一标的以相同理由提出执行异议主张排除执行,属于"案外人撤回异议或者被裁定驳回异议后,再次就同一执行标的提出异议的"情形,应当裁定不予受理,已经受理的,应当裁定驳回异议申请。

【案情摘要】

本案在诉讼前即已对登记在被执行人恒森公司名下的案涉房产进行了查封,本案申诉人商会公司在诉前保全阶段就以其系案涉房产实际权利人为由对法院的查封行为提起了异议,异议被驳回后经历了执行异议之诉一审、二审,判令准许执行对案涉房产的查封。本案进入执行程序后,执行法院继续查封案涉房产,商会公司以相同理由再次向执行法院提出排除执行异议申请,执行法院以其系重复异议为由驳回了其异议申请,复议也被驳回后,商会公司申诉至最高人民法院,最高人民法院裁定驳回商会公司的申诉请求。

（撰写人：朱　燕、王晓萌）

12 义务人转让行为阻止仲裁裁决附设条件成就的视为申请执行条件已经成就

——彭某建与农行韶山支行仲裁调解执行监督案

- 案　　号　（2021）最高法执监242号
- 合议庭成员　杨春、刘慧卓、仲伟珩
- 关 键 词　执行/申请和受理条件/阻止条件成就
- 相关法条　《中华人民共和国民法典》第159条,《最高人民法院关于人民法院执行工作若干问题的规定（试行）》第16条①

【裁判要旨】

仲裁裁决书确定的履行前提条件因义务人导致条件无法实现,属于义务人阻止仲裁裁决附设条件成就,根据《民法典》第159条的规定,视为申请执行条件已经成就。

【案情摘要】

仲裁裁决确认,农行韶山支行向彭某建支付案涉租赁物补偿款,限在案涉租赁物依法拍卖成交且全部拍卖款项到账之日起3日内履行。案涉租赁物流拍后,农行

---

① 该解释已于2020年修正,此处法条对应第14条。

韶山支行并未再次进行拍卖,而是由其上级银行将案涉租赁物以资产包形式打包转让并获转让款。彭某建申请强制执行,农行韶山支行以彭某建未依约参加案涉租赁物的拍卖竞买致未能拍卖成交且彭某建申请强制执行的时间超过法定时间等为由提出执行异议,请求驳回彭某建的执行申请。执行法院驳回了彭某建的执行申请。彭某建申请复议,法院维持异议裁定。彭某建向最高人民法院申请监督,最高人民法院撤销了两级法院的异议复议裁定。

(撰写人:杨 春、邵夏虹)

13 对于同一执行行为重复提出执行异议应依法不予受理
——朱某浩民间借贷执行监督案

- **案　　号**　(2021)最高法执监 266 号
- **合议庭成员**　马岚、刘慧卓、李宗诚
- **关 键 词**　执行 / 执行异议的申请和受理 / 重复提出执行异议
- **相关法条**　《最高人民法院关于人民法院办理执行异议和复议案件若干问题的规定》第 15 条

【裁判要旨】

《最高人民法院关于人民法院办理执行异议和复议案件若干问题的规定》第 15 条第 1 款规定:"当事人、利害关系人对同一执行行为有多个异议事由,但未在异议审查过程中一并提出,撤回异议或者被裁定驳回异议后,再次就该执行行为提出异议的,人民法院不予受理。"申诉人对某执行行为曾提出执行异议,并已经过异议复议程序进行审查。现其再次提出执行异议,针对的仍是对同一执行行为,请求仍为撤销该执行行为,根据上述法律规定,人民法院应不予受理。申诉人不服原复议裁定的,可依法申请执行监督。

【案情摘要】

申诉人朱某浩在执行程序中针对湖北省武汉市中级人民法院查封裁定提出执行异议,武汉市中级人民法院经审查后作出执行异议裁定驳回其异议申请,朱某浩不服申请复议,湖北省高级人民法院作出执行复议裁定驳回其复议申请。现朱某浩再次提出执行异议,虽然形式上体现为不同事由,但针对的仍是对案涉房产的查封行

为，请求仍为撤销查封裁定。武汉市中级人民法院、湖北省高级人民法院依照《最高人民法院关于人民法院办理执行异议和复议案件若干问题的规定》第 15 条第 1 款之规定，裁定驳回朱某浩异议申请。朱某浩不服向最高人民法院申诉。最高人民法院审查后认为武汉市中级人民法院、湖北省高级人民法院不予受理的意见符合法律规定，并在执行监督裁定中释明，申诉人可依法针对原复议裁定申请执行监督。

（撰写人：马　岚）

14　生效判决判令双方互负债务且没有先后履行顺序的，一方申请执行也将导致另一方的申请执行时效中断

——欣祥瑞公司与宏昌公司执行监督案

- **案　　号**　（2021）最高法执监 342 号
- **合议庭成员**　马岚、杨春、仲伟珩
- **关 键 词**　执行 / 互负债务 / 申请执行时效 / 中断
- **相关法条**　《中华人民共和国民事诉讼法》第 239 条①

【裁判要旨】

生效判决判令双方当事人互负债务且没有先后履行顺序，原则上只有当申请执行的债权人已经履行给付义务或提出给付的，人民法院才可以开始对对方强制执行。故该申请执行人申请执行的，表明其对该判决中确定的己方义务无异议并同意履行，进入执行程序后将导致对方的申请执行时效发生中断的法律效果，且在执行程序中一直处于中断状态。对方申请执行时前一个执行程序尚未终结的，未超过申请执行时效。

【案情摘要】

四川省高级人民法院（2013）川民终字第 437 号民事判决判令宏昌公司向欣祥瑞公司支付工程款及资金利息，还判令欣祥瑞公司须同时向宏昌公司移交工程资料及部分剩余材料、撤出施工现场等。欣祥瑞公司于 2015 年 4 月 8 日向绵阳市中级人民法院申请强制执行，该院于 2015 年 4 月 24 日作出（2015）绵执字第 136 号执

---

① 对应《中华人民共和国民事诉讼法》（2023 年修正）第 250 条。

行裁定：冻结、扣划被执行人宏昌公司银行存款 3413835.91 元等。后因（2013）川民终字第 437 号民事判决被最高人民法院再审，绵阳市中级人民法院裁定终结对该判决的本次执行程序。最高人民法院于 2016 年 12 月 16 日作出（2016）最高法民再 78 号民事判决：在维持上述判项内容的同时，还判令欣祥瑞公司向宏昌公司支付 280 万元违约金。绵阳市中级人民法院于 2018 年 9 月 21 日恢复执行，并多次与双方沟通以确认利息、迟延履行金数额。2019 年 4 月 25 日，宏昌公司向绵阳市中级人民法院申请执行上述再审判决，绵阳市中级人民法院于当日立案，并于 2019 年 5 月 6 日向双方发出（2018）川 07 执恢 206 号通知书，说明对双方互负的金钱债务进行了抵扣，本案执行完毕。欣祥瑞公司提出异议认为宏昌公司申请执行时已超过申请执行时效，不应予以抵扣。

（撰写人：孙　超）

财产保全与先予执行 ▶▶▶

1 当事人对诉讼中的保全裁定提出异议的，不属于执行异议审查范围

——鸿熙公司与长城资管贵州分公司、鸿熙公司木兰煤矿、中鸿担保公司、种明德金融借款及担保合同纠纷执行复议案

- 案　　号　（2021）最高法执复 52 号
- 合议庭成员　朱燕、杨春、李宗诚
- 关 键 词　执行 / 财产保全与先予执行
- 相关法条　《最高人民法院关于人民法院办理财产保全案件若干问题的规定》第 25 条

【裁判要旨】

当事人不服人民法院在诉讼期间作出保全当事人特定财产的裁定，其实质并非针对执行行为，不属于执行异议审查范围。当事人可依法通过其他程序主张权利。

【案情摘要】

贵州省高级人民法院在重新审理长城资管贵州分公司、鸿熙公司木兰煤矿、中鸿担保公司、种明德金融借款及担保合同纠纷一案中,根据最高人民法院作出的保全裁定,在价值人民币 47522783.64 元范围内查封鸿熙公司名下采矿权,期限 3 年。鸿熙公司对此提出执行异议。贵州省高级人民法院经审查后认为该异议系针对诉讼中的保全,不是针对执行行为,不属于执行异议审查范围,遂裁定驳回了鸿熙公司的异议申请,鸿熙公司不服该异议裁定复议至最高人民法院。

(撰写人:朱 燕、王晓萌)

2 保全程序中不能直接保全被保全人开办的作为案外人的一人有限公司的财产

——丁某云与黄某、筠山公司执行监督案

- 案　　号　(2021)最高法执监 252 号
- 合议庭成员　邱鹏、杨春、仲伟珩
- 关 键 词　执行 / 诉前保全 / 一人有限责任公司
- 相关法条　《中华人民共和国民事诉讼法》第 105 条①

【裁判要旨】

根据《民事诉讼法》的规定,保全限于请求的范围,或者与本案有关的财物。公司具有独立于公司股东的独立法人人格,作为被保全人开办的一人有限责任公司,并非当事人争议的民事法律关系中的义务人,执行机构不得在保全阶段未经法定程序对被保全人开办的一人有限公司财产直接采取保全措施。

【案情摘要】

丁某云与黄某、恒翔公司民间借贷纠纷一案,根据丁某云诉前保全申请,四川省宜宾市中级人民法院于 2015 年 3 月 16 日裁定查封、冻结黄某、恒翔公司价值 695.4 万元的财产。筠山公司系自然人独资的有限责任公司,黄某持股 100%,为公

---

① 对应《中华人民共和国民事诉讼法》(2023 年修正)第 108 条。

司法定代表人。2015年4月13日，宜宾市中级人民法院又裁定查封了筠山公司所有的宜宾县百溪镇育才路柏领佳苑的全部车位。筠山公司不服，以其是独立企业法人，宜宾市中级人民法院查封案外人财产违反法律规定为由提出异议。经宜宾市中级人民法院审查中止了对涉案车位的查封。丁某云不服，向四川省高级人民法院申请复议，四川省高级人民法院驳回丁某云的复议请求，丁某云不服，向最高人民法院提起申诉亦被驳回。

（撰写人：魏　丹）

抵押 ▶▶▶

1 抵押权设立后抵押财产出租的，该租赁关系不能对抗已登记的抵押权
——宝应农商行与明亿电气公司、明某红金融借款合同仲裁执行监督案

- **案　　号**　（2021）最高法执监39号
- **合议庭成员**　向国慧、于明、薛贵忠
- **关 键 词**　执行/抵押权/出租/租赁关系
- **相关法条**　《中华人民共和国物权法》第190条①，《最高人民法院关于人民法院民事执行中拍卖、变卖财产的规定》第31条②

【裁判要旨】

订立抵押合同前抵押财产已出租的，原租赁关系不受该抵押权的影响。抵押权设立后抵押财产出租的，该租赁关系不得对抗已登记的抵押权。拍卖财产上原有的租赁权及其他用益物权，不因拍卖而消灭，但该权利继续存在于拍卖财产上，对在先的担保物权或者其他优先受偿权的实现有影响的，人民法院应当依法将其除去后进行拍卖。因此，抵押权设立后抵押财产出租，且对抵押权的实现有影响的，执行

---

① 对应《中华人民共和国民法典》第405条。
② 该解释已于2020年修正，此处法条对应第28条。

法院依法有权将租赁权除去后进行拍卖。

【案情摘要】

2015 年 8 月 25 日，明亿电气公司与宝应农商行签订了借款及抵押合同，将明亿电气公司名下案涉房地产抵押给宝应农商行，双方于当日办理抵押登记并领取了他项权证书。同年 9 月 25 日，案外人明亿汽车公司与明亿电气公司签订了租赁合同，约定将案涉房地产出租给明亿汽车公司使用，租赁期限为 2015 年 9 月 25 日到 2033 年 9 月 24 日，租赁费用 482 万元。租赁合同自双方签字之日起生效。宝应农商行申请执行明亿电气公司、明某红金融借款合同仲裁案，执行法院裁定带租拍卖明亿电气公司名下案涉房地产。宝应农商行向该院提出执行异议，请求除去租赁关系后拍卖案涉房地产。异议法院撤销了该院作出的带租拍卖裁定。明亿汽车公司不服上述裁定，向江苏省高级人民法院申请复议，被驳回后提起本案监督。最高人民法院经审查后驳回了明亿汽车公司的申诉请求。

（撰写人：向国慧、叶　欣）

2 执行程序中法院应当依据生效判决确定的具有优先效力的债权额度及清偿范围执行
—— 宜春农商行与三羊公司、张某宇、江某圣、温某执行监督案

- 案　　号　（2021）最高法执监 555 号
- 合议庭成员　朱燕、马岚、仲伟珩
- 关　键　词　执行/优先受偿权/最高额抵押
- 相关法条　《中华人民共和国民事诉讼法》第 225 条[①]

【裁判要旨】

在执行程序中，人民法院应根据生效判决确认优先受偿的债权额度及范围采取执行措施；债权人主张优先受偿的债权额超出生效判决确认的清偿额度和范围的，人民法院不予支持。

---

① 对应《中华人民共和国民事诉讼法》（2023 年修正）第 236 条。

【案情摘要】

三羊公司向宜春农商行借款,双方订立《最高额抵押合同》并以不动产办理抵押登记,后经宜春市中级人民法院判决确认,宜春农商行在 1000 万元债权最高限额内享有优先受偿权。执行中,宜春市中级人民法院通过拍卖处置上述抵押物后将 1000 万元交付宜春农商行。宜春农商行不服,以其为拍卖标的物的抵押权人,有权就该抵押物拍卖款项中的全部债权行使优先受偿权,优先受偿权范围除借款本金 1000 万元外还应包括相应利息、罚息及逾期利息、案件受理费等全部债权为由提起执行异议。宜春市中级人民法院裁定驳回其异议请求,江西省高级人民法院复议维持。宜春农商行向最高人民法院提起申诉被驳回。

（撰写人：仲伟珩、魏 丹）

3 抵押财产被保全查封后,抵押权人是否有权收取抵押财产的法定孳息

——汉中皇公司与平安银行执行行为异议纠纷执行复议案

- 案　　号　（2020）最高法执复 169 号
- 合议庭成员　邵长茂、熊劲松、徐霖
- 关　键　词　执行 / 抵押权效力 / 法定孳息
- 相关法条　《中华人民共和国物权法》第 197 条①

【裁判要旨】

债务人不履行到期债务或者发生当事人约定的实现抵押权的情形,致使抵押财产被人民法院在诉讼保全阶段依法扣押的,自扣押之日起,抵押权人有权收取该抵押财产的天然孳息或者法定孳息,人民法院可以保全抵押财产的天然孳息或者法定孳息,不以人民法院生效判决对被担保债权进行确认和进入执行程序为前提,但抵押权人未通知应当清偿法定孳息的义务人的除外。

---

① 对应《中华人民共和国民法典》第 412 条。

【案情摘要】

上海市高级人民法院在审理原告平安银行与汉中皇公司等被告一案中,保全抵押人汉中皇公司已抵押给平安银行的房产及该房产租金债权。平安银行通知案涉房产承租人停止向汉中皇公司支付租金并由其享有。承租人两次致函汉中皇公司告知根据平安银行通知及《物权法》规定不再向其支付租金。汉中皇公司以平安银行通知及《物权法》规定不足以构成拒付理由诉至上海市长宁区人民法院(以下简称长宁法院),请求解除合同支付租金,但未获长宁法院和上海市第一中级人民法院的支持。一审期间承租人将租金汇至长宁法院,上海市高级人民法院向长宁法院发出协助执行通知书,要求冻结该租金。汉中皇公司以超标的保全、收取抵押物债权租金前提是债权及抵押权经生效文书确定等为由提起异议。上海市高级人民法院驳回了其异议请求,汉中皇公司复议至最高人民法院。

(撰写人:邵长茂、薛圣海)

查封、扣押、冻结 ▶▶▶

1 诉讼保全中顺位在先的债权人在执行程序中优先受偿的范围应结合查封顺序和保全金额综合确定
——岳某添与陈某科等执行监督案

- **案　　号**　(2019)最高法执监248号
- **合议庭成员**　于明、邵长茂、邱鹏
- **关 键 词**　执行/财产保全/查封顺位/优先受偿金额
- **相关法条**　《最高人民法院关于适用〈中华人民共和国民事诉讼法〉的解释》第516条①,《最高人民法院关于人民法院办理财产保全案件若干问题的规定》第1条、第17条

---

① 该解释已于2022年修正,此处法条对应第514条。

【裁判要旨】

民事执行程序中，对于普通债权，应按照财产保全和执行中查封、扣押、冻结财产的先后顺序清偿。对于诉讼保全的案件，执行程序中在具体分配案款时，应结合财产保全的金额与顺位综合考虑。保全顺位决定了债权清偿的先后顺序，保全金额决定了顺位在先的债权人在多大范围内享有优先受偿的权利。本案中，申请执行人在各自案件诉讼过程中先后申请保全查封了案涉土地使用权，并明确了保全金额，即使后续由诉讼中的保全查封转为执行中的查封，亦不影响其保全顺位和保全金额，仍应当综合保全顺位和保全金额来分配案款。

【案情摘要】

青岛市中级人民法院在执行申请执行人岳某添与被执行人李某、张某威、日丽中天影业公司民间借贷纠纷一案中，对被执行人日丽中天影业公司名下的案涉土地使用权进行拍卖，并针对所得价款制作了财产分配方案，明确在扣除有关税费和抵押权优先受偿金额后，剩余的 1.14 亿余元由诉讼保全中顺位在先的岳某添全额受偿。诉讼保全中顺位第二的另案债权人陈某科不服，提出执行异议，主张岳某添诉讼保全请求及保全裁定金额仅为 5000 万元，只能受偿其保全金额 5000 万元，而不应全额受偿除优先受偿金额之外的剩余执行案款。青岛市中级人民法院在异议程序中改变了财产分配方案，裁定向岳某添发放 5000 万元，向债权人陈某科发放 4880 万元。岳某添不服执行异议裁定，向山东省高级人民法院申请复议，山东省高级人民院裁定驳回岳某添的复议申请。岳某添不服，向最高人民法院申诉，经审查，最高人民法院裁定驳回岳某添的申诉请求。

（撰写人：于 明、黄丽娟）

2 如何确定多个法院冻结同一股权的先后顺序
——天诚公司与百生公司、曹某等借款担保合同纠纷执行复议案

- 案　　号　（2021）最高法执复 4 号
- 合议庭成员　向国慧、邵长茂、邱鹏
- 关 键 词　执行 / 冻结股权 / 轮候
- 相关法条　《最高人民法院、国家工商总局关于加强信息合作规范执行与协助

执行的通知》第 13 条

【裁判要旨】

股权冻结自在公示系统公示时发生法律效力。对股权的冻结应当由工商登记机关进行协助公示，在不同法院分别向协助执行单位送达冻结手续时，以向工商登记机关送达协助公示通知书且公示在后的冻结为轮候冻结。

【案情摘要】

天诚公司申请执行百生公司、曹某等借款担保合同纠纷案，青海省高级人民法院于 2015 年 7 月 5 日作出（2015）青执字第 34 号执行裁定，裁定将百生公司持有的大通农商行的 2800 万股份过户至天诚公司名下。利害关系人工行大通支行对该裁定不服，提出执行异议。工行大通支行称，其在申请执行百生公司等另三案中，西宁市中级人民法院于 2016 年 11 月 10 日、2017 年 8 月 25 日先后两次冻结了百生公司持有的大通农商行 1933 万股权，同时向工商行政管理机关送达了协助公示通知书，该协助执行通知为首次冻结。青海省高级人民法院冻结案涉股权时并未要求工商行政管理机关协助公示，执行行为未实施完毕，冻结行为未生效，因此西宁市中级人民法院的冻结行为有效。青海省高级人民法院异议裁定驳回工行大通支行的异议请求，工行大通支行向最高人民法院申请复议，最高人民法院支持工行大通支行异议请求，裁定撤销青海省高级人民法院异议裁定。

（撰写人：向国慧、魏　丹）

3　是否明显超标的额保全应根据被保全财产的市场价值、权利负担等情形综合考量认定

——春光投资公司、瑞祥公司、春光房地产公司、王某琴与春光置业公司、春光控股公司、王某春、永泰公司执行复议案

- 案　　号　（2021）最高法执复 24 号
- 合议庭成员　刘慧卓、林莹、李宗诚
- 关 键 词　执行 / 超标的额保全 / 查封

• **相关法条** 《中华人民共和国民事诉讼法》第 102 条①,《最高人民法院关于适用〈中华人民共和国民事诉讼法〉的解释》第 156 条②,《最高人民法院关于人民法院民事执行中查封、扣押、冻结财产的规定》第 21 条③

【裁判要旨】

判断是否存在明显超保全标的额查封、扣押或冻结情形,应通过综合考量被保全财产的市场价值、是否附有其他优先受偿债权等情形,进行客观合理的估定。如果查封的财产价值明显超过法律文书确定的债权额及执行费用的,则构成超标的额查封。

【案情摘要】

北京市高级人民法院在诉讼过程中作出保全裁定,裁定冻结春光置业公司、春光投资公司、春光房地产公司、春光控股公司、瑞祥公司、王某春、王某琴名下银行存款,或者查封、扣押上述当事人名下相应价值的财产或财产权益,限额 2 亿元,并实际查封、冻结春光投资公司、瑞祥公司、春光房地产公司、王某琴名下财产。春光投资公司、瑞祥公司、春光房地产公司、王某琴以超标的额保全为由向北京市高级人民法院提出书面异议,北京市高级人民法院以异议人提供的证据不能得出明显超标的额保全的结论为由,裁定驳回异议人的异议请求。春光投资公司、瑞祥公司、春光房地产公司、王某琴不服,申请复议,最高人民法院予以驳回。

(撰写人:林 莹、苏国梁)

4 被执行人账户为专用账户,账户内资金性质为专用资金的,不得扣划该账户内专用资金

——海洋公司与利智公司、铁力林业局合作开发房地产合同纠纷执行复议案

- **案 号** (2021)最高法执复 33 号
- **合议庭成员** 朱燕、刘慧卓、仲伟珩
- **关 键 词** 执行/冻结

---

① 对应《中华人民共和国民事诉讼法》(2023 年修正)第 105 条。
② 该解释已于 2022 年修正,此处法条对应第 156 条。
③ 该解释已于 2020 年修正,此处法条对应第 19 条。

• **相关法条** 《最高人民法院关于人民法院民事执行中查封、扣押、冻结财产的规定》第3条、第28条[①]

【裁判要旨】

人民法院冻结的被执行人银行账户性质均为专用账户,账户内资金来源或为上级拨款,或为其他专用资金,其用途均明确为专款专用,在没有充分证据推翻上述认定,亦无证据证明被执行人存在财务混同、改变资金用途的情形下,不得对被执行人的该银行账户采取强制执行措施。

【案情摘要】

海洋公司与利智公司、铁力林业局公司合作开发房地产合同纠纷一案执行中,黑龙江省高级人民法院冻结了铁力林业局公司名下6个银行账户,铁力林业局以该6个账户都是专用资金账户、账户资金专款专用为由提出执行异议,黑龙江省高级人民法院支持了其异议请求,海洋公司不服黑龙江省高级人民法院异议裁定复议至最高人民法院,最高人民法院裁定驳回海洋公司复议申请,维持黑龙江省高级人民法院异议裁定。

(撰写人:朱 燕、王晓萌)

5 利害关系人办理商品房网签手续无法获得优先受偿权以及获得法院查封的效力

——越秀公司与杨某胜、为尔公司民间借贷纠纷执行复议案

- **案　　号** (2021)最高法执复90号
- **合议庭成员** 刘慧卓、朱燕、仲伟珩
- **关 键 词** 执行 / 查封 / 扣押 / 冻结
- **相关法条** 《中华人民共和国民事诉讼法》第251条[②],《全国法院民商事审判工作会议纪要》第67条

[①] 该解释已于2020年修正,第3条已被删除,第28条对应第26条。
[②] 对应《中华人民共和国民事诉讼法》(2023年修正)第262条。

【裁判要旨】

签订买卖合同后网签备案并非物权预告登记。网签备案是行政强制性行为，实际上是商品房买卖的公示而非抵押担保的公示，并不具有物权预告登记的公示效力。同时，作为政府部门规范房地产开发企业、房屋中介公司等相关主体进行商品房预售管理的网上备案登记行为，与人民法院依照《民事诉讼法》等法律在保全或执行阶段对被保全人或被执行人的不动产等财产进行控制的查封行为从性质到效力完全不同，非经人民法院的法定程序，相关民事主体无法通过网签备案登记获得查封的效力。

【案情摘要】

为尔公司以房产买卖的形式为越秀公司案涉债权提供了担保，该担保的外在形式是案涉房产的网签备案在越秀公司名下。在另案（杨某胜申请执行为尔房地产公司案）执行中，执行法院查封了案涉房产，越秀公司不服提出异议，认为其已对另案查封的房产进行了网签登记，对该房产享有优先受偿权。异议法院认为案涉房产网签备案在越秀公司名下，并未完成财产权利变动的公示方式，不具有物权变动的性质，驳回了其异议申请。越秀公司不服，向最高人民法院申请复议，最高人民法院驳回其复议申请。

（撰写人：刘慧卓、邵夏虹）

6 刑事案件办理过程中，未按法律规定查封不具强制力
—— 张某军集资诈骗财产刑执行监督案

- 案　　号　（2021）最高法执监 60 号
- 合议庭成员　刘慧卓、于明、朱燕
- 关 键 词　执行 / 执行异议 / 查封
- 相关法条　《中华人民共和国刑事诉讼法》第 141 条、第 144 条第 1 款

【裁判要旨】

公安机关在办理刑事案件过程中未依照法律规定的查封不具备强制力。

【案情摘要】

河南省平顶山市公安局建设路分局在办理张某军集资诈骗案中,到河南省三门峡市湖滨区崖底街道办事处城中村改造动迁指挥部对张某军集资诈骗涉及的土地仅进行调查取证,平顶山市翠玉宫工作组对土地处置事宜与崖底街道办事处仅进行沟通,未根据《刑事诉讼法》规定作出冻结涉案财产的法律文书。本案判决作出后,平顶山市中级人民法院立案执行,在此之前,崖底街道办事处支付另案债权人全某基相关款项。平顶山市中级人民法院作出执行裁定,划拨张某军在崖底街道办事处城中村改造动迁指挥部名下的涉案资金。崖底街道办事处提出书面异议,请求撤销平顶山市中级人民法院该执行裁定,返还被划拨的款项。平顶山市中级人民法院作出裁定,驳回异议请求。河南省高级人民法院作出复议裁定,驳回崖底街道办事处的复议申请,维持平顶山市中级人民法院执行裁定。崖底街道办事处向最高人民法院申请监督,最高人民法院作出裁定,撤销河南省高级人民法院复议裁定和平顶山市中级人民法院异议裁定,撤销平顶山市中级人民法院裁定中划拨张某军在崖底街道办事处城中村改造动迁指挥部名下的涉案资金的内容。

(撰写人:王宝道)

7 多份生效法律文书确定金钱给付内容的多个债权人分别对同一被执行人申请执行,各债权人对执行标的物均无担保物权的,按照执行法院采取执行措施的先后顺序受偿

——赵某群与李某、陈某丽民间借贷纠纷执行监督案

- 案　　号　(2021)最高法执监 134 号
- 合议庭成员　朱燕、邱鹏、林莹
- 关 键 词　执行 / 执行异议 / 查封
- 相关法条　《最高人民法院关于人民法院执行工作若干问题的规定(试行)》第 55 条①

---

① 该解释已于 2020 年修正,本条已被删除。

【裁判要旨】

多份生效法律文书确定金钱给付内容的多个债权人分别对同一被执行人申请执行，各债权人对执行标的物均无担保物权的，按照执行法院采取执行措施的先后顺序受偿。轮候查封法院在首先查封法院未解除对被执行人财产的查封、未通知首先查封债权人的情况下，即对案涉财产进行评估拍卖并裁定将案涉财产全部抵债给轮候查封债权人，明显侵害了首先查封权利人的合法权益，该执行行为不当，应予纠正。

【案情摘要】

陈某丽、赵某群分别因与李某民间借贷纠纷一案进入执行程序，曲靖市中级人民法院分别对两案立案执行，二者皆为普通债权。执行中，陈某丽首先查封了李某在辰农公司的股权，但未在期限届满前申请续封，导致当时轮候查封该股权的赵某群成为首封权利人。但赵某群也未在期限届满前申请续封，使得轮候在赵某群之后的陈某丽又成了案涉股权的首先查封权利人，赵某群再次申请的查封成了轮候查封。执行法院在首先查封权利人陈某丽未解除对案涉股权的查封、未通知首先查封权利人陈某丽的情况下，对案涉股权评估拍卖并裁定将案涉股权全部抵债给赵某群。陈某丽对此不服向曲靖市中级人民法院提出执行异议并获支持，赵某群不服异议裁定向云南省高级人民法院申请复议被驳回后，申诉至最高人民法院，最高人民法院裁定驳回赵某群的申诉请求。

（撰写人：朱　燕、王晓萌）

8 案外人擅自处分被查封财产的认定程序及责任承担
——海药房地产公司与诚利集团公司执行监督案

- **案　　号**　（2021）最高法执监144号①
- **合议庭成员**　何东宁、万会峰、马岚
- **关 键 词**　执行 / 擅自处分 / 查封财产 / 赔偿责任
- **相关法条**　《最高人民法院关于人民法院执行工作若干问题的规定（试行）》

---

① 与本案相关的裁判要旨还包括"能否以案外人擅自处分被查封财产为由追加其为被执行人"。

第 32 条[①]

【裁判要旨】

根据《最高人民法院关于人民法院执行工作若干问题的规定（试行）》第 32 条的规定，执行法院有权在执行程序中裁定擅自处分被查封财产的案外人承担相应的赔偿责任。但因执行程序仅能进行有限的形式审查，为保障当事人和案外人的实体权利和程序权利，上述规定仅适用于有明确充分的证据证明该案外人有擅自处分被查封财产的行为，且该行为造成了被查封财产的损失，损失数额也比较明确的情形，在没有确切证据的情况下，执行法院不宜直接裁定案外人承担赔偿责任。申请执行人主张因案外人的行为造成被查封财产的价值严重贬损的，可另行提起侵权赔偿诉讼解决。

【案情摘要】

海南省第一中级人民法院在执行海药房地产公司与诚利集团公司合作投资合同纠纷一案过程中，作出（2017）琼 96 执恢 56 号执行裁定，查封、扣押诚利集团公司通过其持有股权的南派实业公司向海南联合皇冠汽车服务有限公司支付价款购买的案涉车辆。该车辆由案外人郑某兰负责保管，于 2017 年 10 月因严重损毁后被送往海口钜臣汽车修理厂进行维修，并于 2019 年 2 月 27 日被海南省第一中级人民法院扣押并实际控制。海南省第一中级人民法院向海南省高级人民法院出具的《关于扣押车辆的情况说明》写道："从扣押过程来看，车辆外观完整，内饰完好，零部件可以运转，车辆可以正常使用。"后申请执行人海药房地产公司以案涉车辆在郑某兰的实际控制和保管下发生严重毁损，郑某兰具有明显毁损案涉车辆的故意等为由，申请追加其为被执行人，并由其承担案涉车辆毁损的赔偿责任。

（撰写人：何东宁、孙　超）

[①] 该解释已于 2020 年修正，本条已被删除。

9 棚户区改造项目专项监管账户内的拆迁安置补偿款，不能被认定为棚户区改造实施单位所有而予以执行

——铝镁设计公司与西秀城投公司等保证合同纠纷执行监督案

- 案　　号　（2021）最高法执监292号
- 合议庭成员　杨春、朱燕、马岚
- 关 键 词　执行／冻结／棚户区改造／专项资金
- 相关法条　《最高人民法院关于人民法院民事执行中查封、扣押、冻结财产的规定》第3条，《国有土地上房屋征收与补偿条例》第2条

【裁判要旨】

棚户区改造专项监管账户不属于法律及司法解释规定的不得查封、扣押、冻结的账户，依法可以采取执行措施。但其中涉及的拆迁安置补偿款，是特定的、发放给房屋被征收人的款项，不因暂存至棚户区改造实施单位名下而改变拆迁安置补偿款的性质与用途，不能因此认定该款项为棚户区改造实施单位所有。

【案情摘要】

贵州省贵阳市中级人民法院（以下简称贵阳法院）在执行铝镁设计公司与西秀城投公司等保证合同纠纷一案过程中，冻结了西秀城投公司名下4个账户。西秀城投公司对此提出异议，以案涉4个账户属于棚户区改造项目专项资金账户，不宜对账户内的资金采取财产保全措施为由，请求解除对案涉4个账户的冻结。贵阳中院认为案涉4个账户均属于专用存款账户，西秀城投公司对于账户内资金并没有自主使用的权利，该部分资金并不属于西秀城投公司所有，不能用于清偿其个人债务，故支持了西秀城投公司的异议请求，解除了对案涉4个账户及账户内资金的冻结措施。铝镁设计公司不服，向贵州省高级人民法院申请复议。贵州省高级人民法院认为贵阳中院保全冻结案涉4个账户的执行行为并无不当。但账户内资金经当地政府或政府职能部门识别确认为棚户区改造拆迁安置费用的，可以解除冻结措施。遂撤销贵阳中院的异议裁定，对案涉4个账户继续采取冻结措施，对账户内资金，经西秀区政府或政府职能部门确认为本案棚户区改造拆迁安置资金后，由贵阳中院依法解除冻结措施。铝镁设计公司不服，向最高人民法院申诉，请求驳回西秀城投公司

的异议请求。本院经审查，驳回了铝镁设计公司的申诉请求。

（撰写人：杨 春、陈海霞）

10 在保证建设工程施工正常进行的情况下，可依法对商品房预售资金予以冻结或执行

——张某玲与成都鸿顺公司等借款合同纠纷执行监督案

- 案　　　号　（2021）最高法执监294号
- 合议庭成员　杨春、仲伟珩、林莹
- 关　键　词　执行/冻结/商品房预售资金
- 相关法条　《中华人民共和国城市房地产管理法》第45条第3款[①]

【裁判要旨】

商品房预售资金本质上是开发商的责任财产，对其可以依法采取执行措施。但鉴于商品房预售资金还承担着其他社会责任，人民法院执行案件过程中，应当综合考虑相关法律、法规及规范性文件对有关商品房预售资金的管理规定，在保证建设工程施工正常进行的情况下，可冻结监管账户的相应款项；在确保工程建设资金充足的前提下，或者待工程竣工后，可依债权性质依法执行。

【案情摘要】

四川省资阳市中级人民法院（以下简称资阳中院）在执行金色谷公司与鸿顺公司、广连公司、张某萍等借款合同纠纷一案过程中，冻结了鸿顺公司的银行账户。鸿顺公司提出异议，主张被冻结账户是预售商品房专项账户，属监管账户，不应查封，请求解除对案涉账户冻结。资阳中院认为行政机关对账户予以监管，并不排斥、对抗人民法院执行行为，适当执行案涉账户存款不会影响鸿顺公司其他债务处分，遂裁定部分支持鸿顺公司请求，扣划部分资金给金色谷公司后，解除对案涉账户的冻结措施。鸿顺公司、金色谷公司均向四川省高级人民法院申请复议。鸿顺公司请求将扣划部分资金给金色谷公司的行为予以撤销；金色谷公司请求将案涉账户中的全部存款扣划给金色谷公司，并继续冻结案涉账户。四川省高级人民法院认为，案

[①] 对应《中华人民共和国城市房地产管理法》（2019年修正）第45条第3款。

涉项目尚未竣工，预售款监管账户内的资金尚不足以保障建设工程施工正常进行，金色谷公司请求的条件尚不成就，资阳中院在未查清项目施工进度、预售款监管账户收支情况及余额等情况下扣划鸿顺公司存款的行为应予撤销。遂裁定撤销了资阳中院异议裁定，解除了对案涉账户的冻结措施。金色谷公司向最高人民法院申诉，请求支持其复议请求。最高人民法院经审查，支持了其继续冻结案涉账户的请求，驳回了其他申诉请求。

（撰写人：杨　春、陈海霞）

11 轮候查封只有在首封案件和查封顺序在先的申请执行人优先受偿后，才对剩余财产享有处分和受偿的权利

——代某明与史某军、东坡酒业公司等执行监督案

- **案　　号**　（2021）最高法执监339号
- **合议庭成员**　刘慧卓、杨春、仲伟珩
- **关 键 词**　执行／轮候查封
- **相关法条**　《最高人民法院关于人民法院执行工作若干问题的规定（试行）》第55条①，《最高人民法院关于人民法院民事执行中查封、扣押、冻结财产的规定》第26条②

【裁判要旨】

轮候查封法院只有在首封案件和查封顺序在先的申请执行人优先受偿后，才对剩余财产享有处分和受偿的权利。

【案情摘要】

河南省平顶山市中级人民法院（以下简称平顶山中院）在执行代某明与东坡酒业公司、史某军民间借贷纠纷一案过程中，作出（2018）豫04执3-1号执行裁定，冻结、提取云阳海公司租赁平安保险平顶山中心支公司的房屋租赁款，查封、评估、拍卖案涉房产；后又作出（2018）豫04执3-2号执行裁定，查封、评估、拍卖云阳

---

① 该解释已于2020年修正，本条已被删除。
② 该解释已于2020年修正，此处法条对应第24条。

海公司所有的租赁给平顶山市湛河区委、湛河区人民政府的办公楼，并冻结、提取房屋租金。利害关系人周某朝不服，向平顶山中院提出书面异议，被驳回后向河南省高级人民法院申请复议，经审查查明案涉房产由河南省平顶山市湛河区人民法院（以下简称湛河法院）在办理关联案件时在先查封，相应的租金收益亦由湛河法院在先冻结。河南省高级人民法院裁定撤销平顶山中院作出的执行及异议裁定。申请执行人代某明不服，向最高人民法院提起申诉，被驳回。

（撰写人：魏　丹、仲伟珩）

12 建设工程仍在施工的情况下，影响建设工程正常进行的，人民法院不宜扣划被执行人商品房预售资金专用监管账户内资金

——凯澳公司与宏矗公司合资、合作房地产合同纠纷执行监督案

- 案　　号　（2021）最高法执监419号
- 合议庭成员　朱燕、邵长茂、杨春
- 关 键 词　执行/商品房预售/商品房预售资金专用监管账户/扣划
- 相关法条　《中华人民共和国城市房地产管理法》第45条第3款①

【裁判要旨】

商品房预售资金是购房者购买商品房开发建设单位正在建设中的商品房，按照商品房买卖合同约定预先支付给商品房开发建设单位的购房款。对其开设专门银行账户进行监管，具有保障开发项目顺利建设、促进在建工程如期竣工、维护购房者合法权益、促进房地产市场平稳健康发展的重要作用。在建设工程仍在施工的情况下，影响建设工程正常进行的，人民法院不宜扣划被执行人商品房预售资金专用监管账户内资金。在项目竣工交付后，或对预售资金专用监管账户中监管额度以外的部分，人民法院可以根据案件实际情况，采取扣划等执行措施。

---

① 该条款也体现于2022年1月《最高人民法院、住房和城乡建设部、中国人民银行关于规范人民法院保全执行措施确保商品房预售资金用于项目建设的通知》第1条。

【案情摘要】

凯澳公司申请执行宏矗公司合资、合作开发房地产合同纠纷案,河南省洛阳市中级人民法院(以下简称洛阳中院)在执行过程中,裁定冻结了宏矗公司在河南宜阳农村商业银行股份有限公司营业部开户账号为6612201170000×××的账户资金9164268.80元,后作出裁定将上述账户内的资金9164268.80元扣划至该院。宏矗公司向洛阳中院提出异议,以该账户系该公司开发"塞纳河畔"项目第6~8号楼的商品房预售资金专用监管账户为由,请求依法停止对该账户内资金的执行,并将该款返还至宏矗公司账户。洛阳中院作出异议裁定,裁定撤销该院扣划上述账户案款的执行裁定。凯澳公司不服,向河南省高级人民法院申请复议,被驳回后提起本案执行监督。最高人民法院裁定驳回了凯澳公司的申诉请求。

(撰写人:朱 燕、叶 欣)

13 预查封未进行不动产登记的土地的,该预查封效力及于土地上的房产

——赵某琪与盛银公司利害关系人查封顺位争议执行监督案

- 案　　号　(2021)最高法执监283号
- 合议庭成员　刘慧卓、朱燕、仲伟珩
- 关　键　词　执行/查封/预查封/不动产执行
- 相关法条　《最高人民法院关于人民法院民事执行中查封、扣押、冻结财产的规定》第23条①

【裁判要旨】

预查封未进行不动产登记的土地的,预查封效力及于该土地上的房产;预查封转为正式查封后,二者效力同时起算。

【案情摘要】

保定市中级人民法院在审理盛银公司与新巨基公司借款合同纠纷一案中,于

---

① 该解释已于2020年修正,此处法条对应第21条。

2015年2月27日向石家庄市国土资源局发出协助执行通知书，预查封新巨基公司名下的案涉土地，进入执行程序后，该院于2017年2月24日续行查封案涉土地。石家庄市中级人民法院在执行赵某琪与新巨基公司借款合同纠纷一案中，2016年4月29日查封案涉土地及其上房屋。赵某琪以其申请执行一案系在先查封为由向保定市中级人民法院提出异议，经三级法院执行异议、复议、监督程序审查，均被驳回。

（撰写人：苏　萌）

评估、拍卖、变卖、以物抵债 ▶▶▶

1 抵押物被依法拍卖后，抵押人承担的卖方税费可以在抵债价款中扣除

——拉萨金珠支行与物产公司、商业开发中心、中商公司、美钢公司等借款合同纠纷执行复议案

- 案　　号　（2020）最高法执复149号
- 合议庭成员　向国慧、邵长茂、邱鹏
- 关 键 词　执行/抵押人/抵押物/司法拍卖/卖方税费
- 相关法条　《最高人民法院关于人民法院网络司法拍卖若干问题的规定》第6条、第30条，《中华人民共和国税收征收管理法》第5条

【裁判要旨】

司法拍卖虽然具有公法强制性，但与普通交易在本质上相似，是在平等民事主体间变更权利主体，依照国家相关税收管理规范，在交易过程中产生的金额应当依法纳税。人民法院应当对税费负担和纳税主体进行明确。抵押财产所有人承担卖方税费并无不当。抵债过程中产生的相关税费可以在抵债价款中扣除。

【案情摘要】

拉萨金珠支行申请执行物产公司、商业开发中心、中商公司、美钢公司等借款合同纠纷案，执行标的为借款本金1.68亿元及相应利息、律师代理费等。进入执

行程序后，执行法院裁定变卖被执行人美钢公司名下抵押物，后依申请执行人拉萨金珠支行申请，裁定将抵押物作价1.484亿元，交付申请执行人拉萨金珠支行抵偿1.484亿债务。过户产生的税费，由拉萨金珠支行承担买方税费，被执行人商业开发中心、物产公司、中商公司、美钢公司连带承担卖方税费。美钢公司遂向执行法院提出执行异议称，美钢公司作为抵押人仅以抵押财产承担责任，执行法院裁定该公司连带承担卖方税费超出其责任范围。西藏自治区高级人民法院作出异议裁定驳回美钢公司异议请求，美钢公司向最高人民法院申请复议。最高人民法院认为，美钢公司作为抵押财产所有人和案件被执行人，西藏自治区高级人民法院裁定由其连带承担卖方税费，并无不当，故裁定驳回美钢公司复议请求。

（撰写人：向国慧、魏　丹）

2　从抵债价款中扣除相关税费后，债权人可就其未清偿债权向债务人主张权利

——拉萨金珠支行与物产公司、商业开发中心、中商公司、美钢公司等借款合同纠纷执行复议案

- 案　　号　（2020）最高法执复149号
- 合议庭成员　向国慧、邵长茂、邱鹏
- 关 键 词　执行/抵债价款/扣除税费
- 相关法条　《最高人民法院关于适用中华人民共和国担保法若干问题的解释》第73条①

【裁判要旨】

从抵债价款中扣除抵押人作为卖方应承担的相关税费后，如果债权人的债权清偿数额减少，债权人可向债务人主张权利。抵押物处置过程中产生的税费造成清偿债权数额减少的后果最终应由债务人承担，故亦应由债务人继续向债权人进行清偿。

【案情摘要】

拉萨金珠支行申请执行物产公司、商业开发中心、中商公司、美钢公司等借款

---

① 该解释已失效，参见《中华人民共和国民法典》第413条。

合同纠纷案,执行标的为借款本金1.68亿元及相应利息、律师代理费等。进入执行程序后,执行法院裁定变卖被执行人美钢公司名下抵押物,后依申请执行人拉萨金珠支行申请,裁定将抵押物作价1.484亿元,交付申请执行人拉萨金珠支行抵偿1.484亿债务。过户产生的税费,由拉萨金珠支行承担买方税费,被执行人商业开发中心、物产公司、中商公司、美钢公司连带承担卖方税费。美钢公司遂向执行法院提出执行异议称,美钢公司作为抵押人仅以抵押财产承担责任,执行法院裁定该公司连带承担卖方税费超出其责任范围。西藏自治区高级人民法院作出异议裁定驳回美钢公司异议请求,美钢公司向最高人民法院申请复议。最高人民法院认为,西藏自治区高级人民法院在抵债价款中扣除相关税费后,如果债权人的债权清偿数额减少,减少的数额应当由债务人承担,债权人可向债务人主张权利,并不因美钢公司承担税费而增加其责任,故裁定驳回美钢公司复议请求。

(撰写人:向国慧、魏 丹)

3 案件执行终结后,案外人又对以物抵债裁定提出异议的,人民法院不应受理

——孙某与天保公司、津鹏公司合同纠纷执行复议案

- 案　　号　(2021)最高法执复31号
- 合议庭成员　朱燕、马岚、尹晓春
- 关 键 词　执行/执行异议/执行异议的申请和受理
- 相关法条　《最高人民法院关于人民法院办理执行异议和复议案件若干问题的规定》第2条、第6条

【裁判要旨】

案外人依照《民事诉讼法》第227条①规定提出异议的,应当在异议指向的执行标的执行终结之前提出;执行标的由当事人受让的,应当在执行程序终结之前提出。案外人在案件执行终结之后,又以其系案涉执行标的实际权利人为由提出案外人执行异议,已经超过法定期限、不符合法律规定的执行异议案件受理条件,人民法院应当裁定不予受理;已经受理的,应当裁定驳回申请。

---

① 对应《中华人民共和国民事诉讼法》(2023年修正)第238条。

【案情摘要】

天保公司与津鹏公司合同纠纷执行一案,天津市高级人民法院在执行过程对津鹏公司抵押给天保公司的房屋及土地使用权进行了拍卖,后裁定将上述财产抵债给天保公司,该案终结执行。6年后,孙某以其系案涉房屋的实际权利人为由提起案外人执行异议,主张撤销前述以物抵债裁定,天津市高级人民法院裁定驳回其异议申请后,复议至最高人民法院,最高人民法院裁定驳回孙某的复议申请,维持天津市高级人民法院异议裁定。

(撰写人:朱 燕、王晓萌)

4 案外人执行异议之诉审理期间,人民法院不得对执行标的进行处分,但不禁止非处分性执行措施

——胜利公司与恒润互兴公司股权转让纠纷执行复议案

- 案　　号　(2021)最高法执复 34 号
- 合议庭成员　杨春、刘慧卓、邱鹏
- 关 键 词　执行/评估
- 相关法条　《最高人民法院关于适用〈中华人民共和国民事诉讼法〉的解释》第 315 条①

【裁判要旨】

案外人执行异议之诉审理期间,人民法院不得对执行标的进行处分。该规定仅限制人民法院在案外人执行异议之诉审理期间进行处分行为,但并不禁止人民法院采取查封、扣押、冻结等非处分性执行措施。执行法院对执行标的物委托评估,未改变案涉房屋的权属关系及实际状态,不属于执行处分行为。当事人以执行标的物正处于案外人执行异议之诉审理期间为由,主张不得对执行标的物进行评估或者评估无效,没有事实和法律依据,人民法院应不予支持。

---

① 该解释已于 2022 年修正,此处法条对应第 313 条。

【案情摘要】

山东省高级人民法院（以下简称山东高院）在执行胜利公司与润铠胜公司、恒润互兴公司等股权转让纠纷一案过程中，拟处置恒润互兴公司名下房屋，案外人黄某定以其系案涉房屋的承租人为由，主张排除法院的强制执行，向山东高院提出执行异议，继而提起案外人执行异议之诉。在驳回黄某定诉讼请求的判决尚未生效的情况下，山东高院委托评估机构对案涉房屋进行了评估。恒润互兴公司对此提起执行异议，认为黄某定提起的执行异议之诉尚在二审审理期间，不得对案涉房屋进行处分。山东高院认为，评估公司评估案涉房屋发生在二审判决之后，中止执行的法定事由已经灭失，评估的时间点符合法律规定，遂裁定驳回恒润互兴公司的异议请求。恒润互兴公司向最高人民法院申请复议，请求撤销评估报告，中止对案涉房屋的执行行为。最高人民法院经审查，驳回了恒润互兴公司的复议请求。

（撰写人：杨 春、陈海霞）

5 被执行人对未取得权属登记的房屋享有相关财产权益执行法院可以进行处置

——晟晖公司、祥鸿公司与王某荣、凯利公司、邝某光执行监督案

- 案　　号　（2021）最高法执监 89 号、175 号
- 合议庭成员　黄金龙、仲伟珩、林莹
- 关 键 词　执行 / 评估 / 拍卖 / 变卖 / 以物抵债
- 相关法条　《最高人民法院关于转发〈住房和城乡建设部关于无证房产依据协助执行文书办理产权登记有关问题的函〉的通知》第 2 条

【裁判要旨】

对于未办理权属登记的房屋，被执行人仍对其享有相关财产权益，经评估该权益具有相应的财产价值的，执行法院可以根据该执行标的物的现状依法进行处置。

【案情摘要】

东莞市中级人民法院在执行王某荣申请执行凯利公司、祥鸿公司、邝某光国内非涉外仲裁裁决纠纷执行一案中，于 2019 年 2 月 28 日以起拍价 570 万元对祥鸿公

司名下的 A7 栋地上建筑物进行第一次网络拍卖并流拍，于 2019 年 4 月 15 日对上述建筑物以起拍价 456 万元进行第二次网络拍卖，后被晟晖公司竞得。申请执行人王某荣曾于 2019 年 3 月 5 日向执行法院提交以物抵债申请书，请求对 A7 栋地上建筑物以第一次流拍价 570 万元抵偿被执行人部分债务。王某荣对二次拍卖提出异议，东莞市中级人民法院撤销了 2019 年 4 月 15 日就案涉房产的第二次拍卖。晟晖公司、祥鸿公司不服东莞市中级人民法院异议裁定提起复议，广东省高级人民法院驳回晟晖公司、祥鸿公司复议申请。晟晖公司、祥鸿公司不服，提起本案申诉，申诉理由之一为，案涉地上建筑物所在土地为祥鸿公司租赁而来，A7 栋地上建筑物并未取得房屋产权证及建设工程规划许可证，该建筑物依法不能以物抵债，亦不得转让，执行法院依法不得采取司法拍卖等执行措施，最高人民法院经审查驳回申诉。

（撰写人：林　莹、苏国梁）

6　申请人同意以网络司法拍卖中房产一拍流拍保留价抵债的，人民法院应予准许

——晟晖公司、祥鸿公司与王某荣、凯利公司、邝某光执行监督案

- 案　　号　（2021）最高法执监 89 号、175 号
- 合议庭成员　黄金龙、仲伟珩、林莹
- 关 键 词　执行 / 网络司法拍卖 / 以物抵债
- 相关法条　《最高人民法院关于人民法院民事执行中拍卖、变卖财产的规定》第 19 条第 1 款①，《最高人民法院人民法院网络司法拍卖若干问题的规定》第 37 条

【裁判要旨】

关于网络司法拍卖程序中一拍流拍后是否可以直接以物抵债的问题，应继续适用《最高人民法院关于人民法院民事执行中拍卖、变卖财产的规定》中的相关规定，即在司法拍卖中，当拍卖财产流拍后，期间有申请执行人或者其他执行债权人申请或者同意以该次拍卖保留价抵债的，人民法院应予准许。

---

① 该解释已于 2020 年修正，此处法条对应第 16 条第 1 款。

【案情摘要】

东莞市中级人民法院在执行王某荣申请执行凯利公司、祥鸿公司、邝某光国内非涉外仲裁裁决纠纷执行一案中,于 2019 年 2 月 28 日以起拍价 570 万元对祥鸿公司名下的 A7 栋地上建筑物进行第一次网络拍卖并流拍,于 2019 年 4 月 15 日对上述建筑物以起拍价 456 万元进行第二次网络拍卖,后被晟晖公司竞得。申请执行人王某荣曾于 2019 年 3 月 5 日向执行法院提交以物抵债申请书,请求对 A7 栋地上建筑物以第一次流拍价 570 万元抵偿被执行人部分债务。王某荣对二次拍卖提出异议,东莞市中级人民法院撤销了 2019 年 4 月 15 日就案涉房产的第二次拍卖。晟晖公司、祥鸿公司不服东莞市中级人民法院异议裁定提起复议,广东省高级人民法院驳回晟晖公司、祥鸿公司复议申请。晟晖公司、祥鸿公司不服,提起本案申诉,最高人民法院经审查驳回申诉。

(撰写人:林 莹、苏国梁)

7 在使用上不可分或者分别拍卖可能严重减损拍卖物价值的,应当合并拍卖

——陕西信用再担保公司与兆兴公司、高帛公司、习某兆、家兴公司、梁某执行监督案

- **案　　号**　(2021)最高法执监 384 号
- **合议庭成员**　邵长茂、林莹、仲伟珩
- **关 键 词**　执行 / 拍卖 / 合并拍卖
- **相关法条**　《最高人民法院关于人民法院民事执行中拍卖、变卖财产的规定》第 18 条①

【裁判要旨】

拍卖的多项财产在使用上不可分,或者分别拍卖可能严重减损拍卖标的价值的,应当合并拍卖。分开拍卖的做法实际上人为增加了拍卖财产的瑕疵,会直接影响潜在竞买人的竞买意愿,导致流拍或不合理的低价成交,严重损害了拍卖物所有权人

---

① 该解释已于 2020 年修正,此处法条对应第 15 条。

的利益。

【案情摘要】

陕西信用再担保公司与习某兆、家兴公司、兆兴公司、高帛公司、梁某借款担保公证三案执行过程中,陕西省西安市中级人民法院(以下简称西安中院)查封了被执行人兆兴公司名下兆兴商贸中心 B 座一层的酒店大厅及 4 层、5 层、6 层不动产,其中 4 层为商业,5 层为酒店客服部,6 层为酒店餐饮部,一层的酒店大厅及 4 层、5 层、6 层均有独立的不动产权证书。一层的酒店接待大厅有两部电梯可直达 5 层、6 层,另有中央空调、电梯、扶梯等设施设备为酒店经营所使用。西安中院在处置上述资产时将一层的酒店大堂与 4 层、5 层、6 层分开拍卖,且在拍卖上述房产时未包括中央空调、电梯、自动扶梯等设施设备。兆兴公司等向西安中院提出异议,要求撤销拍卖,被驳回;后向陕西省高级人民法院申请复议,被驳回。兆兴公司等不服,向最高人民法院申诉,最高人民法院裁定撤销异议、复议裁定,撤销西安中院的拍卖行为,要求西安中院按照法定程序一体评估、合并拍卖案涉房产及设施设备。

(撰写人:仲伟珩、魏 丹)

8 执行中,拍卖的财产流拍后,具有优先受偿权的债权人放弃以物抵债,受偿顺序在后的普通债权人愿意抵债的,并不能获得优先于其他债权人就抵债财产变现后的价值受偿的地位
——深圳基础公司与云浮鸿泰公司建设工程施工合同执行监督案

- **案　　号**　(2021)最高法执监 414 号
- **合议庭成员**　刘慧卓、朱燕、仲伟珩
- **关 键 词**　执行 / 评估 / 拍卖 / 变卖 / 以物抵债
- **相关法条**　《最高人民法院关于人民法院民事执行中拍卖、变卖财产的规定》第 16 条①,《最高人民法院关于人民法院网络司法拍卖若干问题的规定》第 26 条,

---

① 该解释已于 2020 年修正,此处法条对应第 13 条。

《最高人民法院关于适用〈中华人民共和国民事诉讼法〉的解释》第 516 条[①]

【裁判要旨】

以物抵债属于强制执行变价措施。根据《最高人民法院关于适用〈中华人民共和国民事诉讼法〉的解释》第 516 条的规定,强制执行变价措施并不对多个执行债权的清偿顺序产生影响。前位债权人放弃接受财产抵债,只是放弃这一变价措施,并不意味着其放弃对流拍财产变价所得优先受偿的权利,事实上,对抵押权或者其他法定优先权的放弃必然需要权利人通过明示方式作出。在优先受偿权人未明示放弃其优先权的情况下,接受抵债的债权人即承受人不会因接受以物抵债获得优先于其他债权人就抵债财产变现后的价值受偿的地位。因以物抵债相当于以流拍的财产保留价购买执行标的,只不过作为申请执行人可以在应受清偿的债权范围内与流拍的保留价进行抵销。因此,在多个债权人存在的情形下,执行法院仍然应当按照法定顺位计算多个债权各自应受清偿金额,并非将流拍财产直接交由接受抵债的执行债权人受偿自身债权。

【案情摘要】

本案判决云浮鸿泰公司向深圳基础公司支付工程款,执行中,执行法院查封了云浮鸿泰公司的土地及地上建筑物。经两次拍卖和一次变卖,均流拍。前位债权人(含抵押权人和优先受偿权人)拒绝接受以物抵债,后位债权人深圳基础公司愿意接受以物抵债,执行法院要求深圳基础公司按变卖流拍价缴纳全款。深圳基础公司不服,提出异议获得支持。云浮鸿泰公司不服,向高级人民法院提出复议申请,高级人民法院撤销了异议裁定。深圳基础公司向最高人民法院申请执行监督。最高人民法院驳回了其监督申请,维持了高级人民法院的复议裁定。

(撰写人:刘慧卓、邵夏虹)

---

① 该解释已于 2022 年修正,此处法条对应第 514 条。

9 房屋承租人以优先购买权受侵害为由，主张拍卖、变卖无效或要求撤销的，不予以支持
——郑某宇与杨某杰、胡某娇等执行监督案

- **案　　号**　（2021）最高法执监 424 号
- **合议庭成员**　杨春、邵长茂、林莹
- **关 键 词**　执行 / 优先购买权 / 撤销拍卖
- **相关法条**　《最高人民法院关于审理城镇房屋租赁合同纠纷案件具体应用法律若干问题的解释》第 21 条①

【裁判要旨】

在执行程序中，房屋承租人仅以没有接到司法拍卖通知导致其优先购买权受侵害为由，主张拍卖程序无效或要求撤销拍卖的，不应予以支持。

【案情摘要】

在执行过程中，昆明市中级人民法院查封了被执行人杨某杰名下案涉房产，经评估、公告后在淘宝网进行网络司法拍卖。案涉房产中昆明市正义路××号一层以起拍价 2893.50 万元成交，昆明市正义路××号负一层房产流拍。郑某宇认为，其作为杨某杰上述房屋的承租人，依法享有优先购买权和司法拍卖竞买权，昆明市中级人民法院拍卖未进行任何形式的告知，程序严重违法，故提出执行异议，请求撤销对昆明市正义路××号一层房产的拍卖行为，重新拍卖，以保障其优先购买权，昆明市中级人民法院驳回异议请求。郑某宇不服向云南省高级人民法院复议，亦被驳回。郑某宇遂提起本案申诉，最高人民法院经审查后驳回申诉。

（撰写人：林　莹、苏国梁）

---

① 该解释已于 2020 年修正，本条已被删除，相关法律精神对应《中华人民共和国民法典》第 728 条。

10 对于被执行人与他人共同所有的房屋，可以直接执行其所有的相应份额

——王某玥执行监督案

- **案　　号**　（2021）最高法执监495号
- **合议庭成员**　刘慧卓、仲伟珩、林莹
- **关 键 词**　执行/共有财产
- **相关法条**　《最高人民法院关于人民法院民事执行中查封、扣押、冻结财产的规定》第12条①

【裁判要旨】

人民法院在执行过程中，依法可以对被执行人与其他人共有的财产采取查封、扣押、冻结措施，执行措施的效力及于经协议分割或析产诉讼确定的被执行人享有的相应份额。在司法拍卖处置前，对于共有财产依法应通过协议分割或析产诉讼等方式确定被执行人享有的相应份额，依法执行被执行人所有的相应份额的财产。

【案情摘要】

湖北省武汉市中级人民法院在执行刘某基罚金刑一案中，王某玥对武汉市中级人民法院拍卖王某玥、刘某基名下位于武汉市洪山区保利心语七期7-21栋×单元23层3号房的房屋（以下简称案涉房屋）提出书面异议称，案涉房屋虽为王某玥与刘某基共有，但王某玥付出更多，拥有更多份额。武汉市中级人民法院、湖北省高级人民法院异议、复议审查认为，案涉房屋登记在王某玥、刘某基名下，系夫妻共同财产，因刘某基未履行生效法律文书确定的义务，武汉市中级人民法院可以依法拍卖案涉房屋，但应当在案涉房屋拍卖款中保留王某玥应得份额。因此，王某玥以案涉房屋为夫妻共同财产为由主张武汉市中级人民法院应当撤销对案涉房屋的拍卖于法无据，驳回其异议、复议请求。王某玥提起本案申诉，最高人民法院审查后驳回申诉。

（撰写人：林　莹、燕东申）

---

① 该解释已于2020年修正，此处法条对应第10条。

11 法院委托对股权进行评估的，股权评估机构不需要具有公司具体特定资产的评估资质
——山西金港能源有限公司执行申诉案

- 案　　号　（2021）最高法执监 511 号
- 合议庭成员　黄金龙、杨春、林莹
- 关 键 词　执行／执行申诉／财产处置参考价／评估资质
- 相关法条　《最高人民法院关于人民法院确定财产处置参考价若干问题的规定》第 15 条

【裁判要旨】

人民法院应当根据查控到的财产类型委托具备相应资质的评估机构进行评估。在以被执行人持有的其他公司的股权为评估对象时，人民法院委托具有资产评估资质的评估公司进行评估，符合规定。评估机构在评估过程中，可自行委托有关专家提供专家意见，如何利用专家工作及相关专业报告，应由其根据行业准则决定，并承担最终责任。被执行人以执行法院未就股权所在公司所有的特殊类型资产委托具备特殊类型资产评估资质的机构进行评估的异议，不予支持。

【案情摘要】

北京市第二中级人民法院在执行北京柏恩投资管理有限公司与山西金港能源有限公司借款合同纠纷一案过程中，委托具有资产评估资质的评估公司对金港能源公司持有的某公司 100% 股权价值进行评估。该公司出具资产评估报告后，被执行人认为因股权所在公司拥有采矿权，执行法院应当委托具备采矿权评估资质的评估公司进行评估，遂提出异议。执行法院审查认为该院委托评估的是被执行人持有的其他公司的股权，而非股权所在公司持有的采矿权，执行标的是股权，故委托具备资产评估资质的评估公司进行评估，符合规定，驳回了申诉人的异议请求。被执行人不服，提出复议，北京市高级人民法院予以驳回。申诉人向最高人民法院提出申诉。最高人民法院裁定驳回。

（撰写人：黄金龙）

12 被评估股权所在公司拒不配合评估，评估机构根据向有关行政管理机关调取的资料作出评估结论的，不构成评估程序严重违法

——山西金港能源有限公司执行申诉案

- **案　　号**　（2021）最高法执监511号
- **合议庭成员**　黄金龙、杨春、林莹
- **关 键 词**　执行/执行申诉/财产处置参考价/委托评估
- **相关法条**　《最高人民法院关于人民法院确定财产处置参考价若干问题的规定》第18条

【裁判要旨】

执行法院在对被执行人持有的其他公司100%股权进行评估的过程中，要求被评估股权所在公司履行配合评估义务并及时向评估公司提供评估所需资料。被评估股权所在公司明确表示拒绝提供，执行法院与评估人员亲临现场进行尽调，股权所在公司仍拒不配合。评估公司基于其向有关行政管理部门调取到的评估所需相关资料出具了评估报告，不属于评估程序严重违法情形。

【案情摘要】

北京市第二中级人民法院在执行北京柏恩投资管理有限公司与山西金港能源有限公司借款合同纠纷一案过程中，冻结了被执行人持有的某公司100%股权。该院委托资产评估公司对上述股权价值进行评估。为调取评估所需资料，执行法院书面要求股权所在公司对上述股权的评估工作予以协助。评估公司送达给股权所在公司的评估资料清单，也被其在签收后退回。执行法官与评估人员多次赴现场进行勘查、尽调，股权所在公司均不予配合。评估机构从有关行政管理部门进行了调查取证，获取了评估所需相关资料，并基于相关材料出具资产评估报告。申诉人以评估机构未现场调查、评估报告评估程序严重违法为由提出异议，被北京市第二中级人民法院、北京市高级人民法院予以驳回。申诉人不服，向最高人民法院提出申诉，最高人民法院予以驳回。

（撰写人：黄金龙）

13 首先查封法院对查封财产进行处置时，应当优先保障优先债权人的受偿权

——马某权与昊鑫公司、汇鑫公司、华融公司民间借贷纠纷执行监督案

- 案　　　号　（2021）最高法执监 535 号
- 合议庭成员　朱燕、邵长茂、杨春
- 关　键　词　执行 / 执行异议 / 以物抵债
- 相关法条　《最高人民法院关于适用〈中华人民共和国民事诉讼法〉的解释》第 491 条[①]，《最高人民法院关于人民法院执行工作若干问题的规定（试行）》第 40 条[②]

【裁判要旨】

优先债权执行法院未要求首先查封法院将查封财产移送执行的情况下，首先查封法院享有对查封财产进行处分的权利，但对该财产进行处分应遵守法律和司法解释的规定，不得损害优先债权人权利。将被执行人的财产以物抵债的，应当优先保障优先债权人的受偿权。

【案情摘要】

马某权申请执行昊鑫公司等一案，庆阳市中级人民法院首先查封了昊鑫公司名下房产，在未经拍卖的情况下，庆阳市中级人民法院裁定将案涉房产抵债给马某权。另案申请执行人华融公司以其对案涉房产享有抵押权、庆阳市中级人民法院将案涉房产抵债给马某权损害其优先受偿权为由提起执行异议，被庆阳市中级人民法院驳回，后经甘肃省高级人民法院复议支持了其请求。马某权不服甘肃省高级人民法院复议裁定向最高人民法院申诉形成本案，最高人民法院裁定驳回马某权的申诉请求。

（撰写人：朱　燕、王晓萌）

[①]　该解释已于 2022 年修正，此处法条对应第 489 条。
[②]　该解释已于 2020 年修正，此处法条对应第 31 条。

清偿顺序

1 首查封债权是否为优先受偿债权
——宋某英与定达铸造厂、杜某玉、刘某芳民间借贷纠纷执行监督案

- 案　　号　（2021）最高法执监59号
- 合议庭成员　刘慧卓、于明、朱燕
- 关 键 词　执行／执行异议／清偿顺序
- 相关法条　《最高人民法院关于人民法院执行工作若干问题的规定（试行）》第88条①

【裁判要旨】

1998年开始施行的《最高人民法院关于人民法院执行工作若干问题的规定（试行）》第88条第1款的前提条件系债务人的所有财产能够满足所有债权的情况。以首查封为由认定该债权为优先受偿债权错误。

【案情摘要】

侯马市人民法院首先查封案涉房屋，其执行案件的申请执行人某公司主张其因首封获得优先受偿权，向临汾市中级人民法院提出异议。临汾市中级人民法院认为，因侯马市人民法院系首封法院，根据《最高人民法院关于人民法院执行工作若干问题的规定（试行）》第88条第1款规定，某公司的受偿顺序优先于宋改英，临汾市中级人民法院作出的（2016）晋10执33号之五以物抵债执行裁定侵犯了某公司的合法权益，其异议请求符合法律规定，予以支持。临汾市中级人民法院作出（2019）晋10执异33号执行裁定，撤销临汾市中级人民法院（2016）晋10执33号之五执行裁定。宋某英向山西省高级人民法院申请复议。山西省高级人民法院作出（2020）晋执复7号执行裁定，驳回宋某英的复议申请，维持临汾市中级人民法院（2019）晋10执异33号执行裁定。宋某英向最高人民法院申请监督，最高人民法院裁定撤销山西省高级人民法院（2020）晋执复7号执行裁定、临汾市中级人民法院（2019）晋10执异33号执行裁定、（2016）晋10执33号之五执行裁定，驳回某公司主张保

---

① 该解释已于2020年修正，此处法条对应第55条。

留其对该案享有优先受偿权的异议申请。

（撰写人：王宝道）

2 人民法院有权在执行程序中对未取得生效法律文书确认的承包人主张的建工价款优先受偿权进行审查
——镇赉农商行与天维公司、何某鹏、吕某杰、田某勇借款合同纠纷执行监督案

- 案　　号　（2021）最高法执监239号
- 合议庭成员　马岚、朱燕、仲伟珩
- 关　键　词　执行/执行程序/建设工程价款优先受偿权/承包人
- 相关法条　《最高人民法院关于建设工程价款优先受偿权问题的批复》第1条

【裁判要旨】

未取得生效法律文书确认建设工程价款优先受偿权的承包人在执行程序中主张行使优先受偿权的，人民法院在执行程序中有权对优先受偿权能否成立作形式审查。但各方主体对于工程价款的真实性、行使优先受偿权的主体、期限以及优先受偿权范围等问题存在争议，最终应通过审判程序予以确认。

【案情摘要】

镇赉农商行与何某鹏、吕某杰、天维公司借款合同纠纷一案，白城市中级人民法院作出民事调解书，确认何某鹏、吕某杰偿还镇赉农商行借款本息，镇赉农商行对天维公司提供的抵押物折价或者拍卖、变卖所得价款享有优先受偿权等内容。因何某鹏等未履行民事调解书确定的义务，镇赉农商行向白城市中级人民法院申请强制执行，执行期间该院裁定将天维公司名下流拍后的上述抵押物抵债给镇赉农商行，用于抵顶何某鹏等欠付镇赉农商行的工程款。利害关系人田某勇以其对案涉抵押物享有建设工程价款优先受偿权为由向白城市中级人民法院提出执行异议，该院经审查裁定驳回其异议请求。田某勇向吉林省高级人民法院申请复议，该院以白城市中级人民法院将案涉财产以物抵债给镇赉农商行，侵害了田某勇的建设工程价款优先受偿权为由，裁定撤销白城市中级人民法院异议裁定和以物抵债裁定。镇赉农商行

不服，向最高人民法院申请执行监督，被裁定驳回。

（撰写人：马　岚、盛　强）

3 执行依据未确认权利人享有建设工程价款优先受偿权，并不意味着权利人当然丧失此项权利，在执行程序中仍可行使
——陈某娟、陈某莺与五建公司、强盛公司执行监督案

- 案　　号　（2021）最高法执监 330 号
- 合议庭成员　马岚、刘慧卓、朱燕
- 关 键 词　执行 / 执行程序 / 建设工程价款优先受偿权 / 承包人
- 相关法条　《中华人民共和国合同法》第 286 条[①]，《最高人民法院关于建设工程价款优先受偿权问题的批复》第 1 条、第 4 条

【裁判要旨】

建设工程价款优先受偿权属于法律赋予建设工程承包人的法定优先权，优于抵押权和其他债权。此项权利依据法律规定而产生，自法定条件成就时设立，只要具备了法定条件，承包人可不经审判、仲裁程序直接向人民法院主张此项权利。如因承包人在审判程序中未主张此项权利，执行依据亦未确认其享有此项权利，但并不意味着其当然丧失此项权利，其在执行程序中仍可行使此项权利，人民法院亦可结合执行依据裁判内容，并根据相关法律和司法解释的规定，判断其优先受偿权是否成立。

【案情摘要】

承包人五建公司因与发包人强盛公司建设工程施工合同纠纷，向天水市中级人民法院提起诉讼，但未主张建设工程价款优先受偿权，该院作出的生效判决亦未确认五建公司享有此项权利。因强盛公司未履行该判决确定的义务，五建公司向天水市中级人民法院申请强制执行，执行期间该院裁定将强盛公司名下经两拍流拍后的案涉房产交付五建公司，用于抵顶强盛公司欠付其的工程款。利害关系人陈某娟、

[①] 对应《中华人民共和国民法典》第 807 条。

陈某莺向天水市中级人民法院提出执行异议,以其对案涉房产享有保全权益,执行依据未确认五建公司享有建设工程价款优先受偿权为由,请求停止对案涉房产的执行,拍卖所得价款由其优先受偿。天水市中级人民法院经审查裁定驳回了陈某娟、陈某莺的异议请求。陈某娟、陈某莺不服,相继向甘肃省高级人民法院和最高人民法院申请执行复议和监督,均被裁定驳回。

(撰写人:马　岚、盛　强)

4 建设工程价款优先权人仅能就其所施工部分的拍卖价款优先受偿

——华强公司与盛金公司执行行为异议纠纷执行复议案

- 案　　号　（2021）最高法执复48号
- 合议庭成员　邵长茂、朱燕、仲伟珩
- 关　键　词　执行／建设工程价款优先权／参与分配
- 相关法条　《中华人民共和国合同法》第286条①,《最高人民法院关于审理建设工程施工合同纠纷案件适用法律问题的解释（一）》第36条

【裁判要旨】

一个建设工程上存在两个以上建设工程价款优先受偿权的,各个建设工程价款优先权人只能就自己所施工部分的拍卖价款优先受偿,无权对其他承包人施工的部分主张优先受偿。建设工程价款优先权人在多个建设工程上存在优先受偿权的,各优先权彼此独立,并依附于各自的建设工程。

【案情摘要】

辽宁省高级人民法院在执行盛金公司与新拓公司借款纠纷一案中,拍卖新拓公司名下领先国际楼盘的A栋、B栋、C栋、D栋、E栋、F栋及地下车库的在建工程。案涉资产多数在2015年8月17日以后至2016年12月17日成交或抵债给盛金公司,其中B栋未处置。华强公司于2015年8月17日持生效文书向辽宁省高级人民法院主张对领先国际城项目中央空调安装工程享有建设工程价款优先受偿权。盛

---

① 对应《中华人民共和国民法典》第807条。

金公司就华强公司生效文书向沈阳市中级人民法院提起撤销之诉,最终经辽宁省高级人民法院二审于 2017 年 11 月 24 日驳回了盛金公司诉讼请求。华强公司请求依法享有优先受偿权并提出异议,辽宁省高级人民法院以其优先受偿权效力处于争议状态且可在预留资产中实现为由,驳回其异议请求。华强公司不服,向最高人民法院申请复议。

(撰写人:邵长茂、薛圣海)

利息计算 ▶▶▶

1 被执行人不能以申请执行人申请终结本次执行程序为由主张免除终结本次执行程序期间的迟延履行利息

——盛安公司与交通银行贵州分行借款合同纠纷执行监督案

- **案　　号**　(2020)最高法执监 423 号
- **合议庭成员**　邱鹏、邵长茂、徐霖
- **关 键 词**　执行 / 案外人执行异议之诉 / 利息计算
- **相关法条**　《中华人民共和国民事诉讼法》第 253 条①,《最高人民法院关于执行程序中计算迟延履行期间的债务利息适用法律若干问题的解释》第 3 条第 3 款

【裁判要旨】

被执行人未按照生效法律文书指定的期间履行给付金钱义务的,应支付迟延履行利息。终结本次执行的实质原因系被执行人未有效履行生效法律文书确定的义务所致,由此带来的迟延履行后果应由被执行人承担,其请求免除终结本次执行期间的迟延履行利息,缺乏法律依据。

---

① 对应《中华人民共和国民事诉讼法》(2023 年修正)第 264 条。

【案情摘要】

生效判决判令盛安公司向交通银行贵州分行偿还贷款本息 2000 余万元，并确认交通银行贵州分行名下的相关在建工程享有抵押权。该案立案执行后，交通银行贵州分行以案涉在建工程不具备执行条件等为由申请案件终结本次执行。后交通银行贵州分行向法院申请对该案恢复执行，盛安公司以交通银行贵州分行自行申请终结本次执行程序、怠于行使抵押权等为由主张应免除终结本次执行期间的迟延履行债务利息，经三级法院执行异议、复议、监督程序审查，均被驳回。

（撰写人：苏　萌）

2 执行法院仅因申请执行人未垫付评估费用，即停止计算申请执行人对被执行人享有的利息（包括利息、罚息、复利）债权，没有法律依据

——辽宁省高级人民法院请示案

- 案　　号　（2021）最高法执他 2 号
- 合议庭成员　朱燕、刘慧卓、仲伟珩
- 关 键 词　执行 / 利息计算
- 相关法条　《最高人民法院关于人民法院确定财产处置参考价若干问题的规定》第 33 条

【复　　函】

《最高人民法院关于人民法院确定财产处置参考价若干问题的规定》第 33 条规定："网络询价费及委托评估费由申请执行人先行垫付，由被执行人负担。"该规定中申请执行人承担的是垫付责任，属于中间责任，该款最终仍由被执行人承担。法律并没有明确规定申请执行人未垫付委托评估费用的，能够产生停止计息的法律效果。而且，申请执行人未垫付评估费用，并不能当然产生案涉财产处置程序完全不能推进的结果。故，根据本案具体情况，仅因申请执行人未垫付评估费用，即停止计算申请执行人对被执行人享有的利息（包括利息、罚息、复利）债权，没有法律依据。

请你院指导执行法院依法积极推进案件执行和财产处置进程,妥善处理本案,保护当事人的合法利益。

（撰写人：朱　燕、王晓萌）

3　执行回转时应结合再审判决与原执行依据的内容，合理确定迟延履行期间债务利息的起算时间
——五建公司与向阳公司执行行为异议纠纷执行监督案

- **案　　号**　（2021）最高法执监11号
- **合议庭成员**　邵长茂、徐霖、熊劲松
- **关 键 词**　执行/再审/迟延履行利息
- **相关法条**　《最高人民法院关于执行程序中计算迟延履行期间的债务利息适用法律若干问题的解释》第2条

【裁判要旨】

据以执行的生效法律文书经过再审，再审维持原审结果的，迟延履行利息自原生效文书确定的履行期间届满之日起计算或法律文书生效之日起计算。再审改变原审结果的，因改判而增加的债务部分，迟延履行利息自再审裁判文书确定的履行期间届满之日起计算或再审裁判文书生效之日起计算；改判中维持的部分，迟延履行利息自原生效法律文书确定的履行期间届满之日起计算或法律文书生效之日起计算；再审撤销原生效判决的，原生效判决的效力自始消灭，原生效判决确定的给付义务的迟延履行期间债务利息不再计算。在认定再审是维持、改判还是撤销原生效裁判时，要比较二者确定的各方权利义务进行判断。

【案情摘要】

五建公司与向阳公司建设工程纠纷一案，一审判决向阳公给付五建公司4965883.27元并于2011年10月25日起计算利息。二审改判给付工程款11053665.65元并于2010年6月2日起计算利息。再审撤销二审判决，改判给付工程款4965883.27元并于2010年6月2日起计算利息。再审之前，执行法院将向阳公司25套房产作价8837934元以物抵债给五建公司。再审文书生效后，向阳公司申请执行回转，为确定执行回转金额，双方对原生效文书执行过程中迟延履行利息如

何计算产生争议。经异议复议最终至最高人民法院执行监督。

（撰写人：邵长茂、薛圣海）

4 非金融机构被执行人主张适用《最高人民法院关于审理涉及金融不良债权转让案件工作座谈会纪要》停止计息的规定不能得到支持

——皇城公司与和兴公司债权转让纠纷执行监督案

- 案　　号　（2021）最高法执监284号
- 合议庭成员　刘慧卓、朱燕、仲伟珩
- 关 键 词　执行/债权转让/利息计算
- 相关法条　《最高人民法院关于审理涉及金融不良债权转让案件工作座谈会纪要》第9条、第12条

【裁判要旨】

《最高人民法院关于审理涉及金融不良债权转让案件工作座谈会纪要》第9条、第12条的规定是对特定范围内的金融不良债权转让案件确立了特殊的处置规则，对金融不良债权的转让时间及转让主体均有明确限定，应当严格按照其适用范围的规定适用。

【案情摘要】

生效判决判令皇城公司向信达陕西分公司支付欠款900余万元，执行过程中，信达陕西分公司将胜诉债权转让给和兴公司，执行法院遂变更和兴公司为申请执行人。后皇城公司向执行法院提出执行异议，主张执行法院计算利息的标准错误，应当按照《最高人民法院关于审理涉及金融不良债权转让案件工作座谈会纪要》的规定在非金融机构受让债权后停止计息。经三级法院执行异议、复议、监督程序审查，均被驳回。

（撰写人：苏　萌）

到期债权执行 ▶▶▶

1. 被执行人进入破产程序后,对被执行人的到期债权的执行行为亦应中止,申请执行人应通过向破产管理人申报债权的方式进行救济

——厚基经贸公司与九凤热电公司、安泰供热公司合同纠纷执行监督案

- 案　　号　（2019）最高法执监390号
- 合议庭成员　朱燕、刘慧卓、仲伟珩
- 关 键 词　执行/破产/到期债权执行
- 相关法条　《中华人民共和国企业破产法》第19条

【裁判要旨】

执行程序中,对被执行人到期债权的执行程序,是由对被执行人的执行程序衍生而来,不是独立的执行程序。在被执行人进入破产程序后,破产管理人有责任管理、归集被执行人的财产,次债务人未清偿的债务属于被执行人的破产财产,执行法院对次债务人的执行程序依法应当中止,债权人只能通过向破产管理人申报债权的方式进行救济。

【案情摘要】

内蒙古自治区赤峰市中级人民法院在执行厚基经贸公司与鸿凌热电厂（后更名为九凤热电公司）买卖合同纠纷一案中,2011年10月10日,赤峰市中级人民法院向安泰供热公司发出协助执行通知书,要求其停止支付九凤热电公司供暖资产租赁费500万元。后赤峰市中级人民法院裁定将安泰供热公司追加为本案被执行人,责令其在给付租赁费数额范围内承担清偿责任。2015年1月26日,赤峰市中级人民法院作出执行裁定,扣留、提取安泰供热公司在辽宁电力公司的上网电费。2015年5月8日,辽宁省凌源市人民法院受理九凤热电公司的破产申请。2016年1月21日,赤峰市中级人民法院作出（2011）赤执字第51-15号执行裁定,扣留、提取安泰供热公司在辽宁电力公司的上网电费,限额为500万元,辽宁电力公司向赤峰市中级人民法院执行部门账户汇入协助执行款项。

九凤热电公司管理人以赤峰市中级人民法院违反《企业破产法》第19条规定为

由提出执行异议，要求中止执行程序，撤销并解除因有关执行措施，返还受理破产申请后本案所划拨的所有款项。赤峰市中级人民法院和内蒙古自治区高级人民法院驳回其异议复议，九凤热电公司管理人即向最高人民法院申请监督。最高人民法院裁定：撤销内蒙古自治区高级人民法院的复议裁定及赤峰市中级人民法院的异议裁定和提取安泰供热公司在辽宁电力公司上网电费的执行裁定。

（撰写人：朱　燕、黄丽娟）

2 第三人以债务消灭为由对生效法律文书确定的到期债权提出执行异议，应通过债务人异议程序进行实质审查
——宜汇公司与李某来、信融公司执行监督案

- **案　　号**　（2020）最高法执监512号
- **合议庭成员**　向国慧、刘慧卓、尹晓春
- **关 键 词**　执行／执行监督／到期债权执行
- **相关法条**　《最高人民法院关于适用〈中华人民共和国民事诉讼法〉的解释》第501条①

【裁判要旨】

根据《最高人民法院关于适用〈中华人民共和国民事诉讼法〉的解释》的相关规定，第三人对生效法律文书确定的到期债权予以否认的，不应予以支持。但是，第三人在法律文书生效前已达成和解并履行完毕，法律文书生效后以债务消灭为由提出排除到期债权执行异议的，执行法院应通过债务人异议程序进行实质审查，据此认定债务是否消灭、第三人是否构成擅自履行，而不能仅适用《民事诉讼法》的相关规定，认定第三人异议属于对生效法律文书确定的到期债权予以否认而不予支持。

【案情摘要】

李某来申请执行信融公司一案执行过程中，上海市第一中级人民法院向信融公司的债务人宜汇公司送达履行债务通知，要求宜汇公司向上海市第一中级人民法院

---

① 该解释已于2022年修正，此处法条对应第499条。

履行到期债务。此时，信融公司与宜汇公司的借款合同纠纷尚在二审中。判决生效后，上海市第一中级人民法院再次向宜汇公司送达履行到期债务通知。宜汇公司称其前次收到履行到期债务通知后，已提出未对信融公司负有到期债务的异议，现以与信融公司在判决生效前已达成和解并履行完毕而不负有到期债务为由再次提出异议。异议法院、复议法院均适用《最高人民法院关于适用〈中华人民共和国民事诉讼法〉的解释》第501条第3款规定，认定宜汇公司对生效法律文书确定的到期债权予以否认而不予支持，裁定驳回宜汇公司的异议。宜汇公司向最高人民法院申诉。最高人民法院审查后，以事实认定不清为由裁定撤销异议裁定、复议裁定，发回上海市第一中级人民法院审查处理。

（撰写人：尹晓春、梁瀚丹）

3 第三人已经对法院的《履行到期债务通知书》主张了权利的，没有必要再对查封或冻结该债权的裁定提出异议复议

——博源公司与益宁公司建设工程施工合同纠纷执行复议案

- **案　　号**　（2021）最高法执复65号
- **合议庭成员**　杨春、刘慧卓、邵长茂
- **关 键 词**　执行/到期债权执行
- **相关法条**　《最高人民法院关于适用〈中华人民共和国民事诉讼法〉的解释》第501条①，《最高人民法院关于人民法院执行工作若干问题的规定（试行）》第45条、第47条

【裁判要旨】

执行到期债权过程中，第三人已经对法院的《履行到期债务通知书》提出异议的，人民法院依法不执行其财产，第三人再对人民法院查封或冻结该债权的执行行为提出异议、复议已无必要。

【案情摘要】

辽宁省高级人民法院（以下简称辽宁高院）在执行博源公司与益宁公司、成伟

---

① 该解释已于2022年修正，此处法条对应第499条。

公司、信达辽宁省分公司建设工程施工合同纠纷一案中，裁定责令市政公司不得直接向益宁公司清偿债务2000万元，期限为三年。后该案指定由大连市沙河口区人民法院执行。大连市沙河口区人民法院执行工程中，向市政公司发出《履行到期债务通知书》，通知市政公司收到该通知15日内向博源公司履行到期债务2000万元。市政公司对此提出异议，大连市沙河口区人民法院未再对市政公司采取其他执行措施。

市政公司对辽宁高院责令其不得直接向益宁公司清偿债务2000万元的执行行为提出异议，请求终止该执行行为。辽宁高院责令市政公司应直接向益宁公司清偿债务2000万元的裁定不属于法律规定的裁定适用范围且适用法律错误，应予纠正。至于市政公司请求中止对其执行的请求，应向执行法院实施程序提出，遂变更裁定主文为：查封益宁公司在市政公司的债权2000万元，市政公司可以直接向博源公司清偿上述债务。市政公司向最高人民法院申请复议，请求支持其异议请求。最高人民法院经审查，驳回了其复议请求。

（撰写人：杨　春、陈海霞）

4 第三人对已经生效法律文书确定的到期债务提出异议应不予支持

——隆森公司与张某芳、颜某芹借款合同纠纷执行监督案

- 案　　　号　（2021）最高法执监191号
- 合议庭成员　马岚、刘慧卓、杨春
- 关 键 词　执行／到期债务／履行／抵销
- 相关法条　《最高人民法院关于适用〈中华人民共和国民事诉讼法〉的解释》第501条①，《最高人民法院关于人民法院执行工作若干问题的规定（试行）》第45条第1款、第47条②

【裁判要旨】

被执行人不能清偿债务，但对第三人享有到期债权，人民法院可以依申请执行人或被执行人的申请，向第三人发出履行到期债务的通知，要求第三人直接向申请

---

① 该解释已于2022年修正，此处法条对应第499条。
② 该解释已于2020年修正，本处两条已被删除。

执行人履行其对被执行人所负到期债务。在第三人于履行通知指定的期间内提出异议的情形下，审查处理的基本原则是，人民法院一般不得对第三人强制执行，对提出的异议不进行审查。但是也存在例外情形，如果第三人对被执行人所负到期债务已经生效法律文书确定，人民法院仍可要求第三人直接向申请执行人履行其对被执行人所负到期债务，并可采取相应强制执行措施。

【案情摘要】

黑龙江省双鸭山市中级人民法院作出民事判决，判令颜某芹偿还贺某艳借款本息。佳木斯仲裁委员会作出仲裁裁决，裁定隆森公司偿还颜某芹借款本息。此后，双鸭市四方台区人民法院于执行程序中裁定将颜某芹对隆森公司所有的债权以24套房产形式给付贺某艳抵偿债务，并作出结案通知书。因案外人反映该抵债行为不当，双鸭市四方台区人民法院相继作出两份执行监督裁定，裁定撤销以物抵债裁定和结案通知书。佳木斯仲裁委员会另案作出仲裁调解书，确认颜某芹偿还张某芳借款本金。尔后，佳木斯市中级人民法院通知隆森公司直接向张某芳履行其对颜某芹所负到期债务。隆森公司不服，向佳木斯市中级人民法院提出执行异议，主张颜某芹对其享有的债权已由双鸭市四方台区人民法院通过以物抵债的方式全部抵销。佳木斯市中级人民法院经审查，裁定驳回隆森公司的异议请求。隆森公司相继向黑龙江省高级人民法院和最高人民法院申请执行复议和监督，均被裁定驳回。

（撰写人：马 岚、盛 强）

5 执行法院不可直接强制执行被执行人已向另案法院申请执行的到期债权

——李某琦与井冈山建设公司、辽宁天赢公司执行监督案

- **案　　号**　（2021）最高法执监238号
- **合议庭成员**　朱燕、林莹、马岚
- **关 键 词**　执行/到期债权执行
- **相关法条**　《最高人民法院关于适用〈中华人民共和国民事诉讼法〉的解释》第501条①，《最高人民法院关于依法制裁规避执行行为的若干意见》第12条

---

① 该解释已于2022年修正，此处法条对应第499条。

【裁判要旨】

对于被执行人已经生效法律文书确认的债权，执行法院可以依法强制执行该到期债权，但在履行到期债务通知书送达之前，被执行人已经就该到期债权向另案法院申请执行的，如果仍然允许执行法院以执行被执行人对他人享有到期债权的名义执行，既会损害执行基本秩序，也会使次债务人面临承担两次执行义务的不利后果，损害其合法权益。在此情况下，执行法院不应再直接执行该到期债权，但可以请求另案法院协助扣留执行款项。

【案情摘要】

吉安市中级人民法院在执行申请执行人李某琦与被执行人井冈山建设公司民间借贷纠纷一案执行中，因被执行人井冈山建设公司对第三人辽宁天赢公司、沈阳天赢公司的享有的债权已经判决确定，吉安市中级人民法院裁定执行该债权，并于2018年11月1日向辽宁天赢公司送达履行到期债务通知书。但另案法院沈阳市中级人民法院已依据井冈山建设公司的申请，于2018年3月19日就井冈山建设公司对辽宁天赢公司、沈阳天赢公司的前述债权立案执行。井冈山建设公司对吉安市中级人民法院执行该到期债权提出执行异议，被驳回后向江西省高级人民法院复议，江西省高级人民法院撤销吉安市中级人民法院异议及执行该债权的裁定。李某琦不服江西省高级人民法院复议裁定，提起本案申诉，最高人民法院审查后驳回申诉。

（撰写人：林　莹、苏国梁）

6 次债务人在另案诉讼中的答辩意见和上诉理由中未否认对被执行人负有到期债务且据此实现了折抵该笔债务的诉讼利益，据此可以判定其对被执行人负有到期债务进而予以执行

——天和公司与诚意公司、鼎立公司、鼎立西安分公司买卖合同纠纷执行监督案

- 案　　号　（2021）最高法执监288号
- 合议庭成员　朱燕、刘慧卓、仲伟珩
- 关 键 词　执行／案外人执行异议／到期债权执行

- **相关法条** 《最高人民法院关于适用〈中华人民共和国民事诉讼法〉的解释》第 93 条、第 501 条①,《最高人民法院关于民事诉讼证据的若干规定》第 10 条②

【裁判要旨】

案外人在另案答辩意见及上诉理由中未实质否认其对被执行人负有到期债务,且在另案中据此实现了折抵该笔债务、减轻其连带清偿责任的诉讼利益。案外人在本案执行中转而又否认该到期债务,违反禁止反言原则及诚信原则,其申诉理由,没有事实及法律依据。

【案情摘要】

西安市中级人民法院在执行诚意公司与鼎立公司、鼎立西安分公司买卖合同纠纷一案中,裁定提取被执行人在案外人天和公司处的到期债权 3600 万元,并向天和公司发出协助执行通知书。天和公司以其与被执行人之间不存在到期债权为由提出异议,异议、复议均被驳回后,申诉至最高人民法院,最高人民法院裁定驳回天和公司的申诉请求。

(撰写人:朱 燕、王晓萌)

7 直接提取被执行人为法定代表人、实际控制人的公司的应收账款清偿被执行人债务不符合法律规定

——赵某峰与李某涛服务合同纠纷执行监督案

- **案　　号** (2021)最高法执监 458 号
- **合议庭成员** 马岚、朱燕、仲伟珩
- **关 键 词** 执行/应收账款/收入/到期债权/实际控制人/法定代表人
- **相关法条** 《最高人民法院关于人民法院执行工作若干问题的规定(试行)》第 36 条、第 61 条③

---

① 该解释已于 2022 年修正,此处法条对应第 92 条、第 499 条。
② 该解释已于 2019 年修正,此处法条对应第 11 条。
③ 该解释已于 2020 年修正,此处法条对应第 29 条、第 45 条。

【裁判要旨】

人民法院依法可支取、提取被执行人的收入或到期债权，作为执行案款转交给申请执行人。但对于被执行人的收入，不宜作扩大解释，一般为被执行人的工资、奖金、劳务报酬、稿费等。被执行人实际控制公司的项目利润款等应收账款，不属于被执行人的收入，也不属于被执行人对第三方的到期债权，执行法院不能直接提取用以清偿被执行人的债务。

【案情摘要】

郑州市中级人民法院在执行赵某峰申请执行李某涛服务合同纠纷案过程中，作出（2020）豫01执1431号之三执行裁定，裁定提取第三人腾威公司应收账款515万余元。腾威公司遂向郑州市中级人民法院提出异议，请求撤销该院（2020）豫01执1431号之三执行裁定，解除对腾威公司提取应收账款515万余元的执行行为。郑州市中级人民法院裁定驳回腾威公司异议请求。腾威公司不服，向河南省高级人民法院申请复议。河南省高级人民法院以该案执行依据的权利义务主体为李某涛与赵某峰，该案被执行人为李某涛，而非腾威公司为由，裁定撤销郑州市中级人民法院异议裁定和（2020）豫01执1431号之三执行裁定。赵某峰不服向最高人民法院提起执行监督，最高人民法院裁定驳回其申诉。

（撰写人：马　岚、叶　欣）

8 执行程序中对被执行人的到期债权和收入应当采取不同的执行措施

——华电公司与赵某等执行异议纠纷执行监督案

- 案　　号　（2021）最高法执监434号
- 合议庭成员　邵长茂、刘慧卓、杨春
- 关 键 词　执行/到期债权/提取收入
- 相关法条　《最高人民法院关于人民法院执行工作若干问题的规定（试行）》第36条、第37条、第61条、第63条①，《最高人民法院关于适用〈中华人民共和国

---

① 该解释已于2020年修正，此处法条对应第29条、第30条、第45条、第47条。

民事诉讼法〉的解释》第 501 条①

【裁判要旨】

现行法律和司法解释对被执行人到期债权和收入的执行有不同的规定。收入是指公民基于劳务等非经营性原因所得和应得的财物，主要包括个人的工资、奖金、劳务报酬等。股权转让款系依据股权转让合同支付的对价，与工资、奖金、劳务报酬等不同，不属于收入。执行法院在执行被执行人对第三人享有的股权转让款债权中适用收入执行规定的，系适用法律错误。

【案情摘要】

阳泉市中级人民法院在执行赵某等与被执行人王某瑞系列案件中，依据到期债权的规定冻结王某瑞在华电公司享有的债权。王某瑞与华电公司因股权转让款是否具备支付条件发生纠纷向贸仲委申请仲裁。仲裁裁决认为王某瑞通过同意扣减股权转让价款的方式在实质上满足了"完成全部债务剥离"的要求，付款条件成就。华电公司遂依据仲裁裁决确定的股权转让款协助阳泉市中级人民法院。阳泉市中级人民法院认为华电公司擅自减少冻结财产，适用《最高人民法院关于人民法院执行工作若干问题的规定（试行）》第 29 条、第 30 条的规定责令华电公司限期追回。华电公司向最高人民法院申请监督。

（撰写人：邵长茂、薛圣海）

案外人异议 ▶▶▶

1. 按照不动产登记簿记载，案涉房产权属登记在被执行人名下的，应推定为登记人所有

——李某斌不服广东省高级人民法院（2020）粤执复 777 号执行监督案

- **案　　号**　（2021）最高法执监 204 号
- **合议庭成员**　邱鹏、杨春、仲伟珩

---

① 该解释已于 2022 年修正，此处法条对应第 499 条。

- 关 键 词　执行 / 强制执行 / 案外人异议 / 不动产登记簿 / 记载 / 推定
- 相关法条　《中华人民共和国民事诉讼法》第 225 条①

【裁判要旨】

按照不动产登记簿记载，案涉房产权属登记在被执行人名下，为其单独所有，应推定为登记权利人所有。案外人主张其系案涉房产的共有产权人，应提供证据推翻上述不动产登记簿的记载内容。

【案情摘要】

深圳市中级人民法院执行的新一佳超市有限公司、湖南省新一佳商业投资有限公司、深圳市新一佳商业发展有限公司、李某兰诉讼费一案，由于被执行人没有交纳生效法律文书确定的案件受理费 313484.62 元，深圳市中级人民法院于 2019 年 7 月 12 日立案执行。在执行过程中，深圳市中级人民法院拟处置被执行人李某兰名下涉案房产，并于 2019 年 11 月 19 日作出产权异议公告，李某斌不服，提出执行异议申请。深圳市中级人民法院认为，李某斌称其享有涉案房产一定份额，并无相应的不动产登记证明或生效法律文书予以证明，对其关于涉案房产的排除强制执行申请，不予支持。据此，深圳市中级人民法院作出（2020）粤 03 执异 7 号执行裁定，驳回李某斌的异议请求。李某斌不服上述执行异议裁定，向广东省高级人民法院申请复议，广东省高级人民法院驳回其复议请求。李某斌向最高人民法院申诉，被驳回。

（撰写人：仲伟珩、魏　丹）

2　案外人对同一执行标的重复提起案外人异议的，人民法院不予受理

——库玛公司与银城公司、阳光公司执行复议案

- 案　　号　（2021）最高法执复 51 号
- 合议庭成员　万会峰、马岚、林莹
- 关 键 词　执行 / 案外人异议 / 执行异议的受理

---

① 对应《中华人民共和国民事诉讼法》（2023 年修正）第 236 条。

• **相关法条** 《中华人民共和国民事诉讼法》第227条①,《最高人民法院关于人民法院办理执行异议和复议案件若干问题的规定》第15条第2款

【裁判要旨】

执行程序中,执行法院就案外人对执行标的提出的实体异议应进行形式审查,如审查认为案外人对执行标的不享有实体权益,或者享有的实体权益不足以排除强制执行的,裁定驳回其异议。案外人异议被裁定驳回后,如案外人对该裁定不服,可以通过法定诉讼程序进行救济。在此情况下,不再赋予案外人对同一执行标的再次提出异议的权利,其再次就同一执行标的提起异议的,人民法院不予受理。

【案情摘要】

被执行人阳光公司与库玛公司签订房屋租赁合同,将人民法院查封的阳光大厦第一层至第八层出租给库玛公司,库玛公司对阳光大厦房屋一直占有使用。湖北省高级人民法院作出执行裁定,解除库玛公司对阳光大厦第八层、第七层、第五层、第四层全部及第三层、第一层部分房屋的占有。库玛公司不服上述裁定,提出案外人异议,被驳回后向湖北省高级人民法院提起执行异议之诉。湖北省高级人民法院判决驳回库玛公司的诉讼请求,库玛公司不服提起上诉,最高人民法院二审判决,驳回上诉,维持原判。此后,库玛公司再次就同一执行标的提出案外人异议,湖北省高级人民法院裁定驳回其异议申请,库玛公司不服,申请复议,最高人民法院审查后驳回复议。

(撰写人:林 莹、苏国梁)

3 执行异议审查对于案外人异议与利害关系人执行行为异议应当区分审查

——魏某杰与九台农商行永吉支行、凯陆捷公司、范某武、范某执行监督案

- **案　　号** （2021）最高法执监240号
- **合议庭成员** 马岚、朱燕、仲伟珩
- **关 键 词** 执行/案外人/利害关系人/异议

---

① 对应《中华人民共和国民事诉讼法》（2023年修正）第238条。

- **相关法条** 《中华人民共和国民事诉讼法》第 225 条、第 227 条①,《最高人民法院关于人民法院办理执行异议和复议案件若干问题的规定》第 2 条、第 6 条

【裁判要旨】

区分案外人或利害关系人的异议性质是案外人异议还是利害关系人对于执行行为的异议,应通过异议所主张的权利基础及异议请求加以判断。如果异议主张的是对执行标的的所有权等实体权利并据此请求排除执行的,构成案外人异议,适用《民事诉讼法》第 234 条予以审查;如果异议主张的是因执行行为程序违法侵犯其合法权益并请求对执行行为依法予以纠正的,则构成执行行为异议,适用《民事诉讼法》第 232 条予以审查。

【案情摘要】

吉林市中级人民法院在执行申请执行人九台农商行永吉支行与被执行人凯陆捷公司、范某武、范某借款合同纠纷一案中,裁定将登记在凯陆捷公司名下案涉房产及土地使用权抵债给九台农商行永吉支行,并将以物抵债裁定及结案通知书送达双方当事人,告知全案执行完毕,作结案处理。此后,魏某杰以其对上述房产中的天车梁部分享有所有权为由,向吉林市中级人民法院提出异议,该院以其所提异议申请不符合执行异议案件受理条件为由,裁定驳回了其申请。魏某杰不服,相继向吉林省高级人民法院和最高人民法院申请执行复议和监督,均被裁定驳回。

(撰写人:马 岚、盛 强)

4 轮候查封未发生查封效力不影响案外人针对该查封行为提出案外人异议
——张某伟与滨辉公司、太平湖公司执行复议案

- **案　　号**　(2021)最高法执复 9 号
- **合议庭成员**　熊劲松、刘慧卓、孙建国
- **关 键 词**　执行/轮候查封/案外人异议
- **相关法条**　《最高人民法院关于人民法院办理财产保全案件若干问题的规定》

---

① 对应《中华人民共和国民事诉讼法》(2023 年修正)第 236 条、第 238 条。

第 27 条第 1 款

【裁判要旨】

轮候查封在在先查封并未解除时并不发生查封的实际效力，但不意味轮候查封不产生法律效力。轮候查封仍然是具有法律效力的执行措施，对案外人的实体权利产生影响。案外人基于实体权利依法提出异议，人民法院应当受理并依照案外人异议程序进行审查。

【案情摘要】

滨辉公司与太平湖公司建设工程施工合同纠纷一案，黑龙江省高级人民法院根据滨辉公司的财产保全申请，裁定查封太平湖公司开发建设的案涉房屋，为轮候查封，首查封法院为哈尔滨市道里区人民法院。张某伟依据其与太平湖公司签订的认购协议，已经全额支付购房款项以及实际占有案涉房屋的事实，基于其为实际权利人向黑龙江省高级人民法院提出异议。请求解除对案涉房屋的查封。黑龙江省高级人民法院认为哈尔滨市道里区人民法院尚未对案涉房屋解除查封，黑龙江省高级人民法院对案涉房屋的查封未发生法律效力。张某伟提出对案涉房屋排除执行请求，不符合法律规定的执行异议案件受理条件，予以驳回。张某伟遂申请复议。

（撰写人：熊劲松、盛　强）

5 案外人对执行标的提出异议的，应当在该执行标的执行程序终结前提出

——吴某禄案外人异议纠纷执行监督案

- **案　　　号**　（2021）最高法执监 221 号
- **合议庭成员**　邵长茂、仲伟珩、林莹
- **关　键　词**　执行 / 拍卖 / 案外人异议
- **相关法条**　《中华人民共和国民事诉讼法》第 227 条[①]，《最高人民法院关于适用〈中华人民共和国民事诉讼法〉的解释》第 464 条[②]

[①] 对应《中华人民共和国民事诉讼法》（2023 年修正）第 238 条。
[②] 该解释已于 2022 年修正，此处法条对应第 462 条。

【裁判要旨】

案外人依照《民事诉讼法》第 227 条规定提出异议的，应当在异议指向的执行标的执行终结之前提出；执行标的由当事人受让的，应当在执行程序终结之前提出。在对争议标的的执行终结之后，案外人提出的异议请求不符合受理条件，应裁定不予受理；立案后发现不符合受理条件的，裁定驳回申请。案外人认为其合法权益受到侵害的，可以通过另行提起诉讼或其他法律途径解决。

【案情摘要】

佳木斯市中级人民法院拍卖天时公司位于黑龙江省佳木斯市桦川县星火乡的三套房产及土地使用权。2016 年 10 月 20 日拍卖成交。10 月 24 日，佳木斯市中级人民法院作出过户裁定。次日，将过户裁定书及协助执行通知书送达不动产登记中心和买受人。2016 年 11 月 27 日，案外人吴某禄提出异议主张拍卖的土地使用权中 7096.12 平方米属其所有。佳木斯市中级人民法院以案外人吴某禄提出异议已对争议标的的执行终结、不符合案外人异议受理条件，驳回其异议请求。吴某禄在经黑龙江省高级人民法院复议维持后向最高人民法院申请执行监督。

（撰写人：邵长茂、薛圣海）

当事人及其变更、追加

1 在被执行人被宣告破产且破产清算程序终结后受让债权的债权人，法院不应支持变更其申请执行人的请求
——润木公司与东方资产天津分公司、针织四厂执行复议案

- 案　　号　（2020）最高法执复 159 号
- 合议庭成员　邱鹏、孙建国、尹晓春
- 关 键 词　执行 / 执行复议 / 当事人及其变更、追加
- 相关法条　《最高人民法院关于民事执行中变更、追加当事人若干问题的规定》第 1 条，《中华人民共和国企业破产法》第 19 条，《最高人民法院关于适用〈中华人

民共和国民事诉讼法〉的解释》第 515 条第 1 款①

【裁判要旨】

被执行人被裁定宣告破产的,针对个别债权人清偿的执行程序终结,执行法院应当依法裁定终结对该被执行人的执行。申请人在被执行人被宣告破产且裁定终结破产清算程序后受让本案债权,即使执行法院未在宣告破产后立即作出终结执行裁定,对申请人请求变更其为申请执行人并恢复执行的请求仍不应予以支持。

【案情摘要】

中行天津市分行(债权人)与针织四厂(债务人)借款合同纠纷一案,天津市高级人民法院作出民事判决:针织四厂偿付中行天津市分行借款本息及逾期利息。判决生效并进入执行程序后,本案执行程序终结,并制发了债权执行凭证。东方资产公司天津市分公司以其受让该债权为由,申请变更其为申请执行人并恢复执行,天津市高级人民法院立案恢复执行并裁定变更东方资产公司天津市分公司为本案申请执行人。后针织四厂被裁定宣告破产。润木公司以其从东方资产公司天津市分公司受让该债权为由,申请变更其为申请执行人并恢复执行。天津市高级人民法院裁定终结本案的执行,并于其后裁定驳回润木公司的申请,润木公司遂向最高人民法院申请复议。最高人民法院审查后裁定驳回润木公司的复议申请、维持异议裁定。

(撰写人:尹晓春、梁瀚丹)

2 终结本次执行程序后对于第三人变更申请执行人的申请应予受理审查

——厦门卓信成投资有限责任公司借款合同纠纷执行复议案

- 案　　号　(2021)最高法执复 60 号
- 合议庭成员　马岚、邱鹏、杨春
- 关　键　词　执行/当事人及其变更、追加/主体资格/终结本次执行程序
- 相关法条　《最高人民法院关于严格规范终结本次执行程序的规定(试行)》第 16 条,《最高人民法院关于民事执行中变更、追加当事人若干问题的规定》第 9 条

---

① 该解释已于 2022 年修正,此处法条对应第 513 条。

【裁判要旨】

执行案件虽终结执行,但发生在终结本次执行程序制度确立之前,系因被执行人确无财产可供执行等原因而终结执行,实际属于终结本次执行程序。根据法律规定,在终结本次执行程序后,当事人、利害关系人可以向人民法院申请变更、追加执行当事人,符合法定情形的,人民法院应予支持。执行法院以执行案件终结执行为由,认为申诉人变更申请执行人的申请应不予受理,属于适用法律错误,应予纠正。

【案情摘要】

天津市高级人民法院于2003年8月28日裁定本案终结执行,主要事由是被执行人河北省南宫市物资局驻津物资总公司营业执照已被工商行政部门吊销,其上级主管单位物资总公司已撤销,均无财产可供执行,又无义务承担人,本案不具备执行条件。之后,厦门卓信成投资有限责任公司提交变更申请执行人申请,主张该公司受让了案涉生效判决确认的债权,请求变更其为申请执行人。天津市高级人民法院认为,本案已终结执行,厦门卓信成投资有限责任公司的申请不符合受理条件,不予支持,驳回其申请。厦门卓信成投资有限责任公司依法向最高人民法院申请复议。最高人民法院裁定撤销天津市高级人民法院异议裁定,指令该院依法审查。

(撰写人:马 岚、盛 强)

3 以财产依行政命令被无偿调拨划转给第三人为由申请追加被执行人,应对调拨划转的审批情况、财产去向等事实问题进行查明

——姚某员与吉首市住房保障服务中心建设工程施工合同纠纷执行监督案

- **案　　号**　(2021)最高法执监15号
- **合议庭成员**　于明、邵长茂、邱鹏
- **关 键 词**　执行/变更、追加被执行人
- **相关法条**　《最高人民法院关于民事执行中变更、追加当事人若干问题的规定》第25条

【裁判要旨】

在执行程序中，变更、追加被执行人应当符合法律和司法解释的规定。申请执行人以作为被执行人的法人或非法人组织，财产依行政命令被无偿调拨、划转给第三人，致使该被执行人财产不足以清偿生效法律文书确定的债务为由，而申请变更、追加该第三人为被执行人的，人民法院在审查时，应当重点对财产被调拨划转的审批情况、财产去向等事实进行查明，确定是否符合变更、追加被执行人的条件。

【案情摘要】

姚某员申请执行吉首市房地产管理局建设工程施工合同纠纷一案，执行过程中，被执行人吉首市住房保障服务中心无财产可供执行。姚某员主张，因政策调整，吉首市人民政府于2015年8月31日成立吉首市安居工程建设公司，财政拨付的原棚改工程所有资金也随着政策调整移交给吉首市安居工程建设公司，姚某员以此申请追加吉首市安居工程建设公司为本案被执行人。湘西土家族苗族自治州中级人民法院在异议程序中，以无证据证实吉首市安居工程建设公司与吉首市住房保障服务中心存在资金混同或债权债务承继关系为由驳回追加申请，湖南省高级人民法院认为被执行人吉首市住房保障服务中心有关本案棚户区改造项目的申请、批准、资金发放及资金去向等情况，尚需湘西土家族苗族自治州中级人民法院进一步核查确认，故发回重新审查。湘西土家族苗族自治州中级人民法院重新审查后认定，吉首市安居工程建设公司与吉首市住房保障服务中心分别建设的棚户区改造项目并无资金调整移交，不存在资金混同或债权债务承继关系，故裁定驳回追加申请。姚某员不服，向湖南省高级人民法院申请复议，被驳回后向最高人民法院申请执行监督。

（撰写人：于　明、黄丽娟）

4 能否以案外人擅自处分被查封财产为由追加其为被执行人

——海药房地产公司与诚利集团公司执行监督案

- **案　　号**　（2021）最高法执监144号
- **合议庭成员**　何东宁、万会峰、马岚
- **关 键 词**　执行 / 追加被执行人 / 法律依据 / 赔偿责任

• **相关法条** 《最高人民法院关于民事执行中变更、追加当事人若干问题的规定》第 2 条，《最高人民法院关于人民法院执行工作若干问题的规定（试行）》第 32 条①，《最高人民法院关于依法制裁规避执行行为的若干意见》第 20 条

【裁判要旨】

变更、追加被执行人不仅涉及当事人的实体权利，而且还涉及程序权利。因此，执行程序中直接确定变更、追加被执行人，必须是法律或司法解释中有明确规定。《最高人民法院关于依法制裁规避执行行为的若干意见》第 20 条列举的可以追加为被执行人的情形，已被之后出台的《最高人民法院关于民事执行中变更、追加当事人若干问题的规定》的相关规定所替代，且前者仅为规范性文件，后者为司法解释，在后者并未规定案外人擅自处分查封财产时可被追加为被执行人的情况下，不能仅以此为理由追加其为被执行人。另外，《最高人民法院关于人民法院执行工作若干问题的规定（试行）》第 32 条关于"被执行人或其他人擅自处分已被查封、扣押、冻结财产的，人民法院有权责令责任人限期追回财产或承担相应的赔偿责任"的规定，亦非追加案外人为被执行人的法定依据。

【案情摘要】

海南省第一中级人民法院在执行海药房地产公司与诚利集团公司合作投资合同纠纷一案过程中，作出（2017）琼 96 执恢 56 号执行裁定，查封、扣押诚利集团公司通过其持有股权的南派实业公司向海南联合皇冠汽车服务有限公司支付价款购买的案涉车辆。该车辆由案外人郑某兰负责保管，于 2017 年 10 月因严重损毁后被送往海口钜臣汽车修理厂进行维修，并于 2019 年 2 月 27 日被海南省第一中级人民法院扣押并实际控制。海南省第一中级人民法院向海南省高级人民法院出具的《关于扣押车辆的情况说明》写道："从扣押过程来看，车辆外观完整，内饰完好，零部件可以运转，车辆可以正常使用。"后申请执行人海药房地产公司以案涉车辆在郑某兰的实际控制和保管下发生严重毁损，郑某兰具有明显毁损案涉车辆的故意等为由，申请追加其为被执行人，并由其承担案涉车辆毁损的赔偿责任。

（撰写人：何东宁、孙　超）

---

① 该解释已于 2020 年修正，本条已被删除。

5 被执行人全额出资成立子公司，其资产形式转化为子公司股权，并未减少，不能仅以子公司接收被执行人公司的建筑企业资质为由认为构成公司分立，进而追加子公司为被执行人

——姚某甫、范某良、邓某丽与在匠铸公司、昊天公司、万融公司等建设工程施工合同纠纷执行监督案

- 案　　号　（2021）最高法执监196号
- 合议庭成员　朱燕、杨春、林莹
- 关　键　词　执行 / 执行异议 / 当事人及其变更、追加
- 相关法条　《最高人民法院关于民事执行中变更、追加当事人若干问题的规定》第12条

【裁判要旨】

被执行人全额出资成立子公司，但投资子公司的资产形式转化为被执行人享有的子公司100%股权而存在，此种投资形式并不导致公司财产的减少，只是资产的形态发生变化，即由金钱或实物形态转变成股权形态，属于公司转投资，并不构成公司法上的公司分立。申请执行人以被执行人的全部建筑资质平移到子公司为由，主张子公司与被执行人构成公司分立不能成立。其以此为由要求追加子公司为被执行人的申诉请求缺乏事实依据。

【案情摘要】

被执行人九鼎公司制定《分立方案》，规定由其全额出资成立万融公司，涉及九鼎公司的全部建筑资质平移到子公司万融公司，九鼎公司资质分立前的所有债权债务由其自行承担，后九鼎公司名称变更为匠铸公司。申请执行人姚某甫、范某良、邓某丽认为九鼎公司上述转移资质行为系公司分立，请求执行法院追加万融公司为被执行人。执行法院经审查后裁定追加万融公司为被执行人，高级人民法院复议裁定撤销了执行法院的追加裁定，姚某甫、范某良、邓某丽不服高级人民法院复议裁定申诉至最高人民法院，最高人民法院裁定驳回姚某甫、范某良、邓某丽的申诉请求。

（撰写人：朱　燕）

6 在执行程序中，人民法院未经审判程序，不得直接追加转让、变更投资人后的个人独资企业为被执行人

——周某与钎秋公司、刘某芳、王某龙、奇胜水电站执行监督案

- 案　　号　（2021）最高法执监 200 号
- 合议庭成员　邱鹏、杨春、仲伟珩
- 关 键 词　执行 / 当事人及变更、追加 / 个人独资企业
- 相关法条　《最高人民法院关于民事执行中变更、追加当事人若干问题的规定》第 1 条

【裁判要旨】

执行程序中变更、追加被执行人应严格依照法律和司法解释的规定作出；除非法律、司法解释明确规定变更、追加被执行人的情形，否则人民法院不能在执行程序中实施变更、追加行为。法律和司法解释对个人独资企业在转让、变更投资人后是否可以在执行中直接追加、变更为被执行人未作规定，故人民法院不得在执行程序中直接追加转让、变更投资人后的个人独资企业为被执行人。

【案情摘要】

周某诉钎秋公司、奇胜水电站等民间借贷纠纷一案，2015 年 9 月 30 日，成都市中级人民法院作出判决，判令钎秋公司归还周某借款 800 万元及利息，奇胜水电站对钎秋公司上述债务承担连带清偿责任等。奇胜水电站是个人独资企业，投资人为陈某。2014 年 5 月 20 日，投资人变更为池某；2014 年 5 月 21 日，该水电站名称变更为斌莉水电站。2017 年 10 月 13 日，成都市中级人民法院立案执行，并裁定对被执行人奇胜水力发电站（现已更名斌莉水电站）对永安电力公司收取的购电款限额 800 万元予以冻结。斌莉水电站以生效判决确定的被执行人是奇胜水电站而非斌莉水电站，属执行主体错误为由提起执行异议，成都市中级人民法院裁定驳回其异议请求，后经四川省高级人民法院复议，撤销了成都市中级人民法院的执行裁定、执行异议裁定，周某不服，向最高人民法院提起申诉，最高人民法院经审查维持四川省高级人民法院复议裁定，驳回周某申诉请求。

（撰写人：仲伟珩、魏　丹）

7 债权受让人完成法定手续后应当变更为申请执行人
——长城资产陕西分公司与兴发公司、
陕西万豪公司借款合同纠纷执行监督案

- 案　　号　（2021）最高法执监203号
- 合议庭成员　刘慧卓、万会峰、林莹
- 关 键 词　执行/执行异议/当事人及其变更、追加
- 相关法条　《最高人民法院关于民事执行中变更、追加当事人若干问题的规定》第9条

【裁判要旨】

申请执行人将生效法律文书确定的债权依法转让给第三人，且书面认可第三人取得该债权，该第三人申请变更、追加其为申请执行人的应予支持。

【案情摘要】

原债权人将案涉债权转让给长城资产陕西分公司，长城资产陕西分公司后将债权转让给美环亿速公司，履行了对债务人及担保人的通知义务，并向西安市中级人民法院书面确认将本案债权转让。兴发公司不服，先后向西安市中级人民法院和陕西省高级人民法院提出异议、复议，均被驳回。兴发公司向最高人民法院申请监督，最高人民法院裁定驳回其请求。

（撰写人：王宝道）

8 因发生在诉讼审理期间的事实导致生效法律文书无法执行的，应通过审判监督程序或其他法律途径寻求救济
——珠海威瀚公司与海渔公司、南海集团拍卖合同纠纷执行监督案

- 案　　号　（2021）最高法执监210号
- 合议庭成员　杨春、万会峰、林莹

- **关 键 词** 执行 / 当事人变更、追加
- **相关法条** 《最高人民法院关于民事执行中变更、追加当事人若干问题的规定》第 25 条

【裁判要旨】

民事诉讼审理期间发生被告的财产依行政命令被无偿调拨、划转给第三人的情形,生效判决仍将该财产作为被告财产予以处置,致使生效法律文书的判项无法执行的,申请执行人应通过审判监督程序或者其他法律途径寻求救济,而不能依照《最高人民法院关于民事执行中变更、追加当事人若干问题的规定》第 25 条规定申请变更或追加当事人。

【案情摘要】

珠海威瀚公司与海渔公司、南海集团拍卖合同纠纷一案审理期间,海南省国资委批准将海渔公司整体注入南海集团。海渔公司名下土地使用权变更登记到南海集团名下,并注明由海渔公司作价入股,但海渔公司未登记为南海集团的股东,南海集团承认接受海渔公司资产时其未向海渔公司支付对价。后海南省高级人民法院(以下简称海南高院)判决海渔公司将包含上述土地使用权在内的资产交付给珠海威瀚公司。

执行过程中,珠海威瀚公司以海渔公司已通过公司重组的方式将案涉资产转移到南海集团名下为由,向海南省第二中级人民法院请求追加南海集团为被执行人。海南省第二中级人民法院认为案涉财产变更登记发生在生效判决作出之前,并不是执行程序中发生的财产变动,本案不符合《最高人民法院关于民事执行中变更、追加当事人若干问题的规定》第 25 条的规定,遂裁定驳回珠海威瀚公司追加南海集团为被执行人的请求。珠海威瀚公司向海南高院申请复议,海南高院亦驳回了珠海威瀚公司的复议请求。珠海威瀚公司向最高人民法院申诉,请求追加南海集团为被执行人。最高人民法院经审查,裁定驳回珠海威瀚公司的申诉请求。

(撰写人:杨　春、陈海霞)

9 当事人因未缴纳出资而被追加为被执行人后，不能以与在后进入执行的另案申请执行人达成执行和解并已履行完毕其股东补充赔偿责任为由排除本案执行
——乔某与中宇公司、中天公司执行监督案

- **案　　号**　（2021）最高法执监214号
- **合议庭成员**　邱鹏、万会峰、马岚
- **关 键 词**　执行/当事人及其变更、追加/执行和解/股东补充赔偿责任
- **相关法条**　《最高人民法院关于人民法院执行工作若干问题的规定（试行）》第55条第1款①

【裁判要旨】

在因未缴纳出资而被追加为被执行人、人民法院已对该被执行人采取执行措施后，该被执行人在另案执行中与申请执行人达成执行和解协议，上述事实符合多份生效法律文书确定金钱给付内容的多个债权人分别对同一被执行人申请执行的情形，参照《最高人民法院关于人民法院执行工作若干问题的规定（试行）》第55条第1款"多份生效法律文书确定金钱给付内容的多个债权人分别对同一被执行人申请执行，各债权人对执行标的物均无担保物权的，按照执行法院采取执行措施的先后顺序受偿"的规定，应由首先采取执行措施的执行案件申请执行人优先受偿，以维护执行基本秩序。该被执行人在明知其已被追加被执行人且已被采取执行措施的情况下，仍在此后的另案自行达成和解，损害执行基本秩序，并因个别清偿而损害前案申请执行人债权，其应承担不利后果。

【案情摘要】

生效判决判令中天公司给付中宇公司投资回报款1000余万元，进入执行程序后，执行法院以乔某未缴纳出资为由追加其为被执行人，并查封乔某名下相应财产。在后的另案判决判令中天公司支付孙某帅1300余万款项，还判令乔某在出资额400万元的范围内对中天公司对孙某帅的债务不能清偿部分承担补充赔偿责任。此案进

---

① 该解释已于2020年修正，本条已被删除。

入执行程序后，乔某与孙某帅自行达成和解协议并履行完毕。之后，前案执行法院拟拍卖乔某名下财产，乔某不服。经三级法院执行异议、复议、监督程序审查，均被驳回。

（撰写人：苏　萌）

10　被执行人未经依法清算即办理注销登记，股东书面承诺对剩余债务承担清偿责任的，追加该股东为被执行人的法律依据问题

——冯某与宏泰公司等执行监督案

- **案　　号**　（2021）最高法执监 260 号
- **合议庭成员**　何东宁、刘慧卓、仲伟珩
- **关 键 词**　执行 / 清算 / 注销 / 股东 / 书面承诺 / 追加被执行人
- **相关法条**　《最高人民法院关于适用〈中华人民共和国民事诉讼法〉的解释》第 472 条①

【裁判要旨】

被执行人未经依法清算即办理注销登记，其股东在提交给登记机关的清算文件中书面承诺对剩余债务承担清偿责任，申请执行人申请追加该股东为被执行人的，即使《最高人民法院关于民事执行中变更、追加当事人若干问题的规定》尚未出台，法院也应依据《最高人民法院关于适用〈中华人民共和国民事诉讼法〉的解释》第 472 条的规定，对是否存在"依照有关实体法的规定有权利义务承受人"进行审查，而不能径行以缺乏法律依据为由驳回申请。

【案情摘要】

沈阳市中级人民法院在执行（2004）沈中民（3）合初字第 127 号民事判决过程中，被执行人宏泰公司于 2006 年 9 月 10 日召开股东会并作出决议注销该公司，确定该公司债权债务由股东按出资比例承担相应责任。为此，宏泰公司成立清算组进行了清算。清算结束后，清算组于 2007 年 6 月 30 日制作的清算报告主要载明：清

---

① 该解释已于 2022 年修正，此处法条对应第 470 条。

算结果为，本公司无债权债务，剩余财产处理完毕。公司注销后一旦出现债权债务纠纷由股东按比例承担相应责任。同日，陆某和于某对上述清算结果予以确认。次月3日，宏泰公司被注销公司登记。冯某于2015年以陆某和于某在宏泰公司被注销时在公司登记材料中承诺对公司债务承担责任为由，申请追加陆某、于某为该案的被执行人。

（撰写人：何东宁、孙　超）

11 被执行人以申请执行人的强制清算程序终结后其民事主体资格已消灭为由主张对所涉执行案件不予恢复执行的，不予支持
——隆和公司申请不予执行监督案

- **案　　号**　（2021）最高法执监261号
- **合议庭成员**　马岚、刘慧卓、杨春
- **关 键 词**　执行/当事人及其变更、追加/主体资格
- **相关法条**　《最高人民法院关于适用〈中华人民共和国公司法〉若干问题的规定（二）》第10条

【裁判要旨】

依照《最高人民法院关于适用〈中华人民共和国公司法〉若干问题的规定（二）》第10条第1款规定："公司依法清算结束并办理注销登记前，有关公司的民事诉讼，应当以公司的名义进行。"公司清算程序终结但未注销的，并不丧失诉讼主体资格，应以公司名义参加诉讼。本案中，虽然另一家法院在另案中裁定终结对申请执行人的强制清算程序，但由于申请执行人尚未办理注销登记，申请执行人仍有权以公司名义参加诉讼活动，申请恢复执行。况且，作为本案被执行人，应按照生效民事调解书内容依法履行其法定义务。申请执行人在清算程序终结后申请恢复执行，并未加重被执行人应承担的法定清偿责任。因此，被执行人引用另案裁定认为申请执行人的民事主体资格已经消灭，无权申请恢复执行，执行法院应当终结执行的主张，于法无据。

【案情摘要】

被执行人隆和公司引用另案裁定主张申请执行人华鼎智恒公司的民事主体资格已经消灭,无权申请恢复执行,以此为由提出执行异议。执行法院泰州市中级人民法院认为,华鼎智恒公司尚未办理注销登记,诉讼主体资格尚存,驳回了隆和公司的异议。隆和公司不服向江苏省高级人民法院申请复议,被驳回后向最高人民法院申请监督。最高人民法院裁定驳回其申诉。

（撰写人：马 岚、邵夏虹）

12 追加被执行人的主管部门为被执行人的审查标准
——王某武与长庆工程队、长庆街道办执行监督案

- 案　　号　（2021）最高法执监 318 号
- 合议庭成员　朱燕、马岚、林莹
- 关 键 词　执行／当事人及其变更、追加／无偿接受被执行人财产
- 相关法条　《最高人民法院关于民事执行中变更、追加当事人若干问题的规定》第 22 条

【裁判要旨】

执行程序中,作为被执行人的法人或其他组织,被注销或出现被吊销营业执照、被撤销、被责令关闭、歇业等解散事由后,申请执行人申请追加被执行人的主管部门为被执行人的,应提供相应的基础证据证明该主管部门无偿接受了被执行人的财产,致使被执行人无遗留财产或遗留财产不足以清偿债务。

【案情摘要】

王某武认为长庆街道办作为被执行人长庆工程队的主管部门,无偿接受了长庆工程队处分房产所得款项,致使长庆工程队无遗留财产或遗留财产不足以清偿债务,向执行法院杭州市中级人民法院申请追加长庆街道办为被执行人,并通过其委托诉讼代理人申请杭州市中级人民法院调查长庆工程队账户及交易明细。杭州市中级人民法院经调查未发现王某武申请时间段内,长庆街道办无偿接受了长庆工程队的资产。杭州市中级人民法院、浙江省高级人民法院均驳回其追加请求。王某武不服,

提起本案申诉,最高人民法院审查后予以驳回。

(撰写人:林 莹、苏国梁)

13 被执行人能否以案涉债权转让存在严重程序瑕疵等为由主张执行法院不能变更申请执行人
——长城辽宁公司与本溪三江公司执行监督案

- 案　　号　(2021)最高法执监341号
- 合议庭成员　马岚、杨春、仲伟珩
- 关 键 词　执行 / 债权转让 / 变更申请执行人 / 程序瑕疵 / 转让无效
- 相关法条　《最高人民法院关于民事执行中变更、追加当事人若干问题的规定》第9条,《最高人民法院关于审理涉及金融不良债权转让案件工作座谈会纪要》第5条

【裁判要旨】

进入执行程序后,原债权人将生效判决确定案涉债权作为不良资产转让给第三人的,双方签订债权转让协议,转让人依法在相关报刊上发布债权转让通知,且受让人依约支付了债权转让价款的,执行法院有权在对债权转让的合法性、有效性进行形式审查后变更第三人为申请执行人。案涉债权转让、拍卖过程中,转让人与竞买人恶意串通,违反法定程序进行拍卖导致案涉债权低价转让并损害国家利益等合同效力争议问题,原则上应当通过另行提起诉讼解决,执行程序不是审查判断和解决该问题的适当程序。

【案情摘要】

丹东市中级人民法院在执行申请执行人长城辽宁公司与被执行人本溪三江公司借款合同纠纷一案中,原申请执行人长城辽宁公司通过不良资产拍卖程序与第三人王某中签订《债权转让协议》,将长城辽宁公司对本溪三江公司所享有的主债权和担保合同项下的全部权利,依法转让给王某中(其中债权本金人民币90729545.05元),王某中依约支付了债权转让价款。长城辽宁公司于2019年12月18日在《辽宁日报》发布了《中国长城资产管理股份有限公司辽宁省分公司债权转让通知》。后王某中向执行法院申请变更其为本案申请执行人,执行法院审查并裁定变

更后，被执行人申请复议。

（撰写人：孙　超）

14 申请执行人以第三人无偿接受被执行人财产为由申请追加其为被执行人应当承担举证责任
——宏达公司申请追加新发商厦为被执行人执行监督案

- 案　　号　（2021）最高法执监444号
- 合议庭成员　朱燕、刘慧卓、仲伟珩
- 关 键 词　执行/当事人及其变更、追加/举证责任分配
- 相关法条　《最高人民法院关于民事执行中变更、追加当事人若干问题的规定》第22条、第25条，《最高人民法院关于适用〈中华人民共和国民事诉讼法〉的解释》第90条①

【裁判要旨】

本案系申请执行人申请追加第三人为被执行人而引发的案件，申请执行人负有证明第三人无偿接受财产且致使该被执行人无遗留财产或遗留财产不足以清偿债务的举证证明责任，在申请执行人提供初步证据后，作为反驳，第三人提交了政府出具的《情况说明》等证据用以证明其并未无偿接收中兴集团财产，此时，相关举证证明责任应转移至被执行人，被执行人应提供相应证据推翻《情况证明》所证明的相关事实。在被执行人未能提供充分证据推翻《情况说明》所证明的相关事实的情况下，人民法院据此认定本案不符合追加第三人为被执行人的法定情形，其举证责任分配并不违反相关法律规定。

【案情摘要】

申请执行人宏达公司认为第三人新发商厦无偿接受了被执行人中兴集团的财产（案涉电费），请求追加第三人为被执行人。在审查中，当地政府出具《情况说明》，证明新发商厦对案涉电费的处置行为系基于欧亚集团对中兴集团的托管职责，相关财产处置用于清偿中兴集团债务、发放中兴集团下岗职工生活补贴。法院认为，新

---

① 该解释已于2022年修正，此处法条对应第90条。

发商厦并未无偿获得涉案电费,且非中兴集团的股东、出资人或主管部门,不应将新发商厦追加为被执行人。宏达公司不服,提请执行复议,被高级人民法院驳回后向最高人民法院申请监督。最高人民法院裁定驳回宏达公司的申诉请求。

(撰写人:朱 燕、邵夏虹)

执行担保 ▶▶▶

执行中抵押权人优先受偿的金额应结合抵押物最终变现价格和生效判决确定的优先受偿权范围确定
——工行建设路支行与二十冶公司、郑港公司合同纠纷执行监督案

- **案　　号**　(2021)最高法执监92号
- **合议庭成员**　杨春、邵长茂、林莹
- **关 键 词**　执行 / 执行担保 / 抵押物变现 / 优先受偿范围 / 受偿顺位
- **相关法条**　《中华人民共和国物权法》第200条①,《最高人民法院关于适用〈中华人民共和国民事诉讼法〉的解释》第516条②

【裁判要旨】

抵押权人依生效判决仅对土地使用权在判决确认的债权金额范围内享有优先受偿权,首先查封法院对土地使用权与地上建筑物一并处置变现后,应结合土地使用权和地上建筑物的评估价格,确定土地使用权的变现价格,保证抵押权人的权利,抵押权人优先受偿的范围不得超出土地使用权的变现价格;抵押权人对优先受偿范围外的剩余债权申请参与分配,因被执行人为企业法人,未进入破产程序,在抵押权人优先受偿权得到保障后,普通债权应当按照查封先后顺序受偿。

---

① 对应《中华人民共和国民法典》第417条。
② 该解释已于2022年修正,此处法条对应第514条。

【案情摘要】

周口市中级人民法院在执行二十冶公司（后变更为龙泰公司）与郑港公司合同纠纷案中，对郑港公司名下土地使用权及地上房屋进行评估拍卖，申请执行人龙泰公司以 3360 万元的最高价竞拍成交。周口市中级人民法院通知土地使用权的抵押权人工行建设路支行，告知生效判决认定其对案涉土地使用权享有优先受偿权的范围为 1470 万元，按照房屋、土地使用权合并评估、拍卖、降价后的优先受偿款为 823.2 万元。工行建设路支行提出异议，请求优先受偿 1470 万元及实现债权的费用，剩余债权参与分配受偿。

（撰写人：杨　春）

执行和解 ▶▶▶

1 以物抵债和解协议未实际履行不动产物权转移的，不应认定和解协议履行完毕
—— 蓝星公司与建工集团执行监督案

- 案　　号　（2021）最高法执监 27 号
- 合议庭成员　邵长茂、向国慧、朱燕
- 关 键 词　执行 / 执行和解 / 以物抵债
- 相关法条　《中华人民共和国物权法》第 14 条、第 28 条①，《最高人民法院关于人民法院办理执行异议和复议案件若干问题的规定》第 19 条

【裁判要旨】

案涉执行和解协议系以房抵债协议，判断案涉执行和解协议是否履行完毕，应以案涉房产是否办理权属变更登记为准。本案案涉房产未能变更登记至申请执行人名下，应当认定为执行和解协议并未履行完毕。申请执行人以流拍的案涉房产抵债

---

① 对应《中华人民共和国民法典》第 214 条、第 229 条。

的，人民法院作出的以物抵债裁定属于能够直接导致物权变动的法律文书，该房产所有权自送达承受人时起转移。当事人互负到期债务，人民法院可以在执行程序中进行抵销的条件除要求两个债务的标的物种类、品质相同外，还要求被执行人请求抵销的债务已经生效法律文书确定或者经申请执行人认可。

【案情摘要】

建工集团申请执行蓝星公司一案，双方在执行过程中达成和解协议，约定以不动产以物抵债，但该不动产未办理物权登记且被查封。双方请求法院依据和解协议作出以物抵债裁定，长春市中级人民法院未予准许。长春市中级人民法院在后续执行过程中，依法拍卖案涉不动产流拍，建工集团申请以流拍财产抵债，长春市中级人民法院作出以物抵债裁定交付建工集团抵债。鉴于以物抵债财产未能覆盖建工集团债权，长春市中级人民法院继续执行蓝星公司其他财产。蓝星公司称依据和解协议其已交付抵债不动产，且建工集团开具了工程款发票，故和解协议已履行完毕。长春市中级人民法院以该和解协议未实际履行驳回了蓝星公司的异议，吉林省高级人民法院认为抵债不动产未发生物权变动，和解协议未实际履行，予以维持。蓝星公司被驳回后申请监督。

（撰写人：邵长茂、刘海伟）

2 被执行人一方正在按照执行和解协议约定履行义务的，不应恢复执行原生效法律文书

——王某和与兴源公司买卖合同纠纷执行监督案

- **案　　号**　（2021）最高法执监40号
- **合议庭成员**　向国慧、于明、薛贵忠
- **关 键 词**　执行 / 执行和解协议 / 恢复执行
- **相关法条**　《最高人民法院关于执行和解若干问题的规定》第10条、第11条、第15条①

---

① 该解释已于2021年修正，此处法条分别对应第10条、第11条、第15条。

【裁判要旨】

申请执行人与被执行人在执行过程中经法院主持达成执行和解协议,明确约定分期履行的执行款项数额及付款期限,虽前两笔迟延履行,但仅迟延7日,和解协议约定的最后一笔款项的履行期限尚未届至时,申请执行人向执行法院申请恢复执行,其申请恢复执行原生效法律文书的请求不符合法律规定,应不予恢复执行。

【案情摘要】

王某和与兴源公司买卖合同纠纷执行案,双方当事人在执行过程中经法院主持达成执行和解协议,明确约定分期履行的执行款项数额及付款期限。协议签订后,兴源公司分别于2017年10月16日、11月16日、12月8日向该院执行账户打款130万元、150万元和100万元。王某和分别于2017年10月18日、11月20日和2018年6月7日领取上述全部款项。因被执行人前两笔款项未按和解协议约定时间如期支付,王某和于2017年11月16日向执行法院申请恢复对原生效法律文书的强制执行。执行法院遂通知被执行人兴源公司继续支付原判决剩余未付款项及相应利息。兴源公司为此提出执行异议,认为其已按照和解协议履行,该案应视为执行完毕。王某和被驳回后提起复议,复议法院撤销了异议裁定和执行法院执行通知书。王某和不服,提起执行监督。最高人民法院经审查后驳回了王某和的申诉请求。

(撰写人:向国慧、叶 欣)

3 被执行人以执行外和解协议已履行完毕为由提出异议,人民法院应参照《最高人民法院关于执行和解若干问题的规定》第19条的规定对协议效力及履行情况进行审查

——恒达公司与延边科大、金某庆、东北亚财团
建设工程施工合同纠纷执行监督案

- 案　　号　(2021)最高法执监58号
- 合议庭成员　薛贵忠、刘慧卓、向国慧
- 关 键 词　执行/被执行人/和解协议/协议书

• **相关法条** 《最高人民法院关于执行和解若干问题的规定》第 19 条[①]

【裁判要旨】

当事人在执行程序开始前自行达成的和解协议，属于执行外和解。执行外和解协议不能自动对人民法院的强制执行产生影响，当事人仍然有权向人民法院申请强制执行。执行过程中，被执行人根据当事人自行达成但未提交人民法院的和解协议，依法提出异议的，人民法院应参照《最高人民法院关于执行和解若干问题的规定》第 19 条的规定对和解协议的效力及履行情况进行审查，进而确定是否终结执行。如经审查认定被执行人没有实际履行该和解协议，裁定驳回异议。

【案情摘要】

恒达公司申请执行延边科大、金某庆、东北亚财团建设工程施工合同纠纷案，延边科大与恒达公司在延边朝鲜族自治州中级人民法院作出一审判决后的上诉期内达成协议约定：延边科大与恒达公司共同经营延边科大，延边科大撤回对恒达公司的起诉（上诉），恒达公司同意向法院提出申请解除对延边科大财产的查封。双方其后再次签订协议确认：延边朝鲜族自治州中级人民法院判决的所有债务作为恒达公司对延边科大的投资，股份关系今后决定，如此，双方不存在债权债务关系。后恒达公司向延边朝鲜族自治州中级人民法院申请强制执行，延边科大提出执行异议称，恒达公司的债权已经作为其对延边科大的投资，请求停止执行。异议法院以延边科大并没有实际履行该协议为由，裁定驳回其异议请求。延边科大不服上述裁定，向吉林省高级人民法院申请复议，被驳回后提起本案监督。最高人民法院经审查，裁定驳回申诉请求。

（撰写人：薛贵忠、叶　欣）

[①] 该解释已于 2020 年修正，此处法条对应第 19 条。

4 当事人在一审判决作出后上诉期届满前签订以房抵债协议，何种情形下可以申请执行一审判决

——尚某生、王某玲与大义星公司执行监督案

- **案　　号**　（2021）最高法执监97号
- **合议庭成员**　邱鹏、仲伟珩、马岚
- **关 键 词**　执行／诉讼外和解／不履行／一审判决
- **相关法条**　《中华人民共和国民事诉讼法》第207条[①]

【裁判要旨】

当事人在一审判决作出后上诉期届满前签订以房抵债协议书，属于诉讼外达成的协议。只有在义务人不履行该协议的情况下，债权人才有权申请执行一审判决。以房抵债协议的完全履行一般应包括交付房屋及办理过户登记两方面，但案涉协议明确约定待案涉房屋具备登记条件时才办理备案、登记手续的，办理过户登记的义务属于附有履行条件的义务，因目前案涉房屋不具备登记条件，债权人亦未提交充分证据证明案涉房屋不能办理产权登记，故其仅以债务人未办理过户登记为由申请执行一审判决，人民法院不予支持。

【案情摘要】

尚某生、王某玲诉大义星公司等民间借贷纠纷一案，吕梁市中级人民法院于2018年12月10日作出（2018）晋11民初34号民事判决，判令由大义星公司等向尚某生、王某玲偿还借款本金人民币965万元及利息等。在上诉期届满前，双方签订了《以房抵债协议书》，共同提出以大义星公司开发建设的部分房产有偿出让给乙方抵顶前述债务。其中第3条第2项约定，待案涉房屋具备登记条件时，由大义星公司负责将双方签署的《商品房买卖合同》予以备案登记、办理网签；第3项约定，不论产权登记是否完成，大义星公司应在本协议签署生效后2019年10月前将第2条所述的房产实际交付。在上述《以房抵债协议书》签订之前，尚某生、王某玲与大义星公司于2019年1月14日签订《商品房买卖合同》，并由大义星公司为该二人

[①]　对应《中华人民共和国民事诉讼法》（2023年修正）第218条。

开具购房收据三份，均载明购买门面房的价格为每平方米1万元。此后，尚某生、王某玲即在三套门面房里外喷写和张贴房屋已售、门面房出租等内容，并留有电话号码。2019年9月16日，大义星公司向尚某生、王某玲发出《交房通知书》。2019年10月24日，尚某生、王某玲向吕梁市中级人民法院申请强制执行（2018）晋11民初34号民事判决，吕梁市中级人民法院于同日立案，于10月29日作出（2019）晋11执155号执行通知书和执行裁定。大义星公司对此提出执行异议。

（撰写人：孙　超）

5 被执行人在执行和解协议签订后已履行的金额，当事人没有具体约定的，按民法债权抵充顺序清偿债务
——林某龄与康鸿盛公司建设工程施工合同纠纷执行监督案

- 案　　号　（2021）最高法执监161号
- 合议庭成员　马岚、朱燕、仲伟珩
- 关　键　词　执行/执行和解/恢复执行/清偿主债务/本金
- 相关法条　《中华人民共和国城市房地产管理法》第45条第3款①

【裁判要旨】

被执行人在执行和解协议签订后已履行的金额，应当在恢复执行后的执行款中予以扣除。在执行款不足以清偿全部债务时，应当先清偿生效法律文书确定的金钱债务，如果有剩余再清偿迟延履行利息。在清偿生效法律文书确定的金钱债务时，若执行款尚不足以支付全部金钱债务，且当事人对清偿顺序没有约定的，则应按照一般民法债权抵充顺序原则进行支付，即先清偿实现债权的费用，再清偿利息，最后清偿主债务。

【案情摘要】

林某龄申请执行康鸿盛公司建设工程施工合同纠纷案，衡阳市中级人民法院作出（2018）湘04执恢1号结算通知书，康鸿盛公司以该公司于执行和解协议签订后

---

① 对应《中华人民共和国城市房地产管理法》（2019年修正）第45条第3款。该条款也体现于2022年1月《最高人民法院、住房和城乡建设部、中国人民银行关于规范人民法院保全执行措施确保商品房预售资金用于项目建设的通知》第1条。

支付的280万元，应先偿还工程款本金，结算通知书将该280万元先抵扣执行费和利息错误等为由，向该院提出异议。衡阳市中级人民法院异议裁定并未采纳该异议理由。康鸿盛公司遂向湖南省高级人民法院申请复议，被驳回后提起本案执行监督。最高人民法院裁定驳回其申诉。

（撰写人：马　岚、叶　欣）

6 人民法院有权就执行行为异议所涉的相关实体问题进行审查，当事人对审查处理结果不服的，享有的是复议权而非诉权

——周某清与李某、王某芳执行监督案

- **案　　号**　（2021）最高法执监551号
- **合议庭成员**　朱燕、仲伟珩、马岚
- **关 键 词**　执行／执行和解／执行行为异议
- **相关法条**　《中华人民共和国民事诉讼法》第225条[①]

【裁判要旨】

根据《民事诉讼法》的规定，当事人、利害关系人认为执行行为违反法律规定的，可以向负责执行的人民法院提出书面异议。当案外人异议的事由为执行行为违法，而非对某特定标的物享有权利，其身份为利害关系人，人民法院应当适用《民事诉讼法》第225条的规定进行审查，相关当事人对处理结果不服的，享有的是复议权而非诉权。人民法院依据该条规定，自然有权在对执行行为异议审查过程中，针对所涉执行行为的相关实体问题进行审查。

【案情摘要】

周某清与李某民间借贷纠纷一案执行过程中，周某清与王某芳、李某三方达成和解协议，协议对王某芳承担担保责任的具体条件作了约定。后中级人民法院根据周某清的申请，及前述和解协议，裁定扣留、提取王某芳在中级人民法院的执行款600万元。王某芳对此不服，以担保条件尚未成就为由提出异议，中级人民法院裁

[①]　对应《中华人民共和国民事诉讼法》（2023年修正）第236条。

定异议成立，并撤销了前述裁定。周某清不服，以担保条款是否成立和生效、担保条件是否成就系实体争议，应由审判机构审查裁决，执行机构无权审查，应当赋予当事人诉权而非仅赋予复议权为由，提起复议，复议裁定维持异议裁定，周某清向最高人民法院申诉。最高人民法院裁定维持异议、复议裁定，驳回申诉请求。

（撰写人：仲伟珩、魏　丹）

参与分配 ▶▶▶

参与分配申请人在申请书中说明了原因，基本证明其申请执行案件未执行完毕，执行法院形式审查后即应予准许其参与分配申请

——王某玲与吉某俊、张某燕借款合同纠纷执行监督案

- **案　　号**　（2021）最高法执监470号
- **合议庭成员**　杨春、朱燕、林莹
- **关 键 词**　执行/参与分配
- **相关法条**　《最高人民法院关于适用〈中华人民共和国民事诉讼法〉的解释》第508条第1款、第509条①

【裁判要旨】

法律设定参与分配制度的目的，在于保障被执行人不具备破产资格情形下债权的平等受偿。人民法院审查参与分配申请时，不应苛求参与分配申请人必须证明被执行人不能清偿所有债务或给申请参与分配设置过多的障碍。参与分配申请人在申请书中说明了原因，且其申请执行案件因被执行人无财产可供执行已终结本次执行程序，执行法院形式审查后应予准许。

---

① 该解释已于2022年修正，此处法条对应第506条第1款、第507条。

最高人民法院裁判要旨精选

【案情摘要】

山西省临汾市中级人民法院（以下简称临汾中院）在执行王某玲与吉某俊、张某燕借款合同纠纷一案过程中，轮候查封了吉某俊名下案涉房屋。在首先查封法院处置案涉房屋时，杜某持生效判决申请参与分配，并参加了首查封法院组织的参与分配申请人会议。后因首查封法院案件的执行依据被撤销，临汾中院依王某玲申请，裁定将案涉房屋以流拍价交付王某玲抵偿部分债务。杜某向临汾中院提出异议，称以物抵债裁定损害了杜某的合法权益，请求予以撤销。临汾中院认为杜某已主张了参与分配的权利，而该院在不知本案存在其余参与分配权利人的情况下，将案涉房屋以物抵债给王某玲，损害了杜某的权利，遂裁定撤销案涉以物抵债裁定。王某玲不服，向山西省高级人民法院申请复议。山西省高级人民法院驳回了王某玲的复议请求。王某玲向最高人民法院申诉，请求恢复案涉以物抵债裁定。最高人民法院经审查，驳回了王某玲的申诉请求。

（撰写人：杨 春、陈海霞）

强制措施和间接执行措施

1. 被执行人未履行生效法律文书确定的还款义务，可以对前法定代表人采取限制消费措施
—— 宝马公司与斯坦福公司、酒井公司、庆炼石化、孟某国、仁义公司侵害商标权及不正当竞争纠纷执行监督案

- **案　　号**　（2020）最高法执监320号
- **合议庭成员**　薛贵忠、刘慧卓、向国慧
- **关 键 词**　执行/被执行人/还款/法定代表人/限制消费/直接责任/解除
- **相关法条**　《最高人民法院关于限制被执行人高消费及有关消费的若干规定》第1条、第3条

【裁判要旨】

被执行人未按执行通知书指定的期间履行生效法律文书确定的给付义务的,人民法院可以采取限制消费措施,限制其高消费及非生活或者经营必需的有关消费。被执行人为单位的,被采取限制消费措施后,被执行人及其法定代表人、主要负责人、影响债务履行的直接责任人员、实际控制人不得实施法定的限制消费行为。如果综合案件相关事实,可以认定被执行人的前法定代表人对本案债务履行仍负有直接责任,在被执行人未履行生效法律文书确定的还款义务前提下,对前法定代表人采取限制消费措施并无不当。

【案情摘要】

宝马公司申请执行斯坦福公司、酒井公司、庆炼石化、孟某国、仁义公司侵害商标权及不正当竞争纠纷案,上海市第三中级人民法院依据申请执行人宝马公司的申请,对被执行人斯坦福公司、酒井公司的前法定代表人孟某国采取限制消费措施。孟某国以其并非上述二被执行人的法定代表人、主要负责人、影响债务履行的直接责任人员、实际控制人等为由,要求该院解除孟某国的限制消费令。上海市第三中级人民法院以孟某国是上述二被执行人的影响债务履行的直接责任人员为由,决定驳回孟某国的异议申请。孟某国不服,向上海市高级人民法院申请复议,被驳回后提起本案监督。最高人民法院经审查,裁定驳回孟某国的申诉请求。

(撰写人:薛贵忠、叶 欣)

2 行政机关登记材料显示仍为被限制消费单位被执行人的实际控制人申请解除惩戒措施的,不应支持
——徐某立与地矿公司、地利公司等执行复议案

- 案　　号　(2021)最高法执复1号
- 合议庭成员　于明、向国慧、尹晓春
- 关 键 词　执行/限制消费
- 相关法条　《最高人民法院关于限制被执行人高消费及有关消费的若干规定》第3条第2款

【裁判要旨】

被采取限制高消费人员申请解除惩戒措施，但根据行政机关登记资料，其仍属于被限制高消费单位被执行人的法定代表人、主要负责人、影响债务履行的直接责任人员的，人民法院不予支持，但有新的证据证明人民法院采取惩戒措施有误的，可再提出纠正申请，人民法院应予审查。

【案情摘要】

地利公司未全部履行生效民事判决所确认的法律义务，执行法院对地利公司及其法定代表人徐某立采取限制消费措施。根据行政机关登记材料显示，地利公司的法定代表人为赵某，股东为上海宿亨企业管理咨询中心和山东地矿置业有限公司，上海宿亨企业管理咨询中心的股权比例为51%。上海宿亨企业管理咨询中心的合伙人为王某和徐某立，其中徐某立的出资比例为60%。徐某立提出异议，请求解除惩戒措施，山东省高级人民法院驳回其异议请求。徐某立不服，遂提起本案复议，最高人民法院审查后予以驳回。

（撰写人：于　明、苏国梁）

3 执行过程中，单位被执行人的法定代表人变更后，经审查后，可以解除对原法定代表人采取的限制消费措施

——吕某不服甘肃省高级人民法院限制消费措施执行复议案

- 案　　号　（2021）最高法执复49号
- 合议庭成员　邱鹏、万会峰、马岚
- 关　键　词　执行/法定代表人/限制消费
- 相关法条　《最高人民法院关于限制被执行人高消费及有关消费的若干规定》第3条第2款，《最高人民法院关于在执行工作中进一步强化善意文明执行理念的意见》第17条第1款第2项

【裁判要旨】

根据《最高人民法院关于在执行工作中进一步强化善意文明执行理念的意见》第17条第1款第2项的规定，单位被执行人的原法定代表人变更后，该原法定代表

人须举证证明其并非单位被执行人的实际控制人、影响债务履行的直接责任人员，执行法院经审查属实后，方可准许解除对其采取的限制消费措施。在原法定代表人提出法定代表人已变更、其在单位被执行人处既没有其他职务，也未持有任何股份，对单位被执行人的经营活动、债务履行等没有影响的主张及相应证据资料后，执行法院应当对此予以审查，不能仅以法院向单位被执行人作出限制消费令时上述自然人为该公司的法定代表人为由，不予解除对其的限制消费措施，否则属基本事实认定不清。

【案情摘要】

兰州农村商业银行股份有限公司金城支行申请执行汇翔公司、鞍山乐雪（集团）有限公司、薛某借款合同纠纷一案，法院立案执行后，向汇翔公司作出限制消费令，对该公司及其法定代表人吕某采取限制消费措施。后吕某提出法定代表人已变更、其在汇翔公司处既没有其他职务，也未持有任何股份，对汇翔公司的经营活动、债务履行等没有影响的主张及相应证据资料的执行异议，执行法院仅以该院向汇翔公司作出限制消费令时吕某为该公司的法定代表人为由，不予解除对其的限制消费措施。吕某不服遂向最高人民法院申请执行复议。最高人民法院复议审查认为，在原法定代表人提出法定代表人已变更、其在单位被执行人处既没有其他职务，也未持有任何股份，对单位被执行人的经营活动、债务履行等没有影响的主张及相应证据资料后，执行法院应当对此予以审查，不能仅以法院向单位被执行人作出限制消费令时上述自然人为该公司的法定代表人为由，不予解除对其的限制消费措施，否则属基本事实认定不清。故裁定发回重审。

（撰写人：苏　萌）

4　竞买人被限制消费，可以参与竞买股权
——宿迁丰达公司与孙某菊、翟某政、腾某房产公司
等公证债权文书执行监督案

- 案　　号　（2021）最高法执监 3 号
- 合议庭成员　薛贵忠、刘慧卓、向国慧
- 关 键 词　执行／买受人／竞买人／股权／网络司法拍卖／限制消费令／撤销
- 相关法条　《最高人民法院关于人民法院办理执行异议和复议案件若干问题

的规定》第21条，《最高人民法院关于人民法院网络司法拍卖若干问题的规定》第31条

【裁判要旨】

拍卖是执行程序中强制处分被执行人财产以实现债权的执行措施，应当严格依照法律规定程序进行，公正维护各方当事人包括竞买人的实体权利和程序权利。如果拍卖程序违法，有损于当事人的权利，则应当允许在一定条件下撤销拍卖，回复拍卖前的权利状态。在国家对特定财产权属的变动规定了特殊的资格要求时，如果竞买人不具备这样的资格，人民法院不得出具拍卖成交裁定，即便拍定标的物，这样的拍卖也应当撤销。法律、行政法规和司法解释并未对案涉股权的竞买资格作出特别要求，不能以竞买人系另案被执行人或被限制消费为由，认定竞买人不具备参与竞买的资格。若竞买人违反限制消费令应当承担相应的法律责任，但并不必然导致其丧失竞买案涉股权的资格。

【案情摘要】

宿迁丰达公司申请执行与孙某菊、翟某政、腾某房产公司等公证债权文书一案，执行过程中，执行法院依法对被执行人翟某政持有的西安华夏物流有限公司45%股权（以下简称案涉股权）进行了网络司法拍卖。竞买人王某以2524000元的最高价竞拍成交，并如期将拍卖款项缴纳至执行法院。利害关系人（竞买人）杨某平向执行法院提出异议，以王某系另案被执行人且被限制消费为由，请求撤销对案涉股权的司法拍卖。异议法院以该案网络司法拍卖程序并无应予以撤销的法定情形为由，综合考虑财产处置变现、维护当事人权利和节约司法资源、提高效率等因素，裁定驳回杨某平的异议请求。杨某平不服上述裁定，向北京市高级人民法院申请复议，被驳回后提起本案监督。最高人民法院经审查，驳回杨某平的申诉请求。

（撰写人：薛贵忠、叶　欣）

5 执行程序中被执行人的法定代表人变更后是否必须解除对原法定代表人的限制消费和限制出境等执行措施
——英桥公司与楠桦公司抵押借款合同纠纷执行监督案

- 案　　号　（2021）最高法执监81号
- 合议庭成员　邱鹏、仲伟珩、马岚
- 关　键　词　执行／限制消费／限制出境／法定代表人／变更／解除
- 相关法条　《最高人民法院关于限制被执行人高消费及有关消费的若干规定》第3条第2款，《最高人民法院关于适用〈中华人民共和国民事诉讼法〉执行程序若干问题的解释》第24条，《最高人民法院关于在执行工作中进一步强化善意文明执行理念的意见》第17条第2项

【裁判要旨】

在执行程序中，执行法院可依法对被执行人的法定代表人采取限制消费和限制出境等执行措施。采取上述措施后被执行人的法定代表人发生变更，原法定代表人请求解除该措施的，仍应举示相关证据证明其并非被执行人的实际控制人、影响案涉债务履行的直接责任人员。原法定代表人未提出任何证据证明，并存在无偿转让股权，继续与申请执行人协商债务清偿等情形的，法院对其解除限制消费等措施的请求不应支持。

【案情摘要】

郑州铁路运输中级法院在执行申请执行人英桥公司与被执行人楠桦公司抵押借款合同纠纷一案中，于2018年7月24日对楠桦公司的时任法定代表人林某作出限制消费令，于2019年3月19日对其采取限制出境措施，后楠桦公司的法定代表人于2019年4月由林某变更为刘某云，且林某将楠华公司51%股权转让给刘某云，但没有证据证明刘某云支付了股权转让款。另外，2019年11月1日，英桥公司委托诉讼代理人腾某与林某的通话录音中，林某提到愿意拿300万出来让刘某云有个事情做，大家合股让刘某云推动清偿债务等内容。现林某以其已非楠华公司的法定代表人为由请求解除限制消费、限制出境等措施。

（撰写人：孙　超）

6 存在执行争议的情况下，协助义务人向各方法院说明情况，后按照其中一个法院的书面释明和要求进行了协助执行，不能认定其有过错，更不能认定其行为为擅自处分

——曹某儒与傅某学、安盛公司、秦皇岛市安装工程有限公司、安盛公司双滦分公司借款合同纠纷监督案

- **案　　号**　（2021）最高法执监 123 号
- **合议庭成员**　刘慧卓、邱鹏、仲伟珩
- **关 键 词**　执行 / 执行异议 / 擅自处分
- **相关法条**　《最高人民法院关于人民法院执行工作若干问题的规定（试行）》第 32 条①

【裁判要旨】

存在执行争议的情况下，协助义务人向各方法院说明情况，后按照其中一个法院的书面释明和要求进行了协助执行，不能认定其有过错，更不能认定其行为为"擅自"处分。执行法院之间发生执行争议，应积极协商，协商不成及时将执行争议交由上级法院进行协调，依法维护各方当事人的权益，而非通过处罚协助义务人解决。

【案情摘要】

秦皇岛市中级人民法院裁定查封被执行人安盛公司双滦分公司名下案涉两栋住宅楼，而该标的物的土地使用权主体及建设规划许可证的建设单位均为德龙公司，并非安盛公司双滦分公司，即出现了与协助执行通知书不一致且承德住建局无法判断权属的情形。承德住建局及时履行了向相关法院告知相关情况的义务。承德住建局在收到承德市中级人民法院与秦皇岛市中级人民法院两份通知后，认为秦皇岛市中级人民法院与承德市中级人民法院要求的内容相悖，于 2016 年 2 月 3 日同时向两法院作了书面说明，但两法院未回复。承德住建局已经履行及时向法院报告的义务，

---

① 该解释已于 2020 年修正，本条已被删除。

其办理相关手续是在承德市中级人民法院通知要求其办理相关手续的情况下作出。秦皇岛市中级人民法院作出（2018）冀03司惩1号决定，对承德住建局罚款50万元。河北省高级人民法院于2020年11月25日作出（2020）冀执复185号决定，撤销秦皇岛市中级人民法院（2018）冀03司惩1号决定，对承德住建局罚款10万元。承德住建局向最高人民法院申诉。最高人民法院认为，承德住建局在本案办理相关手续的行为并不构成"擅自"处分。秦皇岛市中级人民法院及承德市中级人民法院在明知执行事项具有冲突的情况下，应积极协商，协商不成及时将执行争议交由上级法院进行协调，依法维护各方当事人的权益，而非通过处罚协助义务人解决。秦皇岛市中级人民法院及河北省高级人民法院对承德住建局进行处罚缺乏事实和法律依据，应予撤销。最高人民法院裁定撤销河北省高级人民法院（2018）冀执复185号复议决定、秦皇岛市中级人民法院（2018）冀03司惩1号决定。

（撰写人：王宝道）

7 限制出境措施的解除应按照规范的要求严格掌握
——刘某生与徐某娜执行监督案

- **案　　号**　（2021）最高法执监52号
- **合议庭成员**　熊劲松、刘慧卓、孙建国
- **关 键 词**　执行/限制出境/解除
- **相关法条**　《中华人民共和国民事诉讼法》第255条①

【裁判要旨】

在限制出境期间，如被限制出境的被执行人未及时履行生效法律文书确定的义务，且未提供充分、有效的担保或者经申请执行人同意，人民法院一般不予解除限制出境措施。

【案情摘要】

福州市中级人民法院在执行申请执行人徐某娜与被执行人刘某生离婚纠纷一案过程中，根据徐某娜的申请，决定限制刘某生出境。刘某生不服，向福建省高级人

---

① 对应《中华人民共和国民事诉讼法》（2023年修正）第266条。

民法院申请复议。该院经审查认为，刘某生未全部履行执行依据确定的义务，且未与徐某娜达成执行和解，限制其出境有利于保障法院执行程序顺利进行，故裁定驳回刘某生的复议申请。刘某生不服，向最高人民法院申请执行监督。

（撰写人：熊劲松、盛　强）

执行回转 ▶▶▶

1. 共同申请执行人之一指定另一方收取执行款，未对执行当事人身份地位变更的，执行回转时是否应将其列为被执行人

——粤垦公司与电白二建公司执行行为异议纠纷执行监督案

- **案　　号**　（2020）最高法执监506号
- **合议庭成员**　邵长茂、徐霖、熊劲松
- **关 键 词**　执行/执行回转/变更申请执行人
- **相关法条**　《最高人民法院关于人民法院执行工作若干问题的规定（试行）》第65条①，《最高人民法院关于民事执行中变更、追加当事人若干问题的规定》第9条

【裁判要旨】

生效裁定确认已执行债权金额超过执行依据确定金额的，可以参照执行回转的规定执行差额部分。共同申请执行人之一以债权转让为由指定另一方收取执行款，但未在执行程序中通过变更、追加当事人程序对申请执行人的身份地位进行变更的，仍属取得财产的申请执行人，在执行回转案件中，负有财产返还义务。

【案情摘要】

电白二建和坤龙公司共同申请执行粤垦公司建设工程施工合同纠纷一案，广州

---

① 该解释已于2020年修正，此处法条对应第49条。

海事法院执行过程中，电白二建提供情况说明将共有债权全部权益转让给坤龙公司并由坤龙公司收取全部执行款。坤龙公司收到执行款项后，对执行标的金额提出异议复议。广东省高级人民法院复议裁定确认履行金额已超过依据生效文书确定金额。执行法院依据上述复议裁定立案执行回转，并认为电白二建将共有债权及全部执行款权益转让给坤龙公司，属于对自身实体权利的处理，并未退出执行程序，而将其列为被执行人。广东省高级人民法院认为电白二建已经转让债权，并未在执行程序中实际取得执行款，不负有返还义务，不应列其为被执行人。粤垦公司不服，向最高人民法院申请执行监督。

（撰写人：邵长茂、薛圣海）

2 曾受让案涉债权，后将案涉债权转让他人的当事人不应在执行回转程序中作为被执行人

——平煤能源公司、平煤物流公司与紫石合伙、建行市北支行、山金公司金融借款合同纠纷执行回转监督案

- **案　　号**　（2021）最高法执监73号
- **合议庭成员**　邱鹏、邵长茂、林莹
- **关 键 词**　执行 / 执行回转 / 债权转让
- **相关法条**　《中华人民共和国民事诉讼法》第233条[①]，《最高人民法院关于人民法院执行工作若干问题的规定（试行）》第109条[②]

【裁判要旨】

执行回转程序中，由在原执行程序中取得执行财产、作为申请执行人的当事人承担执行回转程序中返还财产及孳息的义务，而排除已通过法院拍卖或与原申请执行人正常交易而取得执行财产的第三人的返还义务。当事人受让胜诉债权后，又将债权依法转让他人，则该当事人取得对价系基于与债权转让合同对方的案涉债权转让合同关系，而债权转让合同关系与原胜诉债权法律关系本身是两个不同的关系；胜诉债权转让后，上述当事人不能基于胜诉债权申请执行并取得执行财产，其亦不

[①] 对应《中华人民共和国民事诉讼法》（2023年修正）第244条。
[②] 该解释已于2020年修正，此处法条对应第65条。

应承担因执行回转而产生的执行财产返还义务。

【案情摘要】

生效判决判令平煤物流公司向建行市北支行支付保理预付款本金3000万及利息,平煤能源公司在1.69亿元范围内对上述付款义务承担补充赔偿责任。后建行市北支行申请执行。经法院查明,原案在一审诉讼期间,建行市北支行已将其在诉讼中主张的借款(以下简称案涉债权)转让给山金公司,但原案一审、二审和再审期间以及申请执行时,建行市北支行一直以自己的名义参与审判和执行程序。之后,山金公司将案涉债权又转让给了紫石合伙。执行程序中,根据债权受让人紫石合伙的申请,执行法院裁定变更紫石合伙为该案的申请执行人。后执行法院通过对平煤能源公司、平煤物流公司账户执行,将执行款发放紫石合伙,案件执行终结。上述生效判决后被再审撤销,平煤物流公司、平煤能源公司申请执行回转,请求由建行市北支行、山金公司、紫石合伙连带返还原执行程序中从该两公司扣划的案款及孳息。山金公司提出异议,请求不将其列为执行回转案的被执行人。法院支持其异议后,平煤物流公司、平煤能源公司申请执行复议被驳回。遂向最高人民法院申请执行监督。最高人民法院监督审查认为,当事人受让胜诉债权后,又将债权依法转让他人,则该当事人取得对价系基于与债权转让合同对方的案涉债权转让合同关系,而债权转让合同关系与原胜诉债权法律关系本身是两个不同的关系;胜诉债权转让后,上述当事人不能基于胜诉债权去申请执行并取得执行财产,其亦不应承担因执行回转而发生的执行财产返还的义务。故维持了高级人民法院复议裁定。

(撰写人:苏 萌)

3 债权转让人并非执行回转程序中承担回转义务的主体
——平煤能源公司与建行市北支行执行回转监督案

- **案　　号**　(2021)最高法执监74号
- **合议庭成员**　邵长茂、邱鹏、林莹
- **关　键　词**　执行/执行回转/债权转让
- **相关法条**　《最高人民法院关于人民法院执行工作若干问题的规定(试行)》

第 65 条[①]

【裁判要旨】

根据执行回转相关法律规定，承担回转义务的主体应为在原执行程序中取得财产的申请执行人。原执行程序中申请执行人转让债权，未在执行程序中取得财产的，不承担回转义务。债权转让人转让债权获得的作为对价的债权转让款，并非经由原执行程序而是基于另外的法律关系取得的财产，不属于执行取得的财产。

【案情摘要】

建行市北支行与平煤能源公司等借款合同纠纷一案，诉讼过程中，建行市北支行将债权转让山金公司，山金公司又转让给紫石合伙。进入执行程序后，青岛市中级人民法院变更紫石合伙为申请执行人，并将扣划的平煤能源等公司的存款发放给紫石合伙。再审判决变更平煤能源等公司不承担责任。平煤能源等公司申请执行回转，青岛市中级人民法院立案执行，将建行市北支行列为被执行人与紫石合伙承担连带返还责任。山东省高级人民法院认为原执行案件的申请执行人及取得财产的人为紫石合伙，建行市北支行在原执行案件中并没有取得原被执行人平煤能源等公司的财产。因此，执行法院将建行市北支行列为执行回转案件的被执行人无法律依据。最高人民法院维持了山东省高级人民法院的观点。

（撰写人：邵长茂、刘海伟）

4 原申请执行人将债权转让他人且未取得执行财产的情形下，不应在执行回转程序中承担返还财产的义务

——平煤能源公司、平煤物流公司与紫石合伙、建行市北支行等执行监督案

- 案　　号　（2021）最高法执监 75 号
- 合议庭成员　邱鹏、邵长茂、林莹
- 关 键 词　执行/执行回转义务主体/债权转让
- 相关法条　《中华人民共和国民事诉讼法》第 233 条[②]，《最高人民法院关于人

[①] 该解释已于 2020 年修正，此处法条对应第 49 条。
[②] 对应《中华人民共和国民事诉讼法》（2023 年修正）第 244 条。

民法院执行工作若干问题的规定（试行）》第 65 条[①]

【裁判要旨】

根据《民事诉讼法》及相关司法解释的规定，应由在原执行程序中取得执行财产，作为申请执行人的当事人承担执行回转程序中返还执行财产及孳息的义务。在原案执行程序中的申请执行人变更后，如原申请执行主体不再具有申请执行人的主体资格，也未在原案执行程序中取得执行财产，则不应由其承担因执行回转返还执行财产及孳息的义务。

【案情摘要】

建行市北支行与澳海公司、王某壁、郝某珍、平煤能源公司、平煤物流公司等金融借款合同纠纷一案，山东省高级人民法院判令平煤物流公、平煤能源公司应相应民事责任。青岛市中级人民法院执行该案中，因债权转让将申请执行人由建行市北支行变更为紫石合伙，并从平煤能源公司、平煤物流公司账户共计扣划3757.55万元发还给紫石合伙。后执行依据再审，最高人民法院判决免除平煤能源公司、平煤物流公司的相关责任。经平煤能源公司、平煤物流公司申请，青岛市中级人民法院立案执行回转，并将建行市北支行、山金公司、紫石合伙列为执行回转案件被执行人。建行市北支行提出执行异议，请求不将其列为执行回转案件的被执行人。青岛市中级人民法院、山东省高级人民法院审查后，支持建行市北支行的请求。平煤物流公司、平煤能源公司不服，提起本案申诉，最高人民法院审查后予以驳回。

（撰写人：林 莹、苏国梁）

5 当事人之间的法律关系根据原确认判决所确定的内容进行变更后，原确认判决被撤销的，不能执行回转
——赵某武与杨某丽、盛利公司股东资格确认纠纷执行监督案

- 案　　号　（2021）最高法执监 520 号[②]
- 合议庭成员　刘慧卓、邵长茂、杨春

[①] 该解释已于 2020 年修正，此处法条对应第 49 条。
[②] 同时涉及《最高人民法院关于适用〈中华人民共和国民事诉讼法〉的解释》第 463 条、1998 年施行的《最高人民法院关于人民法院执行工作若干问题的规定（试行）》第 18 条第 4 款规定。

- **关 键 词** 执行 / 执行异议 / 执行回转
- **相关法条** 《中华人民共和国民事诉讼法》第 233 条①

【裁判要旨】

执行回转的前提是案件曾进入强制执行程序，而本案二审判决生效后，案件未进入执行程序。且本案在二审判决生效后案涉股权发生了重大变化，适用执行回转程序并不能解决当事人之间存在的争议。确认判决没有明确具体的给付内容及权利义务主体。虽然据以获得股权的判决已被撤销，但目前有效的判决不符合执行案件立案条件，立案后应驳回执行申请。当事人双方对具体需要变更的内容存在争议，可通过诉讼程序予以解决和明确后，再通过执行程序最终实现其合法权益。

【案情摘要】

赵某武诉盛利公司、杨某丽股东资格确认纠纷一案，赵某武请求人民法院依法确认其为盛利公司股东及其在该公司的出资比例，无其他具体的给付内容及请求。内蒙古自治区高级人民法院（2019）内民再 19 号民事判决撤销了内蒙古自治区锡林郭勒盟中级人民法院（2015）锡民一终字第 479 号民事判决，维持了内蒙古自治区苏尼特右旗人民法院（2014）苏右商初字第 2 号民事判决，确认赵某武为盛利公司股东，出资比例为该公司注册资本的 6%，但并没有明确具体的权利义务主体及给付内容。由于盛利公司已发生增资等变更事项，赵某武要求将盛利公司当前 6% 的股权变更至其名下。锡林郭勒盟中级人民法院（2020）内 25 执 36 号执行裁定驳回赵某武的执行申请。赵某武提出异议，锡林郭勒盟中级人民法院作出（2020）内 25 执异 146 号执行裁定，驳回赵某武的异议请求。赵某武申请复议，内蒙古自治区高级人民法院作出（2021）内执复 104 号执行裁定，撤销锡林郭勒盟中级人民法院（2020）内 25 执异 146 号执行裁定，撤销锡林郭勒盟中级人民法院（2020）内 25 执 36 号执行裁定。杨某丽、盛利公司向最高人民法院申诉，最高人民法院裁定撤销内蒙古自治区高级人民法院（2021）内执复 104 号执行裁定，维持锡林郭勒盟中级人民法院（2020）内 25 执异 146 号执行裁定及（2020）内 25 执 36 号执行裁定。

（撰写人：王宝道）

---

① 对应《中华人民共和国民事诉讼法》（2023 年修正）第 244 条。

终结执行

1. 金钱债权执行案件应以金钱债务及迟延履行期间的债务利息均清偿完毕为执行完毕的认定标准
—— 吉奥公司与永昌公司执行监督案

- **案　　号**　（2021）最高法执监 155 号
- **合议庭成员**　朱燕、刘慧卓、林莹
- **关 键 词**　执行 / 金钱债权的执行 / 迟延履行债务利息 / 执行完毕
- **相关法条**　《中华人民共和国民事诉讼法》第 236 条、第 242 条[①]，《最高人民法院关于人民法院执行工作若干问题的规定（试行）》第 24 条第 2 款[②]

【裁判要旨】

执行程序中，被执行人应根据执行通知载明的内容积极主动履行相应的义务，逾期不履行生效法律文书确定的义务的，执行法院依法应当采取强制执行措施，此时被执行人依法亦应当承担《民事诉讼法》规定的迟延履行期间的债务利息。以金钱债务履行为执行内容的执行案件执行完毕的标准，应包括生效法律文书确定的金钱债务及《民事诉讼法》规定的迟延履行期间的债务利息均已清偿完毕。

【案情摘要】

营口市中级人民法院生效民事判决，判令吉利公司给付永昌公司 630422.5 元及相应利息。后吉利公司更名为吉奥公司。营口市中级人民法院执行该案过程中，于 2014 年 1 月 26 日提取并扣划被执行人吉奥公司在中国移动冠县分公司的弱电管道款 90.39 万元，于 2015 年 12 月 21 日截留并提取吉奥公司在中国移动冠县分公司的弱电管道款 567850 元，后向吉奥公司发出通知，该案执行完毕。吉奥公司提出执行异议，认为该院第二笔提取的 567850 元是法院多提取的钱，请求返还该笔款项。营口市中级人民法院、辽宁省高级人民法院经审查驳回吉奥公司请求，吉奥公司提起本案申诉，最高人民法院审查后驳回申诉。

（撰写人：林　莹、苏国梁）

[①] 对应《中华人民共和国民事诉讼法》（2023 年修正）第 247 条、第 253 条。
[②] 该解释已于 2020 年修正，此处法条对应第 22 条。

2 本案案款因另案被冻结而在法院账户未发放给申请执行人，法院已出具结案通知书，本案利害关系人提出参与分配申请，不应予以审查

——中国华融甘肃分公司申请参与分配执行监督案

- 案　　号　（2021）最高法执监 215 号
- 合议庭成员　刘慧卓、邱鹏、杨春
- 关 键 词　执行 / 终结执行 / 参与分配
- 相关法条　《最高人民法院关于适用〈中华人民共和国民事诉讼法〉的解释》第 509 条①

【裁判要旨】

一般情况下，执行案款扣划至执行法院账户未向申请执行人发放时，不能认为该财产已执行完毕，但本案中，关于案款尚未发放给申请执行人的原因，系本案被执行人申请诉前财产保全，冻结了被申请人（本案申请执行人）的财产。即因本案与另案的保全执行衔接和协调，执行法院对执行到位的执行款，暂存于法院执行账户未向申请执行人发放。本案执行法院已向申请执行人和被执行人出具结案通知书，通知双方以执行完毕方式结案。至此，执行程序已经终结。利害关系人之后提出参与分配申请，属于已经逾期的情形。

【案情摘要】

本案执行法院已向申请执行人青海三佳公司和被执行人海南州光科光伏公司出具结案通知书，通知双方以执行完毕方式结案。因本案被执行人海南州光科光伏公司申请诉前财产保全，冻结了被申请人（本案申请执行人青海三佳公司）的财产。因本案与另案的保全执行衔接和协调，执行法院对执行到位的执行款，暂存于法院执行账户未向申请执行人青海三佳公司发放。后利害关系人中国华融甘肃分公司提出参与分配申请。执行法院认为其申请在执行终结后提出已经逾期，驳回其申请。中国华融甘肃分公司不服，申请复议被驳回，向最高人民法院提出监督申请。最高

---

① 该解释已于 2022 年修正，此处法条对应第 507 条。

人民法院驳回其监督申请，维持了高级人民法院的复议裁定。

（撰写人：刘慧卓、邵夏虹）

3 当事人应在法律规定期限内及时主张权利
——百年公司与海天学院等保证合同纠纷执行监督案

- **案　　号**　（2021）最高法执监 316 号
- **合议庭成员**　杨春、朱燕、仲伟珩
- **关 键 词**　执行 / 终结执行 / 执行异议的受理
- **相关法条**　《最高人民法院关于人民法院办理执行异议和复议案件若干问题的规定》第 6 条第 1 款，《最高人民法院关于对人民法院终结执行行为提出执行异议期限问题的批复》

【裁判要旨】

对于执行行为提出异议的，应当在执行程序终结之前提出；对终结执行行为提出异议的，应当自收到终结执行法律文书之日起 60 日内提出；未收到法律文书的，应当自知道或者应当知道人民法院终结执行之日起 60 日内提出。

【案情摘要】

山东省济南市中级人民法院（以下简称济南中院）在执行百年公司与海天学院、海天科技公司等保证合同纠纷一案过程中，于 2020 年 4 月 26 日提取海天学院在另案的土地拍卖款，扣除相关费用后，将案款给付百年公司。2020 年 5 月 9 日，济南中院出具（2020）鲁 01 执恢 71 号结案通知书，通知双方当事人执行依据确定的内容已全部执行完毕。该通知书于同年 5 月 26 日向海天学院送达。2020 年 7 月 22 日，海天学院向济南中院提出异议，认为济南中院对执行款数额的计算、债务截止日期的确认有误，请求予以纠正。济南中院对海天学院的异议理由逐一予以审查后，裁定驳回海天学院的异议请求。海天学院向山东省高级人民法院申请复议。山东省高级人民法院认为海天学院提出异议时，执行程序已经终结，其异议已超出法定期限，不应受理。遂裁定撤销济南中院异议裁定，驳回海天学院的异议申请。海天学院向最高人民法院申诉，请求责令济南中院退回多执行的执行款。最高人民法院经审查，裁定驳回海天学院申诉请求。

（撰写人：杨　春、陈海霞）

4. 执行案件因撤销执行申请而终结，且当事人未在两年时效内再次申请执行，其债权受让人无权就原执行行为提出异议、复议及申诉

——建行市中支行与四通公司、齐鲁建设集团公司借款合同纠纷执行监督案

- **案　　号**　（2021）最高法执监504号
- **合议庭成员**　杨春、朱燕、马岚
- **关 键 词**　执行/终结执行
- **相关法条**　《最高人民法院关于适用〈中华人民共和国民事诉讼法〉的解释》第520条①

【裁判要旨】

根据《最高人民法院关于适用〈中华人民共和国民事诉讼法〉的解释》第520条（2022年修正后为第518条）规定，因撤销申请而终结执行后，当事人如再次申请执行，应受两年时效要求的限制。若原申请执行人未在法定期限内再次申请执行，则执行案件已经终结的不应恢复。债权受让人承继债权后，因其既不是生效判决的权利人，也不是原执行案件的当事人，无权就原执行行为提出异议、复议及申诉。

【案情摘要】

山东省济南市中级人民法院（以下简称济南中院）在执行建行市中支行与四通公司、齐鲁建设集团公司借款合同纠纷一案过程中，建行市中支行向济南中院申请撤销执行申请。济南中院于2003年8月1日裁定终结执行。新森公司受让案涉债权后，于2016年向济南中院提出异议，以终结执行裁定损害其合法权益为由，请求撤销该裁定，2017年又向济南中院申请恢复执行，均被驳回。中盾公司2020年受让新森公司案涉债权后，向最高人民法院申诉，请求指令济南中院继续执行。最高人民法院经审查，裁定驳回中盾公司的申诉申请。

（撰写人：杨　春、陈海霞）

---

① 该解释已于2022年修正，此处法条对应第518条。

执行与破产衔接

无论和解债权人是否在破产中申报债权、是否出席讨论决议和解协议的债权人会议、是否赞成和解协议草案，均受和解协议约束
——沈阳国际公司与万方公司建设工程合同纠纷执行监督案

- 案　　号　（2021）最高法执监131号
- 合议庭成员　朱燕、刘慧卓、仲伟珩
- 关 键 词　执行／执行异议／执行程序和破产程序的衔接
- 相关法条　《中华人民共和国企业破产法》第100条

【裁判要旨】

经人民法院裁定认可的和解协议，对债务人和全体和解债权人均有约束力。人民法院受理破产申请时对债务人享有无财产担保债权的人，无论其是否申报债权、是否出席讨论决议和解协议的债权人会议、是否赞成和解协议草案，均受和解协议约束。没有依照《企业破产法》规定申报的和解债权人，在和解协议执行期间不得行使其权利；在和解执行完毕后，可以按照和解协议规定的清偿条件行使权利。申请执行人不得以其不是和解协议债权人、不受破产程序影响及和解协议偿付比例约束为由主张全额受偿。

【案情摘要】

沈阳国际公司申请执行中辽国际等一案，执行过程中人民法院受理了其他债权人对被执行人中辽国际的破产申请，后中辽国际与债权人会议达成关于中辽国际破产和解方案，基本内容为对所有无财产担保的债权按照5%的比例统一偿付债权人，执行法院作出裁定对该和解协议予以确认。沈阳国际公司未在中辽国际破产案中申报债务，后其向法院申请继续对本案执行时，中辽国际已更名为万方公司，万方公司对执行法院按原判决确定的数额冻结其财产不服提出异议，执行法院经审查后支持了其异议请求。沈阳国际公司不服异议裁定复议至高级人民法院被驳回后，申诉至最高人民法院，最高人民法院裁定驳回沈阳国际公司的申诉请求。

（撰写人：朱　燕、王晓萌）

行政案件的执行

在人民法院行政判决生效后，相关行政主体已经履行了生效法律文书确定的义务，该行政判决的相对人向人民法院申请执行的，不符合人民法院执行案件的受理条件

——鄢某文不服重庆市高级人民法院（2020）渝执复100号执行监督案

- 案　　号　（2021）最高法执监98号
- 合议庭成员　邵长茂、林莹、仲伟珩
- 关 键 词　执行/行政判决/履行生效法律文书确定的义务/申请执行
- 相关法条　《最高人民法院关于对人民法院终结执行行为提出执行异议期限问题的批复》

【裁判要旨】

人民法院行政判决生效后，相关行政主体已经履行了生效法律文书确定的要求行政机关作出复议决定的义务，该行政判决的相对人对该复议决定内容不服，向人民法院申请执行的，不符合人民法院执行案件的受理条件，依法应予以驳回。

【案情摘要】

重庆市渝北区人民政府于2019年1月15日作出《不予受理行政复议申请决定书》，主要认为，重庆市渝北区龙兴镇人民政府作出的《关于鄢某文申请农村低保以及社会救助的回复》阐述了申请低保以及社会救助的程序、申请资料，未对申请人鄢某文的具体权利义务产生影响，鄢某文对该回复不服提起行政复议，不属于行政复议范围，故不予受理申请人鄢某文的行政复议申请。鄢某文不服，对此提起行政诉讼。重庆市高级人民法院作出（2019）渝行终385号行政判决，于2019年7月22日送达渝北区人民政府，2019年7月23日送达鄢某文。渝北区人民政府于2019年7月22日受理鄢某文的行政复议申请，并于2019年9月19日作出行政复议决定书并送达鄢某文。鄢某文对该复议决定书不服，向人民法院申请执行该行政判决。重庆市第一中级人民法院认为，在重庆市高级人民法院（2019）渝行终385号二审行政判决生效后，渝北区人民政府已在上述生效法律文书确定的期限内履行完义务。因此，鄢某文的执行申请不符合人民法院执行案件的受理条件，依法应予驳回。据此，重庆市第一中级人民法院裁定驳回鄢某文的执行申请。重庆市高级人民法院维持了重庆市第一中级人民法院的裁定。鄢某文不服，向最高人民法院申诉，被驳回。

（撰写人：仲伟珩、魏　丹）

刑事裁判涉财产部分的执行

1　追缴违法所得及责令退赔的执行，应征询作出执行依据的刑事审判部门的意见
——栗某梅与张某绪执行监督案

- 案　　　号　（2020）最高法执监254号
- 合议庭成员　邵长茂、徐霖、尹晓春
- 关 键 词　执行/执行监督/刑事裁判涉财产部分的执行
- 相关法条　《最高人民法院关于刑事裁判涉财产部分执行的若干规定》第6条

【裁判要旨】

关于追缴违法所得的执行，如执行依据未明确追缴的金额或财物的名称、数量等相关情况，执行法院应征询刑事审判部门的意见，根据刑事审判部门认定的赃款赃物的具体情况予以追缴；对于执行依据未明确判决责令退赔的，执行法院亦应进一步征询刑事审判部门的意见，据此确定能否在追缴不能的情况下直接执行责令退赔的内容。

【案情摘要】

张某绪（被执行人）诈骗一案，法院经审理后判决张某绪犯诈骗罪，违法所得继续追缴，退赔给被害人。判决生效后，金华市中级人民法院立案执行。执行过程中，金华市中级人民法院作出裁定查封张某绪的房产、张某绪之妻栗某梅的房产。栗某梅以法院不得执行张某绪的合法财产及栗某梅名下的房产等为由提出执行异议。

金华市中级人民法院、浙江省高级人民法院认为，查封财产系被执行人张某绪与异议人栗某梅名下财产，但均在二人夫妻关系存续期间取得，系夫妻共同财产，其中属于被执行人张某绪个人部分财产是其退赔被害人的责任财产，故驳回栗某梅的异议申请、复议申请。栗某梅遂向最高人民法院申诉。最高人民法院审查后认为，异议及复议法院未征询刑事审判部门意见，未查明追缴及责令退赔的相关情况，以事实不清为由裁定撤销异议裁定、复议裁定，发回金华市中级人民法院重新审查。

（撰写人：尹晓春、梁瀚丹）

2 刑事裁判涉财产部分执行过程中，应首先区分赃款赃物，之后对合法财产的处置才涉及执行顺位问题
——吉林华宇公司与孙某杰、中行西农园街支行
刑事裁判涉财产部分执行监督案

- **案　　号**　（2020）最高法执监452号
- **合议庭成员**　邱鹏、于明、林莹
- **关 键 词**　执行/刑事裁判涉财产部分的执行/追缴/善意取得
- **相关法条**　《最高人民法院关于刑事裁判涉财产部分执行的若干规定》第10条、第11条、第13条

【裁判要旨】

在赃款赃物已经流向第三人的情况下，除非第三人构成善意取得，执行程序应将赃款赃物从第三人处予以追缴，并依法发还受害人。而《最高人民法院关于刑事裁判涉财产部分执行的若干规定》第13条规定的执行顺位，是刑事裁判涉财产部分执行时对被执行人合法财产的执行顺位，不能以此否定《最高人民法院关于刑事裁判涉财产部分执行的若干规定》第10条关于追缴赃款赃物的规定。因此，在刑事裁判涉财产部分执行时，执行程序应当根据相关财产在性质上是属于赃款赃物还是属于被执行人合法财产而分别适用前述不同规定。

【案情摘要】

刑事判决判令孙某杰购买的案涉房产及车库涉及孙某杰犯罪所得部分依法追缴，发还被害人周某富、牟某生。执行过程中，执行法院查明，案涉房产及车库系孙某

杰通过向中行西农园街支行抵押贷款而向吉林华宇公司购买，孙某杰已偿还按揭贷款 89127.52 元，余款未偿还。因孙某杰未按期偿还按揭贷款，中行西农园街支行从吉林华宇公司保证金账户中代扣划孙某杰按揭贷款 32 万余元。经计算，中行西农园街支行现对孙某杰享有的债权金额为 76 万余元。后法院将案涉房产及车库拍卖变价后，将 76 万余元分配给中行西农园街支行、32 万余元分配给吉林华宇公司，剩余 79 万余元发还被害人周某富、牟某生。周某富、牟某生不服提出异议，执行法院予以驳回。二人申请复议，复议法院认定吉林华宇公司的债权劣后于周某富、牟某生的债权。吉林华宇公司遂向最高人民法院申请执行监督。最高人民法院监督审查认为，《最高人民法院关于刑事裁判涉财产部分执行的若干规定》第 13 条规定的执行顺位，是刑事裁判涉财产部分执行时对被执行人合法财产的执行顺位，不能以此否定《最高人民法院关于刑事裁判涉财产部分执行的若干规定》第 10 条关于追缴赃款赃物的规定。因此，在刑事裁判涉财产部分执行时，执行程序应当根据相关财产在性质上是属于赃款赃物还是属于被执行人合法财产而分别适用前述不同规定。故裁定发回重审。

（撰写人：苏　萌）

3　受害人死亡后，生效判决确定的以定额方式计算的残疾赔偿金和护理费如何执行

——田某来执行申诉请示案

- 案　　号　（2020）最高法执他 1 号
- 合议庭成员　向国慧、薛贵忠、熊劲松
- 关 键 词　执行 / 残疾赔偿金 / 护理费
- 相关法条　《中华人民共和国民事诉讼法》第 257 条第 1 款第 4 项[①]

【复　　函】

（2020）最高法执他 1 号

内蒙古自治区高级人民法院：

你院《关于申诉人田某来执行申诉一案的请示》收悉，经我院民事行政审判专

[①] 对应《中华人民共和国民事诉讼法》（2023 年修正）第 268 条第 1 款第 4 项。

业委员会讨论，现就相关法律问题提出如下意见：

一、生效判决以定额方式计算的残疾赔偿金，与受害人实际生存年限没有关联，受害人死亡后，残疾赔偿金作为受害人的财产权利，可以继承，继承人可依法申请继续按照生效判决确定的数额执行。

二、受害人死亡后，护理费不再产生，故尚未支付的护理费具有人身专属性，参照《中华人民共和国民事诉讼法》第二百五十七条关于追索赡养费、扶养费、抚育费案件的权利人死亡，执行程序应当终结的规定，受害人死亡后，不再继续执行。

三、就本案的处理，已经执行的超过受害人实际生存年限的护理费，不再退还。

此复

二〇二〇年六月二十九日

（撰写人：向国慧、魏　丹）

4 刑事裁判未明确涉案财物应予追缴份额或具体金额，案外人或被害人认为执行错误提出异议的，是否应当依照执行依据不明的相关规定处理

——李某琼案外人异议纠纷执行监督案

- **案　　号**　（2021）最高法执监10号
- **合议庭成员**　邵长茂、熊劲松、徐霖
- **关　键　词**　执行／刑事裁判涉财产部分的执行／案外人异议
- **相关法条**　《最高人民法院关于刑事裁判涉财产部分执行的若干规定》第6条、第15条

【裁判要旨】

刑事裁判涉财产部分的裁判内容应当明确、具体。刑事裁判未明确随案移送的他人名下财物属于赃物并应予追缴，或者未明确应予追缴的权属比例或者具体金额的，应当依照执行依据不明的相关规定处理。

【案情摘要】

熊某春犯合同诈骗罪一案，执行依据载明："在案冻结李某琼名下的案涉房屋一套予以变卖，变价款偿还相关权利人后并入追缴项执行。"执行中，北京市第二中级

人民法院将经拍卖流拍的案外人李某琼名下案涉房屋作价交付被害单位。李某琼提出异议,认为北京市第二中级人民法院执行行为不符合刑事判决主文的内容,李某琼是执行依据主文中的"相关权利人",执行法院应将变价款偿还李某琼后予以追缴,请求执行回转房屋,自愿代被执行人熊某春支付 50 万元作为追缴款项。北京市高级人民法院及北京市第二中级人民法院均认为,李某琼主张其对案涉房屋享有所有权实质上是对生效刑事裁判的内容提出异议,不属于刑事裁判涉财产部分执行中案外人异议的审查范围,应当从程序上予以驳回。李某琼不服,向最高人民法院申请执行监督。

(撰写人:邵长茂、薛圣海)

5 买受人是否支付购房款、是否因自身原因未能办理过户登记是排除强制执行的关键

——刘某与张某义、刘某林、张某学等执行监督案

- **案　　号**　(2021)最高法执监 176 号
- **合议庭成员**　何东宁、仲伟珩、林莹
- **关 键 词**　执行／刑事裁判涉财产刑部分的执行／查封／排除强制执行
- **相关法条**　《最高人民法院关于人民法院办理执行异议和复议案件若干问题的规定》第 28 条

【裁判要旨】

在刑事裁判涉财产部分执行程序中,案外人就其购买但尚未办理过户手续的房屋主张排除执行的权利,应符合《最高人民法院关于人民法院办理执行异议和复议案件若干问题的规定》第 28 条规定的 4 种情形。在执行依据并未明确认定案外人主张支付的购房款系赃款的情况下,执行程序应对涉案款项性质进一步查清。

【案情摘要】

2009 年 9 月 8 日,高某真以总价款 38 万元将案涉房产转让给张某义,张某义于当日支付给高某真 160900 元,剩余款项以银行按揭方式给付。2014 年 1 月 1 日,张某义与案外人刘某签订房屋转让协议,将上述房产以 60 万元价格转让给刘某。张某义、刘某林等集资诈骗、非法吸收公众存款一案,驻马店市中级人民法院在执行

刑事裁判涉财产部分执行程序中，查封了上述房产。刘某不服，主张购房款中的434000元购房款系其父亲刘某林投入的黄金认购金折抵，为合法财产，刘某在该房产居住并交清房屋按揭贷款，请求排除执行。驻马店市中级人民法院、河南省高级人民法院均驳回其异议后，刘某向最高人民法院申诉，最高人民法院认为在案涉刑事判决并未明确认定刘某所主张支付的购房款434000元系刘某林犯罪赃款的情况下，执行法院应进一步相关事实，据此裁定发回重新审查。

（撰写人：仲伟珩、魏　丹）

6 被执行人将赃款赃物与其他合法财产共同投资或者置业的，不能以合法财产部分阻却全案执行
——张某明刑事判决涉财产部分执行监督案

- **案　　号**　（2021）最高法执监392号
- **合议庭成员**　杨春、刘慧卓、仲伟珩
- **关 键 词**　执行/刑事裁判涉财产部分的执行
- **相关法条**　《最高人民法院关于刑事裁判涉财产部分执行的若干规定》第10条

【裁判要旨】

被执行人将赃款赃物与其他合法财产共同投资或者置业，对因此形成的财产中与赃款赃物对应的份额及其收益，人民法院应予追缴。当事人对合法财产部分应提供充分证据证明，且不能据此阻却人民法院对赃款赃物对应的份额及其收益部分的执行。

【案情摘要】

张某民贪污、受贿一案，侦查机关对张某琼（张某民之女）购买、后转让到马某（张某琼之夫）名下的案涉房产进行了查封，生效刑事判决对案涉房产查封的事实进行了确认，并判令"查封的房产依法处置后予以没收，上缴国库"。宝鸡市中级人民法院执行过程中，马某提出异议称，案涉房产的部分购房款系其合法财产，请求解除对案涉房产的查封并终止执行。宝鸡市中级人民法院认为该院对案涉房产续封、拍卖是完全依照生效裁判文书所采取的强制执行措施，遂裁定驳回马某的异议请求。马某向陕西省高级人民法院申请复议，请求对案涉房产停止拍卖并予以解封。

陕西省高级人民法院认为马某对其个人支付部分款项的主张未提供证据证明，遂裁定驳回马某的复议请求。马某向最高人民法院申诉，请求支持其异议请求。最高人民法院经审查，裁定驳回其申诉请求。

（撰写人：杨　春、陈海霞）

7 刑事审判部门对刑事判决作出的释明应当作为认定判决执行内容的重要依据
——张某执行申诉案

- 案　　号　（2021）最高法执监510号
- 合议庭成员　黄金龙、杨春、林莹
- 关 键 词　执行 / 执行申诉 / 刑事财产刑执行 / 追缴
- 相关法条　《最高人民法院关于人民法院立案、审判与执行工作协调运行的意见》第15条

【裁判要旨】

刑事一审判决判令将查封扣押冻结的涉案财产发还集资参与人，不足部分继续予以追缴。二审判决维持该判项，并在"本院认为"中指出，上诉人亲属在立案后私自向部分集资参与人的退款应纳入资产处置范围。执行法院就此征询了审判部门的意见，刑事审判部门反馈明确了部分集资参与人的具体信息及应退还金额，并进一步要求予以追缴到案后与其他资产均按比例发还给集资参与人。综合刑事判决和刑事审判部门作出的书面反馈内容，本案的执行有执行依据。申诉人针对判决和审判部门的说明所提申诉理由，实际是对生效判决不服，应当通过审判监督程序处理。

【案情摘要】

甘肃省兰州市中级人民法院（以下简称兰州中院）执行的某刑事判决的"本院认为"中载明将上诉人海某亲属在立案后私自向14名集资参与人退还的款项予以追缴并纳入资产处置范围。兰州中院执行部门根据《最高人民法院关于人民法院立案、审判与执行工作协调运行的意见》就追缴范围问题向作出判决的兰州中院刑事审判部门进行函询，要求释明。兰州中院刑事审判部门作出《关于对"弘泰"系集资诈骗案14名集资参与人集资款追缴的释明》，明确了14名集资参与人的具体信息

及应退还金额,并进一步要求"予以追缴到案后与其他资产均按比例发还给集资参与人"。兰州中院据此对申诉人采取了强制执行措施。申诉人不服,提出异议。异议复议程序均以刑事审判部门就刑事判决所作说明能够作为执行依据为由,予以驳回。最高人民法院认为综合刑事判决和刑事审判部门作出的书面说明内容,本案执行并非没有执行依据。申诉人所提申诉理由,实际是对生效判决不服,应当通过审判监督程序处理。

(撰写人:黄金龙)

8 生效刑事判决仅判令继续追缴赃款的,执行部门可向刑事审判部门征询意见,进而确定是否继续冻结案外人财产
——西昌电力公司执行监督案

- **案　　号**　(2021)最高法执监514号
- **合议庭成员**　刘慧卓、杨春、仲伟珩
- **关 键 词**　执行 / 追缴赃款 / 案外人股权 / 冻结
- **相关法条**　《最高人民法院关于刑事裁判涉财产部分执行的若干规定》第6条第1款,《最高人民法院关于人民法院立案、审判与执行工作协调运行的意见》第15条第2款

【裁判要旨】

生效刑事判决仅判令继续追缴犯罪人所得赃款而未明确应追缴的具体财物,案外人对执行法院冻结其名下财产提出异议,请求解除冻结的,执行法院应依法定程序向作出生效刑事判决的审判机构征询意见,或由审判部门直接作出补正裁定。审判部门明确案涉财产不属于应予追缴的财产,执行法院亦应解除对案涉财产的查封或冻结。刑事案件受害人可通过审判监督等途径另行主张权利。

【案情摘要】

四川省高级人民法院于2009年12月9日作出(2008)川刑终字第811号刑事判决书,除判决相关犯罪人承担刑罚外,还判令赃款继续予以追缴。在侦查阶段,凉山彝族自治州公安部门冻结了记载于涪陵投资公司名下的5000万股华西证券的股份及收益,上述判决执行过程中由凉山彝族自治州中级人民法院继续冻结。在此过

程中，凉山彝族自治州检察院于 2014 年 4 月 4 日函告凉山彝族自治州中级人民法院"张某宾提供给涪陵投资 5000 万元支付给西昌电力购买华西证券 5000 万股权的资金，是 811 号判决中 9900 万元中的一部分，是张某宾隐匿并实际控制的赃物"。涪陵投资公司提出异议，审查过程中凉山彝族自治州中级人民法院报请四川省高级人民法院执行局征询审判部门意见。四川省高级人民法院刑二庭作出《关于凉山中院执行张某宾职务侵占案追缴赃款请示的答复》载明"凉山中院主张将案涉的 5000 万股华西证券股权作为张某宾职务侵占案的赃款予以追缴，没有事实依据，也没有法律依据"。另外凉山彝族自治州中级人民法院据此解除了对案涉股权的冻结，刑事案件受害人西昌电力公司对此不服申请复议。

（撰写人：孙　超）

仲裁裁决执行 ▶▶▶

1 对仲裁调解协议约定的内容采取的强制执行措施，应当在遵守法律的前提下实施
——奥德公司执行监督案

- 案　　号　（2020）最高法执监 263 号
- 合议庭成员　孙建国、熊劲松、徐霖
- 关 键 词　执行 / 执行申诉 / 仲裁裁决执行
- 相关法条　《中华人民共和国中外合作经营企业法》第 10 条

【裁判要旨】

人民法院对判决、裁定和其他法律文书指定的行为予以强制执行，应当在遵守法律的前提下实施。《中外合作经营企业法》第 10 条明确规定中外合作者的一方转让其在合作企业合同中的全部或者部分权利、义务的，必须经他方同意。未经他方合作者同意的，执行法院裁定强制过户的执行行为不符合上述法律规定。

【案情摘要】

仲裁调解协议约定，债务人承诺对债权人返还股权转让款，如债务人不能按约支付款项，愿以其所有的中外合作企业 50% 的股权抵偿上述债务，并全力协助债权人办理法定审批手续。债务人未偿还款项，执行法院依上述协议约定直接裁定将 50% 股权过户给债权人。该合作企业的中方合作者提出异议，认为在未经其同意的情况下，执行法院强制裁定过户的行为违反了法律规定，应予撤销。异议审查法院裁定驳回了异议。复议法院裁定支持了该中方合作者。最高人民法院审查后，以执行行为应当遵守法律的规定为由，维持了复议法院的复议裁定。

（撰写人：熊劲松）

② 因执行仲裁裁决而对公司股东持有股权予以冻结，该公司其他股东不具有申请不予执行仲裁裁决的案外人主体资格

——程某翔申请不予执行仲裁裁决执行监督案

- 案　　号　（2021）最高法执监 448 号
- 合议庭成员　朱燕、刘慧卓、仲伟珩
- 关 键 词　执行 / 不予执行仲裁裁决 / 案外人主体资格
- 相关法条　《最高人民法院关于人民法院办理仲裁裁决执行案件若干问题的规定》第 18 条

【裁判要旨】

因执行股权而引起公司股东或者股权比例发生的实质性变化及其对公司其他股东所造成的影响，是公司作为民事主体所固有的特性，应当通过《公司法》等相关法律规定进行调整。因此，该公司其他股东与仲裁案件处理结果无法律上的利害关系，不是该冻结股权的利益主体。对其提出的不予执行仲裁裁决的申请应予驳回。

【案情摘要】

本案执行标的是被执行人药科公司持有的白云山公司 49% 的股权。作为白云山公司另一大股东的程某翔提出不予执行仲裁裁决的申请。法院经审查认为，其与仲

裁案件处理结果无法律上的利害关系，不具备提出不予执行仲裁裁决的主体资格，对其申请应予驳回。程某翔不服，申请复议被驳回，遂向最高人民法院申请监督，最高人民法院裁定驳回案外人程某翔的申诉请求。

（撰写人：朱　燕、邵夏虹）

不予执行公证债权文书

1 因实体事由申请不予执行公证债权文书的，应当通过诉讼程序处理
——卿某辉与中鑫泰达公司执行监督案

- **案　　号**　（2020）最高法执监509号
- **合议庭成员**　邵长茂、刘慧卓、孙建国
- **关 键 词**　执行/不予执行公证债权文书/实体事由
- **相关法条**　《最高人民法院关于公证债权文书执行若干问题的规定》第12条第2款、第22条第1款第3项

【裁判要旨】

人民法院在执行程序中仅对不予执行公证债权文书申请的程序问题进行审查，实体问题由诉讼程序处理。被执行人以公证债权文书的内容与事实不符或者违反法律强制性规定等实体事由申请不予执行的，可以在执行程序终结前，以债权人为被告，向执行法院提起诉讼，请求不予执行公证债权文书。《最高人民法院关于公证债权文书执行若干问题的规定》施行前受理的尚未审结的以实体事由申请不予执行的异议复议案件，应当适用新的规定处理并终结审查。

【案情摘要】

中鑫泰达公司与卿某辉公证债权文书执行一案，中鑫泰达公司系通过多次债权转让取得该债权并变更为申请执行人。成都市中级人民法院执行过程中，卿某辉以"公证债权文书的内容与事实不符""违约金及利息超过年利率24%违反法律强制性

规定""严重违反法定程序"为由申请不予执行公证债权文书。成都市中级人民法院于2017年12月6日裁定驳回其申请。复议期间,《最高人民法院关于公证债权文书执行若干问题的规定》于2018年10月1日起施行。四川省高级人民法院仍适用复议程序审查卿某辉不予执行申请,并于2018年11月20日作出复议裁定驳回了卿某辉的复议申请。卿某辉向最高人民法院申请监督。最高人民法院依法撤销了异议及复议裁定并裁定终结审查。

（撰写人：邵长茂、刘海伟）

2 严格依照司法解释审查是否存在不予执行仲裁裁决的法定情形
——朱某杰、胡某华与刘某兵、常德中大房地产公司执行监督案

- 案　　号　（2021）最高法执监24号
- 合议庭成员　邱鹏、邵长茂、徐霖
- 关 键 词　执行 / 不予执行仲裁裁决
- 相关法条　《中华人民共和国民事诉讼法》第204条①,《最高人民法院关于人民法院执行工作若干问题的规定（试行）》第71条②

【裁判要旨】

《最高人民法院关于人民法院办理仲裁裁决执行案件若干问题的规定》第9条、第18条规定了案外人申请不予执行仲裁裁决或者仲裁调解书应符合的条件。只有当据以执行的仲裁裁决存在恶意或虚假仲裁、损害案外人合法权益的情形时,案外人关于不予执行仲裁裁决的请求才能够得到人民法院的支持。对于案外人申请不予执行仲裁裁决或者仲裁调解书的案件,应严格依照司法解释审查是否存在不予执行仲裁裁决的法定情形。符合相应条件的,人民法院应当支持。

【案情摘要】

2019年1月10日,常德仲裁委员会作出（2018）常仲裁字第1206号裁决。

---

① 对应《中华人民共和国民事诉讼法》（2023年修正）第215条。
② 该解释已于2020年修正,本条已被删除。

2019年9月20日,朱某杰、胡某华向常德市中级人民法院提交不予执行仲裁裁决申请书,常德市中级人民法院于2019年10月31日作出(2019)湘07执异100号执行裁定,驳回朱某杰、胡某华的不予执行仲裁裁决的申请。朱某杰、胡某华不服常德市中级人民法院(2019)湘07执异100号执行裁定,向湖南省高级人民法院申请复议。湖南省高级人民法院于2020年1月15日作出(2019)湘执复274号执行裁定,撤销常德市中级人民法院(2019)湘07执异100号执行裁定,发回常德市中级人民法院重新审查。常德市中级人民法院重新审查,认为朱某杰、胡某华主张常德仲裁委的裁决系恶意仲裁、虚假仲裁,与事实不符,驳回朱某杰、胡某华不予执行常德仲裁委员会(2018)常仲裁字第1206号仲裁裁决的申请。经湖南省高级人民法院复议审查,裁定驳回朱某杰、胡某华的复议申请。朱某杰、胡某华不服湖南省高级人民法院(2020)湘执复101号执行裁定,向最高人民法院申诉。

(撰写人:徐 霖)

其他执行案件

1 对第三人占有的被执行人财产,执行法院是否可以予以强制执行

——海赛天津公司与美国海赛公司、华微上海公司买卖合同纠纷执行监督案

- **案 号** (2020)最高法执监457号
- **合议庭成员** 孙建国、向国慧、尹晓春
- **关 键 词** 执行 / 申请执行 / 第三人 / 占有 / 被执行人 / 执行程序 / 执行法院
- **相关法条** 《最高人民法院关于人民法院民事执行中查封、扣押、冻结财产的规定》第15条①

【裁判要旨】

在被执行人的财产被第三人占有时,人民法院可以采取查封、扣押、冻结措施。

---

① 该解释已于2020年修正,此处法条对应第13条。

执行法院应当判断第三人占有的财产为被执行人的财产,符合司法解释规定的,人民法院可以采取查封、扣押、冻结措施。

【案情摘要】

海赛天津公司与美国海赛公司买卖合同纠纷一案中,执行法院天津市第二中级人民法院以被执行人美国海赛公司以借预分配利润的名义,从海赛天津公司借款并直接汇划至华微上海公司的账户内,且被执行人未作出合理说明为由,对非本案执行依据确定的被执行人华微上海公司的财产采取查封、冻结措施。天津市高级人民法院认为,美国海赛公司以预借分配利润的名义,从海赛天津公司借款,直接汇至华微上海公司银行账户,据此,上述事实仅能证明美国海赛公司和华微上海公司之间存在债权,但不能直接认定为华微上海公司占有或无偿借用美国海赛公司的财产,执行法院未经其他法定程序,采取查封冻结财产的执行行为依据不足,撤销了执行法院的查封冻结行为。美国海赛公司不服,向最高人民法院申诉执行监督。最高人民法院裁定驳回美国海赛公司的申诉请求。

(撰写人:燕东申)

2 因败诉方未缴纳诉讼费用被强制执行后,能否以已向审理法院申请复核为由请求中止执行
——郜某林执行复议案

- 案　　号　(2021)最高法执复95号
- 合议庭成员　刘慧卓、杨春、仲伟珩
- 关 键 词　执行/诉讼费/强制执行/复核/中止执行
- 相关法条　《最高人民法院关于民事执行中变更、追加当事人若干问题的规定》第9条,《最高人民法院关于审理涉及金融不良债权转让案件工作座谈会纪要》第5条

【裁判要旨】

判决生效后,人民法院向应当缴纳诉讼费用的败诉方发出交纳诉讼费用通知书,败诉方未在指定期限内交纳诉讼费用的,可以立案执行。被执行人主张其已向审理法院申请复核诉讼费数额,应当于复核决定作出后再予以强制执行的,因复核程序

不属于人民法院应当中止执行的情形，不应支持。生效民事判决确定本案诉讼费用由两个败诉方共同负担，但未明确区分份额的，法院有权对其中之一采取全部执行措施，该被执行人如认为其履行义务超过其应承担份额，可依法另行向另一方追偿。

【案情摘要】

胡某峰等与胡某飞、郜某林等第三人撤销之诉一案，2018年12月3日，湖北省高级人民法院作出（2018）鄂民初53号民事判决，判定该案案件受理费100369.37元由胡某飞、郜某林共同负担。案涉民事判决发生法律效力后，湖北省高级人民法院向胡某飞、郜某林发出交纳诉讼费用通知书，但胡某飞、郜某林未在指定期限内向指定的账户交纳上述案件受理费。2021年4月7日，湖北省高级人民法院依法立案对上述案件受理费予以强制执行。2021年4月8日，湖北省高级人民法院作出（2021）鄂执25号执行通知书，责令胡某飞、郜某林履行下列义务：交纳案件受理费100369.37元，执行费1406元。同日，湖北省高级人民法院作出（2021）鄂执25号执行裁定，冻结胡某飞、郜某林的银行存款101775.37元。郜某林不服，提出执行异议并申请复议。

（撰写人：孙　超）

3　当事人主张排除执行的事实理由与法院生效裁判不一致的，以法院生效裁判确认事实为准
—— 正见公司与福海公司执行监督案

- **案　　号**　（2021）最高法执监13号
- **合议庭成员**　薛贵忠、熊劲松、徐霖
- **关　键　词**　执行／债权债务抵销／排除执行
- **相关法条**　《中华人民共和国民事诉讼法》第204条[①]，《最高人民法院关于人民法院执行工作若干问题的规定（试行）》第71条[②]

[①]　对应《中华人民共和国民事诉讼法》（2023年修正）第215条。
[②]　该解释已于2020年修正，本条已被删除。

【裁判要旨】

法院生效裁判已确认案涉抵销行为不符合法律规定要件，不能发生债务抵销的法律效果。当事人又以债权债务已经抵销为由主张排除执行，法院不应支持。当事人主张排除执行的事实理由与法院生效裁判不一致的，以法院生效裁判确认事实为准。

【案情摘要】

青海省高级人民法院于2019年7月31日作出（2019）青民终76号民事判决书，认为正见公司和虞某刚存在挂靠关系，案涉工程款项始终由福海公司直接支付虞某刚，福海公司抵销行为指向的是案涉工程款，该款的实际权利人为虞某刚，抵销行为与虞某刚有直接利害关系。在海东市中级人民法院执行期间，福海公司明知虞某刚系案涉工程实际施工人，案涉工程款应属虞某刚所有的情况下，以向第三方借款的方式购买正见公司作为担保人的不良债权，进行债权抵销，其主观恶意明显，已实际侵害到实际施工人虞某刚的合法权益。福海公司受让的是从金融资产管理公司转让的不良债权，该债务性质为借款合同项下的担保之债，与海东市中级人民法院执行债权性质不同，品质不一，不能发生债务抵销的法律效果。福海公司不服青海省高级人民法院（2019）青民终76号民事判决，向最高人民法院申请再审。最高人民法院于2019年11月27日作出（2019）最高法民申5046号民事裁定，驳回了福海公司的再审申请。

（撰写人：徐 霖）

4 对拆迁补偿款的执行能否直接适用对收入执行的有关规定进行
——秦某生执行监督案

- **案 号** （2021）最高法执监45号
- **合议庭成员** 孙建国、熊劲松、徐霖
- **关 键 词** 执行/执行申诉/收入执行/拆迁补偿款执行
- **相关法条** 《最高人民法院关于人民法院执行工作若干问题的规定（试行）》

第36条、第63条①,《最高人民法院关于适用〈中华人民共和国民事诉讼法〉的解释》第501条②

【裁判要旨】

在协助义务人明确表示对被执行人不负有到期应履行义务,且无相关行政程序或诉讼程序确认的情况下,执行法院依据《民事诉讼法》第243条规定和《最高人民法院关于人民法院执行工作若干问题的规定(试行)》第36条的规定,将拆迁补偿款作为被执行人的收入予以执行,缺乏对收入执行的基本前提,实际上是套用对收入执行的手续强行执行并不具有确定性的债权,适用法律有误。

【案情摘要】

太原市中级人民法院在执行过程中,依据《最高人民法院关于人民法院执行工作若干问题的规定(试行)》第36条,裁定冻结、扣划被执行人张某栓在太原市迎泽区郝庄镇郝庄社区居民委员会(以下简称郝庄社区居委会)的收入1756000元及执行费10960元。郝庄社区居委会提出异议,认为张某栓不是拆迁对象,没有向他发放拆迁补偿款,账户中也没有属于张某栓的拆迁补偿款,请求撤销相关裁定并返还财产。太原市中级人民法院认为对涉案房产的权属确认后,才能确定补偿对象。山西省高级人民法院依据申请执行人秦某生未提供房屋被拆除前的确凿产权证明资料、被执行人能获得拆迁补偿款的确凿资格证据以及郝庄社区居委会的账户中有张某栓房屋的拆迁补偿款的确凿事实依据,驳回了复议请求。秦某生不服,向最高人民法院申诉。最高人民法院驳回其申诉请求。

(撰写人:刘　伟)

---

① 该解释已于2020年修正,此处法条对应第29条、第47条。
② 该解释已于2022年修正,此处法条对应第499条。

5 除存在依法可以进行的债务抵销外,被执行人一般不能以执行依据生效之前的实体事由提出排除执行异议
——龙虎鑫公司与卡拉贝利建管局承揽合同纠纷执行监督案

- **案　　号**　（2021）最高法执监 169 号
- **合议庭成员**　朱燕、林莹、仲伟珩
- **关 键 词**　执行 / 实体事由 / 排除执行 / 抵销
- **相关法条**　《最高人民法院关于人民法院办理执行异议和复议案件若干问题的规定》第 7 条第 3 款、第 19 条

【裁判要旨】

被执行人以执行依据生效之前的实体事由提出排除执行异议的,除存在依法可以进行的债务抵销外,执行法院一般不予支持,相关实体事由争议依法应通过申请再审或者其他程序解决;而关于执行程序中的债务抵销,亦需经生效法律文书确定或者经申请执行人认可,否则不能在执行中直接抵销。

【案情摘要】

龙虎鑫公司申请执行卡拉贝利建管局承揽合同纠纷案,喀什地区中级人民法院在执行过程中依据喀什市人民法院协助执行通知书提取龙虎鑫公司案款 454 万余元,以及新疆维吾尔自治区纪律检查委员会在办案过程中从卡拉贝利建管局扣划违纪案款 572 万元进行抵销扣减后作出终结执行裁定。龙虎鑫公司遂向喀什地区中级人民法院提出执行异议,以生效民事判决未将 572 万元认定为已付砂石料款,执行法院抵销扣减错误等为由,请求撤销喀什市中级人民法院终结执行裁定。被驳回后,龙虎鑫公司向新疆维吾尔自治区高级人民法院申请复议,请求撤销喀什地区中级人民法院异议裁定和终结执行裁定,由喀什地区中级人民法院继续执行卡拉贝利建管局未履行的 8815357.07 元款项及相应迟延履行期间的利息。新疆维吾尔自治区高级人民法院以该案已执行完毕,该案结案方式应当为执行完毕,而非终结执行为由,撤销了喀什地区中级人民法院异议裁定和终结执行裁定。龙虎鑫公司不服复议裁定,提起本案执行监督。最高人民法院经审查后认为,龙虎鑫公司部分申诉理由成立,裁定撤销新疆维吾尔自治区高级人民法院复议裁定、喀什地

区中级人民法院异议裁定和终结执行裁定。

（撰写人：林　莹、叶　欣）

6 执行程序中当事人行使抵销权，抵销意思表示是否到达对方时即生效

——中青公司与张某建设工程合同执行监督案

- **案　　号**　（2021）最高法执监530号
- **合议庭成员**　马岚、刘慧卓、杨春
- **关 键 词**　执行/债权债务/互负/到期/抵销
- **相关法条**　《中华人民共和国合同法》第99条[①]，《最高人民法院关于人民法院执行工作若干问题的规定（试行）》第71条[②]

【裁判要旨】

抵销属于以意思表示为核心的法律行为，法定抵销权的性质系民事实体权利中的形成权，在执行程序中行使法定抵销权时，应当审查抵销的意思表示是否到达对方，抵销意思抵达时即生效，无须对方作出同意抵销的意思表示。

【案情摘要】

根据陕西省高级人民法院两份不同的二审民事判决书，中青公司与张某互负到期债权债务，因张某未履行判决确定的义务，中青公司作为债权人向汉中市中级人民法院申请强制执行，该院立案执行。而张某作为债权人的案件，其尚未向法院申请强制执行。汉中市中级人民法院执行期间，中青公司作为申请执行人向该院申请将其与张某互负的到期债权债务部分抵销，该院裁定准许抵销，抵销申请书已送达张某。张某不服，向汉中市中级人民法院提出执行异议，被该院裁定驳回。张某向陕西省高级人民法院申请复议，该院经审查，以汉中市中级人民法院适用法律有误、审查程序不当、中青公司申请抵销不符合司法解释规定、抵销金额不明确等为由，裁定撤销汉中市中级人民法院异议裁定和债权债务抵销裁定。中青公司向最高人民

[①] 对应《中华人民共和国民法典》第568条。
[②] 该解释已于2020年修正，本条已被删除。

法院申请执行监督，被裁定驳回。

（撰写人：马　岚、盛　强）

7　已抵押划拨土地的土地出让金，是否应由买受人缴纳

——周某与朱某娣执行行为异议纠纷执行监督案

- **案　　号**　（2021）最高法执监398号
- **合议庭成员**　邵长茂、林莹、马岚
- **关 键 词**　执行/执行异议/划拨土地出让金承担
- **相关法条**　《中华人民共和国城市房地产管理法》第40条、第51条[①]

【裁判要旨】

人民法院在拍卖有抵押登记的划拨土地时，应综合《城市房地产管理法》第40条、第51条两个条文确定土地出让金的承担主体。拍卖标的作为已经办理了出让手续的土地拍卖的，买受人支付的价款中已包含土地出让金，人民法院应当从拍卖款中扣除土地出让金，剩余部分用于偿还抵押债权；拍卖标的作为尚未办理出让手续的划拨土地拍卖的，买受人支付的价款中不包含土地出让金，应由买受人自行缴纳土地出让金，人民法院可将拍卖款用于偿还抵押债权。

【案情摘要】

杭州市中级人民法院拍卖被执行人陈某联名下一处抵押给申请执行人的房产，拍卖公告载明土地性质为划拨，未包含各种税费，按现状拍卖，标的物转让手续由买受人自行办理。竞买人周某通过网络司法拍卖竞买取得案涉房产。周某以办理过户手续时不应承担土地出让金为由，向杭州市中级人民法院提出异议请求撤销拍卖。杭州市中级人民法院依据《城市房地产管理法》第40条确认应当由买受人缴纳土地出让金并驳回了其异议请求。周某不服提出复议，被浙江省高级人民法院驳回后，向最高人民法院申请执行监督。

（撰写人：邵长茂、薛圣海）

[①] 对应《中华人民共和国城市房地产管理法》（2019年修正）第40条、第51条。